학업실패
트라우마 상담 —— 황매향 저

Counseling
Traumatic
Academic
Failure

학지사

이 저서는 2017년 정부(교육부)의 재원으로 한국연구재단의 지원을 받아 수행된 연구임
(NRF-2017S1A6A4A01019989)

이 책을 쓰기 시작한 것이 2017년 연구년으로 미국 세인트루이스에서 지낼 때였는데 이제야 겨우 마무리를 하였다. '공부가 뭐라고 이렇게들 고통을 받는 것일까?'라는 생각이 상담에 관심을 갖게 한 질문이었다. 그래서 줄곧 학업상담을 공부하고 실천하면서 지금에까지 이르고 있다. '공부 때문에 실패하면 평생 치유하기 힘든 마음의 상처가 되는구나'라고 깨달으며 '학업실패 트라우마'라는 현상에 관심을 가지게 된 것은 상담실에서 풀타임으로 일을 시작하고 첫 슈퍼비전에서였던 것으로 기억한다. 물론 당시에는 학업실패 트라우마라는 명명을 하지 않았지만, 학업에서 실패를 한다는 것이 개인적으로 그리고 대인관계에서 얼마나 큰 타격을 주는지 실감하는 계기였다. 그러나 학업상담에서는 '어떻게 하면 공부를 잘할 수 있게 도울 수 있을까?'라는 과제에 더 집중하게 되다 보니 실패의 상처를 어떻게 보듬고 함께 이겨 나갈 것인가에 집중하지 못했던 것 같다. 지난번 한국연구재단의 지원을 받아 『사례에서 배우는 학업상담의 실제』를 낸 다음에야 학업실패 트라우마를 집중적으로 탐구할 관심이 생겼던 것으로 기억한다. 마치 잊었던 숙제를 하듯이 시작된 일이어서 더 시간이 많이 걸렸는지도 모르겠다. 아직은 부족함이 많은 상태이지만, 앞으로 이 책을 읽는 현장의 상담전문가들의 피드백을 받아 반영하다 보면 더 좋은 책으로 거듭나게 되기를 기대해 본다.

이 책은 공부가 지나치게 강조되는 우리나라 사람들이 경험하고 있는 학업실패로 인한 트라우마 경험과 그 치유를 위한 상담과정을 다루고 있다. 사람들은 삶을 살아가면서 다양한 문제를 겪고 있는데, 학습자들로서 경험하는 대표적인 문제 중 하나가 바로 학업에서의 실패이다. 특히 학업성취도는 삶의 성공을 나타내는 지표로 간주되어, 학업에서 실패를 하게 되면 그것이 내면에 심한 타격을 주게 되고 이러한 경험이 누적될 경우 극복하기 어렵고 지울 수 없는 마음의 상처인 트라우마로 경험된다. 학업에서의 실패는 중독, 학업중단, 정신질환, 자살 등 심각한 부적응의 출발점이 될 뿐 아니라, 학업실패 트라우마는 그 당시만이 아니라 전 생애에 걸쳐 악영향을 미친다. 이에 따라 많은 학업실패를 경험한 학령기 학생들은 학교를 더 이상 다니지 않으면서 학교 밖 청소년이 되어 버리고, 대학 입시나 대학 시기에 겪는 실패 경험은 직업세계로의 진출에 큰 장애를 초래하면서 부적응자로 남게 만든다. 이렇게 경험된 학업실패로 인한 상처들은 세월이 지나도 치유되지 못한 채 여러 심리적 곤란을 지속시킨다.

한편, 많은 학생이 학업과 관련하여 트라우마 경험이 될 만큼 심각한 어려움을 겪고 있지만 이들을 조력할 수 있는 서비스가 제대로 구축되어 있지 못한 것이 현실이다. 교육부를 비롯한 유관기관에서 이러한 문제의 심각성을 인식하여 여러 정책적 노력을 기울이고 있으나 대부분 기초학력 신장을 비롯한 학업성취도 향상에 초점을 두고 있을 뿐이고, 대학생을 비롯한 성인학습자의 어려움에는 아무런 조치를 취하고 있지 않다. 이에 따라 학업실패 트라우마를 경험한 개인이 스스로 상담을 찾거나 다른 부적응으로 상담에 의뢰되는 경우가 많은데, 상담전문가 역시 학업실패 트라우마를 효과적으로 다룰 수 있는 개입전략을 따로 확보하고 있지는 않다. 물론 현장의 상담전문가들은 트라우마 또는 PTSD를 다루는 개입전략과 학업상담에 적용되는 개입전략을 동원해 학업실패 트라우마 경험을 가진 내담자를 잘 돕고 있을 것이다. 그러나 학업실패 트라우마에 대한 이해를 더한다면 조금 더 효율적으로 내담자를 조력할 수 있을 것이라는 기대를 가지고 이 책을 구상하게 되었다. 그래서 이 책은 현재 학교를 다니는 학생들뿐만 아니라 학교 밖으로 나와 있는 청소년 및 대학생과 성인학습자까지 모두 아울러 이들이 경험했던 학업실패로 인한 트라우마를 알리고, 이를 치유할 상담 전략을 가능한 구체적으로 제시하는 것을 목적으로 한다.

보다 현장에 필요한 내용을 잘 담아내기 위해 학령기 학생들을 비롯한 대학생 및 성인학습자들이 경험하고 있는 학업실패 트라우마의 내용과 상담성과를 가능한 많이 수집하여 반영하기 위해 노력했다. 운이 좋게 한국연구재단의「2017년 저술출판지원사업」의 지원을 받아 책 쓰기를 시작할 수 있었는데, 현장의 상담자들의 의견을 듣는 것에서 출발했다. 학업실패 트라우마 상담이라는 책을 쓰겠다고 마음을 먹은 후부터 상담하는 분들을 만나면 학업실패 트라우마 상담이라는 책을 쓰고 있는데 그 명명이 적절한지에 관해 묻곤 했고, 관련된 사례가 있으면 알려 주면 좋겠다는 부탁을 하면서 얻은 자료는 이 책의 밑거름이 되었다. 그때 받은 사례 중 많은 사례를 토대로 사례를 재구성하였고, 상담과정 및 개입전략 구상에도 참고하였다. 가장 접근이 용이한 대학생들에게는 자신이 지금까지 경험한 학업실패 경험에 대해 적어 달라고 부탁했는데, 보다 생생하게 내담자의 요구를 파악할 수 있는 좋은 자료가 되었다.

처음 책을 구상할 때는 학업실패 트라우마를 가진 내담자를 만나면 적용할 하나의 상담 모형과 일반적 개입전략을 도출하고자 했다. 아마 한 명의 상담자가 경험할 수 있는 현장이 제한적이기 때문에 그런 구상을 했을 것 같다. 실제 현장에서 자료를 수집하면서 어떤 학업실패를 경험하는가에 따라 트라우마 경험과 그 이후의 영향이 상당히 다를 수 있기 때문에 접근도 차별화되어야 한다는 점을 확인할 수 있었다. 이러한 발견은 이 책의 출판이 늦어지는 이유가 되기도 했는데, 처음 지원을 받을 때의 목차 구성을 상당히 바꾸면서 새로 구상한 내용의 타당성을 점검받는 데 시간이 다소 소요되었다. 그러나 이러한 과정은 현장에 보다 적합한 솔루션을 제안하기 위해 반드시 필요한 과정이었다고 생각한다.

이 책은 모두 3부로 구성되어, 1부에서는 학업실패 트라우마 상담을 진행하는 데 중심이 될 상담의 로드맵을 제시하고 있다. 1장에서는 학업실패 트라우마 경험의 의미와 학업실패 트라우마 상담의 지향점으로서 '외상 후 성장'을 다루고, 2장에서는 학업실패 트라우마 상담의 전체 과정과 학업실패 트라우마 상담과정이 갖는 특성을 소개하였다. 무엇보다 학업실패 트라우마 상담은 학업실패 트라우마 자체를 극복하는 것을 조력하는 과정을 거친 다음, 앞으로 원하는 목표를 이루기 위해 학업성취에 성공할 수 있도록 조력하는 과정을 거치게 된다. 이 책에서는 이것을 나누어 제시하는데, 먼저 어떤 학업실패 트라우마를 겪었는가에 상관없이 적용될 학업성취 촉진에 동원할 자원을 2부에서 다루고 있다. 학업성취와 관련된 많은 요인들 가운데, 학업정서, 그릿, 자기통제, 시간관리, 교수-학습 환경을 각 한 개 장씩 나누어 정리하였다. 각 자원의 의미와 함께 개입에서 어떻게 활용할 것인가를 구체적으로 소개하고 있다. 3부에서는 학업실패 트라우마 유형에 따른 상담과정을 다루었다. 아동기부터 성인기로 가면서 겪게 될 가능성이 높은 순서대로 학업실패를 배치했는데, 8장 기초학력미달, 9장 학습포기자, 10장 성적 하락, 11장 기대 부응 실패, 12장 대입 실패, 13장 학사경고, 14장 N수생, 반복된 실패 등 7개의 장이 포함되어 있다. 각 장에서는 그 장의 학업실패 트라우마 유형이 갖는 특성, 호소문제의 양상, 상담에서의 선택과 집중 등의 내용을 제시하고, 심화학습을 통해 보다 이해를 넓힐 수 있도록 하였다. 각 장의 심화학습에 포함된 구인들은 해당 학업실패 유형에만 관련되는 것은 아니지만, 보다 밀접하게 관련된다는 점을 고려해 각 장의 후반에 배치하였다.

이 책은 학업실패 트라우마라는 상담의 세부 주제를 효과적으로 다룰 수 있는 지침을 제공하는 것을 목적으로 하고 있어, 상담에 막 입문한 초보자들보다는 현장에서 상담을 활발히 진행하고 있는 상담전문가들이 읽기에 더 적합할 것이다. 상담을 공부하고 있거나 이제 막 상담을 시작한 초보자들과 달리 현장의 전문가들은 책 한 권을 처음부터 끝까지 읽어내기 쉽지 않다. 또한 집중해서 읽으면서 내용을 파악하는 데 중점을 두기보다 읽으면서 바로 자신의 상담 실무와 연결점을 찾고자 한다. 아마 시간적으로 여유가 없을 뿐 아니라 책의 많은 내용을 이미 알고 있기도 하기 때문일 것이다. 이런 부분을 감안해 이 책은 두 가지 점에 중점을 두었다. 첫째, 각 장이 하나의 독립된 읽기 자료가 될 수 있도록 하였다. 책 전체의 기승전결보다 각 장 내에서의 기승전결을 더 중요하게 고려했다. 그래서 어떤 내용은 2개 이상의 장에 중복되어 제시되기도 하는데 이 점은 양해를 구한다. 둘째, 가능한 사례로 이야기를 풀어 나가려고 하였다. 직접 수행하거나 수집한 상담 사례와 질적 연구 자료에 인용된 사례까지 관련된 사례들을 많이 모아 제시하였고, 특히 3부의 내용을 설명할 때는 사례를 통해 예시를 제공하기 위해 노력했다. 이렇게 내용을 구성하는 과정에서 설명에 사용된 사례만 34사례나 된다. 사례의 수도 많고 어떤 사례는 2번 이상 언급되기도 하는데, 독자의 혼란을 줄이기 위해 간단하게 사례를 요약하여 제시하였으니 참고하기 바란다. 그리고 모든 사례는 이름을 가명으로 바꿨을 뿐만 아니라 관련 내용을 추가하거나 생략하거나 두 사례 이상을 조합해 개인정보가 유출되는 일이 없도록 하였음을 밝힌다.

이 책이 나올 때까지 많은 시간이 걸렸고 그만큼 많은 분들의 도움을 받았다. 먼저 한국연구재단의 연구지원에 감사드린다. 기꺼이 사례를 나누어 주고 의논 상대가 되어 주고 간간히 원고에 대한 피드백을 주었던 상담 영역의 선배, 후배, 동료들이 없었다면 이 책은 세상에 나오지 못했을 것이다. 도움을 주신 분들을 일일이 밝힐 수 없지만, 모두 너무 고마운 분들로 평생 잊지 않고 기억하겠다고 다짐해 본다. 연구에 참여해 자신의 이야기를 적어 주었던 학생들에게도 지면으로나마 고마움을 전한다. 또한 이 책이 나오기까지 많은 도움을 주신 학지사 여러분께도 감사드린다. 마지막으로, 가족들에게 감사의 마음을 전하고자 한다. 멀리서지만 항상 지켜봐 주시는 부모님과 동생네 가족들은 든든한 힘이 되어 준다. 무엇보다 어떤 경우에도 어김없이 내 편이 되어 주고 기댈 곳이 되어 주는 남편으로부터 지금 이 순간에도 도움을 받고 있다. 이렇게 고마운 가족에게는 오히려 감사의 말을 전하지 못하고 지내는 것 같다. "정말 고맙습니다."라고 꼭 말하고 싶다.

2021년 봄
황매향

이 책에 제시된 사례 소개

	가명	장	성별	학년/ 연령/소속	사례 소개
1	서준	2	남	고2	늦둥이로 태어나 '원하지 않았던 아이'였다는 말을 우연히 듣고, '공부를 잘해야 인정받을 수 있다'는 생각으로 학업에 전념해 상위권을 유지함 그러나 고등학교 2학년에 와서는 이런 부담감이 시험불안으로 이어지고 결국 성적도 하락, 어머니로부터 낮은 성적에 대한 비난을 듣고 자살을 시도함
2	은서	6	여	대학생	편입과 결혼이 겹치면서 일, 가사, 공부 병행으로 학사경고를 받고 대학을 그만둘 생각까지 함 대학의 학사경고자 조력 프로그램을 통해 시간관리 방법을 알게 되어 학교생활에 적응할 수 있게 됨
3	한결	8	남	초3	수학 단원평가에서 친구들과 채점을 바꿔서 하는 바람에 학급에서 가장 낮은 수학 점수를 받은 것이 공개되어 '수학바보'라는 놀림을 받다가 등교를 거부하게 됨
4	유정	8	여	초등학생	교육과정보다 앞선 조기교육이나 선행이 바람직하지 않다는 부모의 소신으로 한글을 해득하지 못하고 초등학교에 입학함 초등학교 1학년 첫날부터 알림장을 쓰라고 했는데 알림장과 필기구도 없었고 칠판에 쓴 내용을 잘 읽을 수도 없어 마치 지옥과도 같았다고 함
5	소현	8	여	40대	우울 때문에 오랫동안 상담을 받던 중, 초등학교 2학년 때 담임이 시험지를 나누어 주면서 "바보멍청이 같으니"라고 했던 말을 들은 이후 무능하고 무가치한 사람이라고 생각하고 살아온 것 같다고 기억을 떠올림
6	민준	8	남	초5	일본 드라마 〈스쿨〉의 유우키라는 등장인물을 각색함 초2 때 골절로 입원하면서 학습 공백이 생겼고, 그로 인해 기초학력미달 상태에 머물며 왕따 피해의 원인이 됨
7	지훈	9	남	고3	중학교 때 영어가 좀 부족하다는 이유로 교사와 친구들의 놀림을 받으면서 영어가 싫어져서 그때부터 영어 공부를 아예 하지 않음 결국 입시 준비에서 영어가 큰 걸림돌이 됨

8	민지	9	여	대3	고2 첫 모의고사에서 수학 점수가 너무 낮아 그때부터 수학을 아예 포기하고 수학 점수를 반영하지 않는 전형을 찾아 대입에 성공 수학 포기 이후 생긴 도전에 대한 두려움을 해결하지 못한 채, 수학을 피할 수 있는 진로를 찾기 위해 상담실을 찾음
9	서연	9	여	고등학생	부모를 격려하기 위해 "조금만 공부하면 1등도 하고 서울대도 간다"는 말을 항상 했고, '나는 아무리 공부해도 부모의 기대를 채울 수 없다'고 생각하고 아예 공부를 하지 않음
10	진혁	9	남	중2	초등학교 때부터 공부를 잘해 본 적이 없고 늘 혼나면서 '해도 안 된다'는 생각을 함 공부를 하지 않아도 되는 아르바이트를 장래희망으로 가지고 있음
11	나연	9	여	초5	"넌 게을러서 아무것도 잘할 수 없다"라는 엄마의 말을 그대로 내사하고 있어 공부만이 아니라 아무것도 잘하는 것이 없다고 함
12	준형	9	남	고등학생	초등학교 때까지 부모에게 순종하며 공부를 잘하다가 중학교 첫 시험에서 최상위권에 들지 못해 母에게 맞음 그때부터 '공부 잘했던 부모가 불행해 보인다'고 반항하면서 공부를 아예 안 함
13	다현	10	여	고1	중학교 때까지 전교 1등을 몇 번씩 했으나, 자사고에 진학해 전교 100등이 넘는 성적표를 받음
14	세준	10	남	고1	중1까지 상위권이다가 게임에 빠져 공부를 아예 하지 않아 성적이 계속 하락 '내가 공부를 잠시 안 해서 그렇지 하면 또 금방 회복될 거야'라는 생각으로 계속 게임에 몰두
15	서진	10	남	중1	중학교 배치고사에서 매우 우수한 성적을 보였지만, 초등학교 때와는 많이 다른 중학교 수업 방식과 교사와의 관계에 적응하지 못함 숙제도 안 하고 게임하는 시간도 점점 늘어 수업시간까지도 몰래 게임을 하다 보니 성적이 많이 떨어짐
16	규민	11	남	고2	어려운 가정 형편에서도 공부를 잘하는 우등생이었지만, 모의고사 성적이 잘 나오지 않자 헌신적인 부모에 대한 미안한 마음이 커져 자살을 선택함

17	두현	11	남	대학생	계산 실수로 낮은 점수를 받게 되었고 그 점수는 수강생들 중 1등을 한 점수지만 자살충동을 느낌 '내가 받은 낮은 점수는 그 이유에 상관없이 실패이고, 실패자인 자신은 살아갈 가치가 없다'고 생각
18	정인	11	여	중1	전교 1등을 했지만 1개를 틀렸다는 이유로 "지방에서 1등은 아무 소용없다"는 비난을 받은 후 불안과 우울로 공부에 집중을 못함
19	지효	11	여	고등학생	어릴 때부터 공부를 잘하고 말은 잘 들었지만 고등학교에 가면서 성적이 떨어져 어머니가 상담에 데리고 옴 엄마를 위해 공부해 왔고 결국 성적이 좋아지면 엄마가 좋아하는 게 싫어서, 엄마에게 반항하기 위해 공부하지 않고 있음
20	지수	11	여	고1	고등학교 진학 후 처음 본 모의고사에서 낮은 성적을 받고 부모의 기대에 부응하지 못할 것 같아 불안해 상담실을 찾음
21	진영	12	남	재수생	재수를 시작하고 1개월 정도 지나 학원에 가면 구역질이 나고 어지럽기 시작해 그 빈도가 높아지더니 어느 날은 학원에 가는 전철에서 가슴이 답답해 내려서는 하염없이 움
22	수정	12	여	대2	고2~삼수 기간 동안 정신과 약물치료, 재수 기간 동안은 장기 심리상담 경험 삼수를 하고 대학에 진학은 했지만 대입 실패에서 느꼈던 열등감과 우울감을 제대로 극복하지 못한 상태로 버티다가, 초4 때부터 실제적인 부모 역할을 한 외조모의 사망이 계기가 되어 상담에 옴
23	미주	12	여	직장인	고등학교에 들어와서 학업을 소홀히 해 고3 때 열심히 했지만 ○○대학교 지방캠퍼스로 진학 부모의 반대로 재수를 못한 대신 열심히 노력해 높은 학점, 대기업 취업, 서울 상위권 대학의 대학원 입학까지 이루었지만, 열등감과 수치심에 시달리며 지방캠퍼스 출신이라는 것이 들킬까 전전긍긍하며 살고 있다고 호소함
24	주영	12	남	재수생	수능시험 영어 듣기 평가에서 아무 것도 들리지 않아 수시와 정시에 모두 불합격하고 재수를 시작했는데 첫 모의고사에서 또다시 영어 듣기 평가가 들리지 않음 가난, 부모의 이혼과 재혼, 가정폭력 속에서 공부를 잘하는 것으로 버티다 재수를 하게 된 것이 큰 수치가 되고 불안이 된 것이 원인

25	재현	13	남	대2	대학에 오면서 수업이 따라가기 힘들어지면서 학교생활을 등한시하고 게임과 아르바이트만 하다 2회 학사경고를 받고 휴학을 함 열등감과 우울감에 찬 가운데 복학을 앞두고 학사경고자 의무상담에 옴
26	나은	13	여	대4	명문대 공대에서 학사경고 누적으로 제적되었고 능력이 부족했기 때문이라고 생각해 큰 좌절과 패배감 경험 다시 대입을 준비해 사범대로 진학해 잘 적응하다가 임용고시라는 과제 앞에서 자신의 능력에 대한 의구심으로 어려움을 겪고 있음
27	은아	13	여	대학생	학과에서 왕따를 당하다가 조별 과제에서 일부러 이름을 빼고 제출한 일이 생김 그 과목에서 F학점을 받아 학사경고가 된 것을 확인하고 자퇴를 하고 싶다고 호소하면서 상담실을 찾음
28	민혁	13	남	대1	대학 첫 학기 학사경고를 받으면서, 왕복 5시간 통학을 강요하는 등 부모의 감시와 압박이 심해지면서 게임에 몰두하고 건강에도 문제가 생김 수업에 자주 빠지는 것을 걱정한 친구의 권유로 상담을 찾게 됨
29	은석	13	남	대학생	여자친구의 기대에 부응해야 한다는 생각에 오히려 과제를 시작도 못하고, 그 부담감이 스트레스가 되어 딴 짓만 하다 하루를 마감함
30	예린	13	여	대학생	교차지원으로 건축학과에 진학했는데 교수님 설명이 외계인 말처럼 들리는 '물리' 수업을 따라갈 수 없어 학교를 그만두고 싶다고 하면서 상담실을 찾음
31	성재	14	남	대3	전공이 맞지 않아 휴학을 하고 경찰공무원 시험 준비 3년째임 대형 강의에서 모두가 경쟁자로 느껴지며 공황발작, 시험이 임박해지면서 습관적 자해 증가 등 어려움이 커짐
32	소원	14	여	공시생	3년째 공무원 시험에 도전하고 있는데, "강사가 얘기하는 건 다 알겠는데 시험을 보면 기억이 나지 않아요."라고 하면서 공부에 집중하지 못함 어릴 때부터 꿈이 작가였지만 부모의 바람으로 공무원 시험을 준비하고 있음
33	민아	14	여	대학생	6수까지 해 원하는 대학에 들어왔지만, 6수씩 한 것에 대한 수치심, 열등감, 적응에 대한 불안 등으로 어려워함
34	동현	14	남	임고생	임용고시 4번째 도전 중으로 "사실 강의 듣고 있으면 다 아는 얘기니까 제가 다 안다고 착각하는 거예요. 학원을 바꿔 보면 어떨까 생각도 해 봤어요."라고 호소하며 상담을 찾음

차례

제1부
학업실패 트라우마 상담의 의미

학업을 해 나가는 과정에서 실패는 학업의 한 과정으로 반드시 거쳐야 하는 과정이지만, 경우에 따라 학업에서의 실패가 마음에 지울 수 없는 깊은 상처를 남기며 삶의 여러 영역에 어려움을 초래하게 된다. 특히, 학력이 중시되고 부모의 교육열이 높은 우리나라 상황에서는 이와 같은 학업실패 트라우마를 더 심각하게 경험한다. 내담자의 학업실패 트라우마를 다루는 상담자는 트라우마와 그로 인한 부적응에 대해 알아야 하고, 우리나라 학생들이 겪고 있는 학업실패 트라우마의 양상에 대해 잘 이해해야 할 것이다. 그리고 이를 토대로 상담을 이끌어 나가는 학업실패 트라우마 상담과정에 대한 이해도 필요하다. 제1부에서는 트라우마와 PTSD의 개념, 우리나라 학생들이 경험하는 학업실패 트라우마의 종류, 양상, 극복과정 등을 살펴보고, 학업실패 트라우마 상담에서 특히 고려되어야 할 사항들을 상담의 과정을 중심으로 알아볼 것이다.

제1장
학업실패 트라우마

트라우마[1]란 생명에 대한 위협을 느낀 경험 및 동시에 심각한 손상으로 적응에 지속적인 어려움을 느끼는 것으로, 전쟁, 재난, 성폭력 등이 대표적 트라우마 사건으로 알려져 있다. 트라우마로 인해 우울, 불안, 해리 등 다양한 어려움을 겪을 수 있다. 통제할 수 없이 반복적으로 트라우마 사건이 떠오르는 침습, 경험과 관계된 장소·사건·상황 등을 피하는 회피, 지나치게 민감해지는 정서적 과각성, 부정적 생각·불신·적대감에 빠지는 인지의 부정적 변화 등으로 일상생활이 어려워진 상태는 '외상후 스트레스장애(Posttraumatic Stress Disorder: PTSD)'라는 정신질환으로 진단된다. 초기에는 전쟁에서 돌아온 병사들이 보이는 부적응에 대한 관심이 높아지면서 트라우마와 PTSD가 주목을 받기 시작했지만, 이후 트라우마의 개념은 확장되고 있다. 개인에게 극복하기 힘든 위협이 되어 무력감, 죄책감, 분노, 두려움 등의 지속적인 부정적 감정 상태를 일으키는 사건까지 트라우마로 간주하여 경험의 주관성을 강조하고 있다. 즉, 어떤 사건이 누군가에게는 트라우마 사건이지만 누군가에게는 트라우마 사건이 아닐 수 있다. 나아가 트라우마 경험은 PTSD와 같은 부적응을 초래할 뿐 아니라 그것을 잘 견뎌 낼 경우 오히려 이전보

---

1) 트라우마(trauma)는 주로 '(심리적) 외상'으로 번역되어 사용되어 왔으나, 최근 일반인들에게 이 개념이 알려지면서 '트라우마'라고 그대로 소리 나는 대로 표기하여 명명되고 있다. 이를 반영해 이 책에서도 트라우마라는 번역어를 사용한다. 한편, '외상후 스트레스장애'와 '외상 후 성장'과 같은 용어는 이미 학계에서 통용되고 있는 용어이므로 외상을 트라우마로 수정하지 않고 그대로 쓴다.

다 더 성장할 수 있다는 '외상 후 성장' 개념이 등장해 트라우마를 다루는 임상에 새로운 관점이 제공되기도 했다. 학업실패 트라우마는 이렇게 트라우마 개념이 확장되고 트라우마에 대한 새로운 관점이 대두되는 가운데 제안된 개념이다. 특히, 우리나라 사람들은 공부에 대한 압박을 심하게 느끼고, 학업 경쟁이 치열한 사회에 살고 있기 때문에 학업실패 트라우마를 더 빈번하게 경험한다.

이 장에서는 트라우마의 개념과 그에 대한 대처 방안이 어떻게 발달해 왔고, 그 과정에서 제안된 학업실패 트라우마는 어떤 의미를 갖는지 살펴볼 것이다. 그리고 우리나라 학생들을 대상으로 수행된 학업실패 트라우마 관련 연구결과를 통해 학업실패 트라우마의 종류, 양상, 극복과정 등을 알아볼 것이다.

1. 트라우마의 의미

트라우마란 자신 또는 타인에게 위협이 된다고 지각된 사건이나 사태로 대다수 사람들은 살아가면서 한 번 이상 트라우마 사건을 경험한다. 그리고 트라우마 사건은 개인의 정신건강에 심각하고 부정적인 영향을 미치며, 그 영향은 평생에 걸쳐 지속될 수 있다. 이러한 정신건강상의 부정적인 영향은 외상후 스트레스장애(PTSD)로 명명되고 정신의학에서는 이를 중요한 치료 대상으로 삼고 있다. 트라우마는 오래전부터 목격된 현상을 개념화한 것으로 긴 역사를 거치며 그 개념이 발전해 오고 있고 아직도 계속 논의되고 있다.

트라우마 개념의 등장   트라우마(trauma)는 '상처'라는 의미의 그리스어($\tau\rho\alpha\nu\mu\alpha$)에서 유래한 것으로 외부 자극에 의해 신체 조직이 손상되어 겉으로 드러난 상처(외상, 外傷)를 의미하는 의학 용어이다. 주로 사고나 무기로 인한 상해로 수술적 처치를 요하는 경우를 일컫지만 치명상에 대해서는 중증 외상(major trauma)으로 구분해 명명하기도 한다. 신체적 상처가 나는 것과 같이 외부 사건에 의해 심리적으로 상처를 입는다는 의미로 심리적 트라우마(또는 정신적 트라우마, psychological trauma)라는 개념이 등장했다. 여전히 의학 분야에서는 치명적 외상을 트라우마 또는 외상이라고 부르고 있지만, 트라우마라고 하면 심리적 트라우마를 일컫는 경우가 더 많다.

심리적 트라우마 사건은 사건의 경험 이후 침습, 회피, 정서적 과각성, 인지의 부정적 변화 등의 스트레스 반응을 야기해 개인의 적응을 어렵게 한다. 이런 트라우마 사건을 겪은 후 전형적으로 나타나는 증상을 '외상후 스트레스 장애(PTSD)'라고 진단하면서 PTSD를 트라우마라고 부르는 경우도 많다. 이렇게 PTSD를 트라우마라 칭할 때는 트라우마의 의미가 협소해지는데, 이는 DSM(Diagnostic and Statistical Manual)의 진단에 근거하기 때문이다. DSM에서는 PTSD를 일으키는 트라우마 사건을 '죽음의 위협, 심각한 부상, 또는 성폭력' 등에 국한하고 있지만, 일반적으로 트라우마 사건에 대한 정의는 보다 포괄적이다. 생명의 위협을 준 사건만이 아니라 개인에게 변화를 줄 만큼 심리적으로 큰 타격을 입힌 위기와 심한 스트레스 사건을 트라우마 사건으로 보는 것이 일반적이다. 예컨대, 무엇이 트라우마 사건인지를 결정하는 것은 어떤 사건인지가 아니라 개인의 신념체계를 바꿔 놓을 만큼의 영향력이라는 점에 주목해야 한다는 주장이 있다(Calhoun & Tedeschi, 2004, p. 100). 우리나라에서 트라우마 사건의 정의에 대한 논란을 검토한 서영석 등(2012a, p. 675)은 트라우마 사건을 '자신 및 타인의 생명과 신체적 안전을 위협하고, 경험하는 당사자의 자기개념 및 관계 패턴, 대응기제 및 대처능력 등을 위협하는 것으로 인식되는 단일 또는 반복적이고 지속적인 사건'이라고 정의하고 있다.

트라우마 개념의 확장   트라우마 사건에 대한 개념이 확장되면서 먼저 기존의 트라우마 논의에 스몰 트라우마라는 개념이 추가되었다. Shapiro는 자연재해, 전쟁, 성폭력, 아동학대, 테러 등과 같이 일상의 경험을 넘어서는 커다란 사건이나 경험에 해당하는 빅 트라우마(Big Ttrauma)와 치과치료, 개에게 물림, 작은 수술, 낙상, 경미한 교통사고 등과 같이 일상적 경험이나 사건에 해당하는 스몰 트라우마(small t trauma)로 구분하고 있다. 여기에서 작다(small)는 의미는 트라우마가 작거나 경미함을 나타낸다기보다 가족을 비롯한 주변인들이 중요하지 않은 사소한 일로 여겨 명명한 것으로 일상생활에 항상 존재한다는 의미를 담고 있다. 최근에는 학교 장면에서 집단따돌림, 괴롭힘, 학교폭력 등의 경우가 스몰 트라우마로 호소되는 경우가 많아지면서 '원인성 일상생활 장애(etiological disturbing life experience)'라는 명명이 제안되기도 했다(Luber & Shapiro, 2009). 즉, 집단따돌림을 비롯해 발표에서 실수를 한 경험, 길을 잃었던 경험과 같이 일상에서의 경험으로도 트라우마를 겪을 수 있다는 점이 강조된 것이다. 일상에서 누구나 경험할 수 있지만, 스몰 트라우마로 인해 개인은 자존감이 손상되고, 자신감을 잃어 낮은 자아정체감을 갖게 된다.

다음으로 대리 트라우마(vicarious trauma: VT; McCann & Pearlman, 1990) 또는 이차 트라우마(secondary traumatic stress: STS; Figley, 1995) 개념이 등장했다. 자신이 직접 경험한 일만이 아니라 타인에게 일어난 사건을 목격하는 경우나 가까운 사람의 경험을 알게 되는 경우도 트라우마로 경험될 수 있다. 특히, 상담자를 비롯해 응급구조원, 경찰관, 의료진, 사회복지사, 법조인 등과 같이 트라우마를 겪고 있는 사람들을 직접 돕는 전문가들이 경험하는 경우가 많다. 조력하는 과정에서 트라우마 피해자와 직접 만나고 그들의 경험을 상세히 들을 뿐 아니라 조력하는 과정에서의 다양한 좌절 경험으로 많은 어려움을 겪는다.[2] 이들을 비롯해 간접 트라우마 사건을 접한 사람들은 직접 트라우마를 겪지 않더라도 트라우마를 겪는 사람들에 대한 책임감이나 미안함을 넘어 스스로를 자책하는 죄책감까지 경험한다.

복합 트라우마   트라우마에 대한 개념화가 전쟁이나 재난과 같이 하나의 사건에 국한되는 것을 비판한 여러 임상 사례와 학자들의 주장을 종합해 Herman(1992)은 누적된 트라우마 사건에 주목한 복합 트라우마라는 개념을 제안했다. 그리고 복합 트라우마는 그 증상과 치료효과가 달라 PTSD와는 구분되는 진단을 내려야 한다는 주장까지 지속적으로 있어 왔고, 그 결과가 조금씩 반영되고 있다. 예컨대, 복합 트라우마로 인한 PTSD(C-PTSD)를 DSM-5에서는 해리형 PTSD로 규정해 PTSD의 한 유형으로 두고 있고, 세계보건기구(WHO)의 ICD-11에서는 복합 PTSD를 PTSD와 구분되는 진단명으로 따로 두고 있다. ICD-11에서는 복합 PTSD[3]의 증상에 대해 PTSD 증상과 함께 정서조절, 트라우마 사건 관련 수치심·죄책감·실패감을 동반한 위축되거나 좌절되거나 무가치해진 자아상, 관계지속과 친밀감 형성에서의 어려움이 심각하게 지속되는 것으로 특징지으며, 개인적·가족적·사회적·교육적·직업적·기타 기능 영역에서 분명한 손

---

2) 상담자의 대리 트라우마에 대한 다양한 논의는 Kdambi와 Ennis(2004)를 참고할 수 있다.

3) https://icd.who.int/browse11/l-m/en#http%3a%2f%2fid.who.int%2ficd%2fentity%2f585833559

상을 보인다고 기술하고 있다.

Herman(1992)에 따르면, 복합 트라우마는 한 번 또는 하나의 사건이 아니라 반복되고 지속되는 트라우마(prolonged, repeated trauma)라는 점에서 가장 큰 특징을 보이는 경험이다. 이렇게 지속적으로 반복되는 이유는 피해자가 도망가지 못하고 가해자의 통제하에 감금(captivity)되어 있기 때문이다. 감옥이나 수용소가 대표적이고 사이비 종교단체, 시설, 가정 등 어디에서든 가능하다. 아동학대 피해, 또래 간 지속적인 따돌림 혹은 폭행, 가정폭력 피해, 포로 경험, 난민 경험, 성매매나 인신매매 등도 포함되고, Type II 트라우마, 발달적 트라우마, 애착 트라우마 등으로 명명되기도 한다(안현의, 2007). 피해자는 가해자가 일방적으로 강제하는 상황이라는 독특한 관계 속에서 그들을 지속적으로 만나고, 사이비 종교단체, 매 맞는 여성, 아동학대에서 나타나듯 물리적 힘만이 아니라 경제적·사회적·심리적 방법이 모두 동원된다.

이러한 경험으로 인해 복합 트라우마를 경험한 피해자들은 단순 트라우마를 경험한 피해자들과는 다른 증상을 호소하게 된다. 예컨대, 성학대 피해 아동은 뇌전증, 해리, 자아분절, 정서 및 불안장애, 피해 반복, 신체화, 자살경향 등 심각한 증상을 보인다. 임상결과를 종합한 Herman(1992)은 단순 트라우마로 인한 증상을 넘어서는 복합 트라우마로 인해 나타나는 증상을 크게 세 가지로 요약했다. 첫째, 신체화, 해리, 정서적 변화의 전형적인 트라우마 증상이 단순 트라우마의 경우보다 더 복잡하고 분산되어 있으며 지속적이다. 둘째, 관계와 정체성에서 모두 변화가 생기면서 성격적 변화를 가져 온다. 셋째, 스스로 자처하거나 타인에 의해 야기되거나 반복적으로 피해를 쉽게 입는다.

트라우마 기억에 대한 신경과학적 접근[4]　　트라우마 사건 이후 겪게 되는 여러 가지 PTSD 증상들이 왜 나타나는가에 대한 신경과학적 설명은 트라우마 심리학에서 최근 큰 발전을 이룬 분야이다. 예컨대, PTSD의 주 증상인 기억의 침습은 트라우마 사건이 감정을 담당하는 우뇌의 편도체(amygdala)에 트라우마 현장 또는 사건의 이미지에 그대로 등록되기만 하고 인지 부분을 담당하는 좌뇌의 대뇌피

---

4) 보다 상세한 내용은 『몸은 기억한다: 트라우마가 남긴 흔적들』(제효영 역, 2016년, 원저: *The Body Keeps the Score*, Bassel van der Kolk, 2014)을 참고하기 바란다.

질에는 저장되지 않기 때문에 발생한다(van der Kolk & van der Hart, 1991). 이렇게 인지처리 과정을 통한 상징화 또는 언어화가 되지 못한 트라우마 기억은 생생한 이미지 그대로 각인되고, 그 자체로는 이해할 수도 읽을 수도 없이 해리되었기 때문에 스스로 통제할 수 없다.

또한 신경과학자들은 트라우마 사건이 일으키는 심한 스트레스가 신경계의 조절체제까지 손상시킨다는 것을 밝히고 있다. Freud가 트라우마를 '자극장벽(stimulus barrier)이 무너진 상태'라고 언급했는데, 여기에서 자극장벽이란 뇌, 마음, 관계가 작용해 유기체의 항상성을 유지하는 일련의 과정이라고 할 수 있고 압도적인 스트레스 때문에 이와 같은 신경생물학적 기능의 조화가 깨진 것이다(예: 노르에피네프린 증가, 세로토닌 감소, 도파민 증가, 코르티솔 증가; Cozolino, 2015). 이렇게 트라우마는 결국 뇌구조 또는 뇌기능의 변화를 초래하는데, 특히 뇌의 경고 시스템을 변형시켜 스트레스 호르몬의 활성을 증대시킨다. 즉, 트라우마는 외부에서 들어오는 정보 가운데 관련 없는 정보를 걸러내는 시스템을 변형시켜 자극을 증대시킨다. 이로 인해 스트레스 호르몬(코르티솔, 노르에피네프린)의 분비 증가, 기억과 학습에 영향을 미치는 해마 활성에서의 변화, 편도체 과잉자극으로 인한 과민성 등이 초래된다. 이러한 뇌구조와 뇌기능의 변형이 PTSD의 대표적 증상인 침습, 회피, 정서적 과각성, 인지의 부정적 변화를 일으키게 된다. 여기에 근거해 PTSD에 대한 약물치료는 이러한 스트레스 호르몬의 분비를 조정하는 것에 초점을 두고 있다.

2. 트라우마와 PTSD

트라우마에 대한 관심은 트라우마 사건을 겪은 후 전형적인 증상을 외상후 스트레스장애(PTSD)라고 진단하면서 본격화되었다고 할 수 있다. 트라우마라고 하면 PTSD를 의미하는 경우가 많은 이유도 여기에 있을 것이다. 비극적 사건, 재난, 폭력, 상실 등의 결과로 심리적 고통을 겪는 데 대한 기록은 기원전 1900년까지 거슬러 올라가고, Homeros의 『일리아스』와 『오디세이아』에도 전쟁과 상실로 인한 슬픔, 수면장애, 플래시백 경험이 기술되고 있다. 그러나 의학에서 사용하던 트라우마(외상)의 개념을 재난 후 심리·정서적 상태에 적용한 것은 19세기 중반부터라고 할 수 있다. 트라우마 심리학(Trauma Psychology)의 토대가 된 중요한 계기는 19세기의 히스테리 연구, 20세기 초의 제1차 세계 대전의 전쟁신경증(shell shock, '탄환 충격'으로 직역하기도 함), 20세기 후반 베트남 전쟁 후 확립된 PTSD 진단, 성적 학대와 가정폭력을 고발한 여성운동 등이 대표적이다(Herman, 2015).

PTSD 진단의 역사[5]   히스테리 연구를 통해 트라우마에 대한 개념을 연 것은 프랑스의 Charcot이다. Charcot가 아동 성추행, 철도사고, 재난사고 등으로 인해 히스테리 증상이 나타난다는 것을 발견했고, Freud는 히스테리의 기원에 대한 이론을 정립했다. 산업혁명 후 생산체제와 사회의 변화는 수많은 대형 철도사고와 기계화된 전쟁을 야기하여 사상자를 속출시켰고, 이에 따른 트라우마로 인해 고통받는 사람도 늘었다.

그 가운데 제1차 세계 대전과 제2차 세계 대전에서 돌아온 병사들이 겪는 고통은 사회적으로 큰 이슈가 되었다. 제1차 세계 대전에서 돌아온 병사들이 겪는 고통을 전쟁신경증(shell shock)으로 명명하였고, 처음 DSM이 출판된 1952년에는 제2차 세계 대전에서 돌아온 병사들이 보이는 증상을 총체적 스트레스 반응(gross stress reaction: GSR)이라고 명명하면서, 급성으로 나타나고 전쟁과 재난으로 인한 것에 한정했다. 당시 전쟁에서 돌아온 병사들을 치료하던 Wolpe는 전통적인 심리치료로 이들을 치료할 수 없음을 발견하고 상호적 억제(reciprocal inhibition)라는 접근을 제안했다. 공포를 일으키는 트라우마적 자극에 대해 새로운 반응을 연결하는 것으로 상담자들에게 체계적 둔감화로 알려져 있는 방법이다. Wolpe의 치료적 접근은 이후 60년 동안 건재하면서 PTSD에 대한 인지-행동 접근에 근간이 되고, 지속노출치료(prolonged exposure therapy; Foa, Hembree, & Rothbaum, 2007)로 발전했다.

DSM-II에서는 이유 없이 PTSD에 대한 진단이 빠졌지만, DSM-III에서 PTSD가 정식으로 명명되고, 진단기준이 새로워졌으며, 이후 PTSD에 대한 본격적인 연구가 활발해졌다. PTSD가 DSM에 공식적으로 들어간 것이 III판부터라고 보는 사람이 많은 이유도 여기에 있다. DSM-III에서는 트라우마가 일반적으로 사

---

5) 「The study of trauma: A historical overview」(Figley, Ellis, Reuther, & Gold, 2017) 내용을 참고해 작성한 것으로 자세한 내용은 원문을 참고하기 바란다.

람들이 겪는 혐오적 상황에서의 경험을 넘어서는 것으로 가정하였으나, 가정폭력, 아동 성학대, 폭력범죄, 성폭력 등을 통해서도 PTSD가 나타나고 대부분의 사람들이 일생에 한 번 이상 경험하게 된다는 주장이 뒤를 잇게 된다. 여기에는 당시 여성의 성폭력 및 가정폭력 피해를 부각시킨 여성운동이 크게 기여했다. DSM-IV에서부터 주관적 요소가 포함되는데, 주관적으로 '강한 두려움, 무력감, 공포'를 느끼는 사건을 트라우마 사건으로 규정했다. 그리고 직접적 트라우마 경험만이 아니라 트라우마 사건을 목격하거나 간접적으로 경험하는 경우도 포함되었다. 이렇게 DSM-IV에서는 트라우마 개념이 확장되어, 무엇을 트라우마 사건으로 규정할 것인지에 대한 논란은 아직도 계속되고 있다. 이러한 논의가 DSM-5에 반영되어 진단기준에 변화가 생기는데, 간접 경험에 대해 보다 분명하게 진단기준 A에 따로 항목을 두어 명시해 진단의 범위를 확장시킨 점이다. 반면, 초기 환자의 주관적 반응에 대한 평가를 필수적 요소로 포함하지 않아 진단의 범위를 축소시킨 면도 있다. 그리고 DSM-5에서는 PTSD 진단기준과 분류에서도 변화를 보이고 있다. PTSD는 DSM IV판까지는 불안장애 범주에 포함되었지만, DSM-5에서는 외상 및 스트레스 관련 장애라는 범주가 새로 만들어져서 PTSD를 비롯한 트라우마와 심한 스트레스에서 기인하는 장애들이 여기에 포함되었다. 이렇게 수정된 DSM-5의 진단기준은 '실제적이고 위협적인 죽음, 심각한 부상, 또는 성폭력에의 노출'을 트라우마 사건으로 제시하고 있고, 트라우마 사건의 직접적 경험만이 아니라 목격한 것, 가족, 가까운 친척 또는 친한 친구에게 일어난 트라우마 사건을 알게 된 것, 일로 인해 트라우마의 세부 사항에 대해 노출된 것 등 간접적 경험의 경우를 모두 포함시켰다. 그리고 20가지의 PTSD 증상을 '침습', '지속적 회피', '인지와 감정의 부정적 변화', '트라우마와 관련된 각성과 반응성의 뚜렷한 반응'의 네 가지 범주로 분류하고 있다. 또 PTSD는 1개월 이상 지속되는 것을 진단기준으로 하고 있는데, 트라우마 노출 후 3일에서 1개월까지 지속되는 경우 급성 스트레스장애로 따로 구분해 진단한다.

PTSD에 대한 치료적 접근   트라우마로 인한 고통에 대한 언급은 기원전으로 거슬러 올라갈 만큼 오래되었고, Freud에서 본격적으로 어떻게 치료할 것인가에 대한 논의가 시작되었다. PTSD에 대한 치료이론은 방대하고 효과성에 대한 검증도 상당히 확립되었다고 할 수 있다. 여기에는 치료적 접근에 대한 긴 역사와 함께 전쟁으로 인한 PTSD를 발견하고 치료에 집중하는 과정을 통해 임상심리학의 큰 발전을 이룬 배경이 있다. 우리나라에서는 2008년 『외상후 스트레스장애 근거중심의학 지침서』[6](대한불안의학회, 대한정신약물학회, 2008)가 발간되었고, 여기에서 약물치료와 함께 심리적 개입으로 인지행동치료(cognitive behavioral therapy: CBT), EDMR(eye movement desensitization and reprocessing, 안구운동 민감소실 재처리), 정신역동치료 등의 효과를 비교해 제시하고 있다. WHO에서는 2013년 트라우마에 노출된 아동과 성인에 대한 치료 지침[7]을 발표했고, 인지행동치료와 EDMR를 주요한 접근으로 제안하고 있다(World Health Organization, 2013). 영국의 NICE(National Institute for Health and Care Excellence, 국립보건임상연구소)에서는 2018년 PTSD 관련 지침[8]을 재정비하면서 아동에게는 인지행동치료를, 성인에게는 인지행동치료와 EDMR를 추천하고 있다 (NICE, 2018). 이와 같은 지침 가운데 가장 대표적 사례인 미국심리학회가 제공하는 지침서[9]는 성인의 PTSD 치료에 대한 효과적인 접근으로 인지행동치료, 인지처리치료(cognitive processing therapy: CPT), 인지치료(cognitive therapy: CT), 지속노출치료(prolonged exposure therapy: PE), 단기절충심리치료(brief eclectic psychotherapy: BEP), 안구운동 민감소실 재처리 요법(eye movement desensitization and reprocessing: EMDR), 내러티브 노출치료(narrative exposure therapy: NET) 등 일곱 가지를 추천하고 있다. 최근 이러한 증거기반치료 접근을 개관한 연구결과에 따르면, 지속노출치료, 인지과정치료, 트라우마 기반 인지행동치료(trauma-focused-CBT: TF-CBT)가 가장 효과적인 것으로 나타났다 (Watkins, Sprang, & Rothbaum, 2018). 각 치료적 접근의 내용[10]을 간단히 살펴보면 다음과 같다.

인지치료와 인지행동치료는 상담자들에게 가장 익숙한 접근으로 인지행동상담

---

6) https://www.guideline.or.kr/guide/view.php?number=14&cate=B

7) https://www.who.int/mental_health/emergencies/stress_guidelines/en/

8) https://www.nice.org.uk/guidance/ng116/chapter/recommendations#management-of-ptsd-in-children-young-people-and-adults

9) https://www.apa.org/ptsd-guideline

10) PTSD 증거기반치료의 상세한 내용은 최윤경(2017)의 「외상 후 스트레스 장애의 근거기반치료」와 최지영(2018)의 「외상 경험 아동에 대한 근거기반치료」를 참고할 수 있다.

의 접근을 PTSD 증상 개선에 적용한 것이다. 트라우마 사건과 그 결과에 대한 파국적 해석을 주요한 인지적 왜곡으로 보고 그 수정에 초점을 둔다. 트라우마와 관련된 부정적 인지를 수정하기 위해 노출기법을 추가해 사용되는 접근은 트라우마 기반 인지행동치료이다. 인지처리치료도 넓게는 인지치료에 속하는데, 트라우마 사건으로 인해 달라진 신념을 변화시키기 위해 인지처리 과정을 활용한다는 점에서 차이를 보인다. 트라우마 사건 이후의 자동화된 사고에 대해 그 타당성을 점검하고 보다 적응적인 대안적 사고를 찾도록 조력한다.

지속노출치료는 회피하고 잊고자 하는 트라우마 관련 자극, 생각, 감정을 적극적으로 경험하게 해 PTSD 증상을 줄이고자 하는 접근이다. 실제 노출과 심상 노출을 모두 활용하고, 노출을 반복적으로 지속할 경우 습관화, 소거, 재학습, 정서처리가 이루어지고 부적응적 신념의 변화와 유능감을 이끌 수 있는 것으로 밝혀지고 있다. 노출치료에 초기 기억부터 자신의 삶을 돌아보는 자전적 이야기(내러티브)를 만들어 가는 과정을 추가한 접근이 내러티브 노출치료로 비교적 장기간에 걸친 트라우마를 경험한 PTSD 환자에 적용된다.

단기절충심리치료(BEP)는 정신역동적 통찰에 근거해 PTSD를 다루는 새로운 노출기법으로 여러 가지 PTSD 치료기법을 통합해 구조화시킨 접근이다. 단기절충치료는 심리교육, 심상적 노출, 쓰기 과제, 의미화와 통합, 이별 의식의 5단계를 거치는데, 6회기에 걸친 심상적 노출 회기와 3회기부터 시작되는 인지적 재구조화 회기를 중심으로 16회기 매뉴얼이 제안되었다(Gersons et al., 2011[11]). 또한 BEP가 PTSD에 가장 효과적인 것으로 알려진 CBT, EDMR에 버금가는 효과를 나타낸다는 점도 여러 연구를 통해 입증되었다.

EDMR(안구운동 민감소실 재처리)는 조금 다른 접근인데 그 효과가 입증되면서 꾸준히 각광을 받고 있다. EDMR(Shapiro, 1989; 2001)는 트라우마와 관련된 이미지, 생각, 정서, 감각에 초점을 둔 상태로 수평으로 안구운동을 반복적으로 진행하는데, 이 과정에서 처리되지 못하고 남아 있던 트라우마 기억이 처리된다. 단, 안구운동이 어떤 과정을 통해 이런 효과를 나타내는지에 관한 몇 가지 가설이 제안되었지만 아직 명확하게 입증하지 못한 상태라는 점에서 다소 논란이 되고 있다.

---

11) file:///C:/Users/user/Downloads/BEPPprotocolENdefvs2011.pdf

트라우마를 다루는 상담자는 내담자가 트라우마로 인한 PTSD 증상을 호소할 경우 이와 같이 지금까지 트라우마 치료에 효과적인 것으로 입증된 개입전략을 적용할 수 있다. 그러나 미국임상심리학회가 다양한 정신병리에 대해 제시하고 있는 증거기반치료는 해당 정신병리의 증상 완화 이상을 넘어서지 못하는 한계와 복합병리에 대한 치료 한계를 드러내고 있는 것이 현실이다. 트라우마 치료에서도 마찬가지로 PTSD 증상 치료의 완화에 치중하고 있다. 이에 트라우마를 겪은 내담자에 대한 상담에서도 증거기반치료적 접근이 갖는 공통된 한계점들이 지적되고 있다(이은아, 2015; 주혜선, 2016). 따라서 기존의 증거기반 PTSD 치료적 접근을 트라우마 상담에 적용하더라도 증상 완화를 넘어서는 상담적 개입과 내담자가 경험한 트라우마 사건에 따라 보다 특화된 상담 전략의 적용이 필요하다는 점을 유념해야 한다. 예컨대, 학업실패 트라우마는 DSM에서 정의하는 트라우마 사건의 범위를 벗어나는 경우가 있다는 점, 복합 트라우마의 양상을 띠는 경우가 많다는 점, PTSD 증상이 심각하지 않은 경우가 있다는 점 등에서 고유성을 가지므로 이러한 특성이 반영된 상담 접근이 필요하다.

3. 트라우마와 외상 후 성장

트라우마는 마음에 깊은 상처를 남기면서 PTSD를 비롯해 여러 가지 부정적 결과를 초래한다. 그리고 그 영향은 상당히 심각해서 개인은 트라우마 사건을 경험하기 이전의 상태로 돌아갈 수 없다고 느낄 정도이다. 그러나 트라우마로 인한 어려움과 고통을 이겨 나가는 과정을 통해 개인이 이전과는 완전히 다른 새로운 사람으로 성장하기도 한다는 '외상 후 성장' 개념이 제안되면서 트라우마 치료에 새로운 장이 열렸다. 그리고 이러한 외상 후 성장은 트라우마 상담의 지향점이 되고 있는데, 학업실패 트라우마 상담에서도 마찬가지로 내담자가 학업실패로 인한 트라우마를 극복하고 새로운 사람으로 성장할 수 있도록 촉진한다. 이를 위해 상담자가 숙지해야 할 외상 후 상장의 개념, 외상 후 성장의 과정과 그 관련 요인을 설명하는 이론적 모델, 상담에 주는 시사점에 대해 살펴보면 다음과 같다.

외상 후 성장의 의미   '외상 후 성장(posttraumatic growth: PTG)'은 트라우마 사

건이 부정적 결과를 낳고 이것을 회복해 이전의 적응 상태로 돌아가도록 도와야 한다는 이전의 논의를 뛰어넘어, 개인의 인지, 정서, 행동에 일으키는 트라우마 경험의 긍정적 역할에 관심을 가지고 등장한 개념이다. 외상 후 성장이라는 용어는 Tedeschi와 Calhoun(1995)의 『트라우마와 전환: 고통 후 성장(Trauma and Transformation: Growing in the aftermath of suffering)』이라는 책의 부록에 소개된 '외상 후 성장 검사(The Post Traumatic Growth Inventory)'에서 처음 사용되었다. 이후 외상 후 성장 검사가 학회지에 소개되면서 외상 후 성장 개념과 이를 측정할 수 있는 검사도구가 널리 알려졌다. 여기에서 Tedeschi와 Calhoun은 외상 후 성장을 '트라우마 사건을 경험한 사람들이 경험한 긍정적 결과'(positive outcomes reported by persons who have experienced traumatic events, p. 455)로 정의하고, 외상 후 성장 검사는 '대인관계', '새로운 가능성', '개인 내적인 힘', '영적 · 실존적 관심', '삶에 대한 감사' 등 다섯 가지 긍정적 변화에 대한 영역으로 구성됨을 밝혔다(Tedeschi & Calhoun, 1996, pp. 459-460).

Tedeschi와 Calhoun은 트라우마를 비롯한 역경이 개인의 발달을 견인한다는 점에 대해 1980년대 말부터 학계에 발표하기 시작했지만, 외상 후 성장이라는 정확한 명명과 측정도구 발표, 그리고 이후 1990년대 말 긍정심리학의 등장으로 외상 후 성장에 관한 연구가 본격화되었다. Tedeschi와 Calhoun도 언급하고 있듯이 고통과 역경이 인간을 더욱 성숙하게 만든다는 것은 외상 후 성장이라는 용어의 등장 훨씬 이전인 고대 철학자와 종교지도자들도 제안했던 개념이다. 또한, '좋은 약은 입에 쓰다.'나 '고생 끝에 낙이 온다.'와 같이 오래전부터 전해오는 경구들은 성장에는 고통이 동반된다는 것을 암시한다. 1980년대 유행했던 〈아픔만큼 성숙해지고〉라는 대중가요는 그 아픔이 비록 실연이지만 외상 후 성장을 글자 그대로 표현하고 있다고 할 수 있다. 이렇게 외상 후 성장 개념은 일상적으로 느끼고 회자될 만큼 인간에게 보편적으로 나타나는 현상에서 출발하고 있다.

최근 Tedeschi 등(2018)은 외상 후 성장에 대한 그간의 연구를 종합하면서, 다시 한번 외상 후 성장의 개념을 설명하고 있다. 먼저 외상 후 성장에서 트라우마는 DSM의 PTSD 진단기준이 명시하는 정의를 확장해 개인의 신념체계를 심각하게 위협하는 모든 상황[12]을 아우르는 것으로 위기와 극심한 스트레스 사건도 포함한다(p. 4). 그리고 '외상 후(posttraumatic)'의 의미는 트라우마 사건을 겪는 동안의 반응이 아니라, 트라우마 사건 이후 지속적으로 겪게 되는 삶의 모든 경험을 의미한다(p. 5). 마지막으로 '성장(growth)'은 개인의 인지, 정서, 행동 등 모든 영역에서의 계속되는 변화의 과정을 의미하는데, 정상적 발달과정에서 나타나는 성격적 발달, 변화, 성숙, 성장이 아니라 큰 위기를 맞아 역경을 이겨 내기 위해 고군분투하는 과정에서 나타나야 하고, 지금까지 가지고 있던 신념체계가 무너지고 새로운 신념체계를 획득한다는 의미에서 이전의 적응 상태로 돌아가는 리질리언스[13]와도 구분된다(pp. 5-6).

외상 후 성장 모델　　외상 후 성장 개념이 소개된 이후 활발해진 관련 변인들에 대한 연구는 외상 후 성장의 과정을 설명하는 이론적 모델(Calhoun & Tedeschi, 1998, p. 215)을 탄생시켰다. 이후 이론적 모델의 수정이 거듭되면서 현재의 외상 후 성장 모델(Tedeschi et al., 2018, p. 44)이 완성되었다. 트라우마로 인한 고통 속에 빠지지 않고 트라우마를 잘 극복해 외상 후 성장에 이르는, '외상 사건의 발생 → 스트레스와 부정적 결과 초래 → 신념체계의 붕괴 → 반추와 극복전략 모색 → 시간 경과와 극복전략 효과에 따른 고통 감소 → 트라우마 사건의 원인, 의미, 영향에 대한 의도적 성찰'의 과정을 나타낸다. 트라우마 사건이 어떤 경로를 통해 외상 후 성장에 이르게 되는가와 그 과정에 영향을 미치는 요소가 무엇인가를 함께 제시하고 있는데, 이 모델에 대한 Tedeschi 등의 설명을 요약하면 다음과 같다.

---

12) 지진이라는 현상이 지각을 뒤흔들 듯이 트라우마가 개인의 신념체계를 통째로 흔들어 놓는다는 은유적 표현으로 'seismic(지진의, 엄청난)'이라는 표현을 쓰기도 한다.

13) 리질리언스(resilience)는 탄력성, 자아탄력성, 심리적 탄력성, 적응유연성, 회복탄력성 등 여러 가지 번역어로 사용되고 있는데, 최근에는 영어를 소리 나는 대로 읽어 표기한 '리질리언스'라고 쓰기 시작해 이 책에서도 리질리언스라는 번역어를 사용한다.

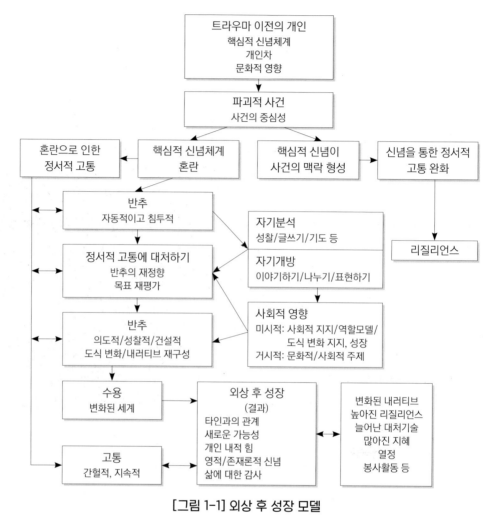

[그림 1-1] 외상 후 성장 모델

출처: Tedeschi et al., 2018, p. 44.

먼저 외부적 트라우마 사건이 개인에게 어떻게 경험될 것인가는 개인의 특성, 신념체계, 문화적 맥락에 따라 결정된다. 즉, 동일한 트라우마 사건이 개인에게 주는 스트레스는 사람에 따라 상당히 다를 수 있다는 것이다. 뿐만 아니라 트라우마를 극복하고 성장으로 나아가는 과정에도 개인의 성별, 연령, 성격, 창의성, 희망, 정신건강, 자신과 세상에 대한 신념체계 등이 영향을 미친다.

무엇보다 트라우마는 개인이 가지고 있던 핵심적 신념체계를 뿌리부터 흔들어 놓기 때문에 이후 많은 고통을 가져 오게 된다. Tedeschi 등은 트라우마를 지진에 비유한다. 지진이 예상치 못한 때 예상치 못한 곳에서 일어나 수년에 걸쳐 구축한 건축물 전체를 뒤흔들어 파괴시키고 도시 전체의 인프라를 와해시키듯이, 강한 스트레스를 주는 트라우마적 사건은 불시에 개인이 가진 핵심적 신념을 위협하고 파괴한다. 지진이 지나간 후 잔해에서 다시 그 도시의 인프라를 재건해야 하듯이, 트라우마 사건 이후 개인은 자신의 신념체계를 다시 구축해야 한다.

　개인의 핵심적 신념이 위협받게 되었을 때 가장 먼저 나타나는 반응은 정서적 고통이다. 그리고 신념체계 혼란과 정서적 고통의 상호작용은 반복적 사고(반추, rumimative thoughts)를 불러오는데, 침습적이고 자동적인 반추와 성찰적이고 의도적인 반추가 동시에 나타난다. 침습적 반추는 트라우마에 대한 정상적 초기 반응으로, 사라지지 않는 이미지가 머릿속에서 떠나지 않거나 모르는 사이 경험과 관련된 생각들이 떠오르기도 하고(침습하고) 악몽으로 잠을 이루지 못하기도 한다. 시간의 흐름과 함께 이런 침습적이고 자동적인 반추는 줄어들고, 건설적이고 의도적인 반추가 점점 늘어나는 과정을 거친다.

　의도적 반추는 이런 일이 왜 일어났는가에 대해 이해하려고 노력하는 과정에서 나타나는데, 의식적이고 노력을 기울이는 사고과정이라고 할 수 있다. 또한 의도적 반추는 트라우마로 인해 달라진 자신의 삶의 맥락을 설명할 수 있는 새로운 신념체계를 세워 달라진 환경에 보다 잘 적응하기 위한 노력의 일환이다. 즉, 트라우마로부터 회복된 사람들은 성찰적 반추를 통해 자신의 경험을 자신의 삶에 통합하는 새로운 이야기를 만들어 낸다. 그 과정 속에서 가장 핵심은 삶의 의미의 발견 또는 삶의 의미의 창조이다. 이렇게 의도적이고 성찰적인 반추는 한 개인의 내적 성장을 이끌어 주는데, 이것이 바로 '외상 후 성장'이다. 이렇게 도달하는 보다 적응적 반추는 이전 단계의 자동화된 침습적 반추와 달리 의도적이고, 성찰적이고, 구성적이며, 개인은 이 내러티브적인 사고의 과정을 통해 삶을 바라보는 방식을 바꾸게 된다. 이전과는 달라 보이는 세상을 수용하면서 대인관계, 새로운 가능성, 개인 내적 힘, 영적/실존적 신념, 삶의 의미 측면에서의 외상 후 성장을 맞이하게 된다.

　반추의 방향을 새롭게 바꾸고 목표 재설정을 통해 고통을 극복해 나갈 수 있도록 촉진하는 경험은 무엇인가? 자기분석, 자기개방, 사회문화적 영향 등은 이 과정을 촉진하는 경험들로, 특히 자기분석과 자기개방은 침습적 반추에서 대처 단계를 거쳐 의도적 반추로 나아갈 수 있도록 돕는다. 트라우마 사건과 그와 관련된 경험에 대한 성찰과 함께 자기개방을 통해 어려움을 주변 사람들과 나누는 것은 트라우마 극복과정에 지대한 영향을 미친다. 자기개방은 다른 사람에게 이야기하는 것부터

일기나 책을 통한 글쓰기, SNS 활동, 예술을 통한 창작까지 다양하고, 초기 정서적 고통의 경감, 인지적 과정의 촉진, PTG 성취, 무의식적 수준의 긍정적 기대, 지지 집단 구축 등의 효과가 있는 것으로 입증되고 있다. 또한 사회적 지지는 트라우마 경험의 전, 중, 후 등 모든 과정에 영향을 미치는데, 사회적 지지 기반이 튼튼한 사람은 트라우마를 보다 효과적으로 극복할 수 있다. 예컨대, 침습적 사고로 고통받을 때 그 이야기를 잘 들어 줄 사람이 있을 경우 이야기를 하면서 보다 적응적이고 희망적인 새로운 면을 볼 수 있게 된다. 이때 이야기를 들어 주는 사람이 유사한 경험을 가지고 있어 역할모델을 제공한다면 더욱 이 과정을 촉진할 수 있다.

이와 같은 외상 후 성장 모델은 우리나라 연구를 통해서도 입증되어 의의를 갖는다. 주인석 등(2020)은 외상 후 성장 경험 관련 연구물에 대한 질적 메타분석을 실시했는데, [그림 1-2]와 같은 모델을 도출하였다. Tedeschi 등(2018)의 모델에서는 외상 후 성장의 선형적 진행을 보여 주고 있다면, 주인석 등의 모델은 외상 후 성장의 과정이 고통, 그에 대한 대처, 실존적 성장의 일방향으로 진행되기보다 비선형적이고 순환적인 양상을 나타내고 있다는 점에서 의의를 갖는다. 그리고 이 연구에서는 이러한 과정은 심리적 수용, 인지 재구성, 사회적 지지가 중심이 되어 진행됨을 확인했다. 다양한 트라우마 사건을 딛고 외상 후 성장에 이른 결과가 여러 편의 우리나라 질적 연구에서 공통적으로 발견된 만큼 이는 외상 후 성장을 촉진하는 상담자들이 숙지해야 할 사항이다.

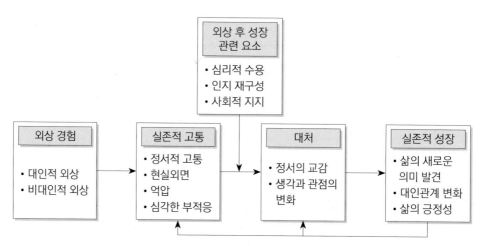

[그림 1-2] 심리적 수용과 인지 재구성을 통한 외상 후 성장의 과정

출처: 주인석, 김명찬, 이현진, 2020, p. 542.

외상 후 성장 모델의 시사점   외상 후 성장 모델은 외상 후 성장을 촉진하는 상담이 어떤 부분에 초점을 두어야 하는지에 대한 실제적 시사점을 제공하고 있다. 그 내용을 살펴보면 다음과 같다.

① 외상 후 성장과정이 주는 시사점

첫째, 외상 후 성장 모델에 따르면, 외상 후 성장을 이끄는 상담의 목표는 자동적이고 고통스러운 침습적 반추의 내용을 의도적이고 건설적인 성찰적 반추로 변화시키는 것이 되어야 한다. 반추를 하지 않는 것이 아니라 보다 건설적인 반추로 그 내용을 바꿔 나가야 한다. 그리고 이러한 건설적 반추를 이끌기 위해 자기개방과 사회적 지지가 촉진되어야 함도 제시하고 있다.

둘째, 자기표현을 통해 트라우마 경험의 개방을 촉진하는 것이다. Tedeschi 등(2018, p. 43)은 그간의 연구결과를 토대로 이전 모델과 달리 새롭게 제안한 모델에 자기개방이 포함된 것을 강조하는데, 외상 후 성장 경험에 대해 표현하고(예: 글쓰기) 다른 사람에게 이야기하는 것을 통해 자신의 감정, 현재 삶의 위기에 대한 자신의 생각, 자기개방에 대한 타인의 반응 등이 외상 후 성장을 촉진할 수 있다. 따라서 트라우마를 겪고 있는 자신에 대해 더 많이 이야기해 보고 표현해 보는 기회를 제공해 내담자의 외상 후 성장을 도울 수 있음을 시사한다.

셋째, 외상 후 성장을 촉진하기 위해 정서적 고통의 동반을 수용하도록 돕는 것이 필요함을 시사한다. 외상 후 성장 모델은 외상 후 성장의 과정에 정서적 곤란이 계속 지속될 수 있음을 보여 준다. 뿐만 아니라 외상 후 성장을 이룬 후에도 정서적 고통은 남아 있을 수 있고 계속 영향을 주고받음을 알 수 있다. 즉, 상담자는 트라우마로 인한 정서적 고통이 없어지는 것이 아니라 그것을 잘 다루어 나갈 수 있어야 한다는 점을 유념해야 하고, 이 부분을 내담자가 수용할 수 있도록 도와야 할 것이다.

넷째, 외상 후 성장의 과정이 선형적으로 진행되는 것이 아니라 순환적으로 반복된다는 점도 염두에 두어야 할 것이다. 한번의 개입으로 한 단계에서 그다음 단계로 옮겨 갈 수 있는 것이 아니라, 다음 단계로 넘어갔다가 다시 돌아오기도 하고, 성장을 이룬 상태에서도 다시 고통으로 돌아올 수 있다. 따라서 외상 후 성장에 도달하기 위해서는 고통, 대처, 성장을 여러 번 반복할 수 있고 이러한 것이 바로 개입의 과정임을 상담자가 잘 알고 대비해야 한다.

② 외상 후 성장을 촉진하는 상담의 구성 요소

보다 구체적으로 외상 후 성장 모델을 적용한 상담적 개입의 핵심 구성 요소는 상담 개입에 실제적인 시사점을 주고 있다. Calhoun과 Tedeschi(2012)는 성장에 초점을 둔 상담의 핵심 구성 요소로 '경청하는 것에 집중하라', '만일 내담자가 성장에 가까워진다면 그 성장에 주목하라', '만일 성장이 있다면 그것을 명명하라', '가능성에 대해 질문하라', '맞는 단어를 선택하라' 등 다섯 가지를 제시하고 있다.

첫째, 경청하는 것에 집중하라는 것은 문제를 해결하기 위해 너무 급히 접근하지 말아야 한다는 점을 강조하는 것이다. 외상 후 성장에서 침습적 반추가 트라우마 직후 일어나는 자연스러운 반응이고, 시간이 지나면서 성찰적 반추로 바뀌어 감을 가정한다. 그리고 내담자 스스로 자신에게 일어난 일과 앞으로 살아갈 방안에 대해 생각해 나가는 과정이 바로 침습적 반추에서 성찰적 반추로 변화되는 과정이므로 그 과정을 잘 해 나갈 수 있도록 도와야 하고, 그렇게 할 내담자의 힘을 믿어야 하는 것이다. 따라서 상담자가 해야 할 가장 중요한 일은 내담자가 자신의 경험에 대해 충분히 이야기할 수 있도록 함께 있어 주고 성의껏 들어 주는 것이다.

둘째, 외상 후 성장은 단번에 일어나는 사건이 아니라 서서히 조금씩 변화하는 과정으로 성장에 가까워지고 있을 때 그 성장을 상담자가 알아차리고 주목해야 함을 강조한다. 내담자가 자신의 핵심 신념에 의문을 제기하고 도전받을 때 성장이 나타날 가능성이 크고 트라우마 상황에 대한 이해를 위한 노력 과정에서 성장 관련 주제가 부각될 수 있다는 점을 상담자가 알고 있어야 한다. 내담자가 성장에 다가가다 보면 실제 성장이 목격될 수 있고, 상담자는 거기에 주목해야 한다.

셋째, 성장을 다루기 위해 발견된 성장에 대한 명명이 필요하다. 내담자의 이야기 속에 암시된 성장을 직접 명명해 재경험할 수 있도록 돕는 것은 성장을 촉진시키는 중요한 개입이다. 트라우마 이후 경험에 대한 이야기 속에서 성장을 이끌어 낼 수 있는 요소를 찾고 그것에 즉각적으로 반응해야 한다. 즉, 상담자는 성장을 발견할 뿐 아니라, 이것을 다룰 수 있도록 명명하는 작업을 해야 한다.

넷째, 내담자가 스스로 성장을 보고하지 않더라도, 성장 가능성을 상담자가 먼저 알아차릴 수 있는데, 내담자에게 앞으로 어떤 변화가 일어날 것이 예상되는지에 대한 탐색적 질문을 통해 상담자가 감지한 내담자의 성장 가능성을 탐색할 수 있다.

다섯째, 이런 외상 후 성장을 이끄는 개입에서 가장 유의해야 하는 것은 적절한 단어의 선택이다. 특히, 상담자는 위기가 성장을 위한 좋은 기회를 제공한다는 상투적 표현을 삼가야 한다. 예컨대, "불합격한 덕분에 이런 문제에 대해 곰곰이 생각해 볼 기회를 갖게 되었네요."라고 말하지 않도록 주의해야 한다. 이렇게 표현할 경우 불합격을 정당화하기 위한 위로로 들려 오히려 반감을 살 수도 있다. 이런 말을 들을 때 내담자는 상담자의 의도대로 불합격이 자신에게 나쁜 일만은 아니라고 생각하기보다 '생각 안 해도 되니까 불합격하지 않았으면 좋겠어.'라고 생각할 가능성이 높다. 그러므로 상담자는 이렇게 불합격을 좋은 것으로 포장하는 오류를 범하지 않아야 한다. 그 대신 "불합격한 상황에 대처해야 하기 때문에 여러 가지 생각을 하게 된 것 같네요."라는 방식으로 표현한다면, 현재의 상황을 수용하고 이를 극복해 나갈 동기를 높일 수 있을 것이다.

4. 학업실패 트라우마 경험

학업실패는 트라우마에 관한 새로운 관점이 제안되면서 트라우마 사건에 포함되었다고 할 수 있다. 앞서 트라우마 의미에서 살펴본 바와 같이 트라우마 사건이 무엇인지, 어떤 증상을 PTSD로 볼 것인지에 대한 논란이 지속적으로 있어 왔다. 최근에는 트라우마 경험의 주관적 경험 측면과 사회문화적 맥락의 영향을 감안할 때, 트라우마 개념을 DSM의 PTSD 진단기준에서 벗어나 보다 다양한 위기와 심각한 스트레스 상황까지 확대해야 한다는 주장이 대세를 이루고 있다(서영석 외, 2012a; 이동훈 외, 2018). 확대된 트라우마 사건의 개념을 가지고 우리나라 사람들이 경험하는 트라우마 사건을 조사한 이동훈 등(2018)의 연구결과는 DSM의 PTSD 진단기준 사건에 포함되어 있지 않지만 '심각한 스트레스를 야기하는 실패절망'을 포함시켰는데, 조사 대상자의 39%가 관련 트라우마를 경험했다고 보고했고 5%는 실패절망을 가장 고통스러운 트라우마 사건으로 보고했다. 보다 구체적으로 우리나라 청소년들이 경험하고 있는 트라우마를 탐색한 서영석 등(2012b)은 전통적으로 제시되고 있는 트라우마 외에 우리나라 청소년들이 경험하는 24가지의 외상 사건을 추가로 확인했다. 이 중 학업에서의 어려움으로 인한 트라우마 경험을 경쟁적인 우리 사회의 모습을 반영한 대표적 트라우마 사건으로 꼽았다.

학업은 학생 신분에서 수행해야 할 가장 핵심적 과업이다. 학업을 제대로 해내지 못하면 그것은 곧 인생에서의 낙오와 실패를 의미하게 되고, '학업실패' 자체가 트라우마 사건으로 경험된다. 뿐만 아니라 학업실패에 대한 타인의 반응이 트라우마가 되기도 한다. 학업에서 실패할 경우 부모나 교사로부터 강한 비난과 질책을 받게 되는데, 성적이 떨어졌다는 이유로 심한 체벌을 받기도 한다. "같이 죽자.", "너 같은 아이는 살 가치가 없다."와 같은 폭언을 포함한 트라우마적 경험을 하게 된다. 나아가 시험 자체가 강한 스트레스가 되어 여러 가지 신체화 증상이 나타나기도 하는데 이런 신체적 반응의 경험과 이로 인한 시험실패가 함께 트라우마가 된다. 이와 같은 학업실패로 인한 트라우마 경험은 공부가 지나치게 강조되는 우리 사회에서는 어릴 때부터 나타나고 있다. 또한 학업실패 트라우마 경험은 우리나라 학생들만 겪는 문제가 아니라 다른 나라 학생들도 경험하는 보편적 경험으로 확인되고 있다. 예를 들면, 우리나라와 유사한 경쟁적 교육환경을 가진 일본에서도 시험실패 등 학업상의 문제가 트라우마로 보고되고 있다(Taku et al., 2007). 서구의 경우 어릴 때는 아니지만 대학생 시기의 학업이나 일에서의 어려움이 PTSD 증상을 유발한다고 보고되었다(Robinson & Larson, 2010).

그렇다면 학업을 수행해 나가는 과정에서 겪게 되는 실패가 마음의 깊은 상처를 남기는 트라우마가 되고, 나아가 PTSD 증상까지 일으키는 학업실패 트라우마를 우리나라 학생들(또는 수험생들)은 언제 어떤 형태로 경험하는가? 학업과 관련해 경험했던 트라우마 사건이 무엇인가를 개방질문을 통해 수집한 최근 연구들은 그에 대한 답을 제시하고 있다. 우리나라에서 최근 수행된 학업실패 트라우마 경험 관련 연구는 학업실패로 의미를 축소하지 않고 학업과 관련해 겪는 트라우마 사건을 수집한 연구와 학업실패 트라우마를 구체화해 수행된 연구가 대표적이다. 청소년들이 경험하는 트라우마를 포괄적으로 탐색한 연구를 통해 학업과 관련된 트라우마 경험이 심각함을 확인할 수 있었고, 학업과 관련해 발생되는 모든 트라우마를 학업 트라우마로 명명하고 그 유형을 살펴본 연구도 있다. 그리고 보다 구체적으로 학업실패 트라우마의 사건과 함께 경험과 그 극복과정을 살펴본 연구도 있는데, 그 내용들을 살펴보면 다음과 같다.

학업 관련 트라우마 연구   학업에서의 성취가 지나치게 중시되는 우리나라의 경우 학업과 관련된 어려움과 고통은 트라우마로 경험될 만큼 심각하다. 우리나라 청소년을 대상으로 트라우마 경험을 연구한 서영석 등(2012b)은 학업에서의 어려움으로 인해 트라우마를 경험하는 학생들이 있음을 보여 준다. 이 연구에서는 전국의 9~24세 청소년 1,274명을 대상으로 개방형 질문지를 통해 지필식 또는 이메일로 트라우마 사건을 조사했다. 그 결과 학업과 관련된 사건으로 '학사경고를 받음', '고등학교 중간고사 성적표를 받았을 때', '대학 입시에서 계속 낙방하고 삼수를 함' 등이 보고되었다. 이런 학업실패를 트라우마 경험으로 보고한 학생들의 수는 19명으로 그 빈도가 높지 않았지만, 19명 중 5명이 PTSD 증상을 보고해 PTSD 증상 비율은 상대적으로 높았다. 또한 가족 내 물리적 폭력으로 분류된 '학업적인 이유로 아버지에게 심한 체벌을 받음', 심리·정서적 문제로 분류된 '시험을 앞두고 공부를 안 했다는 사실을 깨달았을 때 자살충동을 느낌', '시험 시간에 엄청난 스트레스를 겪음', 악몽/가위눌림으로 분류된 '시험을 계속해서 보는 악몽을 꾸거나 가위에 눌림' 등은 학업 관련 트라우마로 분류되지 않았지만, 학업실패와 관련된 복합 트라우마로 볼 수 있다. 이런 부분까지 포함시킨다면 상당히 많은 학생들이 학업과 관련된 트라우마를 경험하고 있음을 알 수 있다.

〈표 1-1〉 우리나라 청소년이 보고한 학업실패 트라우마 사건

외상 사건 범주	사건 수	사건 내용
7. 성장과정에서의 신체적 처벌	25	
1) 가족	22	학업적인 이유로 아버지에게 심한 체벌을 받음
2) 교사	3	시험을 못 봐서 몽둥이로 50대 넘게 선생님에게 맞음
8. 학업, 일에서의 실패나 어려움	19	
1) 학업	13	학사경고를 받음. 고등학교 때 중간고사 성적표를 받았을 때
2) 입시	5	대학 입시에서 계속 낙방하고 삼수를 함
3) 기타	1	학교에서 전교회장 선거에서 낙선함
9. 심리·정서적 문제	19	시험을 앞두고 공부를 안 했다는 사실을 깨달았을 때 자살 충동을 느낌 시험 시간에 엄청난 스트레스를 겪음
10. 악몽/가위눌림	18	시험을 계속해서 보는 악몽을 꾸거나 가위에 눌림

출처: 서영석 등(2012b)의 〈표 1〉과 〈표 2〉의 내용 중 학업 관련 내용만 추출함.

학업 트라우마 유형 연구　　다음으로 살펴볼 내용은 이은정과 유금란(2019)의 연구결과이다. 이 연구에서는 모든 종류의 트라우마 사건을 조사한 것이 아니라 학업에만 초점을 두고 트라우마 사건을 조사했다. '학업과 관련하여 심리적으로 충격이나 상처가 되었던 일시적 사건이나 지속적으로 반복되었던 경험'을 '학업 외상(academic trauma)'이라 명명하고 있다(p. 5). 이 연구에서는 228명의 우리나라 성인을 대상으로 기존 트라우마 경험에 대한 개방형 질문지를 학업 트라우마에 초점을 두어 수정한 질문지로 온라인 조사를 실시했다. 응답자의 46.7%에 해당하는 121명이 학업 트라우마를 경험했다고 보고했고, 이 가운데 20.7%는 PTSD를, 11.7%는 복합 PTSD를 경험하고 있어 상당히 많은 사람이 꽤 심각하게 학업과 관련된 트라우마를 경험하고 있음을 확인할 수 있었다. 학업 트라우마는 〈표 1-2〉에 제시된 바와 같이 성취실패, 공부강요, 관계폭력 등 3개의 범주로 구분되었다.

〈표 1-2〉 우리나라 성인이 회상한 학업 트라우마 사건 유형

유형	하위 범주	빈도(%)	사건 내용의 예
성취실패	원하던 진학 실패	27 (25.71)	원하던 고등학교, 대학교, 대학원, 유학, 취업의 실패, 수능시험 망침
	성적 하락	26 (24.76)	재학 중 급격한 성적의 하락, 특정 과목의 포기, 기대 성적에 미치지 못함
	적응 실패	5 (4.76)	유급, 중퇴, 새 학년 적응 실패
공부강요	과중한 공부 양	4 (3.81)	해야 할 공부가 너무 많아 끝이 없음
	성취 압박	23 (21.90)	부모나 교사의 잘해야 한다는 압박, 스스로 감옥에 갇힌 느낌의 성취 압박
	원치 않는 공부/진로 강요	4 (3.81)	원치 않는 공부나 진로의 강요
관계폭력	정서 학대	24 (22.86)	성적에 대한 폭언, 등수별 자리 배치 등의 차별, 지속적인 은근한 무시
	체벌/신체적 폭력	8 (7.62)	신체폭력, 속옷 바람으로 집에서 쫓겨남
계		121 (100.00)	

출처: 이은정, 유금란, 2019, p. 9.

성취실패는 고등학교, 대학교, 대학원, 유학, 취업, 수능 등을 포함해 원하던 진학에서의 실패와 성적이 급격하게 떨어지거나 특정 과목을 포기하게 되거나 자신의 기대에 미치지 못하게 되는 성적 하락이 주된 내용이고, 유급, 중퇴, 새 학년 적응 실패와 같은 적응에서도 실패도 포함되었다. 학업 트라우마를 보고한 참여자들 중 가장 많은 빈도로 나타났는데, 구체적인 예로는 '고3 때 지원했던 모든 대학에서 떨어졌다', '자연재해로 유학 실패', '특목고 진학 후 성적이 곤두박질쳤다', '9월 모의고사에서 3등급이 나와 국어 과목은 포기했다', '공인영어성적 미달로 인한 졸업유예 및 해외 대학원 진학 포기', '학교 자퇴' 등이 있었다(p. 9). 따라서 성취실패의 내용은 모두 학업실패 트라우마에 해당하는 사건이라고 할 수 있다.

두 번째 공부강요 범주는 과중한 공부 양, 성취 압박, 원치 않는 공부/진로 강요의 하위 범주를 포함하는데, 구체적 반응 예시 가운데 '해도 해도 끝이 없고 다 아는 것 같지 않았다', '등수가 1등만 떨어져도 내 인생이 망한 것 같았다', '초등 저학년인데도 성적으로만 나를 평가하는 부모님', '대회에서 처참한 점수를 받아 온 이후 선생님들이 나를 보며 더 잘해야지, 반의 대표가 되어야지 하는 말만 반복했다'와 같은 반응(p. 10)은 공부가 강요되는 상황이기도 하지만 학업실패와도 밀접히 관련된다.

세 번째 범주인 관계폭력은 성적 때문에 부모를 비롯한 주변인으로부터 폭력을 경험한 경우인데, 비난이나 욕, 차별이나 경멸의 말을 듣는 등 정서적 학대와 심한 체벌이나 집에서 쫓겨나는 등의 신체적 폭력이 모두 포함되었다. 그 구체적 예를 보면, '수학 60점을 받았다고 경멸의 눈초리를 받았다', '학원에서 쪽지시험을 보고 결과에 따라 손등에 멍이 들게 맞았는데 손등을 감추고 다녀야 했다', '나름 열심히 준비한 과제에 대해 공개적으로 부정적 피드백을 받고 머리가 하얘져서 교실 밖으로 뛰쳐나가고 싶었다', '선생님이 이것도 모르냐, 나중에 막노동을 하게 될 거라고 말했다', '성적이 나쁘다는 이유로 팬티 바람으로 집에서 쫓겨났다' 등(p. 10)으로 학업실패가 그 출발점에 있다.

학업 트라우마 유형화를 위해 다양한 학업 관련 트라우마를 살펴본 이은정과 유금란(2019)의 연구는 성취실패, 공부강요, 관계폭력으로 범주화하고 있지만 모두 학업에서의 실패와 관련된다. 학업은 그 과정보다는 성취에서의 성공과 실패라는 결과로 나타나 삶의 여러 영역에 영향을 미치기 때문일 것이다. 그리고 이러한 학업실패는 유치원부터 성인학습까지 모든 연령대에서 나타나고, 성적 하락, 포기,

자퇴, 불합격 등 다양한 학습 장면에서 나타난다는 점에서 학업실패 트라우마 상담이 다루어야 할 문제의 범위가 상당히 넓다는 것을 시사한다.

학업실패 트라우마 사건 연구   학업실패 트라우마라는 보다 구체화된 주제로 트라우마 경험을 수집한 연구가 최근 수행되었다. 황매향 등(2019)은 학업실패 트라우마를 '학업에서의 실패로 인한 과도하고 지속적인 스트레스'로 개념화하고 (p. 148), 우리나라 학생들이 학업을 해 나가는 과정에서 경험하는 학업실패의 양상과 극복에 대해 알아보는 것을 목적으로 연구를 수행했다. 대학생들을 대상으로 자신의 마음에 깊은 상처를 남겼다고 지각하고 있는 주관적 트라우마로서의 학업실패 경험을 개방적 질문지를 통해 수집했다. 이 연구에서 수집된 자료 중·고등학교 시기의 학업실패를 보고한 사례가 다른 시기의 학업실패에 비해 압도적으로 많아 고등학교 시기 학업실패에 국한해 분석이 이루어졌다. 학업실패 트라우마가 고등학교 시기에 집중되어 나타난 것은 고등학교 시기가 그 어느 시기보다 경쟁과 서열화로 인한 학업에서의 스트레스가 심하기 때문일 수 있다. 우리나라 고등학생들을 대상으로 수집된 패널 자료에 따르면 학업 때문에 스트레스를 받았었는지에 대한 문항에 '많이 받았다'와 '약간 받았다'에 응답한 학생의 비율이 70%가 넘었다(이정진, 윤기영, 손창균, 2014). 황매향 등 연구에서 밝힌 고등학교 시기에 해당하는 학업실패 내용과 그 극복과정에 대해 살펴보면 다음과 같다.

① 학업실패 트라우마 내용

학생들이 보고한 학업실패 내용을 살펴보면 '불합격', '성적 하락', '공부 도중 느낀 좌절', '주관적 기준 미달', '예기치 못한 사건으로 인한 시험 실패' 등이 주된 내용이다(〈표 1-3〉). 불합격에는 '대입 실패', '자격증 시험 실패', '대회 탈락', '취업 실패'가, 성적 하락에는 '특정 과목의 성적 하락', '내신 하락', '모의고사 망침'이, 공부 도중 느낀 좌절에는 '노력해도 안 됨', '공부 못한다는 말을 들음', '공부에 집중이 안 됨'이 포함되었다.

우리나라 학습자들이 고교 시기에 경험하는 학업실패 트라우마 중 가장 빈번하게 경험하는 실패는 '불합격'으로 전체 응답 중 48.4%의 가장 높은 빈도를 나타냈다. 그중에서도 '대입 실패'가 43.3%로 압도적으로 높다. 대입 실패는 수시

전형 불합격을 비롯하여 재수, 대입 면접, 수능시험의 실패를 함께 포함하고, 특성화고 출신의 경우 현재 대학에 재학 중이지만 고교 졸업 후 취업에 실패한 것을 자신의 학업실패로 보고하였다. 자료를 수집한 대상이 이미 대학에 진학한 학생들임을 감안할 때 대학에 진학하지 못한 학생들까지 포함한다면 훨씬 더 많은 학생들이 대입 실패로 고통받고 있음을 예상할 수 있다. 뿐만 아니라 이미 대학에 합격해 다니고 있으면서도 대입을 실패로 규정하는 학생들이 많다는 점에서 이들은 자신이 원하는 대학이나 학과에 진학하지 못하고 타협점을 찾아 대학에 입학하게 되었을 가능성도 있다.

〈표 1-3〉 우리나라 대학생들이 회상한 고교 시기 학업실패 내용

범주	하위 범주	빈도(%)
불합격		169 (48.4)
	– 대입 실패	151 (43.3)
	– 자격증 시험 실패	8 (2.3)
	– 대회 탈락	4 (1.1)
	– 취업 실패	6 (1.7)
성적 하락		135 (38.7)
	– 특정 과목의 성적 하락	61 (17.5)
	– 내신 하락	56 (16.0)
	– 모의고사 망침	18 (5.2)
공부 도중 느낀 좌절		23 (6.6)
	– 노력해도 안 됨	13 (3.7)
	– 공부 못한다는 말을 들음	8 (2.3)
	– 공부에 집중이 안 됨	2 (0.6)
주관적 기준 미달		12 (3.4)
예기치 못한 사건으로 인한 시험 실패		10 (2.9)
계		349 (100.0)

출처: 황매향 외, 2019, pp. 152-153.

다음으로 '성적 하락'은 전체 응답 중 38.7%로 나타나 학업실패 내용 영역 중 두 번째로 높은 빈도를 보이고 있다. '내신의 하락', '특정 과목의 성적 하락', '모의고사 망침' 등이 포함되어 있다. 내신 하락의 경우 중간고사나 기말고사 성적의 전반적 하락을 포함해 고교 진학 후 성적이 하락한 경험, 특정 과목의 성적하락을 학업실패로 지각하고 있는 경우 등이 보고되었는데, 공통적으로 자신이 기존에 받아 오거나 예상했던 성적에서 크게 하락한 경우나 지금까지 중 가장 낮은 점수를 받은 경우를 학업실패로 인식하고 있었다. '고3 때 본 6월 모의고사에서 21322 (등급)의 역대 최악의 점수를 맞음'과 같은 반응에서 볼 수 있듯이 객관적으로 높은 성적이어도 자신의 이전 성적보다 떨어졌거나 기대 수준에 미치지 못했을 때 실패감을 갖게 된다. 또한 제시된 사례에서 볼 때 학교급이 올라가면서 성적 하락을 경험하는 사례들이 있었는데, 특히 고교 서열화로 특목고나 자사고로 진학한 경우들이었다.

높은 빈도를 보이지 않았지만, 노력을 하지만 잘 안 되거나, 공부를 못한다는 말을 듣거나, 공부에 집중이 안 되는 등 공부를 하는 과정에서 느낀 좌절도 개인에게는 학업실패라는 깊은 상처를 남길 수 있음을 알 수 있다. 또한 전교 1등에서 2등으로 밀려난 것이 학업실패 트라우마라고 보고할 만큼 자신이 설정한 주관적 기준이 성공과 실패를 정의하는 중요한 잣대가 된다는 것도 소수의 사례에서 나타났다. 마지막으로, 시험을 보는 중에 안경이 부러지는 것과 같이 예기치 못한 사건이 학업실패의 원인이 된 경우도 있었다.

고등학교 시기로 그 시기를 제한한 경우에도 학업실패 트라우마가 불합격, 성적 하락, 학습과정에서의 좌절 등 상당히 다른 영역으로 구분된다는 것을 알 수 있다. 그리고 같은 성적 하락이라고 해도 성적 전반의 하락과 특정 과목의 성적하락이 다르고 내신 성적 하락과 수능과 관련된 모의고사에서의 성적 하락이 다른 등 실패 경험 내용이 더 세분화되고 있다. 이런 부분은 학업실패 트라우마 상담에서 다루어야 할 트라우마 사건의 특징을 일반화하기보다 각 트라우마 사건의 고유성에 대해 더 탐색하고 여기에 맞는 상담적 접근이 필요함을 시사한다.

② 학업실패 트라우마의 영향

학업실패라는 트라우마 사건은 정서 및 인지적 영향으로 나타났는데, 학업실패가 마음에 남긴 상처 영역에는 '정서적 상처', '자아상의 손상', '과제에 대한 부정적 태도와 정서', '관계 악화, 세상에 대한 회의감' 등 다섯 가지가 포함되었다. 즉, 학업실패로 인해 학생들의 부정적 정서 경험은 자신에만 그치는 것이 아니라 과제, 타인과의 관계, 세상을 바라보는 관점에도 부정적 영향을 미치는 것으로 나타났다.

다섯 가지 영역 중 가장 많은 내용이 포함된 영역은 '정서적 상처'로 '우울'이 가장 높았고, '미래에 대한 두려움', '슬픔', '미분화 괴로움'(예: 기분이 좋지 않음), '분함', '1년을 더 해야 한다는 부담' 등이 포함되었다. 특정 정서를 독특하게 경험하게 된다기보다는 학업실패로 인한 충격과 슬픔에 압도되는 경우부터 자신이 그동안 열심히 해 온 것이 수포로 돌아간 것에 대한 무력감과 허무함까지 개인에 따라 다양한 부정적 정서를 경험하게 되는 것을 알 수 있다. 학업정서이론(Pekrun, 2006)에서도 과거 실패에 대해 자신의 통제에 있다고 생각하면 수치심을, 타인의 통제에 있다고 생각하면 분노를, 통제와 무관하다고 생각하면 슬픔을 경험한다는 가설을 제안한 것과 일관된 결과라고 할 수 있다. 즉, 상담자는 내담자가 이러한 다양한 정서적 경험 가운데 어떤 정서를 경험하고 있는지 탐색하는 것이 필요할 것이다.

다음으로 많이 응답한 영역은 '자아상의 손상'으로, 학업실패 경험은 전반적으로 학습자의 자기평가를 부정적으로 만든다고 볼 수 있다. 학업실패 후 '자신감과 자존감이 하락'하게 되고, '수치심'을 느끼며, '자신에게 미안한 마음이 들고 자책하게 되는 것', '실패자처럼 느껴지는 것', '스스로의 한계를 직면하게 되는 것' 등이 자아상 손상의 내용으로 포함되었다. 또한 이러한 자아상 손상은 첫 번째 범주에 해당하는 정서적 상처도 동반하는 경우가 많았으므로 상담에서는 자아상 손상과 부정적 정서 경험을 연결지어 다루어야 할 것이다.

학업실패 트라우마는 '과제에 대한 부정적 태도와 정서'를 형성하고, '관계 악화'를 가져 오며, '세상에 대한 회의감'을 초래해 이후 적응을 어렵게 하기도 한다. '수행불안', '학업적 자기효능감 저하', '흥미 저하', '도전하지 않음', '공부 안 함' 등으로 과제에 대한 부정적 태도와 정서가 형성되는데, 과제에 대한 불안감은 대체적으로 특정 과목이나 특정 과제 및 수행에 초점을 두고 보고한 사례가 많았다.

'관계 악화'는 학업실패로 인해 '친구들이나 가족들과 교류를 끊는 관계 철회', '부모의 기대에 부응하지 못했다는 죄책감', 부모로부터 혼나거나 질책을 듣는 것과 같은 '부모와의 갈등'으로 주로 나타날 수 있다. 관계 악화에서 빈번하게 등장하는 대상은 부모로 부모에게 혼나거나 질책을 듣거나 싸우고 관계가 악화되는 등 갈등 관계에 놓이는 경우가 있는가 하면, 부모에 대한 죄송함이나 미안함을 느끼는 형태로 부정적인 관계에 놓이기도 하는 것을 볼 수 있다.

나아가 학업실패 트라우마로 인해 '세상에 대한 회의감'을 갖게 되는 사례도 있는데, 자신이 노력해도 변화되지 않는다는 '노력에 대한 회의', 희망하는 대학에 진학할 수 없다는 부정적 생각과 같은 '비관적 태도'가 포함된다. 두 번째 범주의 자신감 하락 및 자신의 한계 직면에서는 노력을 했음에도 '자신'은 안 된다는 부정적 평가에 초점을 두고 있다면, 이 범주에서는 '노력'이라는 것 자체에 대한 회의감을 보였다는 점에서 차이가 있다. 이와 같이 학업실패 트라우마는 자신에 대한 실망과 자신을 둘러싼 맥락에 대한 실망을 가져 오면서 여러 정서적 어려움을 초래하는 것을 알 수 있다. 따라서 상담에서는 학업실패 트라우마가 내담자에 미치는 영향을 내담자의 내적 상태만이 아니라 맥락에 대한 지각과 함께 파악해야 함을 시사하고 있다.

③ 학업실패 트라우마 극복과정

학업실패는 자아상을 손상시키고 다른 사람들과의 관계를 어렵게 만들어 정서적으로 많은 고통을 주었지만, 학업실패를 극복하기 위해 노력하면서 긍정적 경험도 한 것으로 나타났다. '실패 극복을 위한 노력', '실패라는 경험을 해 보는 것의 긍정적 효과', '실패 극복 후 얻은 것' 등의 범주가 포함되었고, 실패를 극복하기 위해 다양한 노력을 기울이는 것을 알 수 있다. 뿐만 아니라 학업실패가 반드시 학생들에게 부정적 경험만 주는 것이 아니라 실패 경험 그 자체가 개인에게 긍정적 효과를 주고, 실패 극복 후에 다양한 긍정적 효과를 획득한다는 점도 확인할 수 있다.

〈표 1-4〉 우리나라 대학생들이 회상한 고등학교 시기 학업실패 극복 경험

범주	하위 범주	빈도 (%)
실패 극복을 위한 노력		289 (54.8)
	– 더 열심히 공부함	137 (25.9)
	– 공부방법을 바꿈	55 (10.4)
	– 동기 및 정서조절	39 (7.4)
	– 여유 갖기	19 (3.6)
	– 타인의 도움 추구	18 (3.4)
	– 진로 대안 찾기	14 (2.6)

	– 잘하는 것에 집중하기	8 (1.5)
실패라는 경험을 해 보는 것의 효과		138 (26.1)
	– 새로운 각오를 하는 계기	37 (7.0)
	– 자신의 문제점을 알게 됨	35 (6.6)
	– 실패를 수용하게 됨	31 (5.9)
	– 자신의 한계를 수용함	22 (4.2)
	– 다른 길을 찾음	13 (2.4)
실패 극복 후 얻은 것		101 (19.1)
	– 자기성장	34 (6.4)
	– 그릿(grit)	24 (4.6)
	– 성취감을 맛봄	23 (4.4)
	– 힘든 시기를 견딜 수 있는 힘이 생김	15 (2.8)
	– 자신감, 자존감 향상	5 (0.9)
계		528 (100.0)

출처: 황매향 외, 2019, pp. 159-160.

'실패 극복을 위한 노력'은 과반수 이상의 연구참여자가 보고한 내용으로, '더 열심히 공부함', '공부방법을 바꿈', '동기 및 정서조절', '여유 갖기', '타인의 도움 추구', '진로 대안 찾기', '잘하는 것에 집중하기' 등이 있다. 즉, 학생들은 학업실패 경험을 극복하기 위해 행동적 변화 추구나 정서 · 인지 조절, 외부적 도움 추구 등 다양한 노력을 기울인 것을 알 수 있다. 이러한 보고 내용은 학업실패를 극복하기 위해 노력하는 내담자를 돕는 상담에서 구체적 목표 또는 전략을 수립할 때 고려해 볼 내용들이 될 것이다. '더 열심히 공부함'이 실패를 위한 노력에서 가장 높은 빈도를 보이고 있어, 학업실패 이후 학생들이 시도해 보는 극복 노력이 학습시간을 절대적으로 늘리는 것이 되기 쉽다는 것을 예상하게 한다. 기존의 학업실패가 단순히 학습시간의 부족이나 학습의 질의 문제에서 비롯된 경우, 이러한 시도는 학업실패 극복에 효과적일 수 있다. 그러나 학업실패가 단순히 학습시간의 부족이 아닌 비효율적 학습전략이나 다른 원인으로 인해 발생했을 경우, 학습시간만 늘리는 노력은 오히려 학업실패 경험의 반복을 초래할 수도 있다는 점을 상담에서는 고려해야 한다. 이 연구의 참여자들도 학업실패 극복을 위해 자신의 학습방법을 바꾸는 노력을 기울인 경우도 많았다. 즉, 상담자는 학업실패 내담자의 학습시간 늘리기 부분에 개입할 때 이 부분을 면밀하게 살펴보아야 할 것이다. 예컨대, '공부방법을 바꿈'은 기존에 하지 않고 있던 학원/과외 교습을 시작하거나, 혹은 기존에 받고 있던 사교육의 진정한 활용방법을 깨달아서 자신의 공부전략 수정하기, 잘못된 학습전략을 수정하거나 새로운 학습전략을 습득하기 등 기존 학습방법의 변경, 인지적 학습전략의 변화 등이다. 학업실패 경험이 부정적인 영향에서 그치지 않고, 학생으로 하여금 자신의 학습전략을 점검하고 전략을 수정하는 기회를 제공함을 알 수 있다.

'실패라는 경험을 해 보는 것의 효과'는 학업실패 경험 자체가 자신에게 준 긍정적 효과를 보고한 내용으로, '학업실패로 인해 새로운 각오를 하는 계기가 된 것', '자신의 문제점을 알게 된 것', '실패를 수용하게 되는 것', '자신의 한계를 수용하게 되는 것', '다른 길을 찾는 것' 등이 포함되었다. 새로운 각오를 하는 계기의 경우 노력을 통해 성취감을 맛보거나 도전정신이 생기는 것과는 달리 노력의 중요성을 다시 깨달음과 같이 각오를 다지는 것에 해당하는 응답이다. 자신의 문제점을 알게 되는 것은 행동에 따른 결과를 알게 되거나 스스로를 반성하는 것, 실패 수용은 실패해도 신경을 안 쓰게 되거나 자신이 실패를 할 수도 있음을 인정하게 된 것을 포함하며, 자신의 한계 수용은 자신의 한계를 받아들이거나 타인의 피드백을 수용하고 학습에 대해 겸손한 태도를 갖는 것을 포함하였다. 입시전형의 변화나 진로목표의 변경 등은 다른 길을 찾음에 해당한다.

뿐만 아니라 '실패 극복 후 얻는 것'도 있다. 현실적으로 생각하고 판단하는 능력과 정신적으로 성숙해짐을 보고한 '자기성장'이 가장 높은 빈도를 보였고, 결과에 굴하지 않고 나아가는 정신, 노력하는 힘, 책임감과 같은 '그릿(grit)', 다시 성적을 향상시켜서 '성취감을 맛봄', 여유가 생기고 낙천적이 되는 것'과 같이 '힘든 시기를 견딜 수 있는 힘이 생긴 경우', 실패를 극복하여 '자신감과 자존감이 향상되는 것' 등이 포함된다. 이러한 결과는 학생들이 실패를 통해 정서적 상처를 받기도 하지만, 실패 경험 자체를 통해서 꼭 해당 경험을 직접적으로 극복하지 않아도 그 경험 자체에서 긍정적 단서를 발견하고 성장의 동기를 발견함을 보여 준다. 즉, 외상 후 성장의 경험이 표현된 부분이라고 할 수 있고, 상담자는 내담자가 여기에 다다를 수 있도록 조력해야 할 것이다.

제2장
학업실패 트라우마 상담의 과정

 상담은 일반적으로 상담관계 형성 → 문제 파악 및 목표 설정 → 개입 → 성과평가 및 종결의 과정을 거쳐 진행되는 조력 서비스이다. 학업실패 트라우마 상담도 상담의 보편적 과정에 따라 진행되는데, 학업실패 트라우마라는 내담자 문제의 속성으로 인해 특별히 고려할 사항들이 있다.

 이 장에서는 학업실패 트라우마 상담과정에서 상담자들이 염두에 두어야 할 사항들을 상담의 단계별로 살펴볼 것이다. 학업실패 트라우마 상담은 문제 파악에서 학업실패 트라우마 시기와 관계적 트라우마가 고려되어야 한다는 점과 상담목표 설정에서 학업실패 트라우마의 극복과 함께 새로운 학업성취에 대한 목표 재설정까지를 포함한다는 점이 특징이다. 이에 따라 개입에서도 학업실패 트라우마로 인한 어려움에 대한 조력과 함께 '외상 후 성장'을 촉진하고 새롭게 설정한 학업성취목표를 이루어 낼 수 있도록 돕는 과정이 강조된다. 이러한 학업실패 트라우마 상담의 각 단계에 대해 살펴보면 다음과 같다.

1. 학업실패 경험 내담자와의 상담관계 형성

학업실패 트라우마 상담의 첫 단계는 [그림 2-1]과 같이 내담자와의 촉진적 상담관계 형성이다. 보편적으로 적용되는 상담관계 형성의 원리와 함께 상담 초기 단계에서 학업실패 트라우마를 경험한 내담자들과의 관계 형성과 관련해 염두에 두어야 할 사항들이 있다. 이 가운데 상담관계 형성의 기반을 마련하기 위해 상담자가 해야 할 일, 비자발적 내담자와의 관계 형성을 위해 노력할 부분, 상담에 오지 않은 내담자를 찾아내기 위해 상담자가 할 수 있는 일에 대해 살펴보면 다음과 같다.

상담관계 형성의 기반 마련   상담에서 가장 중요한 단계는 상담이 시작되는 시점에서의 상담관계 형성이다. 내담자가 상담자를 신뢰할 수 있는 관계 형성은 상담의 토대일 뿐 아니라 그 자체가 내담자의 변화를 촉진하는 도구로 작용하기 때문이다. 상담전문가들은 누구나 촉진적 관계 형성의 중요성과 촉진적 관계 형성의 원리와 전략에 대해 처음 상담 공부를 시작할 때부터 배우고 익히고 이후 상담의 실제에서도 모든 사례에서 실천하고 있다. 그래서 상담자들은 촉진적 관계 형성의 중요성과 방법에 대해 충분히 준비되어 있을 것이다. 이러한 촉진적 관계 형성의 원리는 학업실패자와의 상담관계 형성에서도 그대로 적용된다. 더불어 학업실패를 고통스럽게 경험한 내담자와의 상담관계 형성에서 특히 유의해야 할 사항을 살펴보면 다음과 같다.

① 상담관계 형성을 방해하는 내담자의 불안 이해하기

트라우마 경험을 가진 내담자들은 '나 같은 경험을 해 본 적이 없는 사람이 어떻게 날 이해할 수 있겠어.'라는 방어적 태도를 갖는 경우가 많다. 특히, 학업실패 트라우마 경험을 가진 내담자들의 경우 자신은 실패자인 데 비해 상담자는 성공한 사람이라는 선입견을 가지고 상담에 올 수 있어 이런 내담자의 불안은 더 커진다. 자신보다 훌륭한 사람에게 상담을 받는다는 것은 전문성 측면에서 신뢰할 수 있다는 장점이 있긴 하지만, 오히려 '나 같은 실패자를 이해할 수 있겠어.' 또는 '나를 한심하게 생각하겠지.'라는 생각을 하기 쉬워 신뢰관계 형성에 걸림돌이 되기도 한다. 따라서 상담자는 상담의 출발점에 놓인 장애물에 대한 인식을 하고 이 장애물을 어떻게 극복해 나갈 것인가에 대한 대처전략을 마련해야 한다.

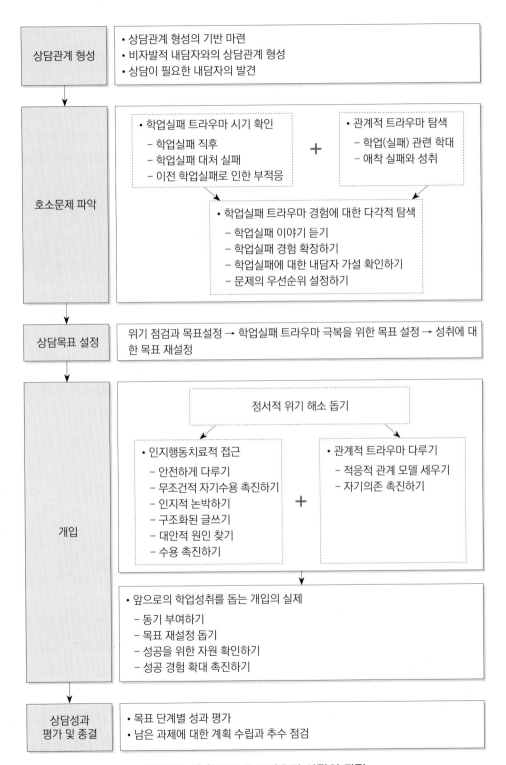

[그림 2-1] **학업실패 트라우마 상담의 과정**

이때 내담자에게 이런 불안을 직면시키거나 상담자의 실패 경험에 대한 자기개방하기를 서둘지 않아야 한다. 상담자에 대한 내담자의 이런 마음은 상담에서만 나타나는 것이 아니라 일상생활 속에서 다른 사람을 대할 때도 자주 느끼는 마음이다. 자신 이외의 모든 사람이 성공한 사람인 것 같고, 그래서 그들이 나를 이해하지 못하고 무시할 것 같은 불안을 늘 가지고 있다. 이것을 함께 살펴보고 극복해 나가는 것이 상담에서 해야 할 중요한 과제라는 점에 주의를 기울여야 한다. 경청과 지지를 통해 '부끄럽고 수치스러운 자신의 과거와 현재를 드러내도 괜찮겠구나.'라는 신뢰를 형성하고 난 다음에 상담자를 처음 만났을 때의 불안을 다루어 나가는 것이 순서이다. 그리고 나아가 상담자에게 느꼈던 불안과 유사한 불안을 느꼈던 내상과 상황에 대해 더 탐색하고 극복 방안을 함께 찾아나가는 개입까지 이루어져야 할 것이다.

② 관계 형성을 방해하는 상담자의 판단 중지하기

내담자와의 촉진적 관계 형성을 방해하는 상담자 요인에 대한 주의도 필요하다. 학업실패 트라우마를 경험한 내담자들을 만나 보면, 얼핏 보기에 공부에 충분히 몰두하지 않았기 때문에 학업에서 실패한 것으로 보이는 경우가 적지 않다. 어떤 이유에서든 노력이 부족했기에 성취를 해 볼 수 없었으리라 판단할 수 있으므로 이러한 인과추론이 잘못된 것은 아니다. 그러나 이런 상식적인 추론은 노력하지 않은 것에 대한 비난으로 이어지기 쉬운데, 이러한 틀로 내담자를 바라볼 경우 촉진적 관계 형성의 출발점이 되는 내담자에 대한 무조건적 존중이 방해받을 수 있다. '누구나 자신에게 주어진 과제를 충실히 하고 그 과정에서 어려움과 고통이 있어도 참고 노력해야 하는데 내담자는 그것을 해내지 못했구나.'라는 판단을 내리면 무조건적 존중을 못하게 된다.

'편한 것만 찾다 보니', '놀기만 했으니', '그렇게 게을러서야', '참을 줄도 알아야지' 등의 생각이 조금이라도 든다면 상담자 자신에 대한 알아차림이 필요하다. '주어진 일을 열심히(또는 성실하게, 책임감 있게) 해야 하는 것'은 당연하지만 삶을 살아가다 보면 그것이 너무 어렵고 힘들 때가 있다. 그 원인이 내담자 맥락에 있든 내담자 내면에 있든, 도움을 받기 위해 찾아온 내담자는 필요한 만큼의 노력을 기울이기 힘든 상황이었던 것이다. 대부분의 상담자는 열심히, 성실하게, 책임감 있게 자신의 삶을 살아가는 사람들인 경우가 많다. 어렵지만 노력하는 것이 중요하다고 생각하고 그 실천에 우선순위를 두어야 한다는 입장이다. 그러나 이런 자신의 삶에 대한 태도가 내담자와의 관계 형성을 방해할 수 있다는 점에 유의해야 한다. 상담자는 이 점을 염두에 두고 알아차림과 자기성찰의 내용으로 삼아야 할 것이다.

비자발적 내담자와의 상담관계 형성　　비자발적 내담자와의 관계 형성은 항상 어렵다. 학업실패 트라우마를 가진 모든 내담자가 비자발적으로 찾아오는 것은 아니지만 기초학력미달 상태가 지속되거나 반복적으로 학사경고를 받거나 학업을 중단하려고 하는 학생들의 경우는 대부분 비자발적이다. 그리고 이런 학생들의 경우 상담을 받으러 오는 것이 의무화되면서 상담이 벌처럼 여겨지기도 해 관계 형성하기가 더욱 어렵다. 의무적으로 상담을 받으러 온 내담자와의 관계 형성에서는 '상담이 벌'이라는 생각을 오히려 '기회일 수 있다'는 생각으로 바꿔 주는 것이 선행되어야 할 과제이다. 이를 위해 상담자는 상담에 오게 된 경위, 상담을 받게 하는 제도의 필요성, 상담에서 하는 일 등에 대한 내담자의 생각을 들어 보는 것에서 출발하는 것이 필요하다. 생각해 보지 않았다거나 잘 모른다는 등 저항 반응을 보일 수 있는데, 생각할 시간을 충분히 주면서 가능한 내담자가 먼저 이야기를 꺼낼 수 있도록 한다.

공부와 관련 없는 다른 고민에 대한 이야기도 할 수 있다는 점을 알려 주는 일은 상담구조화 과정에서 꼭 포함시켜야 할 일이다. 일반적으로 학업이나 진로 문제는 다른 고민에 비해 개방하기 쉬운 고민으로 여겨져, 대인관계나 성격 문제를 고민하는 내담자가 상담 초기에 학업이나 진로 문제를 먼저 꺼내기도 한다. 그러나 학업실패 트라우마를 가진 내담자는 오히려 학업 관련 문제를 이야기하기 불편해하고, 그 문제를 다루는 것이 더 큰 치부를 드러낸다고 생각하기 쉽다. 따라서 어떤 주제이든 내담자가 좀 더 쉽게 얘기할 수 있는 고민거리에서부터 출발하는 것이 좋을 수 있다. 어떤 이야기에서 출발해도 내담자 일상의 중심이 되는 학업의 문제에 도달하게 되기 때문에 조급하게 생각하지 말고 내담자의 호소에 귀 기울이기를 권한다.

친밀감 형성을 위해 내담자와 게임을 하거나 내담자의 흥미 영역에 대한 이야기를 나누기도 하는데, 어떤 방법을 어떤 시점에서 적용할 것인지에 대한 결정에는 상담자의 임상적 직관이 필요할 수 있다. 내담자가 좋아하는 게임만 하다 보면 상담실이 놀이터화되어 버릴 수 있고, 내담자가 준비되지 않았는데 탐색을 시작하면 상담실이 취조실처럼 느껴질 수도 있다. 어느 쪽으로도 치우지지 않는 균형이 필요하다. 상담실이 편안하게 부끄러운 자신의 모습을 바라볼 수 있는 곳으로 인식될 수 있도록 한다는 최종의 목표를 잃지 않은 상태에서 내담자가 상담실에 익숙해지도록 도와야 한다.

또한 제도적으로 부여된 의무 상담은 몇 회기라는 시간에 대한 압박이 있다는 부담이 있다. 주어진 회기 동안 성과를 내야 하는데 내담자는 협조하지 않을 때 상담자는 조급해지고 좌절하기 쉽다. 이를 보완하기 위해 회기 진행에 대한 매뉴얼이 제공되기도 하는데, 매뉴얼의 내용을 내담자의 특성에 맞게 잘 활용해야 한다. 매뉴얼을 통해 내담자와의 회기 진행을 어떤 순서로 어떤 점에 집중해야 하는지에 대한 정보를 얻고, 그 적용에 있어서는 내담자의 준비도와 특성이 충분히 고려되어야 한다. 관계 형성을 위한 기법에 있어서도 매뉴얼에 제시된 것에만 의존하기보다 내담자의 특성에 맞는 접근이 필요하다. 경우에 따라 관계 형성에 보다 많은 시간이 필요할 수도 있고, 그렇지 않을 수도 있을 것이다. 매뉴얼을 통해 가야 할 곳에 대한 지도를 가지고 있다는 점에서 안정감을 갖고, 실제에서는 조금 다른 길을 선택할 수 있는 상담자의 창의력이 발휘되어야 한다.

상담이 필요한 내담자의 발견   학업실패 트라우마를 경험한 대부분의 학생은 자신의 실패 경험을 제대로 다루지 못한 채 다음 시험에 응시하는 경우가 많고, 이때는 공부에 모든 시간을 쏟아부어야 한다는 부담감으로 실패 경험으로 인한 불편감을 되돌아볼 겨를이 없다. 그러나 이렇게 하는 것은 오히려 학업에 방해만 될 뿐이다. 문득 불합격 통지를 받던 날의 기억이 떠오르거나, 알 수 없는 불안, 우울, 분노가 들끓거나, 해도 안 될 거라는 생각이 자꾸 떠오르는 등으로 공부에 몰두해야 할 시간을 방해받는다. 이러한 학생과 수험생들에게는 새로운 지식을 가르치는 것보다 학업실패로 인한 부정적 경험을 극복할 수 있도록 돕는 것이 선행되어야 한다. 뿐만 아니라 학업실패 이후 학교나 직장에 들어간 경우에도, 학업실패로 인한 어려움을 제대로 다루지 못했다면 이후 부적응의 원인이 되기도 한다. 상담자는 이러한 정보를 학생을 비롯한 구성원과 주변인들에게 적극적으로 알리고 상담을 받을 수 있도록 촉진해야 한다. 상담자들은 자신이 소속된 학교나 기관에서 학업실패 트라우마가 현재의 학업 또는 업무에 방해가 될 수 있음을 적극적으로 공지하고 상담을 받도록 촉진하는 데 노력을 기울여야 한다.

최근에는 상담자의 역할 가운데 사회정의(social justice) 실현을 위한 사회적 옹호(social advocacy) 역할이 강조되고 있는데, 상담의 도움이 필요한 사람을 발견하고 그들이 도움을 받을 수 있도록 여건을 조성하는 것도 여기에 속한다. 상담자는 학교, 학원, 가정에서 학업실패를 경험한 학생, 수강생, 자녀를 조력할 수 있는 시스템을 구축할 수 있도록 노력을 기울여야 한다. 쉽게 상담을 받을 수 있도록 상담실 문턱을 낮추는 것, 보다 많은 사람들이 상담 서비스를 받을 수 있도록 곳곳에 상담실을 설치하는 정책을 제안하는 것, 상담을 받으면 약하고 나쁜 사람이라는 인식을 바꾸는 사회운동에 참여하는 것 등 상담의 저변 확대를 위한 노력을 기울이는 것도 한 가지 일이 될 수 있다. 뿐만 아니라 실패를 하더라도 실패는 성장의 한 과정으로 받아들일 수 있도록 평소 실패내성, 리질리언스, 낙관성 등을 키워 주는 인성교육이 학교 현장에 자리 잡을 수 있도록 노력하는 것, 지나친 경쟁의 한 요인이 되는 외모, 돈, 명성 등 외적 가치추구를 삶의 의미 추구로 바꾸는 사회적 분위기 변화를 위해 노력하는 것, 개인의 개성과 다양성이 존중되는 교육적 환경의 조성을 돕는 것 등 심리교육의 확대와 심화를 위한 노력도 한 가지 일이 될 수 있다. '한 사람의 상담자가 무엇을 변화시킬 수 있겠는가.'라는 소극적이고 무책임한 태도에서 벗어나 '나부터 노력하면 달라진다.'는 신념을 가지고 무엇인가를 실천해야 한다.

2. 호소문제 파악

학업실패 트라우마를 경험한 내담자와의 상담이라고 해서 문제를 파악하는 단계가 특별히 다른 것은 아니다. 학업실패 트라우마로 인한 어려움을 겪고 있는 내담자와의 상담에서도 상담자는 지금까지 상담을 위해 수행해 왔던 대로 호소문제 경청, 심리검사를 통한 문제 및 내담자 특성 파악, 문제의 원인에 대한 가설 설정(사례개념화) 등의 과정을 동일하게 거칠 것이다. 여기에서는 학업실패 트라우마로 인한 부적응이 갖는 특성으로 인해 문제 파악 단계에서 조금 더 고려해야 하거나 중점을 두어야 할 사항에 대해 알아볼 것이다. 먼저, 학업실패 트라우마가 발생한 시기와 상담을 받는 시기의 시간 차이에 대한 고려와 관계적 트라우마 탐색이 선행되어야 한다는 점에 유의해야 한다. 그리고 학업실패 트라우마의 영향이 삶의 모든 영역에 영향을 미친다는 점에서 부적응의 영역과 경험의 시기에 대한 포괄적 탐색이 필요하다. 그 내용을 살펴보면 다음과 같다.

학업실패 트라우마 시기 확인   학업실패 트라우마를 경험했다는 점에서 동일하더라도 어느 시점에서 상담을 찾는가에 따라 탐색 단계에서 중점을 둘 부분이 조금 달라질 수 있다. 학업실패 직후 그 실패 경험을 견디기 어려운 시점, 학업실패를 극복해 나가는 과정에서 좌절된 시점, 과거 학업실패의 상처로 인해 현재의 적응이 어려워진 시점 등 다양한 시기에 상담을 찾을 수 있다. 상담을 찾는 시기에 따라 문제 파악을 위한 탐색에서 중점을 두어야 할 부분은 다음과 같이 다를 수 있다.

① 학업실패 직후

학업실패라는 좌절 경험은 혼자 감당하기 어려운 고통으로 학업실패 직후 이 고통을 덜고자 상담을 찾는 내담자들이 많다. 기초학력미달, 반복 학사경고자, 학업중단 숙려제 대상 등으로 의무상담에 온 내담자의 경우 학업실패 직후에 상담을 받으러 왔지만 상담에 대한 동기가 높지는 않을 수 있지만, 대부분의 경우 비교적 도움 요청 행동을 적극적으로 하는 내담자이다. 학업실패 자체가 현재 자신의 어려움과 연결되어 있음을 인식하고 있기 때문에 내담자의 이야기에 귀 기울이는 것이 가장 중요하다. 한편, 학업실패 트라우마의 영향을 심각하게 경험하여 상담을 찾았을 수도 있기 때문에 내담자가 경험하는 부정적 정서상태의 위기 여부에 대한 진단이 필요하다. PTSD 증상을 보일 수도 있고, 일상생활에 지장을 초래하는 우울이나 불안이 심각할 수 있다. 즉, 학업실패 트라우마는 심한 정서적 곤란을 초래하는 만큼 학업실패 직후에 상담을 찾은 내담자와는 정서적 위기에 대한 파악과 개입을 거쳐 학업실패를 어떻게 경험했는지에 대한 탐색으로 나아가야 할 것이다.

② 학업실패 대처에서의 좌절

학업실패를 극복하기 위해 나름대로 노력해 봤지만 마음처럼 잘 되지 않는 경우가 많다. 우리나라는 정서적 어려움에 대해 참고 버티는 것을 제안하는 문화적 특성을 가지고 있어, 부정적 정서를 참지 못하고 표현하거나 그로 인해 해야 할 일을 못하면 무능한 것처럼 여겨지기 일쑤다. "열심히 안 해서 불합격했으니까 더 열심히 할 생각을 해야지.", "징징거릴 겨를이 있으면 그 시간에 한 자라도 더 공부해야지."라는 메시지가 팽배하다. 이런 분위기 속에서 학업실패로 인한 고통스러운 마음을 한 번도 표현해 보지도 못한 채 꾹꾹 참고 견디려고 노력해 온 내담자들이 있다. 감정이 복받치거나 실패의 기억이 떠올라 괴로우면 그런 자신을 탓하면서 잊으려고 애쓸 뿐 그것을 다루어야 한다고는 생각하지 못하는 것이다. 그러나 참고 잊으려고 하는 방식의 억압과 회피는 극복을 돕지 못할 뿐만 아니라 더 많은 고통을 수반하게 한다. 이 과정이 지속되면서 견디다 못해 상담을 찾게 되는데 약물치료가 필요할 정도의 심각한 증상을 호소하는 사례가 많다. 이대로는 공부를 계속할 수 없을 것 같고, 정신과를 찾기에는 두려워 상담실을 찾는 경우이다. 때로는 이상행동 반응이 나타나면서 주변인들의 의뢰를 통해 상담에 오기도 한다.

이렇게 학업실패 트라우마를 혼자 견딘 시간이 길었던 내담자와의 만남에서 상담자가 먼저 해야 할 일은 상담에 온 것에 대한 칭찬과 지지이고 상담을 통한 지속적 도움이 필요할 수 있음에 대해 안내하는 것이다. 이런 사례의 경우 신체적 질병까지 동반된 경우도 있으므로, 문제 파악 단계에서 전반적인 신체적 · 정신적 건강에 대한 점검이 필요하다. 신체적 건강 부분은 문진 정도의 수준에서 점검하는데, 분명한 증상이 있는 경우 병원에서 진료를 받도록 조언한다. 정신적 건강 점검을 위해 심리평가를 실시할 수 있고, 그 결과에 따라 정신과 의뢰의 필요성을 점검하고 후속 조치를 취한다. 현재 복용하고 있는 약물이나 건강식품도 확인하고 정확한 복약지도가 이루어졌는지도 점검한다. 불규칙한 수면, 식사, 배변 등 기초적인 일상생활도 확인해 전반적 생활관리에 대한 개입의 필요성도 파악한다.

③ 이전 학업실패로 인한 현재 부적응

학업실패를 이겨 내고 원하는 성취를 이루었지만 새롭게 시작한 학교 또는 직장 생활에서 적응이 어려워 상담을 찾는 경우도 있다. 내담자는 현재의 부적응 문제를 주로 호소해 그 원인이 이전의 학업실패 경험에 있음을 파악하지 못하기도 한다. 내담자의 요구에 맞춰 구체적으로 어떤 상황에서 어떤 일로 어려움을 겪고 있는지 파악하는데, 이와 관련된 내담자의 생각, 느낌, 행동을 탐색하는 과정에서 미해결된 학업실패 트라우마를 발견하게 되는 경우이다. 어떤 경우이든 현재의 어려움에 어떻게 대처하고 있는지, 그 효과는 어떤지, 어떤 시도를 더 해 볼 수 있을지 등에 대한 이야기를 나눈다. 내담자의 모든 시도에 충분한 지지와 지원을 제공하고, 적응을 방해하는 요소들에 대한 대처도 함께 파악한다. 이런 탐색과정에서 이전의 학업실패 경험과 학업실패로 인한 마음의 상처를 억압하면서 지내온 시간들에 대한 이야기가 자연스럽게 나오게 될 것이다. 이렇게 이전 학업실패와 현재 부적응의 인과관계가 구체화되면, 학업실패 경험에 대한 탐색으로 나아갈 수 있다.

이전 학업실패를 다룰 수 있는 시간이 확보되면 학업실패 경험과 그 극복과정에 대한 회고와 평가가 이루어져야 할 것이다. 과거의 시점으로 돌아가 자신이 경험한 것에 대해 충분히 떠올리고 이야기할 수 있도록 지지하고 촉진하는 것이 상담자의 역할이 된다. 학업실패 직후 상담의 과정에서와는 달리 실패 극복을 위해 노력했던 경험을 추가로 탐색하는 것이 필요하다. 학업실패를 극복하는 과정에서 또 다른 트라우마 경험이 있을 수 있으므로 이 부분에 대한 탐색도 함께 이루어져야 한다. 억압을 했거나 회피를 했거나 모두 비효과적 대처전략이었을 것이다. 여기에서 유의할 점은 그 대처전략이 부적응적이었다는 평가에 그쳐야 하고, 이런 부적응적 대처전략을 채택한 내담자가 잘못했다는 비난이 되지 않도록 해야 한다는 점이다. 상담자가 비난하지 않더라도 내담자 스스로 자책할 수 있으므로 이 부분에 대해 내담자의 잘못이 아님을 분명히 알릴 필요가 있다. 예컨대, 내담자가 비효과적인 억압이나 회피의 대처를 하게 된 것은 억압이나 회피가 가장 빠른 대처이기 때문이거나 그 대처전략을 강요하는 맥락에 있었거나 다른 대안적 대처를 학습할 기회가 없었기 때문일 수 있다는 점을 설명해 줄 수 있다. 더불어 그런 부적응적 대처로 어렵고 힘들었던 경험을 견뎌온 것에 대한 격려와 지지도 필요할 것이다.

관계적 트라우마 탐색　　학업실패 트라우마는 관계적 트라우마인 경우가 많아 이 부분에 대한 탐색이 필요하다. 트라우마 사건은 전쟁에서부터 학대에 이르기까지 매우 다양한데, 친밀한 관계, 특히 안전감을 제공해야 할 관계와 연루된 트라우마는 매우 견디기 힘들다. Allen(2005)은 트라우마 사건이 대인관계와 관련된 정도에 따라 인간 외적인 트라우마, 대인관계적 트라우마, 애착 트라우마로 구분하고 있다. 이 가운데 정서적으로 매우 밀접하게 연결되어 있고 의존도가 높은 관계에서 나타나는 애착 트라우마(Adam, Keller, & West, 1995)는 그 부정적 영향이 광범위하고 다른 사람과의 관계 형성능력을 손상하기 때문에 가장 심각한 영향을 주는 트라우마로 여겨진다.

① 학업실패 관련 학대

　학업실패의 경우 이러한 대인관계적 트라우마와 애착 트라우마에 속하는 관계적 트라우마 양상을 보이는 경우가 많다는 점에 주목해야 한다. 학업실패 자체가 상처가 되기도 하지만 학업실패로 인해 부모를 비롯한 다른 사람과의 관계에서 학대에 가까운 트라우마 경험을 하게 되는 경우가 적지 않기 때문이다. 성적표를 받아올 때마다 몽둥이로 심하게 때리는 아버지, 불합격 통보를 받고 함께 죽자고 차에 태워 동해 바다로 향한 어머니, 0점 시험지가 공개되면서 한 학기 동안 바보라는 놀림을 지속한 급우들, ○○고에 진학하고 싶다고 했을 때 "너 같은 애는 죽었다 깨어나도 갈 수 없는 학교야. 장난하니?"라고 모욕을 준 교사 등이 여기에 해당한다. 이와 같은 관계적 트라우마가 동반된 사례에서는 학업실패 자체에 대한 탐색과 함께 관계적 트라우마를 탐색해야 한다.

② 애착 실패와 성취

　어떤 사례에서는 생애 초기 주 양육자와의 애착관계 형성이 여전히 영향을 미칠 수 있다는 점에 주목할 필요가 있어 학업실패 트라우마 경험을 탐색하기 이전에 이 부분을 먼저 확인해야 한다. Bowlby의 애착이론에 따르면 반복된 애착 인물과의 경험은 자신과 애착 인물에 대한 정신적 표상인 내적 작동 모델을 만들고, 이것이 애착 대상을 비롯한 다른 사람에 대한 기대와 자신에 대한 가치감을 형성하게 된다. "원치 않았던 아이(unwanted baby)는 부모가 자신을 원하지 않는 존재라고 느낄 뿐 아니라 근본적으로 자신을 매력적인 존재가 아닌, 즉 누구도 원하지 않는 존재라고 믿는다."(Bowlby, 1973, p. 204)는 것이다. 다음의 서준의 사례가 그 예라고 할 수 있다. 성적 하락으로 자살을 시도했던 서준은 결국 자신이 '원하지 않았던 아이'라는 말을 들었던 것 때문에 불안했던 것이 더 핵심적 문제였고, 상담 초반에 이 부분이 파악되었다면 보다 효과적으로 접근할 수 있었던 사례이다. 즉, 서준의 사례는 학업실패 트라우마 상담을 진행하는 상담자가 문제 파악 단계에서 관계적 트라우마에 대해 탐색해야 함을 시사한다.

형들과 나이 차이가 많이 나는 막내인 서준은 초등학교 때 우연히 어머니가 이웃에게 서준이 원하지 않았는데 어쩔 수 없이 낳은 아이라고 말하는 것을 듣게 되었다. 그때부터 서준은 어머니를 비롯한 다른 사람으로부터 인정받지 못하고 버려질까 봐 두려웠고, 공부를 잘하면 그래도 인정받을 수 있을 것이라는 생각에 오로지 공부에 매진했다. 다행히 성적이 좋았고 어머니, 교사, 친구들의 인정을 받을 수 있어 더욱 공부에 매달리게 되었다. 하지만 어머니의 기대는 점점 높아졌고 그에 부응하며 상위권을 계속 유지하는 것이 쉽지 않았다. 고등학교 2학년 1학기 중간고사에서 시험불안이 심해지면서 성적이 크게 떨어졌고, 어머니로부터 "그렇게 공부를 안 할 거년 집에서 나가라."라는 말까지 듣게 되었다. 그날 서준은 자살을 시도했고 다행히 형에 의해 발견되어 생명에는 지장이 없었다. 이를 계기로 상담을 받게 되었는데 상담 초기에는 성적이 떨어진 것이 고민이라는 얘기만 했다. 여러 회기가 진행되면서 자신은 부모가 원치 않았던 아이라는 걸 알게 되었던 초등학교 시기의 이야기를 꺼냈고, 이때부터 관계적 트라우마를 적극적으로 다루면서 상담도 진전을 보이기 시작했다.

또한, 애착 실패로 관계적 트라우마를 경험한 내담자의 경우 학업실패보다는 관계 문제를 일차적으로 호소할 수 있다. 이런 경우 부모를 비롯한 중요한 사람과의 관계를 먼저 다루게 되는데, 그 과정에서 학업실패 트라우마가 발견되기도 한다. 앞서 학업실패 트라우마 시기 확인의 세 번째 경우인 현재 부적응 호소와 유사하게 두 가지 문제가 혼재되어 있을 수 있다. 이 경우에도 마찬가지로 관계 문제 또는 학업실패 트라우마 중 하나의 문제에 치중하기보다 두 문제의 관련성을 함께 탐색하는 것이 필요하다.

학업실패 트라우마 경험에 대한 다각적 탐색   학업실패 트라우마 상담에서는 학업실패 트라우마로 인한 부적응을 다루기 위해 학업실패 경험 자체에 대한 탐색이 필요하다. 학업실패 트라우마 자체를 직접적으로 호소하는 경우든, 현재 부적응이나 관계 문제의 숨은 문제(underlying problem)로 학업실패 트라우마가 자리 잡고 있는 경우든 어느 쪽이라도 학업실패 경험에 대한 다각적 탐색은 호소문제 파악 단계에서 가장 중요한 과정이다.

① 학업실패 이야기 듣기

학업실패 트라우마로 어려움을 겪는 내담자들은 무엇보다 학업실패 자체에 대한 이야기를 하고, 이로 인한 마음의 상처를 토로하면서 위로받고 싶은 마음이 크다. 누구에게도 자신의 학업실패 자체에 대해 충분히 이야기하기 쉽지 않기 때문에 상담에서 이 부분에 대한 경청이 필요하다. 개인에게 트라우마를 극복할 힘이 있고 스스로 성장으로 나아간다고 가정하는 '외상 후 성장 모델'(Tedeschi & Calhoun, 2006; Tedeschi et al., 2018)에서는 트라우마 극복을 돕는 조력자를 상담자나 치료자가 아닌 전문적 동반자(expert companion)라고 명명하고, 내담자의 이야기를 잘 들어 주는 경청을 전문적 동반자가 해야 할 가장 중요한 출발점 과제로 제안한다. 트라우마 사건에 관련된 내담자의 이야기를 들으면서 그 이전, 그 당시, 그 이후에 보여 준 내담자의 강점과 역량에 대한 언급을 하도록 촉진하고 그런 표현에 대해 다시 한번 재확인하는 작업을 한다. 따라서 상담자는 내담자의 학업실패 경험에 대해 판단 없이 충분히 들어 주는 공감적 경청을 통해 내담자가 자신의 실패 경험을 방해받지 않고 이야기할 수 있도록 격려하면서, 탐색 단계에서부터 긍정적 측면에 대한 피드백을 통해 미래에 대한 희망을 가질 수 있게 도울 수 있다.

② 학업실패 경험 확장하기

호소문제 파악을 위해 상담자는 학업실패 경험에 대한 내담자의 이야기를 탐색적 질문을 통해 조금씩 확장해 나가야 한다. 학업실패에 대한 경험 탐색을 위해 적응 영역과 시간적 측면에서 포괄적 접근이 필요한데, 학업은 학생 또는 수험생의 삶에 있어 가장 핵심적 과업으로 학업에서의 실패는 삶의 전반에 영향을 미쳐 정서, 사고, 행동, 대인관계 등 적응의 전체 영역에 어려움을 초래하기 때문이다. 내담자가 어느 한쪽에 치우쳐 경험을 보고하더라도, 상담자는 내담자가 그 영역과 시간을 확장해 생각해 볼 수 있도록 촉진할 수 있다. 즉, 학업실패의 내용에 대해 들으면서, 관련된 정서, 사고, 행동, 대인관계에서의 변화와 어려움을 함께 탐색한다. 내담자가 "수능을 망쳤어요."라는 한마디로 학업실패를 언급한다면 이것을 출발점으로 그때 어떻게 느꼈는지, 어떤 생각이 들었는지, 어떻게 했는지, 주변 사람들은 어땠는지 등 탐색의 범위를 넓혀 갈 수 있다. 뿐만 아니라 수능 이전, 당시, 이후, 그리고 앞으로의 경험에 대해서도 탐색해 학업실패라는 사건이 어떤 일들과 연결고리를 가지는지 파악할 수 있다. 학업실패 자체만이 아니라 학업에 쏟았던 자신의 노력과 후회, 주변의 도움에 대한 고마움과 비난에 대한 원망, 앞으로에 대한 기대와 걱정 등 다양한 이야기를 하면서 학업실패 트라우마에 대한 이해가 깊어지고 극복에 대한 동기도 높아질 수 있다.

③ 학업실패에 대한 내담자의 가설 확인하기

이러한 포괄적 탐색과정을 통해 내담자는 정서적 고통과 함께 자신이 왜 실패했는가에 대한 여러 가지 가설을 이야기하게 될 것이다. 이 내용은 이후 향후 상담목표를 세울 때 중요한 근거가 된다. 내담사가 자신의 학업실패의 인과관계에 대한 가설을 찾는 과정은 어느 순간 적합한 가설을 발견하기보다는 하나의 가설을 세우고 검증하고 다시 수정하는 과정을 반복하면서 보다 타당한 가설을 찾아가는 과정에 가깝다. 따라서 내담자가 제시하는 다양한 인과론에 대해 그 논리적 합리성과 타당성에 대한 논박을 하지 않도록 유의해야 한다. 특히, 초기 단계에서는 내담자가 스스로의 감정과 생각을 충분히 이야기하는 것이 중요하기 때문에 논박으로 인해 그 흐름이 끊어지지 않도록 해야 한다. 비록 논리적으로 인과관계가 성립되지 않더라도 내담자가 자신의 생각을 이야기해 보는 것이 더 중요하다. 이야기를 하는 과정에서 스스로 비합리성을 확인할 수 있고, 이후 가설을 활용할 때 논리적 타당성에 대한 점검을 할 수 있으니 상담자는 논박을 자제하는 것이 좋다. 뿐만 아니라 내담자는 이 과정에서 자신의 생각 때문에 부정 정서를 경험하고 있다는 것을 발견할 수도 있는데, 이 경우 이후 정서 재평가 개입으로 이어 갈 수 있어 목표 설정과 개입전략 수립에도 도움이 된다.

④ 상담에서 다룰 문제의 우선순위 정하기

학업실패는 정서적으로 강한 충격을 주는 경험으로 정서문제를 먼저 탐색해야 하지만, 학업실패 트라우마 극복보다 실패 이후 의사결정에 대한 상담을 요청하는 경우도 있다. 예를 들면, "대입에 실패했는데 재수를 해야 할지 고민이다"와 같이 호소하는 경우이다. 실패 이후 다음 단계 선택에 대한 고민도 중요하지만 학업실패로 인한 충격을 다루어야 자신의 상황과 미래에 대한 객관적 판단을 내릴 수 있다는 점에서 내담자의 요청을 따를 수만은 없다. 이런 사례에서는 학업실패로 인한 정서적 고통을 어떻게 다루고 있는지부터 점검해야 하고, 상담 초기에 실시하는 심리평가에 나타난 어려움이나 증상도 학업실패 트라우마와 연결해 해석될 수 있는지 살펴야 한다. 결정에 대한 시간적 압박이 있다면 상담을 어떻게 진행할 것인가에 대한 상담 일정을 먼저 정하는 것도 고려해 볼 수 있다. 상담을 언제까지 진행하고 그 기간 중 언제까지는 정서에 집중하고 언제부터 의사결정에 집중할 것인지를 미리 정하는 것이다. 물론 상담을 진행하는 과정에서 처음에 정한 시간표를 그대로 따르지 못할 수 있지만, 이렇게 시간과 우선순위를 정해 두면 내담자의 불안을 낮추어 상담에 대한 내담자의 동기와 집중도를 높일 수 있다.

3. 상담목표 설정

내담자가 한 가지의 호소하는 문제를 가지고 상담에 찾아오더라도, 호소문제 파악 과정을 거치면서 여러 가지 상담목표를 동시에 설정하게 되는 경우가 더 많다. 학업실패 트라우마 상담에서도 마찬가지로 단계적이고 다중적으로 상담목표를 설정하게 된다. 기존의 트라우마 상담에서 제안한 목표를 살펴보면 다음과 같고, 이러한 단계적 목표는 학업실패 트라우마 상담에도 적용된다.

먼저, 복합 트라우마 개념을 소개하고 그 치유에 대한 단계별 접근을 제안한 Herman(1992; 2015)의 상담 모형은 3단계로 구성된다. Herman은 가장 최우선으로 내담자의 안전(safety)을 확보할 것을 제안하고 있다. 트라우마로 인해 발생된 여러 가지 어려움과 위험으로부터 안전이 확보되어야 한다는 것이다. 다음으로 트라우마와 관련된 기억을 처리하고 통합하는 단계로 인지적 재처리, 정서조절, 대처기술 습득 등을 목표로 한다. 그리고 마지막 일상으로의 복귀 단계로 넘어가는데, 내담자가 자신의 삶을 잘 살아갈 수 있는 의미를 찾고 역량을 갖는 것까지 목표로 삼아야 함을 강조한다. 외상 후 성장 모델(PTG)에서 제안하는 상담 모형(Tedeschi et al., 2018)에서도 유사한 단계적 목표가 제시되고 있다. PTG에서는 침습적 반추에서 성찰적 반추로의 변화를 가장 핵심적인 목표로 하지만, 이를 위해 트라우마로 인한 정서적 어려움을 비롯한 위기 대처, 성찰적 반추로의 인지적 변화, 새로운 삶의 의미 추구와 적응으로 나아갈 수 있는 것까지를 목표로 둔다.

이러한 트라우마 극복을 위한 조력 모형은 공통적으로 트라우마로 인한 위기 극복, 트라우마 사건의 부정적 영향에서 벗어나기, 앞으로의 삶에 대한 적응 준비 등의 단계적 목표를 설정하고 있다. 학업실패 트라우마 상담에서도 이러한 단계적 목표가 설정될 수 있다. 먼저, PTSD 증상을 비롯한 트라우마로 인한 정신건강적 위기나 질병이 있을 경우 이러한 위기 대처가 일차적 목표가 된다. 뿐만 아니라 학업실패의 경우 여러 생활 영역에 영향을 미치고 있어 적응상의 위기나 관계적 위기가 동반될 수 있는데, 여기에 대한 목표가 일차적으로 설정되어야 한다. 다음으로 학업실패 트라우마로 인한 다양한 문제를 극복하기 위한 목표가 설정될 수 있는데, 앞서 탐색 단계에서 살펴본 학업실패 트라우마 시기와 관계적 트라우마가 고려되어야 한다. 그리고 마지막으로 현재 생활의 적응력 향상을 위해 학업실패 드라우마 극복 이후 앞으로의 학업성취에 대한 목표 재설정도 함께 이루어져야 한다. 각 단계의 목표 설정과정을 살펴보면 다음과 같다.

위기 점검과 목표 설정　부적응으로 인한 어려움의 원인에 대한 탐색과 함께 당장의 기능에 대한 점검도 필요한데, 무엇보다 어느 정도의 위기인지에 대한 파악과 목표 설정이 필요하다. 특히, 침습(재경험, 플래시백 등), 회피와 무감각, 정서적 과각성, 인지의 부정적 변화 등 PTSD 증상과 자살 가능성의 위기를 파악하고, 즉각적 개입이 가능하도록 내담자와 합의하는 것이 필요하다. 뿐만 아니라 상담이 진행되는 동안 예상치 못했던(또는 갑작스럽게) 침습, 플래시백, 공황, 해리 등이 나타난다면, '안정화 기법(grounding)'—침습으로부터 관심을 돌리는 절차—을 적용하는 것이 필요한지 타진하고 즉각적으로 대처해야 할 것이다.

또한 학교나 직장에서의 부적응은 대부분 주어진 학업 또는 업무를 제대로 수행하지 못하는 것으로 이로 인해 학교나 직장을 그만두겠다고 생각하기 쉬운데 이 부분도 위기로 보아야 한다. 위기 상황일 경우 휴학이나 휴가(휴직 포함) 등의 휴식시간을 확보하는 것도 고려해 보아야 한다. 하루하루 처리해야 할 공부와 업무가 쌓여 가는 것 자체가 부담이 될 수 있기 때문인데, 휴학이나 휴가가 불가능하다면 해야 할 일을 줄이는 것을 목표로 삼을 수 있다. 대학생의 경우라면 어려운 과목에 대한 수강 철회를 고려해 볼 수 있고, 직장인의 경우 직장 상사에게 업무 축소를 요청할 수 있다. 이러한 조치의 필요성과 접근방법에 대해 내담자와 의논하고, 이후 필요한 의사결정 과정과 실행과정을 상담에서 조력할 것을 합의할 수 있다.

학업실패 트라우마 극복을 위한 목표 설정　학업실패 트라우마가 거의 모든 삶의 영역에 영향을 미치는 만큼 상담목표도 상당히 다양할 수 있다. 학업실패 트라우마 상담에서 세울 수 있는 목표와 그렇지 않은 목표를 구분하기 어려울 정도이다. 뿐만 아니라 학업실패 트라우마 유형에 따라 상담목표가 달라질 수 있다. 따라서 내담자와 함께 학업실패 트라우마로 인한 어떤 어려움을 먼저 극복하고 싶은지 정하고 그에 대한 목표를 설정하는 것이 바람직하다. 학업실패 트라우마 상담에서는 앞서 호소문제 파악 단계에서 고려한 학업실패 트라우마의 시간 차이와 관계적 트라우마를 상담목표 설정 단계에서 고려해야 한다는 점에 유의해야 한다. 그 내용을 살펴보면 다음과 같다.

먼저, 이전 학업실패 트라우마로 인해 현재 적응에 대한 어려움이 주 호소문제인 경우, 해야 할 학업을 제대로 수행하지 못하는 것에 대한 불안도 높아 이 부분에 대한 고려가 필요하다. 이전 학업실패로 인한 고통을 경감하는 것과 함께 현재의 학업효율을 높이는 것이 모두 동시에 목표로 삼아야 할 과제가 될 수 있다. 따라서 상담목표의 우선순위를 정하거나 상담목표에 따라 상담시간을 안배하는 것에 대해 내담자와 의논하는 것이 필요하다. 수험생활 적응을 위해 또다시 학업실패 경험을 억압하는 오류를 범해서도 안 되고, 학업실패를 다루느라 수험생활의 리듬을 망쳐서도 안 되기 때문이다. 두 가지 과제의 균형 있는 안배를 통해 효과적으로 조력하는 것이 상담의 목표가 되어야 한다.

다음으로 관계적 트라우마의 경우 관계 회복에 대한 상담목표 설정이 추가되어야 한다. 학업실패 트라우마로 인해 가족이나 또래와의 관계에서 어려움을 겪는 경우와 함께 관계적 트라우마는 관계 회복을 위한 별도의 개입이 필요하다. 관계 회복을 위해 학업적 성공을 보여 주고자 했지만 학업에서 실패한 경우와 학업실패가 관계를 깨뜨린 경우가 대표적이다. 두 가지 경우 모두 학업에서 성공하면 관계를 회복할 수 있다고 생각하기 쉬운데, 학업실패의 극복과 관계 회복의 문제를 분리할 수 있도록 돕는 것부터 필요하다. 따라서 상담목표도 학업실패 트라우마 극복과 관계 회복을 명료하게 구분해 설정하는 것이 좋다.

성취에 대한 목표 재설정　학업실패 트라우마 상담에서는 학업실패로 인한 현재의 어려움이나 부적응을 해결하도록 도울 뿐만 아니라, 실패를 극복하고 앞으로 나아갈 수 있도록 돕는 것까지 목표로 삼아야 한다. 즉, 앞으로 자신의 삶이 스스로의 노력으로 나아질 수 있다는 희망을 갖고 새로운 출발을 하는 것을 상담 목표에 포함시킨다. 내담자는 당장의 실패로 인한 고통에서 벗어나고 싶은 마음과 함께 자신도 괜찮은 삶을 살아갈 수 있다는 확신을 얻고 싶어 한다. 그리고 이러한 삶에 대한 긍정적 기대를 갖게 되면 실패로 인한 고통도 경감될 수 있다. 따라서 나아질 가능성을 발견하고 희망을 갖는 여정으로 상담이 나아갈 수 있어야 할 것이다.

내담자에게 희망을 갖게 하고 새로운 목표를 설정할 수 있도록 돕기 위한 출발점은 내담자가 가진 소망이 무엇인지에 대한 탐색이다. 내담자가 가진 미래 희망을 파악하기 위해 상담의 초점을 과거에서 미래로 옮겨 간다. 어떤 미래를 희망하는지 그리고 그런 미래를 위해 지금까지 어떤 노력을 했었는지, 그 가운데 효과적이었던 것은 무엇이고 그렇지 않았던 것은 무엇인지, 앞으로 자신이 동원할 수 있는 자원에는 어떤 것들이 있는지, 오히려 방해하는 장애물은 어떤 것들인지에 대한 이야기들을 차근차근 해 나간다. 이 과정에서 다시 실패했던 과거의 이야기를 하게 될 것이다. 그리고 자신의 실패에 대한 가설도 다시 드러나고 초기 단계에 제시했던 가설을 상담자가 회상시켜 줄 수 있다. 이때 이 가설들의 타당성을 함께 점검해 볼 수도 있다. 이러한 과정을 통해 원인에 대한 정확한 파악을 하고, 새로운 시도에 대한 계획을 세워 나가는데 이 과정 자체가 내담자에게 희망을 갖게 하고 동기를 높인다. 구체적 근거 없이 "○○ 씨는 잘할 수 있어요.", "이런 실패를 극복한 사람이 많으니 ○○ 씨도 가능해요.", "잘될 때까지 제가 도울게요."와 같은 상담자의 격려는 진정한 희망을 주는 지지가 되기 어렵다. 내담자 스스로 과거-현재-미래의 연속선상에서 자신과 상황을 객관적으로 조망해 볼 때 성공의 가능성이 손에 잡힐 수 있다. 따라서 상담에서는 이 과정을 충실히 해 나가면서 계속 현실 검증을 하는 것이 필요하다. 이 과정을 반복하면서 구체적인 미래의 목표를 재설정하고 성취를 위한 실천을 시작하는 것을 상담 목표에 추가한다.

4. 학업실패 트라우마 극복을 돕는 개입

학업실패 트라우마로 인해 내담자가 경험하는 어려움과 적응상의 곤란이 거의 모든 삶의 영역에서 나타나는 만큼 내담자를 돕기 위한 개입 역시 상당히 포괄적인 접근이 필요하다. 뿐만 아니라 언제 또는 어떤 것에서 학업실패를 경험했는가에 따라 상담에서 중점을 두어야 할 사항이 다를 수 있다. 그 방대한 내용을 여기에서 다루기는 어려워 제3부에서 대표적 실패 유형들에 대한 상담과정을 소개하였다. 실패 유형에 따라 개입 단계에서 어떤 부분에 더 집중해야 하는지에 대한 내용은 제3부의 내용을 참고하기 바란다. 여기에서는 학업실패 트라우마의 특성에 상관없이 보편적으로 적용할 수 있는 개입전략에 대해 살펴보고자 한다. 학업실패 트라우마 극복을 돕기 위해서는 학업실패의 극복에서부터 학업에서의 새로운 목표 설정과 성취에 대한 개입까지 조력의 범위를 확대해야 하는데, 먼저 학업실패 트라우마 극복을 돕는 개입부터 살펴보면 다음과 같다.

정서적 위기 해소 돕기   일반적으로 트라우마 사건은 '주관적인 강한 두려움, 무력감, 공포'를 일으키는데, 학업실패 트라우마는 이와 함께 수치심, 억울함, 당혹감, 좌절, 후회, (합격한 동료에 대한) 질투, (자신, 타인, 상황에 대한) 원망 등 다양한 부정 정서 경험을 동반한다. 우리나라에서 수행된 연구결과에 따르면 학업실패가 부정 정서를 남기고, 우울이 가장 높게 나타나지만 불안과 분노를 포함해 다양한 감정을 동시에 느끼면서 고통스러워한다는 것을 알 수 있다. 그 내용을 살펴보면, 먼저 우리나라 학생들에게 마음의 깊은 상처를 남긴 학업실패 트라우마를 알아본 연구에서 전체 응답자의 1/3 정도가 정서적 상처가 남았다고 응답했는데, '우울'이 가장 높았고, '미래에 대한 두려움', '슬픔', '미분화 괴로움'(예: 기분이 좋지 않음), '분함', '1년을 더 해야 한다는 부담' 등이 포함되었다(황매향 외, 2019). 학업 트라우마를 조사한 연구결과에서도 학업 트라우마는 우울(실망, 자괴감), 불안(두려움, 막막함), 분노(억울, 화), 수치(비참함, 창피), 충격(놀람, 무서움) 순으로 나타났고, 학업 트라우마를 경험한 경우와 경험하지 않은 경우의 학업정서를 비교할 때 긍정 정서에서는 차이를 보이지 않았지만 부정 정서에서는 학업 트라우마를 경험한 경우에 더 높게 나타났다(이은정, 유금란, 2019).

따라서 학업실패 트라우마 극복을 돕기 위해서는 이러한 부정 정서 경험을 극복할 수 있도록 돕는 것이 필요하다. 많은 트라우마 치료가 부정 정서 경험에 초점을 두고 있는 이유일 것이다. 부정 정서를 경감시키고 적응 상태를 회복하기 위한 개입은 인지적 접근에서 출발하는 경우가 많지만, 부정 정서에 압도되어 위

기 상황에 있거나 적응 상태가 심하게 손상될 경우 부정 정서 자체에 개입할 필
요가 있다. 먼저, 부정 정서의 토로와 정화의 기회를 제공할 수 있다. 학업실패
로 인해 겪은 자신에 대한 실망감과 미래에 대한 두려움을 제대로 토로하지 못
한 채 살아온 지금까지의 시간을 회고하면서 내담자가 경험했던 부정적 정서를
충분히 드러낼 수 있도록 돕는다. 개입을 최소화하면서 경청과 공감에 집중해
내담자가 스스로 어떤 경험을 하고 있는지 알아차릴 수 있도록 돕는다. 정서적
경험에 보다 초점을 두고 내담자가 정서를 알아차리고, 자신의 정서를 관찰하
고, 표현할 수 있도록 촉진한다. 여기에서 상담자들은 평소 정서를 다루기 위해
사용하는 익숙한 전략을 적용하면 된다. 이런 작업이 문제 파악 단계에서도 수
행될 수 있는데, 신뢰가 충분히 형성된 이후에야 자신의 감정을 드러낼 수 있는
내담자들도 적지 않아 본격적인 개입 단계에서 수행되어야 할 과제이다. 상담
자는 내담자의 상태에 따라 감정 정화의 적절한 시기를 판단할 수 있을 것이다.
감정 정화가 진행되는 동안 내담자가 드러내는 감정에 대한 지지와 타당화를 통
해 자신의 정서적 경험을 수용할 수 있도록 돕는다.

다음으로 부정 정서에 압도되어 일상적 기능이 방해받고 있다면 정서적 반응을
경감시키도록 돕는 개입이 필요하다. 구체적 방법은 '3장 학업정서'에 제시한 내
용을 참고할 수 있을 것이다. 먼저 정서적 곤란의 심각도를 확인해야 하는데, 우
울이나 불안이 심각한 수준이라면 약물치료도 고려해 보아야 할 것이다. 또한
정서는 신체적 반응을 동반하는 경우가 많아, 이완이나 마음챙김과 같이 정서가
일으키는 신체적 반응의 개선을 돕는 것도 필요하다. 일상생활에서 쉽게 적용
할 수 있는 호흡이나 명상 등을 연습하고 적용할 수 있다. 나아가 신체화가 심할
경우 질병이나 통증에 대한 진료와 치료 이력도 점검해야 하고, 방치하기보다
적극적인 치료를 받을 수 있도록 개입하는 것이 좋다.

인지행동치료적 개입   PTSD 증상 치료에서와 마찬가지로 학업실패 트라우
마 상담에서도 인지행동치료가 효과적 개입전략으로 추천된다. 인지행동치료
(CBT)는 많은 연구를 통해 효과가 입증되어 PTSD 증상 치료를 위해 가장 많이
사용되는 사회심리학적 개입으로 PTSD 증거기반치료에서도 가장 효과적인 접
근으로 제시되고 있다(Watkins, Sprang, & Rothbaum, 2018). 뿐만 아니라 인지적
요인은 외상 후 성장에도 가장 큰 영향을 미치는 것으로 알려져 있는데, 국내외

에서 실시된 메타분석(장한, 김진숙, 2017[1]); Helgeson, Reynolds, & Tomich, 2006; Prati & Pietrantoni, 2009; Shand et al., 2015)을 통해 입증되었다.

인지행동치료는 트라우마 사건과 관련된 왜곡된 생각이나 믿음을 처리함으로써 기저의 역기능적인 인지를 수정하는 인지치료와 PTSD의 핵심 증상인 회피 증상 조절을 위한 행동치료로 구성된다(박주언, 안현의, 정영은, 2016, p. 90). 트라우마 사건을 경험한 이후 적응을 방해하는 비합리적이고 역기능적인 사고에 초점을 두어 그 내용과 기능을 확인하고 보다 합리적으로 기능적인 사고로 재구조화하는 과정은 PTSD 증상의 유무와 상관없이 트라우마로 인한 어려움에 적용될 수 있다. 여기에서는 안전기반치료, 무조건적 자기수용 촉진하기, 인지적 논박하기, 구조화된 글쓰기, 대안적 원인 찾기, 수용 촉진하기 등 인지적 재구조화 개입전략과 관계적 트라우마 다루기의 개입전략을 내담자의 정서, 행동, 대인관계의 변화까지 이끌 수 있도록 활용하는 방안에 대해 알아볼 것이다.

① 안전하게 다루기

부적응을 초래한 학업실패 트라우마를 극복할 수 있도록 돕기 위해서는 그 출발점인 학업실패 트라우마를 마주해야 한다. 다른 형태의 트라우마를 다룰 때도 마찬가지이고 트라우마가 아닌 다른 스트레스나 어려움을 다룰 때도 마찬가지로 결과에 선행하는 사건을 다루어야 한다. 그러나 이러한 트라우마 사건의 재경험은 내담자로 하여금 많은 고통을 불러일으킬 수 있음에 유의해야 한다. 트라우마 사건 당시로 돌아가는 과거지향적 접근이 내담자를 힘들게 한다면 보다 현재에 초점을 둔 접근을 적용해 볼 필요가 있다. 이런 관점에서 현재와 적응력 향상에 초점을 두어 과거의 트라우마 기억을 되살릴 필요가 없이 트라우마 경험자의 회복과 성장을 돕는 안전기반 치료(seeking safety therapy; Najavits, 2002)가 제안되기도 했다. 안전기반 치료는 내담자가 자신의 삶에서 보

---

1) 메타분석 결과에 따르면, 외상 후 성장 관련 인지 변인 중 삶의 의미, 사건중심성, 현재 의도적 반추, 당시 의도적 반추, 의도적 반추, 희망, 적응적 스트레스 대처, 사고통제방략, 적극적 스트레스 대처, 적응적 정서조절, 핵심 신념 붕괴, 인지적 유연성이 .586~.427로 큰 효과크기를 나타내었고, 자기성찰, 종교적 스트레스 대처, 마음챙김, 용서, 정서중심적 스트레스 대처가 .371~.237로 중간 정도 효과크기로 그 뒤를 이었다(p. 93).

다 안전감을 갖게 돕기 위해 심리교육과 대처전략을 제공하는 인지행동 접근으로 인지, 행동, 대인관계, 사례관리의 4개 영역에서 25가지 주제[Safety, Honesty, Asking for Help, Setting Boundaries in Relationships, Getting Others to Support Your Recovery, Healthy Relationships, Compassion, Creating Meaning, Discovery, Recovery Thinking, Taking Good Care of Yourself, Coping with Triggers, Self-Nurturing, Detaching from Emotional Pain (Grounding), Life Choices]를 다루어 나간다. 이러한 안전기반치료가 상담자에게 주는 시사점은 학업실패 트라우마를 과거로 돌아가 다루지 않더라도 현재의 적응을 방해하는 인지에 초점을 두고 앞으로 무엇을 더 획득해 나갈 것인가를 다루어 조력할 수 있다는 점이다.

② 무조건적 자기수용 촉진하기

Ellis(1977)는 무조건적 자기수용을 상담의 출발점이라고 보는데, 학업실패 트라우마 상담에서도 마찬가지이다. 무조건적 자기수용은 '자신이 지적으로, 올바르게, 유능하게 행동했는지 여부와 관계없이, 사람들이 인정하고 존중하고 사랑하는지 여부와 관계없이, 자신을 온전하고 무조건적으로 받아들이는 것'으로 정의된다. 우리나라에서 무조건적 자기수용척도도 개발되어 사용되고 있는데, 존재로서의 자기수용, 판단분별로부터 자기수용, 피드백으로부터 자기수용의 3개 하위 요인으로 구성되어 있다(추미례, 이영순, 2014). 즉, 무조건적 자기수용은 자신의 존재 자체를 가치 있게 여기고, 어떤 기준으로 자신의 가치를 판단하지 않고, 다른 사람의 평가에 상관없이 자신을 있는 그대로 받아들이는 것을 의미한다. 무조건적 자기수용의 개념에서 보면, 상대방을 가치판단의 기준을 갖지 않고 있는 그대로 받아들이는 Rogers의 무조건적 수용은 무조건적 타인수용이라고 구분할 수 있을 것이다.

스스로를 탓하면 우울을 비롯한 부정적 감정에 휩싸이게 되고 이런 부정적 감정에 빠진 자신을 또 탓하는 악순환에 빠진다. 여기에 대해 REBT에서는 어떤 조건에 따라 '좋은 사람' 또는 '나쁜 사람'으로 자신을 평가하지 않는 무조건적 자기수용(unconditioned self-acceptance: USA)을 해답으로 제시하고 있다. 인간은 누구나 스스로를 평가하는 경향성을 가지고 있는데, '~할 때 좋은 사람이다'라는 조건적 자기수용을 하는 경우가 많다. '완벽하게 해낼 때', '높은 성적을 받을 때', '○○에 합격할 때', '부모님을 기쁘게 할 때'에는 괜찮은 사람이지만 그렇게 하지 못하면 형편없는 사람이라고 생각하는 것이 조건적 자기수용이다. 그러나 사람은 언제나 실수도 하고, 성적이 떨어지기도 하고, 불합격하기도 하고, 부모를 실망시키기도 한다. 조건적 자기수용을 하게 되면 이렇게 조건에 부합하지 못할까 봐 불안에 떨게 되고 실패를 하게 되었을 때 자신을 스스로 비난하면서 수치스럽게 생각하게 된다. 이와 달리 무조건적 자기수용은 훌륭한 사람을 정의하기 위한 아무런 조건 없이, 살아 있는 것 자체 그리고 인간이라는 자체만으로 좋은 사람이라고 생각하는 것이다. Ellis는 다음과 같이 내담자가 가져야 할 생각을 제안하고 있는데, 존재 자체만을 조건으로 설정하고 다른 조건들을 모두 버려야 함을 강조한다.

> 그저 나는 존재하고 있기 때문에, 나는 인간이기 때문에, 나는 나 자신을 좋다고 보는 것을 선택하기 때문에 "나는 좋아(I am good), 나는 쓸모 있어(I am worthy), 나는 괜찮아(I am okay)."라고 자신에게 강력하게 말한다(Ellis, 1999, 방선욱 역, 2018, p. 116).

따라서 REBT에서는 자존감의 증진을 바람직한 상담의 목표로 간주하지 않는다. 자존감은 '나는 좋은 사람인가?'에 대한 답으로 자신의 가치에 대해 내린 판단과 느낌인데, 여기에는 자신의 가치를 판단할 기준이 포함되어 조건적 자기수용에 이르게 되기 쉽다. 예컨대, '얼굴이 커서 싫다.' 또는 '날씬해서 당당하다.'는 외모에 대한 가치판단의 기준이 포함되어 있는 것이고, '또 성적이 떨어지다니 한심하다.' 또는 '1등급을 받아 자랑스럽다.'는 학교 성적에 대한 가치판단 기준이 포함되어 있는 것이기 때문에 조건적이다. 상담에서는 자신을 평가할 가치판단의 기준을 자신이 가지고 있는 강점으로 바꿔 자존감을 증진하기 위한 노력을 하기도 한다. 무조건적 자기수용은 이와 다른 접근이라고 할 수 있는데, 존재 자체만을 기준으로 설정하고 다른 기준을 설정하지 않는 것이 바람직하다고 보는 입장이다. 특히, 학업실패 트라우마를 경험한 내담자들은 성적 또는 합격을 기준으로 자신의 가치를 판단하는 것이 고통을 가중시키는 경우가 많다. 이런 경우 무조건적 자기수용의 촉진을 통해 학업에서의 성취 수준과 자신을 분리하고 편안해질 수 있도록 도울 수 있다.

③ 인지적 논박하기

내담자의 생각을 변화시키기 위한 인지적 재구조화 기법은 여러 상담이론과 접근에서 소개되어 활용되고 있다. 이 가운데 상담자들에 따라 자신에게 익숙한 기법들을 상담에서 활용하고 있을 것이다. 김명식(2009)은 PTSD에 적용되는 인지적 접근을 정리하고 있다. 그 내용 중 서구에서 제안된 인지치료(CT; Leahy & Holland, 2000)를 다음과 같이 제시하고, 트라우마를 경험하는 내담자가 전형적으로 갖는 인지적 오류와 그 오류를 수정해 보다 적응적인 인지로 변화시킬 수 있는 개입전략을 대응시키고 있다. 트라우마와 관련된 대표적 인지왜곡에는 '세상은 위험하다.', '예측 불가능하고 통제할 수 없는 일이 주위에 많다.', '그 일은 내 인생의 오점이다.', '나는 무능하다.', '다른 사람들을 믿을 수 없다.', '삶은 무의미하다.' 등이 포함되고, '일상생활에서 증거 찾기', '장단점 적기', '이용-비용 분석', '이중잣대 확인하기' 등 다양한 논박 기법들이 적용될 수 있다. 이와 같은 〈표 2-1〉에 제시된 내용은 내담자가 가진 인지적 오류를 찾는 지도 역할을 할 수 있고, 어떻게 개입할 것인지에 대한 상담계획을 세우는 데에도 도움이 될 것이다. 여기에서는 학업실패 트라우마만이 아니라 모든 트라우마에 해당하는 내용을 포함하는데, 내담자가 현재 보이는 인지적 오류가 무엇인지를 탐색하는 데 참고로 활용할 수 있다. 즉, 일반적으로 내담자들이 많이 가지고 있는 인지적 오류에 대한 정보를 토대로 내담자를 힘들게 하는 인지적 오류가 무엇인지 구체화할 수 있다. 이렇게 상담을 통해 적극적으로 논박하고 변화시킬 생각(인지적 오류)의 내용을 목록화하면, 여러 가지 논박 기법을 활용해 개입한다.

〈표 2-1〉 트라우마 관련 인지왜곡과 CT 기법

인지왜곡	CT 기법
세상은 위험하다.	1. 특정 위험한 사건들의 가능성을 계산 2. 이러한 생각의 장단점 적기 3. 이렇게 생각하고 회피했을 때의 이익-비용 분석 4. 보다 합리적이고 현실적으로 조심할 수 있는 다른 조치들 생각
예측 불가능하고 통제할 수 없는 일이 주위에 많다.	1. 이런 신념의 장단점 적기 2. 내담자가 통제할 수 있는 분야와 통제의 정도 적어 보기 3. 예측·통제 노력의 이익-비용 분석 4. 예측이 가능한 결과를 가져 왔던 행동의 일지를 적어 보기 5. 결과의 예측 가능성이 높은 행동에 참여해 보기 6. 예측할 수 없는 일도 있다는 것을 받아들이기

그 일은 내 인생의 오점이었다.	1. 그 당시에 내담자에게 가능한 지식과 선택들을 고려하기
	  • 실제로 더 좋은 선택을 할 수 있었나?
	  • 내담자가 보다 합리적으로 결과를 예측할 수 있었나?
	2. 이중잣대 기법-비슷한 상황에 있는 당신 친구를 비난한다면?
	3. 파이차트를 그려 책임소재를 그려 보기
	4. 사회적 모순과 편견을 고려하기(남자는 전쟁 참가, 강한 모습을 추구, 살인은 비난, 여성은 섹시하게 보여야 하지만 성폭력 상황에서는 비난받음)
	5. 자기 용서하기-인간은 다 실수할 수 있는 것이다.

나는 무능하다.	1. 일상생활에서 유능하다는 증거 찾기 2. 인간이 극단적이고 예외적 상황에서 실제 얼마나 잘 대처할 수 있는지 검토하기 3. 완전한 대처에 대한 일지를 써 보기 4. 점진적인 과제를 사용하기
다른 사람들을 믿을 수 없다.	1. 신뢰로운 사람과 그들을 신뢰하게 된 배경들을 적기 2. 신뢰도에 따라 사람들을 평가해 보기 3. 내담자의 대인관계의 역사를 적어 보기 • 더 좋은 대안이 있었나? 4. 다른 사람들에게 신뢰로운 방법으로 행동실험을 해 보기 5. 적절하게 관여(commitment)하는 사람들에 대한 일지를 적기
삶은 무의미하다.	1. 과거에 즐겼었던 활동들을 적기 2. 즐겁고, 보상적인 활동들을 계획해 보기 3. 상실의 감정을 인식해 보기 4. 과거에는 의미가 없었지만, 현재에는 의미가 있어 보이는 목표와 활동들을 고려하기 5. 죽음을 수용하며 일하기 6. 매일의 생활에서 의미를 발견하기

출처: 김명식, 2009, pp. 55-56.

④ 구조적 글쓰기

글쓰기는 자신의 생각을 정리하고 그 합리성을 찾아보는 좋은 방법이다. 그래서 글쓰기를 내담자의 생각을 바꾸기 위한 개입으로 활용하는 경우가 많다. 트라우마로 인한 고통도 글로 표현하는 과정을 통해 트라우마에 대해 재경험하게 되면서 통찰과 성장으로 나아갈 수 있다. 외상 후 성장에서도 글쓰기를 통한 자기표현은 효과적 전략으로 확인되고 있다(Tedeschi et al., 2018). 또한 우리나라에서도 구조적 글쓰기 개입을 실제 트라우마를 경험한 대학생들에게 적용하여 그 효과가 검증된 바 있다. 손희정과 신희천(2013)은 구조적 글쓰기 전략(노출-재평가-이득발견 글쓰기, Guastella & Dadds, 2009, 실험집단), 비구조적 글쓰기(비교집단), 정서적 중립적 글쓰기(통제집단)의 효과를 비교한 결과 구조적 글쓰기 전략이 당시 고통에 대한 지각, 현재 고통에 대한 지각, 상태불안, 우울, 주관적 안녕감, 외상 후 성장에서 더 효과적임을 확인했는데, 이 연구에서 사용된 구조적 글쓰기 지시문을 상담에 그대로 적용해 볼 만하다. 손희정과 신희천의 실험연구에서는 다른 처치 없이 세 가지 글쓰기만을 실시해 효과를 얻었는데, 상담에서 글쓰기를 하고 그 내용에 대해 이야기를 나누어 보는 시간을 추가한다면 그 효과가 더 커질 것으로 예상된다. 한꺼번에 노출-재평가-이득발견 글쓰기를 실시할 수도 있고, 한 회기에 한 가지씩 순차적으로 글쓰기를 하고 그에 대한 담화를 다루어 여러 회기에 걸쳐 진행할 수도 있을 것이다.

● 구조적 글쓰기 지시문

[노출 글쓰기 지시문]

글쓰기를 통해 당신의 과거 또는 현재의 고통스러운 사건에 대한 기억을 재경험하기 바랍니다. 현재 그 사건에 대한 생각을 기술하지 말고, 사건이 일어났던 때로 돌아간 것처럼 쓰세요. 주변 환경에 대해 자세히 묘사하고 동시에 그것에 대한 당신의 반응을 묘사하세요.

[재평가 글쓰기 지시문]

글쓰기를 통해 가장 힘들었던 사건이 당신에게 고통을 주는 원인을 찾기 바랍니다. 당신을 힘들게 만드는 것은 그 당사자, 사물, 당신의 반응, 사건의 결과 혹은 이를 타인에게 말할 수 없다는 것일 수도 있습니다. 우선 원인을 찾아낸 다음, 원인에 대한 새로운 사고방식을 만들고 이를 기술하여, 덜 힘들고 더 좋게 다룰 수 있도록 해야 합니다. 실제 사건에 대해 자세히 묘사하거나, 사건 당시의 생각이나 감정으로 되돌아가거나, 그 사건이 전반적으로 당신의 삶에 미치는 긍정적인 이득에 대해 생각할 필요는 없습니다.

[이득발견 글쓰기 지시문]

여러분이 겪은 사건이 나에게 어떤 영향을 미쳤는지 자세히 떠올려 보세요. 하지만 글을 쓰면서 그 일로 인해 긍정적인 영향이 있지 않았나 생각해 보세요. 실제 사건에 대해 자세히 묘사하거나, 사건 당시의 생각이나 감정으로 돌아가서 당신을 힘들게 만들었던 것에 대해 묘사할 필요는 없습니다. 현재 당신은 지금까지 깨닫지 못한 개인적인 힘을 인식하게 될지도 모릅니다. 당신은 더 강하고 더 현명한 사람이었다는 것을 깨달을지도 모릅니다. 글을 쓰면서 이 문제에 대해 생각하세요.

출처: 손희정, 신희천, 2013, pp. 3245-3246.

⑤ 대안적 원인 찾기

어쩔 수 없이 당한 일이지만 그것이 자신 때문에 일어난 일이라고 생각하면 그 고통이 더욱 커지는데, 학업실패 트라우마는 다른 트라우마와 달리 자신이 실패의 원인이었다는 귀인을 많이 하게 한다. 학업실패 트라우마를 겪은 내담자들 중에는 다음에 제시된 PTSD를 겪는 내담자들의 전형적인 부정적인 인지적 평가 (Ehlers & Clark, 2000)를 보이는 경우도 있지만, 자신을 탓하는 인지적 평가가 두드러지는 경우도 적지 않다. 즉, 학업실패의 원인을 '내 탓'으로 돌리는 것이 다른 트라우마와의 차이일 수 있다. '더 똑똑해야 하는데, 더 열심히 했어야 하는데, 다른 선택을 했어야 하는데' 등 자신의 잘못으로 학업실패가 초래되었다고 생각한다.

〈표 2-2〉 PTSD를 유지시키는 부정적 평가의 예

인지적 평가 대상	부정적 평가
트라우마 발생 사실	- "안전한 곳이 없어." - "곧 재난이 또 올 거야."
자신에게 일어난 트라우마	- "내가 재난을 부른 거야." - "내가 희생자라는 걸 다른 사람들도 알 거야."
트라우마 당시 행동/정서	- "난 이런 일을 당해도 싸." - "스트레스를 이겨 낼 수 없어."

초기 PTSD 증상	짜증, 분노 폭발	– "내 성격이 더 나쁘게 변해 버렸어." – "이혼 당할 거야." – "내 아이들에 대한 내 자신을 믿을 수 없어."
	정서적 무감각	– "내 속은 다 죽어 버렸어." – "이제 사람들을 만날 수 없어."
	플래시백, 침습, 악몽	– "미쳐 버릴 거야." – "벗어나지 못할 거야."
	주의집중 곤란	– "뇌에 손상을 입었어." – "회사에서도 잘릴 거야."
트라우마 후 다른 사람 반응	긍정적	– "내가 너무 약해서 혼자서는 극복하지 못한다 고들 생각하는 거야." – "누구도 친하다고 느낄 수 없어."
	부정적	– "누구도 날 지켜 주지 않아." – "기댈 수 있는 사람이 아무도 없어."
트라우마 결과	신체적 결과	– "내 몸이 망가졌어." – "정상적인 생활을 할 수 없을 거야."
	실직, 경제적 손실 등	– "아이들을 잃게 될 거야." – "노숙자가 될 거야."

출처: Ehlers & Clark, 2000, p. 322.

　　학업실패에는 내담자 자신이 기여한 부분도 있기 때문에 내담자의 이러한 인지적 평가가 잘못되었다고 할 수만은 없으므로 개입 단계에서 상담자는 새로운 어려움을 겪을 수 있다. 이때 접근할 수 있는 방법은 자신에게 어떤 문제가 있었는지 그 원인을 보다 세분화해 보는 것과 자신 이외 다른 원인을 찾아보는 것이다. '내 탓'도 있지만 구체적으로 무엇인지 밝힐 필요가 있다는 점과 '내 탓'만으로 학업실패라는 결과를 모두 설명할 수는 없다는 점을 찾아 다른 대안적 원인을 추가하는 것이다. 학업실패만이 아니라 모든 일은 여러 원인이 복합적으로 작용하게 되는데, 내담자가 겪은 학업실패에 영향을 미친 다른 요인들을 보다 자세히 찾아보자고 제안하는 것이다.

　　이를 위해 내담자가 생각해 낼 수 있는 가능한 원인을 모두 찾는 것부터 시작할 수 있는데, 이때 기록 작업을 병행하는 것이 좋다. 예를 들면, 여러 장의 포스트잇을 주고 '공부를 잘하기 위해 필요한 것'이 무엇인지에 대해 한 장에 한 가지 원인을 적게 하는데 가능한 많이 적어 보게 한다. 너무 추상적으로 적으면 가능한 구체적으로 적어 보라고 권하고, 사소한 것이라도 좋으니 적어 보게 해 20가지 이상 적을 때까지 계속 한다. 모두 적으면 유사한 것끼리 묶어 종이에 붙이는 작업을 하고 유사한 원인에 대해 명명한다. 찾을 수 있는 원인이 모두 찾아졌는지 확인하기 위해 다음의 학업성취도 결정요인을 활용할 수 있는데, 이 그림을 함께 보면서 빠진 범주가 있으면 추가한다.

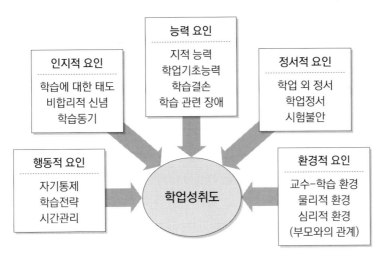

[그림 2-2] 학업성취도 결정 요인

출처: 황매향, 2016, p. 41.

　다음으로 이번 학업실패에 많은 기여를 한 원인을 찾는 단계로 넘어간다. 원인들 가운데 조금이라도 학업실패에 기여했다고 생각하는 원인명에 동그라미를 치면서 원인을 찾는다. 이 단계에서 왜 원인이 되었다고 생각하는지에 대한 내담자의 이야기를 듣고, 선택하지 않은 것이 원인이 되지 않았다고 생각하는 이유도 듣는다. 이 과정에서 어떤 원인을 삭제하기도 하고 어떤 원인을 더 포함시키기도 할 것이다. 이렇게 원인이 파악되고 나면, 각 원인이 얼마나 크게 기여했는지를 평가해 본다. 앞서 CT 기법에서 제시된 파이차트 그리기를 통해 시각화할 수 있다. 이 과정에서도 상담자는 원인의 가중치에 대한 내담자의 평가가 객관적인지 점검해야 한다.

이런 일련의 과정을 통해 내담자는 '내가 머리가 나빠서' 또는 '내가 게을러서'라는 모호한 내 탓에서 벗어나 학업실패의 원인에 대한 보다 객관적인 판단을 내릴 수 있다. 그리고 내 탓하기로 인해 발생한 수치심, 우울, 불안 등의 부정적 정서에서 벗어날 수 있을 뿐 아니라 앞으로 성공을 향해 나아갈 수 있다는 희망을 갖게 될 것이다.

⑥ 수용 촉진하기

지금까지 살펴본 인지적 접근에서는 현재 적응을 방해하는 인지 내용을 보다 적응적인 내용으로 바꿀 수 있도록 돕는데, 주로 인과적 오류를 바로잡는 것과 새로운 원인을 찾는 것에 초점을 두는 것이 대표적이다. 한편, 현재의 어려움을 있는 그대로 받아들일 수 있도록 촉진하는 인지적 개입도 필요하다. 비교적 최근 소개된 수용전념치료(acceptance and commitment therapy: ACT; Hayes, Strosahl, & Wilson, 1999; 2012)를 적용할 수 있다. ACT에서는 인간의 고통의 출발점이 심리적 과정 그중에서도 언어로 정의되는 것에 있다고 본다. 언어의 지배를 받고 있는 생각과 감정을 있는 그대로 받아들일 수 있도록 하고(탈융합) 회피하고 있던 상황을 마주하는 것(수용)이 그 출발점이 된다. 고통에서 벗어나야 한다는 생각에 사로잡혀 자신이 처한 상황과 고통에서 벗어나려고 하기보다 그대로 수용하고, 정말 원하는 것이 무엇인지를 찾고 추구하는 다음 단계로 나아가는 것이다.

예를 들면, 시험불안을 반드시 없애야 더 이상 실패하지 않을 것이라고 생각할수록 불안은 더 높아질 뿐이기 때문에 시험이라는 상황에서 불안을 느끼는 것은 당연해서 어쩔 수 없는 것으로 받아들일 수 있도록 하는 것이다. 시험불안이 일어나면 안 되는 것이 아니라 시험불안은 당연히 일어나는 반응이라고 생각을 바꾸는 것이다. 그리고 다음 과제로 넘어가 자신이 원하는 것은 시험을 잘 보는 것이지 시험불안을 없애는 것이 아님을 확인하고, 시험불안을 가진 상태에서 수행을 잘 해낼 수 있는 방안을 찾는 데 초점을 둘 수 있다. 자신의 상태를 수용하기 위해서는 인지의 내용이 아니라 그것이 구성되어 온 역사에 대한 이해가 필요하다. '시험이란 불안한 거야.'라는 생각보다 더 나아가 '내가 ~~~경험이 있어 시험에서 불안하구나.'라는 이해가 동반되면 불안 자체에 대한 수용이 더 쉬워지기 때문이다. 이를 위해 자신에게 떠오르는 생각과 감정을 관찰해야 하는데 상담자는 이 과정을 촉진해야 할 것이다. 구체적 기법은 ACT에서 제시하고 있는 여러 개입전략의 내용을 참고할 수 있다.

관계적 트라우마 다루기　앞서 문제 파악 및 상담목표 설정 단계에서 살펴보았듯이 의존도가 높은 관계에서 나타나는 애착 트라우마는 그 부정적 영향이 광범위하고 대인관계에 심각한 손상을 초래한다. 또한 학업성취가 애착 대상으로부터의 인정을 받는 수단으로 여겨질 경우 또는 애착 대상의 성취압력이 심할 경우 학업실패는 애착 트라우마로 작용하기 때문에 이 부분에 대한 개입이 필요하다. 무엇보다 관계 회복 자체에 대한 개입이 필요한데 관계 회복을 위한 가족치료적 접근을 적용할 수 있다. 여기에서는 관계적 트라우마의 개념을 제안한 Allen(2005)이 추천하는 개입 방안 중 적응적 관계 모델 세우기와 자기의존 촉진하기에 대해 살펴보고자 한다.

　① 적응적 관계 모델 세우기
　관계적 트라우마의 회복을 돕는 과정은 자신도 모르게 내면에 자리 잡고 있는 내적 작동 모델을 인식하고 보다 적응적인 관계를 맺을 수 있는 관계 모델로 나아갈 수 있도록 돕는 것이다. 먼저, 학대를 당하면 당할수록 자신을 깎아내리게 되고 학대받을 만하다고 느끼면서 학대를 참아내는 악순환의 고리를 알아차릴 수 있도록 돕는다. 학업실패 또는 부진에 폭력을 행사하는 부모나 교사의 행동은 바로 학대에 해당한다. 부모를 비롯한 애착 대상으로부터 받고 있는 부당한 대우의 현실성에 대해 피드백하면서 자신만을 탓하면서 학대를 정당화하는 모습을 스스로 발견할 수 있도록 촉진한다. 또한 가능한 한 학대받는 상황에 노출되지 않도록 자신을 보호하는 방법도 함께 찾는다. 이것이 바로 내적 작동 모델에 대한 인식 촉진을 위한 개입의 출발점이 된다. 더 중요한 것은 새로운 모델을 만들어 내는 것이다. '과거로부터 덜 일반화되고 현재에 더 반응적인 보다 만족스러운 관계의 촉진'(Allen, 2005, 권정혜 외 역, 2010, p. 189)을 목표로 삼아야 하는데, 여기에서 중요한 것은 이전 모델을 바꾸려고 하기보다는 이전 모델은 이전 모델대로 두고 새로운 모델을 학습함으로써 이전 모델이 덜 사용되게 하는 것을 목표로 해야 한다는 점이다. 이를 위해 상담자가 '충분히 좋은(good enough)' 대상이 되어 주어야 한다. 충분히 좋은 상담자의 역할을 하기 위해 대상관계이론에서 제안하는 버텨 주기, 지금-여기 경험 다루기, 대상 제공, 역전이 활용 등의 기법을 활용할 수 있다. 그리고 충분히 좋은 가족구성원, 친구, 배우자, 선후배 등을 찾아 그들과의 관계 속에서 긍정적인 관계 모델을 학습할 수 있도록 돕는다. 새로운 대상을 찾을 수도 있지만 대부분 내담자의 주변에 그런 역할을 해 줄 대상이 있는 경우가 많다. 지금까지 자신의 부적응적인 관계 모델의 틀에 갇혀 소중한 인연을 알아보지 못하고 있었을 뿐이다. 상담은 이런 자원을 발굴하고 이 관계를 통해 새로운 모델을 학습할 수 있도록 촉진하는 과정으로 나아가야 한다.

② 자기의존 촉진하기

다음으로 Allen(2005)은 관계적 트라우마를 효과적으로 다루기 위해 자기의존의 촉진을 제안한다. 자기의존(self-dependence)이란 정신분석학자였던 Lichtenberg가 제안한 개념으로 자기 스스로에게 의존한다는 것인데, 자신에 대한 인식과 타인과의 관계가 함께 발달한 상태에서 습득되는 자율성과 애착의 균형 상태이다. 내담자에게는 '홀로서기'라는 용어로 더 익숙할 수 있는데, 더 이상 다른 사람에게 의존하지 않고 스스로 괜찮을 수 있어야 한다. 애착 대상과 헤어져도 자기조절과 다른 사람들의 지지를 통해 애착관계를 간직하면서 재회할 때까지 견뎌내는 것으로, 자기의존을 획득하기 위해서는 이별 후 다시 재회할 수 있는 안정적 애착관계가 형성되는 것이 필요하다는 점에서 자기의존의 촉진을 위해서도 타인과의 관계를 다루어야 한다. 즉, 상담자는 현재 내담자가 가진 관계 속에서 안정적 애착을 형성할 수 있는 능력을 강화시켜 주어야 한다(Allen, 2005, p. 131).

학업실패로 인해 부모, 교사, 또래 등으로부터 상처받은 내담자의 경우, 이로 인해 안정적 애착 대상을 상실하게 되었을 수 있고 또는 안정적 애착 대상이 아니었기 때문에 이런 경험을 했을 수도 있다. 어느 경우이든 상담자는 내담자가 자기의존을 획득할 수 있도록 안정적 애착을 형성하는 과정을 조력하면서 내담자의 역량을 키워 줄 수 있다. 무엇보다 현재 내담자가 만나고 있는 사람들과의 관계에서 출발하는 것이 바람직하고, 무엇보다 애착 형성을 위해 함께 하는 시간이 필요하다는 점도 잊어서는 안 될 것이다. 그리고 이런 관계 형성과정에서도 항상 내가 누구인지, 내가 원하는 것이 무엇인지, 내가 혼자 있을 때 어떤지 등을 알아차리고 조절할 수 있도록 하여 자율성과 애착의 균형 상태인 자기의존이 가능하도록 도와야 한다.

5. 앞으로의 학업성취를 돕는 개입

　마음에 큰 상처를 남긴 학업실패 트라우마를 극복할 수 있도록 돕는 일이 상담에서 일차적으로 해야 할 과제이지만, 내담자가 실패감을 극복하고 성공으로 나아갈 수 있도록 돕는 것까지 상담의 과제라고 할 수 있다. '외상 후 성장' 개념이나 '긍정 심리' 접근에서 강조하고 있는 바와 같이 부정적 상태의 감소를 넘어 보다 적극적인 적응의 조력으로 나아가야 하기 때문이다. 따라서 실패감을 극복하고 성공추구를 위한 새로운 여정을 시작하는 것까지 상담의 과제가 된다. 이를 위해 상담자는 동기 부여하기, 목표 재설정, 성공 자원 확보, 성공 경험 확대 등의 개입을 할 수 있다.

동기 부여하기　　학업실패 트라우마를 다루는 상담은 실패로 인한 정서적 어려움과 부적응 상태의 조력에 주력하게 되고, 그 과정에서 많은 시간과 노력을 기울여야 하기 때문에, 실패의 충격이 진정되면 상담자와 내담자가 함께 상담의 목표와 과제가 성취되었다고 여기기 쉽다. 그러나 내담자가 추구했던 목표가 있었고 그것을 이루지 못해 실패한 상황이라는 점을 감안해 보면, 실패를 극복하고 어디로 나아갈 것인지를 생각해 보고 다시 계획을 세워 도전해 보는 일이 필요하다. 잠깐 넘어져 일어났을 뿐 인생이라는 경주에서 달려야 할 길이 아직 남아 있다. 당장의 실패가 너무 고통스럽기 때문에 내담자는 더 이상은 실패하고 싶지 않아 아무런 도전도 하고 싶지 않은 마음이 클 것이다. 다시 도전해서 실패하는 것이 두려워 그 상황을 피하고만 싶어 한다. 예컨대, 낮은 성적에서 벗어나지 못하던 중·고등학생들이 아예 학업중단을 선언하거나 학사경고를 반복해 받은 많은 대학생들이 다른 진로부터 고려하는 경우이다. 이러한 도망가고 싶고 더 이상 실패자가 되고 싶지 않은 마음을 성공하고 싶은 마음으로 돌릴 수 있도록 상담에서 도와야 할 것이다.

　성공에 대한 동기를 높이기 위한 조력은 실패를 회피하고 싶은 속마음을 털어놓을 수 있는 기회를 제공하는 것에서 출발할 수 있다. 성급하게 실패회피를 막으려고 하기보다는 충분히 이야기할 수 있도록 허용한다. 실패회피 역시 동기에 해당하기 때문에 동기 찾기의 출발점이 될 수 있음을 알아차리고 내담자의 이야기를 경청한다. 내담자는 실패를 회피하고 도망가고 싶은 자신의 마음을 털어놓으면서 차차 회피하는 것은 앞으로 나아가는 데 도움이 되지 않는다는 점을 스스로 알게 될 것이다. 성공에 대한 희망이 보이면 또는 성공할 자신이 생기면 보다 적극적으로 도전해 보고 싶다는 마음까지 다다를 수 있도록 경청, 공감, 지지하면서 성장욕구를 찾아주고 피드백한다.

목표 재설정 돕기   실패를 극복하고 다음 단계로 나아가기 위해서는 새로운 목표가 필요하다. 다음 도전을 위해 목표를 세우는 것은 당연한 단계임에도 불구하고 그 중요성이 간과되는 경우가 많다. 예컨대, 대입이나 공무원 시험을 포함한 취업을 위한 시험에서 실패한 경우 특히 첫 실패의 경우 상담자도 내담자도 또다시 도전하는 것을 당연하게 생각하기 쉽다. 이렇게 이전의 목표를 당연히 받아들이기보다 현재의 목표를 점검하고 실천과 성공을 이룰 수 있는 새로운 목표를 설정할 수 있도록 도와야 한다.

① 현재 목표의 확인

새로운 목표의 설정 또는 이전 목표의 수정을 위해 가장 먼저 해야 할 일은 내담자와 상담자가 직접 다루지 않았지만 서로 암묵적으로 동의하고 있는 목표에 대해 이야기를 나누어 보는 것이다. 예컨대, '성적(또는 학점)을 올린다, 검정고시에 도전한다, 대입을 다시 준비한다, 지금까지 도전했던 시험에 다시 응시한다' 등과 같은 목표를 당연하다고 여기고 있을 수 있다. 이런 목표를 계속 추구할 것인지에 대해 명시적으로 다루는 것이 목표 재설정의 출발점이 된다. 달리기를 하다가 넘어지면 다시 일어나 계속 달리는 것이 당연해 보이지만, 이것을 완주하는 것이 필요한가에 대해 점검할 기회가 될 수도 있다. '넘어진(또는 엎어진) 김에 쉬어 가라.'는 우리나라 속담에 비유된 상황이라고 할 수 있는데, 한번 숨 고르기를 하면서 내가 정말 달리고 싶은 코스가 맞는지에 대해 점검한다. 그리고 그 출발점으로 내가 어떤 길을 달려 왔는지 그리고 어떤 길을 다시 달리려고 하는지부터 내담자가 인식할 수 있도록 돕는다. 앞으로 더 생각을 해 보는 과정에서 계속 달리겠다고 결정할 수도 있고 도중하차해 다른 길을 선택할 수도 있다는 가능성을 열어 두고 어떤 길에 서 있는지부터 확인하는 과정이다.

② 이전 목표 설정과정 점검

다음으로 이전에 가졌던 목표와 그 설정과정에 대한 재점검이 필요하다. 내가 왜 이 길에서 달리고 있는가에 대해 그 선택의 시점으로 돌아가 한번 더 생각해 보는 것이다. 모든 사람이 하니까 당연하다고 생각해 자신이 정말 원하는 것이라서 부모나 주변의 기대에 부응하기 위해 선택했을 수 있다. 누구를 위한 누구의 목표인지 확인하는 작업에서부터 시작한다. 또한 선택을 할 때 고려했던 다른 대안들도 떠올려 보고 어떤 장점 또는 어떤 압력 때문에 지금의 길을 선택하게 되었는지 돌아본다. 이런 과정을 거치면서 이전의 결정이 충분한 정보를 고려하고 자신의 욕구를 반영하는 합리적 과정을 거친 성숙한 결정이었는지의 여부를 알아볼 수 있다. 뿐만 아니라 당시의 결정 요인들이 지금도 자신에게 중요하고 유의한지도 다시 생각해 볼 수 있다. 성숙한 결정이었고 지금도 의미가 있다면 이전의 결정을 그대로 따르는 것이 좋고, 이와 같은 점검의 과정을 통해 더욱 자신의 목표에 대한 확신을 가질 수 있는 계기도 될 것이다. 만약 이전의 결정이 합리적 의사결정 단계를 거치지 않았고 자신의 욕구를 제대로 반영하지 못한 것이라면, 다시 의사결정 과정을 거쳐 새로운 목표를 세워야 할 것이다.

③ 성공 가능한 목표 설정

목표 설정에서 가장 중요하게 고려해야 할 사항 중 하나는 성공 가능성이다. 성취하기 어려운 목표는 아무리 좋은 목표라 해도 내담자에게 어려움만 가중시킬 뿐이다. 'Boys, be ambitious.'(소년들이여, 야망을 가져라)라는 한 교육자가 남긴 명언은 꿈과 포부가 크면 그것을 이루기 위한 동기도 높아질 것이라는 상식에 기초하고 있다. 성취하기 어려워 보이는 높은 목표를 이루기 위해 더 열심히 노력을 기울이는 사람도 있지만, 너무 어려워 보여 오히려 노력을 기울이지 않는 사람도 적지 않아 높은 목표 설정을 추천할 수만은 없다. 대신 동기와 행동을 이끌어 낼 수 있을 정도의 목표를 설정하는 것이 더 중요한데, 이를 위해 내담자가 판단하기에 성공 가능성이 높아 보이는 목표를 정해야 한다.

"어느 정도까지 해 볼 수 있을까요?"라는 질문을 던지고 그에 대한 내담자의 생각을 반영해 목표를 설정한다. 이 과정에서 상담자가 점검해야 할 사항은 성공 가능성에 대한 내담자 판단의 기초가 되는 자기효능감과 결과기대의 객관성과 타당성이다. 자신이 더 잘할 수 있는데 아니라고 생각하거나 지금까지 수행으로 볼 때 잘 해낼 수 없는데 할 수 있다고 생각한다면 자기효능감을 점검해야 하고, 목표성취가 가져다줄 결과에 대한 잘못된 기대를 가지고 있다면 결과기대를 점검해야 할 것이다. 학업실패 트라우마를 겪은 내담자들의 경우 실제보다 낮은 자기효능감과 결과기대를 보이는 경우가 많다. 내담자의 낮은 자기효능감과 결과기대를 보다 현실성 있게 바꾸기 위해 상담자는 그 근거를 제시하는 것이 효과적이다. 상담자는 내담자가 가진 자원과 이전의 성취에 대한 자료를 확보해야 하고, 내담자가 실패한 영역의 제도적 측면, 경쟁 양상, 미래 예측 등에 익숙해야 한다. 교사, 입시전문가, 커리어코치 등이 학습지도, 진학지도, 취업지원을 위해 보유한 정보를 상담자도 가지고 있어야 한다. 내담자의 특성과 교육 및 직업세계에 대한 정확한 정보를 가지고 현실적인 자기효능감과 결과기대를 갖게 한 다음 목표 설정을 위한 의사결정 과정을 거친다.

성공 가능한 목표 설정을 위해 이전에 가졌던 목표를 포기하거나 이전보다 더 낮은 목표를 설정하게 될 때도 있는데, 이 경우 내담자가 이 상황을 잘 수용할 수 있는지 점검하고 필요한 도움을 주어야 한다. 특히, 대입에서 의대를 포기하거나 5급 공무원 시험 준비에서 7급으로, 또는 7급에서 9급으로 낮추거나 아예 임용고시를 포기하고 다른 곳으로의 취업을 선택하는 것과 같이 높은 지위 획득을 위한 목표를 하향 조정하는 것은 상당히 어려운 과정이다. 혼자만의 기대가 아니라 부모를 비롯한 주변의 기대가 컸던 경우라면 더 어려울 것이다. 목표를 낮추면서 느끼는 좌절감, 걱정, 불안을 충분히 들어 주고, 비록 목표를 낮췄지만 그 목표를 성취하는 것에서 찾을 수 있는 가치가 무엇인지 명료화한다. 새로 설정한 목표를 어쩔 수 없는 선택이 아니라 그 목표가 갖는 매력으로 더 좋은 대안이 된다는 확신을 가질 수 있어야 한다. 상담자는 "그래도 계속 실패하기보다 성취를 이루어 내는 것이 좋을 거예요."와 같은 반응을 하지 않도록 유의한다. 비록 목표가 낮아지긴 했지만 적극적인 선택이었고 더 좋은 대안임에 대한 확신을 갖지 못하면 내담자를 동기화할 수 없으므로 목표 재설정의 의미가 없어지게 되기 때문이다.

④ 삶의 의미가 반영된 목표

목표 설정을 위해 상담에서 고려해야 할 가장 중요한 사항은 그 목표가 내담자에게 의미 있는 목표여야 한다는 점이다. 인간은 누구나 자신이 중요하고, 가치 있고, 어떤 방식으로든 인간과 사회가 더 나아지는 방향으로 기여하고 있다고 느끼고 싶어 한다. '자신의 삶을 의미 있다고 판단 내리는 것은, 중요하거나, 목적이 있거나, 본질적으로 존재한다는 감각을 통해 더 넓은 우주에서의 자기

자리가 있다고 느낀다는 것을 가리킨다'(Halusic & King, 2013, p. 46). 삶의 의미와 관련된 내용들은 의미치료, 실존치료, 수용전념치료 등을 통해 상담자들이 상담에서 이미 다루고 있는 내용이다. 학업실패 트라우마 상담에서도 그 내용이 반영된 목표를 설정할 수 있도록 조력해야 한다.

학업은 그 자체가 목표이기보다는 성공을 위한 수단으로 간주되는 경우가 많아 자신에게 어떤 의미가 되는가를 고려하지 못한 채 사회적 압력으로만 여겨지는 경우가 많다. 당연히 성적이 좋아야 하고, 좋은 대학에 입학해야 하고, 좋은 직장에 취업해야 한다고 생각하는 것은 바람직하지 않다. 여기에서 '좋다'라는 것이 어떤 의미인지, 그것이 자신에게도 좋은 것이 맞는지 점검이 필요하다. 이를 위해 무엇에 실패한 것인가에서부터 이야기가 시작될 수도 있다. 누가 정한 기준에 미치지 못한 것인지, 결과를 볼 때 실패인지 또는 과정에서의 실패인지, 실패라고 정의한 사람은 누구인지 등에 관한 이야기를 나눌 수 있다. 그리고 나아가 학업 자체 또는 학업을 통해 이루려고 하는 성취(또는 성공)가 자신에게 어떤 의미를 갖는지, 얼마나 중요한지, 얼마나 가치 있는지에 관해 명료화해야 삶의 의미가 반영된 새로운 목표를 세울 수 있다.

이 과정에서 생각해 보지 않았다고 하거나 진전이 없어 답답해하거나 당장의 시험 준비가 중요하다고 다급해하는 내담자가 있을 수 있다. 치열한 경쟁 속에 있으면 왜 그 경쟁을 하고 있는지 알아차리지 못하는 것은 당연할 수 있다. 삶의 의미에 대해 생각해 보지 않았거나 삶의 의미를 중요하게 생각하지 않은 내담자를 비난하지 말고, 그 답답함과 다급함을 다룰 수 있어야 할 것이다. 때로는 이 과정에서 삶의 의미 추구에 대한 과업은 잠시 미뤄질 수 있다. 내담자의 다급함을 무시한 채 삶의 의미만을 강조한다면 내담자는 더 이상 상담을 찾지 않을 것이다. 따라서 다급한 문제들을 다루어 나가는 것을 삶의 의미 추구라는 최종적인 목표를 향해 가는 여정으로 여기고 내담자의 준비도와 속도에 맞추는 것이 필요하다.

성공을 위한 자원 확인하기　　학업에서의 성공을 위해 많은 자원이 동원되어야 하고 특히 중요한 자원들에 대해 제2부에서 다룰 예정이다. 그러나 이러한 자원을 모두 가지고 있는 사람은 드문데, 궁극적으로 가능한 많은 자원을 확보해 투입해야 한다. 이를 위한 첫 출발점은 이미 가지고 있는 자원을 확인하는 것인데, 현재 가지고 있는 자원을 잘 활용해야 이를 발판으로 다른 자원을 개발할 수 있기 때문이다. 내담자가 가진 자원을 찾기 위한 접근은 크게 두 가지로 상담자는 모두 활용해야 한다. 먼저, 내담자 스스로 생각하는 자신이 가진 성공 촉진 자원에 대한 탐색이 이루어질 수 있다. 이를 위해 상담자는 "공부와 관련해 자신이 가진 장점은 무엇인가요?", "공부에 도움이 되었던 것들을 한번 떠올려 볼까요?", "공부할 때 사용하는 나만의 비결에는 어떤 것이 있을까요?" 등과 같은 탐색적 질문을 활용할 수 있다. 또한 상담자가 직접 내담자를 관찰하면서 자원을 발견할 수 있어야 한다. 제2부에서 다루고 있는 학업정서, 그릿, 자기통제, 시간관리, 교수환경을 중심으로 내담자가 이미 가지고 있는 것과 보완해야 할 부분을 확인한다. 이를 위해 각 요소에 대해 내담자에게 질문할 뿐 아니라 심리검사나 공부행동 점검을 위한 과제를 활용해 객관적인 정보를 얻을 수 있다.

내담자가 가진 자원이 확인되면, 내담자 스스로 지각하고 있는 자원과 상담자가 발견한 자원을 함께 종합하는 과정이 필요하다. 그리고 이런 자원들을 목표성취를 위해 어떻게 활용할 것인지에 대한 계획을 함께 세운다. 또한 내담자는 자신이 이미 가지고 있는 자원에 대한 확인을 통해 목표성취에 대한 동기가 높아질 수 있으므로 이 부분도 잘 활용한다. 한편 부족한 자원에 대한 안타까움과 불안이 있을 수 있는데, 상담자는 이미 가진 자원을 통해 부족한 자원이 채워질 수 있다는 점에 대한 논리적 설명을 제공할 수 있어야 한다. 이를 위해 상담자는 제2부의 내용을 잘 숙지해야 하고, 최근의 연구결과와 임상 사례에 대한 정보를 수시로 확인해 가능한 많은 근거를 확보해야 한다.

확인한 자원을 동원해 목표를 향해 나가기 위해 구체적 계획이 필요할 것이다. 이를 위해 이전 실패의 원인에 대한 분석을 실시한다. 이전의 실패를 반복하지 않기 위해서는 실패의 원인을 분석하고 그에 대한 개선과 대비가 필요하기 때문이다. 이를 위해 실패감 극복을 다루는 단계에서 확인된 실패 원인에 대한 내담자의 귀인 오류를 한 번 더 다루어야 한다. 내담자의 귀인 오류와 그 교정과정에 대해 회고해 보면서 성공을 위해 무엇이 필요한가를 찾는 단서로 삼을 수 있다. 다음으로 자원의 측면에서 실패의 원인을 살펴본다. 어떤 자원의 부족이 원인이 되었는지, 어떤 자원의 활용에서 있었던 문제는 무엇인지, 활용하지 못한 자원은 무엇인지를 검토하면서 앞으로 자신이 가진 자원을 어떻게 목표성취에 연결할 것인지에 대한 답을 얻을 수 있을 것이다.

성공 경험 확대 촉진하기　　목표가 잘 설정되고 목표성취를 위해 어떤 자원을 활용할 것인가에 대한 계획이 구체화되면 본격적인 학업수행에 들어가게 될 것이다. 이전과는 다른 새로운 계획과 각오로 공부를 다시 시작하게 되는데, 처음부터 기대한 성취를 이루기는 쉽지 않다. 실패 이후 잠시 또는 상당 기간 공부에서 떨어져 있었기 때문에 공부를 하는 행동 자체에 적응하기도 쉽지 않다. 수업을 듣는 것도 자습을 하는 것도 모두 피곤할 수 있고, 휴식 기간이 길었던 경우는 낯설기까지 하다. 이 과정에서 '또다시 실패하면 어쩌나.' 하는 불안감을 느끼는 것은 오히려 자연스러운 일일 수 있다.

이런 불안감을 낮출 수 있는 가장 좋은 방법은 '잘하고 있다'는 증거를 찾는 것이다. "이전보다 나아진 점에 대해 이야기해 볼까요?" 정도의 탐색적 질문으로 그 증거를 찾을 수 있다면 가장 좋다. 그러나 "별로 달라진 건 없고 힘드네요."라고 답한다면 더 나아갈 방법이 없어 막막할 것이다. 더구나 가장 어려운 상황은 공부가 잘 안 된다고 호소할 때일 것이다. 대부분 사람들이 지나치게 설정해 놓은 기대나 조급함 때문에 작은 성취를 알아차리지 못할지라도 실제로 나아진 것이 없다고 말할 수는 없을 것이다. 이때 "아직 처음이라 그럴 수 있어요.", "조금 더 해 보면 달라질 거예요.", "조금 더 견뎌 보면 어때요." 등과 같은 소극적 반응을 하기보다는 적극적 개입이 필요하다. 상담자는 내담자가 공부를 하면서 느끼는 감정, 공부하는 과정에서 나온 결과물(노트, 메모, 일정표, 평가자료 등), 다른 사람들의 피드백 등을 가능한 한 많이 수집하고, 그 가운데 이전보다 나아진 점을 함께 찾아 성취를 확인할 수 있도록 도와야 한다. 내담자가 잘 떠올리지 못한다면 자신의 공부행동에 대한 정보를 수집해 올 것을 다음 시간 과제로 제공할 수 있다. 이 과정을 통해 '잘하고 있다' 또는 '이전과 다르다'는 것에 대한 분명한 증거를 확보할 수 있고, 자신의 공부행동에 대한 메타인지를 증진시킬 수 있어 학업 자체에도 도움이 된다. 새롭게 발견한 성취의 증거들을 다시 이야기하면서 성취한 것을 명명하고 그러한 성취가 내담자의 노력에 의해 가능했다는 점을 내면화하는 작업까지 나아간다. 그리고 이 과정을 여러 번 반복해 내담자가 자신이 잘하고 있다는 확신을 하게 되면 종결을 준비할 때가 되었다고 할 수 있다.

6. 상담성과 평가 및 종결

학업실패 트라우마 상담의 상담성과 평가 및 종결 단계는 일반적 심리상담의 상담성과 평가 및 종결 단계와 크게 다르지 않게 진행된다. 매 회기 그리고 정기적으로 목표 설정과 성과 평가를 수행하고, 상담목표가 달성되어 가면 종결에 대한 논의를 시작한다. 학업실패 트라우마 상담은 위기개입, 학업상담 트라우마 극복을 위한 개입, 앞으로의 학업성취를 돕는 개입으로 진행한다는 점에서 각 단계별 상담성과 평가가 필요하다. 목표 설정 단계에서 구분된 목표 설정과 상담과정에 대한 합의가 있어야 하고, 그 일정에 따라 상담성과 평가도 이루어지는 것이 바람직하다. 세 가지 목표와 개입이 병행되거나 여러 상담자가 팀으로 개입할 경우라면, 일정한 기간을 설정해 중간 평가가 이루어질 수 있을 것이다. 어떤 상담도 처음부터 꾸준히 좋아지기보다 좋아졌다 나빠졌다를 반복한다는 점이나 한 번 좋아졌다고 해서 계속 유지되는 것이 아니라는 점은 상담자라면 익숙할 것이다. 학업실패 트라우마 상담에서도 진보와 후퇴가 반복되어 나타나는데, 어떤 요소들이 영향을 미치는지 잘 파악해 가능한 한 효과적인 상담이 될 수 있도록 노력해야 할 것이다.

학업상담 트라우마 상담은 여러 가지 목표를 가지고 진행되는 경우가 많아 상담기간이 길어질 수 있다. 상담기간이 길어질 경우 상담을 지속하기 어려운 경우가 많이 생긴다. 유료 상담의 경우 개인의 경제적 사정상 오랫동안 상담을 받기 어려울 수 있고, 무료 상담의 경우 대부분 회기 제한을 두고 있어 역시 긴 시간 상담을 하기 어렵다. 따라서 상담자는 주어진 시간 동안 상담목표에 도달할 수 있도록 효과적 개입을 위한 노력을 기울여야 할 것이다. 뿐만 아니라 상담목표를 모두 성취하지 못한 채 종결에 대한 논의를 시작할 수밖에 없는 경우도 생긴다. 예상보다 변화가 천천히 나타날 수 있고 상담을 진행하면서 새로운 문제가 발견되는 경우 상담기간이 부족할 수밖에 없다. 이런 경우 나머지 상담목표들은 상담의 도움을 적게 받거나 받지 않고 스스로 노력해 도달하도록 계획을 세울 수 있다.

예컨대, 상담 회기의 간격을 늘리거나 종결 후 추수 상담을 실시하는 방식이 가능할 것이다. 특히, 학업성취를 위한 목표를 재설정하고 성취를 나아가는 단계에서 이런 절충안을 고려해 볼 수 있다. 이때 유의할 점은 공부는 혼자 알아서 할 수 있다고 생각하고 종결해 버리는 일이 없어야 한다는 점이다. 내담자는 성과 자체에서만이 아니라 공부를 해 나가는 과정에서도 작은 실패들을 하게 된다. 대부분 의욕이 앞서고 행동이 따라가지 못하기 때문인데, 이런 작은 실패를 당연한 것으로 받아들이고 학업에 열중하기 위해서는 상담자의 개입이 필요하다. 매주 만나는 것 대신 간단하게 문자로 학업 진행을 점검하거나 2~3주 간격으로 회기 간격을 늘릴 수도 있고, 종결 후 두어 번 정도 추수 상담을 진행할 수도 있다. 어떻게 마무리해야 적응적 생활을 지속하는 데 유리할 것인가는 내담자와의 협의를 통해 결정할 수 있을 것이다.

제2부
학업실패 트라우마 상담에 활용할 자원

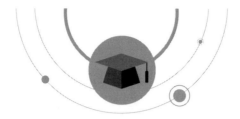

학업실패 트라우마 상담은 트라우마로 인한 고통을 다루어야 할 뿐 아니라 내담자가 실패를 극복하고 성공으로 나아갈 수 있도록 도와야 한다. 이를 위해 학업적 성공 또는 학업성취도 향상에 필요한 개인 내적·외적 자원을 확인하고 증진시키는 개입이 필요하다. 어떤 영역에서 어떤 실패를 했는가 또는 어떤 영역에서 어떤 성공을 원하는가에 따라 필요한 자원이 다를 수 있다. 그러나 영역이나 과제의 종류와 상관없이 학업적 성공을 위해 공통적으로 필요한 자원들이 있는데, 제2부에서는 학업실패를 극복하고 원하는 성취를 이루는 데에 필요한 자원에 대해 알아볼 것이다. 개인 내적 자원으로는 학업정서, 자기통제, 그릿을 설정했다. 학업정서는 학업실패 트라우마를 겪은 내담자들이 성장으로 나아가기 위해 일차적으로 다루어야 할 정서조절과 밀접히 관련된다. 자기통제는 학업실패 트라우마 이후 겪는 여러 가지 부적응 행동을 극복하고 과제에 집중하는 데 필요한 중요한 자원이다. 또한 그릿은 학업실패에도 불구하고 자신의 꿈을 이루기 위해 앞으로 나아가는 데 필요한 자원이다. 개인 외적 자원으로 시간관리와 교수-학습 환경을 선정했는데, 이 두 가지는 학업성취를 이루어 나가는 데 가장 중요한 맥락적 구조에 해당한다. 제2부에서는 학업정서, 자기통제, 그릿, 시간관리의 각각에 대해 개념, 이론(또는 모델), 학업성취와의 관계, 촉진전략 등을 중심으로 살펴볼 것이다. 그리고 교수-학습 환경의 경우 다른 장과는 내용 구성을 달리하고 있는데, 여섯 가지 서로 다른 교수-학습 환경의 장단점과 상담에서 초점을 두어 다루어야 할 문제를 알아볼 것이다.

제3장
학업정서

    트라우마 경험으로서 학업실패는 어느 영역보다 정서에 큰 영향을 미친다. 따라서 학업실패로 인한 트라우마 극복을 조력하는 상담자는 학업상담에서 다루어지는 학업정서에 대한 전반적인 논의에 대해 알아야 한다. 이를 위해 이 장은 학업 관련 정서에 관한 이론적 논의를 살펴보고자 한다. 학습자가 경험하는 정서의 중요성이 강조되면서 학업성취를 해 나가는 과정에서 나타나는 정서에 초점을 둔 논의와 연구가 활발해졌다. 특히, 학업정서에 관한 이론(Linnenbrink, 2007; Pekrun, 1992; 2006)이 제안되면서 관련 경험적 연구가 촉진되었고, 우리나라에서도 점차 학업정서에 대한 관심이 높아지고 있다. 학업정서는 학업을 방해하기도 하지만 학업을 촉진할 수 있는 긍정적 자원으로 작용하기도 한다. 따라서 상담자는 내담자가 학업적 부정 정서를 줄이고 학업적 긍정 정서를 늘려 자신이 원하는 성취를 이뤄 낼 수 있도록 도와야 한다. 이 장에서는 내담자가 자신의 학업정서를 효과적으로 다룰 수 있도록 조력하기 위해 상담자가 알아야 할 학업정서의 의미, 다양한 차원에서의 학업정서 분류, 학업정서 모델, 학업정서에 대한 개입전략에 대해 알아볼 것이다.

1. 학업정서의 의미

    인간의 모든 활동에 정서적 반응이 동반되듯 공부를 하는 과정에서도 정서가 유발된다. 학업정서는 '학습, 수업, 성취와 직접적으로 관련된 정서'로 정의(Pekrun et al., 2002)되고, 여기에서 채택된 정서는 주관적 감정과 함께 이에 동반된 인지, 동기적 경향성, 생리적 반응, 표현된 행동을 아우르는 다면적 현상을 의미한다. 예컨대, 시험을 앞두고 불안해하는 학생은 불편하고 긴장되는 느낌을 갖고(감정 요소), 실패에 대해 걱정하며(인지 요소), 시험으로부터 도망가고 싶고(동기 요소), 손에서 땀이 나고(생리반응), 불안한 표정을 짓는(표현 요소) 등을 보인다(Pekrun, 2017). 이 모든 경험이 시험불안이라는 학업정서에 포함된다. 이러한 학업정서를 상담에서 다루어야 하는 이유는 학업정서가 학업을 돕기도 하고 방해하기도 하는 중요한 요인이기 때문이다. 학습하는 즐거움이나 성공에 대한 자부심과 같은 긍정 정서는 학업에 도움이 되지만, 시험 관련 불안이나 낮은 성취에 대한 수치심과 같은 부정 정서는 학업을 방해해 결국 실패를 낳게 한다.

학업정서 용어의 등장 학업에서의 정서에 대한 논의의 장을 연 것은 학업의 결과에 대한 반응으로서의 정서를 언급한 Weiner의 귀인이론이라고 할 수 있다. 귀인이론은 학업에서의 성공과 실패 자체보다 그 성공이나 실패를 어디에 귀인(attribution)하는가에 따라 정서적 경험이 달라진다고 제안한다. 성공이나 실패를 능력이나 노력과 같은 내적 요인의 탓으로 돌리면 성공은 자부심과 동기 증진을 가져 오지만 실패는 수치감을 가져 오고, 성공이나 실패를 외적 요인의 탓으로 돌리면 성공은 감사의 결과를 수반하지만 실패는 분노의 결과를 수반한다(Weiner, 1985). 이후 Pekrun 등(2002)이 학업정서(academic emotion)라는 용어를 처음 제안했는데, '학습, 수업, 성취와 직접적으로 관련된 정서'라고 처음으로 정의했다. 이후 Pekrun(2006)은 학업(academic)이라는 용어보다 활동을 구체적으로 나타낼 수 있는 성취(achievement)라는 용어를 채택해 성취정서(achievement emotion)라는 새로운 용어를 제안하고 '성취활동(achievement activity) 또는 성취성과(achievement outcome)와 직접 관련된 정서'라고 재정의했다. 국내에서는 학업정서라는 용어와 성취정서라는 용어가 모두 사용되고 있다. 이 책에서는 학업정서라는 용어를 사용하면서 학업정서와 성취정서를 모두 아우르고자 한다. Pekrun 등(2002)이 정서라는 개념에서 학업정서라는 개념을 구분해 나간 과정을 살펴보면, 시험불안과 학습동기에 관심을 가졌던 Pekrun과 학업적 통제과정과 학습동기에 관심을 가졌던 Perry가 함께 1990년대 초부터 학습과정에서 학생들이 경험하는 다양한 정서에 대한 질적·양적 연구를 수행한 것에서 출발한다. Pekrun 등은 독일에서 수행했던 5개 질적 · 양적 연구를 종합해 학생들이 학업과정에서 경험하는 대표적 정서로 불안이 가장 높다는 것을 밝혔고, 높은 빈도의 정서로 즐거움, 희망, 자부심, 안도감, 분노, 지루함, 수치심 등을 낮은 빈도의 정서로 감사, 경외, 경멸, 부러움, 절망 등을 확인했다.

학업정서의 영향   학업정서에는 긍정 정서와 부정 정서가 있고, 긍정 정서는 긍정적으로 부정 정서는 부정적으로 영향을 미치는 경우가 많다. 긍정 정서는 정보를 처리하는 동안 느끼는 즐거움, 앞으로에 대한 희망, 과거에 대한 자부심 등이다. 이와 대비되는 개념으로 부정 정서는 지루함과 무망감(또는 학습된 무기력) 불안, 분노, 수치심, 좌절 등이다. 학업정서가 학업에 미치는 영향에 대한 연구결과를 살펴보면 다음과 같다.

① 긍정적 학업정서의 영향

여러 경험적 연구를 정리한 Pekrun(1992)은 긍정 정서가 기억의 저장, 정보처리 과정, 내적 동기, 외적 동기에 긍정적인 영향을 미친다는 실증적 근거를 제시해 주었다. 즉, 긍정 정서는 새로운 것을 기억하거나 그것을 활용하는 학습 자체만이 아니라 얼마나 하고자 하는가에 해당하는 동기도 높여 준다. 최근에는 정서가 학습과정과 밀접히 관련된다는 점이 강조되고 있는데, 긍정 정서의 증진을 교수법에서도 중요하게 다루고 있다. 특히, 흥미는 창의성의 근간인 몰입 경험의 출발점이 되는 긍정적 정서의 대표로 관심을 받고 있다. 따라서 내담자가 학습과정에서 흥미를 비롯한 긍정 정서를 경험하고 내면화할 수 있도록 상담과정을 통해 도와주어야 한다.

② 부정적 학업정서의 영향

부정 정서도 학업에 영향을 미치는데, 긍정 정서가 학업에 긍정적 영향을 미치는 것과 반대로 부정 정서는 대체로 학업을 방해한다. 특히, 부정 정서 중 지루함과 무망감(또는 학습된 무기력)은 모두 내적 동기와 외적 동기를 낮추고 정보처리나 기억 등 학업과정을 손상해 결국 성취를 낮춘다. 또 불안, 분노, 수치심, 좌절, 지루함의 부정 정서는 일관되게 과제 관련 주의집중력을 감소시키고, 동기의 측면에서 불안과 수치심은 흥미와 내적 동기를 손상하는 반면 실패를 하지 않기 위해 노력을 기울이는 외적 동기를 강화한다(Pekrun, 2017). 즉, 부정 정서는 긍정 정서와 같이 긍정이라는 한쪽 방향으로 영향을 미치기보다 어떤 정서인가 그리고 어느 정도의 강도인가에 따라 긍정적으로 영향을 미칠 수도 있고 부정적으로 영향을 미칠 수도 있다. 잘 알려진 불안의 역U 효과와 같이 적정 수준의 불안까지는 불안이 성취에 긍정적 영향을 미치지만, 적정 수준보다 높은 불안은 성취를 방해한다.

③ 국내 연구결과

일반적으로 긍정 정서는 학업과정에 도움이 되지만, 부정 정서는 학업과정을 방해한다. 또한 학업정서의 영향을 많이 받는 사람도 있고 상대적으로 그 영향을 덜 받는 사람도 있다. 학업정서의 영향에 대해 메타분석을 실시한 김영숙과 조한익(2015)의 연구결과에 따르면 우리나라 학생들이 서구의 학생들보다 학업정서의 영향을 더 많이 받는 것으로 나타났는데, 학업성취도에 대한 긍정적 학업정서와 부정적 학업정서의 효과크기가 모두 서구에서보다 높았다. 대학교보다는 중·고등학교에서, 다른 상황보다 시험 상황에서 학업정서의 효과크기가 높았고, 성취감, 자부심, 뿌듯함, 절망감, 수치심, 불안감 등이 다른 정서에 비해 영향력이 큰 것으로 확인되었다. 이러한 연구결과는 우리나라 학생들과의 상담에서는 학업정서를 더 중요하게 다루어야 한다는 점과 중·고등학생들이 시험 상황에서 경험하는 정서는 특히 조력이 필요함을 시사한다.

보다 구체적으로 동기 요인과 학업정서의 관계를 종합해 본 이정민과 고은지(2017)의 연구결과에 따르면 긍정 정서는 자기조절학습 및 숙달접근목표에 높은 효과크기, 학업성취도에 중간 효과크기, 수행접근목표에 작은 효과크기를 보였고, 부정 정서는 학업성취도에만 작은 효과크기를 보여 긍정 정서가 전반적으로 더 많은 영향을 미치고 있다는 점을 확인할 수 있었다. 비록 우리나라 학생들이 긍정 정서보다 부정 정서를 더 많이 경험하지만 학습동기 형성과정에는 긍정 정서가 더 많은 영향을 미치고 있다는 점은 긍정 정서를 활용해 학습동기에 개입할 수 있음을 시사한다.

2. 다차원적 학업정서 분류

Pekrun은 Weiner의 귀인이론에서 제안된 학습의 결과(성공 또는 실패)에서 발생되는 정서 개념을 확장해, 학습하는 과정에서 느끼는 정서적 경험과 미래 성취에 대한 정서도 학업정서에 포함시켰다. 학습을 하는 동안 느끼는 정서적 경험인 새로운 것을 알아가는 즐거움, 수업시간 동안의 지루함, 과제에 대한 좌절 등과 미래의 성공에 대해 기대 또는 희망을 갖거나 실패가 예상되어 불안한 것 등이 추가된 것이다. 뿐만 아니라 여러 차원 또는 여러 대상에서 학업정서가 발생할 수 있다는 점을 제안하고 있는데, 언제 발생된 정서인가, 어느 때의 성취에 대한 정서인가, 어떤 활동에 의해 유발된 정서인가, 어떤 대상에 대한 정서인가 등으로 구분해 학습자가 경험할 수 있는 학업정서를 살펴보면 다음과 같다.

시기별 학업정서 경험   학습자는 공부를 시작할 때부터 공부를 마칠 때까지 여러 가지 정서적 경험을 하게 된다. 그리고 이러한 정서적 경험은 한 가지 정서를 지속적으로 경험하기도 하지만 시간이 지나면서 달라지기도 한다. 공부를 시작하기 전 정서상태, 공부하면서 경험하는 정서, 공부 직후에 경험하는 정서로 나누어 볼 수 있다.

① 공부를 시작하기 전 정서상태

공부를 하면서 정서적 경험을 하게 되기도 하지만, 공부를 시작하기 이전의 정서상태가 학습에 영향을 미칠 수 있다. 이러한 학습 전 정서에 대해 고려해야 할 사항은 크게 두 가지이다. 공부와 관련된 이전 경험으로 인해 공부를 하려고 할 때 또는 공부하기를 계획할 때부터 느껴지는 정서가 한 가지 경우이고, 공부와는 상관없이 일상적인 일로 인해 발생한 정서를 그대로 가지고 공부를 시작하게 될 때가 또 다른 경우이다.

먼저, 공부와 관련된 이전 경험에서 발생한 공부 자체에 대한 정서를 살펴보아야 하는데, 우리나라 학생들이 가장 많이 하는 "공부하기 싫어."라는 말은 대표적인 공부를 시작하기 전 정서상태를 드러내는 말이다. 학업실패 트라우마를 경험한 내담자에게는 무엇보다 학업실패로 인해 겪어야 했던 마음의 상처가 학업이라는 과제에 다가가려고 할 때 어떤 영향을 미치는지가 중요할 것이다. 학업실패 당시의 정서상태가 그대로 남아 영향을 미칠 수도 있고, 그동안의 여러 가지 심경의 변화를 겪으면서 지금 당장 공부를 하려고 할 때 느끼는 정서는 당시와는 많이 다를 수도 있다. 공부를 하려고 생각할 때, 공부할 장소로 이동할 때, 공부할 책상에 앉았을 때 어떤 정서를 경험하는지, 그리고 이러한 정서적 경험이 실제 학습과정에 어떤 영향을 미치는지 알아보아야 한다.

다음으로 공부와는 크게 관련이 없는 일상생활에서 경험한 정서를 그대로 가지고 공부를 시작하게 될 수 있다. 특히, 강한 부정적 정서상태에서도 공부를 해야 하는 경우 어려움은 가중된다. 예컨대, 집단따돌림을 당하고 있는 무서운 교실에 매일 앉아 있어야 하거나, 여자친구로부터 이별 통보를 받아 너무 슬프지만 당장 수업에 들어가야 하거나, 거실에서 부모가 다투고 있는 불안한 상황에서 자기 방에서 시험공부에 몰두해야 하는 경우와 같은 부정 정서 경험은 공부를 심하게 방해하게 될 것이다. 따라서 공부문제만이 아니라 삶에서 생기는 여러 가지 고민이나 상처로 인한 정서적 고통이 있다면, 이 부분을 적극적으로 다루어야 한다. 친구와 다툰 작은 일부터 누군가를 갑자기 잃게 된 큰 상실까지 심리적 고통이 수반되는 일은 언제든 겪을 수 있다. 자칫 내담자들은 정서를 다루기 위해 사용하는 시간과 에너지를 아끼기 위해 참고 억누르기 쉬운데 오히려 역효과를 나타낼 수 있다. 부정 정서를 다루기 위해 공부시간을 빼앗길 수도 있지만, 해결하지 않고 참는다고 해서 공부가 잘되는 것은 아니기 때문이다. 따라서 열이 나면 그걸 참고 공부하기보다는 해열제를 먹고 쉬면서 열을 가라앉힌 후 공부하는 것이 현명하듯이, 공부할 시간을 할애해서라도 중요한 감정의 문제를 먼저 다루어야 한다는 점을 알려야 한다.

② 공부하는 중 경험하는 정서

새로운 것을 배우는 것이 즐겁거나 잘 이해가 안 되어 속상하거나 수업이 너무 지루하거나 등 공부를 하는 과정에서 여러 가지 긍정 정서와 부정 정서를 경험한다. 공부하는 내용, 공부하는 물리적·사회적·심리적 환경, 학습할 내용의 곤란도 등이 공부를 하는 중에 서로 다른 정서를 불러일으킨다.

우리나라 학생들을 대상으로 '자신이 공부하면서 가장 자주 느끼는 정서가 무엇인지 대표적으로 세 가지를 쓰라'는 개방형 질문에 대한 응답 내용을 분석한 김은진과 양명희(2011)의 연구결과는 우리나라 학생들이 공부하면서 경험하는 정서를 이해하는 데 기초를 제공한다. 김은진과 양명희는 39가지 정서 목록을 확인했는데, 우리나라 중·고등학생들은 공부를 하는 동안 긍정 정서보다 부정 정서를 더 많이 경험했고, 부정 정서인 '짜증'에 대한 응답이 가장 많았다. 다음으로 지루함, 귀찮음, 답답함, 좌절감, 성취감, 재미있음, 기쁨, 즐거움, 뿌듯함 등의 순으로 높은 빈도를 보였다.

　이러한 결과는 Pekrun의 학업정서 목록(불안, 분노, 지루함, 무력감, 수치심, 즐거움, 희망, 자부심, 안도감)과 상당한 차이를 보이는데, Pekrun이 제시한 정서 중 '안도감', '불만', '실망감', '수치심'은 보고되지 않았고, 보고된 정서 중 78% 가 Pekrun 정서 목록에는 포함되지 않은 정서로 '성취감', '자신감', '보람', '짜증', '귀찮음', '답답함', '막막함', '압박감', '부담감', '조바심' 등이다. Pekrun의 정서 목록은 대학생을 대상으로 추출되었고, 김은진과 양명희의 정서 목록은 중·고등학생을 대상으로 했다는 차이가 있지만, 사회문화적 차이에 따라 학업정서가 다를 수 있음을 보여 주고 있다.

　③ 공부한 이후 경험하는 정서

　수업을 듣거나 스스로 공부하거나 일정 시간이 지나면 공부를 마치게 되는데, 이때 경험하는 정서는 '공부 전' 또는 '공부 중' 학업정서와 다를 수 있다. 열심히 참여했거나 계획했던 것을 마쳤을 때는 즐겁고 뿌듯하겠지만, 공부가 잘 안 되어 걱정이 늘어나고 좌절감을 느낄 수도 있다. 그리고 공부가 주된 일상인 학생들의 경우 유사한 정서를 자주 반복적으로 겪게 되고, 이런 정서의 축적은 공부 전반에 대한 우호 또는 반감을 형성하기도 한다. 이 부분은 '공부를 시작하기 전 정서 상태'로 작용하게 되어 학업정서의 선순환 또는 악순환을 만든다. 따라서 상담자는 내담자가 경험하는 공부 전, 공부 중, 공부 후의 학업정서를 각각 알아볼 뿐만 아니라 서로 어떤 영향을 주고받고 있는지 그 과정에 대해서도 확인해야 한다.

　공부한 이후 정서적 경험은 공부를 하면서 즐거웠다거나 힘들었다거나 지루했던 정서가 지속되기도 하고, 해야 할 것에서 벗어난다는 후련함을 느끼기도 하고, 자신이 계획한 것 또는 목표한 것에 따른 평가가 정서를 일으키기도 한다. 또한 학습의 결과, 즉 성취 여부 또는 성취 수준에 대한 정서도 공부한 이후 경험하는 정서의 대표적 영역이다. Weiner가 강조한 학업에서의 성공 또는 실패가 일으키는 정서도 과거 성취에 대한 정서이다. 이 부분은 다음에서 살펴볼 성취별 학업정서와 관련된다.

성취별 학업정서   학업에서의 성취는 학업정서를 유발하는 주요한 요인으로 과거의 학습결과, 현재 공부하고 있는 과제에서의 성취 여부, 미래 성취에 대한 예상 등이 서로 다른 학업정서를 유발한다. Pekrun(2006)은 언제의 성취가 어떤 통제를 받고 있다고 판단하는가에 따라 서로 다른 정서를 경험한다는 점을 〈표 3-1〉에 정리한 바와 같이 제안하고 있다.

〈표 3-1〉 성취별 학업정서의 분류

목적	평가		정서
	가치	통제	
활동 (현재)	긍정적	높음	슬거움
	부정적	높음	분노
	긍정적/부정적	낮음	좌절
	가치 없음	높음/낮음	지루함
성과 (미래)	긍정적 (성공)	높음	기쁨 기대
		중간	희망
		낮음	절망
	부정적 (실패)	높음	안도감 기대
		중간	불안
		낮음	절망
성과 (과거)	긍정적 (성공)	무관	기쁨
		자신	자부심
		타인	감사
	부정적 (실패)	무관	슬픔
		자신	수치심
		타인	분노

출처: Pekrun, 2006, p. 320.

① 현재 활동에 대한 정서

학습을 하는 동안 느끼는 정서는 성공이나 실패라는 결과보다는 과정 자체에 대한 긍정/부정에 대한 판단이나 통제감이 정서 유발을 결정한다(Pekrun, 2006).

학습의 과정을 자신이 통제할 수 있다고 판단이 될 때 학습하는 과제나 참여하는 활동이 긍정적이면 즐겁지만 노력을 기울이는 과정이 고통스러운 것과 같이 부정적이면 화가 날 수 있다. 학습에서 느끼는 즐거움은 내적 동기 상태로 학업상담에서 지향할 바람직한 정서로 지속될 경우 몰입으로 이어질 수 있다. 즉, 학업을 촉진하기 위해 학습해야 할 내용이나 활동에 대해 긍정적으로 평가하고 스스로 해낼 수 있는 과제로 지각할 수 있도록 도와야 할 것이다.

활동의 내용이 어떠한가에 상관없이 통제감이 없으면 좌절하게 되고, 활동 자체에서 긍정적이거나 부정적인 가치를 찾지 못하면 통제감에 상관없이 지루함을 느끼게 된다. 뿐만 아니라 자신의 능력을 넘어서는 지나친 요구(낮은 통제) 또는 아무런 도전감을 주지 않는 상황(높은 통제)이 지루함을 야기할 수 있는데, 이러한 지루함이 긍정이나 부정의 가치를 부여하지 않는 상황을 초래하기도 한다. 이러한 지루함은 우리나라 학생들이, 특히 학습과정에서 높은 빈도로 느끼는 정서라는 점을 감안하면, 많은 내담자들이 이러한 상태에 있을 수 있다. 따라서 상담자는 내담자가 적당한 도전감을 주면서 스스로 해낼 수 있다고 여겨지는 과제와 활동을 학습 내용으로 준비할 수 있도록 도와야 할 것이다.

또한 학습을 하면서도 지금까지의 학습이 계획대로 잘 이루어지고 있다거나 그렇지 않다고 판단하면서 그에 따른 정서를 경험하기도 한다. 학습과정에서 뭔가 잘되고 있다고 느끼면 성취감이나 만족감과 같은 긍정 정서를 경험하겠지만 잘 안 되고 있다고 느끼면 답답함이나 짜증 같은 부정 정서를 경험하게 될 것이다. 그리고 이러한 학업정서는 앞으로 계속 학업을 하게 하거나 학업을 중단하게 하는 결과로도 이어질 것이다. 상담에서는 가능한 한 학업과정에서 긍정 정서를 경험할 수 있도록 조력해야 하는데, 성취 가능한 목표를 설정하고 목표 달성과정에 대한 세밀한 모니터링을 하면서 성공 경험의 촉진과 성공 경험에 대한 내면화를 촉진할 수 있을 것이다.

② 미래 성취 기대에 대한 정서

학업은 그 자체로 의미를 지니기도 하지만 학업을 통해 이루고자 하는 성취를 목표로 하는 경우가 많다. 따라서 학업을 하는 과정에서 앞으로 성공할 것인지, 실패할 것인지에 대한 예견을 하게 되고, 이러한 기대나 예측이 불러일으키는 정서가 학업과정에 영향을 미치게 된다. 성공을 기대하면 긍정 정서를 경험하지만 실패를 기대하면 부정 정서를 경험할 가능성이 높은데, 앞으로의 성공이나 실패를 어느 정도 통제할 수 있다고 생각하는가에 따라 경험하는 학업정서가 달라진다고 Pekrun(2006)은 제안한다. 〈표 3-1〉에 정리된 바와 같이 성공을 중간 정도 이상 통제가 가능하다고 판단하면 성공에 대한 기대는 기쁨과 희망을 준다. 실패의 경우 실패에 대한 통제권이 높다고 여기면 안도감을 주지만, 중간 정도이면 불안을 느낀다. 성공이나 실패 모두 스스로 통제할 수 없다고 판단하면 모두 절망감을 경험하게 된다. 또한 이러한 정서적 경험의 강도는 과제의 성공 또는 실패가 자신에게 얼마나 중요한가에 따라 달라진다. 즉, 미래의 성취에 대해 긍정적으로 기대하는가 또는 부정적으로 기대하는가보다 통제 가능성을 어떻게 평가하는가가 더 중요하고, 자신이 어느 정도 의미를 부여하고 있는가에 따라 다를 수 있다.

이렇게 부정적 영향을 미치는 낮은 통제 가능성은 반복적 실패 경험으로 인한 상황에 대한 통제감 상실 상태를 일컫는 학습된 무기력 상태로 보아야 할 것이다. 학습된 무기력 이론에서는 이러한 학습된 무기력이 아무 행동도 하지 못하는 우울 상황으로 이끈다고 제안한다. 상황적 우울의 기제를 설명하는 학습된 무기력은 학업성취 과정에서도 나타나는데, 반복적 학업실패는 공부를 해도 성취를 이루지 못할 것이라는 무기력 상태를 이끌게 되고, 이러한 학습된 무기력은 학업성취 전반에 부정적 영향을 미친다(Nolen-Hoeksema, Girus, & Seligman, 1986). 실제 학습된 무기력 성향의 학생들은 낮은 자존감, 학습부진, 낮은 자기효능감, 학업성취 저하, 학교부적응 등과 같은 모습을 보인다는 것이 여러 연구를 통해 확인되었다(박병기 외, 2015).

③ 과거 성취 결과에 대한 정서

이미 이룬 성취가 성공인가 실패인가에 따라 서로 다른 정서를 느끼게 되고, 이러한 정서적 경험이 이후 학습동기나 학업과정에 영향을 미친다는 점은 오래전부터 논의되어 왔다. 예컨대, 귀인이론에서는 성공과 실패의 원인을 무엇으로 판단하는가에 따라 과거 성취에 대한 정서가 달라진다고 본다. 성공이나 실패를 능력이나 노력과 같은 내적 요인의 탓으로 돌리면 성공은 자부심을 실패는 수치감을 가져 오고, 성공이나 실패를 외적 요인의 탓으로 돌리면 성공은 감사의 결과를 수반하지만 실패는 분노의 결과를 수반한다(Weiner, 1985). 한편, Pekrun(2006)은 〈표 3-1〉에 제시한 바와 같이 성공과 실패의 통제 차원을 자신과 타인으로 구분해 Weiner의 제안을 그대로 대입하고, 성공을 자신의 통제로 보면 자부심을 타인의 통제로 보면 감사를 느끼고, 실패를 자신의 통제로 보면 수치심을 타인의 통제로 보면 분노를 느낀다고 제시한다. 또한 통제가 불가능한 경우를 추가해, 통제가 불가능하다고 판단할 경우 성공은 기쁨을 주지만 실패는 슬픔을 야기한다고 보았다.

상황별 학업정서 경험　　학업은 새로운 지식을 누군가에게 배우는 것, 그 내용을 자신의 것으로 만드는 것, 자신이 가진 지식을 시험이라는 평가 상황에서 확인하는 것을 모두 포함한다. 그리고 이런 각 상황은 서로 다른 정서를 유발하게 되는데, 학업정서척도에 잘 반영되어 있다. 학업정서척도[1]는 수업 상황, 학습 상황, 시험 상황으로 구분해 학업정서를 측정한다. Pekrun은 자신의 연구팀이 수행한 여러 연구를 토대로 학습을 하면서 가장 빈번하게 경험하는 대표 정서로 즐거움, 희망, 자부심, 안도감, 분노, 불안, 절망, 수치심, 지루함의 아홉 가지 정서를 선정해 학업정서척도를 개발했다. 학업정서척도에서는 즐거움, 희망, 자부심, 분노, 불안, 수치심, 절망감 등 일곱 가지 정서를 수업, 학습, 시험 상황 모두에 포함되어 있고, 안도감은 시험 상황에서만 지루함은 수업 상황과 학습 상황에만 포함되어 있다. 즉, 학업정서척도는 대표 정서 아홉 가지 중 수업, 학습, 시험 상황별로 여덟 가지 대표 정서를 측정한다.

이와 같이 학업정서를 수업, 학습, 시험 상황으로 구분해 보는 접근은 "공부에 대해 어떻게 느끼나요?"라는 전반적 학습에 대한 정서보다는 수업을 들을 때, 혼자 공부할 때, 시험을 볼 때 등 상황을 구체화할 때 보다 정확한 학업정서 파악이 가능하다는 점을 강조한다. 즉, 상담에서 내담자의 학업정서를 파악하기 위해 학업 관련 상황별로 구분해 정서를 탐색하는 것이 필요한데, 상황별 정서를 직접 질문하거나 이미 개발된 학업정서척도를 사용할 수 있다.

대상별 학업정서 경험　　누구 또는 무엇에 대해 느끼는 감정인가에 따라 학업정서를 구분해 볼 수 있다. 학습을 하고 있는 자신에 대해 느끼는 정서, 학습하고 있는 과제의 내용에 대해 느끼는 정서, 학습과 관련된 타인과의 상호작용 속에

---

1) Pekrun 등(2002)의 Academic Emotions Questionnaire(AEQ), Pekrun 등(2011)의 Achievement Emotions Questionnaire(AEQ), 도승이 등(2011)의 한국판 성취정서 질문지(K-AEQ) 등

서 느끼는 정서는 서로 다를 수 있다.

① 자신에 대한 정서

학습을 해 나가거나 학습을 통한 성취 결과를 보면서 자신이 어떤 사람인지에 대해 평가하게 되고 그 결과 정서가 유발된다. 자신에 대한 정서로서의 학업정서는 주로 성공이나 실패를 자신의 능력의 증거로 보는 과정에서 나타난다. 사람들은 여러 정보를 통해 자신의 능력에 대한 판단을 하게 되고 다른 사람들에게 능력있는 사람으로 보이고 싶다는 욕구와 맞물려 성공하거나 실패했을 때 여러 정서적 경험을 하게 되는 것이다. 귀인이론에서 설명하는 바와 같이 성공을 자신의 능력에 귀인하면 자부심을, 실패를 자신의 능력에 귀인하면 수치심을 느끼는 것이 대표적이다.

이 가운데 실패는 자신에 대한 부정 정서를 야기할 뿐만 아니라 전반적인 자기개념과 이후 학습동기에 여러 손상을 초래하기 때문에 상담에서 주의 깊게 다루어야 할 부분이다. 먼저, 자신감을 가진 학생들은 실패에 대해 자신의 능력이 아닌 다른 외적 요인의 탓으로 돌려 자신을 보호하려는 경향을 보이는 반면, 많은 학생들은 실패를 자신의 능력 탓으로 돌리게 되는데 이때는 실패에 대해 수치심을 경험한다. 실패가 반복되면서 부정적 자아개념과 무력감이 고착된다. 그리고 이러한 자신에 대한 학업정서는 학교를 다니기 시작하는 아동기부터 형성되는데 초등학교 시기가 결정적 시기에 해당한다(Pekrun, 2017). 이렇게 실패가 개인에게 정서적 고통을 주고 자기가치감을 손상시키기 때문에 실패를 회피하고자 하는 실패회피동기로 이어져 아예 학습이나 과제에 참여하지 않게 되기도 하고, 학습이나 과제에 노력을 기울일 수 없는 핑계를 만드는 자기손상화 전략 사용에까지 이르기도 한다(상세한 내용은 '목표 추구의 역효과' 참고).

또한 완벽주의는 자신에 대한 부정적 학업정서를 유발하는 대표적 요인이다. 어떠한 오류를 범하는 것도 허용하지 않는 완벽주의 경향성은 부정적으로만 인식되어 오다가 1990년대에 들어 다차원적 접근과 함께 긍정적으로 작용할 가능성에 대한 논의도 활성화되었다. 그 대표적 학자는 Frost인데, 완벽주의를 수행하는 데 있어서 높은 기준을 설정하고 과도하게 자신의 행동을 비판적으로 평가하는 경향성이라고 정의하고, 실수에 대한 염려, 개인적 기준, 부모의 기대, 부모의 비난, 수행에 대한 의심, 조직화 등 여섯 가지 하위 차원의 다차원적 완벽주의 척도를 개발했다(Frost et al., 1990). 학업정서와 관련된 완벽주의 관련 연구들의 결과에 따르면 이 가운데 조직화는 오히려 학업에 도움이 되는 반면, 수행에 대한 의심, 부모의 비난, 실수에 대한 염려 등이 부정적으로 작용해 불안과 수치심을 불러일으키고 실패회피, 나아가 학업지연행동과 같은 학습행동 손상을 초래한다(보다 상세한 내용은 '수치심'과 '학업지연행동' 참고).

특히, 학업실패 트라우마는 자신에 대한 감정에 더 많은 영향을 미치는 것으로 조사되고 있다. 학업 트라우마 연구에서는 "나는 멍청하다", "어떻게 해도 안 될 것 같다", "이 세상에서 사라지고 싶다"와 같은 반응으로 나타나는 자기비난/비관/자살사고 하위 범주가 전체 응답자의 20%로 도출되었다(이은정, 유금란, 2019). 학업실패 트라우마 경험을 수집한 연구에서도 30% 가까운 학생들이 자아상 손상의 하위 범주에 해당하는 반응을 보였는데 자신감 하락, 자존감 하락, 수치심을 느낌, 자신에게 미안함/자책감, 실패자로 느껴짐, 자신의 한계를 직면함 등이다(황매향 외, 2019). 이와 같이 학업에서의 실패를 자신의 능력에 대한 객관적 평가로 받아들이면서 자신이 가치없는 사람이라는 결론에 다다른다는 것을 알 수 있다.

② 과제에 대한 정서

학습하는 내용에 따라서도 경험하는 학업정서가 달라질 수 있다는 점도 논의되고 있다. 예컨대, Pekrun 등(2005)은 수학이라는 과목을 공부할 때 느끼는 학업정서를 파악할 수 있는 AEQ-M을 따로 개발하기도 했다. 우리나라에서도 영역 특수적으로 학업정서척도가 개발되었는데, 유지원, 김혜정, 박성희(2012)의 한국 대학생의 이러닝 수업에서의 학업정서척도(e-AES), 박중길(2011)의 체육 성취정서 질문지, 김종렬, 이은주(2014)가 번안한 한국판 성취정서수학척도(K-AEQ-M), 전지영(2014)의 한국 중학생 과학 영역 성취정서 질문지(AEQ-KMS)등이 대표적이다(박서연, 윤미선, 2017).

과제에 대한 정서와 관련해 가장 많이 논의되고 있는 영역은 수학 영역이다. 수학이라는 과목에서 느끼는 흥미에서부터 불안까지 수학이라는 과목에 대한 학업정서를 다루는데, 수학 불안에 초점을 둔 연구가 더 활발하다. 수학 불안은 수학이라는 교과와 관련된 대표적 부정 정서로 '어떤 식으로든 수학에 접하였을 때 개인이 불안을 경험하는 상황(Byrd, 1982)'이라고 처음 정의되었다. 최근 국내 수학교육자들은 그동안의 수학 불안에 대한 논의를 종합해 수학 불안을 '부정적 정서의 일부로서 일상 혹은 수학 학업과 관련된 상황에서 수를 다루거나 수학 문제를 풀 때 지장을 줄 정도의 긴장감을 느끼는 것, 수학문제를 풀도록 요구받는 상황에서 일어나는 신체적 증상, 불안, 무력감, 정신적 스트레스를 겪는 것'으로 정의하고 척도도 개발했다(고호경, 양길석, 이환철, 2015).

③ 타인에 대한 정서

Pekrun(1992)은 학업성취를 해 나가는 과정에서 가장 빈번하게 경험하는 정서를 각 단계와 과정에 따라 분류했는데, 학업 영역과 별도로 대인관계 영역에서 느끼는 감정을 〈표 3-2〉와 같이 따로 분류하고 있다. 학업과 관련된 대인관계 영역에서 주로 경험하는 정서는 감사, 공감, 존경, 동정/애정과 같은 긍정 정서와 분노, 질투, 경멸, 반감/미움과 같은 부정 정서이다. 그리고 이러한 긍정 정서와 부정 정서는 모두 이후 동기와 학업행동에 각각 긍정적ㆍ부정적 영향을 미치게 된다.

〈표 3-2〉 학업정서 분류

	학업 영역			대인관계 영역
	정보처리 과정	결과기대	후속평가	
긍정 정서	즐거움	희망 기대되는 기쁨	안도감 결과에 대한 기쁨 자부심	감사 공감 존경 동정/애정
부정 정서	지루함	불안 절망감 (체념/좌절)	슬픔 실망 수치심/죄책감	분노 질투 경멸 반감/미움

출처: Pekrun, 1992, p. 361.

학습자가 학업과 관련해 경험하게 되는 대인관계 영역은 또래와의 관계, 교사(또는 교수자)와의 관계, 부모(또는 가족)와의 관계가 대표적이다. 또래는 학업성취의 경쟁자 또는 비교대상자로서, 교사와 부모는 학업성취에 대한 평가자 또는 기대자로서 역할하는데 모두 긍정 정서와 부정 정서를 유발할 수 있다. 다른 문화에 비해 다른 사람들의 시선이나 평가에 더 민감한 문화적 특성을 갖는 우리나라에서는 또래, 교사, 부모가 Pekrun이 제시한 대인관계 영역 학업정서보다 더 다양한 정서를 불러일으킨다.

또래는 사회비교 대상으로서 학업정서를 유발하게 되는데, 경쟁이 심한 우리나라 상황에서는 부정적 영향이 더 크게 작용한다. 경쟁적 학습 상황은 다른 학습자와의 비교를 통한 자기평가가 더 강화되는데, 자기보다 더 잘하는 학습자와 비교하는 상향적 사회비교(upward social comparison)를 많이 하게 된다. 이러한 상향적 사회비교는 '나도 더 잘하고 싶다'는 긍정적 자극으로 작용하기도 하지만, '난 역시 능력이 안 돼'라는 열등감과 같은 부정적 학업정서를 야기하는 경우가 더 많다.

개인의 능력, 학업태도, 학업성취 등에 대한 타인의 평가는 타인이 자신을 얼마나 인정하고 있는가로 해석되면서 다양한 정서의 출발점이 된다. 타인의 부정적 평가는 그것을 수용하기 어려울 때는 억울함이나 분노를 불러일으키고, 그대로 받아들일 경우 수치심을 초래한다. 또한 이미 초래된 실패 또는 예상되는 실패는 자신의 무능함의 증거로 인식되고, 여기에 대한 타인의 비난이 두려워지고 이런 상황을 초래한 자신을 스스로 비난하게 되면서 불안이 높아진다.

특히, 우리나라에서는 평가자 중 부모의 영향력이 강력해 부모와의 관계가 학업정서와 밀접히 관련된다. 먼저, 부모와의 관계 자체가 '공부를 시작하기 전 정서상태'와 밀접하게 관련된다. 부모에 대해 친밀감, 감사함, 미안함을 느끼며 공부를 열심히 하는 경우가 있는 반면, 부모에 대한 반감, 반항, 죄책감 등은 오히려 공부에 방해가 된다. 무엇보다 학업성취를 통해 부모의 인정(나아가 사회적 인정)을 받을 수 있다고 생각하게 되면, 부모의 성취압력이 감당할 수 있는 정도이고 자신이 노력하면 성공할 수 있다고 판단될 때는 동기로 작용할 수 있지만, 부정 정서의 원인이 되는 경우도 적지 않다. '공부를 못하면 인정받을 수 없다'는 생각에 실패에 대한 두려움이 커져 오히려 학업에 집중하기 어려워지고 실패했을 때 그 좌절도 극심해진다.

3. 사례개념화에 적용할 학업정서 모델

학생들이 학업을 하는 동안 경험하는 정서가 어떤 과정을 통해 발생하고 처리되며 이후 학업에 어떤 영향을 미치는지를 설명하는 학업정서 모델로는 귀인이론, 통제-가치 모델, 성취목표-정서 모델이 대표적이다. 귀인이론은 학업에서의 성공과 실패 이후 그 원인이 무엇이라고 판단하는가에 따라 서로 다른 정서적 경험을 하게 되고, 이러한 정서적 경험이 이후 학업정서에 영향을 미친다는 이론적 모델을 제시해 이후 학업정서 연구의 기초가 되었을 뿐 아니라 마인드셋, 학습된 낙관성, 노력낙관성으로 발전해 나가는 발판이 되었다. 시험불안에 대한 탐구에서 출발한 Pekrun은 질적 연구와 양적 연구를 병행해 학업정서 분류체계부터 학업정서와 관련된 인과관계의 흐름과 개입 방향을 제시하는 통제-가치 모델을 제시했다. 성공이나 실패라는 학습결과에 초점을 둔 귀인이론을 학습의 전 과정으로 확장한 가장 포괄적인 이론 모델이다. 또한 성취목표-정서 모델은 학습자의 성취목표지향성에 따른 정서적 경험의 과정을 설명하고 있다. 학업정서의 논의를 보다 세밀하게 탐색하고 있다는 면에서 의의를 갖는다고 하겠다.

귀인이론   귀인이론(Weiner, 1979; 1985)은 성공과 실패 이후의 판단이 다음 학업행동을 결정한다는 가설 아래 학업에서의 성공과 실패에 대한 귀인(attribution)을 학업과 관련된 정서의 출발점으로 제안한다. 성공이나 실패에 대한 귀인의 내적-외적 차원, 안정성 차원, 통제 가능성 차원 중 내적-외적 차원이 정서적 결과와 밀접히 관련된다고 본다. 성공이나 실패를 능력이나 노력과 같은 내적 요인의 탓으로 돌리면 성공은 자부심과 동기 증진을 가져 오지만 실패는 수치심과 나아가 학습된 무기력을 가져 오고, 성공이나 실패를 외적 요인의 탓으로 돌리면 성공은 감사의 결과를 수반하지만 실패는 분노의 결과를 수반한다(Weiner, 1985).

귀인이론은 학업실패 트라우마로 어려움을 겪는 내담자의 정서적 경험에 대한 사례개념화에서, 학업실패 이후 경험하는 학업정서의 원인을 실패 자체보다는 "왜 실패했는가?"라는 내담자의 생각에 초점을 두어야 함을 시사한다. 즉, '내 탓'을 하면서 느끼는 수치심과 '남 탓'을 하면서 느끼는 분노에 대한 탐색이 필요하다. 학업실패 이후 내담자가 경험하는 정서를 명료화하고, 그 출발점이 된 실패에 대한 귀인을 Weiner가 제안한 네 가지 귀인(능력, 노력, 과제난이도, 운) 또는 세 가지 차원(내적-외적 차원, 안정성 차원, 통제 가능성 차원)에서 찾고, 그 인과관계를 토대로 호소문제의 가설을 설정한다.

귀인이론은 내담자가 경험하고 있는 부정 정서의 원인에 대한 파악에서 나아가 부정 정서를 극복할 수 있도록 어떻게 조력할 것인가에 대한 지침을 제공해 개입전략 구상에도 적용할 수 있다. 실패를 능력에 귀인해 수치심이나 무능감을 느끼는 경우 재귀인 훈련 프로그램이 추천된다(Weiner, 1984). 재귀인 훈련 프로그램은 '실패 → 추론된 능력 결핍 → 무력감 → 성취 감소'의 부적응적인 인과적 귀인의 흐름을 '실패 → 노력 결핍 → 죄책감 → 성취 증가'로 바꾸는 것을 주요 내용으로 담고 있다(정종진, 1996). 실패에 대한 귀인을 바꾸어 후속되는 정서, 학습동기, 행동, 성취도 등의 결과에 대한 변화를 이끌 수 있음을 제안한다. 즉, 자신의 실패가 자신의 무능 때문이고, 그 결과 무력감을 느껴 아무것도 안 하게 되어 자연히 성취가 낮아지는 내담자의 경험에 변화를 일으키는 것이다. 실패가 자신의 노력이 부족했던 것이라고 귀인을 바꾸게 되면(재귀인하게 되면), 노력하지 않은 자신에게 죄책감을 느끼고 그 죄책감을 최소화하기 위해 노력을 더 기울여 성취를 높이게 된다는 것이다. 단, 이렇게 노력으로 재귀인할 경우 '능력이 없는 사람', '해도 안 되는 사람'이라는 수치심 또는 무력감에서 벗어날 수 있지만, 자신이 '노력을 기울이지 못했다'는 죄책감으로 이어져 또 다른 부정 정서를 경험할 수 있다는 점에 유의해야 한다. 뿐만 아니라 노력을 많이 기울여야 한다는 것은 능력이 없기 때문이라는 보상개념이 적용될 수 있다는 점에서 주의를 기울여야 할 부분이다. 이런 점을 감안해 학습된 낙관성 모델[2](Seligman, 1991)에서는 노력을 보다 구체화시켜 일시적이고 변화 가능한 특정 행동에 귀인할 것을 제안하고 있다. 따라서 재귀인의 방향을 노력으로 두더라도, 노력과 관련된 구체적 학업행동, 노력을 방해하거나 촉진하는 상황, 비효율적인 노력의 방법, 필요한 노력에 대한 객관적 판단 등에 초점을 두는 것이 필요하다.

통제-가치 모델　　Pekrun의 통제-가치 이론은 학습과정 전체에서 경험하는 정서의 과정을 설명하는 이론으로 학업정서의 선행조건과 결과의 과정을 개념화한 모델의 구축을 통해 학업정서에 대한 예측과 개입의 방향을 제시한다. 통제-가치 모델(Pekrun, 2006)은 [그림 3-1]과 같은데 학업정서와 관련된 인과관계의

---

2) 자세한 내용은 9장 학습포기자 중 '학습된 무기력' 부분을 참고하기 바란다.

흐름은 환경(environment: 수업의 인지적 · 동기적 특성, 기대와 목표 구조, 집단 구성, 성취의 평가/피드백/결과) → 인지적 평가(appraisal: 통제 측면, 가치 측면) → 정서(emotion: 활동 정서, 성과 정서) → 학습과 성취(learning+achievement: 인지적 자원, 동기, 전략, 조절, 성취)로 이어지고, 학습과 성취는 다시 환경, 평가, 정서에 영향을, 정서는 환경과 평가에 영향을 미쳐 교호적으로 상호작용한다. 그리고 인지적 평가, 정서, 학습과 성취는 모두 개인적 특성의 영향을 받는데, 개인이 가진 성취목표와 신념은 인지적 평가과정에, 기질과 유전적 특성은 정서의 유발에, 지능과 역량은 학습과 성취에 영향을 미친다. 또한 교수환경, 인지적 평가, 정서, 학습과 성취 등 각 단계에 따라 서로 다른 개입이 가능하다. 학습 및 사회적 환경의 설계, 인지전략을 활용한 인지중심 조절, 정서전략을 활용한 정서중심 조절, 역량 훈련을 통한 문제중심 조절 등이다.

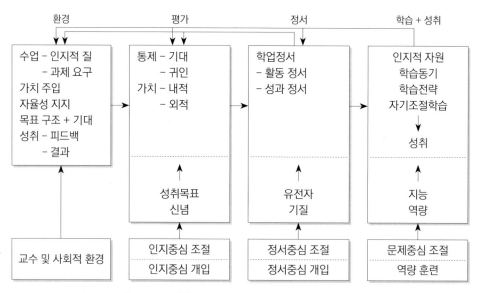

[그림 3-1] 학업정서에 관한 통제-가치 모델

출처: Pekrun, 2006, p. 328.

이 모델에서 중심적 현상으로 보는 것은 학업정서이다. 통제-가치 모델은 이런 모든 인과관계 과정 중 학습사태에 대한 인지적 평가가 학업정서를 유발한다는 점을 강조하면서 인지적 평가를 변화시켜 학업정서를 긍정적으로 변화시킬 수 있음을 강조한다. 정서과정 모델(the process model of emotion; Gross, 1998; 2002)

에서 제안한 두 가지 조절과정 중 정서를 유발하는 정서적 단서에 대한 재해석을 통해 정서를 조절하는 자극초점 전략[예: 재해석(reappraisal)]과 관련된다. 통제-가치 모델은 보다 구체적으로 인지적 평가 단계에서 통제 가능성과 가치가 중요한 역할을 한다고 본다. 통제의 차원은 학습활동과 그 결과에 대한 주관적인 통제감으로 공부를 계속하면 성공을 할 수 있을 것이라고 생각하는 것이 그 예이고, 가치는 학습활동과 결과에 대한 주관적인 가치로 성공의 중요성에 대한 지각이 그 예이다(Pekrun, 2006, p. 317).

상담자는 개인의 통제와 가치만이 아니라 통제-가치 모델의 모든 요소를 고려해 사례개념화와 개입에 적용할 수 있다. [그림 3-1] 모델의 요소를 하나하나 확인하며 내담자의 문제에 대한 가설과 개입전략을 구상할 수 있을 것이다. 먼저, 현재 내담자가 학습과정에서 경험하고 있는 정서를 이해하기 위해 그 원인이 되는 환경 요소와 그것과 상호작용하는 개인의 통제 측면과 가치 측면의 내용을 확인하고 여기에 기여하는 타고난 특성이나 기질을 파악한다. 그리고 이와 같은 학업정서가 학습과 성취의 과정에서 동기, 학습전략의 활용, 자기조절학습에 미치는 영향을 살펴볼 수 있다. 성취에 도움이 되도록 학업정서를 변화시키기 위해 정서 변화에 직접 개입하는 정서중심 개입을 할 수 있고, 학업정서에 영향을 미치는 교수-학습 환경의 변경과 인지중심 개입을 통한 인지적 평가의 변화를 계획하거나 동기, 학습전략의 활용, 자기조절학습의 증진을 통해 성과를 변화시킴으로써 학업정서를 변화시킬 수도 있다.

성취목표-정서 모델　　학업정서에 관한 또 다른 접근은 성취목표지향에 초점을 둔 성취목표-정서 모델(Linnenbrink & Pintrich, 2002)이다. 성취목표지향이라는 다소 지엽적인 주제를 다루고 있지만, 내담자의 학업정서를 이해하는 하나의 틀로서 의의를 갖는다.

학습의 목표를 자신의 성장에 두는 숙달목표와 다른 사람에게 자신의 능력을 입증하고자 하는 수행목표로 구분되는 성취목표지향은 학습동기에서 오랫동안 다루어지던 구인으로 이와 관련된 정서에 대한 논의도 함께 있어 왔다. 이후 개인의 목표지향에서 출발하는 성취목표-정서 모델이 [그림 3-3]과 같이 제시되었다(Linnenbrink, 2007). 이 모델에서 유쾌 정서는 긍정적 학업정서를, 불쾌 정서는 부정적 학업정서를 나타낸다. 학습자가 숙달목표를 지향할 때는 유쾌 정서

는 증가하고 불쾌 정서는 감소하는 반면, 수행목표를 지향할 때는 유쾌 정서와
불쾌 정서가 모두 유발된다고 가정한다. 그리고 유쾌 정서는 행동과 인지에 모
두 긍정적 영향을 미치고 불쾌 정서는 행동과 인지에 모두 부정적 영향을 미치
는 것으로 본다. [그림 3-2]에는 성취목표-정서 모델을 제시하던 시점까지 실
증연구를 통해 인과관계를 확인한 화살표는 실선으로, 일관된 결과를 보이지 않
은 화살표는 점선으로 표시되어 있다.

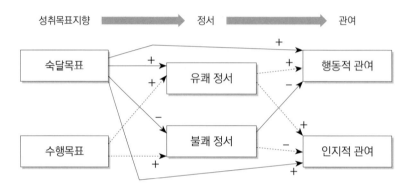

[그림 3-2] 성취목표-정서 모델
(점선으로 표시된 관계는 일관되지 않은 실증적 결과를 보임)
출처: Linnenbrink, 2007, p. 118.

성취목표-정서 모델에서 논리적으로 설정한 모든 인과관계가 확증된 것은 아
니지만 상담에서 사례개념화와 개입에 참고할 만하다. 먼저 목표지향과 정서
적 경험의 관계 그리고 나아가 학업행동의 연결고리는 개별 변인의 차원이 아
닌, 그것을 경험하는 개인 차원에서 어떤 상호작용을 하는지 살펴볼 수 있다. 다
음으로 긍정 정서-부정 정서 또는 유쾌 정서-불쾌 정서와 같은 이분법이 아
니라, 개별 정서가 학습과정에서 어떤 역할을 하는지에 대해 검토하는 것이다.
Turner, Husman 및 Schallert(2002)가 학업정서 중 수치심(shame)에 초점을 두
고 학생들이 가진 목표가 실패와 관련된 정서 경험에 미치는 영향을 탐색한 것
이 그 예라고 할 수 있다. 이들은 수치심을 사례로 들어 개인의 목표와 정서의
관계에 관한 연구들을 살펴보고 있는데, 분명하고 중요한 목표를 가지게 되면
수치심에서 벗어날 수 있음을 확인했고 학습자에게 학업적 목표를 갖게 하려면
학습을 해낼 학습전략, 동기전략, 자기점검 전략, 초인지 전략, 자기조절 등이

선행되어야 함도 밝혔다. 물론 Turner 등은 연구결과를 종합ㆍ분석한 것이지만, 상담자는 내담자의 경험 세계에서 어떻게, 어떤 목표를 설정했고, 이러한 목표가 어떤 학업정서와 관련되는지 탐색해 사례개념화에 적용할 수 있을 것이다.

다음으로 성취목표–정서 모델에서는 숙달목표 추구의 중요성을 제안하고 있다. 경쟁이 치열한 우리나라 상황에서 다른 사람에게 자신의 능력을 입증하고 싶어 하는 수행목표가 아니라, 스스로의 성장을 추구하는 숙달목표를 갖는 것은 쉽지 않은 일이다. 불안과 수치심과 같은 부정 정서가 외적 동기 증진을 통해 학업성취에 도움이 되는 중ㆍ고등학교 상황에서는 더욱 그렇다. 불안과 수치심이 학습에 도움이 되는 동안 어려움을 느끼지 못하다가 불안과 수치심이 학습에 방해가 될 정도로 심해졌을 때 상담을 찾게 될 가능성이 있으므로 학업상담에서는 학업과 관련된 불안과 수치심의 역사와 역할을 파악하고, 부정 정서와 학습동기 측면에 모두 개입해야 할 것이다(황매향, 2017a). 여기에 근거해 개입의 방향은 수행목표에서 벗어나 숙달목표에 초점을 두어야 할 것이다.

한편, 학업정서와 성취목표지향과의 관계에 대해 우리나라에서 수행된 연구를 살펴보면, 회피목표 추구와 부정 정서가 밀접히 관련됨을 알 수 있어 상담에서는 회피목표 추구에 더 관심을 가져야 함을 시사한다. 예컨대, 숙달접근은 긍정 정서와 정적인 상관을, 부정 정서와는 부적 상관을 보였다(조한익, 김수연, 2008). 숙달접근은 희망, 흥미, 성취감, 뿌듯함과 정적 상관을, 수행접근은 기대감, 부러움, 뿌듯함, 자부심과 정적 상관을 보인 반면, 숙달회피는 귀찮음, 지루함, 막막함, 불쾌함과 정적 상관을, 수행회피는 창피함, 패배감, 주눅듦, 절망감과 상관을 보였다(김은진, 양명희, 2011). 이러한 결과로 볼 때 상담자는 숙달목표와 수행목표의 차이보다 성취를 추구하는 접근목표와 실패를 피하려는 회피목표에 주목해야 할 것이다. 다른 사람과의 비교보다는 자신의 실력에 초점을 두고 있더라도(숙달목표 추구) 더 나아지기보다 더 나빠지지 않고 유지하는 것을 목표(숙달회피목표 추구)로 한다면, 귀찮음이나 지루함과 같은 부정 정서를 경험하게 되기 때문이다. 따라서 상담에서는 실패를 회피하려는 의도가 초래하는 부정 정서에 관심을 가져야 하고, 부정 정서 극복을 위해 실패를 회피하기보다 성취를 추구할 수 있도록 상담목표와 개입전략을 구상해야 할 것이다.

4. 학업정서에 대한 개입전략

학업정서 관련 연구는 일차적으로 사례개념화 단계에서 내담자의 문제를 파악하고 원인에 대한 가설을 세우기 위해 상담자가 탐색하고 확인해야 하는 학업정서가 무엇인가에 대한 정보를 제공한다. 앞서 살펴본 다차원적 학업정서 분류와 여러 학업정서 모델을 통해 사례개념화를 마쳤다면 학업정서를 변화시키는 개입에 들어가야 할 것이다. 정서반응 요인과 정서적 경험 항목에 정리된 내용들은 사례개념화와 목표 설정의 틀로 활용할 수 있고, 변화전략 항목은 구체적 개입전략을 제시해 주고 있다. 학업정서이론에서 제시하고 있는 학업정서 변화전략은 인지적 · 정서적 · 행동적 · 환경적 접근으로 다양하지만 인시적 접근에 보다 중점되어 있다. 그 내용을 살펴보면 다음과 같다.

인지적 변화 전략   학업정서와 관련된 주요 이론인 귀인이론, 통제-가치 모델, 성취목표-정서 모델은 모두 인지적 접근을 강조하고 있다. 학업실패 트라우마와 관련해서는 PTSD의 증거기반치료에서 가장 효과적으로 알려진 인지행동치료적 접근이 여기에 해당한다. PTSD에 대한 인지치료는 트라우마 사건과 관련된 왜곡된 생각이나 믿음을 처리함으로써 기저의 역기능적인 인지를 수정한다(박주언, 안현의, 정영은, 2016).

귀인이론은 성공과 실패라는 성취결과를 어디에 귀인하는가에 따라 정서가 달라질 수 있으므로 귀인을 바꾸는 재귀인 훈련(실패를 노력에 귀인)을 변화전략으로 추천한다. 또한 반복된 실패로 인해 통제감이 상실된 학습된 무기력 상태에서는 결과보다는 과정에 대한 피드백 제시를 강조하고 있다. 통제-가치 모델에서는 자신이 학업과정을 얼마나 통제할 수 있고 어떤 가치를 부여하고 있는가에 따라 학업정서가 달라지기 때문에 학업정서를 바꾸기 위해 통제와 가치로 구성된 인지적 평가를 새롭게 하는 방향으로 개입한다. 성취목표-정서 모델은 성취목표지향이라는 개인의 생각(인지)이 유쾌하거나 불쾌한 학업정서에 선행하는 요인으로 보고 있어, 숙달목표지향 촉진을 주요한 개입전략으로 제시한다. 즉, 상담에서 노력 귀인, 과정에 대한 피드백, 정서에 대한 인지 재평가(통제와 가치 측면), 숙달목표지향 촉진 등의 개입전략을 적용할 수 있다.

〈표 3-3〉 학업정서 이론의 적용

	정서반응 요인	정서적 경험	변화전략
귀인이론 [학습된 무기력]	성공/실패 귀인 (내외 소재, 안정성, 통 제 가능성) [반복된 실패 → 통제감 상실]	자부심, 수치심, 좌절 [무력감 → 우울]	재귀인 훈련 과정에 대한 피드백 성공 경험
통제-가치 모델	인지적 평가(통제, 가치) 환경, 평가, 정서, 성취 의 교호적 상호작용	부정 정서 vs. 긍정 정서 현재 과제/과거 성취/ 미래 성취 수업/학습/시험 자신/과제/타인	학습환경 변화 인지치료 정서중심치료 능력 증진
성취목표- 정서 모델	성취목표지향	유쾌 정서 vs. 불쾌 정서	숙달목표지향 촉진

출처: 황매향, 2017a, p. 376.

통제-가치 모델의 적용   통제-가치 모델에서는 통제와 관련된 인지적 평가와 가치와 관련된 인지적 평가의 과정이 어떤 순서에 따라 부정적 학업정서를 유발하게 되는지 [그림 3-3]과 같이 제시하고 있다. 정서를 유발하는 상황에 대한 인지적 평가는 여러 측면에서 이루어질 수 있는데 통제-가치 모델에서는 주관적 통제(subjective control)와 주관적 가치(subjective values)가 학업정서와 밀접하게 관련된다고 본다. 주관적 통제는 활동과 결과의 인과관계를 어떻게 판단하는가와 관련되는데, 성취상황, 자기, 성취행동, 결과 사이의 인과관계와 관련된 기대와 귀인이 중요하게 작용한다.

인지적 평가과정은 [그림 3-3]과 같은 흐름도를 통해 부정 정서를 유발하는데, 먼저 부정 정서는 상황과 결과에 대한 기대에서 '실패가 예상된다'는 평가에서 출발한다. 주관적 통제 중 자신과는 상관없이 결과에 대한 외적 통제를 평가하고, 이 단계 평가는 개인이 가진 통제와 가치 관련 신념과 평가를 내리고자 하는 성취 상황에 달려 있다.

다음으로 주관적 가치는 성공이 자신에게 얼마나 중요한가와 같이 활동과 성취의 가치를 어떻게 평가하는가와 관련된다. 내적 가치란 활동이나 결과 자체가

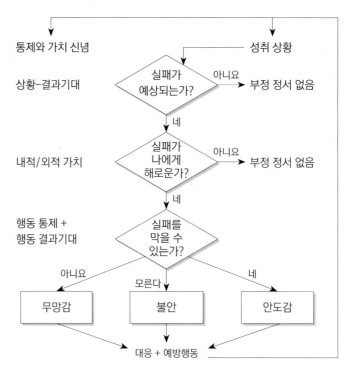

[그림 3-3] 통제 평가, 가치 평가, 부정적 학업정서의 흐름도

출처: Pekrun, 2006, p. 322.

가치를 갖는 것을 의미하는데 성적과 상관없이 공부와 학습하는 내용이 가치가 있다고 평가하는 것이다. 한편 외적 가치란 활동이나 결과가 다른 목표를 성취하는 데 얼마나 유용한가를 평가하는 것이다. 예컨대, 교사나 부모의 인정을 받을 수 있기 때문에, 또는 자신이 원하는 진로에 필요하기 때문에 공부를 계속하는 것이 가치 있다고 판단하는 것이다. 내적/외적 가치는 모두 필요하고, 이러한 '가치 있는 활동에서 실패'하면 부정적 정서반응으로 이어진다.

마지막 단계는 주관적 통제 중 자신에 대한 행동-통제와 행동-결과기대로 행동-통제는 자신이 그 활동을 할 수 있는가로 Bandura가 말한 자기효능감에 가깝다. 다음으로 행동-결과기대는 긍정적 결과를 낼 수 있는 행동을 할 수 있는가에 대한 통제감으로 "실패를 막을 수 있는가?"에 대한 답을 얻는 것이다. 여기에서 그렇지 않다고 답하게 되면 무망감을, 답하기 어려우면 불안을, 그렇다고 답할 수 있으면 안도감을 경험한다. 그리고 이러한 학업정서는 이후 행동을 결정하고, 그 행동이 통제와 가치 신념 및 성취 상황에 피드백되어 다시 순환을 시작하게 된다.

상담에서는 이 세 단계에 모두 개입이 가능한데, 상황에 대해 비현실적으로 나쁜 결과를 예상하고 있는 것은 아닌지, 자신에게 얼마나 중요한가에 대한 판단이 잘못된 것은 아닌지, 스스로 할 수 있는지, 또는 결과가 얼마나 긍정적으로 예상되는지에 대한 현실적인 기대를 하고 있는지 등을 파악하고 각 단계의 평가를 다시 내리는 작업을 해 나간다.

학업정서조절　학업과정에서 경험하는 부정적 학업정서는 학업에 지장을 초래하기 때문에 정서가 발생하는 학업과정에서 바로 조절할 수 있어야 한다. 학습을 방해하는 부정 정서를 해소하거나 조절해야 하는데, 학습을 하고 있는 동안 발생되는 정서는 해소하기 쉽지 않아 주로 조절에 초점을 둔 논의들이 있어 왔다. 상담에서는 학습을 방해하는 핵심 감정들을 집중적으로 다루어 부정 정서가 학습과정에 침투하는 것을 예방하는 것에서부터 당장 시험을 볼 때 불안 반응이 심할 때 어떻게 다룰 것인가까지 포함할 것이다. 여기에서는 학업 상황의 정서조절척도와 일반적 정서조절 전략을 중심으로 내담자가 학업정서를 적절하게 조절할 수 있도록 돕는 과정을 살펴보고자 한다.

① 학업 상황의 정서조절척도 활용

우리나라 학생들은 화나는 상황, 불안한 상황, 창피한 상황, 지루한 상황, 우울한 상황이 학습을 방해하는 부정적 정서 경험이라고 보고했고, 이완, 발산, 재평가, 지지 추구, 문제중심행동 등의 전략을 통해 정서를 조절하는 것으로 나타났다(김은진, 양명희, 2012). 김은진과 양명희는 이러한 연구결과를 토대로 '학업 상황의 정서조절척도'[3)를 개발했는데, 상담자는 이 척도를 사례개념화와 개입에 활용할 수 있다.

이 척도는 '시험 전의 초조한 상황', '이해가 안 가는 게 많을 때 우울한 상황', '남의 성적과 비교하는 엄마로 인해 화나는 상황'. '단순 암기할 때 느껴지는 지루한 상황', '시험 전의 불안한 상황', '채점할 때 우울한 상황', '발표하고 난 후 드는 창

---

3) 이 척도는 김은진(2013)의 박사학위논문 「학업 상황의 정서조절이 학업성취도에 미치는 영향: 정서와 학습전략을 매개로」의 〈부록 3〉(pp. 146-149)에서 찾아 사용할 수 있다.

피한 상황', '학습환경이 시끄러울 때 신경질 나는 상황' 등 여덟 가지 상황을 일화의 형태로 제시하고, 각 상황마다 다섯 가지 전략(이완, 발산, 재평가, 지지 추구, 문제중심행동)을 예시로 제시해 각각 얼마나 사용하는지 응답하게 하는 방식으로 구성되어 있다. [그림 3-4]는 그 가운데 1번 문항을 예시로 제시한 것이다.

1. 중요한 시험일이 하루하루 가까워 온다. 시험을 봐 버리고 나면 차라리 속편하겠는데 시험을 앞두고 있는 요즘은 얼마나 초조한지 모르겠다. 안 그런 척하지만 내심 초조하고 긴장되고…… 잠깐 까먹고 있다가도 시험 생각만 하면 문득 초조하고 불안해진다…….					
☞ 이럴 때 나는	전혀 그렇지 않다	별로 그렇지 않다	보통 이다	대체로 그렇다	매우 그렇다
① 나만의 방법(예: 기도/명상)을 통해 마음의 안정을 취한다.	1	2	3	4	5
② 에너지를 흠뻑 발산할 수 있는 활동을 잠시 한다(예: 운동, 춤/노래/연주 등).	1	2	3	4	5
③ 불안감을 극복하기 위해 긍정적인 생각을 많이 해 본다.	1	2	3	4	5
④ 자꾸 초조해지는 마음에 대해 누군가에게 조언을 구해 본다.	1	2	3	4	5
⑤ 불안을 줄이기 위해 차라리 시험공부에 더 집중해 본다.	1	2	3	4	5

[그림 3-4] '학업 상황의 정서조절척도' 1번 문항

출처: 김은진, 2013, p. 146.

여기에서 볼 수 있는 바와 같이 학업 상황의 정서조절척도는 진단을 목적으로 사용할 수도 있고, 내담자의 학업정서와 정서조절을 탐색하기에도 적절한 검사 도구이다. 척도를 실시해 보고 어떤 상황을 더 다루고 싶은지, 그리고 예시로 제시된 전략 중 어떤 전략을 적용해 보았는지, 그 효과는 어떠했는지, 어떤 전략을 한번 적용해 보고 싶은지, 또 다른 전략으로 어떤 것이 있을지 등을 내담자와 이야기를 나누어 보면 보다 효과적인 정서조절 전략을 찾을 수 있다. 척도에 포함된 정서조절 전략은 우리나라 학생들이 보편적으로 사용하는 전략들로 반드시

추천되는 것은 아니다. 따라서 이완, 발산, 재평가, 지지 추구, 문제중심행동이라는 전략의 틀을 제공하는 예시로 활용하고, 여기에서 출발해 내담자에게 맞는 대안을 찾는 과정이 필요할 것이다.

② 일반적 정서조절 전략 적용

일반적 정서 관련 이론 역시 학업정서를 다루는 개입전략에 적용할 수 있다. 정서조절을 위한 개입전략은 상당히 다양하고 상담자들마다 익숙하게 활용하는 개입전략도 이미 있을 것이다. 증거기반 PTSD 치료에서는 정서처리 과정(emotional processing: PE)을 강조하는데, 체계적인 노출과 이완의 결합을 통해 트라우마 기억과 신체적 반응에 대한 회피를 줄여 정서처리 과정이 일어나도록 촉진한다.

학업실패 트라우마를 다룰 때도 이러한 정서조절 전략을 그대로 적용할 수 있다. 정서조절에 대한 메타분석 결과에 따르면, 적응적 정서조절 전략은 수용, 재평가, 문제해결로, 부적응적 정서조절 전략은 회피, 억압, 반추인 것으로 논의되어 왔고, 실제 효과크기에 대한 검증을 통해서도 정신병리에 대한 정서조절 전략의 긍정적·부정적 영향력이 확인되었다(Aldao et al., 2010). 따라서 상담자는 내담자가 학업실패 트라우마로 인해 경험하는 정서적 고통을 회피하고 억압하기보다는 수용하고, 반추에 머물지 않고 재평가하며, 문제해결로 나아갈 수 있도록 조력해야 할 것이다.

긍정 정서 경험 확대   부정 정서의 조절 또는 해소와 함께 정서에 대한 또 다른 접근은 긍정 정서의 확대이다. 앞서 학업정서의 영향에서 살펴본 바와 같이 긍정 정서는 학습과정 자체와 학습동기 증진에 직접적인 영향을 미치기 때문에 학습과정에서 가능한 한 긍정 정서를 많이 경험할 수 있도록 도와야 한다. 학습을 할 때만이 아니라 일상생활에서의 긍정 정서 경험을 확대하는 것도 긍정적 학업정서 경험에 도움이 되고 나아가 학업의 효율성도 높일 수 있다.

학습과정과 일상생활에서 긍정 정서 경험을 확대하기 위해 '슬퍼서 우는 게 아니라 울어서 슬프다.'라는 문장으로 대표되는 제임스-랑게 이론의 적용을 고려해 볼 수 있다. James(1884)는 외부로부터 자극을 지각하면 그에 따른 신체적 변화가 발생하게 되고, 그 변화를 통해 어떻게 느끼는가를 알게 되는데 그것이 바로 정서라는 가설을 제안했다. 그래서 '돈을 잃고 속이 상해 운다.', '곰을 만나면 무서워서 도망간다.', '모욕하면 화가 나서 때린다.' 등의 상식은 정서에 대한 잘못된 이해라고 본다. 돈을 잃으면 속상한 것보다 앞서 자신도 모르게 우는 반응을 하게 되고, 그것을 보고 속이 상하다는 정서상태를 알게 된다는 것이다. 마찬가지로 곰을 보면 반사적으로 도망가게 되는데 그때 두려움이라는 감정을 알게 되고, 모욕을 당하면 어느새 상대를 때리게 되고 그것을 통해 화가 났다는 걸 알아차린다는 것이다. 자극에 의해 신체적인 반응이 먼저 일어나고, 그에 대한 해석이 바로 정서라는 것이다. 비슷한 시기에 Lange라는 학자도 정서에 대해 동일한 주장을 해 제임스-랑게 이론이라 불린다.

제임스-랑게 이론은 이후 비판도 받았지만, 원하는 정서상태를 유지하기 위해 무엇을 해야 하는 것에 대해 안내하는 이론으로 지금까지도 적용되고 있다. 예를 들면, 불안하면 불안에 대해 생각하기보다 근육을 이완해 불안이라는 정서에 동반되는 신체적 반응을 변화시키는 것이 더 효과적일 수 있다는 것이다. 시험불안에 대한 대처 중 신체적 반응에 대한 대처와 자기효능감의 원천 중 정서적 상태를 활용하는 것은 대표적 예이다. 더 나아가 일상생활에서의 긍정 정서 경험의 확대와 공부하는 환경에 보다 즐거운 요소를 포함시키는 개입이 가능할 것이다. 운동을 비롯해 신체의 움직임을 늘려 긍정 정서 경험을 촉진할 수 있는데, 바로 활발한 활동은 기분이 좋을 때의 신체적 상태이기 때문이다. 또한 기분을 좋게 하는 자극을 직접 만들기 위해 공부하는 장소를 쾌적하고 아름답게 꾸민다거나, 기분을 차분하고 편안하게 해 주는 음악을 듣는다거나, 공부를 열심히 해서 좋은 성적을 거두는 것을 상상해 보는 것 등을 내담자와 함께 계획해 볼 수 있다.

제4장
그릿

최근 소개되어 학계와 현장에서 동시에 많은 관심을 모으고 있는 '그릿(grit)'은 학업에서의 실패를 극복하고 새로운 목표를 이루는 데 필요한 개인의 특성이다. 그릿은 학업실패 트라우마를 극복하고 다시 자신이 원하는 학업성취를 위해 나아갈 때 동원되어야 할 개인의 자원이다. 그릿은 비교적 안정적인 성격적 특성 중 하나이기는 하지만 개입을 통해 변화 가능한 특성이기도 하다. 그러므로 개인이 가진 그릿을 발휘할 수 있도록 돕는 것과 함께 부족한 그릿을 증진시키는 것도 학업실패 트라우마 상담의 목표가 될 수 있다. 이 장에서는 내담자의 그릿 발휘와 증진을 위해 상담자가 알아야 할 그릿의 의미, 그릿의 발달, 그릿에 대한 개입전략에 대해 살펴볼 것이다.

1. 그릿의 의미

상황적 어려움에도 불구하고 포기하지 않고 끝까지 버티는 힘을 의미하는 그릿(grit)은 '장기적 목표를 향한 집념과 열정(perseverance and passion for long-term goal)'으로 정의된다(Duckworth et al., 2007). 그리고 그릿은 자신이 이루고자 하는 과제에 대한 관심을 얼마나 바꾸지 않고 유지해 나가는가에 해당하는 흥미유지(consistency of interest)와 긴 시간에 걸쳐 꾸준히 노력을 기울이는 것과 관련된 노력지속(perseverance of effort)의 2개의 구인으로 구성된다(Duckworth & Quinn, 2009). 어렵고 도전적인 과제를 해내기 위해서는 그 목표에 대한 흥미를 계속 유지하면서, 장벽이나 좌절이 있더라도 포기하지 않고 목표성취를 위해 꾸준히 노력하는 그릿이 그 어떤 개인의 특성보다 성취에 대한 예언력이 높다. 따라서 실패를 이겨 내고 다시 성취를 이루어 낼 수 있도록 돕기 위해 내담자의 그릿에 대해 이해하고 내담자가 그릿을 발휘할 수 있도록 개입해야 한다.

그릿 개념의 등장   그릿은 2004년 미국 육군사관학교(West Point)에서 처음으로 그릿 검사(Grit Scale)가 실시되면서 등장했는데, 무사히 교육과정을 마치는 생도들과 중도에 탈락하는 생도들의 차이점이 무엇인가를 알아보고자 하는 프로젝트의 일환이었다. 당시 Duckworth는 여러 분야에서 성공한 사람들에 대한 인터뷰 내용에서 그릿 문항을 추출했고, 그릿의 차이가 사관학교 생도들의 중도탈락을 예언함을 밝혔다. 이 검사의 문항이 2007년 학계에 발표되면서 학계의 관심을 모으게 되었고, 그동안의 연구결과를 종합한 메타분석 연구가 2017년 미국에서 발표될 만큼 관련 연구도 활발하게 진행되고 있다. 취약집단의 저성취를 해결하는 방안으로 그릿이 채택(Tough, 2012)되었고, 2013년 미국 교육부가 그릿 증진 교육과정(Shechtman et al., 2013)을 개발해 배포했다. 같은 해에 Duckworth가 TED[1]에 초청되어 강연을 하면서 그릿은 일반인들에게까지 널리 알려졌다. 이후 펜실베이니아 대학교 연구진의 성과를 토대로 『Grit』이라는 제목의 단행본(Duckworth, 2016)이 출간되었고 우리나라에도 번역되었다. 미국에서는 2016년부터 그릿을 토대로 한 교육지원 사이트인 Character LAB(https://www.characterlab.org/)이 운영되고 있어 이제 그릿은 인성교육의 일환으로 교육현장에서 자리를 잡았다고 할 수 있다.

그릿이라는 용어는 이렇게 Duckworth에 의해 비교적 최근에 소개되어 일반인의 관심까지 모으고 있지만, 유사한 개념들은 이미 오래전부터 제시되어 오고 있었다는 점도 흥미롭다. 누구나 사회적으로 성공하기를 바라고, 무엇이 성공을 이끄는 요인인가에 대한 탐구는 인간 내면에 대한 탐구와 그 출발을 같이한다고 해도 과언이 아니다. 이러한 탐구과정에서 그릿과 유사한 개인 특성에 관한 논의가 있어 왔다. Webb(1915)이 장기적인 목표를 바꾸지 않고 유지하면

---

1) https://www.ted.com/talks/angela_lee_duckworth_grit_the_power_of_passion_and_
   perseverance/transcript

서 역경이 닥쳐도 포기하지 않는 성격적 특성으로 의지(will)를 개념화한 것과 Fernald(1912)가 언급한 과제지속에 근거해 1930년대에 이루어진 경험적 연구에 그 기원을 두고 있다(Duckworth & Eskreis-Winkler, 2013). Duckworth(2016)는 그릿이 오래전부터 성공을 예언하는 개인의 특성으로 확인된 의지(will), 지구력(persistence), 지속성(perseverance), 성실성(conscientiousness), 만족지연(delayed satisfaction) 등과 유사하다고 기술하고 있다.

그릿과 관련 개념　　앞서 살펴본 바와 같이 그릿이 의지, 지구력, 지속성, 성실성, 만족지연과 유사한 개념이기는 하지만, 그릿은 이러한 특성과는 다른 측면을 갖는 개인의 또 다른 특성이다.

그릿과 관련 개념을 보다 자세히 살펴보면 [그림 4-1]로 정리할 수 있는데, 그 출발점인 자기통제는 당장의 욕구와 미래의 보상 사이의 갈등을 이겨 내는 개인의 특성으로 유혹에 흔들리는 충동성과 유혹을 참고 더 나은 미래를 선택하는 만족지연의 결합체이다. 이러한 자기통제는 학업을 수행하는 과정에 필요한 인지, 정서, 행동 영역에서의 자기조절의 출발점이 되고, 그다음 단계로 이 상태를 오랫동안 유지하면서 과제를 계속 하는가(과제지속)가 그릿의 요소가 된다. 나아가 목표에 대한 관심을 계속 유지해 나가는 흥미유지 요소가 추가되면서 최종적으로 성취를 이루어 내는 힘인 그릿에 이르게 된다.

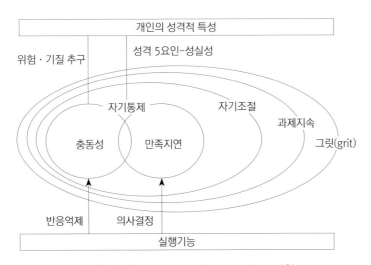

[그림 4-1] 그릿 관련 개념과 그릿의 발휘

출처: 황매향, 2017b, p. 8.

다음으로 그릿과 밀접히 관련되는 개인의 성격적 특성과 그릿 발휘를 가능하게 하는 정보처리 과정이 그릿 개념에 포함된다. 자기통제의 하위 요소인 충동성은 개인의 위험 추구 기질과 밀접히 관련되고, 자기통제의 발휘에는 성실성의 성격적 특성도 기여한다. 뿐만 아니라 충동성이라는 기질과 성실성이라는 성격적 특성은 자기조절, 과제지속, 그릿까지 모든 개인의 특성과 관련된다. 그리고 자기통제의 발휘과정을 신경심리학적으로 살펴보면, 정보처리 과정의 실행기능이 반응억제(inhibition)를 통해 충동성을 억제하고, 의사결정을 통해 만족을 지연하는 행동을 선택한다. 이와 같은 반응억제와 의사결정은 자기조절, 과제지속, 흥미유지에도 관여하기 때문에 그릿 발휘의 전체 과정에 실행기능이 필요하다. 또한 그릿은 기질과 성실성과 같은 성격적 측면에서 기인하기 때문에 비교적 생애 초기에 발달하는 특성이기도 하지만, 충동억제와 만족지연을 비롯한 그릿의 발휘에 필요한 전략의 습득은 아동기 및 청소년기에 집중되기 때문에 이 시기에 발달하는 특성으로도 간주된다. 즉, 실행기능은 전략 사용과 관련된 추상적 사고력이 발달하는 시기까지 그 발달이 이어지고, 최근의 뇌발달 연구에서는 반응억제, 의사결정, 목표 추구에 관여하는 신경체계의 발달이 청소년기 후기까지 지속됨을 밝히고 있다(Casey et al., 2005; Giedd, 2008; Steinberg, 2013).

그릿과 학업성취 무엇보다 그릿은 학업성취를 예언하는 개인 특성으로 관심을 모으고 있다. 학업성취에 영향을 미치는 요인은 다양한데, 지적 요인과 비지적 요인으로 구분해 볼 수 있고 그릿은 비지적 요인에 속한다. 지적 요인은 어떤 기능을 습득하는 속도에 영향을 미치는 요인으로 재능적 특성에 창의성, 정서지능, 유동지능, 일반적 인지능력, 장기기억, 처리속도, 합리성, 공간지능, 언어지능, 작업기억 등이 포함되고, 비지적 요인은 노력 투여에 영향을 미치는 요인으로 성실성(성격 5요인 중), 자기평가, 호기심, 참을성, 목표헌신, 그릿, 지능에 대한 성장 마인드셋, 흥미, 내적 귀인, 정신력, 성취욕, 낙관성, 근면성, 체력, 자기통제, 자기효능감, 지적 관여, 열정 등이 포함되는 것으로 제안되기도 했다(Duckworth, Eichstaedt, & Ungar, 2015, p. 361). 상담을 통해 학업성취 과정을 돕기 위해서는 상대적으로 변화가 어려운 지능과 같은 지적 요인보다는 비교적 변화가 용이한 비지적 특성을 중요한 개입의 대상으로 삼아야 할 것이다. 그릿 역시 이와 같은 비지적 요인에 속해 상담자들이 관심을 두어야 할 특성이다.

그릿은 학업성취를 비롯한 성공을 예언하는 개인적 특성으로 제안되었는데, 그 릿의 출발점인 자기통제는 지능지수보다 학업성취도에 대한 설명력이 높게 나 타난다. 그릿 연구의 계기가 된 미국 육군사관학교 생도들의 중도탈락 연구 이 후 그릿의 효과를 직접 검증하는 연구를 통해 그릿을 가진 사람은 그릿을 가지 지 않은 사람에 비해 학교와 사회에서 더 높은 성과를 보인다는 것이 확인되었 다. 예를 들면, 그릿은 다른 요인들의 영향력을 통제하고도 긴 교육 연한, 대학 생들의 높은 학점, 전국 철자법 경진대회 수상 등 다양한 성취를 유의하게 예언 했다(Duckworth et al., 2007). 뿐만 아니라 그릿이 높은 교사가 맡은 학급 학생 들의 학업성취도가 더 높게 나타남이 확인되었고(Duckworth & Eskreis-Winkler, 2013), 학생들이 힘들어하는 것으로 알려진 컴퓨터 프로그래밍 강의에서도 높은 그릿을 가진 학생들의 학점이 더 높았다(Wolf & Jia, 2015). 우리나라에서도 그 릿은 학업성취와 밀접한 관련이 있음이 확인되었다. 그릿은 외국어고 학생들의 학업성취도, 개방대학 학생들의 학업적 적응, 초등학생들의 학업성취도 등을 예 언하는 것으로 나타났다(황매향, 2019). 다만, 그릿에 관한 메타분석에서 그릿을 구성하는 두 하위 요인인 흥미유지와 노력지속은 학업에서의 성취에 서로 다른 효과크기를 보인다고 밝히고 있는데, 흥미유지보다는 노력지속이 학업수행을 더 많이 설명한다는 것이다(Credé, Tynan, & Harms, 2017). 즉, 학업성취를 더 유 의하게 예언하는 것은 노력지속으로 확인되고 있고, 흥미유지는 학습자의 연령 이나 성취 내용에 따라 상대적으로 덜 영향을 미치는 것으로 나타나고 있다. 흥 미유지는 비교적 학습자의 연령이 높아지고 성취해야 할 목표가 장기적일수록 유의한 영향을 미친다. 이러한 결과는 내담자가 당장의 학업성취에서의 향상을 목표로 할 경우 노력지속 면에 더 집중해 개입할 수 있음을 시사한다.

2. 그릿의 발달

그릿에 대한 관심이 폭발적인 이유는 그릿이 개입을 통해 변화 가능한 개인의 특성이고 그릿의 발휘에는 더욱 개입할 여지가 많기 때문일 것이다. 과연 그릿은 어느 정도 타고나고, 어느 정도 변화 가능한 특성인가? 그릿 발달을 직접 확인하 기 위해 수행된 연구결과들은 그릿이 아동 및 청소년 시기를 넘어 성인기까지 지속적으로 발달함을 보여 준다(황매향, 2019). 미국에서 수집된 횡단자료 분석에서 그릿이 20대에서 60대에 걸쳐 꾸준히 증가함이 확인되었고, 나이가 들어갈수록 노력의 중요성을 알게 된다는 점과 정체감이 형성되면서 보다 구체화된 영역에서의 목표 추구가 가능해지기 때문이라는 해석이 제안되었다(Duckworth & Eskreis-Winkler, 2013). 그릿 발달을 확인한 가장 대표적 연구는 쌍생아 연구(Rimfeld et al., 2016)이다. 이들은 16세 2,321쌍의 쌍생아들의 그릿을 측정했는데, 노력지속의 약 37%, 흥미유지의 약 20%가 유전적이라는 추정치를 산출했다. 이 연구결과는 그릿이 어느 정도는 유전적 결정성을 가지지만 그릿의 흥미유지 요소와 노력지속 요소의 변량 중 2/3 이상이 환경의 영향을 받는다는 것을 확인하고 있다는 점에서 의의를 갖는다.

그릿 발달을 확인한 경험적 연구가 충분하지 않은 가운데, 그릿을 잘 변화하지 않는 특성으로 보기도 한다. 인간이 가진 다양한 특성들 중에는 발달과정에서 상대적으로 변화 가능성이 낮은 특성도 있고 변화 가능성이 높은 특성도 있다. 그릿은 비교적 변화하기 어려운 개인의 기질적 특성이라는 주장에서부터, 아동 및 청소년기까지 지속적으로 변화하고 발달하는 뇌기능적 특성이라는 주장까지 다양하다. 또한 그릿의 발휘라는 행동은 교육과 상담을 통해 촉진이 가능한 측면이기도 하다. 그 내용을 살펴보면 다음과 같다.

타고난 그릿   그릿은 어느 정도 타고난 기질적 특성과 관련된다고 보는 입장이 있다. 기질(temperament)은 뉴욕 종단적 연구(New York Longitudinal Study: NYLS)를 통해 타고난 비교적 안정적인 개인 내적 특성으로 제안된 것으로 상담자들에게도 익숙한 개념이다. 기질에 대한 논의가 시작될 당시 기질은 활동성, 리듬성, 반응성, 적응성, 반응역치, 반응강도, 기분, 주의산만성, 지구력 등 9가지 측면에서 타고난 개인차로 정의되었고, 그 조합을 통해 기질을 '순한(easy)', '까다로운(difficult)', '반응이 느린(slow-to-warm-up)'의 세 가지 유형으로 구분되었다(Chess et al., 1960; Thomas & Chess, 1956). 이 외에도 새로운 기질 측면이 추가되기도 하고, 위계적 모델이 제시되기도 했다. 예컨대, 과활동성, 과반응성, 충동성 등의 행동을 통제하지 못하는 기질(undercontrolled behavior)이 새로운 기질로 제안되었다(Caspi & Silva, 1995). 자극추구, 위험회피, 보상의존성의 세 가지 기질 차원을 두고 그 하위에 개별 기질적 특성을 분류하는 심리생물학적 성격 모델(Cloninger, 1987)이 제안되기도 했다.

그릿은 이러한 다양한 기질 가운데 충동성 기질 및 지구력 기질과 밀접히 관련되는데, 충동성과 지구력은 모두 종단연구의 결과를 통해 타고나거나 상당히 일찍부터 결정되어 유지되는 개인적 특성임이 확인되었다. 3세부터 추적조사한 한 종단연구에서 충동적이고, 정서적으로 반응적이고, 쉽게 좌절하며, 과활동적인 특성으로 개념화되는 통제하지 못하는 기질은 아동기와 성인기에 다른 기질의 사람들과는 다른 특성으로 드러나고 더 많은 부적응적인 행동과 관련되는 것으로 나타났다(Caspi, Moffitt, & Newman, 1996; Newman et al., 1997). 또한 지구력(주의력 유지, attention span-persistence)의 종단적 예언력을 분석한 연구에서는 4세 때 어머니의 관찰로 보고된 지구력은 교육성취에 관한 다른 요인들을 통제한 상태에서 21세 때의 수학 및 독해 성취도와 25세 때의 대학졸업 여부를 유의하게 예언하는 것으로 나타났다(McClelland et al., 2013).

이러한 타고난 성향으로서의 기질 가운데 충동성 기질은 그릿의 출발점인 자기통제의 한 요소로 그릿과 관련되는 동시에 그릿의 한 요소인 노력지속에서의 실패와도 밀접히 관련된다. 뿐만 아니라 충동성은 여러 적응 행동 및 부적응 행동을 예언하는 개인의 특성으로 알려져 있는데, 비교적 타고나는 생물학적 기질적 특성이라는 점이 기질 연구를 통해 확인되고 있다. 이러한 충동성은 객관적 측정이 가능하다는 점에서 상담에서 다루어지는데, 심리생물학적 성격 모델(Cloninger, 1987)의 자극추구, 위험회피, 보상의존성의 3가지 기질 차원 중 자극추구 차원에 속하는 충동성은 최근 TCI(기질 및 성격검사)를 통해 측정되고 있다. 기질은 상당한 유전적 기초를 가지고 있는 것으로 알려져 있지만, 외부 환경과의 상호작용 속에서 변화된다는 점도 간과할 수 없다. 타고난 기질이 사회화 과정에 영향을 미칠 뿐 아니라 사회화 경험이 개인의 기질을 변화시키기도 한다. 기질이라는 개인적 특성을 발견한 Thomas와 Chess(1985)는 추적연구를 통해 까다로운 아이에 대해 부모가 보다 인내심을 가지고 아이의 요구에 민감하게 대처한 경우 아동기나 청년기에는 더 이상 까다로운 기질을 보이지 않을 수 있음을 확인하고, '조화의 적합성(goodness-of-fit)'이라는 현상을 소개했다. 조화의 적합성이란 기질과 환경의 상호작용이 바람직한 결과를 도출하는지 아닌지는 궁극적으로 아동의 기질과 부모의 기질이 얼마나 조화를 이루는가에 달려 있다는 것이다. 즉, 그릿이 타고난 기질의 영향으로 여겨지긴 하지만 어떤 환경이 제공되는가에 따라 그릿 발휘를 촉진하는 기질로 발달할 수 있음을 시사한다.

성격 발달과 그릿   그릿이 개인의 성격적 특성에 기인한다는 논의가 이루어지고 있는데, 비교적 생애 초기에 발달하는 성격적 특성으로 간주되기도 한다. 장기적인 이익을 위해 당장의 충동을 어떻게 참아낼 것인가에서 출발하는 그릿은 생애 초기에 형성되어 전 생애에 영향을 미치는 성격적 특성이라는 주장이다. 배변 훈련에서 출발되는 Freud의 자아(ego)의 발달과 Erikson의 자율성(autonomy) 발달 이론을 그릿에 적용해 생애 초기 경험을 중요시한다. 그러나 개인의 성격적 특성이 생애 초기 이후 부모를 비롯한 사회문화적 환경과의 상호작용 속에서 사회화가 지속적으로 진행된다는 발달적 논의로 볼 때 이후 경험도 중요한 영향을 미친다. 그릿을 환경과의 상호작용을 통해 변화 가능한 성격적 특성으로 볼 경우 보다 긴 여정에 걸친 발달과정을 상정할 수 있을 것이다.

먼저, 그릿은 성격 5요인 중 학업성취를 가장 강하게 예언하는 성격 요인으로 알려진 성실성과 밀접히 관련된다(Credé, Tynan, & Harms, 2017). 성실성은 처음 제시될 때 자기통제로 명명되었던 성격 요인이었다(McCrae, 1976). 이후 성격 5요인을 측정하는 Neo 검사가 개발되면서 이전의 통제 측면의 성격에 성취를 위해 헌신하는 적극성의 측면을 포함시킨 성실성(conscientiousness) 요인이 개념화되어, Neo 검사에서 성실성은 사회적 규범이나 원칙을 준수하고 목표지향적 행동을 촉진하며 행동의 지속성을 갖게 하는 특성으로 정의되었다(Costa, McCrae, & Dye, 1991). 또한 성실성은 자기통제, 책임감, 전통주의, 질서 등을 아우르는 성격으로 확인되었다(Roberts et al., 2005). 우리나라에서 수행된 연구들은 성실성이 학업지연행동과 부적 상관을 보인다는 일관된 연구결과를 내놓고 있는데, 이는 메타분석에서도 확인되었다(송정은, 김희진, 2020). 성실성의 하위 요인 중 자기규제(self-discipline)가 학업지연행동을 가장 잘 설명하는 요인이다. 성실성의 하위 요인 중 자기규제는 과제를 시작하고 완수해 내는 능력으로 자기규제 수준이 높으면 해야 할 일에 더 많이 동기화되고, 맡은 일이 지루하거나 주의가 산만해진다 하더라도 끝까지 완수해 낸다. 이러한 특성이 끝까지 포기하지 않고 목표를 향해 정진하는 그릿의 기초가 되어 주는 것이다.

긍정심리학 관점이 소개된 이후 '개인과 사회에 도움이 되는 방식으로 행동하고, 사고하며, 느끼는 개인의 특성'으로 정의되는 성격 강점(character strength;

Peterson & Seligman, 2004)에 관한 관심이 높다. 최근 Park 등(2017)은 그릿을 성격 강점의 한 요소로 보고 새로운 분류체계를 제안하고 있다. 이들은 6개 축의 덕목으로 구성된 성격 강점의 구조를 바탕으로 학업 상황에 밀접히 관련되는 성격을 개인 간 요인(interpersonal factor), 지적 요인(intellectual factor), 개인 내 요인(intrapersonal factor)의 3개 축으로 재개념해 성격 강점의 3요인 모델을 제시하고 있다. '개인 간 요인'은 또래와의 관계를 비롯한 다른 사람과 관계를 형성하는 것과 관련된 성격 요인으로 대인관계적 자기통제, 사회지능, 감사가 포함된다. '지적 요인'은 새로운 것을 익히는 학습과정 자체와 관련된 성격 요인으로 열정과 호기심이 포함된다. 그릿은 학업적 자기통제와 함께 스스로를 어떻게 관리하는가와 관련된 '개인 내 요인'에 속한다. 수업참여는 지적 요인만이 유의한 예언 변인으로 확인되는 것과 같이 세 요인은 다양한 학생들의 적응 변인에 서로 다른 설명력을 보였다. 그릿이 포함된 개인 내 요인은 다른 요인과 달리 성적(GPA)을 유의하게 예언했는데 다른 인지적 능력보다도 더 크게 영향을 미치는 것으로 나타났다. 이러한 논의는 그릿을 성격의 한 부분으로 보는 입장으로 성격의 발달 측면에서 교육을 통해 그릿을 증진시킬 수 있음을 강조하고 있다.

뇌발달과 그릿   그릿은 그릿이 발휘된 행동으로 표현되는데, 여기에 필요한 정보처리적 과정은 뇌발달과 함께 후천적으로 발달된다. 그릿 발휘의 내적 과정을 뇌과학적 측면에서 보면, 목표를 달성하기 위해 어떤 행동을 선택하고 지속할 것인가에 관여하는 실행기능이 그릿 발휘의 출발점이다. 실행기능(executive function)이란 자극에 대한 즉각적인 반응을 지연시키는 동안 일어나는 정신적 활동으로 자기주도적 행동, 시간에 걸친 행동의 조직, 자기주도적 언어·규칙·계획의 사용, 지연된 만족, 목표지향·미래지향·유목적적·의도적 행동 등을 포함한다(Barkley, 2005, pp. 56-57). 대뇌피질의 전두엽 영역에서 주로 관장하는 실행기능은 억제(inhibition)의 과정을 통해 충동성을 조절하고 의사결정(decision making)의 과정을 통해 만족을 지연하면서 장기적 목표성취에 필요한 행동을 선택하고 지속시키고 동기화한다. 충동적인 행동을 하는 것은 바로 억제의 실패(disinhibition)라고 할 수 있고, 전두엽에 손상을 입은 환자의 경우 자극을 보면 생각의 과정을 거치지 않고 바로 행동을 하게 되는데, 담배를 보는 순간 성냥을 켜는 경우가 그 예이다(Nigg, 2017, p. 370). 그리고 만족지연은 지금

만족과 미래 만족을 비교하여 어느 쪽을 택할 것인가의 결과로 그에 대한 의사결정의 과정이라고 할 수 있다. 이를 마시멜로 실험에 적용해 보면 눈앞에 있는 마시멜로를 바로 먹지 않고 참는 것에는 억제의 기능이, 지금 마시멜로를 먹는 것이 나은지 조금 더 기다렸다가 2개를 받는 게 나은지에 대해 생각하고 어느 한쪽을 선택하는 과정에는 의사결정이 필요하다. 즉, 그릿의 출발점이 되는 행동통제의 과정은 이러한 실행기능의 뒷받침으로 가능하다고 할 수 있다. 뿐만 아니라 실행기능은 새로운 자극에 반응하지 않고 주어진 과제에 꾸준히 집중하는 것과 관련되는데, 실행기능은 목표형성 능력, 계획, 목표지향적 계획의 수행, 효과적인 수행의 네 가지 요소로 구성되기 때문이다(Jurado & Rosselli, 2007). 목표지향적인 행동에는 목표를 세우고, 목표를 성취할 효과적인 계획을 수립하고, 그 계획을 실천하고, 실천에 대한 점검을 통해 효율성을 높이는 과정이 포함되는데 이 모든 과정을 실행기능이 담당한다.

따라서 그릿의 발달은 실행기능의 발달과 밀접히 관련되고, 실행기능의 발달은 실행기능을 담당하는 뇌 영역의 발달과 실행기능에 적용되는 전략의 습득과 관련된다. 실행기능 발달에는 신체적으로 뇌의 전두엽 발달이 토대가 되고, 실행기능 발휘에 사용되는 다양한 전략은 학습을 통해 습득된다. 전두엽의 발달과 실행기능 전략 습득은 아동기부터 청소년기 후기까지 계속 이어지고(Casey et al., 2005; Giedd, 2008; Steinberg, 2013), 실행기능이 뒷받침되어야 하는 그릿 역시 청소년기 후기까지 발달한다고 볼 수 있다. 따라서 상담자는 내담자의 그릿 발달과 그릿 발휘를 촉진하기 위해 청소년기 뇌발달에 대해 이해하고 개입에도 적용해야 할 것이다.

3. 그릿 증진을 위한 개입

그릿은 학업 및 다양한 영역에서의 성공을 예언하는 개인의 특성으로 학업실패를 이겨 내고 다시 성취를 위해 나아가기 위해 상담자가 다루어야 할 중요한 개인적 특성이다. 비록 그릿이 타고나거나 비교적 생애 초기에 발달하는 성격적 특성으로 간주되기도 하지만, 그릿 발달에 대한 실증적 연구결과와 그릿 발휘에 관한 논의는 변화 가능한 기회의 창을 확인시켜 주고 있다. 학업상담에서는 그릿 발휘를 촉진해 학습자가 원하는 성취를 이루어 낼 수 있도록 도와야 하는데 그 구체적인 개입전략을 살펴보고자 한다.

상담에서 그릿에 어떻게 개입할 것인가에 대한 논의는 아직 활발하지 않지만, 그릿 증진을 위해 개발된 인성교육 프로그램이나 교육적 처치에 관한 연구결과를 통해 개입전략을 추출해 볼 수 있다. 학업실패의 고통을 호소하는 내담자들은 대부분 그릿의 부족으로 자신이 가진 역량을 제대로 발휘하지 못하는 경우가 있고, 개입과정에서 그릿 및 그릿 발휘의 증진에 초점을 두게 된다.

그릿 증진 전략이 소개된 사례를 살펴보면, 첫째, 그릿의 개념을 소개한 Duckworth(2016)가 제안한 그릿 증진 활동이다. 높은 그릿을 가진 사람들의 특성을 토대로 그러한 특성들을 함양할 수 있도록 도와야 한다고 제안하는데, 그릿 발휘를 위한 개인 내적 조건으로 흥미, 연습, 목표, 희망을, 환경적 조건으로 부모, 학습 경험, 문화적 맥락을 제시하고 있다. 경험적 연구를 통해 그 효과가 확인되지 않았다는 점에서 하나의 제안으로 받아들여지고 있는 상황이라는 한계를 갖는다.

둘째, 그릿 증진에 대한 관심은 인성교육의 한 덕목으로 그릿을 어떻게 가르칠 것인가에서 찾아볼 수 있다. 미국 교육부에서 개발해 학교에 보급한 그릿 증진 프로그램(Shechtman et al., 2013)이 있다. 여기에서는 그릿을 직접 증진시키기보다 자기통제, 마인드셋, 학습전략, 리질리언스 등의 증진 활동을 통해 그릿을 증진시킬 것을 제안한다. KIPP 차터스쿨은 Character Lab에서 제공하는 자료를 활용해 인성교육을 실시할 것을 제안하면서, 그릿의 중요성, 역할모델 행동 배우기, 스스로의 성공 및 실패 경험을 통해 자신의 그릿 발휘 증대하기 등을 포함한다(Cohen, 2015). 미국 장학 및 교육과정개발학회(Association for Supervision and Curriculum Development: ASCD)는 그릿 교육을 위해 노력을 인정하는 지지적 환경조성, 그릿 검사를 통한 자기이해, 그릿 의미 가르치기, 실패 경험하기, 실패 경험 점검하기, 성찰을 통해 학습하기 등의 6단계 교육과정을 제안하고자 하였다(Hoerr, 2013). 미국뿐만 아니라 터키에서는 뇌가소성, 성취에서의 노력의 역할, 실패에 대한 건설적 해석, 목표 설정 등의 내용으로 구성된 인성교육을 통해 학생들의 그릿을 증진시킬 수 있음을 입증했다(Alan, Boneva, & Ertac, 2019). 그 밖에도 그릿과 관련 변인에 관한 경험적 연구를 토대로 여러 가지 그릿 증진 프로그램들이 제안되고 있다. 이러한 교육 프로그램의 요소들을 상담 전략으로 적용해 볼 수 있다.

셋째, 그릿이 높은 사람들의 특성을 통해 그들이 가진 특성을 높일 수 있도록 도와주는 것도 그릿 증진의 방법이 될 수 있다. Park 등(2018)은 선행연구 검토를 통해 그릿과 높은 상관을 보인 개인 특성으로 주의집중 활동에 참여, 의미와 목표추구, 능력이 변화한다는 믿음, 높은 자기효능감, 역경에 직면했을 때 구체적이고 변화 가능한 원인에 귀인, 의도적 연습 등을 확인하였다. 이들의 연구는 상관관계를 분석한 것으로 인과관계의 방향은 확실하지 않다. 이러한 특성은 그릿이 발휘되어야 가능한 특성일 수도 있지만, 이러한 특성을 활용해 그릿을 키워 나갈 수도 있을 것이다.

넷째, 그릿 증진에 대한 방안들을 적용해 개발된 개입전략 또는 프로그램의 그릿 증진 효과를 검증한 실증적 연구결과에 주목할 수 있다. 예를 들면, 자신의 실패 경험에 대한 글쓰기가 그릿을 증진시킬 수 있음이 확인되었고(DiMenichi & Richmond, 2015), 멘토링 헬스 프로그램(mentoring fitness program)을 통해 그릿을 비롯한 긍정심리 자원의 증진이 가능함도 확인되었다(Major, 2013). 또한 직접 그릿 증진을 확인한 것은 아니지만, 그릿과 성취를 매개하는 의도적 훈련을 하도록 돕는 개입전략의 효과가 검증되기도 했다(Eskreis-Winkler et al., 2016).

지금까지 살펴본 Duckworth(2016)의 제안, 인성교육 프로그램, 그릿 증진 효과에 관한 실증적 연구의 내용을 바탕으로 내담자의 그릿 증진을 촉진하기 위한 개입전략을 구성해 보면 다음과 같다.

그릿 점검과 이해   그릿 증진을 위해 상담자가 가장 먼저 할 수 있는 방법은 그릿이라는 새로운 개념이 무엇을 의미하고 왜 중요하고 어떻게 실천할 수 있는지에 대해 직접 가르치는 것이다. 그릿 함양을 위한 프로그램들이 공통적으로 포함하고 있는 내용은 그릿의 의미, 그릿의 중요성, 그릿의 실천 등 그릿과 관련된 지식을 직접 가르치는 것이다(황매향, 2019).

이를 위해 먼저 내담자의 그릿 수준을 평가할 수 있을 것이다. 그릿 척도[2]는 Duckworth가 연구 초기부터 문항을 공개하고 있어 누구나 자유롭게 사용할 수

---

[2] Duckworth는 5점 Likert 척도로 사용할 것을 제안했으나 우리나라에서는 주로 4점 척도로 사용되고 있다. 1~6번은 흥미유지를 측정하는 문항으로 모두 역채점해 사용하고, 7~12번은 노력지속을 측정하는 문항으로 그대로 합산해 사용한다. 그리고 그릿 전체 수준은 흥미유지와 노력지속 점수를 합산해 산출한다.

있다. 단, 규준이 설정되어 있지 않아 다른 사람에게 비해 상대적으로 그릿이 높다거나 낮다거나 평가할 수 없다는 한계를 갖는다. 상담자는 다음의 문항으로 내담자의 그릿 수준을 파악할 수 있는데, 흥미유지, 노력지속, 그릿 전체 값을 산출하고 '그렇다' 쪽에 치우쳐 있으면 비교적 그릿이 높은 것으로 '그렇지 않다' 쪽에 치우쳐 있으면 그릿이 낮은 것으로 파악할 수 있을 것이다. 예컨대, 흥미유지와 노력지속이 중간 점수인 15점 이상이면 높은 편에, 15점 이하이면 낮은 편에 속하고, 4점이 최하점 24점이 최고점이다. 그릿 전체 점수는 30점이 중간 기준점이 될 수 있고, 12점이 최하점, 48점이 최고점이다. 점수를 계산해 그릿의 수준을 파악할 수도 있고, 각 문항에 대해 자신이 어떤지 이야기하면서 그릿과 관련된 내담자의 행동에 대해 파악할 수도 있다. 이렇게 그릿 척도의 문항에 응답해 보고 결과를 함께 보면서 내담자는 자연스럽게 그릿이 어떤 특성을 나타내는지 이해할 수 있을 것이다. 그리고 그릿의 정의를 비롯해 노력지속과 흥미유지의 두 요인에 대해 내담자가 궁금해하는 것을 중심으로 설명할 수 있다.

〈표 4-1〉 그릿 척도

문항	전혀 아니다	그렇지 않다	그렇다	매우 그렇다
1. 나는 목표를 세우지만 나중에 그것과는 다른 일을 하곤 한다.	①	②	③	④
2. 때때로 새로운 생각이나 일 때문에 원래 하고 있는 생각이나 일이 방해를 받는다.	①	②	③	④
3. 나는 몇 달에 한 번씩 새로운 목표에 관심이 생긴다.	①	②	③	④
4. 나는 매번 관심사가 달라진다.	①	②	③	④
5. 나는 어떤 생각이나 일에 잠깐 집중하다가 곧 흥미를 잃는다.	①	②	③	④
6. 나는 몇 달 넘게 걸리는 일에 계속해서 집중하기가 어렵다.	①	②	③	④
7. 나는 시간이 아주 오래 걸리는 목표를 달성한 적이 있다.	①	②	③	④
8. 나는 중요한 도전에 성공하기 위해 어려움을 극복한 적이 있다.	①	②	③	④

9. 나는 시작한 것은 뭐든지 끝장을 본다.	①	②	③	④
10. 어려움은 나를 꺾지 못한다.	①	②	③	④
11. 나는 열심히 하는 사람이다.	①	②	③	④
12. 나는 끊임없이 노력한다.	①	②	③	④

출처: Duckworth et al., 2007, p. 1090.

　다음으로 확인한 그릿 수준을 어떻게 다룰 것인가의 문제이다. 먼저, 그릿이 높지만 그릿 발휘에 대한 동기가 낮은 내담자가 있을 수 있다. 높은 그릿보다는 능력이나 재능이 더 중요하다고 여기는 내담자일 것이다. 그릿이 그렇게 중요한 요인이 아니라고 생각하는 내담자의 생각을 바꾸는 개입이 필요하다. 다양한 분야의 성공과 밀접히 관련된 그릿의 영향력을 다루어야 하는데, 타고난 재능보다 끝까지 포기하지 않고 노력을 기울여 성공을 이룬 사례를 소개할 수 있다. 역할모델을 활용하는데, 상담자가 역할모델을 직접 제시할 수도 있지만 내담자 스스로 역할모델을 제시해 보도록 촉진하는 것이 더 효과적이다.

또한 학업실패 트라우마를 가진 내담자들은 대부분 그릿 발휘에서도 실패하고 자포자기한 경우가 많다. 그릿 수준이 높지 않은 경우로, 자신의 낮은 그릿에 귀인하면서 역시 자신은 안 된다고 낙담할 수 있다. 여기에서 상담자는 그릿의 증진 가능성에 대해 내담자가 충분히 이해할 수 있도록 도와 그릿 증진 동기를 높이는 단계로 넘어가야 한다. 앞서 살펴본 그릿의 변화 가능성에 대한 연구결과를 근거로 활용할 수 있다. 또한 그릿 증진을 위한 인성교육 프로그램에서는 일상생활의 작은 목표를 통해 그릿 실천과정을 돕는데, 이런 방법을 상담에 적용해 볼 수 있다. 상담자는 성공 경험과 실패 극복 경험을 활용해 일상 속의 그릿을 내담자가 발견할 수 있도록 돕고, 직접 그릿을 실천할 수 있는 작은 과제를 통해 자신도 그릿을 발휘할 수 있음을 공고히 하는 방식으로 개입할 수 있을 것이다.

실패에 대한 성찰　그릿은 역경이 있음에도 좌절하지 않고 목표를 향해 계속 나아가는 특성으로, 실패 극복을 조력함으로써 그릿을 증진시킬 수 있다. 실패에 대한 성찰을 통해 그릿을 증진시킬 수 있음이 실증적 연구를 통해 입증되었다. 실패 경험, 성공 경험, 영화(통제집단)에 대한 글쓰기를 한 세 집단의 그릿 수준과 글쓰기 이후 약 40분 동안 지루한 문제를 풀어야 하는 과제에서 세 집단의 수행을 비교한 결과, 실패 경험에 대한 글쓰기를 한 집단은 실험 직후 실시된 그릿 점수에서 더 높은 점수를 보였고, 많은 문제를 풀어야 하는 지루한 과제에서의 수행에서도 정확도와 집중도에서 더 높은 수준을 보였다(DiMenichi & Richmond, 2015). 연구자들은 성공 경험에 대한 글쓰기가 더 효과적일 것이라고 예상했지만 결과는 달랐다. 실험결과는 실패에 대한 글쓰기가 그릿 증진에 도움이 된다는 점을 그릿과 그릿 발휘 측면에서 모두 확인시켜 주는데, 실패 경험에 대해 다루는 것이 그릿 증진에 직접적으로 도움이 될 수 있음을 시사한다. 이러한 결과는 건설적 실패이론(constructive failure; Clifford, 1984)과 생산적 실패이론(productive failure; Kapur, 2008)을 통해 설명이 가능할 것이다. Clifford는 실패 경험 후 오히려 향상된 후속 수행을 보인다는 사실에 주목하고 이러한 현상은 기존의 학습된 무기력 이론으로 설명되지 않는다는 것을 지적하면서 건설적 실패라는 개념을 제안했다. Clifford의 실패에 관한 긍정적 관점을 발전시킨 Kapur은 실패 경험을 교수활동에 적극 활용할 방안을 마련하였다. 건설적 실패와 생산적 실패는 모두 실패를 좌절, 학습된 무기력, 반항, 낮은 동기, 낮은 성취 등의 부정적 결과와 연결 짓는 관점을 탈피해, 실패가 오히려 수행과 학습을 증진시킬 수 있음을 강조한다. 따라서 상담자는 실패에 보다 건설적으로 대응할 수 있도록 내담자를 돕고, 이를 통해 자신이 목표한 것을 끝까지 포기하지 않고 추구하는 그릿을 증진시킬 수 있다.

성장 마인드셋   '모든 것은 어떻게 생각하는가에 따라 달라진다'는 것은 인지치료의 기본 전제일 뿐만 아니라 일상생활의 경험을 통해 내담자들도 잘 알고 있다. 또한 인지변화 전략은 많은 상담자들이 이미 적용하고 있는 개입전략이다. 그릿을 증진시키고 그릿을 발휘할 동기를 높이기 위해서도 내담자의 생각 또는 마음가짐(mindset)을 바꾸는 개입이 가능하다.

무엇보다 그릿의 발휘 또는 성장을 방해하는 대표적 신념은 '능력은 타고나는 것으로 변화하지 않을 것'이라는 생각이다. 재능은 타고난 것이기 때문에 재능이 없으면 노력해도 소용이 없다고 생각하면 어떤 것에 흥미를 가지고 꾸준히 노력해 나가기 어렵기 때문이다. 따라서 이런 능력에 대한 고정 마인드셋을 성장 마인드셋으로 바꾸는 것이 그릿 증진의 전략으로 제안되고 있다. 마인드셋이란 자신의 능력에 대해 변화 가능하다고 생각하는지 고정되어 변화하기 어렵다고 생각하는지에 관한 개인의 신념으로, 마인드셋 이론은 학업성취를 비롯한 모든 일상생활에서 자신의 능력이 고정되어 있다고 믿으면(고정 마인드셋) 부적응을 초래하지만, 자신의 능력은 얼마든지 변화할 수 있고 노력하면 높일 수 있다고 믿으면(성장 마인드셋) 적응적이고 성공적인 삶을 살아갈 수 있다(Dweck, 2006). 성장 마인드셋 촉진 프로그램에서는 학생들이 장기적이고 고차원적인 목적을 달성하는 과정에서 도전과 좌절을 극복하는 데 필요한 단기적인 관심사를 설정하여 그때그때의 좌절을 이겨 내는 것을 도움으로써 궁극적으로는 장기적인 학습에 집중하도록 돕는다(Shechtman et al., 2013). 그리고 학생들에게 성장 마인드셋을 심어 주는 마인드셋 프로그램을 통해 고정 마인드셋을 성장 마인드셋으로 변화시켜 줄 뿐 아니라 학생들이 가진 그릿의 특성을 이끌어 낼 수 있다. O'Rourke 등(2014)의 연구결과에 따르면 성장 마인드셋에 대한 교육을 통해 학생들의 그릿의 하위 요인 중 노력지속과 학업성취가 향상되었다.

Dweck(2006)은 성장 마인드셋 증진의 방안으로 여러 방안을 제안하고 있는데, 그 내용을 그릿 증진을 위한 개입전략으로 적용할 수 있다.

첫째, 결과가 아닌 과정에 대한 피드백, 능력이 아닌 노력에 대한 피드백을 제공해야 함을 강조한다. 수행 결과 자체에 대한 평가적 피드백이나 성취의 원인을 능력에 귀인하는 피드백은 고정 마인드셋을 키우고 동기를 떨어뜨린다. 대신 수행의 과정 자체를 언급하거나 노력에 대해 피드백하는 것은 성장 마인드셋을 증진시킨다. 그리고 이때 유의할 점은 무조건 노력을 하라는 것보다 더 배우고 있다는 데 초점을 두어야 하고, 새롭게 배우거나 능력이 증진되는 데 별 효과를 보이지 않는 노력이 있다면 다른 방법을 적용해 볼 수 있다고 피드백해야 한다 (Dweck, 2015).

둘째, 마인드셋에 대해 직접 가르치는데, 마인드셋의 개념을 안내하고 고정 마인드셋과 성장 마인드셋이 어떻게 다른 영향을 미치는지를 자신의 일상에 적용해 보면서 생각을 바꿔 나가는 연습을 한다. 강의 전에 가졌던 고정 마인드셋이 강의를 듣고 나서 성장 마인드셋으로 변화된 과정이 각 사례의 내면 보고 내용의 변화를 통해 확인되었다(Dweck, 2006, pp. 217-218).

셋째, 뇌발달 원리와 뇌발달을 촉진할 수 있는 방법을 직접 가르치는 것이다. Dweck 연구진은 뇌발달에 초점을 두어 성장 마인드셋을 가르치고 이것을 자신의 학습에 적용할 수 있도록 학습전략도 함께 가르치는 8회기의 마인드셋 워크숍 프로그램을 개발했다(Blackwell, Trzesniewski, & Dweck, 2007). 7학년 학생 91명을 대상으로 프로그램을 실시한 결과 성장 마인드셋, 동기, 수학 성적 등의 향상을 확인할 수 있었다. 이후 Dweck 연구진은 뇌발달에 초점을 둔 'Brainology'[3]라는 온라인 프로그램을 만들어 널리 보급하고 있다.

넷째, 역할모델을 활용해 성장 마인드셋을 가진 사람들의 생각과 행동을 직접 제시하는 것이다. 특히 사회적으로 큰 성공을 거둔 사람들의 성공을 이끈 요인들 속에서 노력과 배움의 중요성을 찾고 재능이 아니라 꾸준한 자기계발 노력이 성공 요인이었음을 확인시켜 주는 것이다.

지금까지 살펴본 성장 마인드셋 증진 원리를 적용한 다양한 개입전략들이 개발되어 성장 마인드셋을 증진시켜 준다는 것이 실험연구를 통해 최근에도 확인되고 있다(예: 김보미, 2016; Brougham & Kashubeck-West, 2018; Donohoe, Topping, & Hannah, 2012). 최근 수행된 메타분석 결과에 따르면, 성장 마인드셋 증진 프로그램의 전반적인 효과크기는 크지 않은 것으로 나타났지만 학업적 위기 학생들과 저소득층 학생들에게는 더 높은 학업성취 향상 효과를 보였다(Sarrasin et al., 2018). 따라서 학업실패 트라우마를 겪고 있는 내담자에 대한 개입전략으로 성장 마인드셋 증진을 상담에 적용한다면, 내담자의 고정 마인드셋을 성장 마인드셋으로 변화시키고 나아가 그릿도 증진시키면서 학업성취를 돕게 될 것이다. 또한 학업실패 트라우마를 경험한 내담자의 마인드셋을 어떻게 다룰 것인가에 대한 보다 구체적 지침은 8장의 '지능에 대한 신념' 내용을 참고할 수 있다.

목표 설정 점검과 촉진　그릿은 장기적인 목표를 향해 정진하는 특성으로 목표 설정이 그 출발점이 되므로, 목표 설정의 촉진을 통해 내담자가 그릿을 발휘할 기회를 제공하고 그릿 향상을 이끌 수 있다. Duckworth(2016)는 자신의 흥미를 반영하는 진로 대안을 목표로 설정할 때 그릿이 함양되고 발휘될 수 있을 것

---

3) https://www.mindsetworks.com/programs/brainology-for-schools

이라고 제안한다. 그러나 진로미결정이 발달적으로 자연스러운 상태인 어린 내담자의 경우 미래에 가질 특정 직업과 같은 장기적 목표 설정이 어려울 수 있다면 단기목표를 세우는 것이 도움이 될 수 있다. 미래조망이 가능한 청소년기로 접어들면서 조금 더 장기적인 목표를 세우고 이것을 자신의 진로목표와 연결시킬 수 있게 된다. 목표가 필요한 이유, 적절한 목표의 수준과 표현방법, 목표 성취를 위한 구체적인 실행계획의 설정, 목표성취의 장벽에 대한 예상과 극복 방안 탐색 등을 통해 목표를 잘 설정하고 성취하는 경험을 하도록 촉진함으로써 목표를 향해 꾸준히 나아가는 그릿을 함양할 수 있다(황매향, 2019). 나아가 목표 설정의 영역을 강조한 홀리스틱 목표 설정 모델(The G.A.P. Model for Student Success: Goal Setting, Action Planning, and Progress Monitoring; Alarcon, 2018)은 사회적 · 정서적 · 학업적 · 삶의 기술의 4개 영역에 걸친 목표 설정이 필요함을 제안하는데, 내담자의 생활 전반에 걸친 개입이라는 측면에서 장점을 갖는다.

목표 설정에서 고려할 또 다른 논의는 어떤 내용의 목표가 그릿 증진에 효과적인가라는 측면이다. 목표의 내용이 자기 자신만을 위한 목표가 아니라 다른 사람을 돕는다는 내용을 포함할 때 그릿을 더 증진시킬 수 있다는 점이다. Duckworth(2016)는 그릿을 발휘한 위인들의 사례를 통해 그릿을 발휘한 사람들은 공통적으로 자신의 쾌락보다 다른 사람을 돕는, 즉 사회에 기여할 수 있는 삶의 목표를 설정함을 확인하고 '삶의 목적(purpose)' 추구를 그릿 증진의 중요한 출발점으로 제안하고 있다. Duckworth는 미국인 6천여 명을 대상으로 한 대규모 조사연구를 통해 그릿이 높은 사람들일수록 보다 의미 있는 삶, 다른 사람을 위한 삶을 살고 싶어 한다는 점을 확인했다. 또한 미국 대학생들을 대상으로 한 종단연구를 통해 삶의 목적 추구와 그릿의 인과관계가 증명되기도 했는데, 초기 삶의 목적 수준이 3개월 후의 그릿을 정적으로 예언했다(Hill, Burrow, & Bronk, 2016). 이러한 연구결과는 다른 사람을 돕는 것에서 삶의 의미를 찾는 목표를 갖도록 촉진하는 것이 그릿을 증진시킬 수 있음을 시사하므로, 목표 설정 단계에서 내담자와 삶의 의미에 대해 다루어야 한다.

흥미 발견과 지속   '흥미유지'가 그릿의 개념을 구성하는 하나의 요소로 포함되어 있듯이 흥미는 그릿 발휘의 기초가 되고, 내담자가 흥미를 발견하고 유지할 수 있도록 도와 그릿을 증진을 촉진할 수 있다. 이를 위해 흥미의 중요성에 대해 알아차리는 것, 흥미를 발견하는 것과 흥미를 계속 유지하는 것을 촉진해야 한다. 이에 Duckworth(2016)도 그릿 발휘의 출발점으로 흥미를 가장 먼저 제안하는데, 주어진 일에 충분히 몰입할 수 있는 열정적 삶을 강조한다. 그릿 발휘를 위해 실행기능 증진을 위해서도 스트레스를 해소하고 '열정적 흥미를 가지고 몰입하는 것'이 중요하다고 제안되고 있다(Diamond & Lee, 2011).

① 흥미 추구 촉진

몰입을 할 수 있는 흥미를 발견하고 지속할 수 있도록 돕기 위해 먼저 개입해야 할 부분은 흥미 추구에 대한 가치 부여를 촉진하는 것이다. 자신이 하고 싶은 것을 선택하고 거기에 몰두하는 삶보다 '계속 고용될 수 있는 일', '돈을 많이 벌 수 있는 일', '사람들이 알아주는 일' 등을 우선하면 자신이 추구하는 목표에서 열정을 쏟을 수 없어 그릿을 발휘하기 어려워진다. 따라서 자신이 좋아하는 것, 또는 하고 싶은 것인 흥미를 얼마나 중요하게 여기고 있는가에 대한 이야기부터 내담자와 나눠야 한다. 특히, 우리나라와 같이 직업적 지위와 안정성이 중요시되는 사회에서는 자신이 선호하는 것을 우선순위에 두는 것 자체가 어렵다. 이 부분에 대해 내담자가 충분히 이야기할 시간을 확보할 필요가 있다.

② 흥미 발견 촉진

흥미를 추구하는 것에 대한 가치를 수용한 다음 단계는 자신의 흥미를 발견하는 것이다. 뚜렷한 흥미를 가지고 있다면 그릿을 발휘해 실패를 극복했을 테지만, 노력을 지속할 만한 열정이 부족하기 때문에 실패 이후 상담을 찾았을 가능성이 높다. 따라서 상담은 흥미의 발견에서부터 출발해야 하는데, 흥미발견을 위한 첫 출발점은 다양한 분야를 경험해 보는 것이다. 여기에서 유의할 점은 다양한 경험을 하는 것도 중요하지만 어떻게 경험하는가가 더 중요하다는 것이다. 예컨대, Silvia 연구진은 여러 실험연구를 통해 자극의 복잡성이 높고 이해도가 높아질수록 흥미가 높아진다는 점을 확인하고, 새롭고 복잡하고 어려운 사태에 대해 설명을 들으면서 조금씩 이해해 나갈 때 흥미가 높아짐을 강조하고 있다(Silvia, 2005; Silvia, 2008a; Silvia, 2008b; Turner & Silvia, 2006). 그러므로 상담자는 내담자가 흥미를 발견할 수 있도록 지금까지의 일상에서 탈피해 경험의 폭을 넓히는 것을 도와야 하고, 새로운 경험 속에서 이해하지 못했던 것을 이해하는 과정을 추가해 흥미를 자극할 필요가 있다.

어떤 과제에 몰입하게 되는가라는 논의는 흥미를 가질 만한 영역을 찾는 데 도움이 되어 흥미 발견의 또 다른 접근으로 채택할 수 있다. 몰입의 즐거움이란 자신이 하고 있는 일에 빠져드는 개인의 심리 상태를 의미하는데, 일반적으로 자신이 가진 능력을 발휘할 수 있으면서 조금은 어려워 도전감을 주는 과제일수록 몰입하기가 수월하다고 알려져 있다. 즉, 매우 새롭고 전혀 알지 못하는 어떤 것으로부터 흥미를 찾으려고 하기보다는 잘할 수 있는 영역에서 더 잘해 볼 만한 도전감을 느낄 수 있는 과제를 찾아볼 수 있도록 도울 수 있다. 이미 알고 있고 경험해 본 영역에서 자신의 흥미를 다시 발견하는 과정이라고 할 수 있다. 앞서 살펴본 한 번도 해 보지 않았던 새로운 경험으로부터 흥미를 찾는 과정과는 상반되는 접근으로, 어떤 방법이든 내담자에게 맞는 방식으로 흥미를 찾을 수 있도록 조력할 수 있을 것이다.

③ 흥미 지속 촉진

흥미를 발견했다면 그 흥미를 지속할 수 있도록 도와야 한다. 흥미유지를 위한 조력에는 이미 가지고 있던 흥미를 포기한 경우라면 이것을 회복해 흥미를 유지할 수 있도록 돕는 것까지 포함한다. 이를 위해 흥미발달 과정에 대한 논의를 적용해 볼 수 있다. 개인의 흥미는 흥미 발생, 흥미 누적, 흥미 지속의 과정을 통해 발달하는데, 흥미는 대상에 대한 호기심에서 출발하는 상황적 흥미의 발생에서 출발하고, 도전감 있는 적절한 과제에서의 성공 경험을 통해 긍정적 정서 경험(흥미)이 누적되며, 이를 통해 대상에 대한 안정적 관심이 지속되면 상황적 흥미나 긍정적 정서의 도움 없이도 대상에 대해 호기심, 도전감, 재미를 꾸준히 느끼게 된다(Lepper & Hodell, 1989). 이들의 흥미발달 모델은 자신이 발견한 흥미가 계속 지속되기 위해서는 성공 경험이 가장 중요하다는 점을 시사하고 있다. 따라서 상담에서는 흥미를 가진 영역에서 성공을 거둘 수 있는 과제를 선택하도록 돕고 스스로 긍정적 정서 경험을 할 뿐 아니라 또래, 교사, 부모로부터 지지받고 긍정적 피드백을 받을 수 있도록 조력해야 한다.

흥미 영역에서 성공 경험을 하더라도 과제가 도전감을 주지 못하면 흥미를 계속 유지하기 어려울 수 있다. 인간은 누구나 새로운 것에 흥미를 보이지만 조금 익숙해지면 흥미를 잃어버리는 경향성을 가지고 있어, 흥미를 자신의 열정으로 이끌기 위해서는 계속 질문하고 미묘한 차이에 대한 관심을 기울이는 것이 필요하다(Duckworth, 2016). 현재의 수준에서 조금 더 나아지는 목표를 세우고, 그 목표가 달성되면 또 조금 더 높은 목표를 세우는 방식으로 성공 경험과 목표 설정을 반복하는 과정을 통해 흥미가 지속될 수 있다. 처음부터 성취하기 어려운 목표를 잡거나 꾸준히 추구할 만큼 기술이나 기능 개발의 필요성이 없는 영역이나 과제는 적절하지 않을 수 있다는 점도 유의해야 한다.

흥미와 관련해서 상담에서 빈번하게 다룰 문제는 실패로 인한 흥미 상실이다. 성공 경험을 통해 흥미가 지속되고 증진되듯이, 실패 경험은 좋아하고 관심을 갖던 영역에서 물러서게 만든다. 상담자는 내담자가 이러한 흥미 상실을 다시 회복하도록 도와야 한다. 흥미가 없는 상태가 아니라 이미 가지고 있던 흥미를 상실한 상태이기 때문에, 흥미를 가지고 있던 때로 돌아가 흥미를 어떻게 갖게 되었고 어떤 의미를 부여했으며 어떻게 키워 왔는지 회상해 보면서 자신이 가졌던 흥미에 대한 긍정적 재경험을 하도록 도와야 한다. 그리고 어떤 과정에서 흥미를 상실하게 되었는지도 살펴보면서 현재의 흥미 상실을 수용하고, 앞으로 어떻게 나아가는 것이 필요한지에 대해 생각해 볼 수 있는 탐색적 질문을 이어간다. 이 영역에서의 목표 추구를 계속할 것인지 포기할 것인지에 대해 성공 또는 실패라는 결과 때문이 아니라 자신이 원하는 것에 부합되는지에 따라 결정할 수 있도록 돕는다. 그리고 이 부분은 앞서 살펴본 목표 설정을 촉진하는 개입과 함께 진행될 수 있을 것이다.

연습시키기   그릿은 자신이 세운 목표 또는 노력을 기울이고 있는 과제를 포기하지 않고 계속 지속하는 행동으로 나타난다. 따라서 그릿 발휘로 나타나는 행동을 직접 증진시키는 전략이 그릿 증진을 위해 제안되고 있는데, 그 대표적인 예는 '의도된 연습(deliberate practice)'의 촉진이다. 의도된 연습은 그릿을 가진 사람들의 공통된 행동 특성으로 밝혀지고 있는데, 그릿 함양을 위해 의도된 연습을 실천할 수 있도록 도와야 한다(Duckworth et al., 2011). MacNamara, Hambrick 및 Oswald(2014)는 Eisenberger(1992)가 제시한 근면성(industriousness)을 그릿과 유사한 개념으로 보고, 노력에 대한 강화가 반복되면서 외부적 강화가 없어져도 꾸준히 노력을 기울이는 근면성 형성과정을 그릿 형성의 과정에 적용하고 있는데, '능력 증진의 보상을 받으며 꾸준히 노력을 기울이는 부분'이 바로 의도된 연습에 해당한다.

의도된 연습은 일반인들에게 잘 알려진 '1만 시간의 법칙'을 발견한 전문가 성장 과정을 분석한 연구에서 소개된 개념으로, 현재의 기술/기능을 최대로 향상시키기 위해 특별히 계획된 활동'으로 정의된다(Ericsson, Krampe, & Tesch-Romer, 1993, p. 368). 그리고 의도된 연습은 수행의 특정 측면의 향상을 위한 잘 정의된 목표, 현재 가지고 있는 기술/기능보다 높은 수준의 도전, 즉각적 피드백, 오류 교정에 대한 반복적 집중 등의 네 가지 요소로 구성된다(Eskreis-Winkler et al., 2016, p. 729). 즉, 의도된 연습은 많은 시간과 노력을 기울이는 것만이 아니라 얼마나 구체적으로 향상에 대한 목표를 가지고 있고, 그 향상을 계속 점검하면서 잘되지 않은 것에 대해 계속 교정해 나가는 철저한 연습과정을 의미한다. 그래서 우리나라에서는 '계획된 연습'이라는 용어로 번역되기도 한다.

의도된 연습은 그릿이라는 개인적 특성을 성취라는 결과로 이어 주는 매개변인이면서 동시에 의도된 연습이라는 행동 자체를 습득시켜 줌으로써 그릿을 증진시킬 수 있다. 먼저 뇌발달 측면에서 그 가능성을 추론할 수 있다. 아동기와 청소년기에 어떤 경험을 하는가에 따라 뇌발달이 달라질 수 있고 이에 따라 그릿의 발달도 달라질 수 있다. 뇌발달의 기제는 많이 사용하는 기능은 남게 되고 적게 사용하는 기능은 사라지게 되는 사용불사용의 법칙을 따른다(Giedd, 2015). 이러한 뇌발달의 사용불사용 기제에 따르면, 그릿 발달을 촉진하기 위한 가장 좋은 방법은 그릿을 발휘할 기회를 더 많이 갖는 것일 수 있다. 그릿이 발휘되어야 의도된 연습이 가능할 뿐 아니라 의도된 연습을 통해 그릿을 자주 활용하게 되면 그릿도 증진되는 것이다. 특히, 아동기 및 청소년기의 내담자를 대상으로 할 때 더욱더 고려해야 할 부분이다.

의도된 연습을 통한 그릿 증진은 반드시 학업이나 인지적 과제에만 국한되지 않는다. Baruch-Feldman(2017)은 일상생활에서 실천할 수 있는 작은 목표를 세우고 실천을 점검하면서 습관화하는 과정을 통해 스스로 그릿을 증진시킬 수 있는 방법을 워크북 형태로 제안하고 있다. 이 내용을 학급 단위 프로그램에 적용해 그릿 증진을 입증했는데, 이 프로그램에서는 학습목표만이 아니라 줄넘기, 운동화 끈 묶기, 악기 배우기, 혼자서 머리 감기, 구구단 외우기 등 다양한 일상생활 목표를 예시로 제시되었다(송민선, 2019). 또한 예체능 분야 방과 후 활동을 꾸준히 하는 것에서 의도된 연습을 실행하는 것이 그릿을 함양할 수 있는 영역이 될 수 있다(Duckworth, 2016). 일반적으로 예체능 분야는 특정한 기능을 연마하기 위해 구체적 계획을 세우고 꾸준히 노력을 기울이는 과정이 필수적이고, 이 과정은 의도된 노력의 과정이기 때문이다. 예컨대, 강도 높은 체력 훈련을 멘토와 함께 하는 프로그램이 그릿을 증진시킬 수 있음이 확인되었는데, 32명의 청소년들에게 6개월간 실시한 의도된 연습의 그릿 증진 효과가 입증되었다(Major, 2013).

마음챙김　　최근 마음챙김(mindfulness)은 다양한 심리적 문제를 해결하기 위한 개입전략으로 관심을 모으고 있다. 그릿 증진을 위한 개입에서도 마음챙김을 적용할 수 있음이 확인되고 있는데, 의도적 노력으로 인한 스트레스와 피로도를 경감시키는 정서조절의 측면에서 마음챙김을 활용하는 접근, 그릿과 밀접히 관련된 마음챙김의 개인적 특성을 촉진하는 접근이 대표적이다.

　먼저, 자신이 세운 어려운 목표를 향해 오류를 수정해 가며 꾸준히 노력하는 의도적 연습을 위한 정서관리를 위해 마음챙김을 적용할 수 있다. 의도된 연습은 고독하고 힘든 과정이기 때문에 목적을 달성하고 수행을 개선하기 위해서 강력한 동기와 흥미가 뒷받침되어야 한다(이수란, 2015). 따라서 내담자가 의도적 연습을 해 나가는 과정에 정서관리가 동반되어야 하는데, 처음 가졌던 동기와 흥미가 유지될 수 있도록 일깨워 주면서 의도된 연습과정에서 겪게 되는 좌절과 지루함을 이겨 낼 수 있도록 도와야 한다. 이를 위해 마음챙김 프로그램을 적용해 의도적 연습으로 인한 긴장과 스트레스 상황을 이완할 수 있다. 마음챙김 프로그램의 스트레스 경감 효과는 신체적·정신적 질병을 가진 사람들의 스트레스와 일반인들의 스트레스를 모두 경감시켜 주는 것으로 일관되게 확인되고 있어(Chiesa & Serretti, 2009; Grossman et al., 2004), 의도적 연습으로 인한 스트레스 경감에도 효과가 있을 것으로 예측된다.

　다음으로 마음챙김과 그릿이 밀접히 관련된다는 연구결과는 마음챙김을 통해 그릿 발휘를 촉진할 수 있음을 시사한다. 대학생들을 대상으로 한 학기 동안의 시간 차이를 두고 종단적 인과관계를 검증한 연구에서 마음챙김 특성 중 현재의 활동에 집중하는 자각(awareness)은 흥미유지를 자신의 생각과 감정으로 판단하지 않는 비판단(non-judging)이 노력지속을 각각 유의하게 예언하는 것으로 확인되었다(Raphiphatthana, Jose, & Salmon, 2018). 이러한 연구결과는 내담자가 자신의 경험에 집중해 스스로를 잘 알아차릴 수 있도록 돕고, 자신이 가진 생각이나 감정에 대해 어떤 가치판단을 내리거나 평가하지 않고 그대로 수용할 수 있도록 촉진해 그릿을 증진시킬 수 있음을 시사한다. 이를 위해 내담자에게 마음챙김 프로그램에 참여해 볼 것을 추천할 수 있고, 상담과정에서도 '알아차림'과 '판단하지 않음'을 반복해 연습하면서 습득할 수 있도록 조력할 수 있다.

제5장
자기통제

학업실패를 극복하고 성취로 나아가기 위해 동원되어야 할 내담자의 특성 중 하나로 자기통제를 살펴보고자 한다. 자기통제는 앞서 알아본 그릿의 하위 개념이면서 학업성취도를 예언하는 요인 가운데 그 어떤 특성보다 큰 예언력을 갖는 변인이다. 그릿이 보다 장기적인 미래를 바라보며 꾸준히 노력하는 것이라면, 자기통제는 보다 단기적인 목표를 위해 오늘 하루 또는 지금 30분 동안 유혹을 참아내며 과제에 집중하는 것이다. 이러한 자기통제가 그릿과 마찬가지로 기질이나 성격적 특성(성실성)과 밀접히 관련되어 있지만, 상담사는 자신이 보유하고 있는 자기통제 기술 및 전략을 감안하여 내담자로 하여금 자기통제를 획득할 수 있도록 도와야 한다. 이 장에서는 내담자의 자기통제 발휘를 촉진하기 위해 상담자가 알아야 할 자기통제의 의미, 자기통제의 발달, 자기통제의 발휘, 자기통제 증진을 위한 개입전략에 대해 살펴볼 것이다.

1. 자기통제의 의미

자기통제는 '보다 크고 장기적인 목표를 달성하기 위해 순간의 충동적인 욕구나 행동을 자제하며 즐거움이나 만족을 지연시키는 능력'이라고 정의된다(한국교육심리학회, 2000, p. 326). 그러나 이 정의는 교육학 분야에서 합의된 정의로 다른 학문 분야에서는 다르게 정의하기도 하는데, '욕구를 참으며 목표를 위해 정진하는 과정'에 필요한 개인의 특성에 대한 유사한 개념화가 혼재되어 있기 때문이다

(Duckworth, Gendler, & Gross, 2014). 발달심리학 분야에서는 노력적 통제(effortful control), 의지력(willpower), 자아탄력성(ego-resiliency) 등으로 명명되던 시기를 거쳐 자기통제라는 용어로 수렴되고 있다(Duckworth & Steinberg, 2015). 자기통제는 충동성과 만족지연의 두 구인으로 개념화되는 것이 가장 보편적이지만, 최근에는 과제지속을 포함하기도 한다. 여기에 흥미지속의 구인이 더 추가된 그릿의 개념이 제안되면서 관련 연구가 활성화되고 있다. 또한 자기통제는 자기조절로 명명되기도 하는데, 자기조절은 자기통제보다는 넓은 개념으로 간주되고 있고, 학습과정과 관련된 자기조절학습은 스스로 학습과정을 주도적으로 이끌고 조절하는 것으로 자기통제와는 구분된다.

자기통제의 구성 요인   자기통제는 앞서 제시한 정의에서 나타나듯이 충동성 (impulsiveness)과 만족지연(delay of gratification)이라는 두 가지 하위 요소로 구성된다. 1970~1980년대 Mischel 연구진은 당장의 충동을 억제하고 더 나은 보상을 기다린다는 의미에서 충동성의 억제과정인 만족지연에 초점을 두고, 그 과정을 자기통제 또는 의지력의 발휘과정으로 기술하고 있다. 그러나 Miller 등 (2003)은 당장의 충동을 느끼는 것에서의 개인차가 간과되었다는 점을 지적하며, 충동성과 만족지연의 두 하위 요소로 구분하였다. 범죄 관련 행동과 관련해 자기통제 이론을 구축한 Gottfredson과 Hirschi(1990, p. 89)도 '자기통제가 부족한 사람은 당장 환경에 있는 가능한 자극에 반응하는 반면, 자기통제가 높은 사람은 만족을 지연시킬 수 있다.'고 정의하여 충동성과 만족지연으로 구성된 2요인을 지지한다. 우리나라에서 주로 사용되는 자기통제 측정도구도 Gottfredson과 Hirschi의 자기통제 이론에 근거해 개발된 충동성과 만족지연의 두 하위 요인으로 구성되어 있다. 또한 자기통제를 측정하는 다양한 측정도구들에 대한 메타분석을 통해 자기통제는 만족지연이라는 하나의 구인이 아님이 확인되었다(Duckworth & Kern, 2011).

자기통제와 학업성취   자기통제는 학업성취를 예언하는 개인 특성일 뿐만 아니라 전반적인 적응을 예언하는 개인적 특성이다. 갈등하는 충동 사이에서의 적응에 대한 논의는 James(1899)와 Freud(1920)까지 거슬러 올라간다(Mischel, 2014). 그리고 자기통제를 구성하는 한 요소인 만족지연은 일반인에게도 잘 알려진 1960년대 마시멜로 실험을 통해 학업성취를 비롯한 전반적 적응의 강력한 예언 변인으로 확인되었다. 4~5세 때 눈앞에 놓인 마시멜로[1]를 먹지 않고 더 오랫동안 참아낸 유치원생들은 학업 역량, 대인관계 역량, 문제대처 역량에서 더 유능하고 언어유창성, 주의력, 계획성, 좌절에 대한 대처 등 다양한 적응력을 측정하는 성격검사(California Child Q-Sort: CCQ)에서도 높은 점수를 보이는 청소년으로 성장했기 때문이다(Mischel, Shoda, & Peake, 1988). 이후 자기통제는 비행이나 범죄 영역에서 더 활발한 연구가 진행되었는데, Gottfredson과 Hirschi(1990)는 범죄 관련 행동을 설명하는 자기통제 이론을 구축하고 이들이 개발한 척도가 여러 학문 분야에서 사용되고 있다. 비행이나 범죄의 원인으로서 자기통제의 영향에 대한 실증적 연구를 분석한 메타분석을 통해 범죄를 비롯한 다양한 문제행동과 자기통제가 밀접히 관련됨이 확인되었다(Pratt & Cullen, 2000).

여러 삶의 영역에서의 적응 또는 부적응을 예언하는 자기통제의 영향력에 관한 메타분석에서 그 효과크기가 가장 높은 영역은 학업과 일에서의 성취로 나타났다(de Ridder et al., 2012). 자기통제는 다른 특성보다 학업성취를 더 강력하게 예언하는 변인으로, 자기통제가 높으면 유혹을 참고 주어진 학업에 집중해 높은 학업성취를 이룰 수 있지만, 자기통제가 낮으면 학업에 열중하지 못해 낮은 학업성취로 이어진다. 따라서 자기통제는 개별 과목에서의 성적, 국가수준 학령평가, 교육 연한 등 학업성취의 모든 영역에 영향을 미친다(Duckworth et al., 2019). 특히, 학업성취에 대한 자기통제의 높은 예언력은 지적인 능력에 초점을 둔 학업성취 논의에 중요한 반론을 제기하는데, 자기통제의 효과가 지적 능력의 효과를 넘어설 수 있기 때문이다. 자기통제가 지능지수보다 학교 성적에 대한 예언력이 높다는 연구결과가 미국과 사우디아라비아에서 보고되었다(Duckworth, Quinn, & Goldman, 2008; Duckworth, Quinn, & Tsukayama, 2012; Duckworth & Seligman, 2005; Muammar, 2011). 또 Duckworth와 Seligman(2006)은 여학생들이

---

1) 실제 실험에서는 '마시멜로 1개 대 마시멜로 2개', '2개 쿠키 대 5개 브레첼' 등 당장의 보상과 기다렸을 때의 보상이 다양하게 사용되었지만(Mischel, Shoda, & Rodriguez, 1989), 이후 Mischel 연구진의 만족지연 실험이 마시멜로 실험(Marshmallow Test)으로 명명되면서 보상물은 마시멜로로 대표되었다. 따라서 이 논문에서도 실험참여자에게 제공된 보상의 종류에 상관없이 모두 마시멜로로 명명한다.

지능검사에서 남학생들보다 더 높은 지능을 보이지 않지만 높은 자기통제를 발휘해 남학생들보다 더 높은 성적을 내고 있음을 확인하기도 했다. 이와 같이 학업성취에 대한 자기통제의 높은 예언력은 미국을 비롯해 여러 나라의 연구에서 입증되고 있고, 우리나라에서도 자기통제는 학업성취를 정적으로 예언하는 변인으로 확인되고 있다. 즉, 자기통제가 학업성취에 중요한 역할을 하므로 학업 실패를 딛고 다시 성취로 나아가야 할 내담자를 돕기 위해 자기통제의 증진을 촉진해야 할 것이다.

2. 자기통제의 발달

자기통제를 개인의 특성적 측면으로 간주하는 입장에서는 자기통제를 발달과정에서 비교적 안정적으로 나타나는 특성으로 본다. 자기통제 발달에 관한 많은 연구는 자기통제가 생애 초기 이후 크게 변화하지 않고 유지되는 개인의 특성임을 입증하는데, 비교적 안정적인 기질 및 성격적 측면을 반영하고 있기 때문이라고 해석한다. 실제 종단연구에서도 80% 이상의 사례에서 자기통제는 학령기 시기 동안 변화하지 않는 것으로 나타난다. 그러나 일부이긴 하지만 아동기와 청소년기 동안 자기통제의 증가를 보이는 집단도 나타나고 있으므로 자기통제는 아동기 이후에도 계속 발달하는 특성이라고 할 수 있다.

발달적 안정성   자기통제를 구성하는 충동성은 타고난 생물학적 특성에 기인하는 기질로 간주된다(Cloninger, 1987). 기질은 유전적 기초를 가지고 있어 영아 때부터 그 특성이 나타나고 타인과의 관계 형성에 영향을 미치고 이후 성격 형성의 모체가 된다(Ahadi & Rothbart, 1994). 이러한 안정성은 경험적 연구를 통해 확인되는데, 마시멜로 실험에 참여했던 유치원생들의 만족지연 능력 차이는 40년 후에도 여전히 유지되고 있음이 추적조사에서 확인되었다(Casey et al., 2011). 뿐만 아니라 쌍생아 집단을 따로 분리하여 추적조사한 결과에서도 자기통제가 낮았던 유아들은 이후의 부적응적 결과들이 보다 높은 것으로 나타나, 자기통제가 비교적 생애 초기에 형성되어 성인까지 이어지는 특성임을 보여 주고 있다(Moffitt et al., 2011). 즉, 자기통제는 타고난 특성이거나 비교적 생애 초기에 발달하는 특성으로 볼 수 있다는 것이다.

먼저, 생애 초기 자기통제 발달에 관한 논의는 다양한 행동을 타인의 지시가 아닌 스스로의 결정에 따라 하게 되는 자기통제의 자율성 측면에 초점을 두고 있다. 자기통제 초기 발달 모델은 Kopp(1982)가 제안한 4단계 모델이 대표적인데, '신경·신체·반사적 적응 → 감각운동적 적응 → 타인의 요구에 부응하는 통제 → 자기통제'의 과정이 생후 2년에 걸쳐 나타난다. 그리고 이후 자기통제를 위한 기술을 다양하게 사용하면서 자기통제가 더 발달하게 되는데, 아동기부터 안정화된다. 이와 관련된 경험적 연구를 개관한 이경님(1995)은 '4, 5세가 되면 아동은 자율적인 자기통제가 가능하게 되어 아동 중기까지 성장발달하며 이러한 성향은 청소년기와 성인이 되어서도 지속적인 영향을 미치는 것으로 본다'(p. 119)고 결론 내리고 있다.

또한 비행 및 범죄행동 영역에서 자기통제를 연구한 Hirschi와 Gottfredson(1990)은 자기통제가 아동 초기(8~10세)에 형성되어 이후 잘 변화하지 않는다고 제안하였다. 이후 주로 범죄 관련 분야에서 많은 횡단자료 분석을 통해 Hirschi와 Gottfredson의 주장이 입증되었을 뿐 아니라 종단자료를 통해서도 입증되었다. 예를 들면, 미국의 종단자료 분석결과는 보다 이른 연령에 자기통제가 안정화됨을 확인하고 있는데, 7~15세 기간 동안 자기통제는 연구대상의 84%에서 변화를 보이지 않아 7세 이후 안정화된다는 결론을 내리고 있다(Hay & Forrest, 2006). 우리나라 학생들의 경우도 종단자료 분석에서 자기통제가 아동기 이후 비교적 안정적인 개인 내적 특성임이 확인되고 있다. 예를 들면, 초4~중2 동안의 자기통제는 행동적 측면의 개인 내 및 개인 간 연령별 변화가 연구대상 학생의 88%에서 안정적으로 나타났다(Jo & Zhang, 2012). 연령이 더 높은 중1~중3 동안의 자기통제도 통계적으로 유의한 변화가 없었다(임효진, 이지은, 2016). 중2~고3 동안에도 자기통제의 평균에 거의 변화가 없었고, 비행 집단과 일반 집단으로 나누어 변화추이를 비교한 결과에서도 두 집단 모두에서 자기통제의 발달적 안정성이 나타났다(Yun & Walsh, 2011).

자기통제 발달의 개인차　　　앞서 살펴본 바와 같이 자기통제는 발달적 안정성을 보이고 있다. 그러나 이렇게 자기통제가 발달적으로 안정적으로 보이는 이유는 개인 간 차이에 초점을 두었기 때문이라는 견해가 있다. 즉, 자기통제가 개인 내에서는 더 많은 변화를 보일 수 있다는 것이다. 개인 내에서는 변화가 있더라도 개인 간 차이가 유지되면 개인 내에서의 차이를 제대로 확인하지 못할 수 있는 데, Barnes 등(2017)은 개인 내 변화가 꾸준히 증가 또는 시간에 따라 증가와 감소를 반복하지만 집단의 평균 차이는 동일하게 유지될 수 있음을 가상적으로 제시하기도 했다.

① 자기통제의 상대적 안정성과 절대적 안정성

자기통제의 안정성 가설을 제시한 Gottfredson과 Hirschi도 자기통제의 개인 간 차이는 정체될 수 있지만 개인 내 자기통제는 역동적임을 기술하고 있다(Turner & Piquero, 2002, p. 467). 이러한 연구들은 개인 간 차이의 시간적 변화를 상대적 안정성(relative stability), 개인 내에서의 발달적 변화를 절대적 안정성(absolute stability)이라고 명명하고 그 변화궤적을 각각 살펴보고 있다(Hay & Forrest, 2006). 각 집단에 속한 개인이 모두 자기통제에서 증가 또는 감소를 유사한 패턴으로 보인다면 자기통제가 낮은 집단에 속한 사례는 시간이 지나도 그대로 낮은 집단에 속하게 되어 집단 간 차이는 나타나지 않는다(Hay, Widdowson, & Young, 2017). 우리나라 패널 자료를 분석해 10~14세 기간 동안 자기통제의 상대적 안정성(개인 간 차이)과 절대적 안정성(개인 내 차이)의 변화 추이를 살펴본 결과에 따르면, 행동적 측면의 자기통제에서는 상대적 안정성과 절대적 안정성이 모두 88.6%로 높게 나타났지만 태도적 측면의 자기통제에서는 상대적 안정성은 99.7%의 매우 높은 안정성을, 절대적 안정성에서는 50%로 더 낮은 안정성을 보였다(Jo & Zhang, 2012). 자기통제에 대한 행동적 측면보다 태도적 측면이 학업에서의 자기통제와 밀접하게 관련된다는 점을 고려하면, 절대적 안정성이 낮다는 점은 개입을 통한 증진 가능성을 시사하고 있다.

② 자기통제 발달 유형

자기통제의 발달에서의 개인 내 변화에 관심을 둔 연구들은 개인 내 발달 양상의 유형화를 시도하고 있다. Hay와 Forrest(2006)는 종단자료 분석결과 자기통제에서 7~15세 사이의 자기통제의 변화는 여덟 가지 서로 다른 발달 추이를 보이는 집단으로 분류됨을 보여 주었다. Hay와 Forrest는 8개 유형 가운데 6개 유형에 전체 84%가 속했고 7세 이후 변화를 보이지 않았지만 발달적 변화를 보인 16%에 더 관심을 두어야 한다고 주장하는데, 변화를 보인 16%도 5%는 약간의 증가를, 11%는 상당한 감소를 보여 서로 다른 양상의 발달 추이를 보였다. 조금 더 연령을 높여 7~10학년 사이의 학생들의 자기통제 발달 유형을 살펴본 연구에서는 6개 유형이 확인되었고, 2개 유형에 속한 74%의 학생들은 자기통제에서 거의 변화가 없었지만, 2개 유형에 속한 14%는 감소를, 2개 유형에 속한 12%는 증가를 보였다(Ray et al., 2013). 우리나라 종단연구에서도 초등학교 4학년부터 중학교 1학년까지 추적조사한 패널 자료 분석에서 연령이 증가하면서 오히려 자기통제가 감소하는 것으로 나타났는데, 초4부터 감소해 6학년에 최하점에 달하고 그 이후 중1까지 변화가 없었다(조화진, 최바올, 서영석, 2010). 동일한 패널 자료를 통해 자기통제 변화 양상에 따라 유형을 분류한 결과에서는 6개의 유형이 확인되었고, 그 가운데 4개 유형은 모두 안정성을 보인 반면, 20%가 자기통제의 감소를 보이는 집단에 1.3%가 자기통제의 증가를 보이는 집단에 속했다(박현수, 정혜원, 2013). 이러한 연구결과들은 자기통제가 아동기 이후 잘 변화하지 않는다는 발달적 안정성을 지지하지만, 큰 변화가 아니더라도 아동기 이후 자기통제는 변화하고 있고 그 변화의 정도나 방향에 있어서는 개인차가 있음을 동시에 입증하고 있다. 이는 자기통제는 각 개인의 수준에서의 변화와 그 발달과정에 초점을 두고 접근해야 함을 시사한다.

자기통제 발달에 영향을 미치는 요인   이와 같이 자기통제가 발달적으로 어느 정도 안정성을 보이지만, 자기통제는 타고난 특성이기보다는 사회화 과정을 통해 학습된 결과임을 밝히고 있다. 마시멜로 실험으로 생애 초기 자기통제의 강한 영향력을 밝혔던 Mischel 연구진이 제안한 자기통제에 대한 정보처리 모델은 후속연구를 통해 구체적인 자기통제 전략의 종류와 기제에 대한 논의로 발전하고 있다(황매향, 2018). 그리고 이러한 전략 사용으로서의 자기통제에 관한 연구는 추상적 사고력을 비롯한 다양한 정보처리 능력의 발달과 함께 자기통제의 발달이 아동기 및 청소년기까지 이어지고 있음을 시사한다. Burt, Simons 및 Simons(2006)는 종단자료 분석을 통해 자기통제 변화의 폭을 설명하는 사회적 관계 요인으로 부모의 양육, 교사와의 애착, 이타적 또래와의 만남, 비행 또래와의 만남 등을 확인하였고, 이 가운데 자기통제에 영향을 미치는 가장 강력한 요인은 부모의 양육방식으로 제시하고 있다.

① 연령에 따른 전략 사용의 증가

자기통제는 연령이 높아져 보다 다양한 사고를 할 수 있고 여러 가지 인지적 전략을 습득하면서 자연스럽게 증진될 수 있다. 자기통제의 전략인 인지적 통제는 발달과정을 통해 더 빠르고, 더 정확해지며, 효율성이 증가하기 때문이다 (Keating & Bobbitt, 1978). 만족지연 상황에서 전략의 사용이 학년이 올라가면서 발달적 차이를 보인다는 것을 확인한 연구결과가 이를 뒷받침해 준다. 3세 이상 유아, 초3, 초6을 대상으로 한 실험에서 일부의 아동은 눈을 감는 것과 같은 주의분산행동을 보여 주긴 하지만 대부분의 3~4세 아동은 자기통제를 위한 전략을 발달시키지 못하고 있었고, 5세 말 정도에 만족지연의 규칙을 이해하기 시작해, 3학년이 되면 전략의 사용이 지연행동에 도움이 된다는 원칙에 대해서도 보고하고 주의분산 전략과 과제집중 전략을 적극적으로 사용하고, 6학년이 되면 추상적 개념화가 더해지면서 더욱 효과적이고 다양한 전략을 구사하였다(H. N. Mischel & W. Mischel, 1983). 그리고 이 연구에서 6학년 시기의 추상화 전략의 사용은 Piaget의 인지발달과 밀접히 관련되는데, 6학년은 Piaget 인지발달 이론에서 추상적 사고가 활발해지기 시작하는 시기이다. 또한 연령집단별 자극통제의 차이를 비교한 연구에서도 12세를 인지적 통제의 성숙이 완료되는 시기로 제안하고 있다는 점과도 일관된다(Passler, Isaac, & Hynd, 1985).

② 부모 양육태도

비행 및 범죄 행동의 원인을 자기통제 부족으로 보는 Gottfredson과 Hirschi(1990)는 비행과 가족관계에 관한 경험적 연구를 종합하면서, 비행으로 이끄는 자기통제 부재는 부모와의 애착, 부모의 감독, 자녀의 자기통제 부재에 대한 인식, 잘못된 행동에 대한 처벌에 기인한다는 가설을 세우고 있다(pp. 98-100). 즉, 자기통제를 키우기 위해 부모는 자녀와 애착관계를 형성하고, 자녀의 행동을 점검하고, 관찰하고, 결과를 제공하는 역할을 담당해야 한다는 것이다. Gottfredson과 Hirschi의 가설을 검증하는 이후의 연구들을 개관한 결과, 많은 연구가 일관되게 부모의 양육이 자기통제 발달의 중요한 요인임을 입증하고 있었다(Cullen et al., 2008). 보다 미시적으로 부모와의 상호작용을 관찰한 Bernier, Carlson 및 Whipple(2010)은 12개월, 15개월, 18개월, 26개월의 4개 시점에 걸쳐 모의 양육행동(민감성, 공감반응, 자율성 지지)과 유아의 실행기능(작업기억, 충동통제, 주의전환)의 종단적 관계를 분석한 결과, 모의 민감성, 공감반응, 자율성 지지는 모두 이후의 자기통제 발달을 촉진하는 요인으로 확인하였다. 우리나라에서 수행된 메타분석 연구에서도 부모의 교육 수준, 부모의 개방적 의사소통, 애정적 양육태도가 자기통제에 '중간~큰' 수준의 효과크기로 영향을 미치고 있음이 확인되었다(김세경, 천성문, 2015).

③ 부모 양육태도의 초기 효과

Gottfredson과 Hirschi의 이론을 비롯해 이와 같은 연구결과는 아동기 이전 부모의 영향을 지지하며, 그 이후 시기에는 부모의 양육태도가 거의 영향을 미치지 못한다고 본다. 그러나 Hay와 Forrest(2006)의 종단자료 분석에서 부모의 영향(사회화)은 7~15세 사이의 자기통제 변화에 유의한 영향을 미친다는 것이 입증되었다. 이를 통해 Hay와 Forrest는 비록 청소년기 동안 자기통제와 부모의 양육태도는 대부분의 사례에서 안정적이지만, 여전히 소수의 청소년들에서는 자기통제가 변화하고 있고 그 변화에 부모의 양육태도가 영향을 미친다는 점을 강조하고 있다. 아동기와 청소년기에 걸친 2년간의 종단적 자료(1차 시점: 2~5학년, 2차 시점: 4~7학년)를 분석한 결과에서도 부모의 양육태도와 자기통제가 비교적 안정적인 수치를 유지하는 가운데 부모의 긍정적 양육태도가 2년 후의 자기통제를 유의하게 예언하는 것으로 나타났다(Eisenberg et al., 2005). 또 다른 종단자료 분석에서도 유치원, 3학년, 5학년의 세 시기에 걸쳐 자기통제는 비교적 안정적이었지만, 부모의 양육태도가 자기통제의 초깃값과 함께 증가의 발달 궤적을 유의하게 예언하는 것으로 나타났다(Vazsonyi & Huang, 2010). 종단자료를 통해 자기통제 발달을 유형화하고 자기통제의 변화를 보인 집단에 영향을 미친 요인을 분석한 연구에서도 일관되게 부모의 영향이 유의미함이 확인되었다(예: 박현수, 정혜원, 2013; 조화진, 최바올, 서영석, 2010; Hay & Forrest, 2006).

④ 부모 양육태도의 양방향 효과

한편, 자기통제에 영향을 미치는 부모 양육태도 효과에 대한 반론이 제기되기도 하는데, 자녀의 타고난 특성 요인과 자녀의 행동이 부모의 양육행동에 미치는 영향을 고려해야 한다는 점이다. Beaver, Ferguson 및 Lynn-Whaley(2010)는 쌍생아 종단자료를 가지고 유전적 요인과 자녀 요인 효과를 통제한 후 부모 양육행동과 자기통제의 관계를 분석한 결과, 두 요인의 효과가 통제된 이후 부모

양육행동은 자녀의 자기통제를 유의하게 예언하지 못했다. 즉, Beaver 등은 자녀가 만들어 내는 환경과 유전적 요인이 부모 양육행동과 자기통제의 관계를 설명하고 있음을 밝혔다. 이러한 논의는 부모 양육태도라는 후천적 · 환경적 요인의 작용이 있음에도 불구하고 유아기 자기통제가 성인기까지 유지되는 안정성에 대한 설명을 제공한다. 먼저, 자기통제는 부모와의 상호작용의 과정에서 발달하지만, 부모라는 환경은 어린 시절부터 안정적으로 제공되기 때문에 그 영향도 지속된다고 볼 수 있다. 뿐만 아니라 자녀행동이 부모 양육태도에 영향을 미치는 양방향적 상호작용 현상(Lerner et al., 2002)으로 인해 자기통제가 낮은 자녀의 행동은 더욱 악순환을 통해 유지될 수 있다.

⑤ 부모 이외 사회적 환경

자기통제에 영향을 미치는 영향으로 부모 요인이 가장 큰 것으로 제시되지만, 학교를 다니기 시작하면서 교사, 또래, 학교풍토 등도 자기통제에 영향을 미치게 된다. Gottfredson과 Hirschi(1990)는 자기통제의 발달기제를 사회화로 보고, 두 번째로 큰 영향을 미치는 사회화의 주체로 학교를 제시하고 있다. 학교는 학생들의 행동을 관찰하고 잘못된 행동을 발견하면 바로 벌을 주는 시스템을 갖추고 있어 자기통제 발달에 도움을 주게 된다(Turner, Piquero, & Pratt, 2005). 보다 큰 맥락에서 빈곤이라는 사회경제적 환경이 자기통제를 위협한다는 연구결과도 제시되고 있다(예: Evans & Rosenbaum, 2008). 또한 청소년기 자기통제의 발달에 대한 논의로 위험 추구의 경험을 통해 자기통제를 학습할 수 있다는 주장이다. Romer 등(2010)은 14~22세 청소년 패널 자료 분석을 통해 위험 추구가 낮은 집단에서는 연령에 따른 자기통제 차이가 나타나지 않은 반면, 위험 추구가 높은 집단에서 연령에 따른 자기통제 증가가 눈에 띄게 높게 나타났다. 이러한 결과에 대해 Romer 등은 위험 추구가 높은 집단의 경우 위험 추구 행동을 통해 자기통제의 필요성을 경험하면서 자기통제가 더 높아졌다고 해석하고 있다.

3. 자기통제의 발휘

자기통제가 어떤 과정을 통해 발휘되는가에 대한 정보는 내담자의 자기통제 실패나 증진에 대한 사례개념화의 기초가 된다. 자기통제가 발휘되는 과정에 관한 관심은 마시멜로 실험을 해 온 Mischel 연구진의 정보처리 모델에서 출발해 정서 조절 모델, 전략 사용 모델, 강도 모델, 자아고착 가설 등으로 발달해 오고 있다.

정보처리 모델　　Mischel 연구진은 자기통제를 개인이 가진 고유한 특성이라는 관점이 아니라 자기통제를 위한 전략 사용의 과정으로 보는 관점으로 바라볼 것을 주장한다(Mischel, 2014). 자기통제 발휘를 위해 사용하는 인지적 전략을 설명하기 위해 기억이론에서 제안된 hot/cool 시스템 모델을 적용하고 있다. 정보처리에 대한 hot/cool 시스템의 구조와 작용에 대한 논의는 정서적 정보처리에 대한 여러 연구의 결과를 종합해 도출된 것으로 신경과학 영역의 연구에 기초를 두고 있다. hot/cool 시스템 모델의 기초가 되는 이원적 정보처리 경로에 대한 논의의 출발은 James(1884)의 의해 '어떤 것에 대한 지각이 신체적 변화(반응)를 발생시키고, 그 변화를 인지적으로 무엇이라고 처리하는가의 내용이 바로 정서'라는 주장이다. 신체적 반응과 정서인식의 경로는 이후 신체적 반응이 일어나고 그것을 인지적으로 처리하는 것이 아니라, 외부로부터 들어온 자극이 신체적 반응을 일으키는 정보처리 과정과 인지적으로 처리하는 과정을 동시에 거치게 된다고 제안되었고, 정보처리에 대한 이원적 처리 경로의 가정은 그대로 유지되면서 다양한 연구가 이루어지고 있다.

　　정서(특히, 공포)의 처리과정에 대한 신경과학적 연구를 정리한 LeDoux(1995)는 인간의 뇌가 두 가지 정서처리 경로를 가지고 있고, 그중 하나는 자극이 편도체에서 직접 빠르게 처리되어 알아차리지 못한 채 반응을 일으키는 경로이고, 다른 하나는 자극이 해마와 대뇌피질에까지 전달되면서 여러 신경회로를 거치며 자극과 정서를 의식하게 되는 인지적 처리를 거치는 경로임을 제시하였다. 또한 최근 진화심리학에서 설명하는 정서처리 과정도 두 체제를 적용하는데, 생존을 위해 외부 자극에 더 빨리 반응하도록 준비하는 편도체에서 비롯되는 과정인 빠른 체제(fast system)를 정서반응으로, 그다음(0.5초 후) 해마와 대뇌피질을 통해 처리되는 느린 체제(slow system)를 인지적 과정으로 구분한다(Cozolino & Santos, 2014). 정보처리에 대한 hot/cool 시스템 모델(Metcalfe & Jacobs, 1996)은 정서에 대한 이원적 정보처리의 경로를 적용해 정보처리 과정이 'cool'한 인지적 시스템과 'hot'한 정서적 시스템의 2개의 구조로 작동한다고 가정한다. 'cool'

시스템은 시공간적이고 일화적인 표상과 사고로서 'know' 시스템이라고 할 수 있다. 복잡하고, 성찰적이고, 느리고, 늦게 발달하며, 스트레스 상황에서 감소하고, 자기통제의 영향을 받는 반면, 'hot' 시스템은 자극에 빠르게 반응하는 정서적 처리과정으로 'go' 시스템이라고 할 수 있고 단순하고, 반사적이고, 빠르고, 일찍 발달하며, 스트레스에 의해 증가하고, 자극에 의해 통제된다(Metcalfe & Mischel, 1999). 정보처리 관점에서 볼 때, 자기통제에서 발휘되는 '주의분산 전략'은 정서적 시스템(hot system)의 활성을 낮추려는 노력으로 간주되고, '추상화 전략'은 인지적 시스템(cool system)의 통제과정으로 간주된다. 그러나 이 두 시스템은 따로 분리되어 있는 것이 아니라 서로 상호작용하면서 행동의 결과로 나타나는데, 자극에 의해 hot 시스템의 한 부분이 활성화되면 그에 따라 cool 시스템도 함께 활성화되고 그것은 또 다른 hot 시스템의 활성화로 이어지는데, 두 시스템의 활성화 정도가 행동을 결정하게 된다.

자기통제를 자기조절의 한 과정으로 개념화한 Nigg(2017) 역시 정서적 정보처리에 관한 이중과정 모델에 기반을 두고 있다. Nigg는 자기조절 중 cool 시스템에 의한 조절과 동일한 과정인 하향식(의도적) 조절과정을 자기통제로 개념화하는데, 하향식 조절은 의도적이고 느리고 절차적이고 작업기억이 필요한 용량 제한적 과정으로 전두엽을 중심으로 한 다양한 신경망이 관여하고 시상과 해마와 같은 대뇌피질하 영역도 정보의 중요성과 최신화에 기여한다. 또한 발달적으로 볼 때 하향식 조절과정은 상향식 조절과정에 비해 늦게 나타나는데, 대부분의 상향식 조절과정은 생애 초기에 나타나기 시작해 아동기에 성숙이 완료되는 데 비해 하향식 조절과정은 유아기에 나타나기 시작해 청소년기 또는 성인기에 주된 성장이 이루어진다(Nigg, 2017, p. 376).

정서조절 모델　자기통제를 유혹을 비롯한 충동적 정서의 조절과정으로 보는 정서조절 모델은 정서의 발생보다 어떻게 정서를 조절할 것인가에 초점을 두고 논의한다. 정서조절에 관한 정보처리 모델(process model; Gross & Thompson, 2007)을 충동성의 억제과정에 적용하면, 충동을 일으키는 자극은 주의집중, 평가, 반응의 과정을 거쳐 행동으로 표현되고 그 반응은 다시 자극으로 피드백 되면서 충동성이 더 증폭될 수도 있고 더 약화될 수도 있다(Duckworth, Gendler, & Gross, 2014). 정서조절 정보처리 모델에서는 환경을 조절하는 상황선택, 상황변경, 지각 및 인지를 조절하는 주의분산, 인지적 변화, 행동을 조절하는 반응조정 등 다섯 가지 전략을 제시한다. 이와 같은 다섯 가지 정서조절 전략은 자기통제에 관한 이론들과의 통합을 통해 자기통제 과정의 핵심적 조절전략임이 확인되었고, 다양한 자기통제 개입전략의 기초가 됨이 밝혀졌다(Magen & Gross, 2010). Duckworth, Gendler 및 Gross(2014)는 중학생들에게 개방형 질문지를 통해 자기통제가 될 때의 상황과 자기통제가 되지 않을 때의 상황을 수집하고, 그 내용에서 Magen과 Gross가 제안한 다섯 가지 전략의 사용을 확인하기도 했다.

Magen과 Gross가 정리한 다섯 가지 자기통제 전략의 내용을 살펴보면, 상황선택(situation selection)은 바람직한(또는 바람직하지 않은) 행동을 야기하는 충동을 경험할 가능성이 낮은(또는 높은) 상황을 선택하는 것이다. 상황변경(situation modification)은 충동과 이후 행동에 영향을 미치는 환경을 바꾸는 것으로 상황선택과 달리 새로운 환경을 만들어 낸다는 면에서 차이가 있다. 주의분산(attention deplacement)은 환경을 바꿀 수 없는 상황에서 환경에 대한 내적 상태를 바꾸는 것으로 동일한 상황에 대해 어떤 면에 집중할 것인가의 문제와 관련되는데, Mischel 연구진이 확인했던 주의분산 전략과 유사하다. 보다 적극적인 인지적 노력은 인지적 변화(cognitive change)를 통해 주어진 상황, 자극, 목표에 대한 생각을 바꿈으로써 자기통제를 높이는 전략이다. 예컨대, 숙제를 하기 싫은 일이라고 생각할 때와 능력 향상을 위한 기회라고 생각할 때의 차이가 숙제 수행에서 발휘되는 자기통제를 설명할 수 있다(Chen & Stevenon, 1989). Mischel 연구진이 확인한 추상화 전략도 인지적 변화전략에 속한다고 볼 수 있다. 마지막으로, 반응조정(response modulation)은 바람직하지 않은 충동에 의한 행동을 멈추고 바람직한 충동과 관련된 행동으로 바꾸는 전략이다. 충동적 행동의 억압이 대표적인 전략인데, 행동을 하지 않고 참는다는 것 자체는 오히려 스트레스를 가중시켜 결국 자기통제를 방해하게 되기 때문에 효과적인 전략이 아니라는 비판을 받고 있다(예: Inzlicht & Legault, 2014; Kurzban et al., 2013).

전략 사용 모델   자기통제를 위해 인지적 전략 사용이 필수적이라는 것은 1970년대 마시멜로 실험에서부터 확인되었다. 그 가운데 '주의분산 전략'과 '추상화 전략'이 대표적인데, '추상화 전략'은 앞서 살펴본 하향식(의도적) 조절과정으로 개념화되고 있다(Nigg, 2017). 나아가 이러한 전략의 사용을 개인이 의도적으로 선택하고 사용한다는 관점에서 '초인지 전략'의 중요성이 대두되고 있다.

Flavell에 의해 처음 제안된 '초인지(metacognition)'는 자신이 인지하는 과정에 대한 인지(cognition about cognition phenomena), 또는 생각에 대한 생각(thinking about thinking)으로 자기통제 발휘에서의 중요한 역할이 개념의 제안에서부터 출발하고 있다(Flavell, 1979, p. 906). 초인지는 주로 학습 내용을 습득하는 과정에 초점을 두고 있는데, 초인지를 구성하는 요소 중 초인지 지식에는 '학습자로서의 자신과 인지에 영향을 미치는 요인에 대한 지식', '전략의 대한 지식', '전략 사용의 목적과 시기에 대한 지식'이 초인지 조절에는 '전략 및 자원의 선택', '이해와 수행에 대한 주의와 자각', '학습과정과 결과에 대한 평가와 목표 재조정' 등이 주로 다루어지고 있다(Lai, 2011). 학생들이 학교적응을 위해 사용하는 자기통제 관련 전략을 조사한 Duckworth, Gendler 및 Gross(2016)는 학령기 학생들이 학교적응에서 자기통제 전략을 수행하기 위해 초인지의 기초가 필요함을 주장하고 있다. 초인지라는 고차원적 사고과정을 거치지 않을 경우 당장의 충동에 따라 행동할 가능성이 높다는 것이다.

또한 Duckworth 등은 자기통제를 위한 초인지 전략으로 자기대화(혼잣말, self-talk)의 사용을 제시하는데, 자기대화를 통한 자기통제 증진 효과는 이미 오래전 확인되었고(Meichenbaum & Goodman, 1971), 자기대화의 촉진은 자기통제 프로그램의 중요한 구성 요소로도 확인되었다(Diamond & Lee, 2011). 즉, 자기통제가 지향하는 이후 목표는 추상적이기 때문에 언어라는 상징체계를 통해 떠올려야 하는데, 자기대화를 통해 목표를 떠올리게 되면 자기통제가 가능해지고 이 과정이 바로 초인지의 과정이다.

이와 같이 초인지는 추상적 사태에 대한 사고로 인지적 발달 측면에서 볼 때 추상적 사고력이 발달하는 아동기 후기부터 본격적으로 발달한다고 할 수 있다. Flavell(1979)에 의해서도 비교적 늦게 발달하는 능력으로 제시되었고, 초인지 전략은 8~10세가 될 때까지 발달하기 어렵다는 점으로 요약되기도 했으며 (Whitebread et al., 2009), 초인지 전략 중 계획 관련 전략은 10~14세는 되어야 발달한다는 것이 밝혀지기도 했다(Schraw & Moshman, 1995). 한편, 초인지가 발달과정을 통해 지속적으로 발달하지만, 학령기 이전의 유아들도 초인지 사용이 가능함을 입증한 경험적 연구들도 있다(McLeod, 1997). 초인지의 발달과 관련된 경험적 연구를 개관한 Lai(2011)에 따르면 초인지의 발달은 학령기 이전에도 발달하고 초인지 지식이 먼저 발달하고 초인지 조절은 더 늦게 발달하며 연령의 증가만이 아니라 의도적인 훈련에 의해서도 초인지가 향상된다. 또한 지금까지 밝혀진 효과적인 초인지 향상 기법은 협동학습 교수법, 개념과 신념을 가시화하는 과제와 활동, 교사 모델을 통한 초인지 인식 촉진, 초인지의 정서 및 동기적 요소에 초점두기 등으로 나타났다(Lai, 2011, p. 35).

강도 모델   자기통제 발휘를 위해 어떤 조건이 필요한가라는 점과 함께 자기통제 발휘를 방해하는 조건이 무엇인가에 대한 논의는 상담 실제에 구체적 시사점을 제공한다. 강도 모델은 자기통제 발휘를 방해하는 기제를 제안한 대표적 모델이다. 강도 모델은 초기 '자아고갈 이론(ego-depletion theory)'에서 출발하는데, 지금까지 살펴본 논의와 조금은 다른 질문으로 접근해 이론적 토대를 마련하였다. 즉, '무엇이 자기통제에 실패하게 하는가'라는 질문에서 출발해, 사회적 규칙, 개인적 목표, 타인의 기대 등의 내적 기준(standards), 자신에게 주어진 환경과 자신의 행동과 그 효과에 대한 점검(monitoring), 일상적이고 자연스럽고 습관적으로 나타나는 반응을 중단하는 유혹을 이기는 힘(또는 강도, strength) 또는 의지력(willpower)의 세 가지 핵심 요소를 추출했다(Baumeister, Heatherton, & Tice, 1994).

Baumeister 연구진은 이를 토대로 세 가지 요소 가운데 유혹을 이겨 내기 위한 의지력을 발휘하기 위해서는 심리적 힘(자원, 강도)의 역할을 강조하는 '자아고갈 가설'을 제안했는데, 자기통제를 해야 한다고 느끼고(기준을 가지고 있고), 자기통제를 해야 할 상황임을 알아도(점검이 되어도), 과제에 적합한 정도의 힘이 부족하면 자기통제가 어려워진다는 것이다. 의사결정과 행동의 개시와 중단을 비롯한 통제의 발휘에는 자기통제의 힘(강도)이 필요하고, 한 과제에서 자기통제를 발휘하고 나면 그 힘(자원)이 소실되어 심리적 자원 회복을 위한 휴식 상태인 자아고갈(self-depletion)에 이르게 되어 자기통제 발휘가 어려워진다(Baumeister et al., 1998). 자기통제에 필요한 심리적 자원의 용량인 자아강도에는 개인차가 있고, 마치 근육과도 같아서 훈련을 통해 그 힘을 키울 수 있듯이 심리적 자원의 용량도 키울 수 있어 연습을 통해 자기통제는 증진될 수 있다(Muraven & Baumeister, 2000). 이후 다양한 실험연구를 통해 Baumeister 연구진은 선행된 자기통제 과제가 후속되는 자기통제 과제에서의 실패를 초래한다는 자아고갈 가설을 입증했다.

또한 자기통제를 위한 심리적 자원의 용량을 근육과 같이 훈련을 통해 증가시킬 수 있음도 확인했다. 자세교정, 기분조절, 식단일기 등 서로 다른 자기통제 훈련을 2주간 실시한 결과, 연습과 휴식이 자기통제를 증진시켰다(Muraven, Baumeister, & Tice, 1999). 실제 자기통제가 일어나는 동안의 생리현상을 분석한 결과에 따르면 혈중 포도당 수준을 낮춰 과제 수행에서 자기통제에 실패함이 나타났고, 설탕을 넣은 레모네이드는 포도당을 공급해 소진된 상태의 자기통제를 회복시켜 주지만 포도당이 없는 감미료를 넣은 레모네이드에서는 효과가 나타나지 않았다(Gailliot et al., 2007). 이러한 여러 실험연구 결과를 종합해 자아고갈 모델은 사기동제에 관한 강도 보델(stength model; Baumeister, Vohs, & Tice, 2007)로 발전했는데, 자기통제가 필요한 반응, 자기통제 자원의 고갈에 민감한 행동, 자기통제 자원을 필요로 하는 대인관계 과정, 자아고갈의 조절 요인, 자아고갈의 억제 요인 등이 주요 내용으로 포함되었다.

자아고착 가설   자기통제에 실패하는 과정에 대한 강도 모델을 비판한 자아고착 가설(ego fixation hypothesis)은 자기통제의 실패는 선행한 자기통제에 고착되어 있기 때문이라는 가설을 제안한다. 첫 번째 과제에서의 자기통제로 인해 다음 과제에서의 자기통제에 실패한다는 측면에서는 자아고갈 이론과 동일한 현상을 주시하고 있지만, 자아고착 가설은 자기통제의 경직성에 초점을 두고 과도한 자기통제의 문제점을 지적한다(Koole et al., 2014). 특히, 자아고착 가설은 주어진 과제에 집착해(자기통제를 지나치게 한 상태), 자신의 진정한 욕구(특히, 부정적 정서를 피하는 욕구)를 알아차리지 못하는 상태에 주목한다.

이 가설은 Kuhl의 행위통제 이론(1984; 2000)에서 목표 자체가 자기(self)와 통합되지 못하거나 외적 요구인 경우에는 과잉통제의 상태에서 의지적 억제(volitional inhibition)가 발휘된다고 제안한 것에 기초하고 있다. 특히, 유연성에 관한 개인차에 주목하는데, 행위지향자(action-oriented individual)는 동기 및 정서적 상태를 유연하고 효율적으로 조절하는 변화지향적 모습을 보이는 반면, 상태지향자(state-oriented individual)는 현재의 정신 및 행동적 상태를 유지하는 변화억제적 모습을 보인다(Kuhl, 1994). 그 차이를 검증하기 위해 고안된 자기-변별 실험(self-discrimination test)에서 앞으로 수행할 과제 목록에서 어떤 것은 자신이 선택하게 하고 어떤 것은 실험자가 골라 시킨 다음, 예고 없이 새로운 과제를 다시 제공하고 그 과제가 자신이 선택했던 과제인지 실험자가 제공한 과제인지 구분하라고 할 때 실험자가 제공한 과제를 자신이 선택한 과제로 잘못 지각하는 오류를 확인한다. 이 실험에서 상태지향자는 행위지향자에 비해 더 많은 오류를 보였고(Kuhl & Kazén, 1994), 그 이유는 상태지향자는 개인의 목표를 정할 때 자신의 (정서적) 욕구를 고려하지 않기 때문인 것으로 나타났다(Baumann, Kaschel, & Kuhl, 2005).

이런 현상을 Kuhl(2000)의 이론에서는 자기소외(self-alienation) 현상 또는 자기침투(self-infiltration) 현상이라고 명명하고, 상태지향자가 정서적 욕구를 고려하지 못하는 것은 부정적 정서상태에서 편안하게 자신의 정서를 고려하지 못하기 때문인 것으로 해석한다. 이 실험의 결과에 대해 자아고착 가설은 자기통제의 과정에 초점을 둔 다른 해석을 제안하고 있다. 상태지향자들이 실험자가 제공한 과제를 자신이 선택한 것으로 잘못 지각한 이유는 외부에서 주어진 목표에 지나치게 높은 우선순위를 두었기 때문이고, 이것은 자기통제 과정에 기인한다는 것이다(Koole et al., 2014, p. 105). 실험 상황 중 완수에 대한 의지와 수행 압박감을 높여 의도적인 자기통제 발휘를 유발한 경우 상태지향자의 오류가 더 높았던 결과(Kuhl & Kazén, 1994; Kazén, Baumann, & Kuhl, 2003)를 그 해석의 근거로 제시하고 있다.

이렇게 제안된 자아고착 가설은 학업 상황보다는 구매행동과 관련한 실험연구를 통해 입증되어 오고 있다. 콜라의 맛과 그림의 작품성을 평가하는 과정을 조작한 2개의 실험을 실시하는데, 두 실험에서 모두 자기통제의 발휘가 선행될 때 상태지향자는 나쁜 맛의 콜라를 가려내는 과제와 낮은 작품성의 그림을 가려내는 과제에서 더 많은 오류를 범해 자아고착 가설이 입증되었다(Koole et al., 2014). 여기에서 자기통제에 관한 조작은 콜라 맛에 대한 이유를 제시하게 하거나 작품성 평가 전에 다른 계획을 세우게 하는 것이었는데, 이런 과정에 몰두하면서 내적인 정서나 동기에 주의를 기울이지 못한 것이다. 이 부분을 자아고착 가설에서는 Damasio(1994)의 신체표식 가설과 연결지어, 상태지향자가 내적인 신호에 따라 의사결정을 하지 못하는 상태를 신체표식무시 가설(somatic ignorance hypothesis; Koole et al., 2014, p. 110)로 제안하고 있다.

4. 자기통제 증진을 위한 개입

　자기통제는 다이어트부터 범죄에 이르기까지 인간의 다양한 행동과 관련되는 만큼 자기통제 증진 방안도 학업 관련 영역만이 아니라 여러 분야에서 제시되고 있다. 예컨대 자기점검–자기평가–자기강화로 구성된 자기관리(self-management) 프로그램은 여러 가지 부적응 행동의 처방으로 제안되는데, 학습행동에 대한 자기관리는 13장의 '학업지연행동' 절에서 다루고 있다. 또한 자기통제를 타고나거나 비교적 어릴 때 형성된다고 보는 관점에서는 유아 및 아동(특히, ADHD 아동)을 대상으로 한 훈육 또는 개입을 강조하는데, 주로 유혹을 참는 인지적 전략에 초점을 두고 있다. 학습과정과 관련해서는 자기조절학습에서 자기통제 증진을 다루고 있고, 10장의 '학습전략' 절에 그 내용을 소개할 것이다. 여기에서는 당장의 유혹을 참지 못해 학업에 집중하지 못하는 것을 호소하는 내담자와의 개인상담에서 적용할 수 있는 개입전략을 알아보고자 한다.

충동적 기질 다루기　　자기통제의 구성 요인 중 충동성은 자기통제를 대표하는 개인의 특성이다. 이러한 충동성은 자기통제의 발휘를 방해하는 개인의 타고난 기질로 알려져 있어 자기통제 특질(trait self-control)이라는 용어가 사용하기도 한다(예: De Ridder et al., 2012; Ent, Baumeister, & Tice, 2015; Schmeichel & Zell, 2007). 그러나 개인의 기질은 사회화의 과정의 영향을 받기 때문에 기질은 조화의 적합성 원리에 따라 어떻게 대응하는가에 따라 보다 적응적인 기질의 발달을 촉진할 수 있다. 따라서 상담을 통해 충동적 기질을 잘 다루도록 도와 자기통제 발휘를 촉진할 수 있다.

아동의 기질은 부모를 비롯한 상대방의 행동을 결정할 수 있어, 충동적 아동의 행동에 인내심을 가지고 잘 대처하기란 쉽지 않고 오히려 충동적 기질 발휘를 부추기는 반응을 하기 쉽다. 예를 들어, 까다로운 기질을 가진 아이는 부모를 좌절하게 만들고 양육을 힘겹게 만드는 경향이 있고, 이로 인해 부모의 양육태도가 까다로운 기질을 더 발현하게 한다. 이러한 교호적 상호작용으로 기질이 잘 변화하지 않는 특성으로 여겨지기도 한다. 따라서 상담자는 내담자의 연령이 어릴 경우 충동성을 비롯한 자기통제 발휘를 가로막는 기질을 다루는 주변의 부모나 교사가 이러한 악순환의 고리에서 빠져나올 수 있도록 도와야 한다. 상호작용 과정에 대해 살펴보면서 양육의 피로감에 대해 공감하고 보다 나은 대안을 함께 찾아 실천하는 과정을 모니터링하면서 양육행동을 바꿔 나갈 수 있을 것이다.

또한 상담에서는 충동성 기질로 학습을 방해받는, 이미 연령이 높아진 내담자도 도와야 한다. 부모와 지내는 시간이 짧아진 학생들에게 부모의 양육행동에 대한 개입은 그 효과 면에서 제한적일 수 있다. 특히, 대학생을 비롯한 성인학습자의 경우는 사회적 맥락의 주요 타자에게 개입하기보다 개인에게 직접 개입하는 것이 더 효과적이다. 충동성 기질이 높은 내담자와의 상담에서는 자신의 충동성을 어떻게 조절할 수 있을 것인가에 대해 다루어야 한다. 이를 위해 자신이 충동성에 대한 인식이 필요한데, 다른 사람보다 충동성이 높다는 것을 심리검사를 통해 확인하는 것도 한 가지 방법이다. 그리고 스스로 충동성으로 인해 힘들었던 점들을 회상하게 하고, 반대로 성공적으로 다루어 낸 경험도 수집한다. 내담자가 자신의 경험 속에서 충동조절 방법을 잘 찾지 못한다면, 효과적인 전략을 상담자가 제안할 수 있다. 예컨대, Duckworth 등(2019)이 도출한 충동적 행동에 이르는 각 단계별 전략(상황 관련 전략, 주의 관련 전략, 평가 관련 전략, 반응 관련 전략, 지름길 전략)을 참고할 수 있다. 이 과정을 통해 내담자는 충동성을 다루어야 할 필요성, 충동성과 목표성취의 관계, 충동성을 다루는 효과적 방법과 비효과적 방법 등을 알게 되고 그 실천 의지도 높아질 것이다. 이 과정을 반복하면서 충동성을 성공적으로 다루게 되면 자기통제의 발휘가 촉진된다.

미래조망 능력 증진   자기통제 요소 가운데 만족지연을 어떻게 증진시킬 것인가에 대한 실증연구는 그렇게 활발하지 않다. 만족지연에 대한 개입과 관련된 서구의 연구를 분석한 연구에 따르면 만족지연과 밀접히 관련되는 미래조망 능력 증진을 비롯한 인지적 접근이 효과적이다(Teuscher & Mitchell, 2011). 그 내용을 상담에 어떻게 적용할 수 있을지 살펴보면 다음과 같다. 첫째, 작업기억에 부담이 커질수록 만족지연이 어려워진다는 연구결과(Hinson, Jameson, & Whitney, 2003)는 학습과정에서 인지적 부담감을 잘 조정해야 함을 시사한다. 한꺼번에 너무 많은 정보처리를 하려고 하면 만족지연에 사용할 에너지가 부족해진다는 것을 내담자에게 안내하면서 학습하는 동안의 적절한 정보처리 관리를 돕는다. 둘째, 너무 크고 중요성이 큰 결과를 위해서는 만족지연 시간이 너무 길어져 만족지연이 어려워지기 때문에 가능한 한 작은 목표와 짧은 기간의 결과로 나눠 점차적으로 큰 목표에 도달할 것이 추천된다(Ortendahl & Fries, 2005). 셋째, 시간조망에 개입할 것이 추천되는데, 미래조망 능력이 클수록 만족지연에 성공할 수 있기 때문이다. 미래조망 능력 증진을 위한 개입의 대표적 예는 방향성, 변별, 통합의 세 단계에 걸쳐 미래조망을 익히는 것이다(Savickas, 1991). 방향성 단계에서는 과거-현재-미래를 하나로 연결하는 원을 제시하면서 서로 영향을 주고받는 것에 대한 이야기를 나눈다. 변별 단계에서는 여기에서 미래만 따로 분리해 미래를 예측해 보는 연습을 한다. 마지막 통합 단계에서는 앞서 예측한 미래와 현재 자신의 행동을 연결하는데 이 단계에서는 계획을 세우고 장단기 목표를 세워 접근하는 기술도 배워야 한다. 이 세 단계를 상담에서 그대로 따라가면서 내담자의 미래조망 능력을 증진시킬 수 있을 것이다.

학습시간 늘리기   당장 하고 싶은 것을 참아내는 자기통제는 학습에 몰두하는 시간을 늘려 학업성취를 이룰 수 있게 해 준다. 이러한 자기통제가 학습시간 늘리기 개입을 통해 증진될 수 있음이 확인되고 있다. 우리나라 청소년 패널 자료를 분석을 통해 자기통제와 학습시간의 종단적 관계를 확인한 연구결과에 따르면, 학습시간이 많은 학생일수록 이후 자기통제 수준이 높아졌다(황매향, 임효진, 최희철, 2018). 따라서 상담자는 내담자의 학습시간 늘리기에 개입해 자기통제의 증진까지 이끌 수 있다.

학습시간 늘리기 개입에서 가장 중요하게 고려할 사항은 학습시간의 점진적 증가이다. 한꺼번에 학습시간을 늘리는 것은 거의 불가능하기 때문에 실패 경험을 가중시키게 될 것이다. 심한 학습부진 상태를 극복한 사례에서 수집된 질적 자료에서도 학습시간을 점진적으로 늘려 가며 학습부진을 이겨냈음이 나타났다(황매향 외, 2010; Hwang et al., 2014). 점진적 학습시간 증가를 위한 첫 번째 단계는 학습시간 증가의 필요성에 대한 합의이다. 내담자가 이미 충분히 많은 시간을 학습에 사용하고 있다거나 더 이상 학습시간을 늘리고 싶지 않다고 한다면 개입의 방향을 바꿔야 할 것이다. 학습시간이 충분히 많다면 학습시간, 나아가 자기통제의 문제는 아닐 수 있다. 학습시간의 집중도를 비롯해 공부하는 과정에 대한 문제 파악과 개입이 필요할 것이다.

학습시간 늘리기에 합의했다면, 다음으로 현재의 학습시간을 파악하는 것과 최종적으로 늘리고 싶은 학습시간의 목표를 정하는 일이다. 이 단계에서 어떻게 시간을 사용하고 있고 어떤 과제를 해야 하는지를 파악하는 시간분석과 과제분석이 정확하게 이루어져야 한다. 이 부분은 다음 장인 6장 '시간관리'에서 다루고 있으니 참고하기 바란다. 이 단계에서 상담자가 유의해 개입해야 하는 부분은 과제에 필요한 시간에 대한 예측이 객관적으로 타당한가이다. 동일한 과제에서 학습에 필요한 시간은 개인마다 다를 수 있다. Carroll의 학교학습 모델은 오래전 구안되었지만 이후 연구를 통해 꾸준히 검증되고 있는데, 개인의 적성, 수업이해력, 수업의 질 등을 고려해 학습에 필요한 시간을 산출해야 함을 제안한다(Carroll, 1989). 즉, 내담자의 지적 능력, 각 과목에서의 성취도, 선행학습 정도, 학교나 학원에서 받는 수업 내용 등을 종합적으로 고려해 필요한 학습시간을 정해야 한다.

마지막으로, 현재 학습시간과 목표 학습시간 사이의 점진적 목표를 설정하는 단계로 넘어간다. 행동수정의 행동형성법(shaping)의 원리를 그대로 적용할 단계이다. 단계를 너무 세분해 진행이 느려지는 것도 방지해야 하고, 단계를 너무 적게 설계해 한 단계를 넘어가기 힘들어져서도 안 된다. 적정 단계 설정을 단번에 마치겠다는 생각보다는 몇 번의 시행착오를 겪을 수 있음을 염두에 두는 것이 좋다. 내담자의 지금까지의 학습시간 관리 경험을 토대로 단계를 설정하고, 그 진행이 잘 되지 않을 때는 다시 재조정하는 과정을 반복하는 것이다.

딴생각에 대처하기   학습시간을 늘려가기 위해 내담자는 학습을 하는 동안 이전과는 다른 자기통제적 노력을 기울여야 한다. 자기통제가 잘 안 되는 상태에서 순조롭게 학습시간을 늘려가기 어렵다. 자기통제를 키우기 위해 학습시간을 늘리려고 하지만 좀처럼 잘 되지 않는다. 여기에서 또 다른 조력이 필요한데, 노력의 과정에 대해 점검하고 새로운 전략을 구상하는 등의 과정에서 도움을 필요로 할 것이다. 이전보다 자기통제를 발휘하는 데 방해되는 대표적인 사건은 '딴생각'이다. 특히, 학업실패 트라우마를 가진 내담자들의 경우 딴생각이 더 많다. 최근 딴생각에 대한 신경심리학적 설명과 그에 대한 바람직한 대처에 대한 논의가 활발해지고 있다. 그 내용을 살펴보면 다음과 같다.

딴생각이란 '현재 자신이 목표로 한 활동에 집중하지 못하고 다른 생각에 빠져 있는 현상'(mind wandering; Smallwood & Schooler, 2006)으로, 학습에 집중하지 못하는 상태이다. 보통 때보다 더 길게 학습시간을 유지하려고 할 경우 어느새 학습에 집중하지 못하고 딴생각에 빠지게 된다. 이러한 현상은 자연스럽게 나타날 수 있는 일로 억지로 딴생각에서 벗어나려고 하기보다 그래도 받아들이는 것이 더 도움이 된다(조아라, 김계현, 황매향, 2019). 따라서 상담자는 내담자에게 미리 학습시간이 늘어나면서 집중이 흐트러지고 딴생각을 하게 되는 경우가 생길 수 있음을 알리고 이런 상태를 수용할 수 있도록 준비시켜야 한다. 여기에 대비하지 않을 경우 대부분 내담자들은 딴생각 자체를 나쁘다고 생각하게 되는데, 딴생각을 하고 있는지 여부를 계속 관찰하게 되고 딴생각이 나면 이것을 억제하고 통제하기 위해 과도한 심리적 에너지를 쓰게 된다.

딴생각에 내처하는 것을 연습해 가면서 자기통제를 발휘할 기회들이 많아진다. 효과적으로 대처하기도 하지만 대처에 실패하는 경우도 있을 것이다. 상담자는 내담자가 딴생각에 대처하기 위해 사용한 자기통제 전략들을 점검하고 평가하면서, 앞으로 효과적인 전략은 더 많이 활용하고 비효과적인 전략은 사용하지 않도록 함께 계획을 세워 나간다. 또한 내담자가 배워야 할 전략이 있다면 적극적으로 가르치기도 해야 한다.

매체 과다사용 조절　자기통제 발휘에 방해되는 환경에 대한 개입도 자기통제 증진의 중요한 측면이다. 자기통제를 방해하는 환경으로 스마트폰 사용 또는 인터넷 게임 등 매체 과다사용이 대표적이다. 과도한 매체 사용이 자기통제에 부정적 영향을 미칠 수 있음을 입증한 실증적 연구의 결과들이 다수 있어, 매체 과다사용 방지를 통해 자기통제 증진이 가능함을 시사한다. 예컨대, 10대를 대상으로 닌텐도 게임을 하는 동안과 간단한 수학 문제를 푸는 동안의 뇌활동을 비교한 결과 게임을 하는 동안의 뇌에서는 시각 및 운동과 관련된 영역만이 활성화되지만 간단한 수학 문제를 푸는 동안의 뇌에서는 전두엽이 활성화된다는 연구결과를 인용하면서 컴퓨터 게임은 결국 청소년기 뇌발달 과정(특히, 실행기능의 발달)을 손상시키기 때문에 일주일에 14시간 이하로 사용시간을 조정해야 한다는 주장도 있다(Feinstein, 2007). 습관적으로 비디오 게임을 하는 학생들이 그렇지 않은 학생들에 비해 주어진 과제에서 작업기억에 기억을 유지하는 실행기능(인지적 자기통제)이 더 낮았던 것으로 확인되기도 했다(Bailey, West, & Anderson, 2010). 우리나라 패널 자료를 분석한 결과에서도 컴퓨터 사용은 자기통제를 감소시키는 반면, 문화활동은 자기통제를 증가시켜 주는 것으로 나타났다(임효진, 황매향, 2014). 즉, 비디오 게임을 비롯한 매체 과의존과 자기통제에 관여하는 뇌기능인 실행기능 손상이 밀접히 관련된다는 것이 지금까지 연구의 결론이다(Rosselli & Christopher, 2019). 따라서 자기통제 발휘의 출발점이 되는 실행기능에 결함을 초래하는 매체를 과다하게 사용하고 있는지 확인하고, 매체 사용을 줄이는 방향으로 개입해야 한다.

매체 과다사용을 줄이기 위해 개입할 방안은 크게 두 가지이다. 먼저, 매체 과다사용을 넘어 중독에 가까울 정도로 매체에 의존하고 있다면, 매체 과다사용 자체가 자기통제를 방해할 뿐만 아니라 학업실패의 근본 원인일 수 있다. 이 경우에는 보다 근본적인 매체 과의존의 원인을 파악하고 이 문제를 먼저 다루어야 한다. 예컨대, 매체 과의존은 불안정 애착이나 감당하기 힘든 스트레스로부터의 도피일 수 있다. 최근 우리나라에서 수행된 연구결과에 따르면, 대학생들의 인터넷 게임중독은 불안정 및 회피 애착과 밀접히 관련되는데 그 인과관계를 스트레스성 사건이 완전 매개하는 것으로 나타났다(Sung, Nam, & Hwang, 2020). 따라서 상담자는 내담자가 어떤 힘든 일을 회피하기 위해 매체에 의존하고 있는지 파악해 보는 것에서 탐색을 시작할 수 있을 것이다.

다음으로 매체 과다사용을 줄이기 위한 개입으로 환경의 재조정이다. 스스로 의지력을 발휘해 참겠다고 다짐을 하기보다 매체 사용을 하기 어려운 환경을 조성하는 것이 더 효과적이다. 지나친 자기통제로 인한 자원의 고갈이 후속하는 자기통제 실패로 이어진다는 강도 모델은 자기통제에 필요한 심리적 자원을 잘 활용해야 한다는 점을 시사해 환경 재조정을 제안하는 근거가 된다. 학습을 하는 환경에 유혹적인 자극이 많아 자기통제 발휘를 많이 해야 하면 자원이 고갈되어 학업 자체에서 자기통제를 발휘하기 어려울 수 있다. 반대로 참아야 하는 유혹적 환경을 줄여 주면 그만큼 학업에서 자기통제를 잘 발휘할 수 있을 것이다. 자기통제를 위한 심리적 자원을 절약해 잡념이나 다른 유혹이 발생할 경우 자기통제 발휘가 용이하기 때문이다. 많은 수험생들이 스마트폰을 2G폰으로 바꾸기도 하고 학교와 학원에서 스마트폰 사용을 금지하는 이유도 마찬가지 목적을 가지는 처방들이다. 자기통제를 잘하는 고등학생들은 학습을 하는 동안 스마트폰, 텔레비전 같은 방해물을 자신의 시야에 두는 비율이 낮았다는 미국에서 수행된 연구결과도 있다(Duckworth, Gendler, & Gross, 2016). 매체를 사용할 수 없는 환경을 조성해도 초기에는 그 상황을 견디기 힘들어하는데, 이 과정에서 참고 이겨 나가는 힘을 키우게 된다. 환경을 재조정할 경우 매체 사용을 절제하는 데 성공하는 경험을 하게 되기 때문에 환경을 재조정하지 않고 참는 것만 할 때보다 더 효과적이다. 상담자는 내담자와 함께 어떤 환경 재조정이 필요한지 확인하고 실천할 수 있도록 도울 수 있다.

자기가치 확인   Schmeichel과 Vohs(2009)는 자기통제에 관한 강도 모델에 기반해 고갈된 내적 자원을 회복할 수 있는 방안으로 '자기가치 확인'의 효과성을 입증했다. 자기가치 확인은 적응적인 방어기제 중 하나로 실패와 같은 상황에서 다른 측면에서 괜찮은 자신을 떠올리고 보다 넓은 관점에서 자신에게 중요한 것을 조망하면서 자신을 회복하는 과정이라고 할 수 있다. Schmeichel과 Vohs는 '적응적이고 도덕적으로 합당한 자신에 대한 통합적 인식을 촉진하는 행동적·인지적 활동'으로 정의되는 자기가치 확인(self-affirmation, Steele, 1988, p. 291)을 자기통제로 고갈된 자아상태 회복에 적용한 것이다. 자신에 대한 통합적 인식을 촉진하는 활동으로는 다른 사람으로부터 긍정적 피드백을 받는 것과 자신의 긍정적인 측면에 대해 성찰하는 것(Sherman & Cohen, 2006)이 대표적인데, 자기가치 확인 활동은 후자에 속한다. 자기가치 확인 활동의 절차는 가치 목록을 제시한 다음 자신에게 더 중요한 가치부터 우선순위를 매기고 그 이유를 적는 것으로 진행된다. 이들은 Cohen, Aronson 및 Steele(2000)이 사용한 11개 가치 목록을 사용했는데 예술적 기능/미적 감수성, 유머감각, 친구/가족과의 관계, 자발성/현재 삶의 충실성, 대인관계 기술, 운동능력, 음악적 기능/음악적 감수성, 외모, 창의성, 사업/경영적 기술, 사랑 등으로 구성되었다. 상담자는 내담자의 특성에 따라 11개 목록을 그대로 사용할 수도 있고 몇 가지 더 추가해 사용할 수도 있을 것이다. 자기가치 확인 활동의 핵심적 특성은 자신의 긍정적인 면을 재경험하면서 심리적 힘을 다시 회복하는 것이다. 따라서 자기가치 확인 활동은 Cohen 연구진이 제안한 가치 목록을 사용하는 방법 외에도 다양하다. 우리나라에서 사용한 방법들을 살펴보면, '장점/재능/뛰어나거나 잘난 점 세 가지, 그로 인한 긍정적 경험, 스스로에게 칭찬하기'에 대한 짧은 글쓰기 활동(이은주, 2011), '예술가, 코미디언/유쾌한 사람, 운동을 잘하는 사람/운동선수, 음악가, 사업가, 학생, 간호사, 의사, 변호사, 수학자, 과학자, 기술자' 중 자신을 잘 나타

내는 순으로 순위를 매기고 1순위로 선택한 내용에 대해 문장을 완성하는 활동
(신은혜, 2015), '자기계발, 행복, 성취, 전통, 이타심'의 다섯 가지 가치에 대한 우
선순위 부여 후 1위가 중요한 이유와 중요한 시기에 관한 글쓰기 활동(김미래,
양재원, 2018) 등으로 다양하다. 따라서 상담자는 자신에게 익숙하고 내담자의
특성에 맞는 자기가치 확인 활동을 선택해 개입전략으로 적용할 수 있을 것
이다.

제6장
시간관리

시간관리는 "어떻게 주어진 시간을 효과적으로 사용할 것인가?"라는 질문을 가지고 주도적으로 시간을 계획하고 그에 따라 과제를 수행하는 것을 의미한다. 시간이란 하루 24시간 또는 1년 365일처럼 누구에게나 동일하게 주어지고 더 필요하다고 해서 구할 수 있거나 필요 없다고 해서 버릴 수 있는 것이 아니다. 이렇게 시간은 스스로 통제할 수 없는 범위 속에서 자신에게 맞게 활용해야 한다는 어려움이 있다. 해야 할 일에 따라 시간을 적절히 배치하지 못하면 해야 할 일을 하지 못하게 되고, 해야 할 일에 모든 시간을 쏟아 버리면 휴식(여가)을 취하지 못하게 된다. 더구나 일정한 시간 동안 내가 있어야 할 공간과 처리해야 할 일이 정해져 있어 하루에 주어진 시간 중 많은 시간이 자신의 통제 밖에 있다. 예를 들면, 학교에서 수업을 듣거나 직장에서 근무하는 시간을 마음대로 조정하지 못한다. 이러한 시간 부족과 시간에 끌려 다니는 스트레스는 많은 사람들이 경험하고 있는 문제이고 학업실패의 주요 원인이다. 즉, 시간을 잘 활용하면 학업실패를 극복하고 원하는 성취로 나아갈 수 있는 발판이 된다는 점에서 시간관리는 중요한 자원이기도 하다. 이 장에서는 내담자가 자신의 시간을 효과적으로 활용할 수 있도록 돕기 위해 상담자가 알아야 할 시간관리의 의미, 시간관리의 원리, 시간관리 촉진을 위한 개입전략 등에 대해 살펴볼 것이다.

1. 시간관리의 의미

시간관리는 일반인들에게 널리 알려져 있고, 시간관리를 위한 노력을 한 번쯤 해 보지 않은 사람이 거의 없을 정도이다. 그리고 시간관리가 여러 영역에서 도움이 된다는 것에도 모두 동의할 것이다. 서구에서는 1950년대부터 시간관리에 대한 논의가 시작되었다. 당시에는 주로 업무 효율성 증진을 위한 방안으로 '업무계획서'(예: to-do list) 작성과 점검이 제안되기도 하고 시간 압박이 심할 경우 오히려 업무 수행이 어려워진다는 주장까지 있었지만, 전반적으로 시간에 대한 통제감, 직업만족도, 학업성취도, 학습습관 등을 높여 주는 것으로 확인되었다(Claessens et al., 2007). 시간관리 프로그램의 원형은 McCay(1959)가 개발한 시간관리 훈련 프로그램까지 거슬러 올라가는데, 시간 사용 평가, 목표 설정, 계획 수립, 우선순위 설정, 점검 등을 통해 시간 사용을 바꾸도록 도와주는 것을 주요 내용으로 하고 있고 지금까지 그 기본 틀은 그대로 적용되고 있다.

시간관리 역량　시간관리는 시간 사용을 미리 계획하고 이에 따라 생활한다는 것이 가장 큰 특징인데, 나이가 들면서 조금씩 습득해 나가는 개인의 역량으로 간주된다. 시간관리 역량이라고 하면 개인이 얼마나 시간을 잘 관리할 수 있는가에 초점을 둔 시간관리 능력과 시간관리에 필요한 기술을 얼마나 가지고 있는가에 초점을 둔 시간관리 전략이 대표적이다. 개인의 많은 역량 중에는 경험을 통해 자연스럽게 습득되는 역량도 있지만 의도적이고 직접적인 지도를 통해 습득되는 역량도 있다. 시간관리라는 역량은 어떨까? 우리나라 학교교육에서는 시간관리에 대해 그 필요성을 강조하면서도 구체적인 방법을 가르쳐 주지 않는데 아마도 경험을 통해 스스로 습득할 수 있다는 가정이 있기 때문일 것이다. 아주 오래전 우리나라 사람들은 '코리안 타임(Korean Time)'이라는 오명을 쓰고 있으니 시간을 잘 지켜야 한다는 것을 학교에서 강조해 가르치기도 했다. 우리나라 사람들이 약속 시간에 늦는 경우가 많아 생겨난 말이라고 배웠던 것으로 기억한다. '나는 그런 사람이 되지 말아야지.'라고 다짐은 했지만 어떻게 해야 그렇게 되지 않는지에 대해서는 한 번도 배운 적은 없다. 그런데 2000년 9월 미국의 한 초등학교에서 생활지도(guidance) 수업을 참관하면서 조금 놀랐던 기억이 있다. 이 수업에서는 모든 학생에게 동일한 플래너(planner, 우리나라에서는 다이

어리라고 부르기도 함)를 나눠 주고 그 사용법을 가르치고 있었다. 이 수업에서는 이미 2주 전부터 플래너 쓰기로 시간관리 방법을 가르치고 있었고, 그날은 칠판에 적혀 있는 과제를 마감일과 함께 언제 할 것인지 플래너에 기록하고 그것을 점검하는 방법을 가르치고 있었다. 그리고 이후 방문했던 중학교 교실에서 학생들의 가방에 동일한 플래너가 있어 학교상담자[1]에게 물어보니 동일한 플래너를 초등학교 5학년 때부터 고등학교 3학년 때까지 사용하도록 배포한다고 했다. 우리나라 사람들이 매너가 없어 시간을 지키지 않는 것이 아니라 시간관리를 철저히 배우지 못했기 때문이 아닐까라는 의문을 처음 갖게 되었다. 시간관리를 얼마나 잘 하는가의 역량은 이렇게 구체적으로 그 방법을 배울 기회가 있었던 사람에게는 쉽게 갖출 수 있는 역량이지만, 그렇지 않은 경우 어떤 사람은 시간관리 역량을 습득하지만 어떤 사람은 습득하지 못할 수 있다.

성격적 특성과 시간관리　시간관리 역량은 학습을 통해 습득되기도 하지만 개인의 성격적 특성과 관련되기도 한다. 보다 체계적인 것을 좋아하거나 구조적인 환경을 좋아하거나 주도적인 성격을 가진 사람들은 자신이 해야 할 일이 많아지면 보다 효율적으로 일을 처리하고 싶은 욕구도 높아져 시간을 적극적으로 관리하기 위한 노력을 하면서 그 역량을 스스로 키워 나간다. 시간관리를 통해 동일한 시간 동안 많은 과제를 수행하게 되면 이것은 자연스럽게 높은 성취라는 결과를 낳게 된다. 따라서 높은 성취를 이루는 사람들은 모두 시간관리 방법을 구체적으로 습득할 기회가 있었거나 스스로 노력해 시간관리 방법을 터득한 사람들이다.

반대로 시간관리를 배울 기회도 없었고 스스로 필요성도 느끼지 못해 관심을 갖지 못했던 사람들은 시간관리 역량이 부족한 상태에 계속 머물게 되고, 이러한 시간관리 역량 부족은 결국 학업실패로 이어질 수 있다. 예를 들어, 충동적인 기질을 가진 사람, 성격 5요인 측면에서 성실성이 낮은 사람, MBTI 성격유형에서 인식형(P)이 높은 사람은 성격적 특성으로 인해 시간관리에 관심이 없고 시간관리를 더 어려워할 수 있다. 이런 내담자들은 시간을 관리하기의 일반적인 원칙

---

1) 수업을 참관했던 당시 미국 미주리주의 경우 각급 학교의 생활지도 수업을 학교상담자(school counselor)가 담당하고 있었다.

이나 절차가 바람직한 방향이라는 것은 이해하지만, 실제 실천하는 단계로 들어가면 자신의 특성과 맞지 않아 힘들어할 가능성이 높다는 점을 상담에서 고려해야 한다.

학업성취와 시간관리   시간관리는 모든 연령의 학습자에서 학업성취와 밀접히 관련된다(Claessens et al., 2007). 시간관리를 통해 학습시간이 늘어나고 그에 따라 학업성취도도 높아질 것이라는 점을 경험적 연구를 통해 확인하려는 시도가 우리나라에서는 그렇게 많지 않았다. 당연한 사실로 받아들이면서 저성취 상태를 개선하기 위해 시간관리 전략을 가르치는 시간관리 훈련 프로그램을 실시하는 경우가 더 많다. 또한 시간관리 훈련 프로그램을 단독으로 실시하는 경우보다 자기조절학습 프로그램이나 학습전략 프로그램에 포함되는 경우가 대부분이다. 시간관리에 초점을 둔 연구와 프로그램은 주로 학업지연행동과 관련된다. 학업지연행동에 관한 자세한 내용은 13장의 '학업지연행동' 절을 참고하기 바란다.

구체적 자료로 확인된 것은 아니지만 학업실패를 경험한 내담자들의 경우 시간관리 역량을 제대로 습득하지 못했을 가능성이 높다. 놀기에 바빠 공부시간을 확보하지 못한 사례만이 아니라, 다른 모든 활동을 포기하고 공부에만 매달렸지만 시간관리를 제대로 못해 공부의 효율성이 떨어진 사례도 여기에 해당된다. 따라서 학업실패 경험을 가진 내담자와의 상담에서는 내담자의 시간관리 역량 수준을 파악하고, 시간관리 역량의 부족이 학업실패의 원인이 되었다면 시간관리 역량 자체를 키우는 것이 우선 해결할 과제가 될 수 있다. "계획을 세우는 시간에 공부를 하는 게 나아요.", "미리 짜여진 시간에 공부를 한다는 것 자체가 답답해요."라고 하면서 시간관리 필요성을 부정하거나, "일주일에 얼마나 공부하세요?"라는 질문에 "수업이랑 아르바이트 말고는 거의 공부하죠.", "주말에만 좀 쉬고 계속 공부해요.", "열심히 해요."와 같이 구체적이지 않은 답을 한다면 시간관리 역량 함양이 필요한 상황이라고 할 수 있다. 이 경우 상담자가 직접 시간관리에 대해 가르칠 수도 있지만 시간관리의 기본적 방법을 가르쳐 주는 책, 프로그램, 인터넷 강의 등을 소개할 수도 있다. 그리고 거기에서 학습한 내용을 자신의 학습과정에 적용하는 과정을 상담에서 도와주는 것이 더 효율적일 수 있다.

2. 시간관리의 원리와 적용

 시간관리 역량을 어느 정도 가지고 있더라도 시간관리에 실패했기 때문에 학업에서 실패했다면 시간관리 전략을 바꿔야 할 것이다. 먼저, 시간관리의 의미에 대해 다시 새겨 보아야 한다. 시간을 관리한다는 것은 해야 할 일을 주어진 시간 내에 마치거나 주어진 시간 동안 최대한 많은 일을 해내는 것은 물론 휴식과 여가를 갖는 삶을 확보해 노력의 효율과 삶의 질을 높이는 것까지 포함한다. 학습자에게는 해야 할 일이 바로 공부인데, 얼마나 많은 공부를 얼마나 효율적으로 할 것인가의 문제에 대한 답을 자신에게 주어진 시간의 측면에서 찾는 것이다. 언제, 무엇을 얼마나 공부할 것이고, 친구를 만나고 휴식을 취할 여가시간을 어떻게 확보할 것인가를 미리 계획하고 관리함으로써 공부에서의 성과도 높이고 스트레스도 줄일 수 있다.

 시간관리를 어떻게 하는 것이 효율적인가에 관한 논의는 시간 사용에 대한 분석과 시간계획 및 점검의 과정으로 구성된 McCay(1959)가 제시한 틀에서 크게 벗어나지 않는다. 이렇게 시간관리의 출발이 서구의 업무효율성에 있지만, 이 책에서의 관심은 우리나라 학생들의 학업성취도 증진을 위한 시간관리이다. 우리나라 학업상담 영역에서 시간관리에 관한 관심이 높아진 것은 1990년대 말 '청소년대화의광장'에서 시간 · 정신에너지 관리 프로그램을 보급하면서부터이다. 이 자료에서는 시간관리 전략을 '목표 세우기, 계획하기, 우선순위 정하기, 실행하기, 평가하기, 정보 활용하기'의 여섯 가지로 정하고, 각 전략을 습득하고 있는 정도에 대한 자기점검, 여섯 가지 시간관리 전략의 의미 학습, 여섯 가지 시간관리 전략의 단계별 적용 등을 순차적으로 해 나가도록 했다(김진숙 외, 1997). 이렇게 지금까지 제시된 시간관리 전략은 '시간분석 → 과제분석 → 시간계획 → 실천 → 점검과 평가'의 과정을 반복하는 것으로 요약될 수 있는데, 여기에서는 이 과정을 학업실패 내담자 조력과정에서 어떻게 적용할 수 있는지에 초점을 두고 살펴볼 것이다.

시간분석 및 과제분석   시간관리는 현재 시간을 어떻게 사용하는가를 평가하는 단계에서부터 출발한다. 내담자의 시간관리 전략 변경을 위해 가장 먼저 해야 할 과제는 시간 사용에 대한 점검이다. 시간관리에서는 자신이 어떻게 시간을 사용하고 있는지와 해야 할 과제가 무엇인지를 동시에 분석한다. 이를 바탕으로 시간 사용에서의 문제점을 발견하고 해야 할 과제의 필요성과 타당성을 재점검할 수 있다.

① 24시간 사용 기록 점검

시간 사용 점검의 출발점은 하루 24시간을 어떻게 사용하고 있는지를 일주일 단위로 기록하는 것이다(이 장 [부록 1] '시간분석 양식' 활용 가능). 수업을 듣거나 숙제를 하는 시간만이 아니라 화장실 가기, 샤워하기, 식사 등의 시간까지 모두 세밀하게 기록해야 한다. 종이에 기록하는 것이 일반적인데 시간관리 앱을 활용할 수도 있다. 시작 시간과 종료 시간을 정확하게 기록하기 위해 시간 사용을 편리하게 계산해 주는 스톱워치의 사용도 고려해 볼 수 있다.

시간관리와 관련된 개입과정에서 가장 어려운 단계 중 하나는 점검 과제를 한 번 만에 제대로 해 오는 경우가 거의 없다는 점이다. 따라서 초반에는 상담 빈도를 늘리거나 기록지를 이메일로 받아 중간점검을 하는 것이 필요하다. 대부분은 시간을 기록해야 한다는 것 자체를 잊어버리거나 기록용지를 분실해 기록을 못하는 경우가 많기 때문에 과제를 제대로 못하는 것을 내담자의 저항으로 해석할 필요까지는 없다. 여러 번 반복되더라도 요일마다 24시간을 어떻게 사용하고 있는지가 확인될 때까지 꾸준히 밀고 나가는 것이 필요하다. 어떤 내담자는 기록을 해 보는 것 자체만으로 시간관리에 대한 필요성을 알게 되거나 시간관리 방법을 찾기도 하기 때문에 이 단계를 소홀히 하지 말아야 한다.

② 시간에 따른 과제수행 점검

24시간의 기록이 확보되면 이를 토대로 매 시간에 어떤 과제를 얼마나 수행하고 있는지를 분석한다. 24시간의 기록을 가지고 어떤 활동에 얼마나 시간을 사용하고 있는지를 분석하고, 해야 할 과제를 얼마의 시간을 사용해 얼마나 성공적으로 해내고 있는가를 분석하는 것이다. 24시간 사용 기록에서 숙제, 수학 공부, 문제집 풀기 등으로 기록된 부분을 구체적으로 어떤 내용인지 적어 보게 하는 것이다. 숙제의 내용, 수학 공부를 했던 교재와 페이지, 문제집의 과목과 문제 수 등으로 세밀하게 적도록 한다. 즉, 전반적인 시간 사용과 관련된 분석과 과제수행에 대한 분석을 따로 하는데, 이 과정에서 내담자의 비효율적 시간 사용의 문제점을 찾는 것이 상담에서 해야 할 중요한 과제다.

상담자가 정답을 가지고 접근하기보다 내담자가 자신의 시간 사용에 대해 스스로 판단을 내릴 수 있도록 기회를 주어야 한다. 요일별 24시간 시간분석표를 펼쳐 놓고 여러 방식으로 시간과 과제를 분류해 보는 작업을 하면서 시간 사용과 관련된 자신의 행동의 효율성에 대해 생각해 볼 수 있도록 다양한 탐색적 질문을 할 수 있다. 24시간 일주일의 시간을 적은 용지를 펼치고 수행한 과제들을 포스트잇에 적어 붙이고, 보다 효율적으로 공부하기 위해 어떤 이동이 필요한지 이야기해 볼 수도 있다.

③ 시간에 대한 집중도 점검

시간 사용과 과제수행에 대한 점검에 한 가지 정보를 더 추가한다면, 과제를 처리하는 시간에 대한 집중도를 스스로 체크하게 하는 것이다. 집중도는 가능한 한 1~10점과 같은 척도로 표시하게 하고, 집중도를 좌우하는 요소가 무엇인지도 함께 파악해 본다면 이후 시간계획에 반영할 좋은 정보가 될 수 있기 때문이다. 이런 정보의 확보는 한 회기에 마치기 어렵고 반복해 과제를 수행하면서 점검이 제대로 완료될 수 있다. 따라서 내담자를 재촉하지 말고 한 단계 한 단계 나아가는 것이 필요하고, 시간 사용 점검을 위해 상담 회기의 간격을 일주일에 2회 정도로 늘릴 수도 있다.

시간계획 세우기　　시간 사용에 대한 점검을 했던 것은 앞으로 어떻게 시간 사용을 계획할 것인가에 대한 근거 자료를 확보하기 위한 것이다. 앞서 점검한 내용을 바탕으로 어느 시간에 무엇을 할 것인가를 계획하는 단계로 넘어간다. 지금까지의 시간 사용과 달리 하루 24시간에 대한 계획을 완전히 새롭게 계획해 보는 방법과 지금까지의 시간 사용에서 나타난 문제점 개선을 목표로 수정할 부분에 집중하는 방법이 있다. 전자는 체계적인 시간관리 계획이 용이하다는 장점이 있지만 지금까지의 습관을 바꿔야 하는 부담이 있어 실천이 뒤따르지 않을 수 있다는 단점이 있다. 후자는 지금까지의 일상생활을 크게 벗어나지 않아 실천에 대한 부담이 적다는 장점이 있는 반면 크게 개선되지 않을 가능성이 있다는 점이 단점이다. 시간관리가 거의 안 되고 있는 상황이라면 전자가 적절하고, 어느 정도 시간관리는 되고 있지만 개선이 필요한 경우라면 후자가 적절하다고 할 수 있다. 그러나 어느 쪽이 더 나을지는 사례마다 다를 수 있으므로 어느 쪽을 선택할 것인가에 대해 내담자와 충분히 의논하는 것이 좋다. 시간계획을 세우기 위해서는 자신에게 주어진 시간과 해야 할 과제를 파악한 다음, 각 과제를 수행할 시간을 계획한다. 시간을 먼저 계획할 것인가 과제를 먼저 계획할 것인가에 따라 계획과정이 달라질 수 있다.

① 시간 배치하기

시간을 먼저 배치하는 경우를 살펴보면 다음과 같다. 먼저, 자신이 공부에 사용할 시간이 얼마나 있는지 파악한다. 앞서 확보한 시간 사용 점검에서 자고 씻고 먹고 화장실 가는 시간 등과 같은 생리적 시간, 학교나 학원(또는 과외) 등 정해져 있는 수업시간 및 이동시간, 휴식/놀이시간을 먼저 확인한다. 이런 시간들이 적절한지 여부를 판단하고 줄이거나 늘릴 방안에 대해 검토한다. 이 시간들의 사용계획이 정해지면 시간계획표에 표시하여 사용할 수 없는 시간으로 배치한다.

다음으로 해야 할 공부를 파악하는 데 일주일, 시험기간, 이번 달, 방학, 이번 학기, 1년 등 기간을 중심으로 해야 할 공부를 파악한다. 내담자의 시간관리 역량과 준비하는 시험의 특성에 따라 어느 정도 기간을 중심으로 계획할 것인지 달라질 수 있다. 무엇을 얼마나 공부해야 할 것인지는 자신이 성취하고자 하는 목표를 중심으로 설정한다. 그리고 그것을 하는데 어느 정도의 시간이 필요한지는 앞서 시간 사용 점검에서 확인한 자신의 시간당 학습량에 기초해 파악할 수 있다. 그리고 여기에 따라 시간계획표에 공부할 내용과 분량을 배치한다.

② 과제 배치하기

공부에 사용할 수 있는 시간을 파악한 다음 과제를 배치할 수도 있지만, 과제를 먼저 배치하는 방식으로 시간을 계획할 수도 있다. 이 경우는 시간을 먼저 배치하는 절차와 반대로 진행된다. 먼저, 자신이 언제까지 어떤 내용을 얼마나 공부할 것인지에 대한 목표를 세운다. 시험 준비만이 아니라 학교나 학원의 숙제나 과제도 포함시켜야 한다는 점을 잊어서는 안 된다. 그리고 시간 사용 점검에서 파악한 자신의 시간당 학습량을 기초로 그것을 공부하는 데 필요한 시간을 계산한다. 다음으로 계획한 학습할 내용(과제)을 시간계획표에 배치하는데, 생리적 시간, 수업시산, 이동시간 능을 함께 고려하면서 배치한다.

이때 반드시 고려할 사항은 어떤 내용(또는 과제)을 공부하기 위해 학교나 학원의 수업시간을 어떻게 활용할 것인가이다. 학교나 학원을 다니고 있는 동안에는 많은 시간을 학교나 학원의 수업으로 보내게 되는데, 이 시간을 모두 제외하고 공부시간을 배치하려고 하면 시간이 많이 부족하다. 따라서 수업시간을 자신의 공부에 어떻게 활용할 것인가를 계획에 포함시켜 시간계획을 세워야 한다. 뿐만 아니라 학교나 학원의 숙제를 어떻게 활용할 것인가도 고려해야 하는데, 숙제는 단순히 해야 할 과제가 아니라 배운 내용을 확실하게 자신의 것으로 만드는 데 활용할 수 있다. 예컨대, 복습시간을 따로 잡기보다는 숙제를 복습으로 활용하는 것이 효율적이다.

시간계획 실천의 점검과 계획 수정　시간계획을 세우는 과정은 이와 같이 크게 어려움 없이 진행되는 논리적 과정이다. 그러나 시간계획을 하는 과정에서 항상 발생하는 문제는 해야 할 공부는 많고 시간은 부족하다는 점이다. 그래서 무리하게 공부하는 시간을 많이 확보하고 다른 시간을 줄이는 방식으로 계획하기 쉽다. 잘하려고 하는 의욕이 넘치는 상태에서 무리한 시간계획을 세우는 것은 당연할 수 있다. 상담자는 내담자가 무리한 계획을 세우지 않도록 실천 가능성에 대해 문제를 제기할 수 있어야 한다.

상담자의 이런 노력에도 불구하고 실천이 어려운 계획을 세울 수 있다. 따라서 시간계획을 얼마나 지키는지에 대한 점검과 계획의 수정 과정이 후속되어야 한다. 시간계획표에 계획란과 함께 점검란을 함께 만들어 실제 어느 시간에 무엇을 얼마나 수행했는지 함께 기록한다. 다음과 같은 형태로 실천 정도를 기록하는 방법을 사용할 수 있다.

	4/17(월)		4/18(화)		4/19(수)	
	계획	실천	계획	실천	계획	실천
⋮	⋮	⋮	⋮	⋮	⋮	⋮
4~5시	수학숙제 1/2	수학숙제 1/2	수학숙제 1/2	수학숙제 1/2	학교 → 집 영어숙제	학교 → 집 간식
5~6시	국어 오답노트	국어 오답노트	사회 수행평가 숙제	사회 수행평가 숙제	영어숙제	영어숙제 (다 못함)
6~7시	저녁식사 단어 암기	저녁식사 단어 못함	저녁식사 사회 마침	저녁식사 사회 못 마침	영어학원	영어학원
⋮	⋮	⋮	⋮	⋮	⋮	⋮

이 기록표를 보면 저녁을 먹고 쉬는 시간에 공부를 하겠다고 계획했지만 매번 지키지 못하고 있음을 알 수 있고 학교에서 집으로 이동 후 바로 영어숙제를 하려고 했지만 간식을 먹느라 하지 못했다. 휴식시간 없이 공부를 하겠다고 계획했지만 실천은 쉽지 않았던 것이다. 따라서 휴식시간을 조금 더 확보하는 쪽으로의 계획 수정이 필요하다.

일주일에 두 번 또는 한 번씩 정기적으로 만나 실천 정도를 확인하면서 시간계획을 재조정한다. 이 과정을 계속 반복하면서 시간을 계획하여 사용하고, 사용에 대해 점검하면서 다음 시간계획에 반영하는 시간관리 과정이 습관으로 몸에 밸 수 있도록 돕는 것이 시간관리 개입의 최종 목표이다.

3. 학습시간 확보를 위한 개입

학업실패를 경험했다고 해서 시간관리에 대한 개입이 모두 필요한 것은 아니지만, 효과적 시간관리는 누구나에게 필요하다고 할 수 있다. 시간관리와 관련된 일반적인 개입은 앞서 살펴본 시간관리 원리와 적용의 내용을 참고해 내담자의 특성에 맞게 적용하면 된다. 상담에서 보다 집중해야 할 내담자는 공부에 충분한 시간을 투자하지 않고 있는 내담자이다. 인터넷, 게임, 채팅, 운동, 잠 등의 활동에 너무 많은 시간을 쓰면서 공부를 거의 하지 않아 학업실패를 초래한 경우가 그 예이다. 학업을 포기해 버렸거나 반복된 학사경고를 받은 내담자들에서 특히 많이 확인되는 문제이지만, 학업실패 경험이 있는 내담자라면 누구라도 이 부분에 대한 확인과 개입이 필요하다. 공부에 조금 더 많은 시간을 써야 한다는 문제의식을 일깨워 주는 것만으로는 공부시간을 늘리기 어렵다. 구체적인 시간관리를 통해 불필요한 시간을 조금씩 줄이고, 공부시간을 조금씩 늘려갈 수 있도록 도와주어야 한다.

학습시간 확보에 대한 동기 증진　　학업에서 실패를 경험한 학습자들은 대부분 스스로 학습시간을 더 늘려야 한다고 생각한다. 그래서 학습시간을 늘리려고 노력하지만 잘 되지 않아 자괴감에 빠지는 경우가 많다. 흔히 너무 높은 목표를 세워 '작심삼일'이라는 덫에 빠지게 되고, 학업에 대한 동기도 낮아져 이전보다 오히려 학습시간이 줄어들기도 한다. 따라서 이런 내담자와 만났을 때는 학업 실패만이 아니라 학습시간 확보에서의 실패도 다루어야 한다. 어떤 계획을 가졌는지, 어떻게 실천했는지, 어떤 과정에서 좌절되었는지, 지금은 어떤지 등에 대해 다시 되돌아보는 시간이 필요하다. 여기에서 내담자가 잘한 점들을 찾고 앞으로 더 해 볼 만한 효과적 전략들을 추출해 나가는 작업을 통해 보다 나은 시간관리 방안을 계획할 수 있을 것이다.

무엇보다 실패의 원인을 내담자와 함께 찾고 그 원인이 극복 가능하다는 것을 상담자와 내담자가 함께 확인하는 과정이 필요할 것이다. 많은 내담자들은 "제가 워낙 의지가 부족한 사람이에요.", "워낙 공부를 안 하던 버릇이 들어서……", "몸이 마음을 따라 주지 않아요."와 같이 변화하기 어려운 자신의 내적 특성에 귀인한다. 이런 경우에는 노력을 통해 변화가 가능한 새로운 원인을 찾아보는 것을 도와야 한다. 예컨대, 처음부터 의욕이 앞서 목표를 너무 높게 잡았거나, 학습에 몰입하는 것을 방해하는 환경적 요소(예: 스마트폰, 친구, 가사 등)를 제거하지 못했거나, 휴식시간이나 수면시간을 너무 줄여 피로도가 높은 시간계획을 세웠을 수 있다. 이를 통해 의지 부족의 문제가 아니라 내담자가 세운 계획의 문제임을 인식하게 하고, 더 나은 계획을 세워 실천해 나갈 것에 대해 합의한다. 다음으로 앞서 살펴본 시간관리 원리를 적용해 내담자에게 더 적합한 시간계획을 다시 세우는 작업으로 나아간다. 이렇게 함으로써 이제는 실패하지 않을 것이라는 기대를 하게 되고 다시 한번 도전해 볼 동기가 생긴다.

빈둥거리는 시간 줄이기   학습시간 확보를 위해 가장 먼저 점검하고 개입해야 할 부분은 빈둥거리는 시간으로 줄이는 일이다. 휴식을 하는 것도 아니고 공부를 하는 것도 아닌 상태로 시간만 보내는 경우로 시간낭비가 가장 심한 부분이다. 꼭 보고 싶은 게 있어서가 아니라 혹시 재미있는 게 없나 해서 텔레비전이나 유튜브 영상을 이것저것 찾아보거나, 목적 없이 SNS 보기, 별로 재미도 없는 게임을 습관적으로 하기 등 빈둥거리며 그냥 흘려보내는 시간이 많다. 가능한 한 이 시간들을 공부시간으로 바꾸면 굳이 여가를 즐기거나 잠을 자는 시간을 줄이지 않아도 공부시간을 늘릴 수 있다. 시간 점검을 하는 과정에서 이 부분을 잘 찾아내고 대안을 마련하는 것이 필요하다.

이런 시간은 시간을 별로 의식하지 않고 보냈던 시간들이기 때문에 처음 시간 점검에서 잘 드러나지 않을 수 있다. 시간 점검 내용을 살피면서 빈둥거리는 시간의 존재를 알아차릴 수 있도록 돕는 것이 상담에서 먼저 해야 할 일이다. 그리고 다음 단계로 빈둥거리는 시간까지 시간 점검에 정확하게 기록할 것을 요청하는 과제를 제공하고, 그 자료를 토대로 빈둥거리는 시간을 줄일 방안을 함께 찾아본다. 또 이런 과제를 통해 기록 자체가 빈둥거리는 시간을 줄이는 부과적 효과를 얻을 수도 있다. 이런 효과가 나타났을 경우 내담자가 기울인 노력에 대해 다시 확인하는 기회를 가져 그 노력을 지속할 수 있도록 강화해야 할 것이다.

놀이시간 조절　　　다음으로 놀이에 너무 많은 시간을 빼앗기고 있는 것은 아닌가에 대한 점검이 필요하나. 특히, 스마트폰 사용 시간이 과다한 경우가 많은데 스마트폰 사용 시간을 확인할 수 있는 스마트폰 앱을 사용해 하루 사용 시간에 대한 점검하는 것부터 필요하다. 하루에 얼마나 많은 시간 동안 스마트폰이 켜져 있는지부터 어떤 앱을 얼마나 사용하는지도 확인할 수 있기 때문에 스마트폰 과다 사용의 문제점을 쉽게 확인할 수 있다. 스마트폰 사용 시간을 줄이기 위한 개입에서 유의할 점은 내담자의 이야기부터 먼저 들어 보아야 한다는 것이다. 내담자의 스마트폰 사용 시간 통계치를 함께 살펴보면서 내담자의 의견을 먼저 듣는다. 내담자는 스마트폰 사용을 줄여야 할 필요성에 대해서도 이야기하고 어떻게 줄여 볼 것인가에 대한 대책도 제시할 것이다. 이 문제에 대해 내담자가 그동안 많은 잔소리를 들었고, 스스로도 많은 생각을 해 보았을 것이기 때문에 상담자가 한발 물러서 내담자가 스스로의 생각과 대책을 정리할 시간을 주는 것이 효과적이다. 가능한 한 내담자가 생각한 대로 대책을 강구해 보고 잘 되지 않을 경우 보다 효율적인 방법에 대해 함께 의논하는 것이 좋다.

스마트폰만이 아니라 게임을 너무 많이 하거나 유튜브를 너무 많이 보거나 친구들과 너무 많은 시간을 보내는 등 지나치게 많은 시간을 놀이에 사용하고 있다면 줄일 필요가 있는데, 방법은 스마트폰 사용 시간 줄이기와 동일하다. 얼마나 많은 시간을 사용하고 있는지에 대한 점검을 하고, 얼마나 그리고 어떻게 줄일 것인지에 대해 지금까지 내담자가 생각하고 경험했던 것을 토대로 의논하면서 효과적인 방법을 찾아나가는 것이다.

이때 가장 주의해야 하는 점은 너무 의욕이 넘쳐 실천하지 못할 목표를 세우는 것이다. 조금씩 차근차근 놀이시간을 줄이고 그 시간을 공부시간으로 바꿔 나가야 하는데 너무 성급하면 실패하게 된다. 대부분 내담자들은 의욕이 앞서 목표를 높게 잡는데 이 부분에서는 초기부터 개입하는 것이 필요하다. 예컨대, 한 번에 1시간 이상 놀이시간을 줄이는 것은 어렵다. 습관을 통째로 바꾸는 일은 매우 어렵기 때문에 크게 변화를 느끼지 못할 정도의 점진적 변화로 나아가야 한다. 처음에는 30분 줄이기 정도에서 출발하고, 가능한 어느 시간대에 30분을 줄일 것인지 계획을 세운다. 그리고 그 시간을 공부에 쓸 수 있도록 하는데, 예를 들면, 학원에서 집에 오는 버스에서 스마트폰을 보지 않고 그날 학원에서 공부한 내용을 머릿속으로 복습해 보는 시간활용 목표를 세울 수 있다. 이렇게 크게 노력을 기울이지 않고 실천할 수 있는 것에서부터 출발해 조금씩 공부시간을 늘려 나갈 수 있도록 돕는다.

물론 여러 번의 시행착오가 불가피하다는 점을 염두에 두어야 한다. 시간관리를 하지 않다가 시간관리를 하게 되는 것 자체가 상당히 큰 신체적·심리적 에너지를 요구하기 때문에 자칫 피로도가 높아질 수 있다. 그중에서도 놀이시간을 줄이는 시간관리는 더욱 피로도를 높인다. 이로 인해 시간관리를 시작한지 얼마 지나지 않아 지쳐 포기하기 쉬운데, 여기에서 다시 동기를 가지고 시도해 볼 수 있도록 조력이 필요하다. 목표를 서서히 높여 가능한 한 실패하지 않도록 미리 예방을 하더라도, 실패하고 내담자가 포기하게 되는 상황을 피하기 쉽지 않다. 특히, 긴 연휴, 행사 준비, 방학 등으로 일상적인 루틴이 깨지면 시간관리 계획도 더 쉽게 무너진다. 이때 상담자는 내담자가 이런 상황을 자연스럽게 받아들일 수 있도록 도와야 한다. 많은 내담자들은 상담자와 약속했던 시간관리 실천을 못하면 상담에 오지 않는다. 미안한 마음과 부끄러운 마음이 들면서 상담자를 만나는 것 자체가 부담스럽기 때문이다. 이 경우 no-show를 잘 다루고 시행착오가 변화를 위해 나아가는 필수적 과정임을 교육하고 격려하는 역할을 상담자가 담당해야 한다.

수면시간 조절   많은 사람은 잠을 줄여서라도 공부를 해야 한다고 생각한다. 실제로 잠을 너무 많이 자는 것이 문제가 되거나 공부해야 할 것은 많고 시간이 없을 때 잠을 줄이지 않고는 학습시간을 더 늘리기 어렵기도 하다. 또는 잠 때문에 수업시간을 비롯한 중요한 시간을 지키지 못해 문제가 되기도 한다. 뿐만 아니라 많은 학업실패자는 자신이 잠을 더 줄여 열심히 했어야 했는데 그렇게 하지 못한 것이 실패의 원인이라고 생각하기도 한다. 따라서 잠을 어떻게 줄일 것인가, 나아가 잠자는 시간을 어떻게 학습에 도움이 되는 방향으로 바꿀 것인가를 내담자와 함께 고민해야 한다. 수면시간을 조절해 학습을 개선하는 것은 현재 어떻게 잠을 자고 있는지에 따라 달라질 수 있다. 이를 위해서는 먼저 내담자의 수면 패턴에 대한 점검이 필요하다. 실제 언제, 얼마나 자고 있는지를 파악해 어떤 시간을 조정할 수 있는지 알아보는 것이다. 그리고 그에 따라 개입방법도 달라질 수 있다.

① 잠드는 시간의 문제

학업실패 트라우마를 경험한 내담자들이 자주 보이는 문제는 너무 늦게까지 잠을 자지 않는 문제이다. 아침에 일어나지 못해 지각과 결석이 반복되거나 낮시간 학습활동에서 계속 졸거나 자는 문제가 발생된다. 모든 학교와 시험과 직장이 일찍 자고 일찍 일어나는 생활을 요구하기 때문에 일찍 자고 일찍 일어나는 수면 패턴으로의 전환은 선택이 아니라 꼭 해야 할 일이다. 특히, 밤잠을 줄이면서 낮시간 수업에서 졸다가 깨다가를 반복하는 경우는 가장 시간을 비효율적으로 사용하는 경우로 반드시 개선이 필요하다.

잠자는 시간대를 옮긴다는 것은 가장 개입이 필요한 문제이지만 변화에 대한 내담자의 저항도 가장 심한 문제이다. 따라서 수면 패턴을 바꾸는 것에 합의하는 일부터 시작해야 한다. 세상이 모두 일찍 자고 일찍 일어나 활동하는 것으로 돌아가는데 당연히 거기에 맞춰야 성공할 수 있다고 생각하기 쉽지만, 그리 쉬운 일이 아니라는 사실을 상담자와 내담자가 함께 인정하는 것에서 출발할 수 있다. 왜 그렇게 아침에 일어나지 못하는지에 대해 이해하고 수용해야 잠드는 시간을 바꿔 볼 생각이 조금이라도 생길 수 있다.

밤에 늦게 자는 것을 바꾸기 어려운 여러 가지 이유 중 첫 번째는 도시생활의 맥락이다. 우리나라는 도시 지역에 밀집해 살고 있고, 시골조차도 도시의 생활양식을 채택한 경우가 많아 대부분의 학습자가 도시생활이라는 맥락 속에 살고 있다. 도시생활은 대부분 밤늦게까지 이어지는 활동이 많아 공부를 위해서나 친구를 만나기 위해 늦은 시간까지 깨어 있을 수밖에 없다. 특히, 청소년들의 경우 늦은 시간까지 사교육을 마치고 집에 돌아오면 다른 어떤 활동보다도 우선해서 잠을 자야 하지만, 이때부터 겨우 자유시간이 주어진다. 공부가 부족하다고 생각해 또다시 공부를 시작하거나, 친구들과 온라인에서든 오프라인에서든 만나 시간을 보내거나, 하루 종일 사용하지 못하던 스마트폰에 빠지다 보면 자야 할 시간은 이미 훌쩍 넘긴 상태이다. 이 경우 내담자가 겪고 있는 수면 문제는 자신이 살고 있는 맥락이 만들어 낸 문제로 게을러서가 아님을 먼저 확인해야 한다. 그리고 이 문제를 해결하기 위해 어떻게 하는 것이 좋을지를 의논한다. 해결의 방향은 크게 두 가지인데, 먼저 밤늦게까지 깨어 있으면서 보내는 시간 중 빈둥거리는 시간을 최소화하고 그 시간만큼 일찍 잠자리에 드는 것이다. 그리고 다음으로 낮시간 동안 휴식과 놀이가 가능한 시간들을 확보해 밤시간 동안의 휴식과 놀이시간을 줄이는 것이다. 이 과정에서는 시간관리 원리에서 살펴본 시간 점검과 시간계획 단계의 원리를 적용해야 한다. 무엇보다 내담자가 자신의 시간 사용과 시간 사용 변경에 대해 이해하고 받아들이는 것이 중요하기 때문에 상담자가 주도적으로 이끌어 가지 않도록 유의한다.

　잠드는 시간을 앞당기는 데 대한 저항이 심한 두 번째 이유는 밤잠이 적고 아침잠이 많은 개인의 특성 때문이다. 밤늦게 뭔가를 하고 싶어도 졸음이 쏟아지는 경우는 자신도 모르게 잠들지만 밤이 깊어질수록 말똥말똥해지는 경우는 더 잠들지 못한다. 일찍 자고 일찍 일어나 활동해야 하는 리듬에 잘 맞지 않는 학습자들이 상당수 존재한다. 흔히 아침형(또는 종달새형) 인간과 저녁형(또는 올빼미형) 인간으로 나눌 때 저녁형 인간에 속하는 학습자들이다. 수면전문가인 Walker(2017)는 이 문제를 진화과정을 통해 유전자에 박혀 있는 문제라고 지적하고 있기도 하다. 아주 오래전 인간이 자연에서 살아갈 때 야생동물들로부터 구성원의 생존과 자원을 지키기 위해 보초병 역할을 담당했던 집단이 있었고, 그 후예들은 늦게 자고 늦게 일어나는 유전자를 가지게 되었다는 설명이다. 또한 10대들의 수면 리듬은 아동이나 성인의 수면 리듬보다 더 늦게 자고 늦게 일어나는 것으로 조정되어, 모두 잠든 시간에 자신들 마음대로 행동해 성인으로 나아갈 준비를 할 수 있도록 진화되었을 가능성도 제안하고 있다. 이러한 Walker의 가설이 확실하게 증명되지 않았지만, 저녁형이 아침형이 되기가 얼마나 어려울 수 있을지를 짐작할 수 있게 해 준다는 점에서 의미 있는 정보이다. 일찍 잠들기도 어렵고 일찍 일어나기도 어려운 것이 노력의 부족이나 성실하지 못한 것이 아니라 남들보다 그렇게 하기가 힘들기 때문이라는 것부터 인정하는 것이 첫 단계이다. 그리고 이렇게 사회의 요구와 잘 맞지 않는 특성을 가지고 적응하기 위해 어떤 노력을 기울일 것인지를 그다음 단계에서 의논해야 한다. 저녁형의 특성을 가지고 있다면 가능한 아침에 일어나는 시간을 최대한 뒤로 할 방안을 찾고, 필요한 수면시간이 확보되는 범위에서 잠드는 시간을 최대한 늦춰 조정한다. 그러나 이런 특성이 있다고 해도 밤을 새다시피 하고 아침에 일어나지 못해 학교에 가지 못하거나 학교나 학원에 가서도 계속 졸기만 하는 것은 바꿔야 할 습관이라는 점은 분명히 해야 한다.

② 잠을 줄여야 한다는 생각의 문제

잠은 학습과 관련해 많은 도움을 주는 인간의 활동으로 잠을 줄이는 것이 능사는 아니다. 잠은 신체적 회복을 위해 반드시 필요하고, 신체적으로 건강한 상태를 유지하지 못하면 학업에 방해를 받는다. 뿐만 아니라 잠은 새로운 정보의 기억을 돕기 때문에 학습자들은 충분히 잠을 자야 한다. 지금까지 수면 연구를 통해 밝혀진 잠의 기억촉진 기제는 두 가지이다. 첫째, 잠을 자면서 활동하는 동안 수집했던 단기기억 저장소인 해마에 있는 기억을 대뇌피질로 이동시켜, 해마의 저장공간을 비워 다음날 다시 새로운 정보를 받아들일 수 있는 상태를 만든다고 한다. 둘째, 해마로부터 대뇌피질로 이동된 새로운 정보는 잠을 자는 동안 기존의 기억 창고에서 분류되고 조직화되어 앞으로 필요할 때 사용할 장기기억으로 공고화(consolidation)된다. 그래서 사람들은 잠을 자고 나면 다시 기억이 되살아나는 경험을 하게 되는데, 오래전 로마의 수사학자도 "신기한 사실이 하나 있는데, 이유는 모르겠지만 밤잠을 자고 나면 기억력이 크게 향상된다."라는 기록을 남긴 바 있다(Walker, 2017). 그리고 이러한 과정이 애니메이션 〈인사이드아웃(Inside Out)〉에서 표현되기도 했다. 이렇게 잠은 기억을 돕는 중요한 기제이므로 잠자는 시간을 줄이면 자칫 학습의 효율을 낮출 수 있어 잠을 너무 줄여서는 곤란하다. 따라서 적절한 수면시간을 유지하고 있다면 잠을 줄여야 한다는 내담자의 생각을 바꾸는 것 데 초점을 두어야 한다.

이를 위해 적정한 수면시간에 대한 정보가 필요하다. 좋은 몸상태로 공부하고 학습한 것을 잘 기억하기 위해 얼마나 잠을 자야 할까? 일반적으로 7시간 또는 8시간의 수면이 필요하다고 하는데, 실제 일상생활에서 그만큼의 수면시간을 확보하기 어렵기 때문에 더 적은 시간만 자도 된다는 암묵적 합의가 존재한다. 예전부터 전해 오는 '3당 4락'이라는 말은 하루에 3시간만 자라는 처방이다. 개인에게 필요한 수면시간은 무엇보다 연령대별로 다를 수 있는데 어릴수록 많은 시간의 잠을 필요로 한다. 미국수면협회가 제시한 권장 수면시간은 성인의 경우 7~9시간, 청소년의 경우 8~10시간, 아동의 경우 9~11시간이다. 그리고 필요한 수면에 있어서의 개인차를 반영할 경우 권장 수면시간에서 1시간 정도 더 자거나 덜 잘 수 있다. 적정 수면시간에 대한 정보를 기초로 내담자가 어느 정도에서 자신에게 적절한 수면시간을 찾을 것인가에 대해 의논한다.

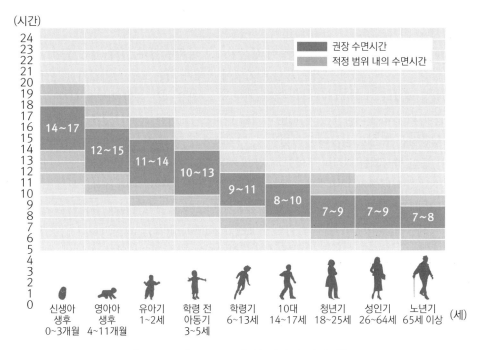

[그림 6-1] 미국수면협회 권장 수면시간[2]

　여기에서 유의해야 할 점은 평균 수면시간만 맞추고 잠을 불규칙하게 자는 것은 도움이 되지 않는다는 사실이다. 많은 사람들은 주중에 적게 자고 주말에 밀린 잠을 자는 방식으로 평균 수면시간을 맞춘다. 우리나라 사람들의 평균 수면시간이 7시간 41분으로 조사되어 권장 수면시간의 조금 아래에 위치하는 것으

---

2) https://www.sleepfoundation.org/articles/how-much-sleep-do-we-really-need, 이 그림은 미국수면재단(National Sleep Foundation) 자료를 바탕으로 그림으로 표현한 것이다.
　https://m.post.naver.com/viewer/postView.nhn?volumeNo=17468111&memberNo=16125332

로 보이지만, 실제 주말에 잠을 보충하는 것으로 평균이 맞춰지는 경우가 많다. 잠은 하루의 피로를 풀어 주는 역할을 하는 기제로, 일주일 피로를 하루에 풀 수 없다. 그러므로 평균 수면시간이 아니라 매일 일정한 수면시간을 권장 수면시간에 맞추는 것을 목표로 해야 한다.

기억을 향상시켜 주는 잠

오래전부터 잠을 자는 동안 기억력이 향상된다고 밝혀져 왔다. 잠을 자는 동안 기억이 향상되는 이유는 '잠을 자는 동안은 기억에 방해가 되는 요인들이 없기 때문에 깨어 있을 때보다 기억이 더 잘 되는 것'이기도 하고 '잠을 자는 동안 기억을 향상시키는 일들이 뇌에서 일어나고 있기 때문'이기도 하다(Stickgold, 2005). 실제 연구는 후자를 입증하는 쪽으로 이루어지고 있는데, 기억해야 할 여러 가지 종류의 지식들 중 잠 자는 동안 향상되는 지식이 무엇인지, 잠을 자는 동안 기억이 향상되는 시기는 어떤 잠을 자고 있을 때인지, 어떤 과정을 통해 기억이 향상되는 것인지 등에 초점을 두고 있다.

예를 들면, 절차적 지식은 잠을 통해 향상되는 것이 보다 명확하게 입증된 반면, 명명적 지식은 그 이유는 아직 밝히지 못했지만 REM(rapid eye-movement) 수면 때보다 SWS(slow-wave sleep) 수면 때 기억이 향상되는 것이 발견되었다(Wixted, 2004). 즉, 단순 암기의 경우 SWS 수면시간을 많이 확보하는 것이 중요한데, 전체 수면 중 SWS 수면을 많이 하기 위해서는 일찍 잠들어야 한다. 즉, 수면량도 중요하지만 일찍 잠자리에 드는 것도 중요함을 보여 주는 연구결과라고 할 수 있다.

잠의 단계를 간단히 살펴보면, 밤시간 동안의 잠은 일반적으로 90분 단위로 서로 다른 잠의 단계가 반복된다. 잠의 단계는 REM 수면과 NREM(non-REM) 수면으로 나뉘고, NREM은 다시 1~4단계로 나뉜다. 각 단계는 잠의 깊이, 꿈의 빈도와 강도, 뇌파, 눈동자 움직임, 근육의 긴장, 신경계의 순환, 뇌의 활성화 부위, 기억체계 간 소통 등에서 차이를 보인다. 그중 3~4단계가 가장 깊은 잠에 드는 시기이고, 이를 특히 SWS라고 명명한다.

잠이 기억에 미치는 효과에 대한 논의는 이제 그 여부에 대한 논의보다는 어떤 기억을 향상시킬 수 있는가 또는 어떤 수면(수면의 질, 수면의 길이, 수면의 단계 등)이 더 효과적인가 등 그 효과에 대한 세밀한 내용을 밝히는 쪽으로 옮겨 가고 있다. 예를 들면, 다음은 잠의 효과를 입증한 실험연구로 2015년 12월 학술지 『학습과 기억에 대한 신경심리학(Neurobiology of Learning and Memory)』에 실린 논문의 초록 내용이다. 보다 자세한 내용은 원문을 참고하기 바란다.

잠이 공고화라는 기제를 통해 여러 종류의 기억을 향상시킨다는 점에 착안하여, 사람의 이름과 얼굴을 기억하는 데에도 잠이 도움이 되는지 실험을 통해 확인해 보았다. 14명의 참가자에게 2번에 걸친 실험을 실시했는데, 매번 20명의 얼굴과 그 사람의 이름을 보여 주었다. 12시간 후 각 얼굴을 2번씩 보여 주었는데, 한 번은 올바른 이름을, 한 번은 틀린 이름을 짝지어 보여 주었다. 각각 얼굴과 이름이 맞는지 응답하고 자신의 응답에 대한 자신감도 스스로 평가해 보았다. 12시간의 공백 동안 한 번은 8시간 잠을 자고, 한 번은 잠을 자지 않았는데 그 두 가지 조건에서 얼굴과 이름을 맞히는 수행 결과가 다르게 나타났다. 12시간의 공백 동안 잠을 잔 경우가 잠을 자지 않았던 경우에 비해 얼굴과 이름의 매칭에 대해 정확하게 맞춘 수도 많았고 자신의 응답에 대한 자신감도 높아졌다(Maurer et al., 2015).

성인학습자의 시간 부족 문제　　직장에 다니면서 공부를 병행하거나 가정을 돌보면서 학교에 다니는 성인학습자는 우선순위 면에서 공부보다 앞서 처리해야 할 일이 많다. 최근에는 아르바이트와 학업을 병행하는 학생들이 많아지면서 공부보다 일이 우선이 되어 버리는 경우도 적지 않다. 그리고 직장을 그만두고 취업을 위한 시험을 준비하는 경우 실제 경제적 문제로 일과 공부를 병행할 수밖에 없는 상황도 점점 늘어나고 있다. 이렇게 일과 공부를 병행해야 하는 경우 자칫 공부가 우선순위에서 밀려 공부할 시간을 확보하지 못한 채 학업실패에 처하게 되기도 한다. 일과 공부를 병행하고 있는 내담자라면 이 부분부터 확인해야 한다. 일을 병행하고 있는 내담자의 경우 시간 사용 점검을 마친 후 어떤 시간을 줄여 공부에 활용할 것인가를 결정해 과업을 재조정하는 것이 필요하다. 이 과정은 지금까지 하고 있던 일과 맡은 바 책임을 다하면서 공부도 해 나갈 방법을 찾기 어렵다는 현실에 대한 자각에서 출발하게 될 것이다. 자신이 좀 더 부지런하면 된다는 생각으로 의욕을 보이는 경우가 많은데, 이런 내담자에게는 현실을 직면시켜야 할 것이다. 다음은 이를 잘 보여 주는 사례이다.

결혼을 하고 일과 가사와 공부를 병행했던 은서는 결국 학사경고를 받고 대학을 그만두어야 하는지에 대해 고민하게 되었다. 그러던 중 대학에서 지정하는 시간관리 프로그램에 참여하게 되었는데, 이 프로그램을 통해 은서는 자신이 해야 할 일을 줄이는 방향으로 조정했다. 아르바이트 시간을 1/3 정도 줄이고 강아지 산책을 비롯한 몇 가지 가사를 이웃에 살고 있는 부모님께 부탁하는 방법으로 일과 가사에 사용하는 시간을 줄여 공부시간을 확보하게 되었다. 이렇게 조정 후 자신의 능력이 부족하다거나 부지런하지 못하다는 자책을 하지 않게 되었고, 그다음 학기부터는 학업에서도 좋은 성취를 이루어 졸업할 때까지 한 번도 학사경고를 받지 않았다.

4. 개인 특성에 맞는 시간관리 개입

효율적인 학습을 위해 시간관리는 필수적이지만 내담자의 특성을 고려하지 않은 채 개입한다면 효과를 기대하기 어렵다. 먼저, 발달적으로 시간관리를 적용하기에 적절한가에 대해 고려해야 한다. 시간에 대한 개념은 타고나는 것이라기보다는 성장과정을 통해 습득되는 것으로 어릴 경우 복잡한 시간관리를 하기 어렵다. 개인이 가진 시간에 대한 개념은 시간을 어떻게 바라보는가라는 의미에서 '시간조망(time perspective)'으로 명명되고, 시간의 측면에서의 탈중심화(Piaget 인지발달이론의 개념)에서 출발한다. 발달과정에서 내가 지금 살고 있는 시간(자기중심적)에서 이미 살았던(과거) 또는 앞으로 살아가게 될(미래) 시간(탈중심적)으로 인지적 개념화가 확대되는데, 이러한 과거-현재-미래의 시간 범위의 확대와 함께 과거-현재-미래로 이어지는 인과관계에 대한 습득이 될 때 시간관리를 할 준비가된다. 따라서 시간조망, 특히 미래시간조망(future time perspective)이 충분히 발달하지 않은 내담자라면 앞서 살펴본 시간관리의 일반적 과정을 적용하기보다 발달수준에 맞는 개입이 필요하다.

연령으로 볼 때 충분히 시간에 대한 개념을 습득할 시기라도 해도 체계적 시간사용에 대한 경험이 부족할 경우도 앞서 살펴본 시간관리 과정을 따르기 힘들어할 수 있다. 스스로 자신의 시간을 어떻게 사용할 것인가를 주도적으로 생각하고계획해 본 적이 없이 부모 또는 교사가 시키는 대로 시간만 준수했던 경우나, 자유분방한 분위기에서 성장하면서 규칙 준수나 계획적 과제 처리에 대한 훈육을 받지 못한 경우가 대표적이다. 이런 경우 상담에서 시간관리 개입이 시작되어 시간계획을 세울 때는 거부감을 보이지 않고 잘 따라 오다가 실제 실천을 거의 하지 못하는 경우가 발생하기 쉽다. 이 경우에도 앞서 살펴본 절차보다는 간단하고 쉬운 방법의 시간관리 개입이 필요하다.

　마지막으로, 내담자의 성격적 특성이 고려되어야 한다. 내담자의 특성에 따라 그 자체가 어려워 오히려 시간관리 개입과정에서 상담자와 내담자가 함께 좌절감을 경험하게 될 수 있다. 예를 들어, 충동적인 기질을 가진 사람은 사려 깊은 기질을 가진 사람만큼 시간관리를 하기 어렵고, 성격 5요인 측면에서는 성실성이 낮은 사람이 시간관리를 어려워할 수 있다. MBTI 성격유형에서는 생활양식(P-J) 측면이 시간관리와 밀접히 관련되는데 인식형(P)은 시간관리를 힘들어하기도 한다. 이들은 시간관리가 어려울 뿐만 아니라 시간관리를 해야 하는 상황을 틀에 갇히는 것처럼 느껴 거부감을 가질 수도 있다. 이 경우에는 가능한 한 시간관리를 최소화하는 방안에 대한 검토가 필요하다. 즉, 상담자는 내담자의 성격 및 기질적 특성과 내담자가 해 오는 과제수행의 정도를 살펴보며 시간관리를 얼마나 활용할 것인가의 적정 수준을 정해야 한다.

　어떤 이유에서든 시간을 계획하고 그것을 따라 실천하는 것에 부담을 많이 느끼는 내담자라면 내담자가 가장 하기 쉬운 목표부터 세우고 그것을 조금씩 확대해 나가는 방식으로 개입전략을 바꿀 수 있다. 시간관리를 제안했을 때 처음부터 자신에게는 맞지 않는 방법이라고 하거나 과제를 전혀 해 오지 못한다면 조금 더 쉬운 방법에서 출발한다. 그리고 그 정도로도 과업을 수행하는 데 큰 문제가 없다면 모든 시간과 모든 과제를 계획에 따라 엄격하게 실천하지 않더라도 상관없다. 이런 내담자들에게 적용할 수 있는 시간관리의 가장 간단한 방법은 '해야 할 일(To-Do-List) 작성'과 '한 과제에 집중하기'가 대표적이다.

해야 할 일 작성　'해야 할 일 작성'은 매일 밤 취침 전에 또는 매일 아침에 일어났을 때 작성하는 것을 원칙으로 정하고, 해야 할 일과 그 여부를 표시하는 란으로 구성된 점검표를 활용하는 것이다. 즉, 전체적인 조망이나 계획을 세우는 것이 아니라 하루 단위로 시간을 계획하고 관리하는 방법이다. 미루기 습관을 가진 내담자라면 이 방법부터 적용하는 것이 좋다. To-Do-List 수첩, 자신이 사용하는 다이어리, 포스트잇 등 어떤 기록지라도 상관없고 내담자가 꾸준히 적고 표시할 수 있으면 된다. 초반에는 가능한 한 매일 사진으로 찍어 상담자에게 보내도록 하는 것이 좋다. 상담자는 바로 피드백을 하고 너무 많은 일을 하려고 계획을 세운다면 계획을 조정하라는 조언도 할 수 있다. 매일의 시간관리가 익숙해지면 해야 할 일 옆에 어느 시간에 할 것인지까지 적는 것으로 나아가 보도록 한다. 그 시점이 언제가 좋을지는 내담자가 결정할 수 있도록 해 주고 얼마나 익숙해지는가에 초점을 두고 개입하는 것이 좋다.

가장 간단하게는 매일 포스트잇에 그날 할 일을 적고 한 가지를 할 때마다 동그라미를 치거나 줄을 그어 수행했다는 표시를 한다. 모두 하면 그 종이는 버리고 다음날이 되면 다시 시작한다. 이것이 익숙해지면 한번 쓰고 버리는 것보다 누적된 기록을 볼 수 있는 노트나 스마트폰 앱을 사용하는 것이 더 좋다. 이 장 [부록 2] 'To-Do-List 양식'에 맞춰서 쓸 수 있으면 더 도움이 된다. 이렇게 기록을 하면 해야 할 일 작성이라는 간단한 작업을 통해 한 주가 지나고 주말에 그 주에 했던 공부를 살펴보면서, 그간의 수고에 대해 스스로를 칭찬할 수도 있고 앞으로 어떤 부분을 더 해야 할 것인가에 대한 계획도 떠올릴 수 있다. 뿐만 아니라 기록지를 상담자와 함께 보면서 수행한 경험을 다시 한번 이야기하면서 재경험하고 내면화하는 기회로 삼을 수도 있다.

한 과제에 집중하기   또 다른 방법은 '한 과제에 집중하기'인데 자신이 가장 공부시간을 늘려야겠다는 과목 또는 과제에 대한 학습시간을 일정하게 정하고, 그것을 수행한 여부만을 기록하면서 점검하는 것이다. 예를 들면, '하루에 수학문제 20문제 풀기'라는 목표를 세우고 그 여부를 매일 기록하는 것이 여기에 해당한다. 이때 중요한 것은 과제를 정할 때 그 성취 정도를 정확하게 판단할 수 있는 구체적인 기준까지 함께 정해야 한다는 것이다. 그래서 '수학 공부하기'가 아닌 '수학문제 20문제 풀기'라고 정해야 한다. 간단하게 탁상용 달력에 그 여부를 동그라미로 표시하거나 푼 수학문제의 숫자를 적을 수 있다. 또는 상담자에게 수행 여부를 메일이나 문자로 매일 알리는 방법도 있다. 해야 할 공부의 내용을 구체화하여 목표를 세우기 어려워할 경우 '국어공부 2시간 하기'와 같이 시간으로 목표를 세울 수도 있다. 이때는 국어공부 2시간의 여부만을 기록하기보다는 2시간 동안 어떤 내용의 공부를 했는지도 기록하는 것이 효과적이다. 예를 들면, '○○인강의 ○강 들음', '○○ 문제집 ○○문제(또는 페이지)', '중간고사 ○○(과목명) 오답노트 작성' 등의 내용을 함께 기록하는 것이다. 여기에서도 조금 익숙해지면 과제를 하나 더 늘리는 방향으로 나아갈 수도 있고, 그 공부를 어느 시간에 할 것인지 시간계획을 미리 세우는 방향으로 나아갈 수도 있다. 어떤 방향으로 나아갈지, 언제 시도를 해 볼 것인지도 역시 내담자가 결정할 수 있게 하고 상담자는 그 적절성에 대한 의논 상대가 되어 주면 된다.

[부록 1]

〈시간분석 양식〉

나의 일주일

날짜(요일) 시간	/ ( )	/ ( )	/ ( )	/ ( )	/ ( )	/ ( )	/ ( )
오전 0~1시							
1~2시							
2~3시							
3~4시							
4~5시							
5~6시							
6~7시							
7~8시							
8~9시							
9~10시							
10~11시							
11~12시							
12~1시							
오후 1~2시							
2~3시							
3~4시							
4~5시							
5~6시							
6~7시							
7~8시							
8~9시							
9~10시							
10~11시							
11~12시							

[부록 2]

〈To-Do-List 양식〉

____월 ____일 ____요일 ○○이 해야 할 공부

해야 할 공부	어느 시간에 하지?	공부한 시간	집중도 (1~5점)	내 생각
1.				
2.				
3.				
4.				
5.				

제7장
교수-학습 환경

 교수-학습 환경은 새로운 것을 어떤 방식의 가르침을 통해 배우는가와 관련되는 학업성취도 예언 변인이다. 교수-학습 환경은 이미 오래전 교육성취에 관한 국제연구(International Studies of Educational Achievement: IEA)에서 중요한 학업성취도 결정 요인으로 확인되었다(Bloom, 1976). 마찬가지로 우리나라 메타분석 연구에서도 교수-학습 환경은 가장 설명력이 높은 변인[효과크기(e.s)=.69; 오성삼, 구병두, 1999]일 뿐만 아니라 모든 학습자는 이러한 교수-학습 환경의 영향력에 대해 실감하고 있을 것이다. 그래서 학습자들은 잘 가르치는 교수자의 가르침을 받으면 잘 배울 수 있다는 기대를 가지고, 좋은 교수자를 보유한 교육기관에 진입하기 위해 많은 노력을 기울인다. '잘 가르치는 교사'나 '유명 강사'는 높은 학업성취를 위해 필수적인 존재로 간주된다. 또한 인터넷 강의도 강사가 얼마나 잘 가르치는가에 따라 그 인기도에서 많은 차이를 보인다. 그러나 아무리 잘 가르치는 교수자에게 배워도, 아무리 좋은 인터넷 강의를 들어도 자신과 잘 맞지 않는다면 학습효과를 거두기 어렵다. 따라서 다른 학생들이 좋다고 평가한 강좌를 찾는 것도 중요하지만 '나에게 맞는가'에 대한 점검부터 해야 한다.

 학업에서 실패한 내담자와의 상담에서는 이전 공부방법을 점검하고 보다 효과적인 방법을 찾아야 하는데, 이를 위해 가장 먼저 점검할 사항은 교수-학습 환경이다. 마음에 깊은 상처를 남긴 학업실패를 극복한 학생들의 경험을 수집해 보았을 때도 성적 향상을 위해 교수-학습 환경을 바꾼 사례가 많았는데, '홈스쿨링 시작', '학원을 그만둠', '나에게 맞는 인터넷 강의를 찾음' 등과 같은 보고가 있었다(황매향 외, 2019). 그러므로 학업실패 트라우마를 경험한 내담자를 돕는 상담자는

거나 내 수준에 맞게 수업을 바꾸는 것이 아니라, 내 수준을 수업에 맞추는 것이다. 매우 소극적인 문제해결책으로 쉽지 않은 과정이지만, 내담자에게는 달리 선택지가 없다.

　문제해결 단계에 따라 상담은 자신의 수준에 맞지 않는 수업을 계속 들어야 하는 문제를 인식하고, 그 문제를 해결하기 위한 동기를 높이는 것에서 출발한다. 그리고 다음으로 보다 세밀하게 수준 차이에 대한 검토를 해 보아야 한다. 어떤 과목에서 얼마나 알아듣기 힘든지 또는 어떤 과목에서 얼마나 선행이 완벽하게 되어 있는지를 파악하는 것이다. 즉, 문제해결 과정에서 문제 정의와 원인을 찾는 단계에 해당하는데, 내담자가 '느끼는' 어려움 또는 쉬움에서 출발해 그것을 객관화하는 데까지 나아가야 한다. 예컨대, "수학 선생님이 무슨 말을 하는지 하나도 모르겠다."라고 한다면, 지난 수업에서 어떤 내용의 진도가 나갔는지 확인하고 그 내용과 관련된 수행능력을 평가문항을 통해 확인한다. 수학 전반에 대해 접근하기보다 가장 가까운 시기의 수업에 초점을 두고 접근하는 것이 좋다. 반대로 "다 아는 것이라 너무 쉽다."라고 한다면, 지난 수업에서 다룬 내용의 숙지 정도를 평가문항을 통해 확인한다. 실제 완전하게 익히지 못하고 있는 경우가 많은데, 모두 알고 있다고 착각하는 것은 반복되는 선행을 통해 익숙한 내용에 대해 느끼는 직관적 판단이다. 이렇게 분석한 결과를 토대로 가능한 여러 해결책을 내담자와 함께 구상해 본다. 즉, 문제해결 과정의 해결책 찾기 단계를 거치는 것이다. 그리고 각 해결책의 장단점을 비교해 보고 적용해 볼 해결책을 선택한다. 한 가지 해결책만 선택하기보다 가능한 해결책들의 우선순위를 정해 먼저 적용해 볼 것과 그다음, 그리고 그다음에 적용해 볼 것을 준비한다. 마지막 단계는 구상한 해결책을 적용해 보면서 개선이 되는지 평가하는 것이다. 빠른 시간에 효과를 보기는 어렵지만, 조금이라도 나아지는 것이 있는지를 잘 포착해야 한다. 평가 결과에 따라 효과적인 해결책을 꾸준히 실천하는 과정까지 점검하면서 학교 수업을 자신의 학습시간으로 잘 활용하게 될 때 상담을 마무리한다.

　한편, 보다 적극적으로 수업을 바꾸거나 학교를 바꾸는 것을 고민해야 하는 경우도 있다. 상황적으로 수업을 바꾸거나 학교를 바꾸는 것이 가능하다면 이 부분도 가능한 해결책의 대안에 포함시켜 검토해야 한다. 수강 신청 변경과 같이 수업을 바꾸는 데에는 마감일이 정해져 있는 경우가 많아 다소 급하게 의사결정을 해야 할 경우가 있음에 유의해야 한다. 서둘러 결정을 내릴 경우 충분한 검토를 못할 수 있기 때문에, 마감일이 촉박할 경우 회기 간격을 줄여 상담 회기를 늘려서라도 검토할 사항들을 충분히 검토하고 결정할 수 있도록 해야 한다.

선호하는 지각양식의 차이　　수업이 자신에게 맞지 않는다고 호소하는 내담자들의 상당수는 자신의 정보처리 방식과 수업 방식의 불일치 문제를 가지고 있다. 우리나라 학교 교실에서 이루어지는 많은 수업은 학습할 내용이 요약된 PPT를 보면서 교사가 설명을 하거나 화면과 설명이 동시에 제공되는 동영상을 보여 주는 방식이다. 예전에 칠판에 중요한 내용을 적고 교과서를 보면서 설명하던 방식이 PPT를 보면서 설명하는 방식으로 대부분 바뀌었다. 수업을 듣는 학생들은 PPT를 보면서 설명을 듣거나 동영상을 보면서 설명을 듣는다. 이와 같은 설명 위주 수업과 학습 내용에 대한 정보처리를 위한 출발점이 되는 지각양식[1]과의 상호작용을 고려해 볼 필요가 있다. 설명 위주 수업은 다른 감각보다 듣는 것에 잘 집중하는 '청각적 학습스타일'을 가진 학생들에게 가장 효과적이다. 즉, 다른 감각을 더 선호하는 지각양식을 가진 학생들에게는 효과적이지 않을 수 있다.

　어떤 학생들은 강의 내용을 녹음해 복습할 때 다시 듣기를 하는데, 청각적 학습스타일을 가진 학생이라면 이 방법이 효과적이지만 그렇지 않은 경우 추천되지 않는 복습 방법이다. 상담자는 학교 수업의 측면에서 내담자가 잘 아는 사람이 설명해 줄 때 새로운 것을 잘 학습할 수 있는 특성을 갖는지 확인해 보아야 한다. 청각적 학습스타일의 내담자라면 학교에서 진행되는 설명 위주 수업을 더 열심히 들으면서 가능한 한 수업시간 내에 다룬 내용을 완전학습할 수 있도록 촉진해야 한다. 수업을 선택할 수 있다면 설명을 잘하는 교수자를 찾는 것도 중요하다.

그러나 청각적 학습스타일이 아닌 경우라면 수업 내용을 더 잘 이해하고 기억하기 위해 무엇이 필요한지 점검해야 한다. 예를 들어, 피부로 직접 느껴 보는 것이 중요한 '촉각적 학습스타일'의 내담자라면 수업을 들으면서 노트필기를 하는 것이 도움이 되고, 눈으로 확인되는 정보를 잘 처리하는 '시각적 학습스타일'이라면 스스로 관찰할 기회를 갖거나 새로 배운 내용의 관련성을 도표나 그림으

---

1) 지각양식에 대한 자세한 내용은 10장의 '학습스타일' 내용을 참고하기 바란다.

로 시각화하는 방법을 사용할 수 있다. PPT나 동영상은 시각적 학습스타일에게
도움이 되는 자극이지만 텍스트 위주인 경우가 많아 여전히 잘 듣는 것이 중요
하다. 무엇보다 학교를 그만두지 않는 이상 설명 위주 수업을 듣는 것을 피할 수
없기 때문에, 청각적 자극을 선호하지 않는 내담자에게는 설명 위주 수업을 듣
기 위해 조금 더 에너지를 투입해야 한다는 것을 알려 주는 것(정보 제공)도 중요
한 작업이다. 그리고 예습이나 복습을 하는 과정에서는 자신이 선호하는 지각
양식을 보다 많이 활용할 수 있는 방안을 함께 찾고, 그것을 실제 학습과정에 적
용하면서 더 익숙해지도록 돕는다.

'수업이 필요없다'는 태도　　학교 수업 자체를 중요시하지 않아 수업에 집중을 하
지 않는 경우가 있을 수 있다. 이와 같이 수업시간을 자신의 공부시간으로 생각
하지 않고 어쩔 수 없이 자리만 지키고 있는 내담자라면 이 부분을 개선해야 할
영역으로 고려해야 한다. 초등학생부터 대학생까지 대부분의 학생들은 학교에
머무는 시간이 그 어느 시간보다 길다. 하루 일과 중 가장 많은 시간을 보내는
수업을 의미 없이 보낸다면 엄청난 낭비하고 할 수 있다. 수업을 제대로 듣지 않
음으로써 얼마나 많은 시간이 낭비되고 있는지에 대해 확인하는 과정이 필요하
고, 이러한 낭비를 줄이기 위해 수업을 어떻게 활용할 것인가에 대한 계획을 세
워야 한다. 수업을 소홀히 하는 대표적인 사례를 살펴보면, "저는 그림을 밤새도
록 그리고 학교에 가서 잡니다.", "저는 정시를 준비해서 학교 내신 관리할 필요
가 없으니까 수업시간에는 그냥 쉬죠.", "취업을 위해 ○○ 자격증 준비 중이니
까 수업시간에 몰래 자격증 공부를 하죠." 등이다.

어떤 이유에서든 '그래도 학교는 다녀야 하니까'라는 명분만으로 수업시간에 앉
아 있는다면 시간이 너무 낭비된다는 측면과 공부 자체 또는 학교 자체에 대한
동기가 저하된다는 측면에서 내담자에게 오히려 부정적 영향을 미칠 수 있다.
고등학교의 경우 학교에서 보내는 시간이 매일 8시간 이상(야간자율학습까지 하
는 경우 14시간 이상)이므로 이 시간을 모두 낭비한다면 앞으로의 진로를 위한 능
력 개발에서 실패할 수밖에 없다. 수업시간을 모두 잠자는 시간으로 보내는 학
생도 있는데, 수업시간이라는 환경에서는 높은 질의 수면을 취할 수 없기 때문
에 효율적 방안이 아니다. 결국 수업이 자신의 진로에 도움이 되지 않는다고 소
홀히 하면 소중한 시간을 낭비하게 될 뿐이다. 이와 같은 시간 낭비만이 아니라

학업 나아가 자신에게 주어진 과업에 대한 부정적 태도도 형성될 수 있다는 위험도 있다. 자신에게 주어진 의무로 지각되는 수업에 몰입하지 못하고 뒤로 물러나 있는 태도는 다른 과제를 할 때에도 지속될 수 있고, 자칫 습관으로 굳어지면 자신이 정말 하고 싶은 일도 성실하게 수행하지 못하게 된다. 뿐만 아니라 모든 일에서 '왜 해야 해?'라는 부정적 태도를 형성하게 되거나 모든 것을 '해야 할 것'으로 지각하면서 수동적 태도를 형성하게 될 가능성도 있어 바람직하지 않다. 이렇게 학교 수업 내용이 도움이 되지 않는다고 생각하면서 시간을 낭비하고 있는 내담자가 있다면 이 부분이 학업실패의 주요 원인일 수 있다. 정말 도움이 안 되는지 다시 점검해 보고 조금이라도 도움이 되는 부분을 찾아 활용하도록 도와야 한다. 어떤 진로를 준비하더라도 학교에서 배우는 내용이 전혀 관련이 없는 경우는 없을 것이다. 예컨대, 의무교육인 중학교까지는 수업시간을 활용해 최소한의 직업기초 능력을 쌓는 것에 초점을 두어 의미 부여를 할 수도 있을 것이다. 정말 어떤 부분으로도 도움이 되는 부분을 찾을 수 없다면 학교에 허락을 받아 학교에 머무는 시간을 최소화하거나 학교를 그만두는 방법도 고려해 볼 수 있을 것이다. 물론 이러한 결정은 이후 학습에 대한 치밀한 계획과 관리가 필요하다는 측면에서 또 다른 문제가 있지만, 가능한 해결책으로 검토해 보는 것도 상담에서 다루어 볼 사항이다.

새로운 수업 방식에 대한 부적응   학교급이 달라지면서 새로운 수업 방식에 어려움을 느끼며 적응하지 못하는 경우가 있을 수 있다. 초등학교에서 중학교로 진학할 경우 각 교과마다 다른 교사에게 배우게 되는 새로운 교수-학습 환경에 적응해야 한다. 중학생이 되면서 갑자기 과목별 교사가 바뀌면서 과목 특성별로 심도가 달라지고, 교과서 내용에 어려운 단어가 많아지면서 이해하기도 어렵고, 각 과목마다 수행평가 방식이 다양해 적응하기 어려웠다는 호소도 많다. 교실에 담임교사가 상주하지 않아, 또래 간 경쟁도 심해져 학업 측면에서도 경쟁이 커진다. 여기에 고입이라는 입시 스트레스가 시작되고 이러한 고입은 향후 대입을 위한 준비로 대입 스트레스까지 가중되어 초등학교 때보다 훨씬 더 큰 학업 스트레스를 경험하게 된다. 또한 가정에서도 초등학교 때까지는 부모가 모든 공부과정을 이끌어 주다가 중학생이 되면 자기가 자기 공부를 다 관리하도록 요구하는 경우도 많다. 이러한 초등학교에서 중학교로의 전환기의 어려움에 대한 호소가 최근 많아지면서 이들의 어려움을 덜어 주기 위한 교수-학습 지원 방안이 제안되기도 했다(김태은 외, 2014).

중학교에서 고등학교로 진학할 경우 학교에 특성에 따라 수업 방식이 다르고, 적성 또는 능력별 배치에 따라 각급 학교 내에서의 경쟁도 더 치열해지며, 해야 할 학습량이 늘어나고 학습의 곤란도도 높아진다. 수업 방식이나 평가 방식은 중학교 때와 크게 다르지 않지만 경쟁은 훨씬 치열해지는데, 대입 수시전형에서 고등학교 내신 성적이 절대적으로 중요하기 때문이다. 더구나 고등학교는 어느 정도 서열화되어 있어 같은 고등학교에 다니는 학생들의 능력 편차가 중학교 때보다 줄어들면서 나와 비슷한 능력을 가진 친구들과 경쟁해야 하기 때문에 중학교 때의 위치를 유지하기 어렵고 조금만 공부를 게을리하면 급격하게 성적이 떨어지고 성적을 올리는 일은 너무나 어렵다. 이와 같은 고등학교의 치열한 경쟁 때문에 학업실패를 경험하는 학생들이 가장 많은 시기가 된다(황매향 외, 2019).

대학에서의 수업은 깊이와 곤란도가 높아질 뿐 아니라 수업의 길이, 새로운 내용의 전달 방식, 과제, 평가, 관리 등 모든 측면에서 새롭다. 그래서 대학의 교수-학습 환경에 적응하지 못하는 경우가 특히 많은데, 대학에서 학사경고를 받은 학업실패 내담자라면 이 부분부터 점검해야 한다. 고등학교 때까지의 수업은 주로 강의식으로 진행되면서 시험이나 과제가 구체적으로 안내되는 반면 대학에서의 수업은 다르다. 예를 들면, 발표나 토론과 같이 자신의 생각을 표현하거나, 팀프로젝트, 문제풀이나 해설서 없이 문제 풀기, 보고서 작성하기 등과 같이 해 본 적이 없는 과제를 해야 하거나, 문제해결식이나 서술식 시험 방식 등이 대표적으로 학생들이 적응하기 힘들어하는 대학의 새로운 교수-학습 환경이다. 고등학교 때까지 순응적으로 공부를 잘 해 왔던 학생들일수록 갑자기 달라진 교수-학습 환경에서 어떻게 해야 할지 몰라 혼란을 겪기 쉽고 결국 학업성취에 실패하게 된다.

어느 학교급에서 나타나는 어려움이든 현재 내담자가 처해 있는 교수-학습 환경의 특성을 파악하고 어떤 점에서 어려움을 겪는지 탐색해야 한다. '내가 열심히 못해서'라는 관점으로 학업실패를 바라볼 것이 아니라 '어떤 점에서 배우는 것이 힘들었나'에 초점을 두고 학업실패를 검토해 보아야 한다. 그리고 여기에 근거해 부적응을 보이는 교수-학습 환경에 적응해 나갈 방법을 모색하고 연습할 수 있도록 돕는다.

2. 학원 수업

많은 학생들이 학교 수업을 통해 충분히 학습하지 못한 것을 보충하기 위해 학원에 다닌다. 통계청에서는 매년 초·중·고 사교육비를 조사하고 있는데, 2018년 자료에 따르면 모든 지표가 증가 추세를 보이면서 사교육비 총액이 약 19조에 달하고, 초·중·고등학생의 72.8%가 사교육을 받고 있는 것으로 나타났다(통계청, 2019). 뿐만 아니라 많은 대학생들도 취업을 위해 사교육을 받고 있는 것으로 조사되었는데, 4년제 대졸자 중 71.4%가 취업 사교육을 받았다고 보고했다(백원영, 2018). 이렇게 사교육을 받는 학생들이 많기 때문에 사교육이 내담자의 학업과 어떤 관련이 있는지에 대해 상담자가 알고 있어야 한다.

최근 우리나라 중·고등학생들은 학교에서 배울 내용을 미리 예습하기('선행학습'이라고 명명되고 있음) 위해 학원을 다니기도 한다. 학원 수업을 통해 복습을 하든 예습을 하든 학원 수업은 학교 수업의 반복이라는 측면에서 동일하다. 고등학교 이후 일반인들이나 대학생들이 다니는 학원은 영어 학원이나 자격증 대비 학원과 같이 취업 준비를 위한 학원과 공무원 임용시험이나 교사 임용고시를 비롯한 각종 고시 준비를 위한 학원이 있다. 중·고등학교처럼 학교에서 배운 내용을 그대로 반복하지 않지만 학교교육에서 다루는 내용을 상당 부분 포함한다.

어느 경우이든 학원은 학교보다 학습결과에 대한 평가(각종 시험)에 철저히 대비할 수 있도록 주입식 교육을 더 많이 하고, 학원의 특성에 따라 학습결과에 대한 피드백을 자주 제공할 뿐 학교 수업과 큰 차이를 보이지 않기도 한다. 이러한 학교 수업과 학원 수업의 유사성 때문에 학교 수업을 통해 잘 배울 수 없는 학생은 학원 수업을 통해서도 잘 배우기 어려울 수 있다. 그러므로 학업실패를 다루는 상담자는 학교와 학원에서 진행되는 수업이 크게 다르지 않은데 학교 수업과 학원 수업을 병행할 필요가 있는가라는 문제를 점검하고, 학원 수업을 효율적으로 활용할 방안을 내담자와 함께 찾아야 한다. 상담에서 더 유의해 다루어야 할 과제는 내담자의 선수학습 부족 상태 점검, 학원이 도움이 되는 점과 그렇지 않은 점 파악, 학원 선택 등이다.

선수학습 부족 상태 점검   학업에서 뒤처진 경우 이를 보충하기 위해 과외를 하거나 학원을 다니는데, 과외나 학원이 오히려 학습부진을 악화시키는 경우가 적지 않다. 학습부진 학생들은 이전 학습이 제대로 되지 않은 상태인데, 현행학습(지금 학교교육 진도에 맞는 수업) 또는 나아가 선행학습(학교교육 진도를 앞서 나가는 수업) 위주로 진행되는 학원이 많기 때문이다. 자신의 현재 상태에 대한 준비 없이 무턱대고 지금 진도 또는 앞으로의 진도에 맞춰 배우게 되면 오히려 제대로 된 학습을 할 수 없고 학교 수업, 학원 수업 모두에 건성으로 참여하게 되는 역효과가 생긴다. 나아가 학습부진이 개선되지 않으면서 학습에 대한 무력감만 쌓여 '나는 공부를 못하는 사람'으로 스스로 낙인찍는 패배감을 갖게 된다. 따라서 학업실패 내담자와의 상담에서는 선수학습 부족 여부를 확인하고, 자신의 부족한 부분을 보완하는 수단으로 학원이나 과외를 활용할 수 있도록 도와야 한다. 이를 위해 내담자 학력에 대한 정확한 진단과 사교육 교육 내용에 대한 정보가 모두 필요하다.

효과성 파악   사교육은 공교육을 통해 부족한 것을 보완할 수 있는 시스템으로, 잘 활용하면 내담자에게 도움이 될 수 있다. 학업실패를 극복한 학생들 중에는 새롭게 학원을 다니기 시작하면서 도움이 된 경우도 있고, 학원을 바꾼 경우도 있고, 학원을 그만두고 다른 방법으로 학업을 보충한 경우도 있었다(황매향 외, 2010). 어느 경우이든 현재 자신의 공부와 학원 수업의 관계를 점검하고 보다 효율적인 방안을 선택을 했다는 점에서 동일하다. 학교와 달리 학원은 선택할 수 있는 대안이기 때문에 상담자는 내담자가 정말 도움이 되는 학원을 다니고 있는가를 점검할 수 있도록 도와야 한다. 이때 먼저 고려할 사항은 학교 수업의 어떤 점을 보완하기 위해 학원을 다니는가라는 점이다. 이를 위해 지금까지 학원을 다니면서 공부를 해 왔다면 학원 수업이 어떤 점에서 도움이 되었고, 어떤 점에서 도움이 되지 않았는지 분석한다. 학교와 학원에서 설명을 반복해서 들으면서 보다 잘 이해할 수 있었고 기억에도 도움이 되었다면 효과적이라고 볼 수 있지만, 학교에서와 마찬가지로 그냥 듣기만 하고 그 내용을 익히지 않고 있다면 효과적이라고 보기 어렵다. 남들이 다니니까 불안해서 학원에 다니고 있지만 어떤 점에서 도움이 되는지 명확하게 말하지 못하는 경우도 효과적이지 못한 경우이다. 또한 외향적이거나 사회적 지향성이 높은 학생들의 경우 공부보다는 친구를 만나기 위해 학원을 다니기도 한다. 이와 같이 학원 수업을 통해 효과적으로 학습하지 못하고 있는 경우 시간적으로, 물질적으로 많은 낭비를 하고 있으로 변화가 필요하다. 학원 수업을 자신의 학습에 도움이 되도록 활용할 방 안을 찾거나 학원을 그만두는 두 가지 방안을 동시에 검토해야 할 것이다.

학교 수업과 마찬가지로 학원 수업은 강의식 수업이 많고 학습자의 자율성보다 는 주입식 수업으로 더 많이 통제된 환경에서 공부해야 한다. 구조적인 환경에 서 공부가 잘되는 학생이라면 학원 수업이 유리할 수 있지만, 그렇지 않은 경우 라면 학원 수업은 학교 수업에 가중되어 오히려 어려움을 초래할 수 있다. 예를 들면, 학원 수업은 장의존적 인지양식[2]을 가진 학생에게 더 유리한 교수-학습 환경이다. 한편, 장독립적 인지양식을 가진 학생에게는 학원 수업이 잘 맞지 않 을 수 있다. 이런 경우라면 학원 수업이 아닌 다른 방식으로 부족한 학습을 보완 할 방법을 찾을 수 있다.

학원 선택   새롭게 학원을 다녀야 할 필요성이 있거나 지금까지 다니던 학원을 바꿔야 할 경우 학원 선택의 문제를 풀어야 한다. 일반적으로 '유명한 학원' 또 는 '유명 강사'를 찾는 경우가 많은데, 아무리 훌륭한 수업과 교사도 자신의 특성 과 맞지 않으면 의미가 없다. 따라서 상담에서는 내담자의 특성을 파악하고 내 담자가 선택할 수 있는 학원의 수업 방식에 대한 정보를 수집하는 단계를 거쳐 야 한다. 이를 위해 상담자는 평소 학원에서 제공되는 서비스에 대한 정보를 수 집하고 확보해야 한다. 학원은 초 · 중 · 고 내신을 위한 학원, 고교 입시 또는 대 학 입시 전문 학원, 자격증 대비 학원, 각종 고시 대비 학원, 취업 관련 학원 등 다양한데 가능한 여러 학원에 대한 정보를 보유해야 한다. 어떤 학원이 있고 어 떤 방식으로 수업이 운영된다는 것에 대한 정보만이 아니라 '어떤 특성의 학생 들에게 유리한가'라는 측면에서 학원 서비스의 특성을 파악할 필요가 있다. 그 래야 내담자가 자신의 필요와 특성에 맞는 학원을 선택하도록 도울 수 있다. 물 론 학원에 대한 세밀한 정보를 상담자가 모두 확보하고 있을 수는 없으므로 내 담자와 함께 찾아보는 과정도 필요하다. 이러한 정보를 바탕으로 내담자의 특 성과 학원의 특성의 매칭 개념을 적용해 학원을 선택하는 과정을 거친다.

그리고 무엇보다 중요한 것은 선택한 학원 수업이 내담자에게 맞는가를 확인하

---

[2] 인지양식에 대한 자세한 내용은 10장의 '학습스타일' 내용을 참고하기 바란다.

는 기간을 가져야 한다는 점이다. 논리적으로 추론해 선택한 대안이 반드시 효과적인 것이 아닐 수 있다. 실제로 학원을 다니면서 어떤 상호작용이 나타나고 어떤 학습 경험을 하는지에 대한 점검이 필요하다. 잘 맞지 않는다면 그 원인을 찾아 개선해야 하는데, 보다 효율적으로 학원 수업을 활용할 대책을 마련하거나 새로운 학원을 찾아볼 수 있을 것이다.

3. 인터넷 강의

인터넷 강의[3]는 교수자와 학습자가 서로 다른 공간과 시간에 있어도 가르치고 배우는 활동이 가능한 원격교육의 한 형태이다. 원격교육은 라디오나 텔레비전을 통해 제공되던 것에서 출발해 인터넷 매체의 발달과 함께 인터넷 강의의 형태로 시간과 공간의 제약을 받지 않는 새로운 교수–학습 환경으로 자리 잡고 있다. EBS와 같은 공공 매체를 통해 서비스되는 강의부터 다양한 사설 교육기관이 판매하는 강의까지 대상이나 내용에서 다양한 교육 서비스가 인터넷 강의를 통해 제공되고 있다. 최근 감염병 사태로 학교교육에서도 인터넷 강의가 활용되고 있다. 인터넷 강의는 언제 어디서나 들을 수 있고 잘 이해하지 못한 부분이나 놓친 부분을 얼마든지 반복해서 들을 수 있다는 점은 직접 강의 장소에 가야 들을 수 있고 한번 놓치면 다시 들을 수 없는 오프라인 수업과 비교할 때 장점이 된다. 뿐만 아니라 한번 개발된 강의 자료가 반복되어 사용될 수 있어 무료 강의도 많고 민간에서 판매하는 경우도 다른 오프라인 강의에 비해 저렴하게 공급되고 있다는 장점도 갖는다. 따라서 배워야 할 내용이 분명할 경우 시간과 경비를 절약하는 효과적인 교수–학습 환경으로 추천된다. 하지만 이렇게 인터넷 강의가 갖는 여러 가지 장점에도 불구하고 인터넷 강의를 통해 충분히 학습하지 못하는 경우가 많은데, 인터넷 강의가 갖는 한계 때문이다. 이를 극복할 수 있도록 돕지 못한다면 인터넷 강의는 좋은 교수–학습 환경으로 역할하기 어렵다. 다음과 같은 한계점이 특히

---

3) 여기에서는 인터넷을 통한 수업 제공을 위해 따로 개발된 교육 콘텐츠를 활용한 인터넷 강의에 관한 내용으로 2020년 감염병 사태로 활성화된 대면 수업을 대체하는 비대면 수업의 내용을 다루고 있지는 않다.

중요하게 고려되어야 한다.

자유로운 일정   인터넷 강의는 언제, 어디에서 어떤 내용이라도 마음대로 들을 수 있다는 장점이 있는 반면, 제대로 계획을 세우지 않으면 진도가 나가지 않는다. 어느 날에는 의욕이 넘쳐 하루에 과목별로 2~3개 강좌씩 듣다가도, 갑자기 하기 싫어지면 일주일씩 듣지 않기도 한다. 매일, 매주, 또는 매월 계획을 세웠지만 그 계획에서 차질이 생기면 들어야 할 인터넷 강의가 밀리고, 시간이 부족해지면서 "역시 직접 가서 들어야 해."라고 하면서 포기하게 되는 경우도 많다. 이런 문제를 방지하기 위해 인터넷 강의의 교재에는 학습계획을 세울 수 있도록 플래너와 효과적 수강 방법을 안내하고 있지만 잘 지키지 못하는 학생들이 많다. 그러므로 인터넷 강의를 통해 특정 과목 전체를 공부할 계획이라면 교재에 안내된 내용을 반드시 지키는 것이 좋다. 인터넷 강의를 보조적으로 활용하는 경우라면 평소에 꾸준히 수강하기보다는 필요한 부분만을 선별해 듣는 방법이 더 효과적일 것이다.

상호작용이 없는 수업   인터넷 강의가 갖는 또 다른 단점은 아무도 없이 혼자 학습을 이어 가야 한다는 것이다. 누군가 나에게 설명을 해 주고 있지만 나의 행동에 대해 아무런 반응도 해 주지 않고 감독도 해 주지 않는다. 예컨대, 오프라인 수업에서는 졸고 있을 때 깨워 줄 교수자가 있지만 인터넷 강의에서는 아무도 잠을 깨워 줄 수 없다. 거의 질문을 할 수도 없고, 내가 대답을 정확하게 했는지에 대한 피드백을 해 주지도 않는다. 교수자가 학습자가 올리는 질문을 볼 수 있는 상호작용 학습 플랫폼이 개발되어 사용되고 있기도 하지만 대부분은 학습자가 필요할 때 강의를 다운받거나 웹 사이트에 접속하여 수강하는 일방적 강의가 많기 때문이다. 교수자와 서로 교류를 하면서 수업 듣는 것을 선호하는 학생들의 경우 인터넷 강의에 대한 호감도가 떨어질 수 있다. 교수자와의 눈맞춤을 비롯한 비언어적 반응(대답하기, 고개 끄덕끄덕하기)과 함께 호흡하면서 서로 소통해야 공부가 잘되는 학생들은 답답하고 집중이 떨어질 수 있다. 이렇게 상호작용이 제한적이라는 점도 인터넷 강의의 단점이다.

인터넷의 유혹   인터넷 강의를 듣기 위해서는 인터넷에 접속해야 하는데, 인터넷 강의만이 아니라 인터넷의 무궁무진한 세계가 함께 펼쳐진다. 특정 기관에 따라서는 인터넷 강의를 제공하는 URL만 접속할 수 있도록 제어하고 있지만 대부분 그렇지 않다. 접속을 제한한 경우도 그 접속을 해제할 수 있는 프로그램이 개발되어 있어 원하면 얼마든지 다른 사이트를 방문할 수 있다. 인터넷에 접속하지 않더라도, 인터넷 강의를 수강하기 위해 사용하는 스마트폰, 태블릿 PC, 노트북, PC 등 전자기기에는 음악과 동영상을 비롯해 이미 다운받아 둔 콘텐츠도 가득하다. 인터넷 강의보다 더 재미있고 더 편하게 즐길 수 있는 것들의 유혹을 뿌리치기란 쉽지 않다. 잠깐 톡방만 확인하고, 잠깐 뉴스만 보고, 잠깐 주문만 하고, 잠깐 웹툰 하나만 보고, 잠깐 ○○가 나온 클립만 보고⋯⋯. 처음에는 그럴 의도가 아니었지만 어느새 30분, 1시간, 2시간 딴짓을 하게 된다. 이렇게 하다가 인터넷 강의 재생을 시작하지도 않았는데 계획된 시간을 모두 써 버리는 경우가 흔하다. 이런 유혹을 얼마나 참을 수 있는가에 개인차가 있지만 절제가 되지 않을 때가 많다는 것은 인터넷 강의가 갖는 큰 단점 중 하나이다.

개입   이러한 여러 가지 한계로 인해 수강 목적이 뚜렷하고 자기통제가 잘되는 학생이 아니라면 인터넷 강의를 통해 학습하는 것이 쉽지 않다. 따라서 상담자는 내담자가 지금까지 인터넷 강의를 어떻게 활용해 왔는지, 강의에 대한 집중력은 어느 정도였는지, 강의를 통한 학습효과는 어떠했는지, 열심히 듣기 위해 어떤 노력을 했었는지 등에 대해 점검해야 한다. 이러한 점검과정을 통해 내담자는 자신의 인터넷 강의 수강 상황을 스스로 파악할 수 있고, 향후 인터넷 강의를 계속 들을 것인지에 대한 의사결정, 듣는다면 어떤 방안이 필요한지 등에 대한 의논으로 나아갈 수 있을 것이다. 이때 앞서 살펴본 단점들을 하나씩 검토하고 대비하는 것이 필요하다.

4. 과외

과외는 교수자와 학습자가 일대일로 만나 가르치고 배우는 개인 과외와 5명 내외의 소수의 학습자를 한 교수자가 가르치는 그룹 과외로 나뉘는데, 모두 개별 학습자에 초점을 두어 수업이 진행된다는 점이 특징이다. 과외는 부모가 교수자를 직접 구하고 비용을 지불하는 사교육으로 진행되는 경우가 많지만, 초·중·고에서 실시되는 학습 멘토링 프로그램과 대학교에서 실시되는 튜터링 프로그램도 개인 또는 그룹 과외의 형태로 진행되고 있다. 뿐만 아니라 지역사회 중심으로 제공되는 공공 서비스인 지역아동센터의 학습지원 프로그램이나 평생교육센터의 학습지원 프로그램도 과외의 형태로 운영되는 경우가 적지 않다. 과외는 일대일 또는 소수의 학습자가 한 교수자로부터 배우기 때문에 무엇보다 배우는 사람의 요구에 맞는 맞춤형 교육이 가능하다는 점이 가장 큰 장점이다. 학년이나 수준에 상관없이 어느 과목 어느 수준에서도 학습자의 부족한 부분에 맞춰 가르쳐 준다. 그러므로 동료 학습자에 비해 학력이 많이 떨어져 있는 상황일 경우 과외를 통해 부족한 부분을 빠른 시간에 채워 나갈 수 있다.

저소득층을 위한 과외　　학교나 지역사회 중심 과외는 무료로 실시되지만, 사교육을 통한 과외는 비용이 가장 많이 드는 서비스로 부모의 경제적 지원 없이 선택할 수 없다는 단점이 있다. 따라서 학업실패를 극복하기 위해 과외가 필요하다고 판단되더라도 경제적 지원을 받을 수 없는 상황이라면 다른 대안을 찾도록 도와야 할 것이다. 학교나 지역사회의 멘토링이나 튜터링 서비스를 찾아보거나 인터넷 강의 중 필요한 부분을 선택해 들을 수 있는 프로그램을 찾아볼 수 있다. 뿐만 아니라 저소득층 학생들을 위해 지원되는 프로그램을 내담자와 함께 찾아보거나, 관련 서비스를 안내할 수 있는 사회복지사와 연결해 줄 수 있다. 대학의 경우 대부분의 학교가 학사지원 서비스를 마련하고 있으므로 그곳을 통해 찾아보면 된다. 초·중·고등학교의 경우 저소득층을 위한 프로그램을 중심으로 찾아볼 수 있는데, 지속적으로 제공되는 서비스를 선택하는 것이 필요하다. 특정 기관에서 단기 사업으로 진행되는 경우는 내담자에게 필요한 만큼 지속적 도움을 주지 못한 채 중단될 수 있기 때문이다.

교수자와의 관계　　과외는 교수자와 학습자의 관계가 어떤가에 따라 학습효과에 큰 차이를 보일 수 있다. 물론 학습성과에 영향을 미치는 교수-학습 환경과 학습자 상호작용 변인은 어떤 교수-학습 환경에서도 중요하게 고려되어야 하지만, 과외에서는 그 영향력이 더 크게 나타난다. 자신과 잘 맞지 않지만 유명세만 믿고 계속 과외를 받고 있거나 과외교사와의 일대일 긴장 관계가 불편하지만 참고 견디고 있거나 과외교사가 너무 좋거나 싫은 감정을 조절하지 못하는 상황이라면 공부가 제대로 되지 않는다. 과외교사와 학생이 잘 맞지 않는 경우, 선생님이라는 이유로 학생들한테 정서적으로 불편감을 주는 경우, 부모도 학생의 호소를 단순히 공부하기 싫어서 하는 핑계로 받아들이는 경우 등이 있다. 특히, 학생의 성적이 오르지 않거나 학생이 불만을 호소할 경우 그 원인을 자신의 교수법에서 찾기보다 학생 핑계를 대는 경우도 적지 않다. 이렇게 교수자와 학습자의 관계에 문제가 있는 경우 과외를 계속 할 것인지 여부에 대한 판단이 필요하다. 또한 여러 대학에서 학사경고자를 비롯해 학습에서 어려움을 보이는 학생들을 대상으로 제공되는 튜터링 프로그램의 경우, '같은 학생한테 배워야 하니 힘들다' 또는 '창피해서 오고 싶지 않다'라고 호소하는 경우가 있다. 이런 불편함 때문에 도움을 받지 못하면 오히려 손해라는 것을 알아도 결국 튜터링에 가지 않게 된다. 상담자는 이런 호소를 하는 내담자의 마음에 공감하면서 상황을 극복해 나갈 수 있도록 지지하고 도와야 한다.

효과 점검   과외는 교수자가 얼마나 잘 가르치고 있는가를 피드백 받을 수 있는 장치가 부족하다는 점에서 과외를 교수-학습 환경으로 선택할 때 주의해야 한다. 교수자도 자신이 잘 가르치고 있는지 잘 모르고 학습자도 교수자가 잘 가르치고 있는지 잘 모른다. 판단할 근거도 부족하고 객관적 평가를 받는 시스템도 없다. 성적의 변화가 유일한 피드백인데 성적은 빠른 시간 내에 변화가 일어나지 않을 수 있어 성적으로 과외의 교수 질을 평가하기에는 많은 시간이 걸린다. 성적으로 결과가 나타나기 이전에 과외가 효과적인지 확인하지 못하면 그동안 시간과 에너지가 계속 낭비된다. 따라서 상담자는 내담자가 이미 받고 있는 과외나 새롭게 시작한 과외에서 얼마나 학습효과를 얻고 있는지 점검해야 한다. 상담을 통해 확인된 보완해야 할 부분의 학습이 과외를 통해 잘 이루어지고 있는지 확인하는데, 학습과정에 대한 내담자의 주관적 평가와 문제를 풀면서 드러나는 객관적 평가를 병행하는 것이 필요하다.

5. 스터디

일반적으로 학생들은 많은 양의 공부를 서로 분담해서 할 때 효과적이라는 면에서 스터디를 활용한다. 스터디는 해야 할 공부를 서로 분담하고, 각자 공부해서 가르쳐 주고 배우는 과정으로 이루어진다. 200쪽의 책 한 권을 혼자 공부하는 것보다 4명이 나눠서 하면 50쪽만 꼼꼼히 공부하면 나머지는 다른 친구들에게서 배울 수 있으니 시간이나 노력 면에서 효율적이다. 그리고 하나의 과제를 여러 사람이 함께 해결하면 훨씬 풍부한 자료를 수집할 수 있고, 문제의 해결방안도 다양해진다. 뿐만 아니라 여러 정보를 공유한다는 점에서도 장점을 갖는데, 온라인을 통해 정보를 찾고 공유할 수 있지만, 직접 만나 공부하는 스터디를 통해 더 구체적인 정보를 공유하고 정보에 대한 평가와 활용을 함께 할 수 있다. 이러한 장점을 살려 대학 강의에서는 팀프로젝트를 포함시켜 수업을 운영하는 경우가 많은데, 우리나라 대학생들이 기피하고 싫어하는 대표적 과제가 바로 이 팀프로젝트이다. 팀프로젝트를 과제로는 싫어하면서도 자율적으로 준비하는 시험이나 취업을 위해 스터디를 많이 활용한다는 점은 모순되는 현실이다. 스터디가 필요하지만 스터디를 통한 학습이 갖는 어려움도 있음을 의미한다. 그러므로 상담자는 내담자에게 스터디가 어떤 역할을 했는지 긍정적 측면과 부정적 측면을 각각 파악하고 앞으로의 개선 방향에 대해 개입해야 한다.

스터디 효과   지금까지 내담자가 참여했던 스터디가 얼마나 도움이 되었는가에 대해 점검한다. 스터디가 얼마나 도움이 되었다고 생각하는지에 대한 질문에 대부분의 내담자는 "스터디는 도움이 되었어요. 사실 얼마나 도움이 되었는지는 잘 모르겠지만……."이라고 답하는 경우가 많다. 어떤 부분에서 도움을 받았고, 어떤 부분에서는 오히려 시간이나 노력이 낭비되었는지 구체적으로 파악해야 앞으로 스터디라는 교수-학습 환경을 효과적으로 활용할 계획을 세울 수 있다.

스터디가 어떤 면에서 도움이 되었는지 구체적으로 파악하기 위해 스터디의 효과의 틀에서 접근할 수 있다. 지금까지 스터디 관련 연구에서 밝힌 긍정적 효과 영역은 가르쳐 보는 경험, 상황에 대한 모의체험, 피드백을 통한 학습효과, 사회적 지지를 통한 동기 증진 및 스트레스 경감, 관계망의 확대로 얻게 되는 다양한 정보(시험 경향이나 동향에 대한 정보 포함), 동료의 행동을 보면서 서로 학습하는 역할모델의 발견, 동료의 행동과 자신의 행동을 관찰하면서 증진되는 정체감, 이후에도 활용될 사회적 자본의 확보 등이다. 이러한 각 측면에서 얼마나 도움이 되었는지 확인하면 스터디 효과에 대한 구체적 평가가 가능할 것이다.

또한 스터디는 여러 사람이 함께 모여 공부하면서 대인관계 갈등이 공존하고 이로 인한 심리적 에너지 소모는 학업에 부정적 영향을 미친다. 예를 들면, 약속을 지키지 않거나(나타나지 않거나 준비해 오지 않는 경우), (별로 기여하지 않으면서 이익만 챙기는) '얌체족'이라고 불리는 구성원의 행동, 너무 낯설어서 불편하거나 너무 친해서 공부가 안 되는 경우, 서로 의견이 다른 경우 등이 취업 스터디에서 대표적인 갈등으로 나타났다(김민영, 2017). 나아가 우리나라 학생들이 팀프로젝트에서 경험하는 스트레스 영역은 내담자가 스터디에서 겪었던 어려움을 구체화하는 데 도움이 된다. 김은영, 강혜정, 임신일(2017)의 연구결과에 따르면 역할수행 및 평가, 교수자, 조원 갈등, 대인관계, 과제 공유 부족, 무례함, 물리적 환경 등의 영역에서 스트레스가 발생한다. 이 연구에서는 각 영역에서 스트레스가 되는 세부 내용이 제시되어 있는데(김은영 외, 2017, pp. 72-73, 〈표 2〉), 이 내용 중 교수자 스트레스를 제외한 모든 항목을 함께 보면서 내담자가 경험했던 스트레스를 명료화할 수 있다.

스터디와 경력 개발　　취업 준비 스터디에 참여한 대학생들을 대상으로 수행된 한 질적 연구결과에 따르면, 취업 준비 스터디는 학교를 떠나 사회로 진출하는 경력 개발의 측면에서 도움이 되었다(김민영, 정원섭, 2017). 이 연구결과에 따르면 취업 스터디에 참여한 학생들은 세 가지 측면에서 경력 개발에 도움을 받았다. 첫째, 사회적 지지를 얻는 관계 형성을 통해 경쟁자가 아닌 '우리'를 경험하면서 심리적 안정감을 찾았을 뿐 아니라 향후 직장생활에 필요한 인맥을 형성했다. 그리고 취업에 필요한 직무역량과 취업 준비에 필요한 구직역량을 모두 향상시켰으며, 취업 스터디의 경험은 이후 경력 개발이 필요할 때 다시 스터디를 활용할 수 있는 확장에까지 이르게 했다. 연구자들은 이러한 가능성을 취업 스터디 과정에서 나타났던 놋워킹에서 찾고 있다. 놋워킹(knot-working)은 평상시에는 느슨하게 연결된 관계가 필요에 따라 매듭(knot)을 지음으로써 협력하게 되는 유연한 형태의 활동체계를 의미하는데(Engestrom, 2008), 전형별 합격자를 중심으로 또 다른 스터디를 구성하기도 하거나 취업과 관련하여 추가적으로 필요한 부분이 생겼을 때 스터디 내에서 새로운 스터디 모임이 생기는 등 다양한 방법으로 확장되고 파생되고 활용되었다. 즉, 이러한 놋워킹의 모습은 취업 이후 조직생활에서 요구되는 경력 개발의 새로운 방법으로 활용될 수 있다는 점에서 그 의미를 찾을 수 있는데, 이미 형성된 관계망의 연결 속에서 필요에 따라 다시 새롭게 협력을 위한 놋(knot)을 만들고 흩어지는 것을 반복하는 과정에서 경력 개발이 이루어질 수 있다는 것이다. 이러한 연구결과에서 보면 스터디는 개인적 취향이나 방법에 따라 취사선택할 것이 아니라 반드시 필요한 부분일 수 있다. 따라서 상담자는 내담자가 학업실패를 보인 분야의 스터디 활동이 그 분야 경력 개발에서 어떤 역할을 하고 있는지 내담자와 함께 탐색해 보아야 한다.

스터디의 관계지향적 특성   스터디와 관련해 고려할 사항 중 하나는 내담자의 특성이 스터디라는 교수-학습 환경에 적합한가라는 점이다. 함께하는 관계 활동을 지향하고 외부 집단의 기대에 부응하는 사람은 스터디 활동 자체에 대한 흥미와 관심, 즉 내적 동기 요인으로 참여를 이끌 수 있다(김민영, 2017). 반면, 혼자 있기를 좋아하고 자신이 직접 읽고 정리하지 않으면 공부가 잘 안 되는 경우 스터디에서 동료를 만나는 것 자체가 어렵고, 스터디를 통해 학습시간이 오히려 더 늘어날 수 있다. 이런 경우는 대부분 스터디를 하지 않는 것 자체에 대한 불안이 있는데, 스터디를 하더라도 스터디를 통한 학습을 최소화하는 것이 필요하다. 이를 위해 스터디가 꼭 필요한 영역인지부터 확인해야 하고, 필요하다면 왜 필요한지와 어떤 부분을 활용할 것인지 명료화해야 한다. 그리고 이러한 목적을 위해 어떻게 스터디를 구성하고, 스터디를 통한 심리적 에너지 및 물리적 시간의 낭비를 최소화할 방안에 대한 대책도 세워야 할 것이다.

6. 혼자 공부

어떻게 배우든 배운 내용을 활용하기 위해서는 잘 기억하기 위한 별도의 노력이 필요하고 그 노력은 혼자 공부하는 시간을 통해 가능하기 때문에 어떤 교수-학습 환경을 선택하든 혼자 공부하는 시간을 확보하는 것이 중요하다. 이렇게 복습 및 다지기로서의 혼자 공부만이 아니라 새로운 것을 배우는 교수-학습 환경으로서의 혼자 공부도 있다. 새로운 내용을 누구에게 배우지 않고 스스로 학습할 수도 있다. 이러한 혼자 공부에 대해 살펴보면 다음과 같다.

혼자 공부 선호　　한 번도 배우지 않은 새로운 내용을 학습할 때에도 다른 사람으로부터 배우기보다 혼자 학습하는 것을 선호하고 더 잘 학습하는 학습자가 있다는 사실을 상담자는 염두에 두어야 한다. 누군가 내용을 더 잘 알고 있는 사람이 어려운 내용을 보다 쉽게, 복잡한 내용을 간단하게, 많은 내용을 핵심 내용으로 간추려 설명해 주면 학습하기 쉬워진다. 유명 강사는 이것을 잘 해 주는 교수자이고, 설명을 들은 다음에는 그 핵심 내용에 대해 암기하고 시험을 통해 실전을 대비한 훈련을 한다. 그러나 이러한 편리하고 효율적인 전달방식이 잘 맞지 않는 학습자도 있다. 시험에 무엇이 어떻게 출제되는지와 상관없이 학습할 내용을 전체 맥락 속에서 자신의 방식대로 이해하지 않으면 공부가 잘 안 되는 학생들이다. 이들의 경우 강의에 의존하기보다는 혼자 공부하는 시간을 충분히 확보할 수 있도록 도와야 한다.

그렇지만 혼자 공부를 선호하는 학생의 경우라고 해서 수업을 전혀 듣지 않는 학습방법을 선택할 필요는 없다. 특히, 학교를 다니는 중이라면 수업은 반드시 들어야 하기 때문에 이 시간을 자신에게 맞지 않다는 이유로 허비하고 있다면 개입해야 할 부분이다. 학교 수업을 비롯해 강의를 들을 기회가 있다면 예습을 반드시 할 것을 권할 수 있다. 스스로 내용을 파악해 본 다음 어떤 부분을 잘 이해했는지 또는 어떤 부분을 놓쳤는지 확인하는 과정으로 수업시간을 활용하는 것이다. 일반적으로 예습보다는 복습이 시간이 덜 걸리기 때문에 학습의 효율성 측면에서 복습을 추천하는 경우가 많지만, 혼자 공부를 선호하는 학습자라면 복습보다는 예습이 더 효율적일 수 있다. 이렇게 해 보기로 하고 그 효과가 어땠는지 점검하면서 혼자 공부와 수업의 균형을 맞춰 나가도록 돕는다.

완전학습과 반복 읽기　　혼자 공부를 선호할 경우 짧은 시간에 많은 학습을 해야 한다는 효율성보다는 하나라도 제대로 공부한다는 완전학습의 중요성을 지지해 주어야 한다. 상대적으로 많은 학습시간을 요구할 수 있으므로 다른 사람보다 학습시간을 많이 할애한다는 마음가짐으로 차근차근 학습과제에 접근하는 것이 필요하다. 학습해야 할 내용을 요약한 교재보다는 자세하게 잘 설명한 교재를 선택하고, 반복적 읽기의 방법으로 접근한다. 새로운 지식을 설명하는 내용을 한번 읽고 이해하고 암기하기는 어렵기 때문에 반복적 읽기가 필수적이다. 반복적 읽기의 방법과 중요성은 오래전 SQ3R(Robinson, 1946)로 처음 제시되었고 지금까지 다양한 반복적 읽기 방법을 적용한 학습법이 소개되고 있다. 잘 알려진 SQ3R는 영어의 Survey(훑어보기), Question(질문하기), Read(읽기), Recite(암송하기), Review(점검하기)의 첫 글자를 딴 방법으로 처음에는 대학생들의 효과적 공부방법으로 제시되었지만 곧 모든 연령의 학생들에게 효과적인 것으로 확인되었다. 우리나라에서는 아동 대상 독서지도나 학습장애 읽기지도에 적용되는 경우가 많지만, 다양한 학습자료와 학습자에 적용 가능하다. 최근에는 이 과정을 조금 더 확대해 '7번 읽기 학습법'이 소개되기도 했는데, 모두 하나의 학습자료를 서로 다른 목적을 가지고 반복적으로 읽어 나가면서 내용을 파악하고 암기하는 과정을 거쳐야 한다는 점에서 공통점을 갖는다. 혼자 공부를 선호하는 학습자의 경우 이전 학습에서 어떤 방법으로 반복 읽기를 해 왔는지 점검하고 그 효과가 어떠했는지를 파악하여 개선점을 찾을 수 있도록 상담을 통해 도울 수 있다.

참고자료 확보　다른 사람의 설명 없이 새로운 자료를 혼자 공부하다 보면 학습을 하던 중 잘 모르는 용어나 개념이 나오거나 배경지식이 필요할 경우 다른 자료를 찾아야 한다. 웹 문서의 경우 하이퍼텍스트(hypertext)로 구성된 자료라면 이러한 학습과정에 도움이 되고, 하이퍼텍스트로 구성되어 있지 않은 자료라도 하이퍼텍스트 방식으로 접근하게 된다. 이를 위해 혼자 공부하는 것을 선호하는 학습자의 경우 학습해야 할 교재 외에 참고자료가 제대로 확보되어 있는지 점검이 필요하다. 그러므로 쉽게 자료에 접근할 수 있는 도서관에서 공부를 하는 것이 유리한데, 도서와는 분리되어 있는 열람실 형태의 자리보다는 자신이 공부하는 관련 도서와 검색대가 가까이에 있는 자리가 좋다. 또한 많은 자료들이 데이터베이스화되어 인터넷으로 접근이 가능하기 때문에 이러한 데이터베이스에 접근하는 방법과 필요한 자료를 효과적으로 찾는 데 익숙해지는 것도 필요하다. 나아가 학습자료의 확보만이 아니라 확보된 자료를 학습에 활용하는 과정에 대한 개입도 필요하다. 상담자는 내담자가 학습과정에 필요한 참고자료를 어떻게 확보하고 어떻게 활용하고 있는지 확인하고 그 과정의 어려움이나 비효율성을 개선할 수 있도록 도와야 한다.

폭넓은 읽기의 조절   혼자 공부를 선호하는 학습자의 경우 학습해야 할 내용을 넘어 폭넓은 읽기를 즐기는 경우가 많다는 점도 또 다른 특성이다. 실제 다독을 하는 경우가 많고 속독에도 능하다. 호기심이 많고 지식의 배경까지 알아가면서 이해하는 것에 흥미가 높아 외재적 동기보다는 내재적 동기가 높다. 이러한 장점은 자칫 단점으로 작용하기도 하는데, 먼저, 자신이 관심이 없는 영역의 학습을 아예 하지 않을 수 있다는 점이 문제가 되기도 한다. 흥미가 뚜렷해 흥미가 있는 영역에서의 성취와 흥미가 없는 영역에서의 성취 차이가 커질 수 있는데, 결국 어떤 시험이나 기준을 통과하지 못하는 원인이 된다. 뿐만 아니라 폭넓은 읽기나 참고자료 찾기를 하다가 해야 할 학습 내용에서 많이 벗어날 위험도 있다. 지나친 확산적 사고 때문에 당면한 과제의 해결을 소홀히 하게 되는 것이다. 예를 들면, 시험공부를 하다가 잘 몰라서 자료를 찾다가 그 내용에 빠져 해야 할 시험공부를 하지 못하는 경우가 생길 수 있다. 예를 들면, 국어 교과서에 수록된 글의 작가에 대해 찾아보다가 그 작가의 다른 작품을 읽느라 시간을 보내는 학습자가 있다. 같은 작가의 다른 작품을 읽음으로써 작가의 특성을 더 잘 이해하게 되겠지만, 거기에 시간을 빼앗겨 당장의 중간고사 또는 기말고사 준비를 제대로 못하게 된다면 문제가 될 수 있다. 상담자는 학업실패의 과정에서 이러한 문제가 있었던 것은 아닌지 점검하고, 이 문제를 개선해 내담자가 자신의 장점을 최대한 살릴 수 있도록 도와야 한다.

학습과정에 대한 자기관리   혼자 공부를 할 때는 학습에 얼마나 도달했는지 점검해 줄 외부 체제가 없기 때문에 스스로 그 구조를 만들어야 한다. 혼자 공부를 선호하는 학생들은 "푹 빠져서 공부를 하다 보니 실력이 쌓이게 되었다"라고 회고하는 경우가 많다. 학습에 대한 내재적 동기에 충실하다는 점에서 바람직하지만, 성적이나 시험에는 불리할 수 있다. 실력은 쌓였지만 시험에 실패하면 결국 학업실패를 경험할 수밖에 없고 자책이 뒤따를 수 있다. 따라서 학습과정에 대한 점검과정을 포함시켜 학습의 효율성을 높이고 객관적 평가에서 실력 발휘를 촉진할 수 있도록 도와야 한다.

학습과정에 대한 점검에는 주로 초인지 전략이 사용되는데, 자신의 학습의 과정을 스스로 관찰하고 기록하고 평가하는 과정이다. 무엇을 공부했고 무엇을 공부하고 있고 무엇을 더 공부해야 하는지, 어떤 것은 도움이 되고 어떤 것은 도움이 되지 않는지, 무엇을 목표로 하는지 목표에는 어느 정도 도달했는지 무엇을 더 해야 목표에 도달할 수 있는지 등을 계속 점검하면서 학습하는 것이 필요하다. 이러한 질문들을 스스로에게 던지고 답하기 위해 자신의 학습행동을 관찰하고 기록하고 평가하는 과정이 바로 자기점검의 과정이다. 이 과정에서 가장 중요한 단계는 기록인데, 기록을 통해 관찰과 평가가 가능하기 때문이다. 학습한 내용을 요약하고 정리하는 노트정리(예: 단권법)에서부터 목표 설정과 진행에 대한 기록, 문제와 그 해결에 대한 기록, 시간관리 기록 등을 함께 해야 한다. 따라서 혼자서 공부는 많이 하고 있지만 자기점검이 잘 되지 않고 있는 내담자라면 기록의 과정부터 개입해 조력해야 한다.

  스스로 관리를 하는 학생들도 도움을 필요로 할 때가 있는데, 너무 완벽하게 공부하려고 하는 꼼꼼함에 집착하는 학생들이다. 이런 학생들은 보다 장기적 안목을 가지고 시간을 관리하고 전체 공부 분량에 대해 시간과 에너지를 분배하는 능력이 부족해 성실함에도 불구하고 실패하게 된다. 이런 학생들에게는 시간관리 전반에 대해 다시 점검하고 보다 효율적 방안에 대해 안내해 주는 것이 필요할 것이다.

제 3 부
학업실패 트라우마 상담의 실제

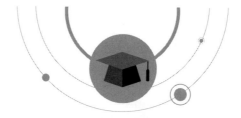

학업에서 실패에 대하여 같은 경험을 했을지라도 어떤 상황에서 어떤 실패를 했느냐에 따라서 그 경험과 극복 양상은 달라진다. 제1부와 제2부에서 살펴본 학업실패 조력에 관한 일반론을 개별 사례에 적용하기 위해서는 학업실패 유형의 서로 다른 특성을 알아야 할 것이다. 이러한 필요에 따라 제3부에서는 학업실패 트라우마에 대한 유형별 접근 방법을 알아보고자 한다. 아동기부터 성인기로 가면서 겪게 될 가능성이 높은 순서로 학업실패 유형을 배치해, 기초학력미달, 학습포기자, 성적 하락, 기대 부응 실패, 대입 실패, 학사경고, N수생과 반복된 실패 등의 주제로 7개의 장에 걸쳐 그 내용을 살펴볼 것이다. 각 장에서는 해당 학업실패 유형과 고유한 특성, 호소문제의 특징이나 문제의 양상, 상담에서 집중해야 할 과제를 다루고, 그 장에서 다루고 있는 학업실패의 이해를 돕는 관련 개념을 추가로 소개하고 있다. 각 장의 심화학습으로 구성된 개념들은 해당 학업실패에만 관련되는 것은 아니지만, 보다 빈번하게 관련된다는 점을 고려해 해당 장의 후반에 배치되었다.

제8장
기초학력미달

초등학교 3학년 한결의 담임은 첫 수학 단원평가를 본 다음 모둠의 친구들과 바꿔서 채점을 하게 했다. 이렇게 채점하는 바람에 학생들은 서로의 점수를 알게 되었는데, 한결의 점수는 25점으로 학급에서 가장 낮은 점수였다. 그날부터 학급 친구들이 장난삼아 한결을 '수학바보'라고 놀리기 시작했다. 한결의 학업실패 트라우마가 발생한 시점이다. 이후 급우들이 모두 자신을 바보로 보는 것이 싫었고 '수학바보'라고 놀리는 건 더 견딜 수 없었다. 결국 등교거부에 이르게 되었고, 등교거부 기간이 길어지자 부모는 한결을 데리고 상담실을 찾았다. 어머니 상담과 몇 회의 상담이 진행된 이후에야 등교거부의 직접적 원인이 수학 점수 공개에 있었다는 사실을 확인할 수 있었다. 한결은 수학만이 아니라 읽기와 쓰기에서도 부진이 심각한 상태였고, 담임과의 통화를 통해 한결이 기초학력진단검사에서도 위험군에 포함되었음을 알았다.

한결은 초등학교 입학 전 2년 정도 부모의 사정으로 시골의 할아버지 댁에서 지냈는데, 한글이나 숫자 등 학업 관련 준비를 하지 못했다. 한글과 기본 셈을 모른 채 초등학교에 입학하고 3학년까지 계속 학습부진 상태에 놓여 있었다. 한결이 다니는 초등학교는 소득수준이 높은 지역에 위치해 있어 한결과 같은 부진아가 거의 없어 기초학력미달을 지원하는 프로그램도 없는 상태였다. 한결의 담임은 첫 수학 단원평가의 결과와 한결이 학급의 유일한 기초학력미달 학생이라는 사실을 어머니에게 알리고 사교육으로 보충해야 한다는 말을 전달하기만 했다. 그 말을 들었을 때도 어머니는 한결이 초등학교에 들어가면서부터 학원을 다니고 있었기 때문에 앞으로 괜찮아질 것이라고 생각했다고 했다.

상담자는 한결의 인지적 능력에 대한 객관적 파악을 위해 개인지능검사를 실시하고, 학교에 요청해 기초학력진단검사 결과와 해당 학기 단원평가 점수를 받았다. 지능은 '평균상' 수준이었고, 학습 경험에 영향을 덜 받는 동작성 지능은 '우수' 수준으로 지적 능력은 뛰어난 학생이었다. 하지만 기초학력진단검사에서는 3학년 수준의 읽기, 쓰기, 셈하기에서 모두 50% 미만을 보였고, 단원평가 점수도 평균 50점을 넘는 과목이 없었다. 읽기유창성검사를 따로 실시해 본 결과 읽을 수는 있으나 속도가 느리고 오류가 많았으며, 1학년 6개월 수준이었다.

1. 기초학력미달 학업실패의 의미

모든 학습을 하는 데 토대가 되는 읽기, 쓰기, 셈하기의 기초를 기초학력이라고 명명하고 그것을 제대로 습득하지 못한 상태를 기초학력미달이라고 명명한다. 기초학력은 우리나라 국가교육과정에서 공식적으로 사용하는 용어로, '기초학습기능', '학업기초능력' 등으로 표현되기도 한다. 미달이라는 용어 대신 부진이라는 용어를 사용해 '기초학력부진', '기초학습(기능)부진' 등으로 명명하기도 한다. 우리나라에서는 초등학교 3학년 학습준비도(2학년까지의 교육과정 습득)로서 읽기, 쓰기, 셈하기를 기초학력으로 정의하고 '초3 진단평가'를 통해 확인할 수 있도록 정하고 있다. 초3 진단평가지는 한국교육과정평가원에서 운영하는 '기초학력향상지원 사이트(꾸꾸)'와 시·도 교육청에서 제공한다. 기초학력의 의미를 보다 넓게 정의해 자신이 속한 학년의 학습준비도에 도달하지 않은 상태를 모두 아우르기도 한다. 앞서 살펴본 기초학력의 개념에 주요 교과별 해당 학년 성취도 수준을 포함한 개념이다. 예를 들면, 2009년부터 국정과제로 채택된 '기초학력책임제'에서는 기초학습부진과 교과학습부진을 모두 기초학력미달에 포함시키고 있다. 이러한 정의는 학습부진의 내용을 포함하고 있어 혼란스러울 수 있는데, 학교 또는 시·도 교육청에서 제공되는 자료에서는 광의의 의미로 기초학력미달이라는 용어를 사용할 수 있으므로 상담자는 이를 구분해 알아 두어야 한다.

기초학력미달은 일반적으로 앞서 살펴본 한결의 사례에서 보는 바와 같이 학령기 초기에 발생하는 읽기, 쓰기, 셈하기의 기초가 마련되어 있지 않은 경우를 가리킨다. 초등학교 입학 때부터 학습준비도에서 차이를 보인 것이 이후 지속적인 학습부진으로 이어지는 경우가 많고, 한결처럼 어느 순간 그 사실이 드러나면서 놀림거리가 되어 버린다. 한결과 같이 한글 읽기와 쓰기를 습득하지 못한 상태로 초등학교에 입학한 아동은 초등학교 입학과 동시에 기초학력미달이라는 학업실패에 이르면서 마음에 깊은 상처가 남는 트라우마를 함께 경험한다.

예컨대, 유정은 한글을 읽을 줄만 알고 쓰기는 못하는 상태로 초등학교에 입학했는데, 첫날부터 알림장을 쓰라는 선생님의 말씀을 듣고 당황했다. 그림을 그리듯이 칠판의 내용을 그대로 옮겨 적는 데 많은 시간이 걸렸고 결국 제대로 쓰지도 못하고 학교는 끝났다. 이런 유정을 보고 교사는 다음부터 다른 친구들처럼 빨리 쓸 수 있도록 연습하라고 지시했다. 유정은 첫 등교일부터 학교가 지옥과 같이 느껴졌다고 한다. 이러한 배경에는 '교육과정보다 앞서 학습을 시키는 조기교육이나 선행이 바람직하지 않다'고 생각하는 부모의 소신(유정의 경우), '공부는 학교에서 배우는 것'이라는 상식만 가지고 있는 다문화가정의 부모, 너무 바쁘거나 아프거나 이혼 등으로 자녀에게 손길이 닿지 못하는 가정(한결의 경우)이 있다. 교육과정상 한글 읽기와 쓰기는 초등학교에서 가르치는 내용이지만 거의 모든 아동이 한글 읽기와 쓰기를 습득하고 입학하기 때문에 학교에서는 한글 읽기와 쓰기를 제대로 가르치지 않는 경우가 많다. 이러한 문제 때문에 최근 교육청에서는 초등학교 1학년 교육과정을 철저히 수업하도록 정하고 있기도 하다.

초등학교 입학 시기를 잘 넘겨도 기초학력미달의 위기는 계속 찾아온다. 〈스쿨〉이라는 일본 드라마 1편에 등장하는 유우키는 초등학교 2학년 때 골절로 입원하면서 꽤 긴 기간 결석을 하게 되었는데, 그 사이에 구구단 진도가 나가는 바람에 구구단을 암기하지 못한다. 구구단을 외지 못한 채 학년은 계속 올라가 5학년이 되어 특별반에 배치되었고, 이것이 결국 유우키가 집단따돌림을 당하는 빌미가 되어 버린다. 그러나 유우키는 구구단을 암기해 이 상태를 벗어나려고 노력하기보다는 "이런 시시한 문제는 풀기 싫다"는 식으로 특별반에서 시키는 학습도 거부하면서 기초학력미달이 지속되고 집단따돌림도 계속된다. 학교를 다니다 유우키처럼 학습을 하지 못하는 공백이 생길 수 있고, 그 공백기에 학습하지 못한 것이 이후 모든 학습에 부진을 초래하게 된다. 학습 공백기가 고스란히 학업실패로 이어지게 되고 트라우마가 될 정도로 큰 마음의 상처를 받게 된다. 학습 공백기는 유우키와 같이 위기 상황에 처해 공부를 할 수 없는 상황에서 발생하는데, 초등학교 시기 경험하는 위기로 갑작스러운 부모의 이혼과 같은 정서적 충격, 새로운 학교로의 전학으로 인한 교육과정 차이, 집단따돌림을 포함한 학교폭력 피해 또는 가해, 갑작스러운 사고나 질병(유우키의 경우) 등이 대표적이다. 초등학교 시기 교육과정을 통해 학습하는 거의 모든 내용은 이후 학습을 위한 기초가 되는 경우가 많아 이 시기에 발생하는 학습결손은 이후 학습에 치명적이다. 우리나라 교육제도상 특정 학년의 교육과정을 제대로 이수하지 못할 경우 그 학년을 한 번 더 다니는 유급제도가 있지만 이주민의 중도 입학을 제외하고 유급제도가 적용되는 경우는 없는 실정이다. 따라서 개인이 살아가면서 겪을 수밖에 없는 삶의 위기와 스트레스로 인한 학습 공백기는 기초학력미달로 이어지고 이를 회복할 기회가 없이 이후 학습부진 상태의 결과를 초래한다.

2. 기초학력미달 학업실패의 문제 양상

기초학력미달은 학령기 초기에 습득해야 하는 읽기, 쓰기, 셈하기 등의 기초학력을 제대로 갖추지 못한 상태로, 그로 인한 부작용은 초등학교 시기부터 나타나는 것이 일반적이다. 그러나 그 영향이 상당히 오랫동안 지속될 수도 있는데, 초등학교를 지나 중학교와 고등학교에 진학해서도 계속 문제가 될 수 있고, 경우에 따라 성인기까지 미해결 과제로 남아 있을 수 있다. 따라서 아동을 대상으로 한 학업상담만이 아니라 어느 시기 학업상담에서도 기초학력미달로 인한 학업실패 경험 여부를 확인하고 개입해야 한다.

초등 시기 학교부적응　　기초학력미달이라는 학업실패는 '불합격'과 같이 한순간 발생한 학업실패와 달리, 실패의 시점을 정확하게 정의하기 어려운 경우가 많다. 오히려 학생들의 학교생활을 포함한 일상 속에서 지속되고 반복되는 실패 경험이라고 할 수 있다. 그래서 실패를 경험한 당시에 상담을 오게 되는 경우는 거의 없고, 한결이나 유우키처럼 기초학력미달이 원인이 되어 등교거부와 집단따돌림과 같은 학교부적응 문제가 발생하고, 그 문제로 인해 상담을 찾게 되는 경우가 더 많다. 그리고 이런 문제는 대부분 초등학교 시기에 나타나기 때문에 초등학생의 학교부적응 문제를 다룰 때는 기초학력미달 상태를 함께 파악해야 한다.

중등교육 시기 학교부적응　　초등학교 저학년 시기의 기초학력미달의 문제가 한 결이나 유우키처럼 학교부적응 문제를 야기하지 않고 지나가기도 한다. 수업 내용을 알아들을 수 없고 학교가 재미없지만 뚜렷하게 문제를 일으키지 않으면서 학교를 다니는 경우가 더 많기 때문이다. 외현화된 문제를 불러일으키지 않을 경우 기초학력미달은 보이지 않는 문제로 남아 오랫동안 방치되기도 한다. 또한 기초학력미달 상태에서는 수업을 따라갈 수 없고 스스로 공부를 할 수도 없기 때문에 저절로 해결되기 어려워 이 상태가 계속 유지된다. 뿐만 아니라 이후 학습 내용을 계속 익히지 못해 전반적으로 교육과정을 따라가지 못하는 학습부진으로 발전하게 된다. 기초학력미달 학생들은 '공부를 못하는 사람'이라고 스스로를 명명하고 주어진 과제를 수행하지 못할 때마다 실패감을 경험하면서 학교를 다니게 된다. 학교교육에 대한 혐오, 분노, 거부감, 괴리감, 수치심이 내면에 차곡차곡 쌓여 가고 어디에서부터 실패였고 어디까지 실패했는지도 알 수 없는 실패의 웅덩이 속에서 하루하루를 살아가게 된다. 궁극적으로 학교라는 시스템에 적응하기 어렵기 때문에 초등학교 시기에는 별 문제없는 것처럼 보이지만, 중학교로 진학하고 학년이 높아질수록 여러 문제를 보이게 된다. 따라서 중·고등학생의 학교부적응 문제를 다룰 때도 기초학력미달에 대한 점검이 필요하고, 그로 인한 부정적 경험을 먼저 다루어야 한다.

미해결 트라우마　　기초학력미달은 오래 묵은 문제로 개인에게 남아 일생을 통해 영향을 미치게 되기도 한다. 기초학력미달이 있다고 해서 이후 학업에서 반드시 실패를 반복하는 것은 아니다. 자신의 노력이나 여러 가지 교육지원 서비스를 통해 기초학력미달과 이로 인한 학습부진을 극복할 수 있기 때문이다. 그럼에도 기초학력미달이라는 학업실패에서 경험했던 마음의 상처는 트라우마로 남아 있을 수 있고, 이로 인해 여러 가지 문제를 겪게 된다. 이런 경우 기초학력미달이 문제의 근본적인 원인이 되었다는 사실을 알아내기까지 많은 시간과 노력이 소요될 수 있다. 다음 사례에서 그 특성을 알 수 있다.

우울 문제로 상담을 받던 40대 여성인 소현 씨는 여러 회기에 걸친 탐색을 통해 자신의 낮은 자존감이 초등학교 시기의 기초학력미달에 원인이 있었다는 통찰을 얻게 되었다. 소현 씨는 초등학교 2학년 때 담임교사가 채점한 시험지를 나누어 주며 "바보멍청이 같으니."라고 했던 말을 들은 이후 자신은 무능하고 무가치한 사람이라고 생각하면서 살아온 것 같다고 얘기했다. 당시 소현 씨는 집안 사정으로 갑자기 전학을 오게 되었고, 전학을 오니 진도가 많이 달라 당혹스러웠는데 전학 온 지 며칠 지나지 않아 시험까지 보게 되었다. 당연히 좋은 점수를 받지 못했는데 그 당시 점수는 기억하지 못하지만 담임의 말은 지금도 생생하게 기억날 정도로 마음에 큰 상처를 남겼다. 이후 열심히 해서 3학년 때부터 성적을 회복하고 원하는 대학에도 들어갔지만 '바보멍청이'라는 자신에 대한 명명을 지울 수는 없었다.

당시 소현 씨의 담임은 그런 말이 소현 씨에게 이렇게까지 깊은 마음의 상처를 주리라고는 생각하지 못했을 것이다. 자신이 학생들을 바라보던 관점이 의도하지 않게 발설되고 그것이 소현 씨에게는 평생 지울 수 없는 상처가 되었을 가능성이 높다. 그렇다면 소현 씨의 담임은 왜 단 한 번의 시험결과를 보고 소현 씨를 '바보멍청이'로 판단해 버렸을까? 가장 큰 이유는 초등학교 저학년 시기에 나타나는 기초학력미달은 학생의 타고난 지적 능력이 부족한 것(흔히 '머리가 나쁘다'로 표현)으로 오인되는 경우가 많기 때문이다. 우리나라 사람들이 가진 학업성취에 대한 대표적인 미신 중 하나가 '타고난 지적 능력이 학업성취도를 좌우한다'는 것이다. 지적 능력이 학업성취도를 예언하는 것은 맞지만 그 설명력은 40% 이하로, 나머지 60% 이상은 지적 능력이 아닌 다른 요인들에 의해 좌우된다. 그러나 많은 사람은 지적 능력이 모든 것을 설명하는 것처럼 생각하고, 학생이 어리면 어릴수록 그 영향력을 더 크게 지각하는 경향이 있다. 반면, 초등학교 고학년 이상이 되면 학습부진을 타고난 지적 능력과 함께 부족한 노력 때문이라고 귀인하는 경우가 많아진다. 그래서 초등학교 고학년 이상 중·고등학교의 학습부진아들은 능력이 부족하다는 것과 더불어 '게으르다', '열심히 하지 않는다', '놀기만 좋아한다' 등과 같은 비난을 추가로 받게 된다.

우리나라 기초학력미달 관련 교육정책과 현장

기초학력미달 관련 교육정책과 현장은 교사를 비롯한 교육전문가들이 알아야 할 내용이라고 생각하기 쉽지만, 내담자가 살고 있는 맥락에 대한 이해를 하기 위해 상담자도 알고 있어야 한다. 기초학력미달 해소를 위한 교육정책은 공교육을 실시하는 주체인 국가는 교육을 받는 모든 학습자가 일정 수준의 학업성취에 도달할 수 있도록 해야 한다는 교육책무성 강조에 근거를 두고 있다. 우리나라에서 기초학력미달에 대한 문제를 인식하고 이를 해결하고자 노력했던 것은 그리 오래되지 않았다. 어느 정도는 2001년 미국이 'NO CHILD LEFT BEHIND(이하 'NCLB') ACT'*라는 법안을 통과시킨 것의 영향도 받았다고 할 수 있다.

기초학력미달 해소를 위한 노력은 학교 내에서보다는 지역사회를 중심으로 시작되었다. 국가성취도평가에서 초등학교 3학년 수준의 기초학력을 초·중·고에 모두 실시했던 시기가 있었는데, 당시 자료(연합뉴스, 2002. 9. 18.)에 따르면 초3 진단평가의 읽기·쓰기 미달인 고등학생이 0.5%, 셈하기 미달인 고등학생이 0.7%에 달했다. 그리고 이와 같은 기초학력미달 학생들은 사회경제적 취약계층에 밀집되어 있었다. 따라서 이를 해소하기 위해 부모가 생업에 바쁘거나 가족해체로 함께 살지 않아 자녀를 제대로 돌보지 못하는 가정을 위해 지역아동센터를 늘리는 정책이 제안되었다. 2004년 1월 지역아동센터 법제화가 완료된 이후 895개에 불과하던 지역아동센터의 수는 급격히 증가하여 2010년에 3,690개에 달하게 되고 2016년 12월 말 4,107개가 운영되고 있다(보건복지부, 2017). 그러나 지역아동센터를 통해 방과후 돌봄과 학습지도를 강화하는 정책은 기초학력미달을 크게 개선하지 못했다. 이에 정부는 기초학력미달과 함께 교과학습부진까지 포함하는 학습부진학생 지도 정책을 입안하였다. 2009년 '기초학력 책임제'를 '인재 대국'을 위한 국정과제로 설정해 학습부진학생 최소화를 위한 국가수준의 지원과 책임지도를 강조하고 학업성취도 평가결과에 따라 학교별로 행·재정적 지원을 확대하였다. 예를 들면, 당시 교육과학기술부는 2008년 10월에 실시된 국가수준학업성취도 평가결과와 시·도 교육청의 현장실사를 토대로, 2009년 6월에 기초학력미달 학생이 밀집한 전국 1,440개 초·중·고교를 학력향상 중점학교로 지정해 총 840억 원의 예산을 투입했다(교육과학기술부 보도자료, 2009. 6. 23.). 학교를 통한 개입은 상당히 효과를 거둔 것으로 평가되고 있으나, 국가수준학업성취도 평가에 대한 저항과 돌봄에 대한 교육비 지원 요구가 높아지면서 지원의 규모는 축소된 상태이다. 현재는 두드림학교, 학력향상형 창의경영학교, 시·도 교육청 산하 학습종합클리닉센터를 통해 학습부진학생들을 지원하고 있다.

이러한 과정을 거치면서 기초학력미달 해소 지원의 현재 상황은 한국교육과정평가원 주도로 전국적인 지원을 제공하고, 교육청별로 지역에 맞는 지원정책을 전개하고 있다. 한국교육과정평가원은 기초학력향상지원 사이트(꾸꾸)를 통해 학습부진(기초학력미달+교과학습부진) 학생 진단도구, 교과별 보정 프로그램, 학습활동관리 프로그램 등을 연구, 개발, 보급하고 학교 내 학습부진 학생에 대한 체계적인 예방진단지도 관리 시스템이 정착되도록 지원하고 있다. 한국교육과정평가원이 제공하는 대표적 진단평가는 전국적으로 실시되던 초3 진단평가(초등학교 3학년 대상 읽기·쓰기·셈하기)와 초6, 중3, 고2 대상 국가수준학업성취도 평가('일제고사'로 명명되기도 함)이다.

그러나 현장에서 일제고사에 대한 부담감 문제가 제기되면서, 초3 진단평가와 초6 대상 국가수준학업성취도 평가가 먼저 없어지고, 2017년부터 중3과 고2에 대한 국가수준학업성취도 평가(국어, 영어, 수학 3과목 대상)도 전수조사에서 표집조사로 전환되었다. 전수조사가 없어지면서 학생들의 학력에 대한 지표 마련이 어려워진 상황으로 교육청별로 한국교육과정평가원에서 제공하는 국가수준학업성취도 검사지를 활용해 별도 평가를 실시한다.

초3 진단평가와 국가수준학업성취도 평가가 전수조사로 이루어지던 시기에는 학교 측에 요청한 경우 내담자의 수준을 알 수 있었지만 지금은 어려운 상황이다. 내담자가 다니는 학교가 두드림학교 또는 학력향상형 창의경영학교로 지정되어 있거나, 학교와 연계된 학습종합클리닉센터의 서비스를 받고 있는 경우라면 성취도 수준 자료를 받을 수 있다. 그렇지 않을 경우 내담자의 기초학력미달 정도에 대한 객관적 진단을 상담자가 직접 실시해야 하는데, 꾸꾸 사이트(http://www.basics.re.kr/)에서 검사지를 찾아 사용하면 된다.

* 미국의 NCLB 법은 공교육 내실화를 위한 연방정부 차원의 시도로 전국의 모든 공립학교에서 '단 한 명의 낙오자도 없도록' 학생들의 학력 수준을 높이겠다는 취지로 제정되었다. 교육에 대한 책무성 강화, 예산 유연성 증대, 교수법의 전문화, 교육선택권 등을 주요한 원칙으로 삼아 표준화된 평가도구를 이용한 학력 향상을 강조하고 있다. 이후 실효성에 대한 논란이 계속되었지만 일부 개정의 과정을 거치면서 계속 유지되고 있다.

3. 상담에서의 선택과 집중

기초학력미달 학업실패가 언제 발생했고 어떤 문제로 발전했는지에 따라 내담자가 경험하는 문제가 다양한 만큼, 그 접근에서도 여러 가지 측면이 고려되어야 한다. 기초학력미달 학업실패를 겪은 내담자를 상담할 때 가장 먼저 해야 할 일은 기초학력미달 원인에 대한 올바른 이해를 할 수 있도록 돕는 것이다. 그리고 내담자가 기초학력미달 상태에서 빠져나올 수 있도록 도와야 했을 사람들이 오히려 상처를 가중시켰던 경우라면 그에 대한 억울함을 해소할 수 있도록 도와야 한다. 아직 기초학력미달 상태에서 벗어나지 못한 상태라면 기초학력을 습득할 수 있도록 촉진하고 지원해야 한다. 기초학력미달 학업실패 경험이 미해결된 상태의 트라우마로 남아 있다면 상담을 통해 재경험하고 극복할 수 있도록 해야 한다.

기초학력미달 원인에 대한 재해석　　앞서 살펴본 기초학력미달로 인한 부적응 양상에 따라 그 접근은 달라질 수 있겠지만, 어떤 경우이든 기초학력미달의 원인에 대한 재해석이 필요하다. 대부분의 학업실패 경험자들은 '나는 공부를 못하는 사람' 또는 '나는 똑똑하지 못해.'라는 낙인을 스스로에게 찍는다. 그리고 이러한 낙인에서 가장 빠져나오지 못하는 경우가 기초학력미달 학업실패라고 할 수 있다. 초등학교에 입학해 학교공부를 시작하는 초기부터 수업을 따라가지 못하는 경험을 하면서 또래들보다 처진다고 느꼈고, 뿐만 아니라 나름대로 노력을 해 보았지만 적절한 지원이 없는 상황에서 부진 상태를 빠져나오지 못하는 좌절을 반복적으로 경험했기 때문이다. 이에 더하여 도움을 주어야 할 부모, 교사, 또래로부터 오히려 공부를 못한다는 이유로 무시당하고 비난까지 받으면서 고통이 더욱 가중되는 경우도 많다. 따라서 기초학력미달이 발생했던 시점으로 돌아가 왜 그런 상황이 초래되었는지에 대한 객관적 이해를 다시 하고, 기초학력미달의 원인에 대한 재귀인을 해야 한다. 이를 통해 내담자가 '난 똑똑하지 못해.'라는 굴레에서 벗어나 '다시 시작해 보자.'라는 마음을 먹을 수 있도록 도울 수 있다.

그렇다면 어떻게 재귀인을 할 것인가? 그 출발점은 내담자가 가진 가설부터 들어 보는 것이다. 여러 상황에 대한 이야기를 듣고 상담자가 가설을 세우려고 하기보다는 내담자가 가지고 있는 가설(자기이론, self-theory)을 먼저 이끌어 내는 것이 더 효과적이다. 자신에게 어떤 공부문제가 있다고 생각하는지, 그 문제의 출발점은 언제였는지, 그 당시 무슨 일이 있었는지, 어떤 일 때문에 공부를 못하게 되었는지, 어떤 일이 있었으면 공부를 더 잘할 수 있었을지 등의 질문을 통해 기초학력미달 발생 원인에 대한 내담자의 가설을 들을 수 있다. 다음으로 이 과정을 통해 제시된 여러 가설들 가운데 내담자 자신의 문제가 아니라 내담자를 둘러싼 맥락의 문제를 찾는 것이 필요하다. 다음은 내담자가 가지고 있는 가설에 대한 탐색을 해 나가는 과정을 예상해 본 것인데, 내담자인 민준이 제시한 한 가지의 원인에 머물지 않고 맥락을 포함해 더 많은 원인을 찾아 나가는 탐색의 과정을 보여 준다.

> 내담자: 제가 멍청하니까 못한 거죠.
>
> 상담자: 그게 전부일까요?
>
> 내담자: 제가 열심히 했어야 하는데 놀았던 것도 있어요.
>
> 상담자: 그리고 또 다른 것 없을까요?
>
> 내담자: 글쎄요.
>
> 상담자: 혹시 그때 민준이 더 열심히 하도록 도와줄 수 있는 사람은 없었을까요?
>
> 내담자: 혼자서는 아무리 해도 안 되더라고요. 아예 배우지 않은 거라서. 엄마한테 학원을 보내 달라고 말하고 싶었는데. 저희 집 형편이 어려우니까 그런 얘기를 할 수 없었어요.
>
> 상담자: 그럼 민준이도 나름대로는 열심히 해 본 거네요. 배우지 않았기 때문에 혼자서는 해결을 할 수 없었고. 가정형편 생각해서 학원 보내 달라는 얘기도 못했고.
>
> 내담자: 맞아요. 그때 학원만 갔어도 괜찮았을 거예요.

이와 같이 민준이 스스로 기초학력미달의 원인이 자신에게만 있는 것이 아니라 자신도 어쩔 수 없는 맥락에도 있다는 것을 알아차릴 수 있도록 도울 수 있다. 이렇게 내담자가 이미 알고 있는 원인을 떠올릴 수 있도록 탐색적 질문을 해 나가면서 가설을 확인하면 상담자가 새로운 가설을 제공하는 방법보다 통찰에 빨리 도달할 수 있다.

억울한 마음 풀어 주기   기초학력미달의 원인에 대한 재해석 과정을 통해 다양한 원인을 파악하고 나면 내담자는 자신의 억울한 마음을 마주하게 된다. 자신의 기초학력미달 문제의 원인이 반드시 자신에게만 있는 것도 아니고 스스로는 해결할 수도 없는 일인데도, 지금까지 자기 탓만 했기 때문에 그동안 받았던 고통이 억울하게 느껴지는 것이다. 억울함의 대상이 누구이든, 무엇이든 그 억울함을 인지하고 해소하는 것이 상담에서 해야 할 중요한 과제이다. 또한 기초학력미달 자체가 아니라 학교부적응 문제로 상담을 찾은 경우 문제 발생 초기에 억울한 일을 당한 경우가 상당히 많다. 이런 경우 억울한 마음에 대한 개입은 반드시 거쳐야 하는 과정이다. 그러나 많은 경우 기초학력미달에서 출발한 부적응 문제(예: 한결의 등교거부, 유우키의 집단따돌림 피해)는 기초학력미달이 큰 원인으로 보이면서 억울한 일은 배경으로 남게 된다. 상담에서는 이 억울한 에피소드를 찾고, 내담자가 억압된 감정을 재경험하도록 도와야 한다. 한결과의 상담에서는 다음과 같이 억울함 찾기가 진행되었다.

　친구들 앞에서 25점이라는 점수가 공개되는 순간 한결은 너무 당혹스럽고 창피했다. 그 이후로 친구들과 선생님은 자신을 바보 취급했고, 혹시 엄마가 이 사실을 알게 될까 봐 전전긍긍하기도 했다. 하지만 그날 모둠원들끼리 바꿔서 채점을 하지 않고 선생님이 채점만 했어도 이런 일은 없었을 것이다. 어떻게 보면 자신이 해야 할 채점을 친구들끼리 하게 한 담임이 잘못한 것이기 때문에 한결 입장에서는 억울할 수 있다. 그렇지만 자신이 수학을 잘 풀 수 있었다면 상관이 없었던 일이기 때문에 이런 억울한 심정을 스스로 인정하지 못하고 있었다. 그래서인지 한결은 등교거부의 촉발 요인이 되었던 수학 점수 공개 사건을 상담 초기에 기억해 내지 못했다. 상담 초기 어머니 면담에서 최근 한결에게 있었던 특별한 일에 대해 질문했을 때, 다른 학부모를 통해 들었다고 하면서 수학 점수 공개 얘기를 해 주었다. 상담자는 어머니의 이야기에 대해 한결에게 직접 말하는 대신 최근부터 거슬러 올라가면서 학교에서 있었던 일에 대해 탐색해 나갔다. 상담자는 한결이 레고블록을 좋아한다는 점을 활용해 상담시간에는 항상 레고블록으로 표현하는 것도 허용했다. 처음엔 별로 기억이 없다고 했지만, 조금씩 기억을 떠올려 수학 채점하던 날에 대해 레고로 표현하면서 이야기도 할 수 있었다. 그리고 이를 출발점으로 담임 선생님에 대한 서운함과 억울함을 여러 회기에 걸쳐 다루어 나갔다.

처음부터 다시 공부하기   앞으로 무슨 일을 하게 되든 기본적인 읽기, 쓰기, 셈하기에 해당하는 기초학력을 습득해야 한다. 기초학력미달 상태에 머물러 있는 내담자라면 기초학력미달 상태를 벗어날 수 있는 학습지원이 이루어질 수 있도록 상담에서 도와야 한다. 이를 위해 '기초학력 진단 → 현 상태에 대한 수용 → 학습지원체제 마련 → 학습지원의 효과 평가' 등의 과정을 거쳐야 한다.

① 기초학력 진단

부족한 기초학력을 보충하기 위해 가장 먼저 해야 할 일은 내담자의 현 상태에 대한 정확한 파악이다. 기초학력미달 시점으로 돌아가 처음부터 학습을 보충해야 하는데 그 출발점을 찾아야 하기 때문이다. 학교에 요청해 학업성취도 관련 자료를 받는 것이 가장 좋은데, 최근 초등학교에서는 평가를 실시하지 않는 경우가 많아 자료가 없을 수 있다. 이 경우에는 기초학력지원 사이트나 시·도 교육청의 '초3 진단평가'와 같은 기초학력 진단용 검사지를 활용해 내담자 학력의 기초선을 파악할 수 있을 것이다. 또는 BASA(기초학습기능 수행평가체제: 읽기검사, 수학검사, 쓰기검사)와 같은 특수아동 대상 검사를 활용해 읽기, 쓰기, 셈하기의 학령 수준을 진단하는 것도 하나의 방법이다. 또는 상담센터 자체적으로 사용하는 진단 절차와 방법이 있을 수도 있다. 어떤 방법을 선택하든 상담자는 내담자의 기초학력 수준을 정확하게 진단해야 한다.

② 현 상태에 대한 수용

학습결손을 개선해야 할 출발점을 찾은 다음에는 내담자(경우에 따라 내담자의 부모까지)가 이 부분에 대해 수용할 수 있도록 도와야 한다. 어떤 경우이든 초등학교 저학년 수준의 실력이 안 된다는 것은 부끄럽고 답답한 일이고 누구보다 속상한 사람은 내담자 자신이다. 이러한 수치심을 해결할 수 있는 근본적인 접근은 기초학력미달 상태에서 벗어나는 것인데, 학습결손이 일어난 시점으로 돌아갈 수밖에 없다. 자신은 이미 한글 읽기·쓰기와 기초 셈하기를 배울 나이가 훌쩍 지났는데 아직 그것도 모르고 있다는 것을 인정한다는 것은 쉽지 않다. 더구나 거기에서부터 공부를 시작해야 한다는 것은 더욱 수치스럽고 속상한 일이다. 모르면 처음부터 배운다는 것이 당연할 수 있지만, 그 문제에 봉착한 내담자의 입장에서는 그 당연한 원칙을 따를 마음의 준비가 필요하다.

내담자가 자신의 현 상태를 수용할 수 있도록 돕기 위해 진단 결과를 내담자에게 알리고 부족한 부분부터 다시 공부를 시작하는 것에 대해 어떻게 생각하는지 들어 보는 것에서 출발한다. 내담자가 얘기하는 걱정이나 불안을 충분히 들어 준다. 내담자가 괜찮을 것 같다고 얘기하는 경우도 적지 않은데, 가족이나 친구들에게 부끄럽지 않은지 직접 질문해 걱정을 알아차릴 수 있도록 한 번 더 탐색적 질문을 한다. 내담자가 말한 걱정이나 불안에 대해 충분히 공감하고 그렇게 느낄 수 있다는 점에 대해 타당화해 준다. 다음으로 어떻게 극복할 수 있을지 함께 방안을 찾는 것으로 나아가고 상담을 통해 도움을 줄 수 있는 부분에 대해서도 이야기를 나눈다.

내담자만이 아니라 부모나 교사의 입장에서도 기초학력미달 시점부터 다시 시작해야 함을 받아들이고 조력에 대한 준비를 해야 한다. 특히, 부모의 경우 자녀의 기초학력미달을 인정하는 것이 자신의 잘못을 인정하는 것이라고 생각하기 쉽다. 물론 실제적으로 부모의 보살핌 부족이 기초학력미달의 원인이 된 경우들도 있다. 그러나 이미 지난 과거에 대한 시시비비를 따지는 것이 상담이 아니기 때문에 과거에 무슨 일이 있었든 오늘부터 나아가야 할 방향과 노력이 중요하다는 점에 초점을 두면 부모의 불안을 진정시킬 수 있다. 달리기를 하다 보면 넘어져서 다른 사람보다 처질 수 있지만 다시 일어나 달리는 것이 최선이다. 이런 비유를 통해 부모를 안심시키고 앞으로의 조력에 대한 협조를 구할 수 있다.

③ 학습지원체제 마련

출발점에 대한 수용이 되었다면 본격적인 학습을 시작해야 한다. 상담자가 직접 내담자를 가르치는 것은 현실적으로 어렵다. 거의 매일 학습지도가 필요한데 상담자는 내담자를 일주일에 한 번 정도밖에 만날 수 없기 때문이다. 무엇보다 교사와 같이 교육과정에 대한 이해를 가진 학습지도 전문가의 도움을 받는 것이 내담자에게 더 좋은 서비스를 제공할 수 있는 방법이다. 따라서 내담자를 가르칠 사람을 찾는 것이 필요하다.

교육과정에 대한 이해가 있고 자주 그리고 꾸준히 가르칠 수 있는 사람이 있어야 한다. 부모가 직접 과외교사를 구하는 방법도 있겠지만, 학교와 지역사회 학습지원 시스템을 활용하는 것이 더 효과적이다. 학교마다 기초학력미달 학생에 대한 지원 프로그램이 다르게 운영되기 때문에, 상담자는 내담자가 다니는 학교와 지역사회의 학습지원 프로그램에 대해 알아보고 적절한 곳으로 의뢰해야 한다. 예를 들면, 내담자가 다니는 학교가 '두드림 학교' 또는 '학력향상형 창의경영학교'로 지정되어 있는 경우라면 학교 내에서 지원을 받으면 된다. 그렇지 않은 경우 시·도 교육청에서 운영하는 '학습종합클리닉센터'에서 서비스를 받을 수도 있고, 대학생 멘토가 학교에 찾아와서 직접 학습을 지도하는 프로그램이 운영되는 학교도 있다. 따라서 상담자는 평소 자신이 일하는 상담센터가 속한 지역 교육청과 그 산하 학교에서 운영되는 기초학력미달 지원체제에 대해 알고 있어야 할 것이다.

④ 학습지원의 효과 평가

내담자에게 맞는 학습지원체제를 찾아 의뢰했다고 해서 상담이 끝나는 것은 아니다. 계속 상담하면서 내담자가 새로 시작한 공부에 잘 적응하고 있는지, 어느 정도의 진전을 보이고 있는지, 어려움이 있다면 어떻게 도와야 할지 등에 대해 점검해야 한다. 그리고 이러한 조력의 효과를 증진하기 위해 필요한 학교와 가정의 지원이 잘 이루어지고 있는지도 확인하고, 부모와 교사가 사회적 지지를 잘 제공할 수 있도록 도와야 한다.

상처를 받았던 때로 되돌아가기　기초학력미달이 발생한다고 해서 반드시 그것이 극복되지 못한 채 계속 부적응의 원인이 되는 것은 아니다. 앞서 살펴본 유정과 같이 부모의 자원이 우수할 경우 대부분 기초학력미달 초기에 빨리 개입하여 극복한다. 그리고 기초학력미달 학생을 적극적으로 돕는 담임을 만나는 경우 그 담임의 노력으로 대부분 한 학기 정도면 극복하게 된다. 소현 씨의 경우는 스스로 열심히 해서 극복한 경우인데, 기초학력미달은 극복했지만 그때 받았던 상처는 극복되지 못한 채 그대로 남아 긴 세월에 걸쳐 부정적 영향을 미치고 있었다. 전학한 학급의 담임으로부터 들었던 '바보멍청이'는 마흔이 되도록 남아 낮은 자존감의 근원이 되었다. 그러나 초등학교 2학년 때 일어났던 한 번의 사건이 트라우마가 되어 평생을 좌우하고 있었다는 것을 알고 상담을 시작한 것은 아니다. 기초학력미달과 부적응의 시간적 간격이 짧아 그 원인을 쉽게 찾을 수 있는 사례와는 다른 경우라고 할 수 있다. 소현 씨와의 상담과정을 간단히 정리하면 다음과 같다.

소현 씨와의 상담은 초2 때의 트라우마를 발견하면서부터 큰 진전을 보이게 되었지만, 그 이전까지 길고 진전 없는 탐색의 회기들을 보내야 했다. 자신을 어떻게 바라보고 있는지, 어떻게 바라봐 왔는지, 그렇게 보는 이유는 무엇인지, 다른 사람들이 어떻게 보는 것 같은지, 언제부터 그랬는지, 자신에게 누가 중요한 사람인지, 자신은 그들의 영향을 얼마나 어떻게 받았는지 등 탐색적 질문에 답하면서 '형편없는 사람'이라는 낮은 자존감의 출발점을 찾아 나갔다. 상담자는 이러한 질문을 통해 현재에서 과거로 시간을 확장하고 자신에서 타인으로 인식의 초점을 확대하면서 가능한 구체적인 일들을 떠올려보도록 촉진했다. 이러한 과정을 통해 초2 때의 트라우마에 도달할 수 있었다. 마침내 자신이 담임의 '바보멍청이'라는 말에 갇혀 살았다는 통찰을 얻게 되었고, 초2 때로 돌아가 많은 이야기를 나누었다. '바보멍청이'라는 말을 들었을 때의 공포와 수치심에 떨고 있던 소현 씨 자신을 다시 만나고 위로하고 격려하면서 그 이후 삶을 잘 살아온 것에 대해 재평가하는 시간을 가졌다. 무책임하게 학생을 판단했던 담임에 대한 분노와 원망과 억울함에서 출발해 그 담임을 이해하고 용서하는 과정까지 나아갔다. 그렇게 어린 나이에 힘든 시간을 보냈지만 사느라 바빠 자신의 어려움을 눈치 채지 못한 어머니에 대한 원망도 소현 씨에게 남아 있어 그에 대한 작업도 해 나갔다. 나아가 초2 때의 트라우마가 모든 일에서 자기 탓만 하면서 우울해졌던 것뿐만 아니라, 자녀의 담임들에 대한 분노와 갈등의 원인이기도 했다는 통찰도 얻게 되었다.

4. 상담자를 위한 심화학습

 지능

학령기 초기 기초학력미달은 지적 능력과도 밀접히 관련될 수 있기 때문에 기초학력미달 학업실패를 다루는 상담에서는 지적 능력에 대한 평가도 함께 이루어져야 한다. 지능은 학업성취와 높은 상관을 보이는 변인 중 하나로 학업과 관련된 문제를 다룰 때 점검해야 할 개인 특성이라고 할 수 있고, 기초학력미달 학업실패를 다룰 때는 꼭 확인해야 하는 사항이다. 가능한 한 객관적 지능검사를 통해 전반적인 지적 능력의 수준과 지적 과제 처리에서 드러나는 세부 특성을 파악한다. 여기에서는 지능과 학업성취의 관계를 알아보고, 우리나라에서 가장 많이 사용되는 지능검사인 웩슬러검사의 실시와 활용에 대해 살펴보고자 한다.

지능과 학업성취   지능지수와 학교성적 간에는 높은 상관관계(r = .60)가 있는데, 이것은 곧 지능검사가 학업적성이라고 할 수 있는 것을 측정함을 의미한다(이성진, 1996). 오래전 연구이기는 하지만 30년간 진행된 우리나라 최초의 종단연구 결과에서도 지능과 학업성취의 상관이 검증되었는데 [그림 8-1]과 같이 나타났다. 이 연구에서는 만 3~17세에 걸쳐 매년 지능검사를 실시하고 그 결과와 만 13세의 절대학력평가 점수(국어, 수학, 총점)와의 상관을 도출했다. 여기에서 가장 낮은 상관관계(r = .009)를 보인 것은 3세 때 IQ와 국어 점수였고, 가장 높은 상관관계(r = .684)를 보인 것은 13세 때 IQ와 전체 점수였다.

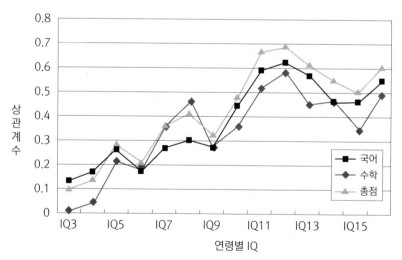

[그림 8-1] 연령별 지능지수와 절대학력평가 점수의 상관관계
출처: 이성진, 2005, p. 152.

지능지수가 학업성취도와 높은 상관관계를 보이는 것은 지능검사가 탄생한 계기와 그 역사를 보면 당연하기도 하다. 지능을 측정하려는 최초의 과학적 시도를 한 사람은 Galton이지만, 현재 우리가 사용하고 있는 지능의 개념을 반영한 최초의 지능검사는 비네검사이다. 공교육이라는 새로운 교육제도가 도입되면서 지능검사의 필요성이 대두되게 된다. 프랑스는 1882년 개정된 교육법으로 처음 의무교육을 실시하고, 처음으로 공립 의무 무상의 보통교육제도를 확립한다. 모든 아동이 학교에 오게 되고, 한 교사가 여러 능력의 학생들을 동시에 가르치게 되면서 학습자의 개인차가 학교 운영에 영향을 미치게 되었다. 이 문제를 해결하기 위해 프랑스 교육위원회는 교사의 주관적이고 편향된 평가를 피하면서 정신능력이 아주 낮아서 특수교육이 필요한 아동을 선별하고자 했다. 1890년에 프랑스 정부는 Binet에게 학교에서의 학업성취를 예측할 수 있는 수단을 찾아 달라는 요청을 하게 된다. 이러한 요구에 따라 Binet는 조교인 시몽(Simon)과 함께 1905년에 처음으로 일반 정신능력검사를 개발하였다. 1905년 당시에 이 검사는 아동의 초등학교 입학 여부를 결정하기 위한 목적의 검사였으며, 특히 정신지체아를 식별해 내는 것에 주안점을 두고 있었다. 학생이 얼마나 잘 하느냐를 하나의 지표로 나타내는 지능지수(intelligence quotient: IQ)의 표현 방식은 비네검사를 근거로 하여 미국에서 지능검사를 표준화한 Terman 교수가 고안했다. 1916년에 미국 Stanford 대학교의 Terman과 Merril이 제작한 스탠포드-비네검사는 정신연령(M.A)과 생활연령(C.A)을 비교하여 지능지수를 산출했다. 즉, 최초의 지능검사는 아동의 학업수행을 예언하기 위해 고안되었기 때문에 학업수행을 잘 예언할 수 있었고, 지금까지도 지능지수는 학업성취 수준을 예언해 주는 중요한 지표이다.

집단지능검사와 개인지능검사   지적 능력의 객관적 파악을 위해 가장 흔히 사용하는 방법은 지능검사 실시이다. 우리나라에서 가장 많이 사용하고 있는 지능검사는 학교 내 전체 학생들을 대상으로 실시하는 집단지능검사와 상담실이나 정신과에서 개별적으로 실시하는 개인지능검사이다. 상담자는 내담자를 대상으로 직접 지능검사를 실시하는데, 경우에 따라 다른 전문가로부터 검사결과를 인계받을 수도 있다. 집단지능검사는 실시와 채점에 요구되는 시간과 비용 측면에서 볼 때 개인검사에 비해 매우 효율적이다. 그러나 집단지능검사는 개인지능검사에 비해 신뢰도와 타당도가 낮고, 개인의 다양하고 구체적인 지적 특성을 파악하는 데 어려움이 있기 때문에 상담에서는 집단지능검사보다 개인지능검사를 사용할 것이 추천된다.

웩슬러검사의 개발　상담실에서 가장 많이 사용하고 있는 개인지능검사는 미국의 웩슬러검사(Wechsler Adult Intelligence Scale, Wechsler Intelligence Scale for Children, Wechsler Preschool and Primary Scale of Intelligence)를 우리나라에서 표준화한 성인용, 아동용, 유아동 웩슬러검사이다. 1970년대에는 비네검사를 표준화한 고대-비네검사가 사용되기도 했지만 지금은 거의 사용되지 않는다.

웩슬러검사는 비네검사가 아동을 대상으로 하는 검사로 성인에게 적용할 수 없었기 때문에 성인용의 지능을 측정하기 위해 새롭게 개발된 지능검사이다. 뉴욕의 Bellevue 병원에서 근무하던 David Wechsler는 성인에게 보다 적합한 지능검사의 필요성을 느끼고 1939년에 Wechsler-Bellevue Scale of Intelligence를 개발했다. 웩슬러검사는 지능검사 대상을 성인으로 확대했다는 의의도 갖지만, 기존의 지능검사들이 언어와 언어적 기술에 치중한 것에 비해 비언어적 지능을 측정하기 위한 완전히 새로운 수행검사를 개발했다는 점에서도 의의를 갖는다. 따라서 성인용 웩슬러검사를 토대로 비네검사를 대체할 수 있는 아동용과 유아용도 개발되었다. 세 가지 웩슬러검사의 대상 연령은 유아용 웩슬러검사(WPPSI) 만 3세~만 7세, 아동용 웩슬러검사(WISC) 만 6세~만 16세, 성인용 웩슬러검사(WAIS) 만 17세 이후로 구분된다. 유아용, 아동용, 성인용 웩슬러검사는 모두 우리나라에서도 표준화가 되었다. 우리나라 학제에 따르면 대체로 유아용은 초등학교 저학년까지, 아동용은 중학교까지, 성인용은 고등학교부터 사용되고 있다. 그동안 문항의 개정과 규준의 최신화를 통해 유아용과 성인용은 4판, 아동용은 5판까지 나와 있고, 우리나라에서도 모두 최근 판까지 표준화되어 있다.

웩슬러검사[1]의 구성　Wechsler는 지능을 '한 개인이 합목적적으로 행동하고, 합리적으로 사고하고, 환경에 효과적으로 대처하는 능력'으로 정의하여 지능의 기능적인 측면에 초점을 맞춘 지능검사를 개발했다(김재환 외, 2014). 이에 따라 웩슬러검사는 서로 다른 기능을 측정하는 여러 개의 소검사로 구성된다.

처음 개발된 웩슬러검사는 언어성 지능, 동작성 지능, 전체 지능 점수를 산출하

1) 여기에서는 초등학교 이상 학생들을 대상으로 실시되는 웩슬러검사인 아동용과 성인용의 공통요소를 중심으로 그 내용을 소개하고, 유아용 웩슬러검사는 다루지 않고 있다.

였으며, 언어성 지능과 동작성 지능 점수를 산출하는 소검사들로 구성되었다. 따라서 웩슬러검사를 통해 전체 지능, 언어성 지능, 동작성 지능의 수준을 알 수 있고, 소검사 프로파일의 분석을 통해 개인의 인지적 강약점과 더불어 정보처리의 특성을 파악할 수 있었다. 언어성/동작성 지능과 전체 지능은 평균 100, 표준 편차 15의 분포를 가지며, 평균에서부터 1표준편차 간격으로 심한 지체(70 이하)부터 최우수 수준(130 이상)으로 보고된다. 각 소검사는 평균 10점 표준편차 3점의 분포를 가진다.

개정과정을 통해 웩슬러검사는 조금씩 변화하는데, 주로 소검사의 추가 또는 삭제와 함께 새로운 규준의 설정이 대표적인 변화였다. 그러다 4판에 와서는 지금까지와는 다르게 다소 큰 변화를 보이게 되는데, 소검사만이 아니라 전체 지능과 함께 제시하는 지능이 4개로 늘어났다. 언어성 지능과 동작성 지능으로 구분하던 것을 언어이해지표(verbal comprehension index: VCI; 이전 언어성 지능에 해당), 지각추론지표(perceptual reasoning index: PRI; 지각적 조직화로 번역되기도 하고, 이전 동작성 지능에 해당), 작업기억지표(working memory index: VCI), 처리속도지표(processing speed index: PSI) 등 네 가지 지능에 대한 지표점수가 제공된다. 5판에서는 지각추론지표가 시공간지표(visual spacial index: VSI)와 유동추론지표(fluid reasoning index: FRI)로 제공되어 다섯 가지 지표로 늘었다.

언어이해는 언어적 추론, 이해, 개념화, 단어 지식을 이용하는 언어능력을 측정하는 지표점수이다. 지각추론은 시각자극 통합, 비언어적 추론, 비학습적 과제해결을 위해 시공간적인 시각–운동 기술을 적용하는 지표점수인데, 아동용 검사 5판에서 시공간적인 시각–운동 기술을 적용하는 지표인 시공간지표와 비언어적 추론과 비학습적 과제해결 능력을 측정하는 지표인 유동추론지표가 여기에 해당한다. 작업기억은 정보를 단기적으로 기억하면서 동시에 이 정보를 조작, 처리하는 능력으로 정보 유지, 주의력, 집중력을 포함하는 지표점수이다. 처리속도는 시각 정보를 빠르고 정확하게 탐색, 변별하는 능력을 지칭하는 지표점수이다. 각 지표점수는 다음과 같이 해당 소검사에서 수행한 결과를 합산하여 산출한다.

〈표 8-1〉 웩슬러검사의 다섯 가지 지표와 해당 소검사

구분	언어이해	시공간	유동추론	작업기억	처리속도
소검사	공통성 어휘 (상식) (이해)	토막짜기 (퍼즐)	행렬추리 무게비교 (공통그림찾기) (산수)	숫자 (그림기억) (순차연결)	기호쓰기 (동형찾기) (선택)

모든 연령별 웩슬러검사는 3판에서 4판으로 개정되면서 가장 큰 변화가 생겼다. 이러한 변화는 그동안 축적된 지능에 관한 이론과 실증적 연구의 영향을 받았는데, 특히 Cattell-Horn-Carroll 이론(CHC 이론)이 반영되었다. 지능에 관한 CHC 이론에서는 70여 개의 좁은 능력(1층위)과 10여 개의 넓은 능력(2층위) 및 일반적 지능 g(3층위)의 위계 모델로 지능을 설명한다(김상원, 김충육, 2011). 또한 관련 연구를 통해 유동적 추론, 작업기억, 처리속도가 인지기능에서 차지하는 비중을 고려하여 이들을 보다 정교하고 순수하게 측정할 수 있는 소검사들을 추가하고, 네 가지 하위 기능의 지표도 설정하게 되었다.

웩슬러검사의 활용　　웩슬러검사는 내담자의 지적 능력에 대한 다양한 정보를 제공한다. 따라서 다음의 해석 절차를 따라 검사결과를 살펴보고 상담에 어떻게 활용할 것인지에 대한 계획을 세워야 한다. 지능검사의 결과는 또래들과 비교한 내담자의 상대적 위치를 알아보는 규준분석 과정과 어떤 서로 다른 지적 기능을 가지고 있는가에 대한 개인 내적 분석으로 나누어 해석한다.

① 규준분석 과정
개인 간 차이에 대한 해석과정인 규준분석 과정에서는 내담자의 지능지수를 바탕으로 학업성취 수준을 예측하거나 현재의 학업성취 수준의 적절성을 판단한다. 개인지능검사와 같은 표준화검사는 '규준참조' 검사로 원점수의 상대적 위치를 설명하기 위하여 쓰이는 일종의 자인 규준을 제공한다. 개인의 원점수는 규준집단에서 개인의 상대적 위치를 보여 주는 교정점수로 변환되며, 이것은 검사도구가 측정하는 특성에서 보인 개인 수행의 상대적 측정치를 제공해 준다. 웩슬러검사는 수행 수준을 채점한 원점수를 연령별 규준에 비추어 표준점

수를 산출한다. 평균이 100, 표준편차가 15인 표준점수로 지능지수를 나타내기 때문에 웩슬러검사에서 지능지수 115는 평균에서 1표준편차 떨어진 위치를 의미하고, 백분위 84.1점[2])에 해당한다([그림 8-2] 참고). 즉, 같은 연령대 학생들 중 84.1%가 이 학생의 지능보다 더 낮다는 것을 의미하고, 상위 약 16%에 해당한다고 할 수 있다. 지능지수 115의 학생은 학업성취 수준에서 상위 16% 정도가 될 것이라고 예측할 수 있는데, 25명 학급이라면 학급등수 4등 정도에 해당한다.

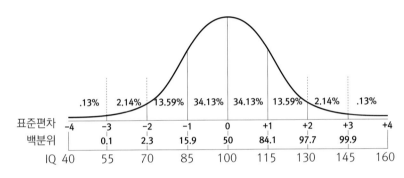

[그림 8-2] 정상분포에서의 지능지수의 의미

　단, 지능지수는 참값이 아닌 근삿값인 측정치로, 오차를 갖는 점수라는 점에 유의해야 한다. 따라서 웩슬러검사는 지능지수(IQ)의 값과 함께 오차범위와 수준(우수, 평균상, 평균, 평균하 등)을 함께 제시하고, 내담자에게는 수준으로 결과를 알려 줄 것을 권장하고 있다. 다음 [그림 8-3]은 K-WISC-V의 검사결과 예시 중 일부인데, 이 학생의 전체 지능은 97(평균)이지만, 오차범위를 고려할 때 신뢰구간(95%)에서 91~103 사이의 지능으로 학업성취의 예측범위도 이에 따라 확대되어야 한다. 기초학력미달 학업실패를 경험한 내담자의 경우 학업성취의 수준이 자신의 지적능력의 수준에 미치지 못하는 경우가 많다. 이 경우 지능지수에 대한 규준분석은 내담자가 도달할 적정 학업성취의 목표를 정하는 데 중요한 근거가 된다.

---

2) 웩슬러검사에서는 해당 지능의 백분위를 제시하고 있어 상담자가 직접 상대적 위치를 추정할 필요는 없지만 오차범위를 고려한 학업성취 수준 추정을 위해 백분위에 대한 이해를 하고 있어야 한다.

기본분석(지표점수 분석)

지표		환산점수 합	지표점수	백분위	신뢰구간 (95%)	진단분류 (수준)	측정표준오차 (SEM)
언어이해	VCI	19	97	43	90~105	평균	3.55
시공간	VSI	20	100	50	91~109	평균	4.61
유동추론	FRI	18	94	35	87~102	평균	4.39
작업기억	WMI	18	94	35	87~103	평균	3.93
처리속도	PSI	22	105	64	96~113	평균	4.89
전체 IQ	FSIQ	67	97	42	91~103	평균	2.77

신뢰구간은 추정값의 표준오차(SEE)를 사용하여 산출하였음.

[그림 8-3] 아동용 웩슬러검사(K-WISC-Ⅴ) 결과 예시-지표점수

출처: http://inpsyt.co.kr/psy/item/view/KWISC5_CO_TG

② 개인 내적 분석

지능검사를 통해 얻을 수 있는 또 다른 중요한 정보는 지적 능력의 개인 내 편차이다. 개인 내적 분석을 통해 한 개인의 능력 내에서 강점과 약점이 어느 특정 영역인지를 파악할 수 있고, 이에 따른 학습환경 및 학습전략을 구상할 수 있다. 개인의 지적 능력은 대부분의 경우 영역 간 차이가 많이 나지 않지만, 기초학력미달을 비롯한 학업실패를 경험한 내담자들의 경우 지적 능력의 영역 간 편차로 인해 어려움을 겪는 경우가 적지 않다.

먼저, 웩슬러검사에서 제공하는 여러 가지 하위 지능의 수준과 그들 간의 차이를 살펴보아야 한다. 웩슬러검사는 3판까지 언어성 지능과 동작성 지능으로 구분하던 것을 4판부터 언어이해지표, 지각추론지표, 작업기억지표, 처리속도지표 등 네 가지 지능으로 구분하였고, 5판부터 지각추론지표가 시공간지표와 유동추론지표로 나뉘어 다섯 가지 지능으로 확대하여 구분했다. 지표의 차이에 대한 분석에서 가장 주목하는 것은 이전 언어성 지능과 동작성 지능에 해당하는 언어이해지표 수준과 지각추론지표 수준의 차이이다. 언어이해지표는 주로 문화적 경험과 교육적 경험을 반영하는 것으로 알려져 있고, 지각추론지표는 언어이해지표에 비해 감각운동적 요소와 정서적 요소를 더 반영하기 때문이다. 3판까지는 일반적으로 두 지표점수가 13점 이상 차이를 보일 경우 그 차이에 대해 설명할 가치가 있는 것으로, 차이 점수가 25점을 초과하는 경우 뇌손상과 관련된 신경학적 역기능을 시사하는 것으로 되어 있었다. 4판부터는 결과 차이의 유의성을 제시하고 있어 상담자가 보다 편리하게 차이에 대해 판단을 내릴 수 있다. 언어이해지표가 지각추론지표(또는 유동추론지표)보다 높을 경우 언어적 자극을 주로 처리하는 좌반구가 더 발달되었을 가능성, 이전의 훈련, 교육, 문화적 자극을 통해 개발된 결정적 능력(유동적 능력과 상반된 능력)이 더 발달되었을 가능성, 운동통합능력상의 결함이 있을 가능성, 과도하게 시간 압박을 받는 특성을 가질 가능성, 환경적인 단서에 영향을 많이 받는 장의존적 인지양식(장독립적 인지양식과 상반된 인지양식)을 선호할 가능성 등[3]이 있을 수 있다.

웩슬러검사에 포함된 소검사의 목적은 각 지표점수와 전체 지능을 산출하기 위한 것이지만, 소검사 점수는 같은 연령대의 다른 개인에 비해 상대적으로 갖는 지적 능력의 강점과 약점에 대한 정보를 보다 세부적으로 제공한다. 또한 인지능력 내에서 강점과 약점을 보이는 특정 영역에 대한 정보는 어떤 교육환경에서 어려움을 겪는지를 비롯해 교육이나 상담에 단서를 제공하기도 한다. 따라서 소검사에서의 수행 차이를 통해 개인 내적 분석을 실시할 수 있다. 먼저, 각 소검사는 고유하게 측정하는 인지능력을 나타내는데, 각 소검사에서의 높은 점수 또는 낮은 점수는 해당 인지능력의 강점과 약점을 나타낸다. 일반적으로 한 개인의 소검사 평균점수를 크게 벗어날 경우 강점이나 약점을 보이는 영역으로 간주한다. K-WISC-V에서는 검사결과에 소검사 결과 프로파일과 함께 각 소검사가 강점 또는 약점을 보이는지 여부를 제시하고 있다. 웩슬러검사의 소검사들은 저마다의 고유한 능력을 가지고 있을 뿐만 아니라 몇 개의 소검사들끼리 묶어서 공유하는 능력을 지니고 있다. Sattler 등(2016)은 〈표 8-2〉에 제시한 바와 같이 어떤 소검사들이 어떤 능력을 함께 측정하고 있는지 제시하고 있다. 예컨대 토막짜기, 행렬추리, 빠진곳찾기에서 모두 강점을 보였다면 공간지각력의 우세를 나타낸다.

---

3) 언어성 지능과 동작성 지능 차이 해석에 대한 내용은 『상담과 심리검사』(김계현 외, 2011)의 122~125쪽을 참조하기 바란다.

〈표 8-2〉 웩슬러검사 소검사에서 공유되는 능력

능력과 배경 요인	토막짜기	공통성	행렬추리	숫자	기호	어휘	무게비교	퍼즐	그림기억	동형찾기	상식	공통그림찾기	순차연결	선택	이해	산수
분석과 종합 (analysis and synthesis)	○							○								
주의력(attention)	○	○	○	○	○	○		○	○	○	○		○	○	○	○
청각적 강점 (auditory acuity)		○		○		○					○		○		○	○
청각적 순차처리(auditory sequential processing)		○		○		○					○		○		○	○
집중력(concentration)	○		○	○	○		○	○	○	○			○	○		○
개념적 사고 (conceptual thinking)	○	○				○						○				
결정적 지식 (crystallized knowledge)		○				○					○	○			○	○
문화적 기회 (cultural opportunity)	○	○	○			○					○	○			○	
표현언어 (expressive language)		○				○					○				○	
소근육 운동 협응 (fine-motor coordination)	○				○					○				○		
유동적 추론력 (fluid reasoning ability)			○				○					○				○
정보량(fund of information)						○					○	○			○	○
지적 호기심 (intellectual curiosity)						○					○	○				
규칙성 선호와 파악 (interests and reading patterns)		○				○					○	○				
언어발달 (language development)		○				○									○	
어휘지식 (lexical knowledge)		○				○										
장기기억 (long-term memory)		○				○					○				○	○
동기 및 과제지속 (motivation and persistence)	○		○	○			○	○		○				○		
비언어적 추론 (nonverbal reasoning)	○	○					○	○				○				

능력과 배경 요인	토막짜기	공통성	행렬추리	숫자	기호	어휘	무게비교	퍼즐	그림기억	동형찾기	상식	공통그림찾기	순차연결	선택	이해	산수
숫자능력 (numerical ability)				○	○		○						○			○
지각적 추론 (perceptual reasoning)							○	○	○			○				
실제적 추론 (practical reasoning)															○	
처리속도 (processing speed)	○				○					○				○		
학교교육 (quality of schooling)		○				○					○	○			○	○
추론(reasoning)	○	○	○				○	○				○			○	○
스캐닝 능력 (scanning ability)					○			○		○				○		
단기기억 (short-term memory)				○	○				○	○			○	○		○
공간지각 (spatial perception)	○		○					○								
언어이해 (verbal comprehension)		○				○					○				○	
시각적 강점(visual acuity)	○		○		○		○	○	○	○		○		○		
시각기억(visual memory)					○				○	○						
시각−운동 협응 (visual-motor coordination)	○				○					○			○			
시지각 변별(visual-perceptual discrimination)	○		○		○		○	○	○	○		○		○		
시지각 조직(visual-perceptual organization)	○		○						○	○						
시지각 처리(visual-perceptual processing)	○		○		○		○	○	○	○		○		○		
시지각 추론(visual-perceptual reasoning)	○		○				○	○				○				
시공간 능력 (visual-spatial ability)	○		○					○								
시각화(visualization)	○															
단어(vocabulary)		○				○									○	
작업기억 (working memory)				○						○			○			○

출처: Sattler et al., 2016, p. 189.

지능에 대한 신념

"지능은 타고난다."라는 생각은 사람들이 가지고 있는 대표적인 지능에 대한 미신 중 하나이다. 많은 학업실패 내담자는 "전 머리가 나빠서 안 되나 봐요."라고 말한다. 뿐만 아니라 기초학력 학업실패 내담자들은 친구나 교사로부터 "바보." 또는 "똑똑하지 못해."라는 말을 듣기도 한다. 여기에는 모두 지능은 생애 초기에 결정되어 이후 잘 변화하지 않는 개인의 역량이라는 가설이 자리 잡고 있다. 지능의 유전론과 환경론 논쟁에 따르면 지능은 타고나는 부분도 있지만 후천적으로 발달하는 부분이 많고 성장기 이후 노년기가 될 때까지도 지속적으로 증가하는 사람도 있는 것으로 밝혀지고 있다. 오랫동안 학습동기를 연구해 온 미국 Stanford 대학교의 Dweck 교수는 지능이 변화할 수 있는지에 대한 개인적 신념이 학습동기와 밀접히 관련된다는 점을 발견하고 마인드셋(mindset)이라는 개념을 제안하였다(Dweck, 2006).

마인드셋의 의미   마인드셋 개념을 제안한 Dweck(1990)은 사람들이 각자 지능에 대해 어떤 생각을 가지고 있다는 점에 주목하고, 이러한 지능에 대한 생각을 '지능에 관한 암묵적 이론(implicit theory of intelligence)'이라고 명명했다. 그런데 개인이 가진 지능에 대한 암묵적 이론에 따라 학습을 할 때 어떤 목표를 추구하는가에서 차이를 보인다. 흔히 '지능이론'이라고 줄여 부르는 이 이론은 겉으로 드러내지는 않지만(암묵적) 지능의 본질에 대해 어떤 생각을 가지고 있느냐를 다루고 있다. 개인이 가진 지능이론이란 '지능과 능력이 시간이 지남에 따라 고정적인가 변화하는가'에 대한 개인의 신념(Dweck & Elliot, 1983)으로, 지능을 포함한 자신의 능력에 대해 변화 가능하다고 생각하는지 고정되어 변화하기 어렵다고 생각하는지에 관한 개인의 신념을 마인드셋(Dweck, 2006)으로 명명했다. 마인드셋은 지능과 능력이 노력을 해도 변하기 힘들 것이라고 믿는 고정 마인드셋(고정신념, fixed mindset, 고정이론, 실체론, entity theory)과 지능과 능력이 시간과 노력을 통해 변화되고 신장될 수 있다고 믿는 성장 마인드셋(변화신념, growth mindset, 증진이론, 증가론, incremental theory)으로 나뉜다.[4]

마인드셋의 효과   마인드셋 이론은 공부와 관련된 상황에서 자신의 능력에 대한 고정 마인드셋을 가지고 있으면 동기가 낮아져 성취가 낮아진다는 현상에서 출발했다. 그리고 마인드셋은 무엇보다 학업성취도와 밀접히 관련된다는 점이 실증적으로도 확인되었다(Sisk et al., 2018). 또한 마인드셋은 공부 장면만이 아니라 일상생활의 적응 또는 부적응에도 적용된다. 즉, 지적인 능력이 변화할 수 있고 노력하면 높일 수 있다고 믿으면(성장 마인드셋) 적응적이고 성공적인 삶을 살아갈 수 있다. 다음은 Dweck이 제시한 사례(Dweck, 2006, pp. 8-9)의 일부를 학습 영역만 정리한 것이다. 고정 마인드셋을 가진 학생은 낮은 중간고사 성적을 자신이 능력이 없기 때문이고, 능력은 나아지지 않는다고 생각하기 때문에 결과에 대해 실망만 하고 더 이상 노력을 기울이려 하지 않는다. 반면, 성장 마인드셋을 가진 학생은 낮은 중간고사 성적을 더 열심히 해야 하는 신호로 받아들이고, 다음 시험에서 더 좋은 점수를 받을 수 있는 방안을 찾기 위해 노력하는 모습을 보인다.

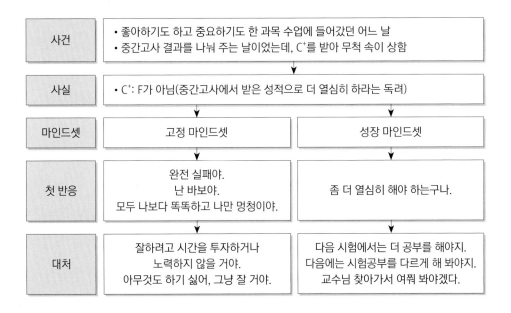

사건	• 좋아하기도 하고 중요하기도 한 과목 수업에 들어갔던 어느 날 • 중간고사 결과를 나눠 주는 날이었는데, C⁺를 받아 무척 속이 상함	
사실	• C⁺: F가 아님(중간고사에서 받은 성적으로 더 열심히 하라는 독려)	
마인드셋	고정 마인드셋	성장 마인드셋
첫 반응	완전 실패야. 난 바보야. 모두 나보다 똑똑하고 나만 멍청이야.	좀 더 열심히 해야 하는구나.
대처	잘하려고 시간을 투자하거나 노력하지 않을 거야. 아무것도 하기 싫어, 그냥 잘 거야.	다음 시험에서는 더 공부를 해야지. 다음에는 시험공부를 다르게 해 봐야지. 교수님 찾아가서 여쭤 봐야겠다.

<hr>

4) 마인드셋이 한국에 소개된 이후 두 가지 마인드셋에 대한 용어가 여러 번역어로 사용되다가 최근에는 고정 마인드셋과 성장 마인드셋으로 사용되고 있다. Dweck도 지능이론을 제안할 때는 entity theory와 incremental theory로 명명하던 것을 최근에는 fixed mindset과 growth mindset으로 명명하고 있다.

이런 마인드셋은 어느 한 사건의 순간에만 영향을 미치는 것이 아니라, 누적된 결과를 초래한다는 점에서 더욱 관심을 가져야 할 개인적 특성이다. 그 과정을 살펴보면, 성장 마인드셋을 가진 사람은 더 배우고 성장하고 싶다는 마음을 가지고 있기 때문에 도전이 왔을 때 받아들이고, 장벽을 만나도 굴하지 않고 지속하고, 노력을 성공으로 가는 길이라고 보고, 비판을 통해 학습하고, 다른 사람의 성공을 보면서 교훈과 영감을 얻으면서 성공을 이루게 되고 성장 마인드셋도 각 단계를 거칠 때마다 커진다. 그리고 이런 모든 과정을 통해 자유의지를 더 강하게 느끼게 된다. 여기에 비해 고정 마인드셋을 가진 사람은 똑똑해 보이고 싶다는 마음이 커서 도전을 피하고, 장벽 앞에서 쉽게 포기하고, 노력을 아무 소용이 없는 것으로 보고, 유용한 피드백조차 듣지 않고, 다른 사람의 성공을 위협으로 느끼면서 결국 제자리걸음을 하며 성공을 이루지 못하게 된다. 나아가 세상에 대한 결정론을 확인받게 된다. 시간이 지날수록 성장 마인드셋을 가진 사람과 고정 마인드셋을 가진 사람의 신념은 각각 더 강해지고 성취에서도 격차가 커질 가능성이 높다.

마인드셋과 학습동기   마인드셋과 학습동기의 관계를 조금 더 구체적으로 살펴보면, 지능이 높다고 지각하고 있는 사람과 지능이 낮다고 지각하고 있는 사람 모두 고정 마인드셋을 가지고 있는 경우 긍정적인 동기화 상태가 되기 어렵다. 지능과 능력이 변하지 않을 것이라고 믿는 고정 마인드셋을 가지고 있으면서 자신의 지능이 높다고 지각하고 있다면, 능력에 일차적인 중점을 두기 때문에 학습을 할 때 자신의 능력을 입증할 것을 목표(수행목표)로 할 가능성이 높다. 수행목표는 당장은 학업성취에 도움을 주지만 자신의 능력을 입증하기 어려운 쉬운 과제나 자신의 능력이 부족함이 드러날 수 있는 도전적 과제를 회피하게 한다는 점에서 바람직한 동기화로 보기 어렵다. 또한 고정 마인드셋을 가지고 있으면서 자신의 능력 자체가 낮다고 지각하는 사람(낮은 유능감)은 자신의 실패가 능력과 직접적인 관계가 있으며 (능력은 변화하지 않기 때문에) 앞으로도 실패가 이어질 것이라고 예상한다. 따라서 학습에 필요한 노력을 기울이지 않고, 처음부터 과제를 포기해 버리는 경우가 발생한다.

지능과 능력이 시간과 노력에 따라 변할 것이라고 믿는 성장 마인드셋을 가지고 있는 사람은 실제 자신의 능력이 얼마나 높은가에 큰 관심을 갖지 않는다. 지능이 높다고 생각하든 낮다고 생각하든 그와 무관하게 더 나아지기 위한 목표(학습목표 또는 숙달목표)를 추구한다. 그리고 자신이 실패를 하거나 잘하지 못하는 과제에 대해서도 도전감을 가지고 끈기 있게 학습을 지속하는 긍정적 동기를 형성하게 된다.

성장 마인드셋의 증진　마인드셋은 개인의 신념으로 인지적 측면에 해당한다. 그래서 Dweck(2006)은 고정 마인드셋을 성장 마인드셋으로 바꾸기 위해 인지적 상담 접근을 적용할 것을 제안하고 있는데, 그 내용은 앞서 4장 '그릿 증진을 위한 개입'에서 알아보았다. 여기에서는 학업실패 트라우마 경험을 한 내담자를 돕기 위해 성장 마인드셋 개념을 상담과정에서 어떻게 적용할 것인가를 살펴보고자 한다.

① 과정에 초점을 두고 피드백하기

마인드셋은 자신이 처한 학습의 맥락과 자신이 성취한 학업적 결과에 의해 형성된다. 학습과정에서 환경으로부터 받은 피드백과 학업적 성취에 대한 피드백을 어떻게 받는가에 따라 지적인 능력에 대한 고정 마인드셋이 형성되기도 하고 성장 마인드셋이 형성되기도 한다. 그러므로 성공 또는 실패의 성취결과에 대해 외부에서 어떤 피드백을 하는가가 중요한데, 상담에서도 상담자가 내담자에게 피드백을 제공하는 경우가 많아 이 부분에 대해 유의해야 한다. 먼저, 성공에 대한 피드백에서 결과에 대해 칭찬하지 않도록 유의해야 한다. 흔히 사용하는 "참 잘했어요"는 결과에 대한 칭찬으로, 지능에 대한 고정 마인드셋을 강화하기 때문이다. "역시 똑똑하네", "머리가 좋아", "영리하네" 등 능력을 칭찬하는 말 속에는 이미 지능에 대한 고정 마인드셋이 내포되어 있다. 그 대신에 지능에 대한 성장 마인드셋을 갖게 하기 위해서는 과정에 대한 피드백을 사용해야 한다. 능력보다는 노력에 대한 칭찬을 하는 것이 더 효과적이이라고 할 수 있는데, 다만 노력에만 치중할 경우 '능력이 부족함'을 암시할 수 있으므로 주의해야 한다.

이 원리를 상담 장면에 적용해 보면, 대부분 내담자가 공부와 관련된 활동을 할 때 상담자가 직접 관찰하지 못한다는 점에서 제약이 있다. 내담자의 행동을 부모나 교사가 관찰하는 경우가 많고, 이들은 결과와 능력에 대한 칭찬을 할 가능성이 높기 때문이다. 따라서 가능하다면 부모나 교사에게 과정에 대한 피드백에 대한 중요성을 알리고 협조를 구하는 것이 상담자가 첫 번째 해야 할 일이다.

이를 촉진할 수 있는 한 가지 방법은 향상되는 과정을 관찰할 수 있는 그래프를 그려 보는 것이다. 마치 아이들이 자랄 때 벽 한쪽에 꾸준히 키를 표시하듯, 나아지고 있음을 확인할 수 있도록 시각화하는 것이다(Siegle, 2013). 이를 위해서는 어떤 것을 목표로 하고 그 결과를 그래프로 나타낼 것인가를 정해야 하는데, 이 부분을 상담에서 도와준다면 교사와 부모의 협조를 더 쉽게 이끌어 낼 수 있다.

다음으로 내담자가 스스로 자신의 수행에 대해 그 과정을 상담시간에 기술할 기회를 줄 수 있다. 무엇을 했는지, 어떤 점에 중점을 두었는지, 어떤 노력을 기울였는지, 얼마나 시간이 걸렸는지, 지난번에 비해 무엇이 달라졌는지, 얼마나 나아졌는지, 그 원인은 무엇이라고 생각하는지 등 과정과 관련된 다양한 탐색적 질문을 활용한다. 이를 통해 내담자는 과정에 초점을 두어 자신의 학습활동을 재경험하게 되고, 과정에 대한 피드백을 스스로 할 수 있게 되며, 나아가 지능에 대한 성장 마인드셋을 가질 수 있을 것이다.

② 뇌발달에 대한 학습

지적인 능력이 변화할 수 있다는 증거를 보여 주는 것이 지능에 대한 성장 마인드셋을 갖게 하는 좋은 방법인데, 그 방법 중 하나가 뇌의 발달에 대해 알려 주는 것이다. 실제 뇌발달이 20대까지 꾸준히 지속되고 노력을 통해 뇌의 기능이 달라지는 원리에 해당하는 뇌생리학적 지식을 직접 가르치는 것이다. 상담자는 내담자의 고정 마인드셋의 오류를 뇌발달에 관한 실증적 연구결과를 통해 논박하는 것이 가능할 것이다. 이를 위해 상담자 스스로 뇌발달에 대한 지식을 습득해야 한다. 먼저, 뇌발달이 생애 초기 이후에도 꾸준히 발달한다는 것에 대해 뇌발달에 대한 기초 원리와 함께 5장 자기통제 부분에서 다룬 아동 및 청소년기 실행기능의 발달 부분을 참고할 수 있다. 그리고 학습과 관련된 뇌발달에 대한 지식을 넓히기 위해 『정서와 학습, 그리고 뇌』(Immordino-Yang, 2015; 황매향 역, 2019)를 비롯한 도서와 '마음, 뇌, 교육학회(International Mind, Brain and Education Society: IMBES)'를 중심으로 발표되는 최신 연구에도 주목할 필요가 있다. 예컨대, 내담자가 기억력이 나빠서 공부가 안 된다고 호소하는 경우, 기억력은 훈련에 의해 향상된다는 단편적 지식을 제공하기보다는 기억의 과정에 대한 설명과 함께 정보처리 과정에서 뇌의 어떤 영역이 어떤 역할을 하고 이러한 뇌 영역과 기능이 어떤 과정을 통해 발달하는지에 대한 정보를 제공하는 편이 더 효과적일 것이다.

③ 역할모델의 활용

어느 분야에서든 성공한 사람들은 자신의 재능보다는 노력의 중요성을 믿고 결실을 이룬다. 따라서 이들은 모두 지능에 대한 성장 마인드셋을 가진 사람들이라고 할 수 있고, 그들의 이야기를 통해 생각을 모델링하도록 돕는다. 어떤 사람을 역할모델로 삼아도 상관없는데, 자신의 능력과 노력에 대해 어떤 관점을 가지고 있었는지에 대해 함께 탐색하는 시간을 갖는 것이 필요하다. 상담자는 역할모델을 제시하는 것에 그칠 것이 아니라 역할모델의 모습을 통해 내담자의 고정 마인드셋이 성장 마인드셋으로 변화될 수 있도록 촉진해야 할 것이다. 다음은 『라틴어 수업』에 소개된 레오나르도 다빈치의 이야기이다. 저자는 라틴어 공부는 평범한 두뇌를 공부에 최적화된 두뇌로 활성화시키고 사고체계를 넓혀 준다고 주장하면서 레오나르도 다빈치 사례를 소개하고 있다.

> 우리가 천재라고 알고 있는 레오나르도 다빈치도 처음부터 뛰어난 두뇌의 소유자는 아니었습니다. 그는 서른여섯에 라틴어를 독학으로 공부하기 시작했는데, 이탈리아어로 번역되지 않은 문학, 철학, 역사 고전을 읽기 위해서였습니다. 인문학을 통해 자신의 두뇌를 새롭게 바꾸고 싶어 했어요. 다빈치는 타고난 천재들의 사고를 따라가지 못해 애를 먹었지만 포기하지 않았고, 인문학 고전들을 라틴어 원전으로 읽으면서 묻혀 있던 천재성을 발휘할 수 있었죠.
>
> -『라틴어 수업』(한동일, 2017, p. 18)-

이와 같은 인물에 대한 이야기는 성장 마인드셋의 구체적 증거로 활용이 가능할 것이다.

제9장
학습포기자

수포자(수학을 포기한 사람) 또는 영포자(영어를 포기한 사람)라는 신조어를 한 번쯤은 들어보았을 것이다. 또한 그와 반대되는 의미의 수능자(수학 능력자)라는 신조어도 있다. 이러한 사회적 이슈가 등장하면서 한국과학창의재단에서는 2015년 수학학습에 대한 실태조사를 실시하였고, 실제로 많은 학생들이 수학을 포기하고 있음을 확인할 수 있었다. 응답자의 8.3%가 초등학교 시기부터 수학을 포기했다고 응답했고, 앞으로도 더 노력해 볼 의향이 전혀 없다고 응답한 학생도 2.3%나 되었다. 중학생과 고등학생 중 수포자의 비율은 각각 15%, 20.3%로 더 높았고, 극복에 대한 의지가 없이 완전히 포기해 버린 학생들도 4.5%, 7.4%로 학교급이 올라갈수록 증가 추세를 보였다. 뿐만 아니라 수학을 포기한 시기가 초등학교 1학년

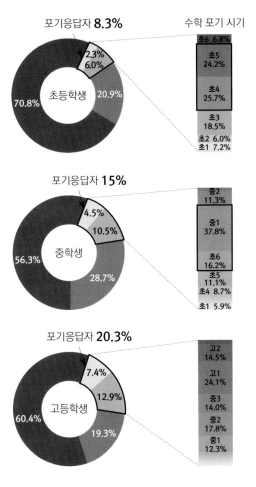

[그림 9-1] 수학학습에 대한 실태조사

출처: 한국과학창의재단, 2015, pp. 52-57.

시기부터 나타나고 있다는 사실은 매우 충격적이다. 동시에 수학을 포기하지 않고 잘 해 오던 학생들이 고등학교에 와서 수학을 포기하는 경우도 상당수 있어 수학에 대한 포기는 초등학교에 입학할 때부터 고등학교를 졸업할 때까지 계속 이어지고 있음을 알 수 있다. 또한 학교급이 올라가면서 학업을 아예 포기한 학업중단 학생들의 경우도 이전에 수포자가 되었을 가능성까지 감안하면 상당히 많은 학생들이 수학을 포기하는 상황에 놓여 있음을 추측할 수 있다. 이와 같은 수학을 포기하는 현상은 한 개인이 수학이라는 과목을 포기하는 데 그치는 것이 아니라, 학교생활 자체에 대한 흥미상실, 자신감 저하, 부적절감으로 이어진다. 수학이 아닌 다른 과목에서의 흥미, 동기, 성취도의 하락이 후속적으로 나타나고, 결국 학교를 그만두는 상황에까지 이르기도 한다.

1. 학습포기의 양상[1]

학교는 공부를 가르치고 배우는 것을 목적으로 하는 제도인데 '배우기가 힘들다' 나아가 '더 이상 배우고 싶지 않다'는 결정에 도달하는 학생들이 점점 늘어나고 있다. 처음에는 어려워하는 과목에서 그런 결정을 하지만 점차 그런 과목이 늘어나면서 결국 학교를 떠나게 된다. 학교를 다니는 것보다 더 나은 대안을 찾아 떠나는 것이 아니라 학교에서 해야 할 가르치고 배우는 과정에 참여하기 어려워지면서 등을 돌리게 되기 때문에 실패자라는 불명예를 안고 떠난다. 그리고 이러한 포기의 과정에서 누군가로부터 실패자로 낙인찍혔던 경험 또는 회복불가 상태까지 반복적 실패가 지속되는 경험을 하게 되면서 평생 지우기 힘든 깊은 마음의 상처를 입게 된다.

개별 과목에서의 포기   학습포기자는 대부분 개별 과목의 포기에서 출발한다. 그 대표적 과목은 수학과 영어이다. 수학에 대한 포기는 앞서 소개한 자료조사에서도 나타나고 있듯이 상당히 심각한 상태이다. 대부분은 교육과정이 어려워

---

1) 이 장에서는 초·중·고 공교육 제도권에서 나타나는 학습포기를 다룰 것이다.

지면서 영어나 수학을 포기하게 되는데 사교육을 통해 선행을 많이 한 학생들은 높은 학업성취도를 나타내는 반면, 가정에서 지원을 받지 못하는 학생들은 학교에서 가르쳐 주는 내용만으로는 진도를 따라가기에 힘들다고 호소한다. 그래서 교육과정이 어려워져서 공부를 포기한다기보다는 학교교육이 제대로 이루어지지 않았기 때문에 포기할 수밖에 없다는 해석도 있다.

한편, 어떤 한 사건이 계기가 되어 특정 과목의 공부를 아예 하지 않게 되는 경우가 있는데 학습포기자의 학업실패 트라우마 양상 중 하나라고 할 수 있다. 예를 들면, 지훈은 중학교 때 영어가 좀 부족하다는 이유로 교사와 친구들의 놀림을 받으면서 영어를 공부하기 싫어져서 고등학교 때까지 계속 영어를 공부하지 않았다.

> "제가 영어에 대해서 안 좋은 기억이 많아요. 그러니까 제가 노는 쪽을 좋아해서 공부 안 하고 놀았거든요. 그러다 보니까 영어 잘 모르는데 친구들끼리 있다가 발표를 하잖아요. 발표를 못하거나 하면 선생님도 제 발음이 이상하다는 둥 하면서 놀려요, 그걸로. 이런 안 좋은 기억이 있다 보니 더 하기 싫어지잖아요, 그러면. 이제 애들도 너 왜 이런 것도 모르냐, 단어 이런 것도 모르냐, 이런 문법도 모르냐, 놀리니까 짜증 나잖아요, 솔직히. 영어 점점 싫어지는데 해야 되고, 스트레스도 받았으니까 하기도 점점 싫어지고. 그게 그러다 보니까 중학교 때 공부를 안 했고, 그렇게 고등학생 되다 보니까 영어를 포기한 상태가 된 거죠."

개별과목 포기에서 학교학습 포기로   개별과목에 대한 포기는 그 과목에서의 학업성취도만이 아니라 다른 과목의 학업성취도까지 낮추는 결과를 초래한다. 수학 포기가 거기에서 그치는 것이 아니라, 수학을 포기하면 그다음 영어와 국어도 포기하게 된다. 과학은 무슨 말인지 알아들을 수 없어서, 사회는 암기하기 귀찮아서 포기한다. 이렇게 점점 포기하는 과목이 늘어나면 결국 학교공부를 모두 놓아버리는 상태가 된다. 학교에 다니고 있지만 지식을 습득하는 것이 학교를 다니는 이유가 아니고, 친구 또는 놀이가 등교의 목적이 되어 버린다. 학교에서 친구들과 비행을 일삼거나 수업시간에 잠만 자고 방과후 아르바이트나 유흥에 빠지는 경우가 많은데, 이런 생활을 적극적으로 선택했다기보다는 공부를 포기하고 나서 할 수 있는 거의 유일한 선택지인 경우이다. 따라서 놀고 있으면서도 재미있고 신나기보다는 계속 공허하고 자신은 형편없는 사람 또는 이미 실패한 사람이라는 느낌에서 벗어나기 어렵다.

그래서 학교라는 울타리 속에서 형편없는 학생으로 낙인찍히기보다 학교를 떠나고 싶어 한다. 학습포기 상태의 학생들은 공부가 잘 안 되고 자신은 공부를 해서 사회로 진출하지 못한다고 생각하기 때문에 학교에 다녀야 할 이유가 없다. 그러나 학교를 그만두는 것도 쉽지 않다. 우리나라의 경우 중학교까지는 의무교육과정이라 자퇴가 허용되지 않는다. 의무교육과정에서는 자퇴가 허용되지 않고, 학년에 상관없이 최소 3개월 이상 연속적으로 결석하게 되면 학교장 승인을 거쳐서 '성원 외 관리 대상'이 될 뿐이다. 합법적으로 자퇴를 할 수 있는 고등학생이 되어도 공부는 포기하더라도 고등학교는 졸업해야 한다고 생각하는 부모도 많아 부모의 반대를 이기기 쉽지 않다. 더구나 공부를 못하겠으니 학교를 그만두겠다고 하면, '어떻게든 도와줄 테니 공부에 마음을 붙여 봐라'거나 '잘할 수 있는 것부터 해 보자'라는 도움이나 격려를 주기보다, '어떻게든 버텨 봐라'는 지시 또는 조언을 하기 일쑤이기 때문에 고통은 더 가중된다. 학습포기자들은 이런 상황에서 억지로 학교를 다니고 있고, 매일이 무의미하고 싫기만 한 상태를 버티게 된다. 이런 경험 자체가 개인을 괴롭히는 주된 원인이 되고, 시간이 지날수록 어려움이 쌓여 가고 커지는 악순환이 지속된다. 견디면 졸업장이 나오고 그 졸업장이 인생에 도움이 된다는 식의 조언은 학습포기자들에게 별로 도움이 되지 않는다. 오히려 마음의 상처를 더 악화시킬 뿐이다. 학습포기자들에게 정말 필요한 것은 학습포기에 이르기까지 얼마나 어려웠는지 공감하고 그것을 극복하려면 어떤 도움이 필요한지 함께 찾아보는 지원이다.

주변의 압력을 견디지 못해 포기   주변인들의 기대나 압력이 원인이 되어 공부를 아예 하지 않는 경우들이 있다. 주로 부모를 비롯한 가정의 압력에 대한 나름대로의 대응 방식이다. 먼저 다음 서연의 사례처럼 공부에 대한 지나치게 높은 기대가 원인이 되어 공부를 포기해 버리는 경우가 있다.

서연은 한 번도 공부를 잘해 본 적이 없는 자신에게 높은 기대를 가진 부모 때문에 오히려 공부를 하지 않게 되었다. 서연의 부모는 자신의 과거만을 생각하고 "우리 서연이도 공부만 하면 당연히 서울대는 갈 수 있지?", "조금만 하면 1등은 너네 나이 때는 쉬운 거야."라는 말을 자주 했다. 부모가 이런 말을 계속 하니까 서연은 '어차피 내가 공부해도 엄마, 아빠 기대를 맞추는 건 불가능이야'라고 생각하면서 공부를 놓아 버렸다. 부모가 서연에게 높은 동기부여를 해 주려고 했던 말이었지만 그 말은 결국 서연이 공부를 포기하게 만들어 버렸다.

부모가 억지로 시켜서 공부를 하는 데는 한계가 있는데, 어릴 때는 곧잘 하다가 청소년기가 되면서 공부로부터 도망가는 경우들이 있다. 다음은 청소년 학업상담에 개인상담 실습을 위해 제시된 사례의 내담자를 준형이라는 가명을 붙여 요약한 것이다. 준형은 어릴 때는 어머니가 무서워서 공부를 했지만 물리적으로 어머니를 이길 수 있는 시기가 되었을 때부터 반항하면서 공부를 포기해 버린 상태이다.

> 준형은 초등학교 때까지 엄마 말에 완전히 복종해 가족 여행을 갈 때도 학습지를 들고 가서 풀었고, 다른 친척들이 지켜보는 가운데 학습지 문제 한 개 틀릴 때마다 한 대씩 맞았다. 중학교에 올라가서 처음 시험을 봤는데, 최상위권에 들지 못했다. 어머니가 부끄럽다며 준형을 때렸고, 그때 '확 열이 받아서' 어머니를 노려보며 자기 옆에 있던 의자를 집어던졌다. 그때부터 공부를 더 안 하기 시작했고, 고등학교에 온 지금도 앞으로 공부하지 않을 것이라고 마음먹고 있다. "어차피 공부해 봤자 엄마, 아빠처럼 항상 서로를 무시하고, 자식까지 무시하며, 밖에 나가서는 아무 일 없는 듯이 생활하는 위선적인 삶을 살 텐데 뭐하러 공부를 하냐"고 반문했다. 일류대를 나오고 돈도 많이 벌지만 그런 부모의 삶이 너무 불행해 보인다고 했다. 어머니는 시댁 식구와 남편이 자신을 무능하게 취급하여, 자식을 남보란 듯이 잘 키우고 싶었는데 다 틀렸다고 호소하였다(장미경 외, 2010, p. 71).

가까이에 너무 강력한 경쟁자가 존재할 경우 아예 경쟁을 포기하게 되기도 하는데, 그 포기는 상당한 마음의 상처를 남기게 된다. 다음은 Yalom의 책에 소개된 사례로 우등생인 형과 비교되어야 하는 상황에 처한 동생은 처음부터 학습을 포기한 상태가 되어 버렸다. 좋은 경쟁 상대는 동기를 높여 주는 역할을 하지만 범접할 수 없는 경쟁 상대는 오히려 그 경쟁을 포기하게 만들기 때문에 역효과를 나타낼 뿐이다.

> "Jason은 나보다 두 살 아래 동생이었어요. 그리고 나는 따라잡기에 너무 힘든 형이었던 것 같습니다. 나는 착하고 학급에서는 언제나 1등을 하는 학생이었으니까요. Jason은 새로운 학교로 진급할 때마다 어김없이 나에 대해서 이야기하는 교사들을 만나야 했는데, 그들은 다들 Jason이 나와 같은 우수한 학생이기를 기대했죠. 하지만 Jason은 나와의 경쟁을 포기하고 아예 벗어나 버렸어요. 고등학교를 다니면서 Jason은 책을 펴본 적이 거의 없었고 마약에 빠져 있었고요. 아마 경쟁을 해 볼 수 없었을 거예요. 아주 명석한 두뇌를 가졌다고 생각되지는 않았으니까요."
> (Yalom, 2015, p. 57)

이렇게 주변의 기대나 압력이 원인이 되는 경우, 처음부터 공부에 흥미를 느껴 본 적이 없이 공부에 대한 압박감만을 느껴 포기해 버린 경우이다. 그래서 실패라고 명명할 에피소드가 분명하게 존재하지 않을 수 있지만, 일상 자체에서 자신을 부족하고 떳떳하지 못한 사람으로 지각하게 되고 스스로를 실패자로 낙인찍기 쉽다.

공부를 포기하고 학교를 떠남   학습포기의 기간이 길어질수록 결국 학교를 떠나겠다는 결정을 하게 되는 경우가 많다. 특히, 의무교육에서 벗어나는 고등학생이 되면 학업중단을 결정하는 학생들이 급격하게 늘어난다. 많은 학습포기자들은 더 이상 자신에게 의미 없는 학교를 다니고 싶지 않다거나 이렇게 싫은 것을 더 이상 참을 수 없다고 호소한다. 그러나 학업중단 이후 삶에 대한 대안이나 계획이 없다는 점에서 부모나 교사는 학업중단에 동의하지 않는 경우가 많아 학업중단이라는 결정을 두고 서로 갈등하게 되고 이 과정에서 마음의 상처를 받는다. 뿐만 아니라 어떤 목표를 추구하기 위해 학교를 또다시 그만두는 것이 좋겠다는 결정이 아니라 학교 자체가 싫어서 떠나겠다고 결정을 내리게 되면 학교를

다니는 것 자체에서 실패했다는 패배감을 겪게 된다는 면에서도 트라우마 경험
이 된다. 학생들이 학업을 포기하지 않을 수 있도록 학생 개인의 수준과 특성에
맞는 교육을 제공하지 못한 학교, 나아가 교육체제에 문제가 있지만 학업을 포
기하는 많은 학생들은 학업중단을 자신의 탓으로 돌리는 경우가 많아 학업실패
트라우마가 더 커지고 깊어진다.

　부모의 동의가 있을 경우 학습포기가 학업중단으로 이어지는 데 그리 많은 시
간이 걸리지 않는다. 학업중단 청소년을 대상으로 수행된 한 종단연구에 보고
된 한 사례에서는 고등학교 2학년 때부터 공부를 포기하고 결국 그 해에 학교를
떠나는 결정을 내렸다. 연구참여자의 보고 내용은 다음과 같다.

>　"고등학교 2학년을 올라가서 첫 번째로 중간고사를 봤는데 완전히 망
> 쳤어요. 그리고 나서 대학을 안 가기로 결심하고 기말고사 때까지 학교
> 가서 잠만 자고 애들이랑 놀기만 하고 수업도 대충하고 그러니깐, 방학
> 할 때쯤 어머니가 하시는 말씀이 '너 계속 그렇게 할 거면 학교를 그만두
> 고 다른 배움을 해 보는 게 어떻겠냐' 제안하셨어요." (양군) (이주연, 정제
> 영, 2015, p. 101)

　이 경우 누적된 학습부진 상태를 오랫동안 견뎌 온 경우보다 공부로 인한 마
음의 상처가 상대적으로 적을 수 있지만, 이 사례에서처럼 단 한 번의 실패에 대
해 도전해 보지도 않은 채 포기한 경험은 상당히 큰 패배감으로 자리 잡을 수 있
다는 점에서 상처가 적다고 할 수 없을 것이다.

2. 학습포기자의 주된 호소

　학습포기자들이 스스로 학습포기 자체가 고민이 되어 상담을 찾는 경우는 드물
다. 다른 문제로 상담을 찾게 되었는데 학습포기의 문제를 가지고 있거나 '학업중
단 숙려제'와 같은 제도적 장치 때문에 비자발적으로 상담을 받는 경우가 대부분
이다. 어떤 경우이든 학습포기자들이 자신의 학업실패 트라우마와 관련해 주로
호소하는 내용은 다음과 같은 공통점을 갖는다.

나는 못해요   학습포기 상태의 내담자를 만나 보면 자신은 공부를 못하는 사람이라는 자아상이 뚜렷한 경우가 많다. 학습포기자들이 학습포기 상태에 이르게 된 과정은 다양하지만 자신은 공부를 못하는 사람이라서 공부를 포기했다는 점에서는 동일한 자기개념을 가지고 있다. 많은 학생들이 선행학습을 하는 우리나라 상황에서는 선행학습을 하지 않아 수업을 따라가지 못하게 되고 실패와 좌절이 반복되면서 결국 학습포기 상태에 이르게 되는 경우가 가장 흔하다. 또한 상급학교 진학이나 전학 또는 갑작스러운 질병과 같은 것을 계기로 학습부진이 초래되면서 그것을 극복하지 못한 채 학업을 포기하게 되기도 하고, 지나친 기대나 경쟁 때문에 처음부터 공부를 놓아 버리기도 한다.

어떤 경우이든 많은 학습포기 내담자는 '해도 안 될 거니까 할 필요가 없다'는 학습된 무기력 상태에 놓여 있다. 이들은 스스로에게 나는 공부를 못하는 사람이라는 낙인을 찍고 있는데, 수년 동안 지속된 오래 묵은 실패감이다. 오래전 실험연구를 통해 확인된 학습된 무기력 상태는 상황이 달라져 고통에서 벗어날 수 있음에도 불구하고 처음부터 포기해 버린다는 점에서 안타깝다. '수학을 못해요', '국어를 못해요', '영어를 못해요', '암기과목을 못해요', '공부를 못해요' 등의 학습된 무기력 상태는 특정 과목 또는 학교공부에서의 무능감에 머무는 것이 아니라 전반적인 열등감과 인생 전반에 대한 포기 상태를 초래할 수 있기 때문에 극복할 수 있도록 도와야 한다. 그러나 학습을 포기한 내담자의 경우 대부분 반복된 좌절로 인해 학습부진 상태를 극복할 의지가 없는 상태이다.

공부를 꼭 잘할 필요는 없잖아요   많은 학습포기 내담자는 공부가 자신의 인생에 별로 필요하지 않다고 말한다. 꼭 필요하고 중요하지도 않는 공부를 하기 위해 애쓰고 노력하고 싶지 않다는 것이다. 다음은 학업중단 청소년 대상 질적 연구에 제시된 사례인데, 공부가 중요하지 않다고 말하는 학습포기자들의 전형적인 반응이라고 할 수 있다.

> "그냥 뭐 학교에 다녀 봤자 도움될 거 없을 것 같아서, 그냥 학교 다니면 애들이 우리나라는 공부 엄청 많이 학원이나 그런거 많이 다니잖아요. 그거를 적응 못했어요. 솔직히 또 약간 좀 주변의 사람이 전부 다 이렇게 힘들게 사는 걸 당연하게 여기는 거 같아서 그게 좀 마음에 안 들

었어요. 특히 또 그리고 또 더 없는 것 같아요. 그냥" (참여자 7) (백승호,
2017, p. 32)

그러나 여기에서 유의해야 할 점은 이들이 공부가 필요하다거나 중요하다는 것
을 모르는 것이 아니라 할 수 없다고 판단되어 포기한 것일 수 있다는 점이다.
학습포기자들은 공부를 포기한 시간이 길어지면서 공부가 필요하지 않고 중요
하지 않은 것으로 받아들이게 된 상태일 수 있다. 자신이 중요하다고 생각하는
것을 못하면 자존감이 낮아져 견디기 힘들기 때문에, 공부가 중요하지 않다는
논리를 내면화하는 적응기제가 작용하게 된 것은 아닌지에 대해 살펴보아야 한
다. 자칫 학습포기자들이 공부가 필요 없거나 중요하지 않다고 생각해 공부를
등한시하고 있다고 생각한 상담자들이 공부의 중요성에 대해 알려 주려고 하는
경우가 있는데, 이러한 접근은 성공하기 어렵다. 공부가 중요하지 않아서 포기
한 것이 아니라, 포기했으니 중요하지 않은 것으로 생각할 수밖에 없는 상황이
라는 점을 이해하는 것이 필요하다. 예컨대, 준형은 자신을 존중하지 않는 부모
님의 태도에 대한 분노로 공부는 필요 없는 것이라는 생각을 갖게 되었다. 따라
서 공부(또는 수학과 영어라는 개별 과목)가 필요하다거나 중요하다는 논박을 펼
치기보다 포기한 학업 자체에 대해 이야기를 나누는 것이 필요하다. 언제부터
'공부가 중요하지 않다' 또는 '공부가 필요 없다'고 생각을 하게 되었는지, 무엇
이 그렇게 생각하게 만들었는지, 포기하기 이전 잘했던 경험은 무엇이고 그 요
인은 무엇이었는지 등에 대한 탐색이 선행되어야 한다.

방해 요인이 되어 버렸어요   특정 과목 또는 학업 전체를 포기한 것은 이후 진로
에 방해 요인이 되는 경우가 많다. 실제 현장에서 유급으로 인해 다음 학년으로
진급하지 못하는 경우는 거의 없지만, 제도적으로 학력이 일정 수준에 도달하지
못할 경우 유급으로 같은 학년을 다시 다녀야 할 수 있다. 자신이 원하는 중학교
나 고등학교에 진학할 수 없을 수 있고 유학을 가고자 하는 경우에 낮은 성적이
발목을 잡기도 한다. 공부를 잘하지 않아도 되는 진로를 선택하더라도 여러 선
발과정에서 학업성적을 중요한 선발기준으로 삼고 있기 때문이다. 뿐만 아니라
학업을 중단할 경우 학업중단 자체가 부적응자라는 낙인으로 작용해 여러 장면
에서 방해가 될 수 있다. '편안하게 학교 다니는 것도 못한 친구가 일을 제대로

할 수 있을까? 조금만 힘들면 그만둬 버리면 곤란한데.'라는 의구심에서 아르바이트 일자리도 선뜻 내 주지 않는 것이 현실이다. 아무리 학교공부 말고는 무슨 일이든 잘 해낼 준비가 되어 있어도 그걸 알아주는 사람이 많지 않다. 그래서 이 과정에서 한 번 더 마음의 상처를 받게 된다.

　수학이나 영어 같은 특정 과목을 포기한 경우 학교를 떠나기보다는 계속 학업에 정진하는 경우가 있는데 이후 대입에서 걸림돌이 된다. 대부분의 대학 입시 전형에서 내신을 반영할 때나 수능 성적을 반영할 때 여러 과목의 성적을 합산하기 때문에 주요 과목 하나의 성적이 아주 낮은 경우 그 과목 성적 때문에 원하는 대학이나 학과에 지원하기 어려워진다. 전형에 따라 영어나 수학 같은 특정 과목의 점수를 반영하지 않거나 성적이 좋은 과목 3~4개만을 선택하는 경우도 있지만, 그런 전형이 많지 않아 자신이 가고 싶은 대학 또는 가고 싶은 학과에는 해당되지 않을 수 있다. 예컨대, 지훈은 앞서 살펴본 바와 같이 교사와 친구들의 놀림을 받으면서 중학교 때부터 영어를 포기했는데, 그것은 결국 대학 입시를 준비할 때 상당히 큰 걸림돌이 되었다. 고등학교에 올라올 때부터 꿈이 뚜렷했던 지훈은 영어 성적이 전체 성적을 내리는 걸림돌이었고, 내신을 높이기 위해 영어에 시간을 투자해 보기도 했지만 쉽지 않았다. 단어 암기에 시간을 많이 써도 잘 안 되고, 영어를 공부할 때면 수업시간이나 자습시간에 딴생각을 하는 적이 많아 효율도 오르지 않았다. 결국 지훈은 영어에서 좋은 성적을 내지 못하면서 자신이 진학하고자 하는 대학에 지원할 수 없었다. 학과는 원하는 곳으로 진학했지만, 대학에 있어서는 차선을 선택할 수밖에 없었다.

안 할 수만 있다면 안 하고 싶어요　　　자신이 포기한 과목을 피해 진로를 개척하는 경우도 있다. 잘하지 못하는 과목에 쏟을 노력을 다른 과목에 쏟아 효율을 높이는 전략이다. 민지는 수학을 포기했지만 대입에는 만족할 만한 성과를 거두었다. 그리고 앞으로의 진로도 계속 그렇게 수학을 피할 수 있는 것이 첫 번째 기준이 되었다.

　　대학 3학년인 민지는 진로문제로 상담실을 찾았다. 고등학교 2학년 때 3월 모의고사를 치르고 답안을 맞춰 보는데 수리영역 가채점에서 오답이 너무 많아 충격을 받았다. 친구들을 따라 억지로 웃을 수도 없었고, 그저 학교를 벗어나고 싶다는 생각만 했다. 그나마 조금 가졌던 수학에 대한 자신감이 완전히 사라져 버리고, 앞으로 수학 때문에 어떤 힘든 일이 생길지 생각하면서 좌절감이 컸다. 학원의 수학교사를 볼 낯이 없었고, 부모님께 수학에 대한 자신감도 용기도 모두 잃고 말았다고 말씀드렸다. 다행히 수학 성적을 반영하지 않는 대입 전형을 찾게 된 것이 한 가닥 희망이었다. 안 되는 수학에 쏟는 에너지를 다른 과목에 쓰면서 다른 과목의 성적이 많이 올랐고, 수학을 포기한 것만으로 마음이 훨씬 가벼워 학교생활에도 잘 적응할 수 있었다. 이렇게 입시를 잘 치르고 원하는 대학에 입학했지만 마음이 편하지만은 않았다. 여전히 수학을 기피하고 있고, 고등학교 때 수학을 포기하면서 '노력하면 된다'라는 생각이 무너졌기 때문에 새로운 것을 도전할 때 두려움을 겪고 있다고 호소했다. 이겨 내고 도전해야 하지만 이전의 패기를 가질 수 없게 되었고, 지금도 수학을 피할 수 있는 진로를 찾아보다가 상담에 오게 되었다.

이렇게 회피하는 것은 민지처럼 특정 과목을 포기한 경우가 아니라 학교공부를 모두 포기해 버린 경우도 마찬가지이다. 진혁의 경우 어느 한 번의 실패 경험으로 학습을 포기하게 되었다기보다는 수업시간마다 접하는 작은 실패가 반복되면서 실패감이 쌓여 왔고, 결국 공부에서 멀어져 앞으로도 계속 공부를 해야 할 일은 피하고 싶은 것이다.

이제 중학교 2학년밖에 되지 않은 진혁은 앞으로 어떻게 하고 싶은지에 대한 상담자의 질문에 "공부를 안 해도 되는 아르바이트를 하면서 살아가겠다."고 답했다. 진혁은 어려서부터 공부를 잘해 본 적이 없고 늘혼나면서 '해도 안 된다'는 생각이 들게 되었고, 공부를 하지 않아도 되는 대안을 찾다 보니 아르바이트는 공부를 하지 않아도 할 수 있다고 생각하게 된 것이다.

미래에 대해 생각하기 싫어요   학습을 포기한 현실을 직면하는 것은 무척 고통스러운 일이다. 또한 학습을 포기한 것이 앞으로 어떤 결과를 초래할 것인지를 생각하는 것은 더 고통스러운 일이다. 그래서 많은 학습포기자들은 미래에 대해 아예 생각하지 않는 회피반응을 통해 자신의 아픔을 외면하려고 한다. 이러한 회피는 공부에서만이 아니라 생활 전반에까지 확대되어 미래시간조망 능력조차 잃어버리게 된다.

인지적으로 미래시간조망을 하더라도 미래에 대해 비관적이기 때문에 미래를 더 외면하게 된다. 미래에 대한 기대는 긍정적 기대를 하는 낙관성과 부정적 기대를 하는 비관성으로 나뉘는데, 낙관성은 여러 영역의 적응을 예언하는 중요한 개인 특성이다. 낙관성을 설명하기 위해 가장 빈번하게 인용되는 비유 중 하나는 '물이 반이 찬 컵'이다. 낙관적인 사람은 '물이 벌써 반이나 찼다'고 보는 반면 비관적인 사람은 '물이 아직 반밖에 차지 않았다'고 본다. 즉, 낙관성이란 동일한 상황에서 '앞으로 올 미래에 대해 얼마나 긍정적 기대를 가지고 있는가'이다. 낙관성은 행복감, 건강, 성공 등 삶의 거의 모든 영역에 긍정적 영향을 미치고, 자신에게 주어진 불리한 여건을 자신의 노력으로 극복하고 목표를 이루어 낼 수 있는 태도, 정서, 동기에 해당하는 '노력낙관성(effort optimism)'은 특히 더 중요하다. 학습포기자들은 학업에서의 실패로 인해 낙관성과 노력낙관성을 모두 상실한 상태로 자신의 노력으로 앞으로의 미래가 달라질 것이 없다고 생각하기 때문에 미래 자체를 생각하고 싶어 하지 않는다.

● 미래시간조망 능력의 발달

미래시간조망은 시간에 대한 개념에서 발달하기 시작하는데, 개인이 가진 시간에 대한 개념은 시간을 어떻게 바라보는가라는 의미에서 '시간조망(time perspective)'으로 명명된다. Lewin(1951)은 장이론에서 시간조망을 '어떤 주어진 시간에서 자신의 심리적 미래 및 심리적 과거의 실재에 대한 관점의 총체'라고 정의했고, 여기에 Nuttin(1964, 2014)은 미래와 과거의 일이 현재의 행동에 영향을 미치는 정도는 인지적 수준에 달려 있다고 보았다. 시간조망은 시간의 측면에서의 탈중심화(Piaget 인지발달 이론의 개념)에서 출발하는데, 내가 지금 살고 있는 시간(자기중심적)에서 이미 살았던 또는 앞으로 살아가게 될 시간(탈중심적)으로 인지적 개념화가 확대되는 것이다. 인지적 탈중심화는 아동 초기(초등학교 저학년) 시기에 나타나지만, 자신의 과거와 미래를 떠올리는 데는 추상력 사고력이 요구되기 때문에 그 이후 더 많은 발달의 과정을 거쳐야 한다[시간조망에 대한 초기 발달은 McCormack(2014)를 참고].

시간조망 중 미래에 대한 시간 개념을 '미래시간조망(future time perspective)'이라고 한다. 미래시간조망은 다양한 적응 영역에 필요한 개인의 역량으로 높은 사회경제적 지위, 높은 학업성취도, 낮은 자극추구, 낮은 위험행동 등 다양한 영역에서 적응을 예언하는 반면 미래를 조망하지 못하면 정신건강 문제, 청소년 비행, 범죄, 중독 등 부정적 상태에 이르는 것으로 밝혀졌다(Zimbardo & Boyd, 2015). 이렇게 미래시간조망 능력이 여러 적응 영역과 밀접히 관련되는 이유는 미래를 바라본다는 것은 현재와 미래 사이의 인과관계에 대해 이해한다는 것을 의미하기 때문이다.

현재는 과거의 결과이고, 현재는 미래에 어떤 결과를 초래할 원인이 된다는 것에 대한 이해가 충분할 때 비로소 미래를 바라보는 미래시간조망을 가졌다고 할 수 있다. 미래시간조망이 부족할 경우 비행을 비롯한 부적응에 처하기 쉬운 이유는 현재의 자신의 행동이 미래에 어떤 결과를 초래할 것인지를 생각하지 못하기 때문이라고 할 수 있다. 즉, 원인과 결과에 대한 잘못된 판단을 가지고 있을 때 건강한 미래시간조망에 실패하게 된다. 따라서 사회학습이론이나 귀인이론에서는 자신이 과거에 이룬 성취에 근거해 지금 당면한 과제에서 앞으로 어느 정도 성취를 이루어 낼 수 있는지에 대해 판단한다고 본다. 과거의 성취가 자신이 기울인 노력에 의한 것으로 판단하면 더 노력을 기울이면 성공할 수 있을 것이라고 생각하지만, 그렇지 않다면 미래의 성공에 대해 기대하지 않고 현재 노력도 기울이지 않을 것이다.

이러한 미래시간조망은 유아기와 아동기에만 발달하는 것이 아니라, 청소년기 동안도 계속 발달하고 대학생 시기까지 발달이 지속되는 것으로 확인되고 있다. 물론, 청소년기는 과거나 현재보다 미래에 관심을 많이 갖는 시기로 미래시간조망이 증가하는 시기로 보는 연구와 입시나 취업 등 당면과제의 해결 때문에 현재에 집중하면서 오히려 현재시간조망이 중심이 된다는 상충되는 연구가 제시되기도 한다(Mello & Worrell, 2006).

3. 상담에서의 선택과 집중

학습포기자들이 상담을 찾는 경우는 주로 학업중단과 관련될 때이다. 학업중단 여부를 결정하고 싶어서 자발적으로 찾는 경우, 학업중단을 위해 거쳐야 하는 단계인 '학업중단 숙려제'에 따른 의무상담에 오는 경우, 학업중단 이후 '학교밖청소년지원센터'에서 지원을 받기 위해 상담에 오는 경우 등이다. 또는 다른 문제로 상담을 진행하던 중 학습포기 상태가 확인되어 이에 대한 개입이 필요하다고 합의할 때이다. 어느 경우이든 공부문제 자체를 적극적으로 다루고 싶어 하지 않는다는 공통점을 갖는다. 학업중단의 경우 학교공부를 그만두겠다는 결정이지만, 학업 스트레스가 학업중단의 일차적 원인이 아닌 경우도 많다. 또래의 괴롭힘, 교사와의 갈등, 학교체제와의 갈등 등이 학업중단 결정의 촉발 요인이 되는 경우가 있다. 따라서 학업중단 관련 상담은 다양한 문제를 다루어야 하는데, 여기에서는 학업과 밀접히 관련된 문제를 어떻게 다룰 것인가에 대해 살펴보고자 한다.

먼저, 학업 스트레스를 주 호소문제로 제시하지 않지만 이 문제를 다루어야 한다는 점에서 상담자는 동기 부여에 대한 고려를 해야 한다. 이를 위해 상담자는 조급해하지 말고 내담자의 이야기를 들어 주는 데 집중하는 것이 필요하다. 그간의 어려움을 차근차근 이야기할 기회를 주면서 현재부터 과거로 거슬러 올라가거나 초등학교 1학년 입학부터 지금까지 등 어느 방향으로든 시간의 흐름에 따른 학교생활 변화에 대한 탐색을 실시한다. 이러한 회고는 내담자를 잘 이해할 수 있는 방법이기도 하고, 내담자에게 스스로 학교와 자신의 관계 그리고 공부와 자신의 관계에 대해 다시 한번 생각해 볼 수 있는 기회를 제공한다. 또 이 이야기에서 대부분 학습포기의 계기가 된 경험이나 학습포기의 과정이 발견되는 경우가 많고, 여기에서 학업상담에 대한 동기가 생길 수 있다.

학습포기자의 공부문제를 돕기 위해 집중해야 할 부분은 공부에 대한 자신감 회복과 구체적인 학업지원이다. 특히, 학습포기자의 경우 가정의 자원이 부족한 경우가 있어 누적된 학습부진에 대한 보충학습에서부터 공부할 장소 찾기까지 여러 가지 지원도 필요한데, 이 부분은 상담자가 직접 하기 어려울 수 있다. 이럴 경우 내담자가 활용할 수 있는 정책적 지원에 대한 정보를 제공하거나 지원 관련 서비스를 책임질 수 있는 외부 전문가와 연결해 주는 역할을 해야 할 것이다. 그리고 무엇보다 상담에서 집중할 부분은 공부에 대한 자신감 회복일 수 있는데, 자기효능감의 네 가지 원천을 활용해 조력할 수 있다.

성공 경험   주어진 과제를 해낼 수 있다고 생각하는 자기효능감은 그 과제를 성공적으로 해낸 경험에서 온다. 자기효능감의 원천 가운데 가장 영향력이 큰 요인으로 상담에서도 가장 집중해야 할 부분이다. 학습포기자들의 경우 공부라는 과제가 잘 안 되어 포기한 것이고, 그래서 공부라는 과제에 대한 자기효능감이 낮은 상태이다. '낮은 성취 → 낮은 자기효능감 → 노력을 기울이지 않음 → 낮은 성취'의 악순환으로 인해 실제 자신이 할 수 있는 것보다 더 낮은 성취를 하게 된다. 이러한 악순환의 고리를 끊어야 하는데, 낮은 자기효능감을 현실적으로 바꾸는 것과 성취 수준을 높이는 것이 모두 가능할 것이다. 이 가운데 성취 수준을 높이는 개입이 더 효과적이므로 성공 경험을 할 수 있도록 도와야 한다. 그러나 내담자 입장에서 생각해 보면 하지 못할 걸 알면서 노력을 기울이는 일은 쉽지 않다. 무조건 노력을 기울여 볼 것을 제안하기보다는 조금이라도 자기효능감을 가질 수 있는 이전 성공 경험을 찾아보는 것이 필요하다. 당장 성공 경험을 만들기보다 그간의 이야기를 들으면서 성공 경험이라고 할 수 있는 것을 찾아보는 것이다. 꼭 높은 성적을 거둔 것이 아니고, 공부 영역이 아니어도 괜찮다. 조금이라도 노력을 기울여 그 성과를 봤던 경험을 찾는 것이다. 자신은 아무것도 잘해 본 적이 없다는 초등학교 5학년 나연의 성공 경험을 찾기 위해 상담자는 다음과 같이 탐색적 질문을 활용했다.

상담자: 나연이 잘하는 건 어떤 게 있을까?
내담자: 전 잘하는 게 아무것도 없어요. 한 번도 공부를 잘해 본 적이 없어요.
상담자: 꼭 공부가 아니어도 괜찮아.
내담자: 엄마가 전 게을러서 아무것도 잘할 수 없다고 했어요.
상담자: 그럼 잘 안 됐지만 열심히 해 보려고 했던 건 있을까?
내담자: 음 ……
상담자: 학교에서든, 집에서든, 학원에서든 잘 생각해 봐.
내담자: 강아지 산책시키는 거, 그런 것도 되나요?
상담자: 오호. 나연이 직접 강아지를 돌보니?
내담자: 엄마가 엄청 반대했는데 제가 졸라서 키우게 되었어요. 한 번이라도 산책을 빼먹거나 집에서 강아지 냄새 나게 하면 당장 다시 데려다 줄 거라고 했거든요. 그래서 그건 정말 열심히 하고 있어요. 강아지 키우는 것에 대한 공부도 유튜브 보면서 하고 있어요.

이렇게 나연의 강아지 키우는 이야기를 시작으로 성공 경험을 찾게 되었고, 강아지를 잘 돌보기 위해 어떤 의도적 노력을 기울였는지와 그 효과가 얼마나 긍정적이었는지에 대해 이야기하면서 성공 경험을 내면화하는 과정을 거쳤다. 이를 토대로 나연도 자신이 '꼭 해야겠다는 마음을 먹으면 잘 해내는 사람'이라는 자기효능감을 되찾을 수 있었다. 전반적 자기효능감의 회복을 통해 공부라는 과업에도 도전해 보는 단계로 넘어갈 수 있는데, 나연의 경우 스스로 과학 공부부터 해 보고 싶다고 했다. 이렇게 공부라는 영역에 너무 얽매이지 말고 일상생활 속에서의 성공 경험을 활용하는 것이 학습된 무기력 상태에 있는 학습포기자와의 상담에서 필요하다.

학습포기자들의 학업을 돕기 위해 궁극적으로 공부에서의 성공 경험을 쌓아야 한다. 학업과세에서 성공 경험을 쌓을 때 가장 유의해야 할 점은 성공할 수 있는 맥락을 조성해야 한다는 점이다. 첫 번째 조건은 성취 가능한 목표를 설정하는 것이다. 의욕이 앞서 높은 목표를 세우면 결국 성취하기 어려워지고, 성취하지 못하면 성공 경험이 아니라 실패 경험을 맛보게 되기 때문이다. 조금은 시시해 보일 정도로 쉬운 목표를 설정해야 하는데, 이는 실증적 연구에서도 입증되었다. 성취하기 쉬운 목표를 가진 집단의 학생들이 높은 목표를 가진 집단의 학생들보다 자기효능감, 학업성취도, 내적 동기 등 모든 면에서 높은 수준으로 향상을 보였다 (Bandura & Schunk, 1981). 그리고 두 번째 조건은 성공할 수 있도록 조력해 주어야 한다는 점이다. "너도 열심히 하면 잘할 수 있으니까 믿을게.", "조금만 더 하면 되니까 충분히 할 수 있지.", "처음부터 스스로 해야 네 것이 된다." 등으로 믿어만 주는 것은 실제 성공 경험을 하는 데 크게 도움이 되지 않는다. 공부를 방해하는 요소를 극복할 방안도 함께 찾아보아야 한다. 학습을 지도해 줄 멘토를 구해야 하는 경우, 부모의 조력을 요청해야 하는 경우, 스마트폰이나 게임 등 사용시간 관리에 개입해야 하는 경우, 시간이나 물리적 공간의 관리에 개입해야 하는 경우 등 상담자가 조력해야 할 부분이 많다.

대리 경험　자기효능감의 두 번째 정보원인 대리 경험을 활용해 학습포기자들의 자기효능감을 높일 수 있다. 자신과 비슷한 사람이 성취해 내는 것을 보면서 '나도 해 볼 수 있지 않을까?'라는 생각이 들도록 돕는 것이다. 자신이 직접 성취를 해내지 않고 다른 사람이 성취해 낸 것을 보는 것만으로도 자기효능감이 높아진다. 여기에서 가장 많이 활용하는 것은 역할모델이다. 상담자는 내담자가 주변에서 적절한 역할모델을 찾을 수 있도록 도와야 한다. 가장 가까이 있는 친구부터 시작해 일상을 함께하는 가족이나 학급, 학원의 구성원들 중 역할모델이 될 만한 사람들에 대한 이야기를 나누고 조금 더 관찰해 올 것을 과제로 제공하면서 역할모델 찾기를 촉진할 수 있다. 또는 내담자가 좋아하거나 부러워하는 사람이 누구인지 과거 회상, 인상 깊었던 영화 · 드라마 · 웹툰, 팔로우하는 유튜버나 블로거에서 찾을 수 있다. 그 사람의 어떤 점을 닮고 싶은지로 확장해 가면서 역할모델을 찾을 수 있도록 돕는다. 내담자 스스로 역할모델을 찾지 못한다면 상담자가 제시해 줄 수도 있다. 이를 위해 상담자는 평소 여러 극복 사례를 수집해 두는 것이 필요하다.

이런 대리 경험을 통한 자기효능감 증진에서 중요한 요소는 관찰한 다른 사람, 즉 모델(역할모델)이 가진 능력이 자신과 비슷하다고 판단될 때 대리 경험이 자기효능감을 증진시킬 수 있다는 조건이다. 다양한 실험연구를 통해 능력의 유사성이 대리 경험 효과를 좌우한다는 것이 입증되었는데, 유사한 나이와 성별의 모델, 교사보다는 또래 모델, 처음부터 잘하는 모델보다는 어려움을 극복해 나가는 모델, 한 명보다는 여러 명의 모델이 더 효과적인 것으로 밝혀졌다(Schunk, 1986). 따라서 상담자는 이런 조건을 충족하는 역할모델을 찾고, 그 역할모델의 성취를 통해 스스로도 할 수 있다는 마음이 생길 수 있도록 도와야 한다. 내담자가 닮고 싶은 역할모델을 떠올렸지만 동경의 대상일 뿐 자신은 거기에 미칠 수 없는 사람이라고 생각한다면 대리 경험을 통한 자기효능감 증진에 적절한 역할모델이라고 할 수 없다. 이 경우 역할모델과 내담자가 여러 측면에서 차이가 크다면 새로운 모델을 찾아보는 것이 좋고, 그 차이에 대한 지각이 비현실적이라면 차이 지각을 현실화할 수 있도록 도와야 할 것이다. 학습을 포기해 버릴 정도의 실패 경험을 가진 내담자의 경우 지나치게 자신의 능력을 낮게 평가해 유사한 특성의 모델에 대해서도 자신보다 훨씬 많은 능력을 가지고 있다고 지각할 수 있다는 점에 유의해야 한다.

언어적 설득　　언어적 설득을 통한 자기효능감 증진은 상담의 전체 과정을 포함하기도 한다. 스스로의 성공 경험도 없고 유사한 사례가 없지만, 내담자의 역량과 해 나가야 할 과제가 요구하는 역량의 측면에서 볼 때 충분히 할 만하다는 점을 설득하는 것이다. 이를 위해 자신의 능력에 대한 잘못된 판단과 과제가 요구하는 역량에 대한 잘못된 판단에 대해 모두 개입할 수 있다.

특히, 앞서 살펴본 Jason의 사례와 같이 형과의 비교 때문에 처음부터 아무것도 시도해 본 적이 없는 경우라면 자신의 능력에 대한 잘못된 판단에서부터 출발해야 할 것이다. 만약 내가 상담자라면 Jason과 같은 내담자와 어떤 이야기를 나누면서 내담자에게도 공부해 나갈 능력이 있다는 것을 설득할 수 있을지 구상해 보기 바란다. 아마 Jason은 언제나 1등이었던 형이 먼저 이루어 놓은 성취에 압도되어 공부가 아닌 마약에 빠져 버렸을 것이다. 자신은 공부를 해도 형만큼 잘할 수 없을 것이라는 생각이 그 출발점이었을 것이므로, 마약에 빠진 고등학교 시절이 아니라 처음 학교를 다니기 시작했던 시절로 돌아가 이야기를 나누어야 할 것이다. 학교에서만이 아니라 집에서도 우등생인 형과 비교당하며 지속적으로 열등감에 시달렸을 수 있으므로 이 부분에 대한 재경험도 필요하다. 이 과정에서 두렵고 수치스러웠던 경험의 주요 원인이 자신이 아니라 자신을 위축시키고 도망가게 만들었던 맥락이었음을 이해할 수 있도록 돕고, 형과 비교되는 자신이 아닌 자신 고유의 역량과 특성을 되찾을 수 있도록 촉진할 수 있을 것이다.

학습포기자들 중에는 공부라는 과업이 요구하는 역량에 대한 오해 때문에 낮은 자기효능감을 가진 경우도 적지 않다. 어릴 때부터 차근차근 자신의 수준에 맞는 학습과제를 처리하면서 성취와 성장을 맛보는 정상적 학습 경험 대신, 이해하지 못할 수업과 과제를 맞닥뜨리고, 풀 수 없는 문제로 가득한 시험지를 받고, 교사 또는 부모의 꾸중과 질타, 또래의 놀림과 무시로 가득 찬 학습 경험을 했던 학습포기자들에게 공부는 마치 자신이 넘을 수 없는 벽처럼 느껴질 수 있다. 무엇은 할 수 있는데 무엇은 할 수 없다는 구분이 되지 않는 총체적 실패감을 헤치고 나올 수 있도록 돕기 위해 공부라는 과제가 그렇게 엄청난 능력을 요구하는 것이 아니라는 것을 보여 줄 필요가 있다. 이를 위해 상담자는 내담자가 해낼 수 있는 과제를 찾고, 그 능력을 가지고 있다는 점을 어떻게 설득할 것인가에 대해 미리 준비해야 할 것이다. 내담자가 어떤 부분에서부터 좌절을 경험했는지, 성공할 수 있었던 조금 더 쉬운 과제는 어떤 것이었는지, 상담자가 판단하는 내담자의 현재 역량과 실력은 어느 정도인지 등에 대한 객관적 파악이 선행되어야 하고, 이러한 객관적 지표를 효과적으로 전달할 방법도 구상해야 한다. 상담자의 창의성이 발휘되어야 할 부분이라고 할 수 있다.

또한 언어적 설득을 위해 앞서 살펴본 성공 경험과 대리 경험을 충분히 활용할 수 있다는 점도 염두에 두기 바란다. 스스로 성공 경험을 하고 대리 경험을 하더라도 이것을 자기효능감의 증진으로 이끌지 못하는 경우, 성공 경험의 내면화와 대리 경험의 재해석을 언어적 설득을 통해 촉진할 수 있다.

생리·정서상태　　어떤 과제를 해야 할 상황에서 느껴지는 신체적 반응과 감정은 그 과제를 해낼 수 있겠다는 자기효능감의 근거가 된다. 편안하고 걱정이 없으면 할 수 있을 것이라고 생각되는 반면, 왠지 불편하고 긴장이 된다면 못할 것 같다. 물론 잘할 수 있을 것 같아서 편안하고 잘 못할 것 같으니까 불안한 것일 수 있는데, 과제에 대해 판단하기 이전에 신체가 먼저 반응을 보이는 경우도 적지 않다. 따라서 과제를 접할 때 나타나는 신체적 반응이나 정서를 변화시켜 자기효능감의 증진을 가져 올 수 있고, 상담에서도 이 부분을 활용할 수 있다.

　학업실패 트라우마를 가진 학습포기자들은 공부라는 과제와 관련해 신체화 증상을 동반하는 경우도 있는데, 신체화 증상을 다루는 것이 바로 자기효능감 증진에 도움을 줄 수 있다. 신체가 심리적 현상과 분리되지 않는다는 것이 최근 신경과학에서 확인되고 있는데, 과학교사 경력이 있는 미국 USC의 교수 Immordino-Yang은 TED 강의[2]를 통해 자신의 실험 결과를 간단히 소개하고 있다. 2011년 TED 강의에서 Immordino-Yang은 수단의 한 여성의 감동적인 성장 이야기를 들려준다. 그리고 어떤 느낌이 드는지 질문을 던진다. 이 이야기는 실험에 사용하기 위해 실화를 바탕으로 지어낸 이야기이다. Immordino-Yang은 연구참여자들에게 이 이야기를 들려주고 어떤 느낌이 드는지 질문한 다음, 연구참여자들이 생각하고 답하는 동안 뇌영상을 찍었다. 감동적인 이야기를 듣고 자신에 대해 생각하면서 활성화되는 뇌 영역은 놀랍게도 장기의 감각을 처리하는 곳(전방 섬상세포군)과 생존을 담당하는 곳(뇌간)임이 확인되었다. Immordino-Yang은 이 연구결과를 제시하면서 몸과 마음이 하나가 되어 작용하고 있음을 강조하며 강의를 마무리한다. 여기에 인용된 실험연구는 『Emotions, Learning, and the Brain: Exploring the Educational Implications of Affective Neuroscience』(Immordino-Yang, 2015)의 9장에 상세히 소개되어 있는데, 외부 자극에 대한 인

---

2) Embodied Brains, Social Minds (https://www.youtube.com/watch?v=RViuTHBIOq8)

지적 처리과정은 의미 있고 동기화된 행동을 위해 몸과 마음을 준비시키는 직관적 자기인식의 상태를 이끈다는 결론을 내리고 있다. 상담에서는 최근 마음챙김을 비롯한 트라우마로 인해 나타나는 신체화 증상과 정서반응을 완화하는 다양한 기법들이 소개되고 있다. 이러한 기법들을 익히고 숙지하여 내담자에게 적용한다면 도움이 될 것이다.

4. 상담자를 위한 심화학습

학습된 무기력

학습된 무기력 개념의 등장　　학습된 무기력(learned helplessness)의 개념은 오래 전에 제안되었는데, Seligman은 실험실에서 전기충격을 피할 수 없다는 무력감을 학습한 개가 전기충격을 피할 수 있는 새로운 상황에서도 무기력하게 아무것도 하지 않고 전기충격을 받는 것을 확인하고 학습된 무기력 이론을 구상하게 되었다. Seligman은 이후 동물만이 아니라 인간에 대한 실험에서도 동일한 결과를 얻으면서, 반복적 실패 경험이 상황에 대한 통제감 상실을 초래한 상태를 '학습된 무기력'이라고 명명하고, 이러한 학습된 무기력이 개인을 아무 행동도 하지 못하는 우울 상황으로 이끈다는 이론을 정립하게 되었다. 좌절 경험을 많이 한 사람은 자신이 어떻게 행동해도 실패할 것이라는 무력감을 학습하게 되어 상황을 변화시키기 위한 어떤 노력도 하지 않게 되는 우울 상태가 된다고 보았고, 우울을 비롯한 학습된 무기력을 치료하기 위해 자신에게 중요한 일을 스스로 통제할 수 있다는 것을 지지하는 최근의 증거들을 제공해 그 가능성을 믿도록 조력할 것을 제안했다(Seligman, 1972, p. 411).

> #### ● 학습된 무기력 이론의 등장(Seligman & Maier, 1967)
>
> **1957년 Richter의 실험**
> 야생 쥐를 사용해 따뜻한 물이 담긴 커다란 물통에 집어넣고 60시간 동안 수영시켰는

데, 어떤 쥐들은 다른 쥐들과는 달리 몇 분간 열심히 수영을 하다가 익사했다. 그 이유를 찾기 위해 연구절차를 재검토한 결과, 빨리 익사하는 쥐들은 우리에서 물통으로 이동되는 과정에서 Richter의 손에 잡혀 그의 손을 벗어나려고 몸부림을 계속하다 멈출 때까지 꽉 쥐어지고 있었던, 즉, 도피할 수 없는 혐오적 상황을 경험한 쥐들이었다. 그 쥐들은 혐오적 상황에서 통제불능을 경험하게 되면서 무기력이 유발되어 쉽게 포기하는 행동결과를 가져 온 것이라고 추론했다.

1965년 우연히 실험실에서 발견한 현상

개의 조건형성 실험과정은 1단계에서는 개가 도망가지 못하도록 묶어 놓은 상태에서 하루 동안 전기충격을 주고, 2단계에서는 개를 자유롭게 풀어놓아 옆방으로 도망갈 수 있는 상태에서 전기충격을 주는 것이었다. 이때 개는 도망갈 수 있음에도 불구하고 마치 포기한 듯 꼼짝하지 않은 채 전기충격을 그대로 다 받았다. 반면에 1단계 실험을 거치지 않은 다른 개는 2단계 실험에서 전기충격이 주어지면 곧바로 옆방으로 도망하여 전기충격을 피했다.

또한 1단계 실험을 경험한 개는 옆방으로 도망치면 전기충격을 피할 수 있다는 것을 경험하고 나서도 다시 전기충격이 주어지면 옆방으로 도망가지 않은 채 충격을 그대로 받았다.

1967년 Overmeier와 Seligman의 실험

학습된 무기력을 확인하기 위해 고안된 실험 첫날, 다리는 고정시키고 목만을 약간 움직일 수 있는 우리에 개를 집어넣고 5초간 지속되는 전기충격을 90초 간격으로 하루에 64차례 주었다. 전기충격은 불쾌한 느낌이나 고통을 줄 정도였지만 상해가 생길 정도는 아니었다. 개들은 하루 1시간 30분 정도 우리 속에 들어가 있었고 전기충격을 받은 시간은 총 5분 정도였다. 다음과 같이 서로 다른 조건으로 전기충격이 제공되었다.

- 1번 우리: 눈앞에 있는 나무판을 코로 밀면 바로 전기충격을 멈출 수 있도록 함
- 2번 우리: 어떤 행동을 해도 전기충격을 멈출 수 없도록 함
- 3번 우리: 전기충격을 주지 않음

다음날 이 개들을 모두 한쪽 방에 있으면 갑자기 불이 꺼지고 10초 뒤 전기쇼크가 주어지는 셔틀 박스에 넣었다. 전기충격이 주어지더라도 10초 안에 벽을 뛰어넘어 반대편 방으로 가면 얼마든지 전기충격을 피할 수 있다. 반대편 방으로 가지 않아도 전기충격은 60초 뒤에는 멈추는데, 실험결과는 다음과 같았다.

> • 1번과 3번 우리의 개들은 한두 차례 정도는 멋모르고 전기충격을 받았지만 곧 어떻게 하면 이를 피할 수 있는지 배움
> • 2번 우리의 개들은 피하는 방법을 거의 배우지 못하고 60초 내내 웅크린 자세로 전기충격을 고스란히 받으며 끝나기만을 기다림

학습된 무기력과 우울　학습된 무기력은 개를 대상으로 한 실험에서 우연히 발견되었지만, 이후 인간을 대상으로 한 여러 실험에서 피할 수 없는 전기충격을 받은 개와 마찬가지로 반복적 실패를 경험한 인간도 무력한 상태에 빠진다는 것이 확인되었다. 예컨대, 한 실험에서, 해결 가능한 문제를 풀게 한 집단, 해결 불가능한 문제를 풀게 한 집단, 아무런 문제도 주지 않은 집단으로 처치를 한 다음 모든 집단원은 크고 불쾌한 소음이 있고 그것을 피하려면 다른 장소로 손을 옮겨야 하는 장소로 보내고 행동을 관찰했다. 해결 가능한 문제를 받았거나 문제를 받지 않았던 피험자들은 모두 소음을 피하는 방법을 금방 찾았지만 해결 불가능한 문제를 받았던 피험자들은 도피반응을 학습하려는 시도를 하지 않고 수동적으로 소음 있는 장소에서 참고 있었다(Hiroto & Seligman, 1975). 이러한 연구결과는 학습된 무기력 상태와 우울의 관계를 밝히고 우울에 대처할 새로운 방향을 제시하였다. 학습된 무기력에 관한 여러 인간 대상 실험연구 결과를 종합한 Seligman은 우울에 대해 다음과 같이 제안을 하였다(Abramson, Seligman, & Teasdale, 1978, p. 68).

• 우울은 동기, 인지, 자존감, 정서 영역에서의 결핍으로 구성된다.
• 매우 바라는 결과가 불가능해 보이거나 매우 싫은 결과의 가능성이 높아 보이는 상황에서 자신의 어떤 행동도 이 상황을 바꾸지 못할 것이라고 기대하게 될 때 우울이 초래된다.
• 우울의 보편성은 무력감에 대한 귀인의 보편성에 달려 있고, 우울의 지속성은 무력감에 대한 귀인의 변화 가능성에 달려 있고, 자존감은 무력감에 대한 귀인의 내적 소재에 달려 있다.
• 우울의 강도는 통제 불가능 기대의 강도나 확신 정도에 달려 있는데, 정서적 측면과 자존감 측면의 경우 결과의 중요성이 좌우한다.

또한 동일한 상황에서도 개인마다 서로 다른 우울 상태에 빠지게 되는데, 상황에 대한 귀인은 일반적이고 안정적이고 내적으로 할수록 낮은 자존감의 보편적이고 만성적인 무력감의 우울을 갖게 된다는 점도 강조한다. 따라서 우울에 대한 치료적 접근으로, 실패에 대해서는 외적 · 불안정적 · 특정적 귀인을 하도록, 성공에 대해서는 내적 · 안정적 · 보편적 귀인을 하도록 하는 비현실적 귀인에 대한 개입을 제안했다(Abramson, Seligman, & Teasdale, 1978, p. 69).

학업에서의 학습된 무기력과 그 조력   상황적 우울의 기제를 설명하는 학습된 무기력은 학업성취 과정에서도 나타난다. 반복적 학업실패는 공부를 해도 성취를 이루지 못할 것이라는 무기력 상태를 이끄는데, 이는 학습포기자들에서 전형적으로 볼 수 있는 모습이다. 학습자가 실패에 반복적으로 노출되면, 학습자는 더 이상 후속 수행에 대해 학습하려는 동기를 상실하고, 인지와 감정에 있어서 손상을 입으며 수행에 있어서도 저하를 보인다. 즉, 학습된 무기력은 학업성취 전반에 부정적 영향을 미치고(Nolen-Hoeksema, Girus, & Seligman, 1986), 학습된 무기력 성향의 학생들은 낮은 자존감, 학습부진, 낮은 자기효능감, 학업성취 저하, 학교부적응 등과 같은 모습을 보인다는 것이 여러 연구를 통해 확인되었다(박병기 외, 2015). 따라서 학생들에게 성공 경험을 최대화하고 실패 경험을 최소화해 학습된 무기력 상태가 초래되지 않도록 해야 한다.

성공 경험의 최대화는 학습된 무기력의 예방 차원의 처방일 수 있어 이미 형성된 학습된 무기력에 대해 어떤 조력을 해야 할 것인가에 대한 의문은 여전히 남는다. 이 부분에 대해 Seligman은 낙관성의 증진을 제시하고 있다. 지금까지의 심리학적 접근이 부정적 측면의 개선에 초점을 둔 결과 부정적 측면이 개선되어도 개인이 행복해지는 것에는 크게 기여하지 못했다는 반성에서 출발한 긍정심리학(positive psychology) 접근이라고 할 수 있다. Seligman은 학습된 무기력 상태에 빠지는 개인적 성향과 학업실패가 조장되는 환경적 요인의 극복은 학습된 무기력과 상반되는 낙관성 증진에서 찾고자 한다. 이러한 시도는 학습 상황에서의 실패에만 국한되어 있지 않지만, 취약 지역의 여러 학교를 대상으로 낙관성 증진 프로그램을 운영해 그 효과를 입증했으므로 학습포기자들의 조력에도 적용해 볼 만하다.

① 낙관성의 의미

낙관성(optimism)이란 '앞으로 올 미래에 대해 얼마나 긍정적 기대를 가지고 있는가'이다. 낙관성과 함께 자신에게 주어진 불리한 여건을 자신의 노력으로 극복하고 목표를 이루어 낼 수 있다고 보는 태도에 해당하는 '노력낙관성(effort optimism)'도 중요하다. 낙관성의 개념을 학교 장면에 축소한 노력낙관성에 대한 논의는 미국에서 소수민족들이 경험하는 차별에 대한 인식을 다루면서 시작되었다. '올바른 방향으로 열심히 일하는 것은 언제 어떤 상황에서나 개인과 사회에 보답한다는 믿음'인 노력낙관성은 '학교에서의 노력이 사회적 성공을 얼마나 예언해 주는가에 대한 기대'로 정의되기도 한다(Matthew, 2011). 노력낙관성이 높은 학생은 성공에 필요한 것은 내가 열심히 노력하는 것이라고 믿지만, 노력낙관성이 낮은 학생은 성공할 사람은 따로 있고 내가 열심히 노력해도 소용이 없다고 생각한다. 높은 노력낙관성과 낮은 노력낙관성의 차이는 자성예언효과(self-prophecy effect, 스스로 그렇게 된다고 생각해서 그런 결과를 초래하는 현상)까지 더해져 그 영향력이 더 커진다. 즉, 낙관성(또는 노력낙관성)이라는 개인의 관점으로 인해 동일한 상황에서도 서로 다른 행동을 하게 되고 그로 인해 다른 결과를 낳는다.

20세기 말 일반인들에게 소개되어 우리나라에서도 많은 관심을 일으켰던 정서지능 논의도 낙관성이 지능보다 성공(직원의 생산성과 근무 연한)을 예측한다는 연구결과에서 출발했다. 낙관성은 심리, 교육, 의료, 경영 등 다양한 분야에서 관심을 갖는 개인의 특성으로 교육이나 심리 영역에서의 낙관성에 대한 관심은 긍정심리학 관점의 확대와 밀접히 관련된다. 21세기를 맞이하며 미국 심리학계는 지금까지의 심리학은 부정적인 정서와 상태를 어떻게 개선할 것인가에 초점을 두었지만, 실제 심리학이 사람들의 행복을 증진시키는 데 크게 기여하지 못했다는 반성과 함께 앞으로 심리학은 행복 자체에 초점을 둘 것을 선언하고 이것을 긍정심리학으로 명명했다. 긍정심리학의 주창자인 Seligman은 자신이 평생 연구해 온 학습된 무기력(learned helplessness)의 개념을 넘어 학습된 낙관성(learned optimism)의 개념을 새롭게 제안했다(Seligman, 1991). 이후 긍정심리학에서는 행복과 밀접하게 관련되는 개인의 특성을 성격강점(character strength)을 도출(Peterson & Seligman, 2004)하는데, 여기에서도 낙관성은 중요한 성격강점 중 하나로 포함되었다.

그러나 한 가지 주의해야 할 점은 낙관성이 무조건 좋은 것만은 아니라는 사

실이다. 현재 처한 어려움과 장벽을 고려하는 현실적 낙관성(realistic optimism)
은 적응에 도움이 되지만, 아무런 근거 없이 잘 될 거라고 생각하는 비현실적 낙
관성(unrealistic optimism)은 오히려 방해가 되기도 한다(Forgearda & Seligman,
2012). 비현실적 낙관성을 가진 사람들은 잘 될 거라고만 생각하고 아무런 노력
도 기울이지 않기 때문에 결국 어떤 것도 성취할 수 없게 된다. 미래에 대한 긍
정적 기대를 갖는 것은 바람직하지만, 아무런 근거가 없는 미래에 대한 긍정적
기대는 인지적 오류일 뿐으로 교정되어야 한다.

② 낙관성의 증진

낙관성은 변화하기 어려운 개인의 특성인가, 변화 가능한 개인의 특성인가? 낙
관성과 같은 개인이 가진 성격적 특성들은 대부분 타고난 것으로 아예 변화하지
않거나, 환경에 의해서만 좌지우지 된다고 보기 어렵다. 어느 정도는 타고나서
변화하기 어려운 반면, 또 어느 정도는 발달과정을 통해 형성되기도 한다. 특히,
아동 및 청소년 시기는 여러 영역의 발달이 활발히 진행되는 시기로, 낙관성 역
시 변화의 가능성을 갖는다고 할 수 있다. 낙관성은 개인의 타고난 기질 또는 성
격으로서의 낙관성인 성향적 낙관성(dispositional optimism)과 과제의 성공과 실
패를 무엇으로 보는가와 관련되는 귀인적 낙관성(＝설명양식, explanatory style)으
로 대별된다. 성향적 낙관성과 관련해서는 타고난 부분이 얼마나 되는지를 밝
힌 연구들이 많다. 성향적 낙관성의 유전성을 밝히기 위한 쌍생아 연구들의 결
과에서는 부모로부터 물려받은 유전적 특성인 부분과 함께 가정환경의 영향을
많이 받는 것으로 밝혀져 타고난 기질처럼 여겨지는 이유를 설명한다. 타고난
것으로 보이는 성향적 낙관성도 가정환경의 영향을 많이 받는 것으로 볼 때 낙
관성은 발달과정을 통해 충분히 변화할 수 있는 개인의 특성이라고 할 수 있다.

그동안 연구 분야에서는 긍정심리학의 주창자인 Seligman 등(1995)이 제안
한 귀인적 낙관성을 연구 주제로 삼는 경우가 더 많았는데, 변화 가능한 측면에
초점을 두고자 함일 것이다. 귀인적 낙관성 관점에서는 과제 중심의 실패와 성
공의 원인을 무엇으로 설명하는가가 '앞으로의 역경을 이겨 낼 수 있다'는 생각
을 결정한다고 가정한다. 따라서 낙관성 증진을 위해 인지적 접근을 통해 이러
한 귀인양식(설명양식)의 변화를 촉진한다. 즉, ABCDE(선행사건-신념-결과-논
박-효과)의 전형적인 인지상담의 절차를 통한 개인상담 및 집단상담을 통해 낙

관성을 증진시킬 수 있음을 입증하고 있다. 성공과 실패를 변화 불가능한 요인에 두는 귀인의 내용을 확인하고, 그 논리적 오류를 논박함으로써 변화 가능한 새로운 귀인을 할 수 있도록 돕는다. 이에 따라 미국에서는 아동 및 청소년 대상 우울 예방 프로그램으로 귀인적 낙관성 증진에 초점을 둔 프로그램(예: 「Penn Resiliency Program」)이 개발되기도 했다. 이 프로그램은 삽화와 역할놀이 활동을 통해 변화 가능한 귀인으로의 인지적 재구조화를 촉진하는 내용을 담고 있다. 실제 학교에서 프로그램을 실시한 결과에 따르면, 우울의 경감 또는 예방과 함께 여러 내재화 및 외현화 문제를 경감시키는 것으로 확인되었다(Cutuli et al., 2013; Gillham et al., 2007). 낙관성과 관련된 우리나라 연구에서도 귀인적 낙관성과 관련한 낙관성 훈련 프로그램 개발이 가장 활발하다. 다양한 낙관성 증진 프로그램(예: 김재희, 2010; 김준, 2014; 연은경, 2013)이 아동 및 청소년, 나아가 성인 집단을 대상으로 꾸준히 개발되어 적용되고 있다.

건설적 실패이론　　　한편 실패가 모든 학생들에게 반드시 학습된 무기력을 초래하는 것은 아니라는 주장도 있는데, 실패를 긍정적으로 받아들일 수 있으며 이에 따라 학습자의 이후 경험이 달라질 수 있다. 실패 경험이 오히려 후속 수행을 촉진하는 현상을 심리적 반작용이라고 명명하는데(Wortman & Brehm, 1975), 개인이 자신의 자유, 힘, 능력을 위협받는 상황에 처하게 되면 오히려 적극적인 노력으로 이러한 상황에 대처함으로써 결과적으로 긍정적인 경험을 하게 된다는 것이다. 이후 이러한 현상이 '실패에 대한 내성' 또는 '실패내성'이라 명명되었고, 실패내성과 후속 수행 및 경험과의 관계가 '건설적 실패이론(theory of constructive failure)'으로 구체화되었다(Clifford, 1984). Clifford(1984)는 학업실패 경험 후 오히려 향상된 후속 수행을 보인다는 사실에 주목하고, 이러한 현상은 기존의 학습된 무기력 이론으로 설명되지 않는다는 것을 지적하였다. 건설적 실패이론에 따르면, 학생들에게 실패를 피하라고 하기보다는 자신의 잠재적인 능력을 표현할 수 있도록 실패 경험을 건설적으로 다루는 가치관과 전략들을 가르쳐야 한다. 건설적 실패이론은 개인이 반복적으로 실패를 계속해 무기력감에 빠지기에 앞서 첫 실패에 대한 대응에 초점을 둔다. 실패가 자신의 자유와 능력을 위협한다고 지각하면 자신의 잃어버린 자유와 능력을 되찾기 위해 사력을 다해 노력한다는 것이다. 성장의 과정에서 필연적으로 접하게 되는 실패를 피

할 것으로만 가르치기보다는 저항능력을 키워 주고 건설적으로 대처할 수 있도
록 도와주어야 한다고 설명한다. 학업실패 트라우마 상담에서는 단 한 번의 실
패 경험으로 모든 것을 포기해 버리는 사례에서 건설적 실패이론에 더 주목해야
할 것이다.

① 개인차로서의 실패내성

건설적 실패이론에서는 실패 후에 나타나는 반응에서 나타나는 개인차에
주목하는데, 건설적 실패 경험과 관련된 개인차를 실패에 대한 내성(failure
tolerance)으로 개념화하고 있다. 실패에 대한 내성을 '실패 결과에 대해서 비교
적 건설적인 태도로 반응하는 경향성'으로 정의하였고(Kim & Clifford, 1988), 우
리나라에서는 '실패내성' 또는 '학구적(학업적) 실패내성'이라고 번역해 사용되고
있다. 실패내성은 개인이 실패를 경험한 후에 보이는 감정적 반응과 주어진 실
패 상황에서 앞으로 어떠한 행동을 취할 것인가를 나타내는 행동적 반응을 포함
한다. 일반적으로 실패는 누구에게나 혐오적인 경험이지만, 그러한 혐오감을 경
험하는 정도는 개인에 따라 차이가 있어 어떤 사람들은 실패에 대한 혐오감정이
극심하고 그런 감정 상태에서 쉽게 벗어나지 못하고 집착하는 사람들이 있는 반
면, 이와는 대조적으로 그러한 감정 상태를 빨리 정리하고 앞으로의 상황에서는
좀 더 나은 결과를 얻기 위해 노력하는 방향으로 나아가는 사람들이 있다. 여기
에 우리나라 청소년의 특성을 반영한 김아영(1994)은 개인의 일반적인 과제난이
도에 대한 선호 수준을 포함시켰다. 실패에 대하여 두려움을 갖고 기피하려는
사람들은 어렵고 도전적인 과제보다는 쉬운 과제를 선호하고, 어려운 과제를 선
호하는 사람들은 일반적으로 더욱 높은 내성을 지니고 있다는 것이다.

② 실패내성과 개인 내 특성

실패내성이라는 개인차 변인은 개인의 다양한 특성들과 관계를 가지고 있다.
실패내성은 실패 상황에 노출되고 난 후의 피험자들의 감정적 반응과 행동적 반
응을 잘 예언해 주었으며, 실패내성이 높은 사람들이 낮은 사람들보다 실패에
대해서 좀 더 긍정적이고 건설적인 태도로 임하였다(Clifford, Kim, & MacDonald,
1988; Kim & Clifford, 1988). 이후 Clfford 연구진은 실패내성이 초등학생과 대학
생의 과제에 대한 흥미도와 정적 상관관계를 보여 준다는 것과 개인의 학업성취

도와 학구적 모험성을 신뢰롭게 예측하는 것을 밝혔다(Clifford, Fick, & Bennett, 1991). 국내에서는 실패내성이 일반적 자기효능감이나 내재적 통제감보다 더 학업성취를 잘 예언하였으며(김아영, 1997), 실패내성이 높은 학생들이 학습된 무기력에 덜 빠지는 것으로 나타났다(주지은, 1999). 또한 학습자의 실패에 대한 반응을 설명하는 개인차 요인으로 자존감이 밀접히 관련되는데, 자존감이 높은 사람들은 실패에 대한 문제해결 능력이 크고, 자존감이 낮은 사람들은 실패에 대해 압도되는 경향이 큰 것으로 나타났다(McFarlin & Blascovich, 1981). 그리고 자존감이 낮은 사람들은 후속 수행을 할 때 약화된 동기와 수행(Shrauger & Rosenberg, 1970)뿐 아니라, 실패에 대한 강한 부정적 감정(Brown & Dutton, 1995)을 보였다. 반면, 자존감이 높은 사람들은 실패가 종종 동기와 인내를 증가시키는 것으로 나타났다(Dodgson & Wood, 1998; McFarlin, Baumeister, & Blascovich, 1984).

③ 실패내성과 환경적 요인

학습자의 실패에 대한 반응에는 개인의 특성만이 아니라 환경적 요인도 관여한다. 예컨대, 애착은 실패내성을 촉진하는데, 수용감과 자신감이 부모의 수용, 정서적인 유대감, 신뢰와 관련이 있고, 지지적인 양육을 받은 자녀는 좌절 후에도 즉시 문제해결을 위해 노력하며 사회생활에서 더 생산적이고 창조적으로 자신의 잠재적 능력을 발휘할 수 있는 사람으로 성장한다(Sears, 1961). 또한 환경의 위험에도 불구하고 긍정적으로 반응하는 리질리언스에 관한 연구에서도 부모와의 애착이 환경의 위험에 긍정적으로 반응하는 이러한 반응경향성과 높은 상관이 있다고 보고되어 왔다(유성경, 2000; 유성경, 심혜원; 2002; Masten, 2001). 우리나라 초등학생 대상 연구에서도 부모의 양육방식을 온정적, 자율적, 성취 지향적, 합리적이라고 지각하는 초등학생이 그렇지 않은 학생들에 비해 실패내성이 높은 것으로 나타났다(한은숙, 김성일, 2004). 이러한 연구결과들은 애착이 학업과 관련된 실패나 좌절 경험 후에도 적극적으로 문제를 대처하는 실패내성에 긍정적인 영향을 주는 변인임을 시사한다. 그러나 반복적 실패 경험이나 지나친 학업 스트레스는 실패내성에 부정적 영향을 미칠 수 있음이 확인되기도 했다. 학업우수 고등학생들은 실패내성의 거의 모든 영역에서 초등학생이나 중학생에 비해 취약함을 보였고, 이러한 실패내성의 저하 현상은 남학생과 여학생 모두에서 나타났다. 과도한 입시경쟁, 경쟁만을 강조하는 학교풍토, 지나친 부모의 기대 등이 학년이 올라가면서 더욱더 심화되고, 그 결과 학생들의 실패내성이 점점 약화되며, 이는 학업우수 학생들에게 더 뚜렷하게 나타나고 있었다(황매향, 장수영, 유성경, 2007).

학업중단 숙려제

학업중단의 원인　학습포기자들 중 일부는 학교를 그만 다니겠다는 결정을 내리기도 하는데 우리나라 교육체제에서는 이를 '학업중단'이라고 명명한다. 학교의 주요 기능인 교육이 자신에게 더 이상 의미가 없다고 느끼는 학생들은 학교에 계속 다녀야 할 이유가 없다. 학교에서 가르치는 내용을 전혀 알아듣지 못하면서 시간과 노력만 낭비한다고 느끼는 상태에서 학교를 통한 학업을 중단하는 것이 반드시 잘못된 판단이라고 할 수 없다. 물론 학생들이 학교를 떠나는 이유는 상당히 다양해서 '공부가 어려워서 못하겠다'는 학습포기가 학업중단의 주된 원인은 아니다. 여러 연구를 종합해 학업중단에 영향을 미치는 요인을 위험 요인과 보호 요인으로 분류한 결과는 〈표 9-1〉과 같은데, 개인, 가정, 학교, 또래, 기타 환경 등 다양한 요인이 영향을 미치고 있음을 알 수 있다.

〈표 9-1〉 학업중단에 영향을 미치는 변인

요인	위험 요인	보호 요인
개인	• 불안정한 정서상태 • 낮은 자기조절 동기 • 무기력함 • 은둔형 외톨이	• 하고 싶은 일의 발견 • 문제해결 능력 증진 • 높은 자기이해의 수용 • 자신의 가능성 발견
가정	• 낮은 가정의 경제적 수준 • 가정 내 갈등 • 낮은 부모의 자율성 지지	• 부모님의 지지 • 적극적인 부모 협조 • 자녀에 대한 높은 이해
학교	• 학습 내용 불만 • 문제아로의 낙인 • 높은 결석 빈도 • 학교 유형(인문계, 전문계) • 교사에 대한 적대감	• 동아리 활동 • 교사의 적극적 · 협조적 태도 • 학업에 대한 흥미

	• 낮은 학업성취 수준 • 교칙에 대한 거부감 • 학교 및 학업에 대한 거부감	
또래	• 또래의 괴롭힘 • 자퇴 친구가 있음	• 새로운 친구관계 형성 • 친구의 관심, 조언
기타	• 인터넷 과다사용 • 사회활동에 대한 욕구	• 졸업장의 필요성 인식 • 학업중단 결과 예상 • 사회적 평가에 대한 우려

출처: 김범구, 2012, p. 325.

여러 원인이 총체적으로 학업중단에 영향을 미치고 있다는 점은 최근 수행된 질적 연구결과에서도 여전히 확인되고 있다. 먼저, 심한 부적응으로 학교를 떠날 위기에 처해 있거나 직접 학업중단 의사를 밝힌 학생들을 대상으로 수행된 소외에 관한 질적 연구결과에서 수업과 성적에 대한 무력감과 낙심, 효용과 재미없는 배움, 불신과 규칙 위반, 관계 단절 등의 소외 범주가 확인되었다(김경숙, 김인희, 2016). 즉, 학생들이 학교를 떠나게 되는 주요 원인인 학교에 소속되지 못한다고 느끼는 소외감은 수업, 일상생활, 관계의 모든 영역에서 경험된다는 것을 알 수 있다. 또한 이미 학업을 중단한 학생들에게 학업을 중단한 이유를 물어본 질적 연구 결과에서도 친구들의 관계, 괴롭힘, 따돌림을 받음, 학교선생님에게서 오는 불편함, 학업 스트레스, 학교교육 시스템, 학교가 필요하지 않다는 인식 등이 도출되어(백승호, 2017), 인간관계나 학교 시스템의 문제도 학업중단에 큰 영향을 미치고 있음을 알 수 있다. 학생들이 이렇게 다양한 원인으로 학업을 중단하기 때문에 학업중단을 고려하거나 결정한 학습포기자들의 문제를 다룰 때는 학습의 문제만이 아니라 다양한 요인들이 어떻게 영향을 미치고 있는지 파악하는 것이 필요하다.

학업중단 숙려제의 의미   어떤 사유에서든 학교를 떠나기 위해서는 상담을 의무적으로 받아야 하는 학업중단 숙려제라는 제도를 거쳐야 한다. 학업중단 숙려제는 학업중단의 징후가 발견되거나 학업중단 의사를 밝힌 학생 및 부모에게 Wee센터(클래스), 청소년상담지원센터 등의 전문 상담을 받으며 2주 이상 숙려하는 기간을 갖도록 하는 제도로 2012년 발표되었고, 「초 · 중등교육법 시행령」 제54조(학습부진아 등에 대한 교육 및 시책) ⑤~⑥항에서 다음과 같이 정하고 있다.

---

⑤ 학교의 장은 학업을 중단할 뜻이 있거나 가능성이 있다고 인정되는 학생에게는 전 문상담기관의 상담이나 진로탐색 프로그램 등을 안내하거나 제공하여 학업중단에 대하여 숙려(熟廬)할 기회를 주어야 한다. 이 경우 학교의 장은 그 숙려 기간을 출 석으로 인정할 수 있다. 〈신설 2013. 10. 30.〉

⑥ 제5항에 따른 학생에 대한 판단기준, 숙려 기간, 숙려 기간 동안의 출석일수 인정 범위, 전문상담기관의 범위와 프로그램의 내용, 그 밖에 학업중단 숙려에 필요한 사항은 교육감이 정한다. 〈신설 2013. 10. 30.〉

학업중단 숙려제는 여기에 명시되어 있는 바와 같이 학업중단의 위기에 있거 나 학업중단을 원하는 학생이 있을 때 상담을 통해 계속 학교를 다닐 수 있도록 돕는 것이 목적이다. 해당 교육청의 시스템에 따라 학교장이 판단하여 학생에 게 상담을 받을 수 있도록 조치를 취하는데, 그 운영절차는 다음과 같다.

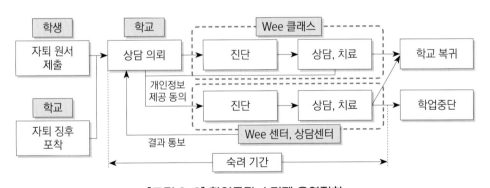

[그림 9-2] 학업중단 숙려제 운영절차

출처: 한국청소년상담복지개발원, 2013, p. 7.

학업중단 숙려제 상담　학업중단 숙려제를 통해 의뢰된 사례의 경우 대부분 비 자발적인 경우가 많고 2~3주 후에는 학교를 계속 다닐 것인지, 학교를 떠날 것 인지를 결정해야 하기 때문에 시간적 압박도 커서 상담을 이끌기 쉽지 않다. 실 제 상담효과에 대해서도 학생들이 실감하지 못하는 것으로 드러나고 있는데, 예컨대 학업중단 숙려제를 경험했던 학생들 중 정보를 얻어 생각에 변화가 있었다는 긍정적 보고도 있었지만, 학업중단 숙려제에 대해 많은 학생들은 "그냥 이런 상담해도 아무 의미 없고 어차피 이렇게 된 거 학교를 다시 가 봐야 또 똑같은 일이 반복될 거라고 생각했다"(백승호, 2017, p. 36)와 같은 보고를 했다. 따라서 보다 효과적인 상담 절차 및 방법에 대한 고민들이 많았는데, 최근 전문가들의 의견을 모아 제안된 상담모델(정선영, 2018)에서는 문제해결 과정을 적용해 문제를 정의하고 대안을 선택한 다음 실행을 촉진할 것을 제안하고 있으니 참고하기 바란다.

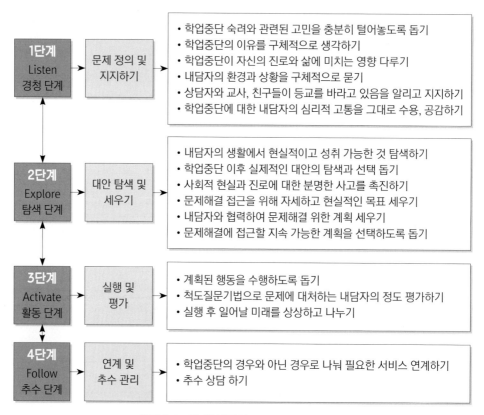

[그림 9-3] 학업중단 숙려제 상담 모델

출처: 정선영, 2018, p. 24.

제10장
성적 하락

　고1인 다현은 고등학교에 올라와 처음 치른 중간고사에서 전교생 200여 명 중 100등이 넘는 석차(5등급)가 적힌 성적을 받고 크게 충격을 받았다. 중학교 때까지 항상 전교 10등 안에 들었고, 전교 1등도 몇 번이나 했던 다현이었기 때문에 이런 성적을 받은 것은 태어나 처음이었다. 고등학교에 오니 시험이 확실히 어려워졌다고는 느꼈지만 시험공부를 안 했던 것도 아닌데 이해할 수 없었다. 당장은 부모님께도 성적을 숨길 수밖에 없었다. 며칠 동안 고민을 해 본 결과, 역시 자신은 그렇게 똑똑한 게 아니고 이런 석차밖에 못 받는 것이 자신의 한계라는 결론에 다다랐다. 결국 성적이 떨어진 이유는 성적이 좋은 학생들만 모이는 고등학교에 진학했기 때문이라고 생각해 전학을 가야겠다고 생각하고 용기를 내어 부모에게 성적표를 보여 주면서 전학을 요청했다. 하지만 부모는 어떻게 들어간 학교인데 그럴 수 없다고 하면서 여기서 버텨야 대학에 갈 수 있다며 허락하지 않았다. 하루하루 공부 잘하는 친구들에게 주눅 들어 친구를 사귈 수도 없었고, 중학교 친구들에게 하소연을 해 봤지만 잠깐 위로가 될 뿐 아무것도 달라지지 않았다. '나처럼 머리 나쁜 사람은 뭘 해도 안 될 것 같다'는 생각에 수업에 집중할 수 없었고, 공부도 손에 잡히지 않았고 잠도 잘 자지 못했다. '지금까지 내가 얼마나 우물 안 개구리였나?'라는 한탄만 하다가 문득 이렇게는 안 되겠다는 생각에 상담실을 찾게 되었다. 다현이가 다니는 고등학교는 대학 진학 성과가 높은 경쟁이 심한 학교인 만큼 모두 중학교 때까지 성적이 우수했던 학생들이 많다. 그러므로 대부분의 학생들이 중학교 때보다 성적이 떨어질 수밖에 없고, 다현과 같은 학생들이 상담실을 찾는 경우도 많다.

1. 성적 하락의 원인

성적 하락이란 글자 그대로 이전보다 성적이 낮아지는 것을 의미한다. 개별 시험에서 얻은 점수가 낮아지는 경우도 있고, 상대평가 체제에서의 석차(또는 등급)가 낮아지는 경우도 있다. 성적표로 상대적 학업성취도를 통보하는 중 · 고등학교 시기에 더 민감하게 성적 하락을 경험하게 된다. 여전히 상위권이지만 더 이상 100점을 못 받게 될 때, 학급 석차나 전교 석차가 떨어졌을 때, 내신이나 모의고사 등급이 나빠졌을 때 등 스스로 성적이 떨어졌다고 느끼는 상황은 다양하다. 개인의 학업성취도(성적)는 동일한 수준에서 유지되는 경우보다 오르고 내리는 변동이 있는 경우가 더 많아, 성적 하락은 학생들이 경험하는 자연스러운 일일 수 있다. 그러나 이런 성적 하락 폭이 너무 크거나 처음으로 성적 하락을 경험할 경우, 큰 충격을 받거나 지울 수 없는 깊은 마음의 상처를 입게 된다. 이럴 때 성적 하락은 학업실패 트라우마로 경험되고, 스스로 극복하기 쉽지 않다. 이렇게 학업실패 트라우마가 되는 성적 하락은 여러 가지 상황에서 다양한 경로를 통해 나타나는데, 그 내용을 살펴보면 다음과 같다.

경쟁집단의 변화   선발과정을 거치는 중학교, 고등학교, 대학으로의 진학은 진학 이후 경쟁해야 하는 비교집단 변화를 동반한다. 중학교와 고등학교의 경우 상위권에서만 선발을 거치기 때문에 진학 이후 경쟁이 치열하고 상대적 서열에서 밀려나는 학생들이 발생할 수밖에 없는 구조이다. 뿐만 아니라 중학교와 고등학교 성적이 졸업 후 진학에 결정적인 영향을 미치기 때문에 중학교나 고등학교 진학 이후 성적 하락은 더욱 치명적인 경험이 될 수 있다. 중학교는 선발과정을 거치는 학교가 소수이고 학교 내에서 대체로 관리가 되는 편이다. 또한 대학의 경우도 비슷한 능력을 가진 또래들과 경쟁해야 하는 새로운 상황에서 많은 어려움을 겪게 되는데, 대학의 성적이 향후 취업에 결정적이지 않고 이후 재수강을 통해 성적을 올릴 수도 있다는 점에서 개인이 느끼는 부담감은 조금 적을 수도 있다.

　고등학생들은 진학 후 성적 하락으로 가장 큰 고통을 받을 수 있는 집단으로 선발과정을 거치는 학교도 많고 고등학교 내신이 대학 입시에 직결되기 때문에 낮은 성적에 대한 부담감이 크다. 과학고, 국제고, 특수목적고, 자립형사립고, 비평준화 지역 상위권 고교 등으로 진학하면 성적이 떨어질 것이라는 것은 상식적으로 예측 가능하지만, 막상 처음 받아 보는 성적은 그 낮은 기대에도 미치지 못한다. 한 연구결과에 따르면 비평준화 지역의 우수고등학교에 진학한 학생들의 80%가 자신이 고등학교에서 중간 이상의 성취 수준을 보일 것으로 기대했다고 응답했고, 85% 이상의 학생들이 현재 자신의 성적에 대해 부정적으로 평가했다(김영빈, 2010). 이와 같은 연구결과는 예측은 했지만 다소 안이한 예측을 했었기 때문에 결과를 수용하기 더욱 어려워지는 현실을 반영하고 있다고 할 수 있다. 따라서 우수한 학교로의 진학 직후 성적 하락으로 충격을 받은 내담자를 만나는 상담자는 성적 하락이 예상 가능했던 부분이라는 점, 예상보다 훨씬 많은 하락 폭을 가질 수 있다는 점, 이곳이 바로 경쟁의 출발점이라는 점 등에 대해 충분히 이해해야 한다.

중학교부터 달라지는 수업　　아동 및 청소년기 발달에서 나이보다 더 결정적인 영향을 미치는 것은 학교에서의 학년 진급이고, 초등학교에서 중학교, 중학교에서 고등학교, 고등학교에서 대학교로의 학교급의 교체는 발달에 더욱 큰 영향을 미친다. 예를 들면, 법적으로 성년이 되는 만 20세가 되는 때보다 고등학교를 졸업하고 취업이나 진학을 할 때 성인이 되었다고 느끼게 된다.

이런 학교급의 교체기 중에서 초등학교를 졸업하고 중학교에 진입하는 것은 학업에서 많은 변화를 동반하고, 여기에 적응하지 못해 성적이 떨어질 경우 큰 실패감을 경험하게 된다. 우리나라의 경우 중학교는 초등학교 때와 달리 교실에 담임교사가 상주하지 않고 매 교과마다 다른 교사가 수업을 진행한다. 수업시간에 학습해야 할 내용의 양도 많아지고 어려워져 복습량과 과제도 많아진다. 이런 학업부담을 덜기 위해 학원을 다니게 되는데 학원에서의 공부 역시 어렵고 전반적으로 피로도도 높아 학교 공부도 학원 공부도 따라갈 수 없다고 느끼게 된다. 다들 잘하고 있는데 자신만 따라가지 못한다는 느낌은 구체적인 성적으로 확인되기 전에 이미 실패감으로 경험된다.

더구나 학교의 규율도 전반적으로 더 엄격해지고 성적이 무엇보다 중시되는 분위기에서 학업 스트레스는 더욱 가중되는데, '열심히 해야지'라고 생각하기보다 '여기에서 도망치고 싶다'는 마음이 더 커진다. 한편, 이 시기를 잘 넘긴다고 해도 성적표로 낮은 성적을 확인했을 때는 더 확실한 학업실패를 경험한다. 지난 2016년부터 전국의 중학교에서 자유학기제가 실시되면서 중학교 입학 직후의 학습부담은 조금 줄어든 반면, 이 시기에 사교육을 통한 선행이 이루어지면서 학생들 간 격차가 커지게 되어 자신의 낮은 성적을 확인했을 때는 이미 또래들에 비해 많이 뒤처진 후인 경우도 많아졌다. 이미 자신의 실력으로는 공부를 잘하는 친구들을 따라잡지 못할 상태가 되었다는 실패감을 느끼게 되는 것이다.

이와 같이 중학교 진학 이후 성적 하락이라는 실패 경험은 우리나라 학생들만 경험하는 것은 아니다. 여러 나라에서 초등학교에서 중학교로 진급하면서 교수환경을 비롯한 여러 학습환경이 달라지고, 그 시기가 사춘기와 맞물리면서 중학교 진학 직후가 성적 하락이 가장 많이 나타나는 시기로 확인되고 있다. 예를 들면, 미국에서는 중학교 진학 시기를 중학교 불안(middle school malaise)[1]으로 명명하는데, Michigan 대학교에서 수행된 한 연구[2]에서 급격한 성적 하락, 학교에 대한 무관심과 자신의 능력에 대한 불신 증가, 높은 통제와 성적 경쟁 등이 중학교 1학년 시기의 특성으로 나타났다. 여기에서도 알 수 있듯이 학생들이 중학교에 진학하면서 이겨내야 할 가장 큰 도전과제는 교수환경을 비롯한 전반적인 학업과 관련된 환경의 변화라고 할 수 있다.

공부 이외의 활동에 치중   공부 방식이 달라진 중학교 공부에 적응을 못하거나 비슷한 능력의 또래들과 경쟁해야 되는 상황으로 인해 성적이 하락되는 경우도 있지만, 성적이 하락한 이유가 공부를 등한시했기 때문인 경우가 더 많다. 공부를 등한시한다는 것은 대부분 공부 이외의 활동에 치중하기 때문인데, 그 대표적인 활동은 게임과 SNS이다. 처음엔 공부하기 싫고 잔소리에 짜증이 나서 '게임이나 하자', '유튜브나 보자'에서 출발하지만, 갈수록 거기에 사용하는 시간이

---

1) 우리나라 중2병과 유사한 명명이라고 할 수 있다.
2) 미국심리학회 웹 사이트에서 제공하는 자료에서 인용한 것이다. http://www.apa.org/ helpcenter/middle- school.aspx

길어지면서 공부를 전혀 하지 않는 상황에 이르게 되었다. 그러나 선행학습을 해서 이미 알고 있는 것도 있고 이전 학습한 내용이 지금 배우는 내용과 관련성이 있기 때문에 공부를 하지 않는다고 해서 성적이 곧바로 떨어지지는 않는다. 그리고 성적이 소폭으로 하락했을 때는 부모도 자신도 성적 하락에 대해 대수롭지 않게 생각하게 되는 경우도 많다. 시간이 흐를수록 점차 공부를 하지 않은 결과가 명확해지고 이미 보충을 하기 어려운 상황이 되어 버린다. 다음 사례의 세준도 어쩌다 보니 공부를 하지 않기 시작하고 당장 성적이 떨어지지 않아 놀기만 하다가 결국 성적이 크게 떨어지고 공부를 보충해 볼 엄두가 나지 않는 상태가 되어 버렸다.

　　세준은 자유롭게 자리를 앉아도 되는 중학교 3학년 때 우연히 일주일 동안 뒷자리에 앉게 되었고, 그때부터 수업을 듣지 않고 친구들이랑 딴 짓을 하는 재미를 알게 되었다. 가끔 친구들과 어울리느라 학원도 빼먹고, 집에서는 숙제를 해야 할 시간에 조금씩 게임을 하기 시작했다. 맞벌이를 하는 부모는 일로 바빴고 세준은 항상 자기 공부를 알아서 해 왔기 때문에 모든 것을 알아서 하라고 맡기는 편이었다. 점차 공부하는 시간보다 노는 시간이 늘어 갔지만 누구도 제어해 주지 않았고, 공부를 열심히 하는 척하면서 게임에 빠져 중학교를 마치게 되었다.
　　겨울방학은 학원에 다니는 것보다 집에서 공부하는 것이 낫겠다고 부모를 설득해 학원도 다니지 않고 하루 종일 집에서 게임만 했다. 그렇게 겨울방학을 보내고 고등학교에 들어가 처음 본 시험에서 엄청나게 떨어진 성적을 확인하였고 스스로도 큰 충격을 받았다. 공부를 하지 않았으니 성적이 떨어지는 것은 당연하지만 성적 하락을 어떻게 받아들이는가에 따라 트라우마가 되기도 한다. 세준도 놀기 시작한 중학교 3학년 때는 성적이 거의 떨어지지 않았다. 공부를 하지 않은 것이 부모에게 발각되면서 호되게 야단도 맞았지만, 공부하지 않고 놀기만 하는 습관이 몸에 배어 버려 공부에 집중할 수 없었다. 그야말로 감당할 수 없는 실패감으로 무력한 상태가 되어 버렸다.

상담은 대부분 세준처럼 무력한 상태가 되었을 때 부모에 의해 의뢰되는 경우가 많은데, 이때, 부모의 마음은 매우 급한 상태로 성적 향상을 강하게 요구한다. 사교육을 통해 개선해 보기 위해 노력을 먼저 했던 경우는 더 조급하게 상담을 통한 성적 향상의 효과를 기대할 수 있다. 그러나 상담자는 그간의 학습을 하지 않은 기간과 그 이후 결과에 대한 내담자의 경험을 먼저 다루어야 한다. 부모의 충격이나 실망보다 내담자 자신이 느끼는 충격과 실망이 더 클 수 있고, 여기에 '이제 안 되겠구나' 하는 무력감과 죄책감을 가지고 있다는 점을 상담자는 명심해야 한다.

과도한 생활사건 스트레스   공부를 하지 않은 이유가 '노는 데 빠져서'일 수도 있지만, 내담자에게 심한 스트레스를 주는 생활사건 때문이기도 하다. 부모의 이혼, 집단괴롭힘 피해, 자신 또는 가족의 심한 질병, 잦은 이사와 전학, 갑작스러운 경제 상황의 변동, 절친한 사람과의 이별(사별 포함) 등은 그 자체가 큰 스트레스로, 이런 상황에서는 공부에 제대로 집중할 수 없다. 수업에 나오기도 어려울 수 있고, 수업을 듣고 있거나 공부하기 위해 앉아 있어도 정신적 에너지를 공부에 전혀 사용할 수 없기 때문이다. 이런 시기를 거치면서 성적이 하락하는 것은 당연한 일이지만, 삶의 다른 영역에서 어려움이 있는데 성적까지 하락하게 되면서 성적 하락이라는 실패의 고통이 더 증폭되어 심리적 타격을 입히게 된다. 우리나라에서는 중ㆍ고등학교 시기에 공부가 지나치게 강조되면서 공부만 잘하면 모두 잘 이겨 나갈 수 있다는 점을 강조하기도 한다. 공부가 되면 그것이 행복과 불행을 좌우한다는 것으로, 역경 속에서도 공부에 집중해 성취를 올릴 것을 조언하기도 한다. 실제 종단자료를 분석한 실증적 연구결과에 따르면 개인의 주관적 안녕감은 학업성취도를 유의하게 예측하지 못하는 반면, 학업성취도는 주관적 안녕감을 유의하게 예측하는 것으로 나타나고 있다(김영숙, 조한익, 2015). 즉, 공부를 잘하면 행복해지지만 행복하다고 해서 모두 공부를 잘할 수 있는 것은 아니다. 그러나 이러한 결과는 학업성취가 행복을 좌우한다는 것을 보여 줄 뿐, 불행감을 느껴도 공부와는 크게 상관없다는 점을 검증한 것이 아니다. 상담자들은 스트레스가 높은 생활사건이 학업과정을 방해하는 사례를 많이 관찰해 왔을 것이다. 따라서 큰 폭으로 성적이 하락한 내담자를 만난다면, 어떤 스트레스가 공부를 방해했는지, 그 과정에 대한 지각은 어떤지, 스트레스에 대한 대처와 성적 하락이 어떤 관련성을 갖는지 등을 다루어야 할 것이다. 스트레스도 감당하지 못하고, 게다가 성적까지 떨어진다면, 자신을 실패자라고 낙인 찍는 것은 아닌지 확인해 보아야 한다.

2. 성적 하락의 문제 양상

학생들에게 학업성취도는 자신의 모든 것을 평가받은 결과라고 확대 해석될 수 있어 성적 하락은 개인에게 상당히 큰 타격을 입힌다. 어쩌다 한번 약간의 성적 하락은 일상적 경험으로 지나갈 수 있지만 마음의 상처를 남길 만큼의 큰 성적 하락은 자존감을 낮추고, 현실을 부정하게 하고, 불안 때문에 도피하게도 만든다. 또한 성적 하락을 오랫동안 방치한 사례에서는 자기통제력이 상실된 상태로 어떤 과제도 수행해 내기 어렵기도 하다.

무너져 내리는 자존감   공부를 잘하다가 갑자기 성적이 떨어지게 되면, 일차적으로 지금까지 가지고 있던 '나는 공부를 잘하는 사람', '나는 똑똑한 사람', '나는 머리가 좋아' 등의 자기개념에 타격을 받게 된다. 또한 '나는 공부를 잘하는 사람'이라는 자아상은 스스로를 자랑스럽게 생각하는 자부심으로 작용해 자존감의 큰 부분을 차지하고 있었는데, 이 부분에 타격을 받으면서 자존감이 한꺼번에 무너지게 된다. 중학교 때까지 전교 1등을 몇 번씩 하던 다현의 경우 100등이 넘는 전교 석차 숫자가 도저히 자신의 성적이라고 믿어지지 않으면서 자신을 형편없는 사람으로 느끼게 되었다. 전교 1등을 했던 다현이가 전교 100등이 적힌 성적표를 받았을 때의 심정이 어땠을지 상상해 보면 이런 자존감 하락을 충분히 이해할 수 있다. 특히, 상위권에서 탈락한 학생들은 '잘난 아이들 속에서 작아지는 나', '천재들 속 평재인 나', '머리 나쁜 노력파인 불쌍한 나'로 스스로를 정의하면서 자신에 대해 크게 실망한다. 이 성적으로는 대학도 못 가고 취업도 못할 것이라는 미래 불안까지 겹치면서 자신감이 더욱 나락으로 떨어지는 느낌을 받게 된다. 공부 이외에 특별히 잘하는 것이 없는 경우는 공부가 아니면 어느 영역에서도 두각을 나타내지 못하리라는 것까지 상상되면서 자존감이 더 떨어지게 된다.

이러한 인식은 스스로에 의해 왜곡된 부분도 없지 않은데, 앞으로의 공부를 방해하는 걸림돌이 될 수 있다. 공부는 안 하는데 나보다 공부를 잘하는 친구들만 눈에 보이고, 그들이 어떤 노력을 하는지는 보지 못한다. 치열한 경쟁 상황에서 앞으로 얼마나 많은 변동이 있을 수 있는지 알지 못할 뿐 아니라, 노력하지 않으면 성적이 더 떨어질 수 있다는 현실에 대한 지각은 더욱 부족하다. 이전까지의 높은 성취가 얼마나 많은 노력을 통해 얻은 결과인지를 잊은 채, 노력과 성취 사이의 중요한 인과관계를 무시한다. 비록 미국의 자료이긴 하지만 성취에서 가장 큰 영향을 미치는 것은 실증적으로 노력이라고 밝혀졌다[3]는 점을 감안할 때, 노력에 대한 약한 믿음은 이후 학업에서의 적응과 성취에서 상당히 불리해진다는 것을 의미한다. 즉, 상위권에서 성적이 큰 폭으로 하락한 경우, 그 원인이나 상황과 상관없이 자존감도 낮아지고 앞으로 성취를 위한 노력에 대한 기대도 약해진다는 점에 주목해야 한다.

하락한 성적에 대한 부인   떨어진 성적을 자신의 성적으로 받아들인다는 것은 쉽지 않은 일이다. 더구나 성적으로 자신의 가치를 평가받는다고 느낄 때는 더욱 그런데, 자신의 가치를 보호하기 위해 현재의 성적을 부인하는 방식으로 대처하게 된다. 다른 사람들에게 자신은 그런 성적을 받을 사람이 아니라고 말하고 싶고, 그래야 마음의 상처를 숨길 수 있기 때문이다. 시험은 개인의 실력을 정확하게 반영하지 못한다고 주장하면서, '시험을 못 본 것일 뿐 내가 실력이 없는 것은 아니다.'라고 생각하면서 하락한 성적을 부인하는 경우도 있다. 또는 "내가 이번에 시험공부를 제대로 못해서 이런 성적이 나왔을 뿐이고 공부만 하면 성적은 금방 회복된다"고 말하기도 한다. 물론 시험이 실력을 정확하게 반영하는 것은 아니지만, 성적은 현재 위치에 대한 객관적인 정보를 제공한다. 따라서 이렇게 성적 하락을 부인할 경우 더 열심히 노력하지 않으면서 오히려 성적이 더 떨어지는 경우도 적지 않다. 세준은 이렇게 성적 하락을 부인하다가 결국 학업을 포기해 버렸다.

---

3) Duckworth, Eichstaedt 및 Ungar(2015)는 성취에는 습득한 기능과 누적된 노력이 모두 영향을 미치고 시간이 갈수록 노력의 기여도가 높아진다는 것을 확인하고, '성취=1/2×재능× 노력^2(achievement=1/2×talent×effort^2, p. 361)'이라는 성취의 함수식을 제안했다.

　　게임에 빠져 공부를 등한시하면서 성적이 떨어졌던 세준은 성적이 떨어진 것에 충격을 받긴 했지만, '내가 놀아서 그렇지 공부만 하면 오르니까 괜찮아.'라고 생각하면서 계속 게임에 빠져 있었다. 성적표를 부모에게 보여 주지 않고 지내면서 세준의 부모는 세준의 성적 하락을 계속 모르고 있었다. 중학교 때 성적에 비해 성적이 많이 낮아진 세준을 보면서 가정에 문제가 있는지 확인하기 위해 부모에게 상담을 요청했고, 세준의 어머니는 세준의 성적 하락을 담임으로부터 처음 듣게 되었다. 그 일을 계기로 세준이 게임에 빠져 있었던 것이 드러나면서 게임을 그만두고 공부에 몰두할 것을 약속하였다. 세준도 성적이 걱정되고 있었기 때문에 이 일을 계기로 공부를 하기로 마음먹었는데, 생각만큼 공부가 잘되지 않았다. 공부를 할 때 게임 생각도 많이 나고, 학교나 학원의 수업에도 집중이 잘되지 않았다. 공부를 안 한 기간이 길어 그런 거라고 생각하고 공부를 하려고 노력했지만 성적은 조금도 오르지 않았다. 자신은 상당히 머리가 좋아서 공부는 마음먹고 하기만 하면 된다고 생각했던 세준은 이때 더 큰 충격을 받았고, 공부를 했는데도 성적이 오르지 않는다는 것을 받아들일 수 없었다. 세준은 실패의 상처를 감추고 '공부를 못하는 게 아니라 싫어서 안 해.'라고 선언하며 다시 게임으로 빠져들었다.

마음의 상처와 미래에 대한 불안에서 도망가기　　큰 폭으로 성적이 떨어지면 그것을 극복하는 것이 쉽지 않다. 그리고 쉽지 않다는 것을 가장 잘 아는 것은 성적이 떨어진 당사자이다. 어떤 원인으로 인해 성적이 떨어졌든지 그 원인에 상관없이, 성적 하락이 개인에게 큰 마음의 상처가 될 만큼 충격일 경우 성적 하락이라는 문제를 마주하고 싶어 하지 않는 경우가 많다. 성적 또는 공부를 떠올리면 아픈 곳이 더 아플 수 있기 때문에 공부에서 도망치고 싶어진다. 공부를 외면하고 가장 많이 선택하는 것은 놀이이다. 세준이 다시 게임 속으로 빠져 버렸던 것처럼 놀이에 몰두한다. 중학생인 서진도 마찬가지로 게임으로 도피했다.

　　서진은 중학교 입학 전에 치르는 배치고사에서 매우 우수한 성적을 보여 많은 기대를 받았다. 그러나 중학교 수업은 초등학교 때와는 많이 달라서 어떻게 해야 할지 몰랐다. 어떤 과목은 초등학교 때 배운 적도 없는 내용이기도 하고 숙제도 어떻게 해야 하는지 구체적인 지침이 없었다. 한편, 숙제 검사를 하지 않는 경우도 많았고 과목마다 들어오는 선생님은 아무도 서진을 알아주지 않아 딴짓하기도 쉬웠다. 점점 숙제도 안 하고 게임하는 시간이 늘었고 수업시간에까지도 몰래 게임을 했다. 이런 자신이 걱정되기도 했지만 같은 초등학교에서 온 친구가 아무도 없었고 부모님은 항상 바쁘다 보니 고민을 이야기해 볼 수도 없었다.

세준이나 서진처럼 게임에 빠진 학생들은 게임이 아주 재미있다기보다 게임을 하는 동안 공부를 하지 않아도 되고 모든 것을 잊을 수 있기 때문에 계속 하는 경우가 많다. 하지만 놀이에 몰입하다 보면 게임이나 스마트폰 과다사용 등 유사 중독에 빠지기도 하고, 여러 가지 청소년 비행에 가담할 가능성도 높아진다. 공부를 하지 않고 놀기만 할 경우 부모와의 갈등도 심해지고 부모에 대한 반항이라는 청소년기 특성과 맞물리면서, 술, 담배, 폭력, 가출, 부적절한 성행위 등 다양한 문제를 일으키기도 한다.

또는 공부가 아닌 쪽에서 진로를 찾겠다고 하기도 한다. 가장 대표적인 대안이 예능으로 가겠다는 것이다. 자신이 잘하지 못하고 힘들어 보이는 공부라는 것을 포기하고, 자신이 잘하는 노래, 그림, 운동을 하겠다고 한다. 고전음악이나 운동 쪽은 어릴 때부터 진입해야 한다고 알고 있기 때문에 실용음악, 디자인, 댄스를 가장 많이 고려한다. 이런 학생들을 위해 많은 사교육 시장이 준비되어 있기도 해서 상당히 구체적으로 대안을 제안하고, 부모는 여기에 대해 반대할 명분을 찾지 못한 채 허락하게 된다. 하지만 예능 쪽이라고 해서 경쟁이 적거나 노력 없이 쉽게 성취할 수 있는 것은 아니다. 여기에서도 성취에 대한 압력이 심해지면 의욕도 없어지고 흥미도 떨어진다. 그러나 학교에서처럼 모든 사람에게 자신의 위치가 공개되지 않는다는 점에서 조금은 더 안심이 되기 때문에 그만두지 않을 뿐이다. 뭔가를 피해서 왔지만 여기도 내가 있을 곳은 아니라는 느낌이다. 어쩌면 진학이나 취업 면에서 미래는 더 어둡고 불안하기도 하다.

자기통제 상실   다현처럼 성적이 떨어진 시점에서 바로 상담을 찾는 경우도 있지만, 성적이 떨어지고 오랫동안 공부하지 않은 상태에서 상담을 찾는 경우도 적지 않다. 이런 내담자는 단기간의 성적 하락이 아니라 오래된 학습부진의 문제를 가진 것에 더 가깝다. 무엇보다 이런 내담자가 가진 취약점은 그간의 습관으로 인해 자기통제가 안 된다는 점이다. 청소년기에 습득해야 할 중요한 역량 중 '참고 견디는 힘'인 자기통제는 앞서 5장에서 살펴본 바와 같이 다양한 삶의 영역에 영향을 미친다. 자기통제는 타고난 개인의 성격적 특성이기도 하면서 참고 견디는 경험을 통해 습득되는 후천적 기술이기도 하다. 특히, 자기통제를 관장하는 전전두엽의 발달이 활발한 청소년기 시기에 참고 견디는 연습이 부족할 경우 자기통제에서 약점을 보인다. 급격한 성적 하락을 제대로 다루지 못하고 회피하면서 오랫동안 공부를 하지 않았던 내담자들은 참고 견디는 연습이 부족한 삶을 살아온 대표적 사례라고 할 수 있다. 공부를 떠나 놀이나 예능에서 치열하게 연습하면서 기능이나 기술을 연마해 왔다면 참고 견디는 연습이 되었을 것이다. 그러나 성적 하락 이후 학습부진이 누적되어 상담실을 찾은 내담자들 중 이런 경우는 거의 없다.

3. 상담에서의 선택과 집중

앞서 살펴본 바와 같이 성적 하락으로 인해 여러 가지 어려움을 겪을 수 있는데, 무엇보다 내담자가 원하는 것은 성적 향상이다. 이를 위해 가장 먼저 해야 할 일은 자신의 현 상태에 대한 수용이다. 그리고 그 상태에서 절망하기보다 더 나아질 수 있다는 희망을 찾아야 하고, 조금씩 앞으로 나아가야 한다. 성적 하락을 방치한 기간이 길면 길수록 진전은 어려울 수 있으므로 느린 진전 또는 후퇴를 견딜 수 있도록 도와야 하고, 학습전략과 자기통제 등 구체적 과제해결 기술을 가르치고 연습하도록 촉진하는 것도 필요하다.

현재 성적에서 출발하기   성적 하락으로 큰 충격을 받았고 거기에서 벗어나지 못해 힘들어하거나 아예 도피하고 있는 내담자들은 대부분 현재 성적을 현실로 받아들이고 싶어 하지 않는다. 그러면서도 이전의 성적으로 다시 회복해야 한다는 마음은 커서 현실과 이상 사이의 간격이 크게 형성되어 있다. 현재 성적은 내담자가 속한 경쟁집단 속에서의 상대적 위치의 지표라는 현실을 받아들이고 여기에서 다시 출발하겠다는 다짐을 할 수 있도록 돕는 것이 상담에서 다루어야 할 중요한 과제이다. 이를 위해 먼저 성적 하락을 확인했을 때의 심정과 그에 대한 대처, 현재 성적에 대한 지금의 느낌과 생각, 다른 사람들로부터 받은 피드백, 앞으로의 걱정과 기대 등에 대해 충분히 이야기하는 시간을 가져야 한다. 즉, 성적 하락에 대한 재경험을 통해 현재 성적이 자신의 위치라는 현실을 수용할 수 있도록 촉진할 수 있다. 다음은 고등학교 선택과정에서부터 성적 하락의 과정을 상담을 통해 이야기하면서 노력해 보고자 하는 마음이 생긴 다현과의 초기 상담과정을 요약한 것이다.

나현은 첫 중간고사 성적을 받았을 때 이 내신으로 원하는 대학에 진학할 수 없다는 생각이 들면서 일반고로 전학을 가면 문제가 해결될 수 있다는 생각에 사로잡혀 있었다. 하지만 부모의 반대로 전학이 불가능해지면서 더 이상 이 문제를 해결하겠다는 의지조차 없었다. 첫 상담에서부터 다현은 시험결과만이 아니라 수업시간, 자율학습, 학원 등 여러 장면에서 수시로 느끼는 학생들과의 경쟁에서 지고 있다는 불안, 자신의 보잘것없는 실력에 대한 실망과 부끄러움, 노력파의 고단함 등을 토로하면서 모든 원인을 잘못된 고등학교 선택에 돌렸다. 상담자는 이러한 절망감에 공감하는 것에 집중하면서, 다현이가 고등학교를 선택할 때부터 고려했던 내신의 불리함에 대한 예상부터 이야기해 보자고 했다.

다현은 고등학교 선택을 두고 많은 고민의 시간이 있었고 부모, 교사, 친구들과도 많은 이야기를 나눴다고 했다. 그 이야기를 상담에서 다시 해 보자고 했는데, 많은 이야기를 하면서 성적 하락은 다현도 어느 정도 예상했던 일임을 확인할 수 있었다. 하지만 자신이 예상했던 것보다 훨씬 낮은 성적을 받게 되었고 앞으로 나아질 것 같지 않아 힘들다고 했다. 만약 예상했던 정도만큼 성적이 하락했다면 지금과 얼마나 다를지에 대한 질문에 비슷할 것 같다고 답하면서 '절대로 일어나서는 안 되는 일', '하루 빨리 벗어나야 할 곳'과 같은 생각이 지나쳤다는 통찰을 얻었다. 다현은 고등학교 진학 이후 성적 하락을 경험하게 될 것임을 이미 예상하고 있었다는 점, 그럼에도 좋은 학교에서 우수한 친구들과 함께 실력 있는 교사들의 수업을 듣는 것이 자신에게 유리하다고 생각했던 것도 떠올렸다. 그리고 그 기대는 충분히 충족되고 있고, 자신이 조금 더 노력해서 예상했던 성적만이라도 받았으면 좋겠다는 마음도 되찾게 되었다.

또한 세준과 서진과 같이 성적 하락이 상당히 진행된 이후 부모나 교사에 의해 상담에 의뢰되는 경우, 현재 위치에 대한 수용이 더 어렵다. 세준은 '내가 공부를 잠시 안 해서 그렇지 하면 또 금방 회복될 거야.'라는 생각으로 계속 게임에만 몰두한 경우로 자신도 인정하고 싶지 않은 성적이 자신의 현재 실력이고 출발점이라고 받아들이지 않았다. 중학교에 오면서 성적이 하락한 서진은 경쟁이라는 개념 자체에도 익숙하지 않았고 모든 상황이 혼란스러웠다. 성적이 떨어졌기 때문에 부모가 상담을 보냈지만, 상담에서 어떤 도움을 받아야 하는지도 잘 모르는 상태였다. 세준과 서진은 모두 걱정은 되지만 그 걱정하는 자신의 마음조차 꺼내 놓기 싫은 상태에서 상담을 시작한 경우라고 할 수 있다. 이럴 경우 내담자의 현재 성적에만 초점을 두기보다 전반적인 학교생활을 다루는 것이 선행되어야 할 과제일 수 있다. 성적은 학교적응과 밀접히 관련되어 있기 때문에 성적 하락은 학교부적응의 한 가지 지표일 수 있고, 친구문제, 벌점, 교사와의 관계 등 학교부적응이 학업을 방해할 수 있기 때문이다. 그리고 이 경우 현재 성적이 의미하는 상대적인 위치에 대한 수용 촉진은 성적 향상에 대한 동기가 생긴 다음에 해야 할 과제일 수 있다.

성적 향상에 대한 희망 찾기　　　성적 하락의 원인을 어디에 귀인하는가에 따라 앞으로 성적이 더 나아질 수 있다고 생각할 수도 있고 그렇지 않다고 생각할 수도 있다. 성적은 개인의 능력과 밀접히 관련되기 때문에 많은 내담자들은 성적의 하락을 자신의 능력 부족 그리고 이러한 능력의 부족은 자신이 바꿀 수 없는 타고난 지적 능력의 부족이라고 생각하기 쉽다. 이렇게 타고난 지적 능력이 부족해서 성적이 떨어진 것이라고 생각하면 더 이상 성적 향상을 기대하기 어려운데, 우수한 학교로 진학하면서 성적 하락을 경험한 학생들은 대부분 이렇게 귀인한다. 이러한 귀인에는 세 가지 오류가 있는데, 상담을 통해 바로잡아 내담자가 앞으로 더 나아질 수 있다는 희망을 갖게 해야 한다.

첫째, 학업에 필요한 지적 능력은 타고나는 것으로 변화하지 않는다고 생각하

는 것은 오류이다. 8장에서 살펴본 마인드셋 개념에 따르면 지능에 대한 고정
마인드셋을 가지고 있는 경우로 이 신념은 앞으로의 학업을 방해할 수 있다. 상
담자는 고정 마인드셋을 성장 마인드셋으로 변화시키는 전략(구체적 내용은 8장
참고)을 통해 내담자가 마인드셋을 바꿀 수 있도록 도와야 한다.

둘째, 성적이 하락했다는 것은 이전에 높은 성취를 했다는 점에서, 공부에 필
요한 능력을 가지고 있지 않을 것이라는 의구심은 오류이다. 경쟁 상대와 상관
없이 어떤 집단에서 높은 성취를 이루어 냈다는 것은 수월성 발휘의 잠재력을
가지고 있음을 의미한다. 이것을 내담자에게 납득시키고 자신의 능력에 대한
자신감을 가지고 도전해 볼 수 있도록 돕는 것이 상담자가 해야 할 일이다. 이를
위해 필요하다면 지능검사와 같은 객관적 능력검사를 실시할 수도 있고, 그동
안의 성적표를 모두 가지고 오게 해서 성적 변화를 정확하게 파악할 수도 있다.
지능검사를 실시할 경우 지적 능력에서의 강점과 약점을 확인하고 현재 학업성
취도와의 연결고리를 찾은 다음 성적 향상의 방향을 찾을 수 있을 것이다. 지능
검사에 대한 자세한 내용은 8장의 지능 부분을 참고하기 바란다. 이전 성적표를
모두 보관하고 있거나 재발급 받을 수 있다면, 각 과목별 학업성취도 변화 양상
과 과목 간 학업성취도 편차를 활용해 내담자의 지적 능력 발휘의 특성을 파악
할 수 있다. 또한 성적 하락 학기 또는 그 직전 학기의 학업과정에 대한 탐색을
통해 성적 하락의 원인을 학업행동에서 찾을 수 있다면, 자신의 능력에 대한 의
구심을 극복하게 될 것이다.

셋째, 성적 하락의 원인은 다양할 수 있는데 지적 능력 하나에만 귀인하는 오
류를 범하고 있으므로 이 부분도 바로잡아야 한다. 이를 위해 상담에서 먼저 해
야 할 일은 성적 하락의 원인에 대한 정확한 파악이다. 내담자가 생각해 낼 수
있는 모든 원인을 나열하게 하고 어떤 원인이 어느 정도 기여했는지에 대해 이
야기를 나눈다. 내담자가 잘 찾지 못하는 원인이 있다면 상담자가 가능한 원인
을 제시하면서 이 과정을 촉진할 수 있다. 예를 들면, 학습전략, 시간관리, 공부
에 투자하는 노력과 시간, 방해되는 학습환경, 적응하기 어려운 수업 방식과 평
가 방식, 교실의 경쟁구조, 교수자 변인 등 각 원인이 성적 하락을 초래했을 가
능성은 없는지 직접 질문할 수 있다. 한꺼번에 여러 원인을 제시해 질문하기보
다는 하나씩 질문해 나가야 하는데, 같은 원인이라고 해도 그 세부 사항은 내담
자에 따라 다를 수 있기 때문이다. 그리고 크게 기여하지 않는다고 생각되는 원

인은 간단히 살펴보고 많은 영향을 미치고 있다고 생각되는 원인에 대해서는 보다 깊이 탐색해 나간다. 이러한 원인에 대한 파악을 통해 지적 능력뿐만이 아니라 다른 성적 하락 요인을 개선하면 앞으로 성적이 더 나아질 수 있다는 희망을 갖게 될 것이다. 뿐만 아니라, 성적 향상을 위해 어떻게 학습을 개선해 나갈 것인지에 대한 구체적 계획을 세우는 데에도 활용할 수 있다. 따라서 성적 하락의 원인에 대해 충분한 시간을 들여 다각적으로 검토해 나가야 한다.

느린 진전 견디기　자신의 현재 위치를 수용하고 성적 하락을 극복하겠다는 마음을 먹더라도 성적은 그렇게 쉽게 향상되지 않는다. 또한, 다현의 경우처럼 경쟁집단이 달라지면서 성적이 하락한 경우 비슷한 능력을 가진 동료들과 경쟁해야 하기 때문에 현재 성적을 유지하는 것도 쉽지 않은 일이다. 이들은 실력도 유사하고 노력을 기울이는 정도도 비슷해서 따라잡는 데 많은 시간과 노력이 필요하다. 이 부분을 상담자와 내담자가 함께 견디지 못하면 결국 성적 향상이라는 목표에 도달하지 못하게 된다. 단 한 문제를 더 맞는 것이 되더라도 '조금이라도 나아지는 것'이 성취되었으면 목표는 이룬 것이고, 계속 그 방향으로 나아가면 된다.

먼저, 큰 폭으로 성적이 저하되어 마음의 상처가 될 정도인 경우 자신이 원하는 향상의 폭도 그만큼 크기 때문에 많은 시간이 필요하다는 점을 염부에 두고 개입해야 한다. 현재 위치와 향상시키고자 하는 위치 사이의 간격을 단시간에 좁히기는 쉽지 않다. 어떤 일에서든 보다 많은 성취를 하기 위해서는 더 많은 시간과 노력이 필요하다. 성적도 마찬가지로 많은 향상을 하기 위해서는 꾸준히 많은 시간과 노력을 기울여야 한다. 그리고 성적 하락이 상당 기간 진행된 경우 그동안의 학습부진이 현재의 학습을 방해하기 때문에 더 많은 시간이 걸린다. 거의 대부분의 학습 내용은 연결되어 있어서 오늘 배운 내용을 잘 익힌다고 해서 당장 성적이 오르지 않는다. 성적이 떨어졌다면 그 시기 동안 배운 내용이 제대로 숙지되어 있지 않을 테니 그 부분부터 보충해야 한다. 이전 학습 내용과 관련이 상대적으로 적은 과목에서는 조금 더 쉽게 성적을 올릴 수 있겠지만 대부분의 교과는 이전 학습이 잘되어야 현재의 학습을 제대로 따라갈 수 있다. 어느 경우이든 성적 향상을 위해 노력을 기울이기 시작해도 좀처럼 성적 향상을 맛보기 어렵다. 노력이 바로 성과로 나타나지 않으면 누구나 피로감을 느끼고 노력에 대한 회의가 든다. 이러한 위기는 내담자만이 아니라 상담자에게도 찾아온다. 이럴 때 상담자는 이와 같은 상황을 부인하지 말고 자연스러운 상황으로 받아들여야 한다. 그리고 내담자가 느린 진전을 당연한 현상으로 이해하고 계속 노력을 기울일 수 있도록 도와야 한다. 떨어지지 않고 유지되고 있다는 것만으로도 많은 노력을 기울이고 있다는 증거라고 알려 주고, 얼마나가 아닌 성적이 오른 것 자체에 초점을 두고 진전을 축하해 주어야 한다. 다현의 경우 한 학기에 한 등급 올리기를 목표로 모든 학기의 중간고사와 기말고사를 치르면서 한 번도 성적이 하락되지 않았고 3학년에는 1등급에 도달하게 되었다. 전체 평균 등급은 아주 좋지 않았지만 성적 상승이라는 점이 유리하게 작용하면서 대학입시에서도 좋은 성과를 거두었다.

학습전략에 구체적으로 개입하기   학습전략의 부족으로 성적이 큰 폭으로 하락하는 경우는 대부분 서진과 같이 초등학교에서 중학교로 진학할 때이다. 초등학교까지는 비교적 학습해야 할 분량이 적고 내용이 구체적인 경우가 많아서, 구구단을 외듯 시연의 방법으로 암기하고 암기한 내용을 그대로 떠올려 반응해 문제를 맞히는 식의 공부를 한다. 5학년이 되면서 학습할 분량도 많아지고 추상적인 내용의 비중도 늘어나 이때부터 어려워하는 학생들도 있지만, 중학교에 가면 그 차이가 상당히 커져 더 이상 이전의 방법으로 공부해서는 높은 성취를 하기 어려워진다. 좀 더 암기하기 쉬운 형태로 정보를 변형·조직화하고, 이미 알고 있는 것들과 연결해 암기의 효율성을 높이고, 암기한 내용을 떠올리기만 하는 것이 아니라 그것을 적용해 새로운 문제를 해결해야 한다. 뿐만 아니라 자신이 무엇을 알고 모르는지, 어떤 부분을 더 공부해야 하는지, 어떤 것을 더 연습해야 하는지도 점검해야 한다. 수업시간에 수업을 들으면서도 무엇이 중요한지 스스로 파악해야 하고 정리해야 한다. 놀고 싶지만 참고 공부할 줄도 알아야 하고, 하기 싫은 숙제도 하고, 성적이라는 압박감도 이겨 내야 한다. 이러한 학습과정에 필요한 다양한 전략을 직접 가르쳐 주는 경우는 많지 않아서 모두 알아서 습득해야 하는데, 성적이 하락한 학생들은 여기에 실패한 것이다. 그러므로 상담자는 내담자가 가지고 있는 학습전략과 부족한 학습전략에 대해 진단하고, 부족한 학습전략을 습득할 수 있도록 도와야 한다. 학습전략은 학습을 하면서 자신도 모르게 사용하는 다양한 책략으로 자동화될 때까지 연습하지 않으면 실제 학업과정에 적용할 수 없다. 따라서 상담자는 학습전략을 가르치는 것만이 아니라 충분히 연습해 습관이 될 때까지 개입해야 한다. 전반적으로 학습전략이 부족할 경우 학습전략 증진 프로그램을 추천해도 되는데, 이때에도 내담자가 배운 학습전략을 자신의 학습과정에 적용해 연습하는 과정을 점검하면서 습관이 될 때까지 조력하는 것이 필요하다.

자기통제 훈련　　학령기 동안 낮은 성적이 계속된다는 것은 한 사회에서 살아가기 위해 알아야 할 기본지식의 습득에 실패한다는 것을 의미한다. 그 사실만으로도 성적 하락을 하루 빨리 극복할 수 있도록 돕는 일이 필요할 것이다. 그러나 더 심각한 것은 지식보다 더 중요한 개인의 역량으로 여겨지는 자기통제를 습득하지 못하게 되는 문제를 갖게 된다는 점이다. 만성화된 성적 하락은 학업을 지속적으로 소홀히 했다는 것을 의미하는데, 이 과정에서 어떤 것도 열심히 하지 않는 태도가 형성되었을 가능성이 크다. 어떤 일을 하든지 어려움을 참고 견디면서 성실하게 자신에게 주어진 일을 해내는 것은 필수적이다. 여기에서 발휘되는 개인의 특성이 자기통제인데, 자기통제는 성격적 측면에서 타고나는 부분도 있지만 아동 및 청소년기 뇌발달 과정을 통해 습득되는 부분도 상당한 비중을 차지한다(황매향, 2018). 상담자는 성적 저하가 장기화되면서 낮은 자기통제 문제까지 가지고 있는 것은 아닌지 확인하고, 자기통제를 기를 수 있도록 개입해야 한다.

　자기통제에 관한 지금까지의 연구는 당장의 욕구와 더 나은 미래의 보상 사이의 갈등 요소와 의도적 노력을 기울이는 과정 요소의 두 가지 요소를 필수적으로 포함한다(Duckwoth, Gendler, & Gross, 2016). 학업 상황에 적용해 보면, 친구의 메시지를 확인하는 것과 수학문제 푸는 것 사이에서 갈등하며 수학문제를 푸는 것을 선택하는 것과 수학문제를 계속 풀기 위해 메시지를 확인하고 싶은 마음을 참는 요소가 자기통제의 과정에 포함된다. 자기통제를 기르기 위해 상담자는 이 두가지 요소에 모두 개입해야 한다. 먼저 갈등 요소와 관련해 학습의 과정에서 어떤 욕구가 서로 상충하는지, 그때 어떤 선택을 하게 되는지, 앞으로 어떤 선택을 하고 싶은지 등을 다룰 수 있다. 의도된 노력을 위해서는 학습과정에서 어떤 것을 참아 봤는지, 어떻게 참았는지, 어떤 것을 참기 어려운지, 어떤 것은 참는 데 별로 도움이 되지 않는지 등에 대해 이야기할 수 있다. 가능한 한 상담에 오기 직전에 했던 공부에서 경험했던 내용을 중심으로 다루는 것이 효과적이다. 또한 앞으로 어떻게 참아 볼 수 있을지, 어떤 전략을 쓰면 가능할지에 대해 의논하고 연습과제를 정한다. 다음 회기까지 연습하고, 성공 경험과 실패 경험을 바탕으로 또다시 연습 과제를 정하고 다음 회기에 평가하는 과정을 반복하면서 자기통제를 기를 수 있다. 자기통제에 관한 강도모델에서는 훈련을 통해 근육의 힘을 키울 수 있듯이 자기통제에 필요한 심리적 자원의 용량도 키울 수 있음(Muraven & Baumeister, 2000)을 제안하는데 여기에서도 꾸준한 연습이 강조된다. 이렇게 조력하는 과정에서 내담자가 자기통제 발휘를 제대로 못하게 되면, 또다시 실패감을 갖게 만들어 내담자를 더 큰 어려움에 빠뜨릴 수 있고 상담에도 오지 않게 될 수 있다. 따라서 자기통제 습득의 과정에서 가능한 한 성공 경험을 많이 하도록 조력하는 것이 중요하다. 자기통제 실패에 대한 자아고갈 가설에 따르면, 자기통제를 필요로 하는 과제를 반복적으로 수행할 경우 첫 번째 과제에서 자기통제를 위한 심리적 자원을 써 버리면서 두 번째 과제에서는 자기통제를 발휘하지 못하게 된다. 자기통제에 대한 요구가 많아지면서 발생하는 자아고갈이 자기통제를 고갈한다는 것은 다양한 실증연구를 통해서도 확인되었다(Hagger et al., 2016). 즉, 이를 위해 상담자는 너무 많은 자기통제를 하지 않아도 되는 학습환경을 스스로 조성하도록 개입할 수 있다. 예를 들면, 공부를 하는 동안 스마트폰을 가방에 넣어 두거나 거실에 두어 시야에서 제거하면, 내담자가 스마트폰에 대한 충동을 참는 데 사용할 심리적 자원을 절약할 수 있다. 즉, 상담자는 내담자의 자기통제를 방해하는 환경이 무엇인지 함께 찾고 학습환경에서 미리 제거할 방안을 찾는 노력이 필요하다. 보다 자세한 내용은 5장 자기통제 중 '자기통제 증진을 위한 개입'을 참고할 수 있다.

4. 상담자를 위한 심화학습

 학습전략

'어떻게 공부하는가?'라는 공부방법은 누구나의 관심사인데, 학문 분야에서는 주로 학습전략으로 명명되고 있다. 학습전략(learning strategies)이라는 개념은

1970년대 이후 활발해진 인지심리학의 발달에서 출발했다. 미국의 고등국방연구
계획국(Defense Advanced Research Project Agency: DARPA)이 학업성취 향상을 위
한 훈련 프로그램 개발에 재정적 지원을 할 당시 미국에서는 정보처리 관점에 대
한 인지심리학 연구가 활발했고, 그것을 토대로 인지전략과 정보처리 전략을 학
습전략의 중심 개념으로 보는 연구가 진행되기 시작했다(김혜숙, 1983). 이후 학습
전략은 그 정의와 함께 그 분류도 다양하게 발달해 왔다. 그간의 연구와 논의를
종합해 보면, 학습전략은 학습할 대상을 어떻게 받아들이고 가공하고 필요할 때
재생하는가와 밀접히 관련되는 정보처리 과정상의 인지전략, 그 하나하나의 과정
을 통제하고 관리하는 초인지 전략, 나아가 동기화, 정신 에너지 관리, 시간관리,
도움 추구행동 등과 관련되는 관리전략으로 크게 나누어 볼 수 있다. 그리고 그
하위의 개별전략의 대표적인 예를 살펴보면 〈표 10-1〉에 정리한 것과 같다. 상담
자는 이 세 가지 차원에서 내담자의 현재 학습전략을 파악할 수 있는데, 내담자가
어떤 학습전략을 사용하고 있고 그 효과는 어떠하며 앞으로의 개선 방향에 대해
어떻게 생각하는지 등을 파악해야 할 것이다.

〈표 10-1〉 학습전략의 분류와 정의

학습전략		정의
인지 전략	주의집중	필요한 정보에 관심을 가지고 주의를 기울여 집중하는 것
	시연	작업기억에서 정보가 사라지지 않게 하기 위해 반복적이고 기계적으로 외는 것
	약호화	작업기억에 있는 정보를 장기기억으로 전이하는 과정에서 정보를 줄이는 것
	정교화	정보끼리 서로 연결하거나 새로운 정보와 이미 알고 있는 다른 정보의 내용을 연결하는 것
	조직화	정보를 범주화와 위계화를 통해 재조직하여 정보의 형태를 이해하고 기억하기 쉽게 변형하는 것
초인지 전략	계획하기	목표 설정, 개관, 질문, 과제분석 등을 통해 전략 사용을 계획하고 사전지식을 활용하는 것
	점검하기	자신의 주의집중, 이해도, 진전도, 학습속도, 시간소요 등을 확인하는 것
	조절하기	과제를 수행할 때 자신의 행동을 점검하면서 더 적절한 것으로 바꿔 나가는 것

관리 전략	시간관리	학습할 시간을 계획하고 확보하고 실천해 나가는 것
	노력관리	자신의 몸과 마음을 최고 상태로 유지해 잠재력을 최대한 발휘할 수 있도록 하는 것

흔히 내담자들이 고민이라고 이야기하는 공부방법은 학습전략의 사용과 관련되는데 정확하게 동일한 내용을 지칭하고 있지는 않다. 일반적으로 공부방법이라고 일컬어지는 것은 여러 학습전략 가운데 초인지 전략과 관리전략에 가까운 내용에 해당하는 경우가 많다. 예를 들면, 공부방법에는 전반적인 주의집중 전략, 노트 작성방법, 수업 활용, 시험준비 전략 및 시험 응시 요령, 과목공통적 학습전략, 개별 교과 학습전략, 요점정리, 독서속도 조절 등이 포함된다. 학습전략을 보다 구체적인 학습 관련 행동으로 표현하고 개념화했다고 할 수 있다. 상담자는 인지전략, 초인지 전략, 관리전략의 세 가지 차원에서 학습전략을 이해하고, 그 전략이 어떤 과제를 처리할 때 어떻게 적용되는지를 공부방법의 측면에서 파악할 수 있을 것이다.

학습전략은 학년이 높아질수록 그리고 학습에 투여하는 시간이 많은 과제일수록 학업성취에 미치는 영향이 커진다. 정보량이 많아지면 체계적인 학습전략을 사용하지 않고, 정보를 모두 습득하기 어렵고, 습득한 정보를 적절한 시기에 활용하는 것은 더 어려워진다. 즉, 학생들의 학업량이 많아지고 과제가 복잡해질수록 학업 전반에 투여되는 시간과 노력, 그리고 그 시간과 노력의 효율성이 학생들의 학업성취도를 결정하게 된다. 우리나라 학습부진 학생들의 성적 하락의 시기가 초등학교 5학년 시기와 중학교 3학년 시기에 집중되고 있는(김창대 외, 1994) 이유도 이 시기에 교육과정이 어려워지고 학업량이 많아지기 때문이기도 하다. 아직 경험적으로 입증된 것은 아니지만 이 시기 성적 하락의 주요 원인이 학습전략의 문제일 가능성이 높다. 따라서 상담자는 학습전략의 측면에서 상담자는 학습전략을 내담자의 구체적인 학업행동으로 파악하고, 이를 보다 효율적인 학업행동으로 변화시킬 수 있도록 조력해야 할 것이다.

초인지　학습전략 가운데 상담자가 특히 관심을 가져야 할 부분은 초인지 전략이다. 초인지(metacognition)[4]는 '스스로의 인지활동과 행동을 점검하고, 통제

---

4) metacognition은 메타인지 또는 상위인지로도 번역된다.

하고, 조절하는 능력'으로 정의되는데(Pintrich & Garcia, 1994), 사고에 대한 사고 또는 생각할 줄 아는 사고로 불리기도 한다. 즉, 학습과정에서는 공부를 하면서 자신이 어떤 것으로 어떻게 공부하고 있는지 앞으로 어떻게 공부하는 것이 좋을지에 대해 관찰자의 입장에서 바라보고 생각하는 모든 과정이 초인지에 해당된다. 초인지는 자신의 인지를 자각하고 인지에 대하여 아는 것과 인지를 통제하고 조정하는 것의 두 가지 측면을 가지고 있으며 이를 통하여 초인지는 계획, 관리, 조절의 활동을 하게 된다. 즉, 대표적인 초인지의 전략으로 계획하기(planning), 점검하기(monitoring), 조절하기(regulating)가 제시되고 있다(Pintrich & Garcia, 1994).

계획하기 전략은 공부를 하기 전에 어떤 공부를 얼마만큼 어느 수준으로 할 것인지에 대한 목표와 계획을 설정하는 것을 포함한다. 점검하기 전략은 공부를 하는 동안 자신의 학습을 스스로 파악해 보는 것으로, 한 연구결과에 따르면 학생들은 공부를 하는 동안 여덟 가지의 점검하기 전략을 사용하고 있는 것으로 나타났는데, 이전 지식에 대한 인식 점검(feeling of knowing), 공부한 것에 대한 이해도 점검(judgement of learning), 학습전략 점검(monitoring use of strategies), 스스로 질문하기(self-test), 목표성취도 점검(monitoring progress toward goals), 시간 점검(time monitoring), 내용중요도 점검(content evaluation), 내용적합성 점검(evaluation adequacy of content) 등이다(Azevedo et al., 2012). 즉, 학습할 내용에 대해 얼마나 알고 있는가에서부터 앞으로 어떤 내용을 학습해야 하는가까지 학습의 전 과정에 대한 점검을 포함한다. 조절하기 전략은 자신의 학습과정을 보다 적합하게 변화시키는 과정으로, 먼저 점검하기에서 파악된 결과를 반영하는 과정이 대표적이다. 예컨대, 잘 이해가 안 되고 있다면 다시 돌아가서 공부를 한다거나 제대로 암기되지 않은 것을 다시 암기하는 것이다. 또는 시험을 볼 때 어려운 문제는 건너뛰고 다른 문제를 푼 다음 다시 그 문제로 돌아가서 풀어 보는 것도 시험행동을 조절하는 조절하기 전략이라고 할 수 있다.

초인지 전략은 교육현장에서 강조되는 '자기주도학습'과도 밀접히 관련된다. 교육현장에서 관심을 가지고 있는 자기주도학습은 성인교육에서 출발한 자기주도학습(self-directed learning)의 용어를 그대로 사용하고 있지만, 학습동기이론의 자기조절학습(self-regulated learning)의 개념에 더 가깝다고 할 수 있다(황매향, 선혜연, 정애경, 2012). '자기조절학습'이란 자기조절 학습전략을 사용하고,

학습효과에 대한 개인적 피드백에 반응하고, 상호 의존적인 동기적 과정을 촉진하는 속성을 갖는 학습이고, '자기조절적 학습자'는 학습환경을 자신에게 맞게 선택·조직·쇄신하고, 스스로 교수 형태와 양을 계획·통제하고, 내적으로 동기화되어 스스로 학습을 시작하고, 학업적 성취에 대한 책임을 지는 학습자(Zimmerman & Shunk, 1989)라는 정의에서 출발해 점차 그 개념이 확대되었다. 이러한 자기조절학습의 과정은 일반적으로 자기관찰과 평가, 목표 설정과 전략적 계획, 전략수행과 모니터링, 전략적 결과 모니터링의 단계로 진행되는 것으로 알려져 있어(Zimmerman, Bonner, & Kovach, 1996), 이 과정을 잘 수행하기 위해 초인지 전략(계획하기, 점검하기, 조절하기)이 필요하다. 이런 배경에서 최근에는 초인지 전략의 사용이 자기조절학습의 하위 과성으로 간주되어 자기조절 학습전략의 하나로 제시되기도 한다.

양명희와 정윤선(2013)은 자기조절 학습전략에 대한 그간의 논의를 토대로 인지조절, 동기조절, 행동조절, 정서조절 등 네 가지 측면으로 자기조절 학습전략이 구성되는 것으로 제안하고 있다. 초인지를 포함하는 인지전략을 적용하는 과정으로서의 인지조절, 학습동기를 가지고 학습을 할 수 있도록 스스로 긴장을 유지하고 가치를 고양하면서 자기보상을 활용하는 동기조절, 학습에 투입되는 시간과 노력을 관리하고 보다 유리한 환경을 구성하는 행동조절, 학습과정에서 나타나는 정서를 알아차리고 그 원인을 파악하고 학습에 유리하도록 조정하는 정서조절 등 가장 포괄적으로 자기조절 학습전략을 개념화했다고 볼 수 있다. 이 연구에서 개발한 자기조절 학습전략 척도는 인지조절에 이해전략, 기억전략, 메타인지전략의 3요인, 동기조절에 자기설득, 긴장유지, 흥미강화, 자기보상의 4요인, 행동조절에 행동통제, 도움 구하기, 실천전략, 시간·환경관리의 4요인, 정서조절에 정서통제, 충동억제, 사고전환의 3요인을 추출해 초인지 전략을 자기조절 학습전략 중 인지조절의 한 하위 요소로 제시했다.

학습전략의 습득　상담자는 부족한 학습전략을 어떻게 가르칠 것인가에 관심을 가질 것이다. 지금까지의 연구결과에 따르면 개인이 자발적으로 인지전략을 수정하고 발달시킬 수 있다는 주장도 있지만, 대부분 인지전략에 많이 노출될수록 그리고 전략의 사용을 촉진시키는 환경에 처할수록 전략의 활용에 도움이 된다고 한다(임효진, 선혜연, 황매향, 2016). 즉, 부족한 학습전략의 습득을 위해서는 어떤 학습전략이 있는지 배우는 '노출'과 그것을 실제에 적용하면서 익힐 수 있는 '연습'이 필요하다고 할 수 있다. 공부하는 방법을 모르겠다고 호소하거나 상담자가 파악하기에 학습전략이 부족한 경우, 학습전략에 대한 전반적인 학습이 가능한 교육 프로그램 참여(노출)를 권하는 것을 출발점으로 삼을 수 있다. 다양한 교육기관과 상담센터에서 운영하는 학습전략 또는 공부방법 프로그램을 통해 어떤 학습전략이 있는지 소개받을 수 있기 때문이다. 우리나라에서 운영되는 대부분의 학습전략 프로그램은 짧은 기간 동안 다양한 학습전략을 다루고 있어 각 학습전략을 소개해 준다는 점에서는 도움이 되지만 그것을 적용해 스스로 활용할 수 있는 단계까지는 도달시키지 못하는 경우가 많다. 따라서 상담자는 내담자가 학습전략 프로그램을 다녀온 후 연습을 통해 개별 학습전략을 습득할 수 있도록 도와야 한다. 먼저, 프로그램을 통해 배운 학습전략 중 이미 알고 있고 사용하고 있던 것이 있는지부터 파악한다. 그런 학습전략이 있다면 그 학습전략을 여러 과목의 학습에 걸쳐 더 많이 활용하도록 촉진한다. 다음으로 새롭게 알게 된 학습전략이 무엇인지와 그중에서 어떤 학습전략을 지금 공부에 바로 적용할 수 있을지에 대해 의논한다. 이때 여러 가지를 동시에 선택하기보다 한두 가지만 선택해서 익숙해질 때까지 계속 연습하도록 계획을 세운다. 상담자는 내담자와 함께 학습전략의 습득 정도, 적용했을 때의 학습효과, 다른 학습전략과의 상호작용 등을 점검하면서 자신의 학습전략으로 자리 잡을 수 있도록 돕는다.

학습스타일

　학업에서 실패한 내담자들 가운데 학교나 학원 수업이 자신과 맞지 않는다고 호소하는 경우가 종종 있다. 학교나 학원에서 보편적으로 적용되고 있는 교수-학습 환경이 맞지 않아 공부가 어렵다고 호소하는 경우로 개인의 학습스타일과 교수-학습 환경이 맞지 않을 수 있다. 학습스타일[5]은 어떤 것을 배우고 익히는 학습과정

---

5) Learning Style은 학습양식, 학습유형 등으로도 번역되어 사용되고 있다.

에서 나타나는 개인차로 새로운 정보를 받아들이고 처리하는 개인의 선호도를 의미한다. 학습스타일 개념이 제시된 것은 '어떻게 가르쳐야 하는가'라는 효과적 교수법에 관한 논의에서 출발했는데, 모든 학생들에게 동일한 방식으로 가르칠 것이 아니라 학생의 학습스타일에 맞는 차별화된 교수법이 필요하다는 주장이다. 즉, 동일한 방식으로 가르쳐도 서로 다르게 받아들일 수 있고, 같은 방법으로 암기를 해도 그 효과가 다를 수 있다는 점에 주목한다. 학습스타일 개념이 제안되면서 가장 효과적인 교수법 또는 가장 효과적인 학습전략보다는 학생의 학습스타일에 맞는 교수법이나 학습전략이 무엇인가에 대한 관심이 높아졌다.

이런 관점에서 보면, 자신의 학습스타일과 교수-학습 환경이 맞지 않아 발생한 학업실패는 학생들의 학습스타일에 맞게 다양한 교수법을 활용해 가르치지 않은 교수자에게 책임을 물어야 할 것이다. 그러나 이러한 결론은 논리적으로 가능하지만 현실적으로 내담자를 돕는 데는 크게 도움이 되지 않는다. 상담자는 학습스타일에 대한 이해를 바탕으로 내담자의 문제를 이해하고, 개인의 학습스타일과 교수환경의 불일치를 어떻게 해결해 나갈 것인지의 방안을 찾을 수 있도록 도와야 한다. 먼저, 상담자는 학습실패의 원인이 학습스타일과 교수-학습 환경의 불일치에 있다는 것으로 이해할 수 있도록 도와 내담자가 자신의 학업실패에 대해 새로운 귀인을 하고 새로운 시도를 통해 불일치가 개선될 수 있다는 희망을 갖게 할 수 있다. 다음으로 내담자가 선택할 수 있는 교수환경이 있다면 가능한 한 내담자의 학습스타일에 맞는 교수환경을 찾는 것을 도울 수 있다. 나아가 바꿀 수 없는 교수환경에 적응하기 위해 어떤 노력을 기울여야 할 것인지 자신의 학습스타일의 측면에서 검토하고 계획을 세우도록 돕는다. 또한 학습전략의 적용에 있어서도 보편적으로 높은 효과를 보인 학습전략이 아니라 자신의 학습스타일에 적합한 학습전략을 찾는 노력을 통해 학습환경을 학습스타일에 맞게 조정할 수 있도록 조력할 수 있다.

학습스타일에서의 개인차　　개인은 저마다 서로 다르게 학습하기 때문에 동일한 수업환경, 수업방법, 수업자료가 제공된다 하더라도 어떤 학습자들에게는 효과적일 수도 있지만 다른 학습자들에게는 그렇지 않을 수 있다. 너무 시끄럽거나 너무 추운 것과 같은 일반적으로 불편한 환경은 모든 학생들의 학습을 저해하지만, 물리적 학습환경에 대한 선호도 학생 개인에 따라 다를 수 있다. 예를 들어,

독서실과 같은 조용하고 닫힌 혼자만의 공간에서 공부하는 것을 선호하는 학생이 있는가 하면 도서관과 같이 밝은 조명의 넓은 테이블에 다른 학습자들과 함께 있을 때 공부가 잘되는 학생이 있다. 기억을 잘하기 위해 동원하는 기억술의 효과도 개인마다 다를 수 있고, 어떤 학생들은 자투리 시간을 활용해 공부를 효율적으로 할 수 있는 반면, 어떤 학생들은 오랫동안 한 가지 공부를 꾸준히 하는 것을 잘 해내기도 한다.

　학습스타일 측면에서 누구나 모든 측면에서 뚜렷한 선호를 보이는 것은 아니다. 한 연구결과에 따르면 18가지 서로 다른 선호도 영역 가운데 많은 학생들이 6~14개 영역에서 뚜렷한 선호를 보였고, 그 영역에서 자신의 선호에 대해 분명히 설명할 수 있었다(Dunn, 1984). 즉, 학습스타일이 얼마나 뚜렷하고 어떤 세부 영역에서 선호가 두드러지는가 하는 면에서도 개인차가 나타난다는 점을 고려해야 한다. 어떤 학생은 여러 영역에서 뚜렷한 학습스타일을 보이는 반면 어떤 학생은 학습을 해 나가는 방식에 대한 선호 측면에서 두드러진 특징을 보이지 않을 수 있다. 따라서 학업실패를 보인 모든 내담자의 문제를 학습스타일과 공부방법의 불일치로 개념화하기보다 학습스타일 불일치를 학업실패 원인 중 하나일 가능성을 열어 두고 탐색하고 개입해야 한다.

　또한 어떤 방식으로 공부하는 것을 더 선호하는가를 나타내는 학습스타일을 어떻게 정의하고 서로 다른 학습스타일을 어떻게 분류하는가도 학자들의 입장에 따라 차이를 보인다. Coffield 등(2004)이 조사한 바에 따르면 학습스타일을 분류하는 방식만 71가지에 달한다. 여기에서는 어떤 측면을 중심으로 학습과정에서 나타나는 개인의 특성을 보는가에 따라 지각양식 기반 학습스타일, 인지양식 기반 학습스타일, 통합적 학습스타일, 성격으로서의 학습스타일 모델에 대해 각각의 내용과 어떻게 파악할 것인가에 대해 알아볼 것이다.

지각양식 기반 학습스타일 모델　지각양식에 기반한 학습스타일 개념은 학습자가 경험을 이해하고, 구성하고, 유지하기 위해서 한 가지나 그 이상의 감각을 사용하는 것에 기초해 학습스타일을 분류한다. 일반적으로 지각양식 기반 학습스타일은 시각적(visual), 청각적(auditory), 촉각적(tactile), 운동적(kinesthetic) 학습스타일로 나뉜다. 시각적 학습스타일이란 시각을 통해 보다 더 효율적으로 학습을 할 수 있는 것으로 책, 칠판, 도표, 학습장에 있는 글을 보고 읽음으로써 더 잘 학습하는 학습자들이다. 청각적 학습스타일이란 새로운 정보를 듣는 것을 통해 더 잘 배우는 것으로, 청각적 학습자는 교수자가 말로 학습 내용을 설명하는 것을 듣거나, 녹음 내용을 듣거나, 큰 소리로 책을 읽음으로써 더 효과적으로 학습한다. 촉각적 학습스타일이란 접촉 또는 손으로 조작하는 활동을 통해서 학습 내용을 보다 효과적으로 학습할 수 있는 것으로 촉각적 학습자들은 필기하기, 실험실에서 실험해 보기, 손으로 직접 모형을 만들어 보기, 손으로 퍼즐을 맞춰 보기, 작문하기, 그리기, 사물을 만지면서 일하기 등과 같은 활동들을 통해 더 잘 학습할 수 있다. 운동적 학습스타일이란 신체적 체험을 통해서 학습 내용을 보다 효과적으로 배우는 것으로 운동적 학습자들은 몸 전체를 움직이면서 학습할 때 더 높은 학습효과를 보인다. 시각적 학습스타일, 청각적 학습스타일, 촉각적 학습스타일, 운동적 학습스타일 이외에도 여러 감각 사용이 추가되기도 하는데, 예를 들면, 미국의 한 학습스타일 연구소(The Institute for Learning Styles Research: ILSR)에서는 후각적(olfactory) 학습스타일, 활자적(printed-written) 학습스타일, 상호작용적(interactive-verbal) 학습스타일 등을 추가해 7개 학습스타일을 측정하고 있다.

지각양식에 기반한 학습스타일을 파악하기 위해 사용되는 방법은 주로 체크리스트 형태의 자기보고식 검사를 실시하는 것이다. 예를 들면, '나는 들으면서 공부할 때 더 잘 배운다'(청각적 학습스타일), '나는 누구의 설명을 듣는 것보다 내가 직접 보면서 공부하는 것이 기억에 오래 남는다'(시각적 학습스타일), '나는 긁적거리거나 메모하기를 좋아한다.'(촉각적 학습스타일) 등의 문항을 통해 선호하는 지각양식을 파악한다. 상담자는 내담자가 선호하는 지각양식을 파악하기 위해 이와 같은 체크리스트를 사용할 수도 있고, 내담자와 함께 스스로의 선호도에 대한 탐색을 통해 확인할 수도 있다.

인지양식 기반 학습스타일 모델   앞서 살펴본 지각양식 기반 학습스타일은 외부의 정보를 어떻게 지각하는가에서 있어서의 개인차에 초점을 두고 있다면, 인지양식 기반 학습스타일은 외부로부터 들어온 정보를 부호화하고 저장·인출하는 인지적 과정에서의 개인차에 초점을 두고 있다. 인지양식에 대한 가장 오래된 논의는 장의존적 인지양식과 장독립적 인지양식에 대한 구분에서 출발하고 있다. 장의존적 학습스타일은 주어진 정보가 있는 전체 장에서 그 요소를 분리해 내지 않고 전체로서 하나의 유형으로 처리한다. 따라서 집단으로 일할 때 좋은 결과를 내고 사회적 정보를 더 잘 기억한다. 반면, 장독립적인 학생은 전체 유형의 별개의 부분들을 하나씩 처리할 가능성이 많고 그 구성 요소에 따라 유형을 분석한다. 수학, 과학, 분석적 능력은 우수하지만 사회적 상황에서는 비효율적일 수 있다. 이에 따라 인지양식에 맞는 교수 및 학습전략의 적용이 필요한데, 장의존형은 집단지향적이고 협동적인 학습 상황, 정해진 형식이나 구조를 따르게 하는 상황, 제시된 형태나 구조에서 정보를 기억해야 하는 과제 등이 유리하며 이를 위해서는 정보에 집중하게 하고 기억해야 할 정보를 반복하는 학습전략이 효과적이다. 한편, 장독립형의 경우 문제해결 상황, 개념의 조직화가 요구되는 과제, 새로운 상황에 적용하기 등의 학습 상황이 바람직하며 이를 위해 학습자료를 스스로 선택하게 하고, 정보를 찾고 확인하며 결과를 예측하고 추론하고 평가하는 전략이 효과적이다. 장독립형과 장의존형은 정보를 처리하는 단계만이 아니라 동기화 과정에서도 차이를 보인다. 장독립형인 경우 점수 자체, 자기 자신과의 경쟁, 내적 보상, 과제의 유용성, 스스로 선택한 활동 등을 통해 동기가 높아지는 데 비해, 장의존형은 언어적 칭찬, 상, 벌과 같은 외적 보상과 윤곽과 구조가 분명한 과제에 대한 동기가 높다.

또한 Kolb(1971; 1999)는 경험적 학습이론을 통해 개인의 특성이 반영된 지각(perception)과 처리방식(processing)으로 학습스타일을 유형화하였다. 개인이 경험이나 정보를 지각하고 처리하는 방식을 지각 면에서 구체적 경험과 추상적 개념화로, 처리방식 면에서 반성적 관찰과 능동적 실험으로 구분하고, 그 조합에 따라 네 가지 유형 학습스타일을 제안하고 있다. 첫째, 확산자(diverger)는 구체적 경험과 반성적 관찰이 뛰어난 특성이 있으며, 다양한 관점으로 구체적인 상황을 관찰하며 상상력이 뛰어나고 개방적인 사고를 가지고 있다. 또한 교사나 동료 학습자와 좋은 인간관계를 맺고 정서지향적인 특성을 갖는다. 둘째, 조절자(accommodator)는 구체적 경험과 능동적 실험에서 강하고, 구체적이고 직접적인 경험을 통해 깨달음을 얻으며, 새로운 상황이나 환경 변화에 적응을 잘한다. 논리적으로 분석하기보다는 느낌에 따라 행동하고 자신의 기술적 분석보다는 사람들에게 의존하는 경향도 보인다. 셋째, 수렴자(converger)는 추상적 개념화와 능동적 실험에 뛰어난 특성이 있으며 습득한 지식과 이론을 실제적으로 활용하는 능력과 의사결정력, 문제해결력이 뛰어나다. 이성에 기초하여 추론하고 과제에 체계적으로 접근하기 때문에 인간관계보다는 과업지향적인 특성을 보인다. 넷째, 동화자(assimilator)는 추상적 개념화와 반성적 관찰이 뛰어난 특성이 있고, 다양한 정보를 통합하고 간결하고 논리적으로 조직하는 능력이 뛰어나다. 귀납적 추리에 익숙하므로 이론화를 잘하고, 관계나 감정보다는 객관적이고 과학적인 사고를 중시하는 경향을 보인다.

통합적 학습스타일 모델   학습스타일을 특정 정보와 새로운 기술을 이해하고 기억하기 위해 학생이 주의를 집중하는 방법이라고 정의한 Dunn과 Dunn(1978)은 통합적 학습스타일 모델의 대표적 학자이다. 개인의 지각양식 선호를 환경적·사회적·정의적·생리적·심리적 관점에서 종합하여 조명하고 있다. 학습스타일을 측정함에 있어 환경적 측면에서 소리, 빛, 온도, 좌석, 정서적 측면에서 동기, 순응성/책임감, 과제지속, 구조, 사회적 측면에서 혼자, 짝과 함께, 동료, 집단, 권위, 다양성, 생리적 측면에서 시각, 청각, 촉각, 신체운동, 심리적 측면에서 분석적 대 포괄적, 충동성 대 사려성 등 특성에서의 강점과 약점을 발견하는데 초점을 두고 있다(Dunn, Dunn, & Price, 1989).

[그림 10-1] Dunn과 Dunn의 학습스타일 모델

출처: Boström, 2011, p. 5.

그 내용을 구체적으로 살펴보면, 환경적 측면은 공부를 하는(어떤 것을 배우고 익히는) 곳의 조용한 정도, 밝은 정도, 따뜻한 정도, 정자세를 취해야 하는 정도에서의 개인차를 측정한다. 정서적 측면은 공부에 대해 스스로 동기화되는가 다른 사람에 의해 동기화되는가의 정도, 규칙을 잘 따르는 정도, 과제를 얼마나 꾸준히 하는가의 정도, 구조화된 자극을 얼마나 선호하는가의 정도에서의 개인차를 측정한다. 사회적 측면은 혼자 공부할 때, 둘이 공부할 때, 동료와 함께할 때, 집단에 속해 있을 때에 대한 선호, 권위자의 유무와 다양한 구성원에 대한 선호의 개인차를 측정한다. 생리적 측면은 새로운 정보를 지각할 때 시각, 청각, 촉각, 신체운동 감각 중 어떤 감각을 얼마나 선호하는지 측정한다. 더불어 먹는 것을 얼마나 좋아하는가, 아침을 선호하는가/오후를 선호하는가/밤을 선호하는가, 움직임을 얼마나 선호하는가 등도 포함한다. 심리적 측면은 주어진 정보에 대해 그 구성 요소로 분석해 보는가, 전체적(포괄적)으로 지각하는가의 선호도와 자극에 바로 반응하는가, 오랫동안 생각해 보는가의 특성을 측정한다.

 Dunn과 Dunn이 제시한 학습스타일에서의 개인차 가운데 외부 자극이나 정보를 지각할 때 어떤 감각을 더 많이 사용하는가 또는 어떤 감각의 사용을 더 선호하는가라는 측면이 많은 관심을 받았다. 특히, 전통적인 강의식 교수법은 청각적 선호가 높은 학습자가 선호하는 교수법으로 시각적·촉각적·운동감각적 선호가 높은 학생들에게 불리할 수 있다는 문제가 제기되었다. 이를 계기로 보다 다양한 학생들의 선호도를 반영할 수 있는 시청각교육이나 체험학습이 도입되었다. 교육공학적 접근, 협동학습, 프로젝트 학습 등의 개발에서도 학습자의 지각양식이 고려되고 있다. 뿐만 아니라 개별교과의 교수법에서도 학습스타일에서의 개인차를 고려한 접근이 소개되고 있는데, 예를 들면, 학습이나 평가에서 분석적 학생들에게는 객관식 문제 형태의 문제-정답 제시 활동이 추천되는 반면, 포괄적 학생들에게는 개방형 질문에 자신의 생각을 답하는 방식의 활동이 추천된다. 우리나라에서 수행되는 대부분의 시험이 객관식으로 출제됨을 감안하면 포괄적 특성의 학생들은 분석적 특성의 학생들에 비해 시험에서 더 많은 어려움을 겪는다는 것을 예상할 수 있다.

성격으로서의 학습스타일 모델   개인의 성격적 특성이 학습과정에서 서로 다른 특성으로 나타날 수 있다는 점에서 성격적 측면에서의 학습스타일 차이가 제시되고 있다. 예컨대, 가장 많이 사례로 제시되는 것은 MBTI 성격유형의 불일치인데, 전통적인 강의식 수업은 대부분 ISTJ 유형들이 적응하기에는 유리하지만 그 반대의 유형인 ENFP 유형들이 잘 적응하기는 어렵다는 것이다. 성격을 토대로 하는 학습스타일은 주로 심리검사를 통해 그 접근이 소개되고 있는데 MBTI 성격유형검사, 홀랜드 직업적 성격유형검사, U&I 학습유형검사가 대표적이다. 이러한 검사들의 경우 따로 검사를 실시하지 않아도 내담자가 검사결과를 이미 가지고 있는 경우도 많고 상담자들에게도 익숙하기 때문에 그 결과를 쉽게 적용해 볼 수 있다는 장점이 있다.

① MBTI

MBTI 성격유형검사에서는 네 가지 선호 경향에 입각한 여덟 가지 선호지표별 학습스타일과 함께 네 가지 기질별 학습방법, 16가지 성격유형별 학습방법 등이 소개되고 있다(Lawrence, 1997).[6] 이 가운데 가장 기초가 되는 여덟 가지 선호지표별 학습스타일의 특성은 〈표 10-2〉에 정리한 바와 같다.

〈표 10-2〉 MBTI 선호지표별 학습스타일

선호지표	학습스타일
외향 (Extraversion)	• 행동을 먼저 하고 이후 반추적 사고하기 • 새로운 자료에 뛰어들기 • 학습 자체보다 강렬하고 흥미 있는 외부 요인에 의해 동기화 • 집중을 방해하는 것 피하기 • 친구와 함께 공부하기 • 누군가에게 가르치도록 준비하며 공부하기
내향 (Introversion)	• 반추적 사고를 먼저 하고 필요하다면 행동하기 • 내적 대화에 적합한 새로운 자료 수집하기 • 믿을 수 있는 사람과 함께 개인적으로 작업하기 • 읽기가 주된 학습방법 • 학습할 주제에 대해 다른 사람의 이야기 듣기

6) 이 책의 번역서는 MBTI 성격유형검사를 판매하는 어세스타에서 구매할 수 있다(『성격유형과 학습스타일』, 이정희, 심혜숙, 신영규, 김종구, 심민보 공역).

감각 (Sensing)	• 새로운 자료의 유용성을 찾아서 실용적으로 접근하기 • 자신의 개인적 경험에 비추어 보아 친숙하고 유익한 사실들에서 시작 　하여 그것들로부터 추상적 개념과 원리를 뽑아내는 학습을 선호
직관 (Intuition)	• 영감 따르기 • 다양한 자료들을 탐색하기 • 새로운 자료를 통한 자기방식 찾기 • 세부 사항을 학습하기 전에 전체 밑그림을 그리기 원함 • 현재 기술을 갈고 닦기보다 새로운 기술 탐험하기
사고 (Thingking)	• 논리적으로 구조화된 주제 선호 • 체계적으로 조직화되어 있으며 정서적인 방해로부터 자유로운 교실 선호 • 분석할 흥미로운 문제 선호 • 혼란된 상황을 벗어날 수 있는 논리적인 질서와 자료에 대한 완전 정 　복을 선호
감정 (Feeling)	• 인간적인 관점에서 자신을 성찰할 수 있는 연구주제 선호 • 사람과 무관하거나 개별화된 활동보다는 인간관계를 통한 학습을 선호 • 따뜻하고 우호적 분위기의 교실 선호 • 타인이 청한 도움에 대해 조력하기를 선호
판단 (Judging)	• 계획되고 짜여진 일을 선호하고, 학습하는 과정이 꾸준하고 질서정연 　한 것을 선호 • 학습에서 고려해야 할 것이 무엇이고, 어떤 기준으로 평가가 이루어지 　는지 정확히 알고 싶어함 • 과제를 진지하게 받아들이고 끝까지 해내는 것을 선호
인식 (perceiving)	• 자발적으로 발생하는 호기심에 기초한 학습 선호 • 공부하고자 하는 충동적 에너지가 생길 때 공부하는 것을 선호 • 새로운 것을 발견할 수 있는 학습 선호 • 과제를 재미있게 하기 위해 새로운 공부방법을 시도

출처: 임효진 외, 2016, pp. 291-292.

② RIASEC

홀랜드 직업적 성격유형검사는 일과 관련된 다양한 장면에서의 개인의 성격
적 특성을 RIASEC(현실형, 탐구형, 예술형, 사회형, 진취형, 관습형)의 여섯 가지 유
형으로 구분하는데, 학습과정에서도 이러한 특성이 차이를 보일 수 있다(이동혁,

황매향, 2015). 다면적진로탐색검사의 생활양식 부분에 포함된 RIASEC 유형별
학습스타일의 특징을 살펴보면 〈표 10-3〉과 같다.

〈표 10-3〉 RIASEC 유형별 학습스타일

	MCI 결과표 코딩문	효과적 학습법	비효과적 학습법
R (현실형)	직접 손으로 만지거나 몸으로 무엇인가를 해 보면서 자연스럽게 새로운 것을 배우는 것이 효과적	• 실험하기를 비롯한 체험학습 • 배움이 있는 현장을 찾아가는 현장학습 • 배운 것을 몸이나 사물로 표현해 보기	• 다른 친구들과 함께 하는 스터디 • 가만히 책상에 앉아서 공부 • 책을 읽거나 설명만 들으면서 공부
I (탐구형)	어떤 원리를 먼저 학습하고 그 원리를 구체적인 사실에 적용해 보면서 익히는 방법으로 새로운 것을 배우는 것이 효과적	• 책을 읽으면서 원리가 무엇인지 생각하고 따져 보면서 내용을 파악 • 한 주제에 대한 깊이 있는 탐구 • 혼자 꾸준히 공부하는 시간의 확보 • "공부 자체가 재미있어"로 동기화하기	• 다른 친구들과 함께 하는 스터디 • 설명 없이 요약된 자료 무조건 암기하기 • 재미있기만 하고 배우는 게 분명하지 않은 수업
A (예술형)	지시에 따르기보다는 스스로 여러 가지 시도를 해 보고 나름의 방식으로 문제를 해결하면서 새로운 것을 배우는 것이 효과적	• 공부가 잘되는 나만의 방법 찾기 • 그림, 노래, 춤 등을 공부할 내용과 연결해 배우고 익히기 • 새로운 시도가 허용되는 분위기 • 다양한 매체를 활용한 학습	• 빈틈없이 짜여진 시간표 • 따라야 하는 지시가 많을 때 • 즐거움이 없는 공부 • 어른들의 잔소리
S (사회형)	혼자서 공부하기보다 친구들과 함께 공부하는 것을 선호하고, 서로 가르쳐 주고 배우면서 새로운 지식을 익히는 것이 효과적	• 교사나 강사와 좋은 관계 유지 • 같은 학급 친구와 좋은 관계 유지 • 다른 친구들과 함께 하는 스터디 • 도움을 주고받는 멘토링 프로그램	• 혼자 알아서 공부 • 다른 사람 신경 쓰지 말고 공부에만 몰두 • 자칫 친구들과 공부하면 놀기만 하고 공부는 못하게 되니 주의를 요함

E (진취형)	자신이 무엇을 배우고 싶은지 어떤 방법으로 배우고 활용할 것인지를 스스로 결정할 수 있을 때 학습효과가 높게 나타남	• "내 꿈을 위해 공부가 필요해"부터 답하기 • 스터디를 한다면 스터디장이 되기 • 치열하게 경쟁하는 분위기가 도움이 됨	• 아무런 목표의식 없이 공부만 하기 • 어른들이 시키는 대로 하기 • 눈에 보이는 성취가 없는 공부
C (관습형)	새로운 지식을 암기하기 쉽게 설명해 주고 요약된 자료를 제공하는 수업을 통해 가장 잘 학습할 수 있음	• 규칙적인 공부시간 • 공부한 내용을 자주 점검 • 잘 정리된 요약본 암기하기 • 나만의 노트필기와 쓰면서 공부 병행	• 혼자 알아서 공부 • 원리만 설명하고 나머지는 알아서 공부 • 뭐든지 해도 되는 허용과 자율 • 여러 매체를 활용한 공부는 오히려 산만

③ U&I

U&I 학습유형검사는 학습성격유형, 학습행동유형, 학습기술검사의 3개 하위 검사로 구성되어 있고, 이 가운데 학습성격유형이 성격별 학습스타일에 관한 정보를 제공해 준다. U&I 학습성격유형은 Keirsey와 Bates(1978)가 성격 차이에 관한 고전적 논의를 종합해 도출한 네 가지 기질론에서 출발한다. Keirsey의 기질론을 학습유형으로 개념화한 Golay(1982)는 실제적-자발적 학습자(Actual-Spontaneous Learner: 디오니소스형), 실제적-기계적 학습자(Actual-Routine Learner: 에피메테우스형), 개념적-구체적 학습자(Conceptual-Specific Learner: 프로메테우스형), 개념적-포괄적 학습자(Conceptual-Global Learner: 아폴로형) 등 네 가지 학습유형을 제시하였다.

Golay의 네 가지 학습유형은 다시 김만권, 한종철(2001)에 의해 각각 행동형, 규범형, 탐구형, 이상형으로 번역되는데, 그 내용은 〈표 10-4〉와 같다. 이 네 가지 유형과 함께 그 조합으로 구성되는 유형을 포함한 14가지 유형(행동형, 규범형, 탐구형, 이상형, 행동규범형, 행동탐구형, 행동이상형, 규범탐구형, 규범이상형, 탐구이상형, 행동규범탐구형, 행동규범이상형, 행동탐구이상형, 규범탐구이상형)[7]이 최종적으로 제시되고 있다(김만권, 2004).

───────────────

7) 14가지 유형의 특성은 연우심리개발원 홈페이지에서 확인할 수 있다.
   http://www.iyonwoo.com/unitest/info_psy.php?code=1

〈표 10-4〉 U&I 학습성격유형

학습성격유형	학습스타일
행동형	• '자유'가 기본 욕구 • 활동적이고 즉흥적이어서 계획성 부족 • 관습과 규칙, 통제나 지시, 반복을 싫어함 • 경쟁적, 모험적, 변화와 자극 추구 • 몸으로 직접 체험하거나 경험을 통해 성장 • 에너지를 충분히 발산할 수 있는 동적 활동 선호
규범형	• '책임'이 기본 욕구 • 신중하고 꼼꼼하고 성실하고 계획적임 • 매일 해야 할 일을 계획하고 실천함 • 자신의 행동을 되돌아보며 부족한 점을 반성 • 반복적 학습을 통해 성장 • 소극적이고 소심해 정적 활동 선호
탐구형	• '지식추구'가 기본 욕구 • 조용하고 말이 적고 호기심이 많음 • 생각이 깊고, 존재, 인과관계, 법칙 등에 관심 • 비사교적이고 대인관계 폭이 좁음 • 관심 있는 분야에만 몰입 • 정적이고 혼자 하는 활동 선호
이상형	• '인간성'이 기본 욕구 • 자신과 타인에 대한 배려와 이해심이 깊음 • 관계를 중시해 조화와 평화로운 상황을 선호 • 감정이 풍부, 감수성이 예민, 상처를 잘 받음 • 따뜻하고 친절하고 자신을 알아 주고 인정해 주는 상황에서 성장 • 정적이고 감성적인 활동 선호

출처: 연우심리개발원 홈페이지.

제11장
기대 부응 실패

"죄송합니다……."

자기 몸에 불을 질러 끝내 숨졌던 고2 규민[1]이 남긴 유서에는 별 단서가 없었다. 가족을 위해 장시간 화물차 운전을 하는 아버지, 우등생들만 따로 모아 공부시키는 학교기숙사에 아들 친구들이 먹을 야식까지 넉넉하게 준비해서 찾아오곤 했던 어머니, 이렇게 헌신적인 부모의 뒷바라지를 받아 온 착한 우등생이었다. 그런데 그는 모의고사 성적이 잘 나오지 않아 힘들어했다. 부모의 기대에 충족하지 못할까 두려워했다. 내신만 잘 나오는 멍청이라고 자기를 비하했고, "부모님이 해 주시는 것에 비해 나는 아무것도 하는 것이 없다"고 친구에게 토로했다.

그리고 "아버지, 기숙사에서 나오면 안 될까요?" 규민은 부모에게 이렇게 자신의 공부 스트레스를 간접적으로 표현했다. 대화를 하는 대신 아이를 다독거려 그날은 택시를 태워 보냈다. 그래서 학교기숙사에 잘 돌아갔을 줄 알았다. 그런데 규민은 중간에 내려 주유소에서 직접 휘발유를 샀고, 학교에서 멀지 않은 골목에서 자기 몸에 끼었고 불을 질렀다. 목격자가 불을 껐을 때는 이미 늦었다.

---

[1] 이 사례는 김희삼(2018)의 칼럼 「자녀교육과 부모교육」의 첫 문단에서 그대로 인용한 것으로 이후 사례 내용에 대한 언급을 위해 가명을 붙였다.

1. 기대 부응 실패의 의미

지금까지 학업상담에서 기대 부응 실패라는 용어를 사용하지 않았다. 다양한 실패 양상 중 누군가가 설정한 기대에 부응하지 못한 상태를 실패로 지각하는 경우에 대해 '기대 부응 실패'라는 이름을 붙여 본 것이다. 불합격이나 성적 하락과 달리 실패를 판단하는 기준이 누군가의 '기대'에 있는 것이다. 부응해야 하는 기대는 스스로가 설정한 기대일 수도 있고 부모를 비롯한 다른 사람으로부터 받는 기대일 수도 있다.

나의 기대　자신의 학업성취가 스스로의 기대에 미치지 못할 때 실패감을 맛보게 된다. 대부분 자신이 세운 기대 수준은 자신이 기울인 노력에 대한 성취 기대인 경우가 많고, 기대 부응 실패를 경험한 학생들은 노력한 만큼 성취를 이루어 내지 못했다고 지각한다. '이만큼 노력했으니 이 정도 성취를 하게 될 거야.'라는 기대가 좌절되는 것이다. 학업실패를 경험한 학생들 중 노력한 것에 비해 결과가 좋지 않아 마음의 상처가 컸다는 사례들이 여기에 해당한다. "걸어다니거나 차를 타면서도 공부하고 하루 종일 공부 생각만 하며 열심히 준비했는데 그어느 때보다 낮은 등급을 받았어요.", "공부도 열심히 했고 성적도 수행평가점수도 잘 받아서 1등급을 받아야 할 점수라고 생각했는데 3등급을 받았어요.", "고등학교 입시 실패로 재수를 하면서 1년간 공부를 했음에도 불구하고 원하고 목표했던 성적에 도달하지 못해 좌절했어요." 등이 그 예이다.

뿐만 아니라 타인과의 비교나 사회적 요구와 상관없이 스스로 완벽한 성취에 대한 기준을 가지고 있는 경우도 있다. '나라는 사람은 이 정도는 해야 해.', '모르는 게 있어서는 안 돼.'와 같은 생각을 가진 경우이다. 자신이 세운 기준에 미치지 못하면 여전히 실패인 것으로 지각하기 때문에 때로 다른 사람들이 보기에 아주 잘한 것도 실패로 규정한다. 예컨대, 두현은 계산 실수로 낮은 점수를 받게 되었을 때 자살충동을 느낄 정도로 힘들어하며 상담실을 찾았는데, 그 낮은 점수는 함께 수업을 듣고 있던 학생들 중 가장 높은 점수였다. 실수를 한 것이기 때문에 모두 알고 있으니까 괜찮다고 생각할 수도 있고, 점수는 낮아도 반에서 1등을 했으니까 괜찮다고 생각할 수도 있다. 그러나 두현은 그 이유에 상관없이 자신이 받은 낮은 점수는 실패이고, 실패자인 자신은 살아갈 가치가 없다고 생각하게 된 것이다.

부모의 기대   우리나라에서는 학생들에게 부담을 갖게 하는 기대로 부모의 기대가 가장 큰 부분을 차지한다. 부모의 높은 기대는 '높은 교육열', '치맛바람', '희생과 헌신' 등으로 미화되기도 하고 비하되기도 한다. 우리나라 학생들의 성취의식에 관한 한 연구결과에 따르면 가장 자랑스러운 성공 경험은 학업성취였고, 부모로부터의 칭찬과 격려와 같은 정서적 지원을 받은 것이 가장 도움이 되었다고 한다(박영신, 김의철, 탁수연, 2002). 부모의 기대 그리고 그에 부응하기 위한 노력의 결실로서의 학업성취가 선순환할 수 있다. 그러나 자녀의 학습행동이나 성취도 수준이 부모의 기대에 미치지 못할 경우, 부모와 자녀 모두 학업실패로 지각하게 되면서 더 이상 선순환을 할 수 없게 된다. 처음에는 선순환을 하다가 악순환으로 전환되기도 하는데 규민의 경우는 여기에 해당한다.

악순환은 많은 경우 부모가 실패로 판단하면서 출발한다. 자녀의 낮은 성적이 부모의 낮은 성적이 되어 스트레스로 작용하고, 부모는 자녀에게 더 심하게 '공부하라'는 압박을 가하게 된다. 이런 상황이 되면 자녀는 더 이상 부모가 공부를 위한 지원자가 아니라고 느껴지면서 더 열심히 하겠다고 다짐하기보다 반항하거나 자포자기해 버린다. 특히, 이른바 교육특구라고 하는 교육열이 높은 지역일수록 자녀의 성적이 그 지역 내, 아파트 내, 학교 내에서의 부모의 힘 또는 서열로 작용하는 경우가 많아 자녀가 부모의 권력욕의 희생양이 되어 버리는 경우가 있다.

자녀가 기대에 부응하지 못할 때 부모는 자녀를 더 잘할 수 있도록 위로하고 격려하면서 여러 가지 지원을 해야 하지만, 부모의 욕심이 앞서면 오히려 비난하거나 꾸짖거나 학대하는 경우가 생긴다. 우리나라 청소년들의 트라우마 경험을 수집한 연구에서 '성장과정에서의 신체적 처벌' 범주에 포함된 트라우마에 부모(또는 교사)의 학업적 기대에 부응하지 못한 사례가 포함되었다. 예컨대, "학업적인 이유로 아버지한테 심하게 체벌을 받았다"는 보고가 있었고, "시험을 못 봐서 50대 넘게 몽둥이로 선생님께 맞았다"고 보고된 사례도 있었다(서영석 외, 2012b, p. 798). 이러한 사례들은 학생이 해야 할 과업인 학업성취에 실패할 경우 어른들이 학생(자녀)을 때려서라도 공부를 시켜야 한다는 생각에 기인하여 행동했다고 볼 수 있다. 체벌만이 아니라 "이렇게 공부를 못하면 노숙자가 된다.", "또 이런 성적표를 받아 오면 너랑 나랑 같이 죽자." 등과 같은 심한 언어폭력이 가해지기도 한다. 나아가 생명을 위협받았다는 내담자들도 있는데 한강변에 가서 뛰어내리라고 하거나 아파트 베란다로 데려가 같이 죽자고 한 부모의 행동에 대한 보고가 상담실에서 종종 듣는 내담자들의 공통된 회상이다. 이러한 경험들은 내담자에게 심각한 트라우마로 남게 되고 이후에도 잘 극복되기 어렵다. 특히, 내담자가 어렸을 때나 이전의 공부를 잘하던 시기에는 좋은 관계가 유지되었기 때문에 이렇게 가학적인 부모의 행동에 더 당황하고 상처를 크게 받게 된다. 반면, 부모는 자녀가 잘되기를 바란다고 하면서 자녀를 학대하고 있는 것도 모른 채 높은 성취를 위한 채찍질을 가한다. 이런 맥락 속에서 학생들은 도대체 누구를 위해 공부를 하는 것인지도 알 수 없고 이런 부모가 두렵고 원망스럽기만 하다. 뿐만 아니라 오히려 이런 부모의 행동 때문에 불안이 높아져 공부에 더 집중하지 못하는 악순환을 겪게 되면서 학업실패가 반복된다.

지나치게 높은 기대   기대 부응 실패는 대부분 지나치게 높은 기대 때문에 발생하는 실패이다. 적절히 높은 기대나 목표는 동기로 작용해 학업성취도를 높이는 데 긍정적인 영향을 미치는 반면 지나치게 높은 기대는 불안을 야기하고 어느 정도 성취를 이룬 상태도 실패로 간주해 버리게 하면서 오히려 부적응을 초래한다.

높은 기대는 두 가지의 의미를 갖는데, 먼저 그 누구보다 높은 성취를 이루어야 한다는 의미의 높은 기대이다. 최상위권을 목표로 할 경우 '그 누구보다 앞서야 한다'는 기준으로 성공이 정의되기 때문에 그 목표에 도달하기 쉽지 않다. 한 학급에서 1명, 한 학년에서 1명, 전국에서 1명밖에 안 되는 위치에 도달해야 비로소 성공하는 것이다. 1등에서 조금 더 양보한 수준은 대입에서의 상위권 대학 또는 인기학과로의 진학이 가능한 성적에 도달하는 것이 성공이다. 이 역시 또래 중 상위 약 2%[2]에 해당하는 순위에 들어가야 가능하기 때문에 쉽지 않다. 상위권일수록 경쟁이 치열해 새롭게 상위권으로 진입하기 위해서는 엄청나게 많은 시간과 노력이 필요하고, 상위권에 진입했다고 해도 그 위치를 계속 유지하

---

2) 2021년 대학 지원자 수가 대략 53만여 명이고, 최상위 3개 대학 정원은 약 1만 명, 최고 인기학과인 의대 정원은 약 3천 명 정도인 것을 감안해 대략적으로 계산한 수치이다.

기 쉽지 않아 성공감보다는 실패감을 경험하기 쉽다. 따라서 기대 부응 실패를
경험한 학생들은 앞서 소개한 규민이나 아래의 정인처럼 우등생인 경우가 많다.

　　정인은 부모의 높은 기대로 어려움을 호소한 중학교 1학년 여학생이
다. 중학교에서 처음 치른 시험에서 전교 1등을 했지만 어머니는 칭찬
하지 않았다. 어머니는 "지방에서 1등은 의미가 없다. 전국에 너보다 잘
하는 애들이 얼마나 많은 줄 아냐."며 경고를 주었다. 이런 말을 들은 정
인은 얼마나 더 잘해야 하는지 모른 채 스스로를 실패자로 생각하게 되
었다. 열심히 노력해 다음번 시험에서는 한 문제를 틀리는 성과를 이루
었지만 어머니는 "너 여기서 1등에 안주하면 안 된다고 하지 않았니? 그
런데 이렇게 1개 틀리면 어떻게 하냐"라고 하면서 여전히 비난의 수위를
낮추지 않았다. 정인은 부모에게 매우 순종적인 아이로 그다음 시험부
터는 새벽 3~4시까지 공부하고도 불안하다고 울면서 상담자에게 전화
를 하기도 했다. 어머니의 말이 뇌리에 박혀 공부를 하려고 앉으면 계속
불안하고 스스로를 비난하게 되고 걱정이 커지는 악순환에서 벗어나지
못했다.

　높은 기대의 두 번째 의미는 자신이 지금 성취하고 있는 것에 비해 너무 높은
성취를 기대한다는 것을 내포한다. 현재 성취 수준에 비해 지나치게 높은 기대
역시 부모가 요구하는 경우가 많다. 우리나라에서는 한동안 부모의 기대가 하
향 조절되는 과정을 '취학 전까지 아인슈타인 우유를 먹이다가 서울우유 → 연
세우유 → 건국우유 → 삼육두유 → 저지방우유……로 점차 우유를 바꿔 간다'
는 우유 브랜드에 빗댄 유머가 유행한 적이 있다. 이 유머는 자녀의 성취 수준
을 보면서 부모 스스로 기대를 낮춰 간다는 것을 보여 주면서 우리나라 부모들
의 지나친 기대를 풍자한다. 많은 부모들의 공감을 얻었지만 실제 자녀들의 입
장에서는 어떻게 보일지 의문이다. 기대를 낮추는 것은 적응적이고 서로 긍정
적 상호작용을 하는 것으로 보이지만, 기대를 낮추는 단계마다 자녀는 실패감을
맛보았을 것이다. '내가 이 정도로 낮췄는데 거기에도 못 미친다는건가?'라는 부
모의 심정과 '나는 나름 열심히 하는데 왜 안 될까?'라는 자녀의 심정이 소통되
지 못한다는 점에서 갈등이 발생하게 된다. 따라서 기대의 수준이 어느 수준이

든 현재의 성취 수준에서 도달하기 어렵다면 지나치게 높은 기대라고 정의할 수 있을 것이다.

2. 기대 부응 실패의 문제 양상

기대 부응에 실패한 내담자들은 실패회피동기가 높고 성적이나 성취를 타인으로부터 인정을 받기 위한 수단으로 여기는 경우가 많다. 특히 부모와의 관계에서 이런 부분이 부각되어, 부모에게 미안한 마음 때문에 무리하게 공부를 하거나 부모에게 반항하기 위해 공부를 하지 않는 모습을 보이기도 한다.

높은 실패회피동기   기대 부응 실패 내담자들은 최고의 성공을 추구하는 것처럼 보이지만, 실제는 성공추구보다 실패회피에 초점을 두면서 자신의 학업에서 성취를 이루어 온 경우가 많다. 이들만이 아니라 많은 우리나라 학생들이 성공을 위해서가 아니라 실패를 하지 않기 위해 공부하고 있다. 성취를 이루기 위해 공부하는 것이 아니라 실패하지 않기 위해 공부하는 실패회피동기는 지금까지 자신의 높은 성적을 이루어 내는 데 효과적이었기 때문에 그 부분에서는 문제를 느끼지 못한다. 그러나 높은 실패회피동기를 가진 학생들은 높은 성취를 이루고 있는 가운데에서도 항상 불안해하고, 성공하지 못할 과제에 아예 도전하지 않는다. 지금까지 실패를 해 본 적이 없는데, 가장 큰 이유는 실패할 만한 과제에는 도전하지 않았기 때문이다. 따라서 실패한 과제에서도 성공을 할 것이라고 기대하고 있었고, 그렇기 때문에 실패를 경험하게 될 때 더 큰 마음의 상처를 입게 된다. 실패라는 것을 해 본 적이 없기 때문에 그것을 어떻게 감당해야 할지 모른다. 뿐만 아니라 지금까지 나름대로 성공과 실패를 스스로 통제할 수 있다고 생각했는데 그 통제감마저 상실하게 되니 더욱 충격과 혼란이 크다.

그리고 이런 기대 부응 실패 내담자들 중에는 최상위권을 유지해 왔던 경우가 적지 않다. 이런 내담자들은 '1등(또는 100점)이 아니면 끝이다'라는 재앙적 사고(Beck의 역기능적 사고 중 하나)에까지 이르고 있는 경우도 있다. 전교 1등을 하면서도 1등의 기쁨을 만끽해 본 적이 없고, '1등을 빼앗기면 어쩌나.', '영어에서는 1등급을 못 받았기 때문에 1등 해도 소용없어.', '다른 학교 1등은 나보다 공부를 잘할 거야.' 등의 불안에 가득 차 있다. 그리고 이런 불안이 검증이라도 되듯 전교 1등에서 밀리거나 모의고사 성적표에서 1등급이 아닌 한 과목의 성적을 확인하면서 강한 실패감을 느낀다. 특목고에 진학해 첫 시험을 망치고 나서 '이젠 서울대를 못 가게 되었으니 내 인생은 끝난 거야.'라고 하면서 공부를 아예 손에서 놔 버리는 학생들도 적지 않다. 즉, 이런 내담자들이 경험한 실패감의 배경에는 지금까지의 실패회피동기에서 비롯된 높은 불안이 자리 잡고 있다는 점이 다른 실패와 다른 점이다.

더 이상 인정받을 수 없음　　기대 부응 실패를 경험한 내담자들을 만나 보면 공부가 타인의 인정을 받는 수단이 되어 버렸기 때문에 그 실패를 더 견디기 어려워하는 경우가 많다. 기대 부응 실패 내담자 중 어릴 때부터 학업성취도가 높았던 내담자가 특히 그렇다. 어릴 때부터 '공부를 잘하는 아이'로 자라면서 '나는 공부를 잘하기 때문에 괜찮은 사람'이라는 지나친 환원주의(Ellis의 비합리적 신념)에 빠져 있거나, 자아정체감의 내용이 '공부를 잘하는 사람', '똑똑한 사람', '천재' 등 학업적 영역에 편중되어 있는 경우이다. 높은 성적을 받으면 나도 기분이 좋고 부모도 기뻐하고 더 훌륭한 딸 또는 아들이 되었다는 기분이 드는 것은 자연스러운 일이다. 자신 스스로도 공부를 잘하는 자신이 좋고, 부모를 비롯한 타인들도 계속 공부를 잘하는 면에 대해 긍정적 피드백을 주었다. 이런 과정이 성장과정에 반복되면서, 모르는 사이 성적이 바로 자신의 가치가 되고 공부가 타인에게 인정받는 수단이 되어 버린다. 그리고 '나는 공부밖에 잘하는 게 없는 사람이다.', '공부를 잘해야 부모(또는 다른 사람들)의 인정을 받을 수 있다.'와 같은 생각이 확고해지면 어려움이 발생한다. 성적이 높으면 기분도 좋고 칭찬도 받게 되지만, 낮은 성적을 받으면 어떻게 될지 상상할 수 없다. 학년이 올라갈수록 학습량이 늘어나고 경쟁이 치열해지면서 높은 성적을 꾸준히 유지하는 것은 점점 어려워지고 성적은 오르내리기 시작한다. 이런 상황을 학업실패로 생각하게 되면서, 이 상태를 극복하고 더 나아지겠다고 생각하기보다는 자신이 누구인지 혼란스럽고 모든 사람들이 자신을 손가락질하는 것처럼 느끼게 된다.

부모에게 미안한 마음　　부모로부터 인정받지 못하는 것이 불안한 요소는 아니지만 부모의 기대에 부응하지 못하는 것이 미안하다는 내담자들도 있다. 부모의 높은 기대는 어떤 상황에서든 자녀에게 부담을 주게 된다. 항상 지지적으로 자녀의 공부를 위해 모든 희생을 감내하는 경우라면 부모의 기대에 대해 불만을 느끼기보다는 오히려 어떻게든 부모의 기대에 부응하고자 하는 마음이 커진다. 그래서 열심히 해 나가지만 기대에 부응하는 수준까지는 도달하기 어려울 수 있다. 이때 느끼는 학업실패는 부모를 실망시킨 자신의 모습 자체가 트라우마가 된다. 특히, 부모가 어린 시절부터 "난 너 때문에 산다.", "우리한테는 네가 삶의 희망이다.", "나는 일하고 힘들어도 너 이렇게 잘해 주는 것이 유일하게 기쁨이다." 등의 말을 들어 온 경우는 더욱 그렇다.

기대에 못 미치는 결과를 받는 순간, '나만 바라보고 계신데 많이 실망하실 거야.', '그래도 힘내라고 하겠지만 난 이제 너는 안 되는데 어떻게 얘기해야 하나.', '괜찮다고 하면서도 한심하게 생각하시겠지.' 등의 생각을 자동적으로 하게 된다. 앞서 제시한 규민의 사례가 여기에 해당한다. 규민의 아버지는 장시간 노동 강도가 높은 일을 하면서 가족을 부양하고 있었고, 어머니는 친구들 먹을 간식까지 챙겨 기숙사를 자주 방문하는 등 헌신적이었지만, 그것이 오히려 규민에게는 부담이 되었다. 안타까운 일이지만 규민은 자살이라는 극단적인 행동을 선택했다. 규민만이 아니라 성적이 최상위권이던 학생들이 가장 중요한 시험을 앞두거나 단 한 번의 성적 하락을 확인했을 때 자살을 선택하는 경우가 있다. 공부문제가 자살의 원인이 된 청소년 자살의 거의 모든 사례가 최상위권 학생들이다. 이런 학생들의 자살동기를 살펴보면, 최고의 성적이 아니면 부모를 비롯한 다른 사람들로부터 인정받을 수 없다고 생각했기 때문이기도 하지만 규민처럼 부모님께 너무 미안한 마음이 큰 경우도 많다. 어느 경우이든 극단적 선택을 하는 가장 큰 이유는 더 이상 기대에 부응할 자신이 없기 때문이다. 지금 자신은 최선을 다하고 있는데, 사람들의 기대는 자신이 최선을 다해 이룰 수 있는 것보다 높아서 부응하기 어렵다. 그들의 기대에 부응할 수도 없고, 부응하지 못하는 상황을 버텨 낼 자신도 없기 때문에 극단적 선택을 하는 것이다. 실제 얼마나 실망할지 얼마나 미안해하는 것이 현실적으로 맞는 수준인지에 대한 검증도 하지 않은 채 스스로 그렇게 판단해 버리고 만다.

부모에 대한 반항　　기대 부응 실패의 원인이 공부를 하지 않은 것에 있는 경우는 대부분 공부를 하지 않는 것으로 부모에게 수동-공격적으로 반항하고 있는 경우이다. 부모가 높은 기대를 지나치게 자녀에게 강요하면 부모에 대한 반항심이 커지게 된다. 부모는 공부를 하지 않는다는 이유로 또는 성적이 낮다는 이유로 자녀를 굶기거나 쫓아내거나 때리는 등 학대에 가까운 행동을 하기도 하고 자녀에게 그러다가 노숙자가 되고 만다거나 같이 죽자는 등 협박을 하기도 한다. 이렇게 행동하는 부모들은 대부분 두려움과 불안을 조성하는 것이 동기를 높여 공부를 하게 할 것이라고 생각하지만 효과는 그 반대다. 이런 경험을 했던 내담자들은 자신이 왜 부모를 위해 공부해야 하는지 알 수 없다거나 자신은 부모의 화풀이 대상에 지나지 않는다고 보고한다. '너 잘되기를 바라서 내가 악역을 맡아 주는 것'이라는 부모의 입장 표명과는 반대로 부모에 대한 반감만 커지는 것이다. 공부 또는 성적을 놓고 발생하는 부모와 자녀의 갈등은 전반적인 부모−자녀 관계 악화로 발전하게 되고, 이로 인해 학업을 비롯한 모든 적응에서 문제를 일으키게 된다.

부모에게 반항하기 위해 공부 자체를 하지 않는 경우가 대표적이다. 공부가 나에게 필요한가라는 고려를 하지 않은 채 공부를 하는 것은 내가 싫어하는 부모가 좋아하는 일이기 때문에 하지 않는 것이다. 부모와 앞에 전면적으로 나서 공부를 하기 싫다거나 공부를 왜 해야 하는지 모르겠다고 반항하는 것이 아니라, 조용히 공부를 하는 척하면서 딴짓으로 시간을 보내는 수동−공격적 모습을 보인다. 학원에 간다고 하면서 PC방에 가고, 도서관에 간다고 하면서 친구들을 만나고, 공부한다고 책상에 앉아 스마트폰만 한다. 이런 사례가 상담실을 찾는 경우는 부모가 성적 향상을 위해 억지로 상담실에 데리고 오는 경우로 대표적인 비자발적 내담자들이다. 일반적인 비자발적인 내담자와의 상담에서와 마찬가지로 상담에서 핵심 문제를 찾고 개입에 들어가는 데까지 다소 시간이 소요될 수 있다는 점이 상담자에게는 어려움이 될 수 있다. 부모에 대한 반항에만 마음이 쏠려 자신이 공부를 하지 않는 이유를 스스로 알아차리지 못하고 있는 경우가 많기 때문이다. 지효는 공부를 하지 않으면서 부모에게 반항하고 있었던 사례로 부모에게 반항하기 위해 공부를 하지 않는 자신의 행동에 대한 통찰을 얻는 데 많은 시간이 걸렸다.

　　공부는 많이 하는데 성적이 오르지 않는 이유가 공부방법에 문제가
　　있다고 판단한 어머니가 지효를 상담에 데리고 왔다. 어머니의 보고에

따르면 지효는 어릴 때부터 공부를 잘하는 착한 딸이었는데 고등학교에 올라오면서 성적이 조금씩 떨어지기 시작했다고 했다. 상담 초기 지효는 성적이 떨어진 것은 공부를 안 했기 때문이고 자신은 디자인 쪽으로 진로를 생각하고 있어 공부에는 관심이 없다고 했다. 상담자는 지효의 이런 호소문제에 따라 진로에 초점을 두고 상담을 진행했다. 그러나 상담은 별로 진전을 보이지 않았고, 상담목표 재설정을 위해 가장 다루고 싶은 문제가 무엇인지부터 다시 탐색하는 단계로 돌아갔다. 상담자는 2회기 정도 충분히 듣는 것에 초점을 두고 지효가 무슨 이야기를 해도 더 깊이 탐색하거나 개입하지 않았다. 지효는 일상적인 불평을 털어놓았고 그 이야기에 가장 많이 등장하는 인물은 어머니였다. 어머니와의 관계에 초점을 두고 더 깊은 탐색에 들어가면서 지효는 "엄마 잔소리가 싫어서 공부했는데 이젠 그게 벅차다", "내가 성적이 좋아지면 엄마만 좋아할 거다", "엄마의 감시 속에 공부하는 로봇처럼 살았다", "공부 안 하는 것 말고는 내가 할 수 있는 게 없다" 등의 이야기를 쏟아내기 시작했다. "엄마 때문에 공부하기 싫은 거구나."라는 상담자의 간단한 해석에서부터 상담은 큰 진전을 이어 가게 되었다.

3. 상담에서의 선택과 집중

기대 부응에 실패한 내담자와의 상담에서는 그들이 경험한 실패감에 깊이 공감하는 것이 가장 중요하다. 이 부분이 강조되는 이유는 기대 부응에 실패한 내담자의 실제 성적이 상당히 높을 수 있어, 자칫 겉으로 보기에 실패로 보이지 않을 수 있기 때문에 상담자는 공감하기 위해 더욱 노력을 기울여야 한다. 그리고 대부분의 경우는 부모와의 관계와 관련된 경우가 많으므로 부모와의 갈등 그리고 그 결과 경험하는 정서적 어려움의 해소도 필요하다. 나아가 자신이 지각한 부모의 기대에 대한 재해석을 하고 스스로의 목표를 세울 수 있도록 내담자의 자율성을 지지하는 것이 중요하다.

실패감에 공감하기   내담자가 매우 높은 성취를 이루고 있음에도 불구하고 실패라고 규정하는 경우가 많다. 두현은 어떤 과목에서 계산 실수로 낮은 점수를 받게 되었을 때 자살충동을 느낄 정도로 힘들었다고 했는데, 그 낮은 점수는 수강생 중 가장 높은 점수였다. 두현을 만난 상담자는 '그래도 1등을 한 점수니까 잘한 건데.'라는 생각이 가장 먼저 떠오르면서, 논박에 나서기 쉬울 것이다. 실패라고 생각하지만 여전히 높은 수준의 성취라는 것을 인정하는 것이 현실에 대한 보다 정확한 지각이고, 두현과 같은 잘못된 지각이 어려움의 원인이기 때문이다. 그러나 상담자는 두현의 시험결과가 실패가 아니라 성공이라고 달리 규정할 수 있도록 돕는 것에 앞서 실패감에 공감하는 것에서 출발하는 것이 좋다. 부모를 비롯해 다른 사람들로부터 이미, "더 잘하지 않아도 된다.", "이 정도면 충분하다.", "너무 힘들면 목표를 낮추자."라는 말을 들었지만 아무 소용이 없었기 때문에 상담자를 찾았을 가능성이 높기 때문이다.

두현은 자살충동을 느낄 정도로 힘들었다고 호소하고 있다. '낮은 점수지만 그 점수는 1등이라서 성공한 것이다.'에 초점을 두기보다 '자살충동을 느낄 정도로 힘들었다.'에 초점을 둔 접근을 해야 한다. 계산 실수의 과정이 어땠는지, 시험결과를 알았을 때 어땠는지, 그 당시와 지금 생각이나 기분이 달라진 게 있는지, 어떤 부분이 달라졌는지, 그 이전에도 이런 경험이 있었는지, 상담에 올 때까지 어떤 생각을 해 보았는지, 주변 사람들과는 어떤 이야기를 나누어 보았는지, 자살충동을 어떻게 참았는지 등 두현의 실패감에 초점을 두고 여러 가지 내·외적 경험을 탐색하면서 공감하기 위해 노력할 수 있을 것이다.

내담자에게 공감하기 어렵다면 가능한 한 내담자의 이야기를 많이 들으면서 공감에 집중하는 것이 필요하다. '그렇게 생각할 필요는 없지 않나?', '난 그 정도도 못하는데.', '스스로를 왜 이렇게 힘들게 하는 거지.'라는 생각이 든다면 상담자는 공감을 방해하는 딴생각에 사로잡혀 있는 것이다. 문제의 원인이 무엇인지 또는 어떻게 도울 것인지에 앞서 내담자의 마음을 충분히 공감하는 것이 필요하다. 내담자만이 독특하게 느끼고 있는 실패감을 상담자조차 공감하기 어렵다면, 상담자가 생각하는 바와 같은 이유로 인해 다른 사람들로부터 공감받지 못했을 가능성이 높다. 누구와도 자신의 실패감에 대해 마음껏 이야기해 볼 기회가 없었을 것이다. 많은 사람이 "잘하면서 왜?", "엄살 좀 그만 부리고.", "잘난 척하기는.", "괜찮아, 괜찮아."라는 말로 무마해 버렸을 것이다. 두현의 시험지를 채점한 조교도 "교수님이 워낙 시험문제를 어렵게 내시는 스타일이야. 이 정도면 최고야. 걱정하지 마."라고 얘기했다고 한다. 하지만 이런 이야기는 별로 도움이 되지 않았기 때문에 상담을 찾은 것이다. 자신의 실패감을 이해하지 못하는 다른 사람들의 이야기를 들을 때 어땠는지, 자신에게 어떤 의미가 되는지, 어떤 말을 듣고 싶었는지 등의 탐색을 통해 내담자 스스로 억누르고 있는 자신의 감정을 알아차릴 수 있도록 도와야 한다. 이런 탐색과정을 통해 상담자는 내담자에게 보다 깊은 공감을 하게 되면, 어떻게 실패감을 극복할 수 있을지의 길도 내담자 스스로 찾기 시작할 것이다. 상담자가 굳이 논박하지 않아도 적응에 더 도움이 되는 생각이 무엇인지, 현실적인 성공과 이상적인 성공 사이의 간극이 무엇인지, 자신은 어떤 상태인지에 대해 내담자가 먼저 이야기할 수 있게 된다.

부모와의 일상적 갈등 다루기　기대 부응 실패 내담자들 중에는 부모의 지나친 기대, 그로 인한 폭력에 가까운 부모의 행동, 트라우마, 반항 등 부모와의 갈등을 심하게 경험하고 있는 경우도 적지 않다. 부모와의 갈등은 거의 모든 상담에서 다루고 있는 문제이고, 학업상담에서도 반드시 다루어야 할 영역으로 여겨진다. 이러한 일반적인 부모와의 갈등을 다루는 개입과 더불어 기대 부응 실패 내담자들이 경험하고 있는 부모와의 갈등을 다룰 때 더 초점을 두어야 할 부분이 있다. 먼저 부모로부터 폭력을 당한 경험이 있는 경우 부모가 준 상처에 대한 재경험에 초점을 두어야 하는데, 상담 초기부터 내담자가 이런 이야기를 꺼내는 경우는 거의 없다. 학업실패를 다루기 원하기 때문에 자신의 이야기에 더 몰입되어 있는 경우가 많고, 부모의 가혹 행위가 있었다고 해도 자신이 좋은 성적을 내지 못한 것에 대해 주어진 타당한 벌이라고 생각하기 쉽기 때문이다. 뿐만 아니라 부모를 탓하는 것은 자신의 치부를 드러내는 것이라고 여기고 부모에 대한 이야기를 잘 하지 않으려는 내담자도 있다.

따라서 대안은 일상에서 발생하는 부모와의 갈등에 초점을 두고 접근하는 것이다. 부모의 지나친 기대와 압력이 기대 부응 실패의 원인이 된 경우 일상생활 속에서도 공부와 관련된 다툼이나 갈등이 흔히 일어난다. 과거의 큰 상처를 찾기 위해 따로 노력하지 않아도 일상 속 이야기를 통해 자연스럽게 미해결 과제에 도달할 수 있다. 다음은 정인과의 상담에서 자신을 가장 가슴 아프게 했던 어머니의 말을 떠올렸던 과정을 재현해 본 것이다. 정인과 같이 일상생활 속에서 공부문제로 부모와 충돌하는 에피소드가 많기 때문에 이렇게 출발할 수 있다.

상담자: 눈이 좀 부었네요?

내담자: 어제 많이 울어서 그런가 봐요.

상담자: 어떤 일이 있었어요?

내담자: 엄마가 은희는 밥 먹는 시간도 아깝다고 샌드위치 먹으면서 공
　　　　부한다고 하는 거예요.

상담자: 은희는 엄마 친구 딸이죠?

내담자: 어릴 때부터 같이 유치원도 다니고.

상담자: 뭘 하고 있었길래 어머니가 그런 얘기를 했어요?

내담자: 밥 먹고 TV 좀 본다고 그러시는 거예요.

상담자: 그 말 때문에 울었어요?

내담자: 꼭 그런 건 아니고요. 사실 저도 놀 형편은 아니죠.

상담자: 그럼?

내담자: 공부하려고 제 방으로 들어왔어요. 그런데 눈물이 나더라고요.

상담자: 이런.

내담자: 지난번 전교 1등 했을 때 엄마가 그랬어요. "지방에서 1등은 의
　　　　미가 없다. 전국에 너보다 잘하는 얘들이 얼마나 많은 줄 아냐."
　　　　면서. 그 말만 떠올리면 저도 모르게 눈물이 나요.

일상생활 속에서의 갈등에 초점을 두어야 하는 또 다른 이유는 갈등하는 부모와 매일 살아가야 하기 때문이다. 과거의 상처와 갈등에 대한 탐색과 통찰이 있다고 하더라도 현재의 일상에서 부모와 편안한 관계를 유지하지 못한다면 내담자의 입장에서는 별다른 의미가 없을 수 있다. 최종적으로 해결해야 할 문제는 현재 겪고 있는 갈등을 해결하는 것이고, 이를 위해 일상 속에서 겪는 갈등 상황들에 어떻게 대처할 것인지에 대해 상담에서 다루어야 한다.

부모에 대한 분노 표출　　부모의 기대가 지나치게 강요될 경우 자녀들은 부모를 향한 분노를 키워 가게 된다. 겉으로 순응하는 것처럼 보이지만 계속 부모의 기대를 좌절시키고, 부모의 강요가 더 심해지면서 폭력적 행동까지 치닫게 된다. 또는 두려움에 저항은 하지 못한 채 꾹 참고 공부를 하거나 공부를 하는 척만 하는 식의 반항행동을 할 뿐이다. 상담자는 이들이 가진 부모를 향한 분노를 다루

어야 한다. 가능한 안전한 환경을 만들어 자신의 분노를 표출할 수 있게 도와주어야 한다. 정서의 타당성에 대한 점검이나 부모의 입장에 대한 객관적 이해는 분노의 카타르시스가 어느 정도 진행된 다음 시작하는 것이 좋다. 이런 내담자들은 부모가 자신에게 강요하는 공부가 부당하다고 느끼거나 자신의 자유가 심하게 구속당하고 있다고 느낄 수 있다. 자신이 원하는 것과 부모가 원하는 것이 다르다는 식으로 자신이 처한 상황을 지각하지만 실제 원하는 것이 반드시 다른 것만은 아니다. 힘이 약해 표출하지 못하던 분노를 상담시간에 안전하게 표출하고 나면 조금은 객관적으로 상황을 볼 수 있는 마음의 상태가 되는 경우가 많다. 분노 표출이라고 해서 반드시 폭력적이거나 과격하지는 않을 것이다. 기대 부응 실패 내담자들의 경우 짜증의 형태나 하소연의 형태로 표출되는 경우가 더 많은데, 경청과 감정 반영을 충실히 하면서 회기를 이끌어 가는 것이 도움이 된다. 감정의 카타르시스 회기를 통해 내담자는 후련함을 느끼고 자신의 감정에 대해 인정받는 경험을 하지만, 한편 자신이 가지고 있던 감정이나 감정을 표현한 모습 자체를 수용하기 어려워하는 측면도 있다. 따라서 부모에 대한 분노표현 이후, 그 과정에서 어떤 경험을 했는지, 그런 자신의 모습이 어떻게 보이는지, 지금 기분은 어떤지 등을 다루어 나가야 한다. 나아가 오늘 집에 돌아가서 어머니, 아버지 또는 다른 가족을 마주하면 어떨 것 같은지, 어떻게 대하고 싶은지, 어떤 걱정이 되는지 등에 대해서도 이야기한다.

한편, 이와 같이 부모에 대한 반항심을 갖는 내담자의 경우 스스로 상담을 찾는 경우가 드물고 지효처럼 부모의 의해 상담을 오는 경우가 많다는 점도 염두에 두어야 한다. 상담도 부모가 시키는 일로 공부처럼 하기 싫은 일 중 하나로 여겨지기 때문에 비협조적인 경우가 많다. 즉, 상담 초기에 부모에 대한 불만이나 분노가 표출되지 않는다는 점에서 상담자에게 또 다른 도전이 된다. 비록 부모의 의뢰를 받아 시작된 상담이지만 내담자가 원하는 것이 무엇인지에 초점을 맞추는 것이 필요하다. 지효도 부모에 대한 불만을 토로하고 쌓인 분노를 표출할 때까지 많은 회기가 소요되었다.

기대에 대한 재해석   스스로가 부과한 기대이든 부모가 부과한 기대이든 성취를 촉진하지 못하고 오히려 불안을 조장한다면 기대에 대한 재해석과 조정이 필요할 것이다. 기대는 어디에서 온 것인지, 누구를 위한 것인지, 기대의 수준이 적절한지 등을 내담자와 함께 점검해 보아야 한다.

① 기대의 원천 탐색

누가 누구에게 어떤 기대를 가지고 있는가를 명료화해야 한다. 내담자가 높은 성적을 통해 부응하고자 하는 기대는 스스로에게서 비롯되기도 하고 부모의 강요에 의해 설정되기도 한다. 그러나 대부분의 경우는 그 경계가 모호하다. 내가 원하는 것인지, 부모가 원하는 것인지, 내가 기대에 부응하다 보니 부모의 기대도 높아진 것인지, 부모의 기대가 어느새 내 것으로 내사되어 버린 것인지 분명하지 않게 혼재되어 있다. 공부를 잘하고, 공부를 통해 부모와 다른 사람으로부터 칭찬 받으면서 더 열심히 하게 되고, 자신은 공부를 잘하는 사람이라는 정체감을 갖게 되고, 점점 더 높은 성취를 스스로도 부모도 기대하게 되어 높은 기대가 형성된 것이다. 그 기대에 부응할 수 있을 때는 큰 어려움이 없었지만, 높아지는 기대에 부응하기 힘들어지면서 상담에 오게 된다.

앞서 소개한 규민이 겪었던 어려움도 마찬가지일 것으로 예상되는데, 비록 규민은 자살이라는 극단적인 선택을 했지만 규민을 상담에서 어떻게 도울 수 있었을지 생각해 볼 수 있다. 규민은 부모의 헌신에 비해 자신의 모의고사 성적이 그에 미치지 못한다고 생각했고, 더 나아지기 위해 노력할 자신도 없었던 것 같다. 규민의 어려움을 이해하기 위해 규민을 둘러싼 맥락을 살펴볼 필요가 있다. 먼저, 규민은 부모의 기대가 부담스럽기는 했지만 부모의 헌신에 보답하고 싶은 마음이 컸을 것이다. 고생하는 부모님을 기쁘게 해드리고 싶은 마음은 어릴 때부터 계속 가지고 있던 마음일 수 있다. 그리고 그런 자신을 자랑스럽게 여기면서 조금은 편하고 게을러지려고 할 때마다 마음을 다잡았을 것이다. 그러나 우등생만으로 구성된 학교기숙사 생활에서의 압박감은 생각보다 컸던 것이다. 부모의 기대만이 아니라 학교의 기대까지 받고 있는데, 함께 생활하는 친구들이 모두 경쟁자다. 나보다 공부를 잘하는 친구들만 보이고 점점 자신이 없어지면서 어찌할 바를 몰랐던 것은 아닐까?

규민 같은 내담자를 만난다면, 공부에 대해 어떤 기대를 가지고 있고 그 기대는 어떻게 형성되었는지 과정부터 탐색하는 것이 필요하다. 당장의 시험결과에서 벗어나 궁극적으로 어떤 삶을 살기를 원하는지, 부모가 궁극적으로 바라는 것이 무엇인지, 부모의 기대와 나의 기대는 어떤 점에서 비슷하고 어떤 점에서 다른지, 내가 원하는 삶과 기대는 어떻게 관련되는지 등에 대한 이야기를 충분히 하면서 자신이 세운 높은 기대의 의미를 되새겨 보아야 한다.

② 기대 지각 검토

부모의 기대에 대해서는 내담자의 지각에만 의존하지 말고 부모의 이야기를 직접 들어 보아야 한다. 부모와 함께 만나는 가족상담 회기를 진행하거나 기대에 대해 부모와 이야기하는 과제를 통해 가능할 것이다. 예를 들면, 지수는 다음과 같이 상담을 통해 부모의 기대를 제대로 알게 되었다.

> 지수는 고등학교에 와서 처음 본 모의고사 성적을 보고 부모의 높은 기대에 부응하지 못할 것 같아 불안해하면서 상담을 찾았다. 부모의 기대에 대한 지수의 지각이 분명하지 않아 부모와 함께 하는 가족상담 회기를 제안했다. 가족상담 회기에서 지수의 부모는 높은 기대를 가지고 있지 않았고, 한 번도 그런 기대가 있다고 얘기한 적도 없다고 했다. 지수의 부모는 그 상담 회기를 통해 지수가 부담감을 가지고 있고, 그 이유가 부모의 높은 학벌과 높은 사회적 지위 때문인 것을 처음 알게 되었다. 지수도 부모가 높은 기대를 가지고 있는 것이 아니라, 부모가 이미 이룬 성취 수준이 지수에게 기대로 지각되고 있음을 알아차릴 수 있었다.

③ 기대 수준의 현실성 검증

무엇을 기대하는가에 해당하는 기대 수준에 대한 점검이 필요하다. 많은 경우 높은 기대를 가지고 있었기 때문에 실패를 경험하게 된다. '기대가 크면 실망이 크다.'라는 말이 있듯이 실패의 원인 중에는 목표를 너무 높게 설정한 것이 큰 비중을 차지한다. 우리나라 학생들이 가장 많이 경험하는 기대 실패는 자신이 노력한 만큼 성취하지 못했을 때라는 연구결과가 있다(이상민, 안성희, 2014). 그러므로 얼마나 노력했고, 얼마나 기대했었는지에 대한 이야기를 들어 보아야 한다. 그리고 그 내용에서 노력과 기대의 인과관계에 대한 이해가 얼마나 합리적인지 판단해야 한다. 이를 위해 무엇을 위해 얼마나 노력했는지 구체화하고, 그만큼 노력하면 그만큼의 성취를 이룰 수 있다고 기대한 근거를 찾아본다. 이 부분이 명료하지 않다면 내담자가 보다 합리적인 기대를 할 수 있도록 도와야 한다. 뿐만 아니라 내담자가 기대하는 노력 대비 성취 수준이 얼마나 타당한 기대인지 객관적으로 평가할 수 있어야 한다. 이를 위해 상담자에게는 노력과 성취 수준의 관계에 대한 객관적 안목이 필요할 것이다.

자율성 지지　　부모와의 관계와 관련해 중요하게 다루어야 할 부분은 자율성 부분이다. 부모를 위해 공부하는 게 싫다고 하는 지효와 같이 부모에게 반항하는 마음이 큰 경우나 어떤 이유이든 낮은 점수는 견딜 수 없다고 하는 두현과 같이 자기 기준에 집착하는 경우는, 자신이 궁극적으로 원하는 것이 무엇인지에 초점을 둘 수 있도록 도와야 한다. 뿐만 아니라 높은 성적만이 다른 사람의 인정을 받을 수 있는 수단이 되어 '인정받고 싶다, 그래서 공부한다.'라는 공식에 얽매여 있는 경우도 마찬가지로 자기결정성(자율성) 회복에 초점을 두어야 하는 사례이다. 관계에서의 자율성은 비교적 생애 초기에 형성되는데, Erikson(1968)의 발달이론에 따르면 자율성은 언어 습득이 활발한 만 2~3세 시기 발달적 위기를 잘 수행했을 때 습득된다. 반대로 이 시기 발달적 위기를 극복하지 못하면 수치심을 형성하게 된다. 이렇게 생애 초기 습득되는 개인의 성격적 특성은 쉽게 변화하기 어렵기 때문에 상담자는 많은 시간이 소요될 수 있음을 예상해야 한다. 그리고 학업성취에서의 자기결정성만이 아니라 전반적인 삶에서의 자율성 회복에 초점을 두어 접근하는 것이 필요하다.

　① 자율성 지지 환경 제공

　상담을 통해 자율성을 회복할 수 있도록 돕기 위해서는 상담과정 자체가 자율성을 지지하는 환경으로 제공되어 상담을 통해 자연스럽게 자율성 발휘를 실천할 수 있어야 한다. Ryan과 Deci(2008)는 경험적 연구결과에 근거하여 대인관계에서 상대방의 자율성을 지지하는 행동으로 개인의 관점을 이해하고 인정해 주는 것, 무조건적 존중을 제공하는 것, 선택을 지지하는 것, 압력과 통제를 최소화하는 것, 제안이나 요청을 할 때 합리적 이유를 설명하는 것 등을 제안하고 있다. Ryan과 Deci는 이러한 자율성 지지 환경을 조성할 뿐만 아니라 상담에서는 내담자의 내적 참조체제(internal frame of reference)를 이해하고 타당화하는 것이 중요하다는 점을 지적하고 있다. 내담자가 가진 가치와 행동을 지지할 뿐만 아니라 현재 상황을 자신의 내면과 환경과 함께 어떻게 바라보고 있는지 보다 깊이 있는 탐색이 필요하다. 지효처럼 '엄마 때문에 공부하는 게 힘들다'고 현재 상황을 표현했다면, '그럼 지효가 원하는 것이 무엇인가.'라고 묻기보다, 지금 한 말이 무엇을 의미하는지, 이런 생각이 들 때 어떤 기분인지/어떻게 하는지, 어떤 경험이 그런 생각을 갖게 했는지, 그때 나는 무엇을 어떻게 했는지, 무엇이 중요해서 그렇게 했는지, 또 다르게 어떤 생각을 해 보았는지, 엄마는 어떻게 생각할 것 같은지 등 관련된 경험과 생각을 충분히 탐색해 보아야 한다. 이 과정은 자신의 경험, 후회, 갈등, 불안에 대해 이해하도록 조력하면서 자기 자신에게 주의를 기울여 마음챙김이 될 수 있도록 촉진하는 것으로 제안되기도 한다(Brown & Ryan, 2003).

② 내사된 요구의 확인과 직면

두현과 같이 부모 또는 다른 외부의 요구가 내사(introject)되어 자신의 것이 되어 있다면, 내사된 요구에 대한 확인과 직면도 필요할 것이다. 이를 위해 자신이 가지고 있는 내적 요구가 정말 자신의 것이 맞는지 재평가할 수 있도록 돕고, 자신에게 어떤 의미를 갖는지를 탐색하는 과정이 필요할 것이다. 이와 같은 자신의 경험에 대한 심층적 탐색을 통해 자신이 원하는 것을 찾는 여정은 순탄하지만은 않을 것이다. 내담자의 이야기 속에는 비합리적인 부분이 있을 수 있지만 반박하기보다는 그렇게 생각할 수 있다는 점을 인정하는 것이 자율성의 지지의 첫 출발이다. 그리고 지금까지 자신이 원하는 것이라고 굳게 믿고 있던 것이 도전받을 때는 저항도 나타나지만 이것을 자연스러운 과정으로 보고 함께 이겨 나가야 한다. 무엇보다 유사한 과정이 여러 번 반복되어야 지금까지 잃었던 자율성을 조금씩 되찾게 된다는 점에서 많은 시간이 소요될 것이다. 이렇게 자신의 경험에 대한 다각적인 탐색을 반복해 나가면 보다 합리적이고 적응적인 생각과 대안을 내담자 스스로 찾게 될 것이라는 것을 상담자 스스로 믿고 상담을 이끌어 가야 한다.

4. 상담자를 위한 심화학습

부모와 공부에 관한 토착심리학적 접근

서구와는 달리 우리나라에서는 부모의 사회경제적 지위가 높을수록 학업성취와 관련된 자녀와의 갈등이 심해지고, 이로 인해 학업성취가 낮아지는 경우가 나타나고 있다. 다른 나라에서 찾아보기 힘든 높은 교육열은 지나칠 경우 '자녀의 성적표가 나의 성적표'라는 오개념으로 이어져 자녀를 힘들게 한다. 이러한 높은 교육열의 배경에는 우리나라가 겪어 온 사회 변화도 한몫을 차지하고 있다. 우리나라는 식민지와 전쟁을 겪으면서 사회계층 질서가 무너졌다. 전후 회복기에 이어진 급속한 경제성장과 함께 다시 사회계층 질서가 형성되었고, 두어 세대가 거치면서 지금은 거의 굳어져 가고 있다. 경제성장과 함께 사회계층 서열이 재형성되는 과정에서 가장 실감했던 계층이동의 사다리는 바로 학력이었고, 우리나라의 심한 교육열의 원인을 이러한 과거 경험에서 찾기도 한다. 흔히 '개천에서 용 난다.'로 표현되는 사례들이 여기에 해당한다. 경제적으로 어려움을 겪는 가정에서 우등생이 나오면 그 자녀에게 엄청난 기대가 부과된다. 뿐만 아니라 부모가 학력을 통해 계층이동에 성공한 가정에서는 높은 학업성취에 대한 압력이 더 강력하다. 경제성장이 활발한 시기에 청년기를 보낸 세대는 대부분 부모보다 나은 삶을 누리게 되었고, 그 원인이 '대학을 나와서' 또는 '좋은 대학을 나와서'에 귀인되면서 높은 교육열은 더욱 보편화되었다. 지금은 여러 데이터를 통해 학력을 통한 계층이동이 거의 불가능함이 입증되었고(예: 오성재, 주병기, 2017), 명문대를 졸업한 학생들도 청년실업에 시달리고 있지만, 이런 현실이 교육열을 잠재우지 못하고 있다. 여기에는 부모에게 있어 자녀의 교육적 달성이 부모라는 자아의 정체성에 존재론적 안심을 부여하고 또한 그것을 규정짓는 측면이 있다는 점이 지적되고 있다(류황석, 2016). 이러한 연구들은 '자녀의 성적표가 부모의 성적표'가 되는 기제를 설명하고 있다고 할 수 있다.

이러한 부모의 높은 교육열은 자녀와의 관계와 자녀의 성취에서 어떤 역할을 하고 있는가? 우리나라 사람들의 교육에 대한 성취의식과 부모-자녀 관계에 관한 질적·양적 연구결과를 종합한 박영신과 김의철(2003)은 그 내용을 '토착심리학'이라는 새로운 개념으로 풀어 나가고 있다. 어머니의 헌신이 어머니에서 자녀로 내려가는 것이라면 아버지의 헌신은 자녀에서 아버지로 거슬러 올라가는 방식이라는 점, 권리 침해와 간섭으로 인식될 수 있는 부모의 통제가 오히려 관심의 표현이며 애정으로 인식된다는 점, 부모의 헌신적 지원에 대한 고마움, 죄송함, 친밀감, 존경심의 감정이 가정과 학교에서의 적응을 돕는다는 점 등이 서양과는 달리 우리나라 부모-자녀 관계에서 나타나는 독특성이라고 보고 있다. 그리고 부모가 그들의 자녀를 신뢰하는 이유가 성실함, 정직함, 혈연관계, 자녀에 대한 기대와 대화, 부모에게 순종함, 학업에의 충실로 나타나, 우리나라 부모에게는 자녀가 열심히 공부하는 것이 자녀 신뢰의 이유가 되는 특징을 보인다.

특히, 부모에게 갖는 '죄송함'은 우리나라 사람들이 독특하게 경험하는 부모에 대한 감정으로, 죄책감과는 다른 감정인데 부모의 희생에 비해 자녀로서 제 역할을 하지 못한 것에 대한 송구스러운 마음을 의미한다. 토착적인 부모–자녀 관계 변인 중 부모에 대한 '죄송함'의 효과는 종단적 자료(초6, 중1, 중3)를 통해서도 입증되었다(박영신, 김의철, 정갑순, 2004). 이 연구에 포함된 요인을 보면 부모–자녀 관계, 학습자의 특성, 과기의 성취도 등인데, 부모–자녀 관계에 부모의 사회적 지원, 성취압력, 자녀에 대한 기대, 부모에 대한 죄송함, 부모에 대한 존경심이 포함되어 있다. 이 연구를 통해 부모의 영향력이 크게 작용하고 있음을 실증적으로 확인할 수 있었다. [그림 11–1]에 제시된 연구결과의 경로를 살펴보면, 부모에 대한 죄송한 마음은 성취동기에 영향을 미쳐 학업성취도를 향상시킨다는 것을 알 수 있다. 또한 성취압력과 자녀 기대는 성취동기에 영향을 미쳐 학업성취도를 높이는데, 성취압력은 부모의 기대에 자녀 기대는 스스로의 기대에 해당한다.

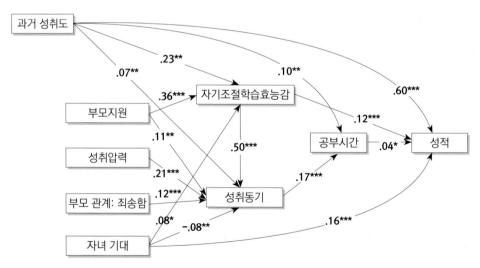

[그림 11–1] 학업성취 과정에 대한 경로분석: 부모에 대한 죄송함을 중심으로

출처: 박영신 외, 2004, p. 49.

이러한 토착심리학적 관점에서 바라본 부모-자녀 관계와 학업성취의 관계는 전통적인 '효' 개념을 토대로 하고 있다. 학력이 사회계층 상승을 위한 수단이 되고, 학력을 통한 성공은 부모에게 효를 다하는 것이라는 문화가 정착되면서 형성되어 온 것이라고 할 수 있다. 공부를 열심히 하는 것은 자신에게 헌신적인 부모를 기쁘게 하기 위함(효도하기)이고, 거기에 미치지 못하는 죄송한 마음은 더욱 열심히 하겠다는 마음을 키워 준다. 희생과 헌신을 강조하는 일방향적 효의 개념을 통해 자녀가 부모에게 죄송함을 느낀다는 점이 우리나라 학생들의 학습동기를 설명하는 중요한 맥락으로 제안되기도 했다(봉미미 외, 2008).

최근에는 이러한 부모에 대한 효의 개념이 점점 사라져 가고 있다고 하지만, 효도라는 단어의 사용이 줄었을 뿐 자신을 낳아 주고 키워 주는 부모에 보답해야 한다는 효의 개념은 여전히 부모-자녀 관계에 영향을 미치고 있는 것으로 나타나고 있다. 예컨대, 김은미와 김민(2017)이 수행한 질적 연구에서 학습된 무기력에 빠진 여자청소년들이 보고한 내용에서도 효의 개념이 중요하게 작용하고 있음을 확인할 수 있다. 이들은 부모가 낳고 길러 주었다는 것만으로도 부모의 고생에 보답해야 한다고 생각하고 있었고, 부모의 고생에 대한 보답은 곧 부모의 말을 잘 듣는 착한 아이가 되는 것이라고 말했으며, 말을 잘 듣는 행동에는 '공부를 잘하는 것'도 포함되었다. 따라서 상담자는 내담자가 느끼는 공부를 통해 부모를 기쁘게 해 주고 싶은 마음과 그에 동반되는 죄송한 마음은 문화적으로 적응적 양상임을 이해해야 한다. 예를 들면, 기대 부응 실패를 경험한 내담자는 이런 마음이 지나쳐 적응을 방해하게 된 경우라고 할 수 있다. 이 경우 상담의 목표는 부모에 대한 죄송함을 아예 없애야 하는 것이 아니라 적응을 방해하지 않도록 조력하는 것이 되어야 할 것이다.

부적응적 목표추구

기대 부응 실패는 높은 기대에 부응하고자 하는 마음에서 출발하는 실패라고 할 수 있으므로, 높은 기대에 부응하고자 하는 마음에 대한 이해가 필요하다. 이러한 마음은 '왜 공부하는가'에 해당하는 학습동기와 관련되는데, 그중에서도 학습동기의 내용을 구성하는 목표추구[3]와 밀접히 관련된다. 목표추구 관련 이론은 학습동기이론 가운데 인지적 접근에 해당하는 것으로 '무엇을 위해'에 답하고자 한다. 목표추구에 관한 논의는 고전이론으로 거슬러 올라가면 개인의 성격적 특성으로서의 특질 중 하나인 성취동기(achievement motivation, 뛰어난 성취를 하고자 하는 욕구)에서 출발한다. 자기가치이론(self-worth theory), 목표지향성이론(goal orientation theory), 사회적 목표(social goal) 등으로 이어지면서 발달해 오고 있는데, 모두 학업을 촉진하는 동기로서의 순기능에 초점을 두고 있다. 단, 성취동기 중 실패회피동기, 자기가치 추구에서의 자기손상화 전략, 목표지향 중 수행목표, 사회적 목표가 우선순위로 지속될 경우 학업을 방해하는 역효과를 나타낼 수 있다. 기대 부응 실패의 배경에 이러한 부적응적 목표추구가 기여하고 있을 수 있으므로 그 내용에 대한 이해가 상담자에게 필요하다.

실패회피동기   Murray(1938)가 처음으로 제안한 성취동기는 도전적인 과제를 성취하는 것을 통해 만족감을 얻고자 하는 욕구로 잘 변화하지 않는 개인의 특질(trait)을 구성한다. 이와 같은 성취동기를 Atkinson(1964)은 학습동기와 관련된 연구로 발전시켰는데, 욕구(needs), 기대(expectancies),[4] 가치(values)를 성취동기이론의 구성개념으로 포함시켰다. 개인적 특성인 욕구에 상황과 과제에 따라 달라질 수 있는 환경적 요소인 기대와 가치를 포함시켰다. 욕구는 동기를 일으키는 계기, 기대는 성공의 가능성, 가치는 유인가라고 각각 정의하였다. 실제 어떤 과제를 선택할 것인가를 결정하는 데에 얼마나 성공 가능성이 높으냐(기대)와 얼마나 매력적이냐(가치)도 함께 작용한다는 것을 포함시킨 것이다. 기대와 가치는 서로 역함수 관계에 있어 성공 가능성이 낮아질수록 유인가는 높아지고 성공 가능성이 높아질수록 유인가는 떨어질 수 있다. 기대와 가치의 관계에

---

3) 학습과정에서 목표 설정은 목표의 난이도, 구체성, 근접성, 헌신 등 다양한 측면에서 다루어지고 있지만, 여기에서는 자신 또는 타인의 기대와 밀접히 관련되는 목표의 내용에 해당하는 목표추구에 대해 살펴보고자 한다.

4) Atkinson이 사용한 '기대'는 '얼마나 성공 가능성이 높으냐'에 대한 개인의 인지적 평가로 학습동기이론에서 사용하는 학술적 개념이다. 이 장의 주제인 기대 부응 실패에서 지칭하는 기대는 일상생활에서 사용하는 '어떤 일이 원하는 대로 이루어지기를 바라면서 기다림'(국어사전에서 제시하는 정의)으로 사용되고 있으므로 서로 구분된다.

대한 논의는 이후 Eccles(1983)가 기대가치이론(expectancy-value theory)으로 발전시켰다.

　Atkinson의 동기이론을 설명할 때 주로 언급하는 부분은 욕구로, 성장과정을 통해 형성되면서 상황에 따라 비교적 변화하지 않는 개인차를 나타내는 구인이다. Atkinson은 이것을 모티브(motive)라고 명명하고 있는데 대부분 동기로 번역되어 왔다. Atkinson은 성취동기(achievement motive)를 성공추구동기(motive to approach success)와 실패회피동기(motive to aviod failure)로 분류하고 있다. 성공추구동기는 개인의 성공에 대한 기대나 바람으로 성취를 통해 자부심을 경험할 수 있다는 유능감으로, 성공추구동기가 높은 사람은 성취해야 할 과제에 적극적으로 다가가고 몰입하게 된다. 이에 반해 실패회피동기는 어떤 과제에 직면했을 때 만약 실패를 하면 창피하고 부끄러워질 것이라는 것을 예상하는 것으로, 실패회피동기가 높은 사람은 성취해야 할 과제를 하려고 하지 않는 경향이 있다는 문제점이 지적되고 있다. 즉, 실패회피동기는 성취에 도움을 주는 것으로 작용하기도 하지만 오히려 성취를 방해할 수 있다는 위험이 뒤따른다.

　실패회피동기가 높은 사람은 실패를 경험하면 더욱 노력을 줄이고, 매우 쉬운 과제나 매우 어려운 과제를 선택하는 경향이 있으며, 실패할까 봐 불안해하며 과제를 미루고 수행이 나빠지는 악순환을 경험하는 것으로 알려져 있다. 실패회피동기가 높은 사람들이 학습과정에서 많이 사용하는 부적응 행동으로는 쉬운 과제 선택, 어려운 과제 선택, 커닝, 회피(수강 취소), 노력 적게 하기 등으로 나타나고 있다. 한편, 실패회피동기는 높은 성취를 이끄는 동기로 작용하는 경우도 있다. 특히, 우리나라는 사회문화적으로 성공추구보다는 실패회피를 조장하는 경향이 있어 많은 사람들이 실패회피동기에 따라 수행을 하게 되고 결국 높은 성취를 이루게 한다. 예컨대, 성적과 관련해서도 얼마나 올랐느냐보다는 떨어진 것 또는 남보다 못한 것에 초점을 두고, 입시 준비에서도 어디에 합격할 것인가보다는 '떨어지면 안 된다'는 실패에 대한 불안을 키우는데, 이런 맥락에서 실패하지 않기 위해 공부하는 실패회피동기가 촉진된다. 실패에 대한 불안이 성취를 촉진할 수 있어 부작용도 크다. 성취에서 실패할까 봐 불안해하면서 자신을 채찍질해야 하기 때문에 많은 고통이 따르고 실패했을 때 더 큰 타격을 입게 된다.

　이러한 실패회피동기는 성공추구동기와 연속선상에 있으면서 실패회피동기가 높으면 성공추구동기가 낮은 것으로 제안되었지만, 성공추구동기와 실패회피동기가 서로 독립적이라는 주장도 있다. Covington(1992)은 성공추구동기와 실패회피동기가 모두 높은 사람(overstrivers), 성공추구동기는 높은데 실패회피동기는 낮은 사람(success-oriented students), 성공추구동기는 낮지만 실패회피동기는 높은 사람(failure avioders), 성공추구동기와 실패회피동기가 모두 낮은 사람(failure acceptors)이 있을 수 있다고 제안했다. Covington은 이들의 학습행동도 설명하고 있는데, 우리나라 상위권 학생들은 성공추구동기와 실패회피동기가 모두 높은 경우가 많다. 성공추구동기와 실패회피동기가 모두 높은 학생들은 성취를 높이기 위해 과제를 매우 열심히 하면서도 실패에 대한 두려움 때문에 불안해하고 스트레스를 많이 받고, 성적이 좋은데도 계속 성적에 대해 신경을 많이 쓰고 힘들어한다. 이러한 성공추구동기와 실패회피동기가 모두 높은 학생들의 학습행동은 기대 부응 실패 내담자의 학습행동과 유사하다.

자기가치 동기   이러한 실패회피동기가 높은 학생들의 특성에 초점을 둔 접근은 이후 자기가치이론(Covington, 1984, 1985; Covington & Beery, 1976)으로 발전했다. 자기가치 동기(self-worth motive)는 자신에 대한 긍정적인 자아상을 확립하고 유지하고자 하는 일반적인 경향성으로 정의된다. 그리고 능력에 대한 지각이 자기가치 동기의 중심을 차지하게 되기 때문에 자신이 '얼마나 능력 있는 사람인가'에 대해 느끼는 정서적인 반응으로 나타난다. 인간이 가장 원하는 것은 인정받는 것인데, 사회는 성취를 통해 무엇인가를 보여 준 사람을 인정한다. 무엇을 성취했는가가 바로 그 사람의 가치가 되어 버리고, 학교라는 맥락에서도 인정은 성취를 해낼 수 있는 능력을 얼마나 가지고 있는가에 의해 좌우되기 때문에 능력이 자기가치의 중심이 되는 것이다. Covington은 자신이 수행한 실증적 연구를 통해 사람들이 능력을 얼마나 중요하게 생각하는지 설명하고 있는데, 대학생들은 타고난 명석함에 대한 명성을 가장 중요하게 여겼다고 한다. 능력에 대한 평판이 자신을 정의하는 가장 중요한 측면이고, 자신이 받은 학점보다 능력에 대한 평판이 행복감에 대한 기여도가 높은 반면 열심히 노력한다는 것은 긍정 정서에 조금밖에 기여하지 못했다. 이러한 연구결과는 '똑똑해 보이고 싶음'이 얼마나 개인에게 중요한 바람인지를 확인해 준다고 할 수 있다.

인간은 자기가치를 유지하기 위해 능력이 있다고 느껴야 하고 능력을 보여 주고자 하는 동기가 성공추구 또는 실패회피 행동의 출발점이 된다. 즉, 자신의 능력을 입증하는 성공이 가치로운 반면, 낮은 능력을 암시하는 실패는 피해야 할 일이다. 자기가치이론에서는 실패회피동기가 높은 사람들이 중간 정도의 곤란도의 과제를 회피하고 곤란도가 아주 높은 과제를 선택해 실패하거나 곤란도가 아주 낮은 과제를 선택해 성공하는 행동의 이유를 자기가치 보호라는 기제로 설명한다. 곤란도가 아주 높은 문제를 선택하는 경우에는 자신이 실패한다고 해도 수치스럽게 생각할 필요가 없기 때문에 자기가치를 보호할 수 있지만, 중간 수준의 곤란도를 가진 문제를 선택하는 경우에는 실패할 가능성이 존재하고 만약 실패한다면 수치심을 느끼거나 자기가치를 보호할 수 없다고 생각하여 이를 피한다(Covington, 1985).

자기손상화 전략   실패회피동기가 높아지면 자기손상화 전략(self-handicapping strategies)[5]을 사용해 오히려 실패를 자초하기도 한다. 자기손상화 전략이란 실패가 자신의 능력부족 때문이라는 평가를 받지 않기 위해서 일부러 실패를 불러일으키는 방해 요인들을 만드는 전략이다. 자기손상화 개념을 처음 제안한 Berglas와 Jones(1978)는 사람들은 자기이미지 보호를 위해 술이나 약물을 사용하는데, 다른 사람들이 자신이 술 취한 상태에서 한 것에 대해서는 성공하면 엄청난 성과라고 할 것이고, 실패해도 당연하다고 여길 것이라고 생각하고 일부러 술을 마시고 주어진 일을 한다는 것이다(Covington, 1992). 이후 다양한 자기손상화 전략 목록이 제시되기도 했는데(예: Higgins, Snyder, & Berglas, 1990, pp. 100-102), 학업과 관련해서는 과제 미루기, 노력 안 하기, 시험불안, 꾀병, 목표 높이기, 잠 안 자기 등이 대표적이다. 과제를 미루게 되면 결국 제출을 못하거나 제대로 못하게 되지만, 시간이 모자라서 못한 것이라고 귀인할 수 있기 때문에 능력이 없어 실패한 것이 아닌 것으로 보일 수 있어 자기가치가 보호된다. 또한 시험공부를 아예 안 하면 시험에서는 실패하게 되지만, 실패의 원인을 능력이 아닌 노력 부족으로 돌릴 수 있기 때문에 역시 자기가치를 보호할 수 있다.

이와 같은 자기손상화 전략은 스스로 자신이 괜찮은 사람이라고 느끼게 해 주

---

5) 자기불구 전략, 자기장애 전략으로 번역되기도 한다.

는 것에도 도움이 되고, 다른 사람에게 괜찮은 사람으로 보이는 것에도 도움이 된다(Urdan & Midgley, 2001). 특히, 다른 사람에게 괜찮은 사람으로 보이기 위해 거짓말, 커닝, 실패까지 어떠한 희생도 감수하는데, 다른 사람에게 자신이 능력이 없는 것이 아니라 자신이 '게으르고 주변머리가 없어' 성과를 내지 못한 것이라고 하면서 자신을 비하하기까지 한다(Covington, 1992). 결국 자기손상화 전략은 학업성취를 낮추게 되는데, 미국에서 수행된 메타분석에서 자기손상화가 학업성취를 낮춘다는 것이 확인되었다($r = -.23$, $-.46 \sim r = -.02$(95% 신뢰구간) (Schwinger et al., 2014, p. 752). 따라서 상담자는 내담자가 이와 같은 자기손상화 전략을 사용해 실패에 이른 것은 아닌지에 대한 가능성을 열어 두고 내담자의 문제를 파악해야 할 것이다.

수행목표지향　　Atkinson의 실패회피동기를 설명하는 자기가치감은 목표지향성이론(또는 목표이론)으로 발전하였다. 여기에서 목표지향은 과제 자체에서의 성취를 목표로 하는가와 성취를 통해 자신의 능력을 입증하려고 하는가로 구분된다. 이 두 가지 유형에 대해 학자들마다 서로 다르게 이름을 붙이고 있는데, Nicholls(1984)의 과제지향성(task-orientation)과 자아지향성(ego-orientation), Dweck(1986)의 학습목표(learning goal)와 수행목표(performance goal), Ames(1992)의 숙달목표(mastery goal)와 수행목표(performance goal)가 대표적 예이다. 이렇게 대비되는 두 가지 목표지향성 중 과제지향성, 학습목표, 숙달목표(이상 숙달목표로 통칭되고 있음)는 배우는 것 자체에 가치를 두고 이를 목표로 삼는 것이다. 도전거리를 찾아내고 스스로의 능력을 향상시키는 속에서 얻는 개인적 만족을 추구하면서 적당히 어렵고 도전할 만한 목표를 선택하는 경향으로, 보다 바람직한 목표지향이라고 할 수 있다. 자아지향성, 수행목표(이상 수행목표로 통칭되고 있음)는 과제를 수행하는 이유가 능력에 대한 타인의 인정을 받는 것이다. 과제나 시험에서 다른 학생들보다 우수하게 보이는 것을 추구하고, 아주 쉽거나 어려운 목표를 선택하는 경향이 있으며, 바람직한 목표지향이라고 보기 어렵다.

　숙달목표지향과 수행목표지향은 학습 상황에서 서로 다른 행동을 보이는데, 예를 들면, 과제를 해결해 나가는 과정에서 어려움에 봉착할 경우 숙달목표를 가진 학생들은 계속 노력을 기울여 수행 수준이 높아지는 반면, 수행목표가 높은 학생들은 좌절하면서 수행 수준도 낮아진다. 자기가치이론의 측면에서 보면, 수행목표를 추구하는 사람은 자기가치감 보호에 따라 행동할 가능성이 높다. 숙달목표를 지향하면 성공과 실패가 노력의 결과라고 생각하기 때문에 성공을 통해 자기가치감이 크게 높아지는 것도 아니고 실패를 해도 자기가치감에 큰 손상을 받지 않는다. 반면, 수행목표를 지향할 경우, 성취가 능력의 결과라고 생각하기 때문에 성공은 자기가치감을 높여 주지만 실패했을 때 자기가치감이 크게 손상받게 된다. 따라서 자기가치를 보호하기 위해 실패를 회피하는 동기가 높아지고, 앞서 살펴본 실패회피동기를 가진 학생들과 유사한 행동을 하게 된다.

　이후 목표지향을 이분법적으로 개념화하는 것을 보완한 중다목표이론으로 바꾸어야 한다는 주장이 등장하였다. 중다목표이론은 숙달목표와 수행목표가 모두 학습에 긍정적인 영향을 미칠 수 있는 측면이 있음에 주목하면서 과제에 대한 접근과 회피라는 개념을 교차시켰다. 즉, 숙달목표와 수행목표의 분류 축에 접근-회피라는 축을 교차시켜 2차원적 목표이론을 제안하고 있다. 개인이 추구하는 목표는 숙달-접근 목표, 숙달-회피 목표, 수행-접근 목표, 수행-회피 목표로 나눌 수 있다. 완벽주의적인 학생이 과제와 관련하여 어떠한 오류도 범하는 것을 피하는 것을 목표로 생각한다면 숙달-회피 목표지향의 예라고 할 수 있다. 다른 사람과의 비교 때문에 오류를 범하는 것을 염려하는 것은 수행-회피 목표지향과는 다르다. 즉, 숙달-회피 목표지향은 자기가 세운 목표 때문에 걱정하는 것으로 숙달목표를 지향하지만 부정적인 속성을 가질 수 있다.

사회적 목표　학업과정에서 추구되는 목표 중 타인의 기대라는 부분에 초점을 둔 접근으로 Wentzel(2000)의 사회적 목표(social goal)이론을 살펴볼 수 있다. Wentzel은 학교라는 맥락 속에서 학생들이 추구하는 목표는 학업에서 높은 성취를 이루는 학업적 목표(academic goal)만이 아니라, 다른 사람의 인정을 받거나 교사나 또래와 친밀한 관계를 형성하거나 급우들과 협력하는 것 등 다양하다고 보면서, 이러한 사회적 목표에 주목해야 함을 주장한 대표적 학자이다. 이러한 사회적 목표는 학교만이 아니라 가정으로도 확장될 수 있다. 가정과 학교라는 울타리 안에서 부모, 교사, 친구 등 중요한 사람들과의 상호작용하면서 자신만의 목표뿐 아니라 타인과 집단의 목표를 함께 고려하는 목표를 추구한다. 학생들은 학업적 목표와 사회적 목표 중 어느 하나만을 추구하는 것이 아니라 동시에 여러 가지 목표를 추구하는데, Wentzel은 학업적 목표와 사회적 목표가 다음과 같이 서로 관련될 수 있음을 제안하고 있다.

먼저, 발달적 관점에서는 학생들이 삶에서 무엇을 추구하는가에 관한 가장 보편적 관점으로 추구하는 목표의 내용을 바라본다. 다른 사람과 애착을 형성하고 소속감과 관계성을 갖고자 하는 기본적인 욕구를 가지고 있기 때문에 자신이 속한 사회(예: 가정, 학교)에서 적응을 추구하고 그 사회가 가치 있게 여기는 목표를 추구한다는 가정에 기초하고 있다. 즉, 자신이 속한 사회에서 가치 있다고 인정해 주는 결과를 성취해 내려는 욕구가 모든 동기의 기초가 된다. 교사와의 관계에서 관계성 욕구가 충족되면 교사의 지시를 잘 따르려고 하고(사회적 목표), 교사의 가르침을 잘 따라 학업성취를 이루고자 한다(학업적 목표). 따라서 사회적 목표와 학업적 목표에 대한 발달적 관점에서는 사회적 목표가 학업적 목표를 촉진시켜 학업성취를 도울 수 있다고 본다. 인간은 사회적 존재이기 때문에 사회적 목표를 먼저 달성하고, 이후에 학업적 목표를 추구하게 된다는 견해이다.

둘째, 사회적 목표와 학업적 목표가 상호 보완 관계에 있다고 보는 관점에서는 두 목표가 서로 독립적으로 추구될 수 있다고 본다. 학업적 목표는 주어진 과제를 더 열심히 하게 하고 그에 따라 학업능력을 향상시킨다. 마찬가지로 사회성을 키우고자 하는 목표를 가지고 있다면 보다 협조적이고 조력적인 행동을 키우기 위해 노력하게 된다.

셋째, 사회적 목표와 학업적 목표가 서로 위계적 관계를 가지면서 그 사이에 인과관계로 존재할 수 있다고 본다. 사회적 목표를 위해 학업적 목표가 사용되고, 학업적 목표를 위해 사회적 목표가 사용될 수 있는데, 학생들이 스스로 그와 같은 인과관계를 형성해 나가는 것에 주목한다. 교사로부터 인정받고 싶어 사회적으로 적절한 행동을 하게 되었는데 그것이 결국 학업적 성취를 이루게 해 주기도 하여 '사회적 목표 → 학업적 목표 위계(Social → Task goal hierarchy)'가 형성된 것이다. 이때 학생들은 학업적 성취가 사회적 방법(예: 교사의 인정)으로 성취 가능하다고 판단한다. 수행평가를 잘 받기(학업적 목표) 위해 교사와 좋은 관계를 형성하기(사회적 목표) 위해 노력하는 경우나, 팀프로젝트를 잘하기(학업적 목표) 위해 팀원들에게 잘하려고 (사회적 목표) 노력하는 경우가 여기에 해당한다. 그 반대로 부모나 교사를 기쁘게 하려는 목표(사회적 목표)를 추구하기 위해 공부를 잘하려는 목표(학업적 목표)가 설정될 수 있다. Wentzel은 이것을 '학업적 목표 → 사회적 목표 위계(Task → Social goal hierarchy)'라고 명명하고 있다. 사회적 목표만을 추구하거나 학업적 목표만을 추구하는 것에 비해 두 가지 목표를 모두 추구하는 것이 적응적이지만, 두 목표가 위계적 관계를 가진 경우 바람직한 결과만 나타나는 것은 아니다. 특히, 수행목표를 추구하면서 학업적 목표가 사회적 목표를 위해 활용(학업적 목표 → 사회적 목표 위계)될 경우, 실패가 찾아오면 과제를 못하고, 무기력해지고, 회피하게 된다(Dweck, 1991). 기대 부응 실패 내담자의 목표추구 내용에서 이와 같은 학업적 목표 → 사회적 목표 위계가 발견될 수 있고, 실패 이후 무기력한 행동의 원인일 수 있음을 생각해 볼 수 있다.

제12장
대입 실패

　학업실패 트라우마라는 명명이 적절한지에 대한 의견을 물었을 때 한 후배는 "수능 한번 망치면 그게 평생 가잖아요. 박사가 되어도 사라지지 않아요. 그러니까 트라우마 맞죠."라고 답했다. 그 후배보다는 나이가 많은 '학력고사 세대'인 나는 운좋게 학력고사를 잘 봐 대입에서 크게 실패감을 맛보지 않았고, 친구들과도 그런 얘기를 별로 나누어 보지 않아 대입 실패가 남기는 마음의 상처가 얼마나 큰지 잘 몰랐다. 상담자가 되어 내담자를 만나면서 수능에서 실력 발휘를 못하는 것을 비롯해 대입에서의 실패가 이후 삶에 엄청난 부정적 영향을 미친다는 것을 알게 되었다. 상담자로 처음 일하게 된 곳이 우리나라 최고 대학의 상담센터였는데, 그곳에도 대입 실패로 인한 깊은 상처를 가진 학생들이 많았다. 우리나라 최고의 대학을 나온 후배의 반응 역시 나를 놀라게 했는데, 다른 사람들이 보기에 높은 성과를 이루었더라도, 자신이 목표로 했던 곳에 도달하지 못하면 실패가 되고 그 실패감은 이후의 성공을 통해서도 쉽게 치유되지 못한다는 것을 한 번 더 확인할 수 있었다.

1. 대입 실패의 여러 양상

　우리나라에서 대입 실패는 가장 많은 대학생들이 기억하고 있는 학업실패의 상처인 것으로 나타났다(황매향 외, 2019). 흔히 '지원한 대학에 떨어지는 것(불합격)'

을 대입 실패라고 하지만, 대학에 합격하더라도 그 대학 또는 학과가 자신이 원하던 곳이 아니라서 실패라고 지각하면 대입 실패에 해당한다. 뿐만 아니라 자신의 원하는 대학에 입학했다고 생각했지만, 막상 학교를 다니면서 잘못된 선택을 했다는 뒤늦은 후회를 하면서 이것을 대입 실패로 여기기도 한다. 그리고 이러한 실패의 원인은 대학 합격 여부를 결정짓는 내신과 수능(대학수학능력시험)에서 원하는 성적을 내지 못한 것이 주요하지만, 대학 입시전형이 다양해지면서 대학 지원전략에서의 실패를 대입 실패의 원인으로 지각하기도 한다. 대학 입시전형은 수시와 정시로 나뉘어 진행되고, 같은 수시와 정시에서도 다양한 전형이 있기 때문에 비슷한 실력을 가지고도 지원전략에 따라 당락이 달라질 수 있기 때문이다. 따라서 지원전략을 잘 짜지 못해 원하는 대학에 합격하지 못할 수 있는데, 이러한 대학 지원과정에서의 실패도 대입 실패로 여겨지는 것이다. 또한 뒤늦은 후회는 대학을 결정하는 과정에서 충분한 정보 없이 부모의 바람을 따르거나 대학의 명성만을 고려한 학생들이 주로 경험하는 실패감이다. 입시를 치르는 당시 지나치게 대학 서열이 중요하게 강조되고, 대학이나 학과에 대한 구체적 정보가 없는 상태에서 결정하기 때문에 입학 후에 잘못된 선택이었음을 알게 되는 것이다. 이렇게 대입 실패라는 하나의 단어에 여러 가지 경험이 혼재되어 있는데, 간략하게 정리해 보면 다음 [그림 12-1]과 같다.

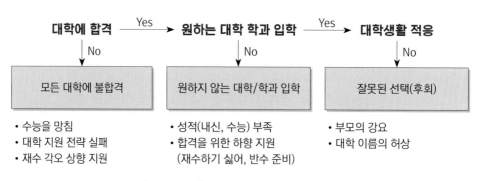

[그림 12-1] 대입 실패의 다양한 양상

수능을 망침   대학 입시전형이 다양화되면서 단 한 번의 시험으로 대학이 결정되는 경우도 적어지고, 수능에 응시하지 않고도 대학에 입학하는 학생들도 많아졌지만, 여전히 수능은 대입과 밀접히 관련되어 있다. 입시전형 중 수능 점수만을 반영하는 정시에 지원하는 경우와 수시 합격자 중 수능이 어느 수준(수능 최저) 이상자만 최종 합격이 되는 경우엔 특히 수능이 합격 여부를 결정하는 중요한 점수가 된다. 수능 점수는 그해 대학 입시에만 사용할 수 있고, 1년에 1회밖에 실시되지 않기 때문에 반드시 그 시험을 잘 봐야 한다는 압박감이 크다. 뿐만 아니라 초등학교 때부터 고등학교까지 12년간의 노력이 단 한 번의 시험으로 평가된다는 상징적 의미 때문에 수능의 압박감은 더욱 크고, 그 결과 역시 개인에게 미치는 영향이 크다. 수능 점수는 자신을 대표하는 지표가 되어 높은 점수를 받으면 자긍심이 생기는 반면 낮은 점수를 받으면 수치심(또는 열등감)이 생긴다. 그리고 점수의 높고 낮음은 절대적인 점수보다는 자신이 평소에 기대하던 점수보다 높은가 또는 낮은가에 달려 있다. 기대보다 낮은 점수를 받게 되는 이유는 비현실적인 기대를 가지고 있는 경우, 시험불안으로 제대로 실력발휘를 못한 경우, 답지에 표시를 잘못하는 등 실수를 한 경우, 수능 보는 날 아침 안경이 부러지는 것과 같은 예기치 못한 사고가 나는 경우 등 다양하다. 그러나 그 이유와 상관없이 자신이 기대했던 것보다 낮은 점수를 받게 되면, 그것은 돌이킬 수 없는 실패가 되어 대입의 성패를 좌우하게 되고 이후 삶에서도 지속적인 실패감을 남기게 된다.

　수능에서 기대에 못 미치는 낮은 점수를 받게 되면, 이미 수시로 합격한 대학에 최저를 맞추지 못해 합격이 무효가 되면서 대입에 실패하게 된다. 그리고 실기를 위주로 하는 예체능계의 경우도 수능 반영 비율이 높을 경우 수능에서 기대하던 점수를 못 받으면 역시 불합격의 원인이 된다. 수능 점수를 100% 반영하는 정시에서는 자신의 수능 점수 자체가 지원할 수 있는 대학 또는 학과의 범위를 결정한다. 불합격을 감수하고라도 원하는 대학(또는 학과)에 지원을 하기도 하고, 합격을 위해 원하지 않는 대학(또는 학과)에 지원하기도 한다. 어떤 경우이든 원하는 결과를 얻기 어렵기 때문에 대입 실패로 이어질 가능성이 높다.

수능에서 기대했던 것보다 낮은 점수를 받는 경험은 대입 실패라는 결과만을 초래하는 것이 아니라, 오랫동안 지워지지 않는 마음의 상처가 된다. 수능 점수 자체가 실패감이 되고, "수능을 망쳤다"라는 표현을 쓰고, "그래서 내 인생도 망했다"까지 일반화된다. 그리고 그 점수는 평생 따라다니는 자신의 성적표가 되어 아픔으로 자리 잡는다. 수능 점수를 능력이라는 하나의 요소에 귀인하고 능력만으로 자신의 가치를 결정하는 과일반화의 오류가 있지만, 이러한 비합리성에서 벗어나기 쉽지 않다. 그래서 실수나 예기치 못한 사고가 원인이 된 경우도 마찬가지가 되어 버린다. 수능 성적표에 적힌 1~9등급의 숫자가 세상에서 자신을 판정한 등급이라고 생각한다. 다음 해, 그다음 해 수능에 재도전하면서 수능 점수가 올랐음에도 불구하고, 처음 받았던 형편없는 수능 점수가 주었던 실패감을 떨쳐 버리지 못하는 사례가 적지 않다.

모든 대학에 불합격   무엇보다 대입 실패라고 하면 어떤 대학에도 합격하지 못한 것이라고 할 수 있다. 우리나라는 이미 대학 정원이 고교 졸업생 수를 넘었기 때문에 누구나 대학에 가고자 하면 갈 수 있다. 그러나 자신이 원하는 대학이 아니면 합격할 수 있는 곳이 있어도 지원하지 않는다. 아무리 지신의 성적에 맞추더라도 더 이상 아래 대학으로 갈 수는 없다는 선을 정하고 있는 경우가 많은데, 예를 들면, '인서울', '지방이라도 충남까지', '지방이라도 국립대까지', '4년제 대학까지', '전문대라도 수도권까지'······ 등. 또는 특정한 학과만을 고집하기도 하는데, 이런 학과들은 대부분 경쟁이 치열해서 쉽게 합격하기 어렵다. 그래서 대학 정원이 많아도 어느 대학에도 합격하지 못하는 사람이 매년 상당수 생긴다. 예전과는 조금 다른 의미를 갖지만, 어느 대학에도 합격하지 못했다는 점에서 가장 전형적인 대입 실패 유형이다.

수시 전형으로 6번의 지원을 할 수 있고 정시 전형으로 3번의 지원을 할 수 있다는 점을 감안할 때, 어느 곳에도 합격하지 못했다는 것은 무척 감당하기 어려운 일이다. 최근에는 입시 관련 정보가 대학별로 비교적 상세히 공개되고 있고, 많은 자료를 축적하고 있는 기관도 많아 비교적 합격 예측도가 높아졌지만, 의외의 상황도 발생한다. 그 의외의 상황이 발생해 합격이 가능하다고 생각했던 곳에서 불합격할 경우 실패감이 가장 크다고 할 수 있다. 아홉 군데 지원을 하면서 대부분은 조금 무리한 상향 지원도 하고 매우 안정적인 하향 지원도 한다. 그래서 모두 떨어질 것이라고는 예상하지 않기 때문에, 어디에도 합격하지 못했을 때의 충격과 허탈감은 더욱 크다. 어디에서부터 무엇이 잘못되었는지 알 수 없어지고, 어디에도 합격하지 못했다는 사실을 받아들이기 힘들어지면서 마음에 깊은 상처까지 받게 된다.

한편, 모든 대학에 불합격할 수도 있음을 감수하고 모두 상향 지원을 해 어느 대학에도 합격하지 못하는 경우도 있다. 수능에서 예상 밖으로 낮은 점수를 받게 되어 합격 예정을 받은 대학의 수능 최저를 맞추지 못하는 경우 정시에 기대를 걸어야 하는데, 원하는 대학에 지원이 가능한 점수가 아닌 경우 고민에 빠진다. 원하는 대학에 합격 가능한 점수였다면 수능 최저도 맞췄을 것이다. 이때 재수를 하더라도 어느 수준 이상의 대학을 포기할 수 없다고 결정하게 되면, 상향지원을 하게 되고 매우 운이 좋지 않은 이상 합격 통지를 받을 수 없다. 이 경우 상향 지원을 할 때부터 재수를 각오했기 때문에 실패감이 덜할 것이라고 예상할수 있는데 그렇지 않다. 수능을 잘 못 봤을 때부터 대입 실패가 예정되어 있었다고 할 수 있는데, 수능을 마친 후, 수능 성적표를 받았을 때, 수능 최저로 수시에 지원했던 대학에 불합격이 확정될 때, 마지막 정시에 지원한 모든 대학에서도 불합격을 확인할 때까지 여러 번에 걸쳐 실패 경험을 맛보아야 한다. 수능을 조금만 잘 봤으면, 수능 최저 기준이 없는 곳에 지원을 했었으면, 조금이라도 낮추면 ○○에는 합격할 수도 있었는데 등 미련도 많이 남는다.

그동안 공부하면서 쌓였던 피로감을 제대로 풀지도 못했고, 열심히 노력한 것에 대한 보상을 받기는커녕 실패자가 되어 버렸다. 좋은 대학이든 아니든 어디든 대학에 합격해서 신나게 노는 친구들이 부럽기만 하고, 스스로가 불쌍하고 비참하게 느껴지기도 하면서 이 모든 상황이 억울하기도 해 화도 난다. 가족이나 친구들조차 내가 어떤 반응을 보일지 염려하며 내 기분이 어떤지 눈치만 본다. 그럴 때가 더 답답하다. "괜찮아, 제대로 해서 더 좋은 대학 가자.", "운이 없는 건 어쩔 수 없는 일이니까 잊어버리자."라는 위로의 말이 고맙기도 하면서 너무 뻔해 보이기만 해 진정한 위로가 되지 않는다. "그러니까 열심히 하라고 했잖아.", "그게 다 네 실력이야. 겸허히 받아들여야지."라고 현실을 직시하는 말은 정말 비수가 되어 가슴에 꽂힌다. 그러나 이러한 실패감에 빠져 충분히 우울해도 하고 화도 내고 후회도 할 여유도 주어지지 않는 것이 현실이다. 실패감 때문에 아무것도 못할 것 같은 기분임에도 불구하고 실패감에 젖어 있기보다는 빨리 새로운 각오를 하고 재수(또는 N수[1])에 돌입해야 한다는 부담감까지 크기 때문이다. 이러한 해결되지 않은 채 묻어 둔 복잡한 감정들은 다시 공부를 시작해 힘든 시

---

[1] 같은 시험을 여러 번 준비할 때 두 번째는 재수, 세 번째는 3수, 네 번째는 4수 등으로 명명하는데, 공부를 한다는 뜻의 한자어인 수학의 수(修) 앞에 자연수를 나타내는 영어 알파벳인 N을 붙여 여러 번 같은 시험을 준비하는 모든 경우를 N수로 명명한다.

기가 찾아오면 더 큰 짐이 되어 내 앞에 나타나 한 발짝도 나아가지 못하게 한다. 모든 대학에 불합격했을 당시보다 이렇게 어려움에 처했을 때 상담자를 찾는 경우가 많다.

원하지 않는 대학에 입학   대학에 합격은 했지만 자신이 원하는 대학에 합격하지 못하면 여전히 실패했다고 지각하게 된다. 어딘가에 합격은 했기 때문에 앞서 살펴본 모든 대학에 불합격한 경우보다는 실패감이 덜할 수 있어도 여전히 입시에서 실패했다고 느낀다는 점에서 크게 다르지 않다. 대부분 합격을 위해 하향 지원을 한 경우이고, 그런 결정은 또다시 같은 공부를 하고 싶지 않다는 것을 의미한다. 우리나라에는 수시 전형으로 지원한 대학 중 어디라도 합격을 하면 정시 전형에는 지원을 할 수 없는 제도가 있다. 수능을 잘 봐서 더 좋은 대학에 지원할 점수를 받았더라도 이미 합격한 것을 취소할 수 없다. 이것을 학생들은 '수시 납치'라고 부르는데, 그 단어가 주는 느낌만큼이나 자신이 내린 결정으로 받아들이고 싶지 않은 현실이다. 이미 수시에 합격을 해서 마음이 편해지면서 수능을 잘 봤을 수도 있지만, 그 생각보다는 원하지도 않는 대학에 합격하는 바람에 기회를 날려 버린 자신이 어리석었다는 생각이 앞선다. 당장은 크게 상처를 받았다고 느끼지는 않지만, 대학을 다니면서 적응에 어려움이 생길 때마다 고3 때 원서를 잘못 쓴 것이 문제라고 귀인해 버린다. 마치 계속 따라다니는 눈에 보이지 않는 해방군처럼 틈만 나면 자신을 괴롭히는 실패감이다.

여기에 실패감을 가중시키는 또 다른 경험은 '나보다 공부 못하던 친구가 더 좋은 대학을 갔을 때'이다. 현행 입시제도에서는 내신이나 수능점수에서 나보다 못해도 나보다 나은 대학을 갈 수 있다고 논리적으로 이해는 하지만, 고등학교 3년 동안 단 한 번도 내가 경쟁자로 여기지 않았던 친구가 나보다 앞선 서열에 있다는 현실을 직면하기는 싫기 때문이다. 여러 가지 요인이 작용하고 있지만, 억울하다는 마음 때문에 아무 것도 보이지 않는다. 대학의 서열로 마치 자신의 서열이 밀렸고, 정당한 경주에서 진 것이 아니라 마치 새치기라도 당한 느낌이다. 이런 감정이 커지면서 실패감은 시간이 지나면서 더 증폭되고 점점 더 극복하기 어려워진다.

2. 대입 실패 내담자의 주된 호소

대입 실패 트라우마를 겪는 내담자들의 경우 대입에 실패한 즉시 상담실을 찾는 경우는 많지 않다. 당장은 남아 있는 기회를 활용해 더 지원을 할 것인지 재수를 할 것인지를 결정하고, 재수를 결정할 경우 공부를 시작하기에 마음이 바빠 실패 감을 충분히 자각하지 못하는 경우가 많기 때문이다. 뿐만 아니라 어디든 대학에 합격했거나 처음부터 재수를 결정한 경우 처음에는 스스로 극복할 수 있는 실패 감이라고 지각하다가 시간이 지날수록 실패감이 점점 커지기도 한다. 특히, 스스로 실패감을 극복했다고 생각한 경우, 상담을 통해 도움을 받을 필요를 느끼지 않을 수 있고 깊은 마음의 상처로 남지 않을 수도 있다. 그래서 상담실에서 주로 만나게 되는 대입 실패 내담자들은 막상 학교를 다녀 보니 만족스럽지 못해 반수를 해야 할지 고민 중이거나, 재수를 하는 과정에서 겪는 압박감을 이겨 내기 힘들어 하는 경우이거나, 패배의식에서 벗어나기 힘들다고 호소하는 경우이다. 또는 대입 실패의 트라우마가 이후의 다른 적응상의 문제를 일으켜 상담을 찾게 되는 경우도 있다. 대입 실패 자체를 호소문제로 제시하지는 않았지만, 그 당시의 패배감과 수치심을 극복하지 못한 채 계속 살아가다가 어려운 상황에 처하면 그 문제가 부각되는 것이다.

나의 모든 것이 무너져 버림　　대입 실패는 누구에게나 잊지 못할 큰 아픔이지만 입시 준비에 노력을 많이 기울였을수록 그 아픔도 더 크다. 대입 실패라는 결과에는 여러 가지 요인이 작용할 수 있지만, 대부분 자신의 능력 부족으로 귀인하는 경우가 많다. 대입 성적이 바로 또래 사이에서 자신이 얼마나 훌륭한 사람인지를 보여 주는 지표가 되고, 대입 실패는 바로 '내가 후져 보임', '떳떳하지 못함', '부끄러워 고개를 들 수 없음' 등 극심한 자기비하로 이어지게 된다. 우리나라 대학생들은 학업실패라는 트라우마로 우울, 미래에 대한 두려움, 슬픔, 분함 등의 부정적 정서와 함께 자신감 하락, 자존감의 하락, 수치심, 자신에게 미안한 마음이 들고 자책하게 되는 것, 패배감, 자기 스스로의 한계를 직면하게 되는 것 등 자신에 대한 부정적 지각을 경험했다(황매향 외, 2019). 이 연구에 인용된 대학생들의 회고 내용을 살펴보면, "기가 죽고…… 자신감이 떨어지고…… 자괴감이 들면서……", "자신감이 지하 3층까지 떨어졌습니다.", "나 자신에 대한 혐오가 짙어졌으며……." 등이다.

마치 대입 성적 말고는 자신이 가진 것이 아무것도 없는 것처럼 과도한 환원주의에 빠져 있는 시기이다. 학교에 가기도, 졸업식에 가기도, 모임에 가기도, 가족들 얼굴 마주하기도, 명절에 친척들을 만나는 것도 모두 싫다. 이러한 대입 성적으로 한 개인의 가치를 판단하는 것은 상당한 인지적 오류지만, 이러한 생각을 부채질하는 사회적 분위기는 더욱 심화되어 가고 있다. 우리나라 고등학생들의 경우 대부분 학과보다는 학교를 중심으로 조금이라도 인지도가 높은 대학에 진학하고 싶어 하는 이유도 여기에 있다. 갈수록 대학 서열화가 심화되고 있는데, 최근 들어 서울 또는 수도권에 소재하는 대학의 위상이 상대적으로 높아지고 있다. 그리고 그중에서도 최상위권 대학, 10위권 대학, 17위권 대학, 인서울, 수도권 등으로 순위를 세분화하고, 마치 개인이 진학한 대학의 순위를 그 개인의 가치와 동일시한다. 수도권에 소재하는 4년제 대학의 정원이 전체 대학 정원의 20%에 미치지 못하는 것을 감안할 때 너무나 많은 학생들이 패배자가 될 수밖에 없는 상황이다.

대입 실패를 경험한 내담자라면 이런 패배감과 수치심이 그대로 내재하고 있다고 보아야 한다. 대입 실패 직후만이 아니라 상당히 시간이 흐른 후에도 이러한 감정이 해결되지 않은 채 남아 있다. 내담자가 알아차리고 있지 못하더라도 해결된 것은 아닐 가능성이 크다. 대입이라는 생애 사건은 이미 오래전부터 예상되었던 중요한 전환점으로 여겨진다. 학교를 다녔던 12년간의 성취 또는 지금까지 살아온 것에 대한 성적표로 간주되기 때문에 대입에서의 실패는 인생의 어느 시기의 성공이나 실패보다 강력한 영향력을 가진다. 재수를 하고 있든 대학을 다니고 있든 상관없이, 스스로 실패라고 판단했다면 자존감에 엄청난 손상을 입었을 것이다. 따라서 상담자는 내담자에게 내재한 실패감과 그 원인이 되는 인지적 오류를 함께 탐색하고 이것을 극복할 수 있도록 돕는 것에 초점을 두어야 한다.

대입 실패는 어느 한 시점에서의 실패라기보다는 상당히 긴 여정 속에서 성공과 실패가 엇갈리고 결국 스스로에게 만족스럽지 못한 결과에 대해 실패라고 규정하게 되는 실패이다. 즉, 상담에서도 대입 실패의 어느 한 시점을 다루기보다 대입의 전 과정을 돌아보아야 한다. 대입을 본격적으로 준비하던 시점으로 돌아가 차근차근 어떤 성공과 실패를 경험해 왔는지 이야기하면서 그때의 경험을 충분히 재경험할 수 있어야 한다. 실패로 규정한 것이 정확한 판단이었는지도 검토해 보아야 한다. 자신의 행동이나 생각만이 아니라 다른 사람들의 비난 또는 위로도 다시 떠올려 보면서 재경험할 수 있다. '대입'과 관련된 내담자의 모든 경험을 충분히 이야기하고 정리할 수 있는 기회를 가지면서 대입 실패로 인해 낮아진 자존감을 회복하는 것이 목표가 될 것이다. 상담자는 내담자가 대입 실패로 무너져 버린 자신을 다시 일으켜 세우고, 스스로 당당하고 씩씩하게 앞으로 나아갈 수 있도록 도와야 한다.

또 실패할 것에 대한 불안　　　많은 사람은 실패 이후 그 과제를 포기하기보다는 한 번 더 도전해 본다. 한 번만이 아니라 두 번, 세 번, 여러 번 도전하기도 한다. 대입 실패에서도 대입에 다시 도전하는 경우가 많다. 어떤 대학에도 합격하지 못한 경우, 아예 대학 가기 자체를 포기하지 않는 한 재수 이외 다른 대안이 없다. 원하지 않는 대학에 합격한 경우는 불만이 있지만 계속 다니기도 하고, 재수 또는 반수를 결정하고 대입에 다시 도전하기도 한다. 어떤 경우이든 다시 공부를 시작할 당시에는 결의에 차 있지만 시간이 지날수록 예상하지 못한 어려움들이 찾아온다. 능력이 비슷한 동료들이 모인 재수학원의 분위기는 매우 경쟁적이고 엄격하기 때문에 그 자체가 불안을 일으킨다. 또한 공부에 대한 동기를 높이기 위해 자신을 비롯해 많은 주변 사람들은 더 열심히 하지 않으면 이번에도 마찬가지 결과밖에 내지 못할 거라고 하면서 긴장감을 고조시킨다. 그러나 이미 한 번 실패했던 기억은 또 실패하면 어쩌나 하는 불안을 불러일으킨다. 모의고사 성적이 예상보다 낮게 나올 경우 불안은 훨씬 커진다. 또 대입에 실패할지도 모른다는 불안을 넘어 앞으로의 인생이 비참해질 것이라는 불안까지 확대된다. 한편 이런 불안을 마주하거나 적극적으로 다룰 만한 여유가 없다는 생각에 불안을 억누르기만 하는데, 이로 인해 소화불량, 현기증, 불면증, 공황발작 등의 신체화 증상에 시달리게 된다. 그리고 이 시점에서 상담을 찾게 된다. 다음은 진영이 이런 불안 반응으로 상담을 찾게 된 경위이다. 진영은 결국 다니던 재수학원을 그만두어야 했고 수능에 재도전할 것인가에 대해서도 갈등하게 되었는데 이 부분은 상담 개입에 대한 부분에서 다시 알아볼 것이다.

　진영은 어릴 때 영재교육을 받을 만큼 똑똑했지만 중학교 때부터 공부에 흥미를 잃었다. 명문대를 나와 전문직에 종사하고 계신 부모님은 공부에 흥미를 보이지 않는 진영을 이해하지 못했고, 진영은 억지로 공부를 해야 했다. 중학교 때까지는 그리 나쁘지 않은 성적을 낼 수 있었지만 고등학교 때부터는 만만치 않았다. 내신이 좋지 않았지만 부모는 나무라지 않았고, 학군이 좋은 곳의 고등학교여서 어쩔 수 없으니 정시에 도전할 것을 권했다. 고2 때까지 이런 부모의 말에 기대서 공부를 소홀히 했던 것도 사실이다. 고3이 되어 공부를 열심히 했지만 모의고사 성적은 잘 나오지 않았고, 결국 수능에서도 좋은 성적을 거두지 못했다. 자신의 점수로 합격할 수 있는 대학은 부모만이 아니라 진영 자신도 수용하기 어려웠고, 재수를 하기로 결정했다. 3월까지는 비교적 잘 적응한다고 생각했는데, 언젠가부터 학원에 가면 구역질이 나고 어지러웠다. 이런 증상이 나타나는 빈도가 높아지더니 어느 날은 학원에 가는 전철에서 갑자기 가슴이 답답해 전철에서 내려 버렸다. 그리고 플랫폼 벤치에 앉았는데 갑자기 눈물이 났다. 얼른 눈물을 훔쳤지만 흐르는 눈물은 멈추지 않았고, 진영은 앞으로 아무것도 할 수 없을 것 같다는 생각이 들어 더 두려웠다. 학원에는 아파서 갈 수 없다고 연락을 하고 행선지도 정하지 않고 하염없이 걸었다. 우연히 '○○ 청소년상담센터'라는 간판을 보고 무작정 문을 두드렸다. 진영은 아침에 있었던 일을 얘기하면서 아무래도 자신이 이상해진 것 같다고 하면서 진단을 요구했다. 상담자는 진영을 진정시킨 뒤 중요한 일이니 부모님께도 알려야 한다고 설득하고 부모와 연락을 취했다. 진영과 어머니와 함께 첫 상담을 시작하고, 지속적으로 상담을 받으면서 불안문제를 우선적으로 다루기로 했다.

더 이상 참기 힘들어진 문제   사람들은 대부분 어려움이 찾아온다고 해도 어느 정도 참으며 일상을 유지한다. 그렇게 하다 보면 여러 문제가 미해결된 채로 내면에 머물게 되는데, 어려운 과제를 해 내야 하는 상황에서 이런 내재화된 문제가 불쑥 나타나 어려움을 가중시킨다. 또는 보통 때는 참아 넘길 만한 일들이 어려운 과제를 하고 있는 동안에는 참을 수 없는 고통으로 경험되기도 한다. 어려운 과제를 수행하는 데 소요되는 정신적 에너지가 많기 때문이라고 할 수 있는데, 대입 실패 트라우마도 이런 작용을 하게 된다. 대입 실패 직후가 아니라 대입 실패를 제대로 다루지 못한 것이 원인이 되어 이후 적응상의 문제를 일으키는 경우라고 할 수 있다. 따라서 상담자는 많은 대학생들의 학교적응 문제의 기저에 대입 실패 트라우마가 공존하고 있음을 염두에 두어야 한다. 대입 실패가 원인이 되어 학교생활에서도 어려움이 있다고 호소하는 경우도 있지만, 대입 실패의 문제를 직접 호소하지 않는 경우도 있다는 점을 유념해야 한다. 다음 사례는 대입 실패가 반복되면서 평소의 심리적 어려움이 가중되다가, 상실이라는 위기가 찾아왔을 때 견뎌 낼 힘이 약해져 상담을 오게 된 사례이다. 상당히 오래전에 보고된 사례이기는 하나 최근 대학 상담센터를 찾는 내담자들이 호소하는 내용과 크게 다르지 않다.

　대학교 2학년 여학생인 수정은 현재 공부를 전혀 할 수 없음은 물론 학교에 다닐 수 없을 정도로 힘든 상황에서 상담을 하게 되었다. 내담자는 고2 때와 삼수 때 신경정신과에서 약물치료를 받았으며, 재수 때는 장기상담을 받은 적이 있었다. 아동기부터 어머니의 무시 속에서 자란 내담자는 우수한 성적을 인정받을 수도 있었지만 대입 실패로 인하여 열등감, 우울감 등에 사로잡히게 되었다. 한편, 초등학교 4학년 이후 부모와 떨어져 살던 내담자가 믿고 의지한 외조모의 죽음으로 상실감이 깊어졌다. 이것이 계기가 되어 열등감, 우울감, 상실감, 소외감 등을 극복할 수 없다고 생각한 상태에서 상담을 시작하게 되었다. 상담 초기 상담자는 공감적이고 수용적인 태도로 임하면서 내담자의 억압된 감정 표출과 계속 지배하고 있는 생각과 느낌의 표현을 도와주며 기존의 누적되어 온 심리적 갈등을 활성화시켜 갈등 상황을 파악하고 역동 진단을 하였다. 상담 중기에는 초기에 표출된 감정 위에 긍정적인 감정 경험과 표현을 하고 대인관계 패턴을 이해함으로써 소외 극복, 소속감, 애정 확인, 신뢰감 형성에 도움을 주고자 했다. 상담 후기에는 주로 현실 적응에 초점을 맞추어 학교 및 일상생활 적응에 도움을 주고자 했으며 실제로 많은 변화를 보여 주었다. 상담 전반에 걸쳐 인지적 접근과 공감, 수용적 분위기를 중요시했다. 앞으로의 상담에서는 긍정적 자아상을 되찾은 내담자 자신이 스스로 선택해서 행동한 것에 대한 책임을 질 수 있는 사람이 되도록 하는 것이 최종 목표이다. 수정의 지적 능력, 통찰, 변화

하려는 욕구, 동기, 노력, 수용적인 태도 등의 자원이 이를 도와주고 있
다(오진미, 1995, p. 79).

수정의 경우 삼수까지 하면서 어렵게 대학에 들어왔지만 대입 실패에서 느꼈던
열등감과 우울감을 제대로 극복하지 못한 상태였다. 그럼에도 불구하고 1년이 넘
는 기간 동안 나름대로 학교생활을 잘 꾸려 나가고 있었다. 그러나 부모와 같은
존재였던 외할머니가 돌아가시면서 그 상실감을 극복하기 어려웠을 뿐 아니라 미
해결되었던 대입 실패 경험이 어려움을 가중시켰던 것이다. 이와 같이 새로운 문
제나 위기가 발생되면서 이전의 대입 실패의 아픈 경험이 전면으로 부각될 수 있
다. 우리나라의 많은 학생들이 자신이 기대했던 것에 못 미치는 대학에 다니고 있
다는 점(이 경우 대입 실패로 지각됨)을 감안할 때, 상담자는 내담자가 호소하는 문
제와 함께 대입 실패의 부정적 경험에 대한 탐색도 시도해야 할 것이다.

지속되는 패배감   대입 실패로 인한 패배감은 대학생활의 부적응에만 영향을
미치는 것이 아니라 훨씬 이후 시기까지 영향을 미친다. 대입의 결과가 평생 따
라다니는 성적표가 되어 자신이 부족한 사람이라는 자아상을 형성해 뭔가 잘 안
되면 거기에 귀인해 버린다. 대학생활 부적응도 친구 사귀거나 연애가 안 되는
것도 취업에 실패하는 것도 모두 자신이 능력이 없고 부족한 사람이기 때문이라
고 생각하고 그 근거를 대입 실패에 둔다. 더 시간이 지나 부부갈등이나 배우자,
부모와의 갈등을 '자신이 좋은 대학을 나오지 못해 무시당하는 것'이라고 귀인
하기도 한다. 이런 경우 배우자의 학벌 또는 배우자 집안의 학벌이 결혼 당시 가
장 매력적인 부분이었는데 결국 그 부분 때문에 힘들다고 호소하는 것이다. 뿐
만 아니라 자녀가 높은 학업성취를 거둘 수 있도록 최선을 다하면서 지나친 강
요에까지 이르게 되기도 한다. 자녀가 자신의 대입 실패를 만회해 줄 수 있을 것
이라는 기대가 작동해, 오히려 자녀의 학업을 방해하게 되는 모순에 빠진다. 대
입 실패라는 경험은 10~20년이나 지난 일이지만 현재의 행복감이나 갈등의 주
된 원인이 되고 있는 것이다. 따라서 상담자는 대입 실패가 먼 과거의 일이지만
현재의 적응에도 영향을 미칠 수 있고, 이를 다루어야 한다는 점을 염두에 두어
야 할 것이다.
또한 그 당시 선택을 잘못했다거나 다시 도전할 기회를 갖지 못했던 것에 대한

미련이 남아 평생 따라다니는 한(恨)이 되기도 한다. 미주는 남들이 부러워하는 좋은 직장에서 3년 가까이 일하고 있지만 그만두고 싶다고 하면서 상담실을 찾았고, 다음과 같은 호소를 했다.

저는 사춘기가 늦게 와서 고등학교 때 좀 많이 놀았어요. 중학교 때까지 공부를 잘해서 공부에는 자신감이 있어서 내가 하고 싶을 때 하면 된다고 생각했죠. 대학은 좋을 곳에 가고 싶었기 때문에 고3 때는 나름대로 열심히 했어요. 그런데 생각보다 공부가 잘 안 되더라고요. 결국 수능을 못 봤고 재수를 할 생각이었어요. 그동안 놀았으니까 재수는 당연하다고 생각했죠. 그런데 부모님은 반대하셨어요. 어디든 가서 너만 잘하면 되는 거고, 어차피 전문직도 아니고 취직할 건데 대학 가서 취업 준비나 열심히 하라고 하셨죠. 오빠는 삼수까지 해서 원하는 대학에 갔는데 저는 왜 안 되는지 몰랐지만 부모님 말씀을 따를 수밖에 없었어요. 제 성적으로는 지방대밖에 갈 수 없었고, 그래도 서울에 있는 대학의 지방 캠퍼스가 낫다는 생각에 ○○대학 ○○캠퍼스에 다니게 되었어요. 정말 열심히 공부했어요. 내가 대학은 비록 실패했지만 취업에서는 남 부럽지 않은 성과를 내겠다고 생각했죠. 그런데 시간이 지날수록 제가 졸업할 대학의 학벌로는 안 되겠다는 생각이 들어 대학원 진학을 결심했습니다. 물론 서울의 상위권 대학으로. 흔히 학력 세탁이라고들 하죠. 석사 과정에 들어갔을 때부터 지금의 어려움이 시작된 것이 아닌가 해요. 이방인 같은 느낌, 다들 저보다 똑똑해 보이고, 내가 어느 대학 출신이라고 말하기 어려운 것. 제가 할 수 있는 건 열심히 공부하는 것밖에 없었고, 그래서 열심히 공부하고 취업 준비도 열심히 해서 제 목표인 회사에 취업했어요. 그리고 운이 좋게 신입은 가기 힘든 ○○ 부서에도 배치되어 모두 부러워했죠. 그런데 마음이 편하지가 않아요. 항상 부족한 게 드러날까 봐 전전긍긍하며 누구보다 일에 매진하고 있어요. 사람들은 아직 제가 지방 캠퍼스 출신이라는 걸 모르는 거 같은데, 말할 기회를 놓치고 나니 또 기회가 오지 않더라고요. 대학 때부터는 공부만 해서 친구도 없고 저처럼 이렇게 좋은 회사를 온 경우도 없어서 만나는 사람도 없어요. 이렇게 계속 남들보다 더 열심히 하면서 살 수 없을 것 같고,

그냥 제 실력에 맞는 편안한 곳으로 이직을 하면 어떨까 생각해요. 그때
부모님을 졸라서 재수를 해 볼 걸이라는 생각도 들고요. 사람들은 이런
저의 답답한 마음을 이해 못할 거예요."

미주는 실력이 부족한 것도 아니고 출신 대학에 대해 부끄러워할 필요도 없을
만큼 성취를 이루어 내고 있지만, 대입에 실패한 그 시점에서 벗어나지 못하고
있다. 그 이후 이룬 모든 성취에 대해 자신감과 긍지를 갖지 못하는 이유는 대입
에 실패한 사람이라는 자아상에 기인한다. 미주는 대입 실패가 성공을 이루고
난 후의 삶에까지도 부정적 영향을 미칠 수 있다는 점을 보여 주는 사례이다.

3. 상담에서의 선택과 집중

대입 실패는 대입에 실패한 시점에서부터 인생의 후반까지 여러 단계에서 서로
다른 양상으로 부적응을 초래할 수 있다는 점에서 상담에서 다루어야 할 과제가
다양하고 복잡할 수 있다. 여기에서는 비교적 최근 경험으로서의 대입 실패에 초
점을 두고 살펴보고자 한다. 당장의 대입 실패를 극복하고 앞으로 나아갈 수 있도
록 돕기 위해 상담자가 할 수 있는 개입에 초점을 두고 살펴볼 것이다. 따라서 대
입 실패로 인해 스스로에 대해 느끼는 패배감 해소, 대입 실패 이후 진로에 대한
의사결정, 재수를 포함해 다음 과제에 도전하면서 겪는 불안 극복에 대해 알아볼
것이다.

패배감 다루기   '대입이 곧 지난 12년간의 삶의 결과이다. 그리고 이후의 삶을
결정한다'라는 틀에 갇혀 있을수록 대입 실패가 개인에게 미치는 부정적 영향이
커진다. 대입이 학령기를 통틀어 처음으로 전국이라는 큰 경쟁 무대에 던져지
는 것이라는 점에서 충분히 그렇게 생각할 수 있다. 그러나 전 생애 관점에서 볼
때 인생의 많은 전환점 가운데 하나이고, 앞으로 남아 있는 수많은 기회를 생각
하면 첫 관문을 하나 통과한 것에 지나지 않는다. 여기에서의 성공과 실패가 앞
으로의 생애에서 성공으로 작용할 것인지 실패로 작용할 것인지 아무도 예측할
수 없다. 그러나 대입이 모든 것을 결정한다고 생각해 버리면 대입에서의 실패

로 인해 앞으로 모든 삶이 실패가 되어 버리기 때문에 그 패배감은 상상할 수 없을 만큼 클 것이다. 이에 따라 마음의 상처도 크게 입고 그로 인한 정서적 고통도 누구보다 아프게 겪었을 것이다. 따라서 상담자는 내담자가 생각하는 실패의 내용, 원인, 그로 인한 정서적 고통을 다루어야 할 것이다.

① 무엇을 실패했는지 이야기하기

대입 실패는 대학에 불합격한 것으로 대표되지만, 대학에 불합격한 이유도 고등학교 때 너무 놀아서, 수능을 망쳐서, 원서 쓰기에 실패해서 등 다양하다. 뿐만 아니라 대학에 합격했다 하더라도 실패로 인식하고 있는 경우도 많은데, 실력보다 너무 낮은 대학까지 지원하다 보니, 재수가 하기 싫어서, 부모님 바람을 따라서 등으로 원하지 않는 대학에 입학한 이유도 다양하다. 그러므로 상담은 대입 실패로 인한 패배감을 다루기 위해 내담자 스스로 규정하는 실패가 무엇인지 명료화하는 것에서 출발해야 한다.

무엇을 실패했는가에 대해 다시 한번 이야기해 보는 것만으로도 자신이 처한 상황에 대한 객관적 이해를 할 수 있게 해 준다. 대부분 실패를 이야기하면서 '이런 내가 한심하다' 또는 '부끄러워서 고개를 들 수 없다'와 같은 자신에 대한 자책이 동반된다. 그리고 마음에 들지 않는 학교를 다니고 있는 경우 학교에 대한 불만을 얘기하면서 그것을 모두 자신의 수치심과 동일시해 버린다. 또한 뒤따르는 것이 부모에 대한 미안함과 죄책감이다. 많은 잘못된 가정과 비합리적이고 역기능적인 생각이 많은데, 여기에서 유의할 점은 논박을 하려고 하기보다는 경청하는 것이 상담자가 먼저 해야 할 일이라는 것이다. 내담자의 패배감과 수치심을 조장하고 있는 잘못된 생각을 바꾸려고 하기보다는 내담자 스스로 자신의 실패에 대해 자기 방식대로 충분히 생각하고 하소연할 기회를 갖게 하는 것이 선행되어야 한다. 이야기하는 과정에서 자신이 과도한 일반화 또는 재앙화를 하고 있다는 점을 얘기하는 경우가 많은데, 이미 주변 사람들로부터 그런 이야기를 많이 들었기 때문이다. 그러므로 상담자는 내담자가 자신의 실패담을 이야기하고 스스로 평가할 수 있을 때까지 기다려 주는 것이 더 필요하다. 스스로 오류를 발견하지 못한다면 그때 논박해도 늦지 않다.

한편, 많은 대담자가 부모에 대한 미안한 마음 나아가 죄책감을 쉽게 객관화하지 못한다. 이 부분에서는 공감을 하면서 조금은 부담감을 덜 수 있는 방안을 찾는 노력이 필요하다. 자녀에 대한 기대, 자녀의 성취, 성공과 실패에 대한 부모의 만족과 실망, 그에 대한 자녀의 지각과 감회는 우리나라 학생들만이 독특하게 겪는 것은 아니다. 1세기도 훨씬 전에 출판된 캐나다의 소설 『빨강머리 앤』에도 다음과 같은 구절이 등장하는데, 시험을 망친 친구가 자신은 부모를 실망시키려고 태어났다고 자신을 책망하고 있다.

> 역사 시험 문제는 조금 어려웠어. …… [중략] …… 오는 길에 무디 스퍼전이 멍하니 이리저리 방황하고 다니는 걸 봤어. 역사 시험에서 완전히 망했대. 자긴 부모님을 실망시키려고 태어난 것 같다면서 내일 아침 기차로 집으로 돌아갈 거라고 하더라고. 그리고 어쨌든 목사보다는 목수가 되는 게 더 쉬울 것이라고 하더라(『빨강머리 앤: 초록지붕 집 이야기』, p. 468)[2]

이처럼 시험을 망쳤을 때 가장 먼저 떠오르는 것은 자신의 문제가 아니라 부모의 실망감인 경우가 많다. 1세기 전 서양 소설에도 이렇게 묘사되는 것으로 볼 때 부모와 자녀가 서로 기대하고 실망하고 미안해하는 마음은 동서고금을 막론하고 상당히 보편적으로 나타나는 인간의 상호작용으로 보아야 할 것이다. 이 점에서 볼 때 상담자는 내담자가 자신의 죄책감을 그대로 받아들일 수 있도록 하고, 그로 인한 지나친 부담감을 낮추는 것을 목표로 삼아야 할 것이다.

② 실패의 원인에 대한 재점검

자신의 대입 실패에 대해 이야기하면서 자신이 가진 비합리적이고 비생산적인 기준과 생각들을 알아차리는 내담자들은 대입 실패가 인생의 파국으로 치닫는 출발점이 되지는 않는다는 것에 안도할 수 있다. 그러나 결국 실패는 자신의 부족이 원인이었기 때문에 이 부분에서 갖게 되는 수치심과 열등감이 크게 달라지지 않을 수 있다. 그리고 수치심과 열등감을 크게 느끼는 사람일수록 앞으로도 자신의 능력치는 달라지지 않는다고 생각한다. 실패를 타고난 능력에 귀인

---

2) 우리나라에서 가장 최근에 출판된 엄진현 역(커뮤니케이션북스, 2018년)의 오디오북 내용을 그대로 옮겼다. 원저 『Anne of green gables』의 357쪽 내용이다.

하면서 실패를 극복하고 앞으로 나아갈 동기를 갖지 못한다. 이 부분에서 상담자는 적극적 개입을 해야 하는데, '재귀인'이라는 개념과 '마인드셋'이라는 개념을 적용해 조력할 수 있다.

먼저, 재귀인 전략은 대입 실패의 원인을 자신의 능력만이 아니라 다른 요인에서 찾는 것이다. '능력 부족'이 원인이 아니라는 것이 아니라, 능력 부족 이외에 실패를 가져 온 다른 요인은 무엇일까를 찾아보는 작업이다. 상담자가 가능한 원인을 제시하기보다는 내담자 스스로 원인을 생각해 보게 하는 것이 더 효과적이다. 내담자가 잘 떠올리지 못한다면 자신에게 해당되는 것과 상관없이 칠판이나 포스트잇에 학업성취도를 좌우한다고 생각되는 것을 모두 적어 보게 할 수 있다. 이 과정을 돕기 위해 학업성취도 결정 요인 목록을 보여 주고 해당되는 것을 찾아보게 할 수 있고, 학업성취도 결정 요인으로 구성된 플래시 카드를 주면서 분류하게 할 수도 있다. 요인을 열거한 다음에는 요인별 기여도를 10점 중 또는 100% 중 상대적 비중으로 평정해 보는데, 이 단계에서 내담자와 상담자는 논박을 할 수 있다. 상담자가 납득할 수 있도록 왜 그것을 원인으로 보았고 그만큼의 비중을 차지하고 있다고 생각하는지 내담자에게 설명해 보라고 할 수 있다. 이 과정을 통해 대입 실패에 대한 귀인을 현실적이고 합리적으로 바꿀 수 있도록 돕는 것이다.

재귀인 과정을 통해서도 여전히 능력은 대입 실패의 중요한 원인으로 남아 있을 수 있는데, 이 능력을 바꿀 수 없다고 생각한다면 다른 요인의 역할을 알더라도 수치심과 열등감에서 벗어나기 쉽지 않다. 따라서 능력의 변화에 대한 신념인 마인드셋을 확인하고 이 부분에 대한 개입이 이루어져야 한다. 마인드셋 관련 내용은 8장 기초학력미달의 '지능에 대한 신념' 부분을 참고하기 바란다.

③ 대입 실패에서 느꼈던 감정 드러내고 수용하기

모든 학업실패 트라우마는 깊은 정서적 상처를 남기기 때문에 그 정서를 다루어야 한다. 대입 실패에서도 마찬가지로, 대입 실패 이후 경험하는 다양한 부정 정서를 다루어야 한다. 대입 실패를 주로 포함하는 학업실패 경험에 대한 최근 연구결과에 따르면 실패로 인한 정서적 고통에 우울, 미래에 대한 두려움, 슬픔, 분함, 1년을 더 해야 한다는 부담, 기분이 좋지 않음과 같은 미분화 괴로움이 포함되었고, 전반적인 불안을 포함해 눈물이 나고, 허무함, 자신에 대한 원망, 짜증, 좌절감, 화남 등의 부정적 정서반응이 보고되었다(황매향 외, 2019). 어느 하나의 정서로 대표되기보다 상당히 여러 가지 부정적 정서가 동시에 경험된다고 할 수 있다. 상담은 내담자가 경험하는 이러한 복잡한 정서를 드러낼 수 있도록 촉진할 수 있어야 한다. 대입 실패는 다른 학업실패와 달리 실패라고 명명되는 시점이 모호하면서 고3 기간 동안 계속 실패감을 느낀 경우부터 대학의 마지막 합격자 발표일에 모든 불합격을 확인하는 시점에서 실패감을 느끼는 경우까지 다양하다. 뿐만 아니라 재수를 시작하거나 대학에 다니기 시작하는 시점까지 실패라는 명명이 미루어지기도 한다. 이 과정에서 실패감은 어느 시점에서인가부터 느끼고 있었고 모든 입시 상황이 확정되면서 그 좌절은 더 증폭된다. 그러나 이런 가운데 대입 실패에 대해 스스로 다룰 겨를 없이 재수를 시작하거나 원하지 않는 대학에 다니게 된다.

대입 실패를 경험하면서 내담자들은 자신이 무엇을 느끼고 무엇을 힘들어하는지를 제대로 돌보지 못한 채 재수나 입학과 같은 다음 과업으로 넘어간다. 상담에서는 이 과정에서 느꼈던 감정을 있는 그대로 느끼고 수용할 수 있도록 도와야 한다. 실패했다고 생각했던 그 시점부터 경험했던 감정을 다시 되짚어 보고 지금까지 어떻게 견뎌 오고 있는지 차근차근 이야기하고 듣는 시간이 필요하다. 비참했다면 얼마나 비참했는지, 슬펐다면 얼마나 슬펐는지, 자신이 불쌍했다면 얼마나 불쌍했는지를 털어놓는 자리를 마련해 준다. 지나치게 확대되어 일상생활을 방해하는 것이 아니라면 부정 정서를 없애려고 하기보다는 인정하고 받아들일 수 있도록 돕는 데 초점을 둔다. 그리고 다음 단계로 상담에서 다루게 되는 일상을 방해하는 대표적 부정 정서인 불안에 개입하는데, '불안에 개입하기' 부분을 참고하기 바란다.

진로의사결정 돕기 대입 실패는 다음 어떤 도전을 할 것인가의 과제를 안고 있다. 대입 실패 직후에는 '재수를 통해 한 번 더 대입에 도전할 것인가'와 '만족할 수 없지만 합격한 대학에 다닐 것인가'라는 두 가지 대안 중 하나를 선택하게 된다. 이 과정에서 충분히 고민하지 않은 채 결정을 해 버리는 경우가 많은데, 이후 적응과정에서 진로와 관련된 고민을 하게 되는 원인이 된다. 그리고 대입 실패 트라우마를 호소하는 내담자들의 대부분은 이때 상담을 찾는다. 재수를 하는 경우 재수 생활의 스트레스가 심해지면서, 원하지 않는 대학을 진학한 학생들은 반수를 고민하면서 상담실을 찾는다. 스트레스가 심한 재수생의 경우는 스트레스 자체를 다루어야 하는 경우도 있지만 진로에 대한 검토가 필요한 경우도 적지 않다. 반수를 고민하는 경우는 그 자체가 진로의사결정에 대한 도움을 필요로 하는 경우라고 하겠다.

어느 경우이든 진로의사결정을 목표로 할 경우 이전 의사결정에 대한 점검에서 출발해야 할 것이다. 진로의사결정 이후 적응에 실패하는 이유는 대표적으로, 첫째, 충분한 정보를 가지고 합리적으로 의사결정을 하지 못했기 때문이다. 둘째, 자신이 포기하고 타협한 것에 적응을 못하기 때문이다. 전자라면 처음부터 합리적 진로의사결정의 과정을 거쳐야 하고, 후자라면 타협에 대한 적응에 더 초점을 두어야 할 것이다. 따라서 재수 또는 입학에 대해 어떤 과정을 거쳐 결심하게 되었는지 그 과정부터 되짚어 보는 과정이 필요하고, 이 과정에 대한 평가에 따라 상담의 진행도 달라질 수 있다.

① 미성숙 결정의 문제

재수 또는 입학을 어떻게 결심하게 되었냐는 질문에 "수능을 망친 게 너무 억울하니까 무조건 재수한다고 생각했어요.", "부모님께서 한 번 더 해 보자고 하셨어요.", "수능 공부를 다시 한다는 게 너무 끔찍했어요.", "아주 좋은 대학 아니면 다 비슷하다고 생각했어요."와 같은 대답을 한다면 합리적 의사결정 과정을 거치지 않았을 가능성이 높다. 결심을 하면서 가장 중요하게 고려했던 건 무엇인지, 어떤 점들이 가장 갈등이었는지, 어떤 어려움을 예상했었는지 등 탐색적 질문에 더 이상 답을 하지 못한다면 더욱 그렇다. 이렇게 이전의 의사결정이 여러 사항을 고려한 합리적인 절차를 밟지 못했다면, '자신의 특성에 대한 이해 → 가능한 대안에 대한 정보 수집 → 각 대안의 장단점 비교'의 과정을 차근차근 밟아 다시 결정하는 것이 필요하다. 이때는 일반적인 진로상담의 과정을 그대로 적용해 개입한다. 이 경우 내담자가 처음에는 예상하지 못했던 대안을 선택하게 되기도 하는데, 새로운 대안을 선택하는 것에 충분히 열려 있어야 한다. 예를 들면, 앞서 살펴본 진영은 재수과정에서 불안 반응이 심해 상담을 시작했지만, 상담을 통해 진로를 크게 변경했다.

전철을 타고 가다 공황발작을 경험했던 진영은 상담을 시작하고 나서
야 자신이 재수를 하는 과정에서 얼마나 심한 불안을 느끼고 있는지 알

게 되었다. 스스로에 대한 채근, 부모의 감시(부모는 그런 적이 없다고 했지만 진영은 그렇게 느꼈다고 함), 더 똑똑하고 더 열심히 하는 학원 친구들, 학원 담임의 공포분위기 조성 등에 짓눌려 있다는 것을 상담자와 이야기를 나누면서 알게 되었다. 학원이라는 환경이 불안 반응을 심하게 일으키는 주요인으로 파악되어 학원을 그만두고 집에서 공부하기로 했다. 한번 그만두면 다시 그 학원에 갈 수 없다는 것 때문에 고민이 되었지만, 필요하면 이후에 다른 학원을 선택하면 된다고 생각하고 그렇게 결정했다. 6월부터 반수생들을 위해 많은 학원들이 다시 학생들을 모집한다는 정보가 조금은 진영을 안심시키기도 했다.

그리고 진영과 상담자는 중요한 것은 지금까지 어떻게 지냈는가가 아니라 앞으로 어떻게 할 것인가라는 것에 합의하고, 재수를 결정한 시점에서부터 다시 의사결정을 해 보기로 했다. 진영은 한 번도 자신의 진로에 대해 진지하게 고민해 본 적이 없었고, 부모가 가진 지위와 친가와 외가의 사촌들이 다니는 대학과 직장에 크게 뒤지지 않아야 한다는 생각밖에 없었다. 이 부분에 대한 통찰을 얻은 진영은 이제부터는 자신이 진정으로 원하는 것이 무엇인지 찾아야겠다는 동기가 높아졌다. 지금까지 공부를 안 한 기간이 길어 공부를 보충하는 데 시간이 많이 걸릴 수 있다는 점과 어릴 때 1년간 유학을 가서 좋았던 경험 때문에 해외로 나가고 싶은 마음도 있다는 점에서 빨리 군문제를 해결하는 것이 좋겠다는 결론에 도달했다. 그래서 재수를 그만두고 군입대를 결정하게 되면서 상담은 마무리되었다. 이후 진영은 제대를 하고 미국의 전문대로 진학했다. 그곳에서 어학을 마치고 어느 정도 학점을 채운 후 주립대 간호학과 편입에 성공했다. 누구보다 열심히 공부하는 학생으로 졸업을 앞두고 있는 상황에서 학습부진 극복 사례 제공자로 필자에게 도움을 주었다.

② 타협에 대한 부적응 문제

재수 또는 입학을 결정하면서 충분히 여러 가지 사항을 고려했지만 어려움을 겪는 내담자와의 진로상담은 조금 다르게 진행될 수 있다. 대부분의 선택은 자신이 원하는 '최고의 대안'을 선택하는 것이 아니라, 현 상황에서 가장 자신을 많이 만족시켜 주는 '최선의 대안'을 선택하게 된다. 대입 실패를 한 경우는 모두 이런 차선책을 선택한 것이라고 할 수 있다. 진로의사결정에서 최고를 선택하지 못하고 무언가를 포기하면서 최선을 선택하는 과정을 타협의 가정이라고 하는데, 타협이론을 제안한 Gottfredson(2005)은 타협을 잘하는 것보다 중요한 것은 타협 이후 적응이라고 보고 있다. 잘 선택했다는 것은 그 당시 얼마나 좋은 대안을 선택했는가보다 선택 이후 그 선택을 얼마나 좋은 선택으로 만들었는가에 달려 있다는 것이다. 여기에 적합한 사례로 힐러리 클린턴의 이야기가 자주 인용된다.

> 어느 날 클린턴 대통령 부부가 차를 타고 가다가 기름이 떨어져서 주유소에 들르게 되었다. 그런데 우연하게도 주유소 사장이 힐러리의 옛 남자친구였다. 돌아오는 길에 클린턴이 물었다. "만일 당신이 저 남자와 결혼했으면 주유소 사장 부인이 돼 있겠지?" 힐러리가 바로 되받았다. "아니, 저 남자가 미국 대통령이 되어 있을 거야."(이지성, 『여자라면 힐러리처럼』, 2007, p. 5)

이 일화는 자신이 영부인이 된 것은 클린턴을 잘 선택했기 때문이 아니라 자신이 클린턴을 대통령으로 만들었기 때문이라고 힐러리가 생각하고 있음을 보여 준다. 이처럼 의사결정 이후의 적응 또는 부적응은 선택이 아니라 선택에 대한 이후 적응이 좌우한다. 상담에서 내담자가 현재의 부적응이 '선택을 잘못해서'라고 보고 있다면, '선택에 적응을 하지 못해서'로 문제를 다시 볼 수 있도록 돕는 것에서 출발할 수 있다. 그리고 다음으로 어떻게 적응할 것인지에 대한 개입으로 나아간다. 이전 선택에 잘 적응하지 못하는 대부분의 이유는 포기한 것에 있다는 점을 염두에 두면 목표 설정과 조력의 방향 잡기를 효율적으로 진행할 수 있다. 어떤 것을 포기했는지 그리고 어떤 것이 어려울 것이라고 예상했는지 탐색하고, 예상과 실제에는 어떤 차이가 있는지, 어려움을 극복하기 위해 지금까지 시도했던 방법들은 무엇인지, 그 효과는 어떤지, 다른 방안에 대해 생각해 본 것이 있는지 등 내담자가 지금까지 해 온 것에 대한 점검에서부터 시작한다. 이 과정에서 이전 결정과정과 이후 적응과정에 대한 정리가 되면, 앞으로 어떻게 하고 싶은지와 어떻게 할 수 있을지에 대한 내담자의 생각을 들어 본다. 상담자가 구체적인 방안을 제시하려고 하기보다는 내담자의 원함(want)과 그 실천방안(doing)을 따라가는 것이 효과적이다. 앞으로 어떻게 해야 할지에 대해 상담자가 지시해 주기를 원한다면, 스스로 무엇을 원하고 어떻게 할 수 있을지 상담자와 함께 생각하고 고민해 보는 것에 충분한 시간을 할애하는 것이 필요하다. 시간이 촉박해서 빨리 결정하고 싶어 한다면, 더 밀도 있게 생각하는 시간을 갖도록 지지하고 상담의 횟수를 일주일에 한 번 정도 더 늘릴 수도 있다.

불안에 개입하기　　대입 실패의 문제를 호소하는 내담자 가운데 불안이 높은 경우가 많다. 당장의 모의고사나 학교 시험에서의 불안부터 미래에 대한 불안까지 불안의 범위도 다양하고, 밥을 먹지 못하거나 잠을 못자는 신체화 증상부터 공황발작, 대인기피, 감각 이상(안 보이거나 안 들림)까지 그 양상도 복잡하다. 극심한 스트레스가 지속되면서 약물치료가 필요한 성도의 정신병리까지 발현되기도 하는데, 상담자는 초기 진단을 정확하게 해 필요한 도움을 가능한 한 빨리 받을 수 있도록 조치해야 한다. 뿐만 아니라 이후 치료과정에 대한 점검과 상담과정에 대한 정보 교환이 필요하다. 상담자가 소속된 상담기관이 정한 절차에 따라 이 과정이 제대로 수행되어야 내담자를 잘 도울 수 있다. 예를 들면, 시험불안이 높을 경우 항불안제를 복용하면서 상담이 진행되는 경우도 있는데, 이때는 약물치료를 담당하는 정신과 의료진과의 협력이 반드시 필요하다.

　일반적으로 불안에 대한 상담은 불안이라는 정서와 동반되어 나타나는 신체적 불안 반응을 감소시키는 것과 불안을 야기하는 걱정을 덜어 주는 것에 초점을 둔다. 신체적 불안 반응과 관련해서는 이완법을 비롯해 상담자가 개입할 부분도 있지만, 상담자가 직접 돕기 어려운 부분이 있어 병원 진료를 병행하기도 한다. 위장장애와 수면장애는 수험생들이 대표적으로 호소하는 신체적 반응으로 약물치료의 도움을 받을 수 있다. 면역력이 약해지면서 잦은 감기를 비롯해 심할 경우 대상포진, 원형탈모 등 면역계 질병으로 확대되기도 하는데 증상이 시작되면 가능한 한 신속히 치료를 받아야 한다. 그리고 이러한 치료 경험이 있다면 규칙적인 식사와 체력 증진 운동을 비롯한 일상생활을 점검하면서 면역력 증강을 위한 개입도 해야 한다.

　불안을 야기하는 걱정 요소와 관련해서는 인지적 개입이 대부분을 차지한다. 상담에서 직접 다루게 되는 대표적 불안은 '수능을 잘 볼 수 있을까.', '(괜찮은) 대학에 갈 수 있을까.', '(좋은) 직업을 가질 수 있을까.'라고 할 수 있는데, 그 질문 앞에 공통적으로 붙는 조건으로 '내 실력으로'이다. 개인의 현재 능력에 대한 지표, 이전부터 누적된 지표들, 경쟁자들의 능력에 대한 지표, 대학 입시결과 자료 등 객관적 자료들이 풍부하다. 이러한 객관적 자료가 있는데 "내 실력으로 가능할까요?"라는 질문은 적절하지 않다. 상담에서는 객관적 자료들을 가지고 그 불안의 현실성을 검증하는 과정이 필요하다. 자신이 지금까지 쌓아 온 실력과 자신이 진입하고자 하는 대학에서 요구하는 실력의 편차가 크다면, 불안한 것은 당연한 것이다. 내담자와 상담자가 해야 할 일은 불안을 낮추기 위해 희망하는 대학의 수준을 낮추거나, 불안을 당연한 것으로 받아들이고 어렵지만 도전해 보는 것이다. 어려운 도전을 하는데 불안해하지 않고 편안하게 지낼 수는 없다.

또한, 자신이 지금까지 쌓아 온 실력과 자신이 진입하고자 하는 대학에서 요구하는 실력의 편차가 크지도 않음에도 불구하고 불안 반응을 심각하게 보이는 경우도 있다. 이 경우에는 객관적 자료들을 함께 보면서 내담자가 가진 실력에 대한 지지를 해 주는 것이 도움이 된다. 이 과정을 통해 스스로 자신의 실력을 과소평가하면서 스스로를 믿지 못하는 것이 오히려 수행을 방해한다는 것을 인식하게 될 것이다. 뿐만 아니라 자신이 과도하게 불안했던 이유에 대해 이전의 경험을 되돌아보는 시간을 가지면서 자신의 현재 상황에 대한 통찰을 얻게 되면 불안 반응은 거의 해소된다. 주영은 이렇게 상담을 통해 자신이 가진 역량에 대한 지지를 받고 그간의 삶에 대해 돌아보는 시간을 가지면서 마음이 편안해져 재수에 성공할 수 있었다.

　　주영은 수능시험 영어 듣기평가에서 아무것도 들리지 않아 듣기평가만이 아니라 그 이후 모든 시험에서 실력 발휘를 하지 못했다. 결국 수능 최저 기준을 맞추지 못해 수시에도 합격하지 못했고, 정시에는 아예 지원도 하지 않고 재수를 결심했다. 그런데 재수를 시작하고 처음 본 모의고사에서 또다시 영어 듣기평가가 들리지 않았다. 혼자 연습할 때는 아무 문제가 없는데 실전에서 이런 일이 생겨 정말 답답했던 주영은 학원의 담임이 소개한 상담실을 찾았다. 상담에서 주영은 지금까지 매우 우수한 성적을 보이는 학생이었고 최상위권 대학을 목표로 하고 있었지만 영어 듣기평가 때문에 대입에 실패하게 되었다고 하면서, '또 이런 일이 일어나면 어떻게 하나.'라는 공포감이 든다고 호소했다. 상담자는 지금까지 이룬 성취에 대한 지지를 하면서 어떤 과정을 거쳐 그런 성취를 하게 되었는지 이야기를 듣고 싶다고 했다. 주영은 어린 시절부터 자신이 공부에 집중하게 되었던 계기에 대한 이야기부터 시작했다. 주영은 어려운 가정형편에서 태어나 자랐고, 부모의 이혼 그리고 어머니의 재혼으로 초등학교 3학년부터 새로운 가정에서 살게 되었다. 다섯 살 위의 이복형과 계부로부터 구박을 받았을 뿐 아니라 어머니까지 홀대를 당하며 살았다. 오로지 자신이 공부를 잘하는 것만이 조금이라도 가정의 평화를 가지고 오는 것이라고 생각했고, 나중에 출세를 해서 어머니를 잘 모시겠다는 다짐을 하면서 공부를 해 왔다. 그래서 이렇게 재수를 하게 된 것도 너무나 수치스러운 일인데 또 성적이 안 나오면 어떻게 해야 할지 모르겠다고 하면서 큰 소리로 울기까지 했다. 주영은 한 번도 이런 이야기를 다른 사람에게 해 본 적이 없었고, 이렇게 크게 운 것도 태어나 처음이라고 했다. 3회기 동안 많은 이야기를 털어놓는 동안 상담자는 경청하고 공감하고 지지하면서 주영이 충분히 자신의 이야기를 할 수 있도록 해 주었다. 4회기에 와서 주영은 상담에서 자신의 어린 시절과 답답한 마음을 얘기한 것이 큰 도움이 되었다고 하면서 '좋은 대학'이나 '출세'에 집착하던 자신에게 해방감을 주었다고 평가했다. 여기에서 상담을 종결하고 싶다고 했고, 이후 재수 기간을 잘 마치고 원하는 대학에도 합격했다는 소식을 알려 왔다.

4. 상담자를 위한 심화학습

 수치심

대입 실패는 무엇보다 실패한 자신을 부끄러워하는 수치심을 불러일으킨다. 수치심은 대입에서의 실패만이 아니라 거의 모든 학업실패에서 경험하는 정서라고 할 수 있고, 학업만이 아니라 다양한 상황에서의 실패에 동반된 정서 경험이다. 이로 인해 수치심이라는 정서는 상담에서 자주 다루게 되는 대표적인 부정 정서에 속한다. 상담자는 자신이 지금까지 다른 영역에서 다루어 왔던 수치심에 대한 개입전략을 그대로 적용할 수 있을 것이다. 단, 대입 실패 나아가 학업실패로 인한 수치심을 다룰 때는 내담자가 느끼는 수치심이 학업동기 증진을 이끌어 낼 수 있도록 도와야 한다는 점을 기억하기 바란다.

수치심의 의미　　수치심(shame)은 사전적으로 '다른 사람들을 볼 낯이 없거나 스스로 떳떳하지 못함을 느끼는 마음'(국립국어원 표준국어대사전[3])으로 정의되는데, 다른 사람 앞에서나 스스로에게 자신이 부끄럽게 여겨질 때 느끼는 감정이다. 수치심은 타인 또는 자신에게 부끄러운 모습이라는 지각에서 출발하기 때문에 무엇에 비추어 볼 때 부끄러운가, 즉 어떤 것을 기준으로 볼 때 자신이 거기에 도달하지 못했는가(또는 실패했는가)와 관련된다. 높은 점수를 받아야 하는데, 또는 좋은 대학을 가야 하는데 그렇지 못했기 때문에 창피하다는 것이 대입 실패 트라우마를 가진 내담자들의 수치심일 것이다. 이런 수치심은 대입 실패와 같이 학업성취에서의 실패만이 아니라 삶의 다양한 영역에서의 실패와 관련되고, 수치심은 앞으로 나아가게 하는 행동을 막는 부정 정서로 오래전부터 상담에서 관심을 가져 온 정서이다. Freud에서 출발한 수치심에 관한 관심은 그동안 수많은 연구를 통해 다양한 성과를 나타내고 있는데, 홍지선과 김수임(2017)은 수치심의 개념에 관한 논의를 〈표 12-1〉과 같이 정리해 제시하고 있다. 수치심은 상황 수치심과 특질 수치심, 외적 수치심과 내적 수치심, 일차적 수치심과 이차적 수치심 등으로 다양하게 분류되고, 대인관계에서 경험하는 수치심을 관계적 수치심으로 따로 분류하기도 한다.

〈표 12-1〉 수치심 정의와 분류

학자	수치심	정의 및 특성
Gilbet, P., Allan, S., & Goss, K. (2000)	상황 수치심 (state of shame)	• 특정 상황에 대한 일시적인 정서반응 • 상황이 종료되면 사라짐
	특질 수치심 (trait of shame)/ 내면화된 수치심 (internalized shame)	• 개인의 성격에 내면화되어 전체 자기(entire self)에 대한 부적절감을 느끼는 고통스러운 감정 • 일반적인 상황에서도 자신을 부정적으로 평가 • 지속적이고 만성적임

---

3) http://stdweb2.korean.go.kr/main.jsp

Lewis, H. B. (1971). & Gilbet, P. (2000)	외적 수치심 (external shame)	• 타인이 자신을 어떻게 평가하는가에 근거하여 타인으로부터 평가절하되는 경험 • 다른 사람들이 자기를 깔보거나 열등하거나 부적합하거나 약하다고 본다는 믿음과 관련이 있음 • 다른 사람의 마음을 바꾸고 싶어 하는 동기와 관련
	내적 수치심 (internal shame)	• 다른 사람이 아닌 자신의 관점에서 자기 스스로를 가치절하함 • 스스로를 부족하고 불충분한 존재로 경험하고 평가함 • 주의가 타인이 아닌 자신에게로 집중되며 자기를 비판하는 특성과 관련 있음
Greenberg, L. S. (1997)	일차적 수치심 (first level of shame)	• 자기 스스로를 가치 없는 인간으로 여기거나 다른 사람이 받아들일 수 없을 만큼 결점이 많다고 여기는 핵심적 자기를 내재화하여 생기는 일차적 수치심 • 개인의 이상적 기준을 위반한 것
	이차적 수치심 (second level of shame)	• 특정 상황에 대한 정서적인 반응 • 자신의 실수에 대한 자기비판과 관련되는 내적 경험
Wong et al. (2014)	관계적 수치심 (relational shame)	• 대인관계적 관심(염려)과 관련 있는 수치심 • 외적 수치심의 확장된 개념으로 가족적 수치심을 포함 • 아시아인의 문화를 고려하여 더 확장된 개념

출처: 홍지선, 김수임, 2017, p. 136.

상담 영역에서는 수치심이 정신병리의 근본 원인이 된다는 것을 입증한 연구들이 주를 이루는데, Cozolino(2015)는 이것을 진화과정을 통해 뇌의 정보처리에 남은 흔적이라는 측면에서 설명하고 있다. Cozolino는 심리적 스트레스원으로서 핵심수치심(core shame)을 제안한다. 핵심수치심이란 종족에서 가치 있는 구성원이 되고자 하는 원시적 본능인 소속감의 내면화에 실패할 때 느끼는 것으로, 상처받고, 사랑받지 못하고, 버려졌다고 느끼게 된다. 집단을 이루어 살아가는 인간은 자신이 속한 집단에서 '난 안전한가?'라는 질문을 던지게 되고 가장 기본적인 질문인 '난 사랑받을 만한가?'라는 질문과 결합된다. 핵심수치심은 여기에 '아니요'라는 답을 가진 것인데, 부모와 자녀 사이의 기질이나 성격 차이와 이로 인한 요구와 부응의 불일치가 핵심수치심 발달의 원인이 될 수 있다. 뿐만 아니라 어린 시절에 버림을 받았거나 무시를 당했거나 학대를 받았던 부모들은 자신의 자녀를 양육할 때 수치심, 비난, 빈정거림을 주로 사용하게 되면서 세대를 거쳐 이어진다. 이러한 핵심수치심은 매우 이른 시기인 생후 몇 개월이 채 지나지 않아 형성되기 시작하고 이후 삶에서 우울, 낮은 자존감, 부적절한 자책, 분노, 적대감, 질투, 책임전가 등의 결과를 초래하고 대인관계, 신체적 적응 기능, 학업 및 직무수행에도 여러 가지 부정적 영향을 미치게 된다.

수치심과 죄책감　　수치심은 상황에 대한 직접적인 반응으로 나타나는 일차정서이기보다는 그에 대한 반응이나 평가에서 나타나는 이차정서로 대표적인 자의식 정서에 속한다. 자의식 정서(self-consciousness emotions)는 자신에 대한 평가와 자기가치에 대한 느낌에서 나타나는 정서로 수치심, 죄책감, 당혹감, 자부심 등이 포함된다(Fischer & Tangney, 1995; Lewis, 2011). 이 가운데 수치심과 죄책감은 서로 유사한 감정으로 간주되기도 하는데, 최근에는 그 개념적 구분이 분명해지고 있다. 오랫동안 수치심에 관한 연구를 수행해 온 Lewis(2011, p. 12)는 다음과 같이 수치심과 죄책감을 구분해 정의하고 있다.

　　수치심은 자신이 정한 기준, 규칙, 목표에 대비한 개인에 대한 평가와 자신에 대한 전반적인 평가의 산물이다. 수치심은 숨기거나 사라거나 죽고 싶은 마음으로 경험된다. 매우 부정적이고 고통스러운 상태로 행동 방해, 인지 혼란, 언어표현 불가 등을 초래하고, 수치심에 대한 재해석, 자아분열(다중인격), 망각(억압) 등이 나타날 수도 있다. 수치심은 어떤 특정 상황에 의해 야기되는 것이 아니라 그 사건에 대한 개인의 해석에 의해 야기된다.

　　죄책감은 후회와 유사하고 자신의 행동을 실패로 평가할 때 나타나는 정서로 실패에 기여한 자신의 구체적 특성이나 행동에 초점을 둔다. 전반적 자신에 대해 느끼는 수치심과 달리 자신의 행동과 실패를 만회할 행동에 집중한다. 전반적 자신보다 특정 행동에 귀인하기 때문에 죄책감은 수치심만큼 부정적이지 않고 혼란과 무기력을 초래하지 않으며 오히려 실패를 만회하려는 행동을 하게 한다.

뿐만 아니라 수치심과 죄책감에 관한 다양한 연구와 논의를 개관한 송수민 (2007, p. 7)은 다음과 같이 수치심과 죄책감의 차이를 정리하고 있다. 그리고 송수민은 이러한 차이가 우리나라 대학생들에게서도 나타난다는 점을 확인하고 있다. 이후 수행된 경험적 연구에서도 수치심과 죄책감은 서로 다른 정서로 학업에서도 서로 다른 영향을 미친다는 점이 확인되었는데, 수치심은 부정적 영향을 죄책감은 긍정적 영향을 미치는 것으로 나타나기도 한다(예: 신지은, 2011; 최창석, 2009). 수치심과 죄책감의 개념 구분에서 나타나듯이 수치심은 죄책감에 비해 보다 전반적인 자신에 대한 평가를 포함하기 때문에 부정적으로 작용한다.

> 부정적인 결과에 대한 평가의 초점이 수치심의 경우 전반적인 자기 (global self)에, 죄책감의 경우 특정 행동(specific behavior)에 맞추어진다. 따라서 고통의 수준에서 보면, 수치심이 죄책감에 비해 일반적으로 더 고통스러운 것으로 보고된다. 부정적 사건 결과가 자기에 미치는 영향을 살펴보면, 수치심은 전반적인 평가절하에 의해 자기가 손상되지만, 죄책감은 전반적인 평가절하에 의한 자기 손상이 일어나지 않는다. 현상적 경험으로의 차이를 본다면, 수치심의 경우는 위축되고 작아지는 듯한 느낌, 자신은 무가치하다는 느낌, 힘을 모두 잃은 듯한 느낌을 경험하고, 죄책감의 경우는 긴장과 애도 그리고 후회를 경험한다.

학업실패로 인한 수치심   학습자가 공부를 해 나가는 과정에서 경험하는 정서에 대한 논의의 출발점은 일반적으로 Weiner의 귀인이론(Weiner, 1979; 1984)에 기인한다. Weiner는 학업과 관련된 정서의 출발점으로 학업에서의 성공과 실패에 대한 귀인(attribution)을 제안하는데, 학업에서의 실패를 자신의 내적 요인에 귀인하게 되면 무능감, 죄책감, 수치심과 같은 정서적 결과를 가져 온다고 보았다. 보다 본격적으로 학습과정에서 경험하는 정서에 관심을 둔 Pekrun 등(2002)은 초기에 수행한 질적 연구에서 확인된 학생들의 정서 경험은 불안이 가장 높았고, 즐거움, 희망, 자부심, 안도감, 분노, 지루함, 수치심 등이 높은 빈도로 나타난다는 점을 확인했다. 이 질적 연구에서 출발해 이론의 틀을 갖추게 된 학업정서에 관한 통제—가치 이론(Pekrun, 2006)에서는 과거의 성과에 대해 실패라고 판단하고 그것이 자신 때문이라고 생각할 경우 수치심의 정서가 주된 정서로 경험되는 것으로 보는데, 귀인이론이 제안한 내용과 일관된다.

　우리나라 학생들의 학업에 영향을 많이 미치는 정서의 영향력에 대해 알아보기 위해 수행된 학업정서와 학업성취도의 관계에 대한 메타분석(김영숙, 조한익, 2015)에서 절망감, 수치심, 불안감이 대표적 부정 정서로 확인되었는데, 여기에 수치심이 포함되었다는 점에 주목해야 할 것이다. 그 내용을 구체적으로 살펴보면 우리나라 학생들이 서구의 학생들보다 학업정서의 영향을 더 많이 받는 것으로 나타났는데, 학업성취도에 대한 긍정적 학업정서와 부정적 학업정서의 효과크기가 모두 서구에서보다 높았다. 그리고 대학교보다는 중 · 고등학교에서, 다른 상황보다 시험 상황에서 효과크기가 높았고, 개별 정서에서는 성취감, 자부심, 뿌듯함, 절망감, 수치심, 불안감의 효과크기가 높았다.

　학업과정에서 보다 구체적으로 수치심이 어떻게 경험되는지에 초점을 둔 연구는 상대적으로 많지 않지만, 그 내용을 살펴보면 수치심이라는 정서가 학업을 수행하고 성취를 이루어 내는 과정에서 매개 또는 조절 역할을 하고 있음을 확인할 수 있다. 먼저, Turner, Husman 및 Schallert(2002)은 학업정서 중 수치심에 초점을 두고 학생들이 가진 목표가 실패와 관련된 정서 경험에 미치는 영향을 탐색했는데, 전반적 부정 정서가 아닌 수치심에 초점을 둔 탐구라는 점에서 의의를 갖는다. Turner 등은 '심리약학' 과목을 수강하는 126명의 대학생들을 대상으로 시험에서 받은 피드백을 통해 수치심을 유발한 다음, 어떤 개인 특성들이 수치심 반응을 예언하는지와 높은 수치심 반응을 보였지만 이것을 극복하고 좋은 성적을 올린 리질리언스가 높은 집단(14명)과 그렇지 못한 집단(10명)의 개인차를 분석했다. 주요 연구결과를 살펴보면, 자기효능감, 내재적 목표지향에 대한 가치, 외재적 목표지향이 학생들의 수치심을 유의하게 예언하는 요인으로 확인되었고, 수치심을 극복한 리질리언스가 높은 집단의 학생들은 자신의 능력에 대한 확신, 외재적 목표지향, 과제가치, 미래 학업적 성공에서 갖는 학점의 중요성, 미래 학업적 성공에서 갖는 강의 정보의 중요성에서 더 높은 수준을 보였다.

　또한 장영아와 김정문(2014)은 학업과정에서 나타나는 수치심을 사회부과 완벽주의와 학업지연행동의 매개 요인임을 밝히고 있는데, 사회부과 완벽주의가 직접적으로 학업지연행동을 유발하기보다 내면화된 수치심을 통해 학업지연행동을 유발한다는 것을 확인할 수 있었다. 즉, 내면화된 수치심이 높을수록 타인으로부터 받는 부정적인 평가에 대한 두려움이 앞서게 되고, 수치심이 높을수록 자신의 무기력한 모습을 느끼게 되어 과제를 수행해야 하는 상황을 성취의 기회로 인식하지 못하고 실패와 비난으로 인식하면서 과제를 미루게 된다는 것이다. 이러한 수치심과 학습동기 또는 학습행동의 관계에 대한 연구가 활발하지 않아 서구나 우리나라에서 아직 다양한 대상과 상황에서 검증된 것은 아니라는 점은 유의해야 할 부분이다. 그러므로 선행연구의 결과를 그대로 상담에 적용하기보다는 수치심이 학습동기와 학습행동에 어떤 영향을 미치는지 탐색하는 출발점으로서 참고하기 바란다.

수치심이 학업에 미치는 영향   수치심은 학업을 방해하는 대표적 부정 정서로 알려져 있는데, 우리나라에서 수행된 메타분석(김영숙, 조한익, 2015)에서도 수치심은 학업성취를 낮추는 대표적 부정 정서로 확인되었다. 보다 구체적인 연구결과를 살펴보면 최창석(2009)의 연구에서는 수치심이 자기결정성 동기와 관련해 외적 원인과 부과적 원인, 즉 외재적 동기와 정적 상관을 보이는 것을 확인하면서 부모나 교사가 처벌과 거부적인 방식으로 수치심을 자극시켜 학습동기를 올리려는 방식이 실제적인 학업성취와 이어지지 않는다고 결론 내리고 있다. 또한 수치심과 목표지향성의 관계를 살펴본 신지은(2011)의 연구에 따르면, 수치심은 숙달접근 목표지향성을 제외한 숙달회피, 수행접근, 수행회피 목표지향성과 유의한 정적 상관을 보였다. 신지은은 자신의 연구결과와 최창석의 연구결과를 종합해 학업성취가 우수함에도 불구하고 타인과의 비교에 지나치게 신경을 쓰고 조금만 성적이 떨어져도 스스로를 패배자로 여기는 청소년들의 내면에 수치심이 가득 차 있을 수 있으며, 이를 방치해서는 안 된다고 주장하고 있다. 따라서 상담자는 내담자가 경험한 수치심이 지나치게 외재적 동기를 추구하거나 실패를 회피하려는 경향성으로 이어져 학업을 오히려 손상시키지 않는지 확인하는 것이 필요하다.

한편, 수치심이 반드시 학업을 방해하는 것만은 아니라는 주장도 있다. 수치심을 비롯한 부정 정서가 학업을 방해하기만 한다면, 부정 정서를 경험하는 것 자체에 대한 불안이 수치심을 다시 유발해 학업에 더 큰 부정적 영향을 미칠 수 있다. 학업과정에서 경험하게 되는 부정 정서를 어떻게 활용하는가에 따라 학업에 도움이 될 수 있다는 점에 주목할 필요가 있다. 학업 영역은 아니지만 적절한 수준으로 수치심이 경험될 때는 개인의 발달에 적응적인 도움을 줄 뿐만 아니라 타인과의 상호작용에서 자신의 역할행동에 대한 통찰을 제공하는 등의 바람직한 기능이 있다(홍지선, 김수임, 2017). 그리고 불안이라는 부정 정서도 적정 불안 수준까지는 학업성취도를 높이는 데 도움을 준다는 것은 많은 상담자들이 알고 있는 사실이다. 그러므로 수치심이라는 부정 정서도 어떻게 활용하는가에 따라 학업에 긍정적 영향을 줄 수 있다.

수치심을 긍정적으로 활용할 방안에 대한 논의를 살펴보면, 먼저 귀인이론에서는 노력에 귀인하는 것을 통해 수치심이 성취를 증가시킬 수 있다고 제안한다. 귀인이론은 성공과 실패로 인한 정서 자체보다는 그 이후 성취동기에 초점을 두고 있는데, 성취에 걸림돌이 되는 귀인을 변화시키기 위해 Weiner(1984)는 재귀인 훈련 프로그램을 제안했다. 재귀인 훈련 프로그램은 '실패 → 추론된 능력 결핍 → 무능감 → 성취 감소'의 부적합한 인과적 귀인의 흐름을 '실패 → 노력 결핍 → 수치심(죄책감)[4] → 성취 증가'로 변경시키는 것을 내용으로 담고 있다(정종진, 1996). 실패의 원인을 자신의 능력 부족보다 노력 부족에 귀인할 수 있도록 하면 자신에 대해 느끼는 수치심의 내용이 노력을 충분히 기울이지 않았다는 것으로 기울게 되고, 수치심 극복을 위해 노력을 기울여야겠다는 동기화가 된다는 것이다.

더불어 학업정서에 대한 본격적 논의를 시작한 Pekrun 등(2002)도 학업정서에 관한 연구를 종합하면서 긍정 정서가 해가 될 때도 있고, 불안과 수치심 같은 부정 정서가 도움이 될 때도 있기 때문에 긍정 정서는 좋고 부정 정서는 나쁘다는 개념은 지양되어야 한다고 주장한다. 예를 들면, 불안, 분노, 수치심, 좌절, 지루함의 부정 정서는 일관되게 과제 관련 주의집중력을 감소시키지만, 동기의 측면에서 불안과 수치심은 흥미와 내적 동기를 손상하는 반면, 실패를 하지 않기 위해 노력을 기울이는 외적 동기를 강화한다는 점을 밝히고 있다(Pekrun, 2017).

---

4) Weiner는 수치심과 죄책감을 유사한 정서로 보고 그 개념을 구분하지 않고 있다.

이런 모든 이유에서 상담자는 수치심을 느끼는 것 자체가 학업을 방해하는 것으로 가정하기보다 내담자가 느끼고 있는 수치심이 학업에 어떤 영향을 미치고 있는지를 먼저 확인해야 할 것이다. 그리고 수치심이 학업을 방해하고 있다면, 학업에 도움이 될 수 있도록 도와야 한다. 이를 위해 실패에 대한 귀인을 자신에게 하더라도 쉽게 바꾸기 어려운 자신의 타고난 능력이 아니라 변화가 가능한 노력에 귀인을 하도록 도울 수 있다. 노력을 충분히 기울이지 않은 것에 대한 부끄러운 마음은 노력을 더 기울여야겠다는 동기화로 작용할 수 있기 때문인데, 이 과정을 상담을 통해 이끌어 낼 수 있다.

대학생 진로문제

대입 실패 가운데 '원하지 않는 대학'에 진학한 경우 대학을 다니는 동안 다른 학생들보다 더 많은 진로 관련 문제를 호소한다. 우리나라 대학생들이 전형적으로 호소하는 진로문제에 대해 살펴보고, 이 문제들 가운데 대입 실패 트라우마와 밀접히 관련된 타협과정에 대해 알아볼 것이다. 대학의 상담자들이 이 내용을 숙지해 대입 실패에 기인하는 다양한 진로문제를 다루어 나갈 수 있기를 바란다.

대학생 진로문제와 개입   많은 대학의 상담센터를 찾는 대학생들이 가장 빈번하게 호소하는 문제가 진로문제라는 점은 예전이나 지금이나 다를 바 없다. 상담센터만이 아니라 경력개발센터에서도 진로상담이 제공되고 있다는 점을 고려하면 많은 대학생들이 진로문제로 도움을 받고자 한다는 점을 알 수 있다. 특히 우리나라 대학생들은 외적 동기에 따라 자신의 전공을 선택하는 경우가 많고(공윤정, 2014), 대학에 들어와서 진로 재탐색-재결정의 과정을 겪으며 '혼란-유지' 또는 '포기-재탐색-재결정-결정 내면화'의 과정을 거치는 것으로 밝혀졌다(고홍월, 2017).

또한 진로문제를 호소하는 대학생들 중에는 대입 실패 트라우마로 인해 자신의 진로에 대해 길을 잃은 경우도 있다. 따라서 대입 실패 트라우마를 다루는 상담자는 대학생들의 진로문제에 대한 일반적 사항들을 알고 있어야 하는데 그 내용을 간단히 정리하면 다음과 같다. 대학에서 학생들을 상담하는 많은 상담자는 이미 진로상담에 익숙하겠지만, 그렇지 않다면 다음의 기본적인 내용과 함께 진로상담 영역에 대한 학습을 통해 역량을 보완하기 바란다.

① 학년별 진로문제

대학생이라는 동일한 발달 시기를 공유하고 있지만, 각 학년에 따라 당면한 진로 관련 과제에서의 차이 때문에 학생들이 학년에 따라 주로 고민하는 주제가 조금씩 다르다. 먼저 1학년 학생들이 가장 많이 하는 고민은 현재 진학한 학교를 계속 다닐 것인가, 반수를 할 것인가에 대한 고민으로 이미 선택한 결정에 대해 확신을 갖지 못하는 것이다. 대입 실패 경험을 한 내담자들이 많이 포함되어 있을 수 있다. 주로 '이 학교를 계속 다닐 것인가?', '반수를 할 것인가?', '이 학과가 나에게 맞는가?', '(학부제 진학 경우) 무슨 전공을 할까?', '사실 난 하고 싶은 게 아무것도 없는데.' 등의 호소를 하는데, 학교 선택에 대한 의구심, 전공 선택에 대한 의구심, 진로 전반에 대한 의구심이 주를 이룬다. 하지만 대부분의 1학년 학생들은 1학년을 노는 시기로 생각하고 앞으로 진로나 직업에 대해 무관심한 경우가 많은데, 이렇게 무관심한 학생들은 스스로 문제를 느끼지 않기 때문에 상담을 찾지 않는다. 그러다가 한참 시간이 흐른 뒤인 3~4학년이 되어서 도움을 구하는 경우도 적지 않다.

2학년 학생들은 대부분 본격적인 전공과목 수강이 시작되면서 겪는 어려움을 호소한다. '지금 전공이 나에게 맞는가?', '나에게 정말 맞는 분야가 무엇일까?', '이 학교(또는 이 학과)를 나와서 뭘 할 수 있을까?', '전과를 해야 하나, 편입을 해야 하나?', '군대는 언제 가야 하나?', '어학연수는 언제 가야 하나?' 등을 호소한다. 공부가 잘 되지 않는 것과 전공이 맞지 않는다는 것 사이에서 방황하는 시기이다. 많은 과목을 듣는 것은 아니지만 전공과목을 수강하게 되고, 공부에 대한 긴장감이나 경쟁도 점점 치열해지기 시작하면서 고민도 조금은 더 구체화된다. 특히, 학사경고를 받은 학생들이 이와 같은 문제를 호소하는 경우가 많고, 학업에서 겪는 어려움을 잘못된 선택으로 귀인하는 경우도 많다.

3학년이 되면 취업에 대한 본격적인 고민이 시작된다. 졸업 후 무엇을 할 것인가에 대해 고민을 해 오던 학생들이 구체적으로 취업에 대한 불안을 느끼기 시작한다. 특히, 별 생각 없이 시간만 보낸 학생들의 경우 이미 늦은 건 아닌가 하는 불안과 함께 학교부적응 상태로 빠질 수 있다. '영어점수를 높여야 하는데 어떻게 해야 하나?'(SPEC 쌓기), '공무원 시험 준비를 할까, 취업을 할까?'(진로 갈등), '취업을 위해 무엇을 어떻게 준비해야 하나?'(정보 부족), '이미 늦은 건 아닌가?'(불안) 등을 호소한다. 또 3학년은 다른 학교에서 편입한 학생들이 어려움을 많이 겪는 시기이기도 하다. 목표로 한 편입에 성공했지만 현실은 자신의 이상과 다르기 때문이다. 대입 실패를 만회한 것이라고 할 수 있지만 여전히 실패감을 가진 경우도 적지 않다. 이들에게는 전반적인 학교생활 적응에 대한 도움도 필요하고, 동시에 무엇을 위해 편입을 했는지에 대한 명료화와 앞으로 어떤 진로를 개척해 나갈 것인가에 대한 진로계획을 정립하는 데에도 도움이 필요하다.

4학년 학생들에게는 취업이 가장 중요한 과업이다. 따라서 모든 4학년 학생들이 진로문제를 호소한다고 해도 과언이 아니다. 취업을 하기로 결정한 학생들은 자신들에게 필요한 구인정보와 구직기술 향상을 요구하고, 아직 취업에 대한 준비가 되지 않은 학생들은 마음이 급하다. '졸업을 언제 할 것인가', '대학원에 진학할 것인가', '유학을 갈 것인가?' 등 다급한 현실적 과제를 미루는 쪽으로 고민하는 학생들도 있고, 전공에 관계없이 공무원, 공사, 대기업, 금융권 등 안정적 정규직에 관심을 갖는 경우도 있다. 현실을 모르는 높은 눈높이나 취업역량·전략적 접근·취업정보 등의 부족이 취업의 걸림돌이 되는가 하면, 진로를 반대하는 부모 또는 진로를 가로막는 남자친구/여자친구와 갈등하기도 한다.

② 효과적 개입전략

진로상담에서 어떤 개입전략이 효과적인가에 관한 논의는 주로 진로상담 효과에 관한 메타분석을 통해 논의되어 오고 있다. 안타깝게도 우리나라에서는 진로상담 개입전략별 효과성 연구를 찾아보기 어려워 미국의 연구를 참고해야 한다. 미국에서도 진로상담 개입의 효과성을 다룬 연구가 활발한 것은 아니지만 꾸준히 효과성 연구와 그에 대한 메타분석이 수행되고 있다. 그 가운데 비교적 최근에 수행된 두 가지 메타분석에서 제안한 효과적 개입전략에 대해 살펴보고자 한다.

먼저, Ryan(1999)은 메타분석을 통해 18가지 개입전략의 효과를 비교했는데 다섯 가지 전략이 진로성숙도 증진에 특히 효과크기가 크다는 점을 확인했다. 그리고 Brown과 Krane(2000)은 당시까지 미국에서 수행된 메타분석을 종합해 Ryan이 제시한 다섯 가지 개입전략을 진로상담의 핵심적인 개입전략으로 정의하고, 글쓰기 활동(written exercises), 객관적 피드백 제공(individualized interpretations and feedback), 직업세계 정보(information on the world of work), 역할모델 (modeling), 사회적 지지망 구축(attention to building support) 등으로 명명했다.

최근 Whiston 등(2017)은 2000년 이후 수행된 진로상담 성과연구와 이전 연구에서 포함시키지 않았던 발표되지 않은 성과연구를 포함시켜 다시 메타분석을 실시했는데, 추출된 효과적 개입전략이 상이했다. Whiston 등의 메타분석에서는 19가지 개입전략[5]의 효과크기를 비교했는데, 그 가운데 상담자의 지지가 가장 효과적인 개입전략으로 나타났고 다음으로 가치관 명료화와 심리교육이 효과적 개입전략으로 확인되었다. 이와 같은 두 가지 메타분석을 통해 확인된 여덟 가지 효과적 개입전략을 진로상담에서 우선적으로 적용해 보면 보다 효율적으로 내담자의 변화를 촉진할 수 있을 것이다.

③ 대학생 진로미결정 유형별 개입

진로상담을 찾는 대학생들은 각자 상황에 따라 다양한 문제를 호소한다. 뿐만 아니라 한 내담자가 진로문제를 비롯한 여러 가지 문제를 동시에 호소하기도 한다. 내담자의 다양한 요구에 부응하기 위해서는 상담 초기에 그 요구를 파악하고 그에 맞는 상담 서비스를 제공하는 것이 효율적이다. 이를 위해 대학생들이 주로 호소하는 문제를 분류한 [그림 12-2]와 같은 체계를 적용해 볼 수 있다.

---

5) Computer guided, Workbooks, Self-report inventories, Counselor dialogue, Counselor support, Counselor cognitive restructuring, Vocational exploration, Values clarification, Card sort, Psychoeducation, World of work information, Outside reading, Personal performance accomplishment, Vicarious achievements, Modeling, Anxiety reduction, Increased environmental support, Decreased perceived barriers, Other

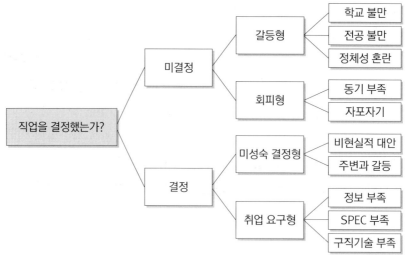

[그림 12-2] 대학생 진로미결정 유형

출처: 한국고용정보원, 2012, p. 20.

이 분류체계에 따르면 진로상담을 찾은 대학생의 호소 내용을 중심으로 갈등형, 회피형, 미성숙 결정형, 취업 요구형으로 분류할 수 있다. 각 유형에 대한 개입전략의 원칙은 다음과 같이 차별화될 수 있을 것이다.

• 갈등형: '자기이해–직업세계 탐색–의사결정'이라는 전통적인 진로의사결정 과정을 조력하는 진로상담 필요
• 회피형: 지지적 관계 형성을 토대로 진로 관련 개입만이 아니라 정서적 문제를 함께 다루는 진로상담과 함께 진로탐색 강좌나 진로지도 프로그램의 병행도 필요
• 미성숙 결정형: 이미 결정한 진로 대안에 대한 재검토가 필요하지만 이에 많은 저항을 보일 것이 예상되는 유형으로 논박보다는 현실 체험을 통해 새로운 대안 찾기의 필요성을 인식시키고 합리적 의사결정 과정을 다시 거치는 진로의사결정상담 필요
• 취업 요구형: 내담자가 필요로 하는 취업지원 요구에 부응하고 내담자가 미처 모르고 있는 부분도 파악하여 조력하는 진로상담 필요

진로타협과 적응   대입 실패를 호소하는 내담자와의 상담에서 고려되어야 할 중

요한 현상은 바로 타협이다. 진로의사결정 과정에서 나타나는 타협(compromise)
은 Gottfredson의 진로발달이론(Gottfredson, 1981; 1996; 2005)을 구성하는 핵심
개념의 하나이다. 타협의 과정은 가장 원하는 대안은 아니지만 좀 더 접근이 가
능한 진로 대안으로 타협해 가는 포기의 과정으로 정의된다(Gottfredson, 2005,
p. 82). 즉, 타협이란 진로 대안을 선택하는 과정에서 현실적 여건이 안 되어 자
신이 원하는 어떤 부분을 포기하는 과정을 일컫는다. 대부분의 진로의사결정
에는 타협의 정도에서 차이가 있을 수 있어도 타협의 과정을 거치지 않는 경우
는 거의 없다고 할 수 있다. Gottfredson에 따르면 여러 진로발달 단계를 거치
면서 제한(circumscription)의 과정을 통해 자신이 수용할 수 있는 진로 대안의 영
역을 축소해 오지만, 진로선택의 단계에서 또다시 현실적 장벽에 부딪힌다. 수
용 가능한 영역 안에서 자기가 원하는 흥미 영역의 대안을 선택하고 그와 유사
한 대안들까지 가능한 대안으로 고려하고 있었지만, 가장 원했던 대안을 선택할
수 없어 유사한 대안을 선택하거나 때로는 그 범위(social space)를 넘어 수용 가
능한 진로 대안 영역 밖의 선택을 하게 되는 타협을 할 수밖에 없어진다. 따라서
타협이 가장 많이 요구되는 경우는 수용 가능한 진로 대안 영역까지 넘어서야
할 때인데, 이렇게 타협을 많이 하게 되면 의사결정 과정에 상당한 고통이 따를
수 있다. 그러므로 의사결정을 한다는 것은 타협을 하는 것이라고 볼 수도 있다.
대입의 의사결정 과정에서도 타협은 빈번하게 일어나고 대입 실패를 경험한 학
생들에게 타협은 더 힘든 과정이었다. 타협을 하는 과정에서 사람들은 무조건
어떤 것을 포기하는 것이 아니라, 무엇을 포기할 것인가에 대해 많은 고민을 한
다. 예를 들어, 대학 입시에서 6개 대학의 수시 입학전형에 응시하고 3개 대학
으로부터 합격통지를 받은 경우를 생각해 보자. 이미 3개의 대학은 자신의 의사
와 상관없이 포기된 것이고, 합격한 3개의 대학 중 한 개의 대학을 선택해야 할
때 무엇을 포기할 것인지 고민하게 된다. 불합격한 3개의 대학 중 자신이 가장
원했던 대안이 포함되어 있을 가능성이 크지만, 합격한 3개 대학 중에서도 보다
매력적인 대안이 있을 것이다. '더 매력적인 것'을 고르는 과정이 바로 타협의
과정이고, 여기에는 이미 무엇인가를 포기한 과정이 포함되어 있다.

① 타협의 측면
사람들은 무엇인가를 포기해야만 선택할 수 있을 때 각 진로 대안이 갖는 어

떤 측면들을 포기할 것인지를 고민한다. Gottfredson은 어떤 측면들은 좀 쉽게
포기할 수 있는 반면, 어떤 측면은 양보하기 힘들어한다는 점에 주목했다. 진로
발달 단계에서 수용 가능한 진로 대안 영역을 축소시킬 때의 기준인 성유형, 사
회적 지위, 활동유형(흥미)이 타협의 중요한 측면들이 된다. 이 세 가지 중 어느
하나를 포기할 수밖에 없다면 사람들은 자신의 흥미를 가장 쉽게 포기하는데,
활동유형(흥미)을 포기해도 여전히 대안을 선택하기 어려울 경우 사회적 지위를
포기하고, 성유형을 가장 포기하기 어려워한다. 즉, '활동유형(흥미) → 사회적
지위 → 성유형'의 순서로 자신에게 적합한 진로 대안을 포기해 나가는데, 발달
적으로 먼저 형성된 것일수록 포기하기 어려워한다는 논리에 근거해 제시된 가
정이다. 그러나 이 순서를 확인하기 위해 실시된 많은 경험적 연구들은 일관된
결과를 내놓지 못했다. 어떤 사람은 좀 더 쉽게 성유형을 포기하는가 하면, 또
어떤 사람은 좀 더 쉽게 사회적 지위를 포기하는 것으로 나타났다. 1990년대 중
반에 들어서면서 이런 초기 이론이 보다 정교화되는데, 타협의 정도에 따라 어
떤 측면을 포기하게 되는지도 달라진다고 제안했다. 다음 [그림 12-3]과 같이
'활동유형(흥미) → 사회적 지위 → 성유형'의 순서는 타협을 많이 해야 할 경우
이고, 중간 정도일 때는 사회적 지위를 더 포기하기 어려워하고, 타협을 조금만
해도 될 때는 흥미를 가장 포기하기 어려워한다.

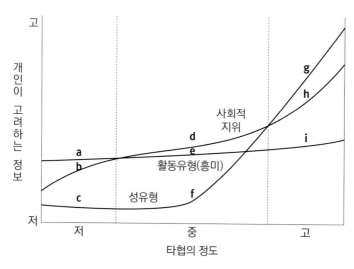

[그림 12-3] 타협 정도에 따른 타협 영역 고려의 차이

출처: Gottfredson, 1996, p. 199.

　이 세 가지 측면을 대학 입학 단계 진로의사결정에 적용해 보면, 사회적 지위는 대학의 명성과 학과의 인기도에, 활동유형은 학과에 대한 자신의 소질, 적성 및 흥미에, 성유형은 학과로 상징되는 직업이 얼마나 남성적인가 여성적인가에 해당된다. 대학의 사회적 명성이나 학과의 인기도에 해당되는 사회적 지위 측면은 대학으로의 진학을 결정할 때 매우 중요하게 고려된다. 이 가운데 우리나라에서는 사회적 지위를 포기하는 경우 대입 실패로 지각될 가능성이 크다. 먼저, 대학의 명성은 매우 중요한 측면으로 좋은 대학이란 그 대학이 제공하는 교육의 질보다는 그 대학의 사회적 평판과 유명세로 결정된다. 누구든지 보다 좋은 대학, 즉 사회적 인지도가 높은 대학에 진학하고 싶어 한다. 또한 학과에 대한 사회적 인식에도 역시 학과 인기도라는 상대적 우열이 존재한다. 예를 들면, 어떤 대학은 특정 전공에 대한 유명세를 가지고 있기도 하지만 의과대학은 대학에 상관없이 해당 대학 내에서의 최상위 학과로 간주된다. 그러나 모든 학생들이 명성이 있는 대학과 인기도가 높은 학과에 진학할 가능성은 매우 제한적이다. 이러한 현실적인 여건에서 학생들이 선택할 수 있는 대안은 유명세가 낮은 대학의 인기학과, 명성이 높은 대학의 비인기학과 또는 대학의 명성이나 학과의 인기도 두 가지를 동시에 조금씩 포기하는 것 등이다. 대학에 진학하기 위해 어떤 방식으로든 사회적 지위라는 측면에서 타협하게 되는데, 타협을 많이 할수록 실패감이 커진다.

　② 타협 이후 적응

　Gottfredson은 타협에 대한 심리적 적응과정의 중요성을 강조하고 있다. 자신이 바라던 최고의 선택을 하지 못하고, 현실적으로 가능한 최선의 선택을 하면서 포기할 수밖에 없었던 것을 받아들이는 과정이 진로선택 이후의 과정을 좌우하게 된다. 특히 타협에 대한 심리적인 적응은 선택한 진로에서의 만족도와 깊이 관련된다. 이 부분에 대해 Gottfredson 자신이 직접 경험적 연구에 참여하고 있는데, Gottfredson과 Becker(1981)는 보다 적응적인 직업인들은 자신이 선택한 직업의 영역에 맞게 자신의 진로기대를 변화시켜 가고 있다는 것을 밝혔다. 그리고 제한-타협 이론을 발표하기 전인 1980년의 연구에서는 연구대상(남성)의 84%가 젊었을 때는 보다 많은 사람들이 탐구적(I)인 일을 선호했고, 진취적(E)인 직업을 선호하는 사람이 적었지만 현재는 자신의 원하는 영역에서 일을 하고 있다고 응답하였다. 더 앞선 연구에서도 자신의 흥미 영역과 동일한 직업을 선택한 사람들의 직업만족도는 그렇지 않은 사람들의 직업만족도와 큰 차이를 보이지 않았다(예: Worthington & Dolliver, 1977; Zytowski, 1974). Gottfredson은 흥미라는 것이 진로의사결정에 크게 중요한 요인이 아니기 때문에 이러한 결과는 오히려 당연한 것이라고까지 말하고 있다. '개인은 일의 영역에 대해서는 많은 타협을 했다 해도 심리적으로 잘 적응할 수 있지만, 사회적인 위치를 위협하는 사회적 지위에 대한 타협이나 성적 정체감의 실현을 어렵게 하는 성역할의 포기에 대해서는 더욱 적응하기 어려워한다'(Gottfredson, 1996, pp. 201-202)라고 하면서 타협에 대한 적응의 준비도는 타협의 측면에 따라 달라질 수 있다고 제안한다. 물론 이러한 연구결과와 논의는 일의 영역에서 이루어졌지만 대학 선택에도 적용될 수 있다. 특히, 우리나라 대입과정에서 대학의 명성이나 학과의 인지도와 같은 사회적 지위 측면의 타협이 많이 이루어지고 있다는 점을 감안하면 더욱 그 시사점이 크다. 그러므로 상담자는 내담자가 어떤 측면에 어떻게 타협했는지 파악하고, 여기에 대해 어떻게 적응해 오고 있는지를 다루어야 할 것이다.

③ 타협 부적응에 대한 개입

상담자들은 우리나라의 많은 학생들이 대입과정에서 '타협과정을 거치지 않고 의사결정에 도달하기 어렵다'는 사실을 알아야 한다. 그리고 무엇보다 타협과정 자체의 중요성이 진로상담 실제에 주는 또 하나의 시사점은 자신이 선택한 진로 대안에 적응하지 못하는 학생들 가운데 타협의 결과를 수용하지 못하는 학생들이 있다는 점이다. 많은 대학 신입생들이 타협의 과정을 거쳐 현재의 대학 및 학과에 진학하게 되고, 대입 실패의 상처를 가진 학생들은 이 타협의 과정을 제대로 소화하지 못하고 있는 상태라고 할 수 있다. 자신이 대학과 학과를 선택하면서 감행한 타협을 내적으로 수용하지 못한 것이, 학과에 대한 불만족, 진로에 대한 탐색을 미루고 있는 행동, 진로를 변경하고 싶어 하는 마음 등의 부적응을 초래하는 것이다. 그러므로 대학 및 학과에 불만을 가지고 잘 적응하지 못하고 있거나 진로를 변경하고자 하는 내담자와의 상담에서 이전 타협과정을 재검토하는 과정이 포함되어야 할 것이다.

이를 위해 자신이 현재 있는 곳은 타협을 통한 의사결정의 결과임을 인식하고 이후 그 결정에 적응할 수 있도록 도와야 한다. 타협의 각 측면에 대한 자신의 생각, 느낌, 행동을 탐색하고 정리하는 과정이 진로상담 과정에 포함되어야 한다. 내담자는 자신이 포기한 것 때문에 항상 자기가 내린 결정이 잘못된 결정이었다고 생각하기 쉬운데, 사실은 결정을 잘못한 것이라기보다는 자신이 포기한 것에 적응을 하지 못하는 것일 수 있다는 점에서 출발할 수 있다. 그리고 타협에 대한 부적응을 다루기로 목표를 합의하면, 내담자가 처음 타협을 고려하기 시작했을 때부터 결정을 내릴 때까지 그리고 결정 이후 결정까지 어떤 과정을 거쳐 왔는지 회고해 보면서 앞으로 어떻게 나아가야 할지를 고려할 수 있도록 도와야 한다. 대학을 결정할 때 고려했던 타협의 측면을 열거해 보고, 상대적 중요성을 평가한 과정을 다시 점검하고, 이를 진로 대안 각각에 적용한 과정을 살펴본다. 타협에 방해가 되었던 장애들을 확인하고, 타협이 가져 올 결과에 대해 어떤 예상을 했었는지 점검하고, 지금의 적응 상태를 파악하는 과정을 거칠 수 있다. 더불어 각 단계에서 경험했던 고충(사고, 정서, 행동의 각 측면에서)과 다른 사람들의 도움이나 영향을 함께 이야기하면서 자신이 수행한 타협에 대한 이해와 이후 적응에 대한 동기가 높아질 수 있을 것이다.

　다음은 황매향(2009, p. 14)이 제시한 타협에 대한 부적응 조력의 단계로 상담과정에 적용해 보기 바란다.

- 상담자가 타협에 적응하지 못하는 내담자를 조력하기 위해서는 이전 결정을 되짚어 보면서, 어떤 것을 왜 포기했는지를 명료화해야 할 것이다. 이전의 결정 상황으로 다시 돌아가서, 그 당시 어떤 대안들이 있었고, 각 대안들에는 어떤 장점과 어떤 단점들이 있었으며, 그 대안들 중 하나를 선택한 기준이 무엇이었는지 탐색한다.
- 자신의 결정을 다시 보면서 어떤 점에 대해 포기했을 때 스스로 예상했던 어려움이 무엇인지, 그것과 지금 겪고 있는 상황은 어떤 점에서 같고 어떤 점에서 다른지 이야기한다. 그리고 지금 실제 겪으니까 어떤지, 지금의 정서, 생각, 행동을 포괄적으로 점검하고 다룬다. 포기할 때는 어떻게 하면 이겨 낼 수 있을 것이라고 생각했었는지 그런 자원들을 끄집어낼 수 있도록 도와야 한다.
- 부적응을 돕고 난 다음에는 현재 상태의 장점을 부각시킨다. 분명히 장점이 더 컸기 때문에 그 선택을 했을 것이고, 이러한 장점을 부각시켜 보다 긍정적인 방향으로 선회시켜 주어야 한다. 잘못된 결정이라고 해서 자칫 다시 다른 대안을 성급하게 선택하는 것은 또다시 타협에 대한 부적응을 반복할 가능성

이 있다. 이전의 선택이 충분히 합리적인 절차를 거치지 않았고, 어떤 장벽이 있을 것인지 예상도 해 보지 않았기 때문에 처음으로 돌아가서 다시 선택을 하는 것이 좋겠다고 할 수 있다. 그러나 그 전에 지금의 선택을 잘한 선택으로 만들 수 있는 방법부터 모색하는 것이 상담에서 선행되어야 한다.

제13장
학사경고

대학 2학년인 재현은 이미 학사경고를 2번 받았고, 1년 휴학 후 학사경고자 의무상담으로 상담에 오게 되었다. 어릴 때는 지역의 우수영재로 선발되어 다양한 교육 혜택을 받았고, 고등학교 때까지 공부를 열심히 하지 않아도 성적을 항상 잘 받았다. 그러나 대학에 와서는 모든 것이 달라졌다. 대학에 와서 만난 학우들은 모두 자신보다 훨씬 높은 실력과 능력을 가지고 있어 '쟤들은 나랑 다르구나.'라는 생각을 하게 되었고, 자신만 저 바닥에 있다고 느꼈다. 특히, 영어로 진행되는 수업을 거의 따라갈 수 없었음은 물론, 자신이 잘한다고 생각했던 수학조차 따라가기 힘들었다. 결국 학사경고를 받게 되면서 우려는 현실이 되었다. 공부를 해야겠다는 다짐을 하고 그다음 학기에는 공부에 매진해 보았지만 중간고사 결과는 별로 달라진 게 없었다. 그때부터는 아예 공부를 놓아 버리고 게임에만 빠져 살았고, 또다시 학사경고를 받고 휴학을 했다. 휴학 기간 동안에는 고향에 내려가 특별히 하는 일 없이 시간을 보냈다. 학교를 떠나 시간을 보내면서 공부로 인한 스트레스나 우울감, 열등감 등을 잊을 수 있었던 것은 좋았다. 그러나 복학을 해서 다시 돌아온 학교는 아무것도 달라진 것 없이 심한 스트레스로 다가왔다.

1. 다양한 학사경고 실패 경험

학사경고는 대학이 학생들의 학력 유지를 위해 실시하고 있는 제도이다. 대부분의 대학은 학생의 해당 학기 학점 평점이 일정 수준 이하[1]인 경우 학사경고를 주고, 3~4회 이상 학사경고를 받은 학생은 제적시킨다. 입시 스트레스가 심한 우리나라의 경우 고등학교 때까지 '대학 가서 논다'는 심정으로 공부했던 학생들이 많다. 이런 학생들은 입시가 끝나자마자 그동안 놀지 못한 것에 대한 한이라도 풀 듯 놀이에 집중하게 되는데, 대학 입학 이후에도 마찬가지 생활을 하다 보면 학사경고를 받게 된다. 이렇게 놀기만 하다가 학사경고를 받는 경우, 잠깐 놀라기는 하지만 마음에 깊은 상처를 받거나 거기에서 헤어나지 못하는 경우는 드물다. 학사경고를 받은 학생들 중 대부분은 학사경고를 계기로 '경고'라는 취지에 맞게 '대학에 와서도 공부를 해야 한다'는 경각심을 갖게 되고, 이후 학점관리에 노력을 기울여 학사경고를 벗어난다. 이런 경우 학사경고가 학업실패 트라우마가 될 만큼 힘든 경험이 되지는 않는다. 학사경고가 학업실패 트라우마가 될 만큼 힘든 경험이 되는 경우를 살펴보면 다음과 같다.

따라가기 힘든 수업　　학사경고가 학업실패 트라우마로까지 경험되는 경우는 대부분 대학에서의 공부를 따라가기가 힘들 때이다. 수업을 따라가기 힘들어지면 학사경고를 받기 이전부터 학사경고를 받을 것 같은 불안이 높아지고 이미 실패감을 경험한다. 정확하게 학사경고 자체가 트라우마가 되었다고 보기 어렵지만, 학사경고라는 제도와 연관되어 경험하는 불안이 야기하는 마음의 상처라는 면에서 학사경고 학업실패에 포함시킬 수 있다. 수업을 들으면서 잘 이해가 되지 않거나 수업 중 진행되는 형성평가에서 낮은 점수를 받으면서 어려움을 겪은 경우로 그 실패감이 크고 이로 인해 앞으로 학사경고를 받고 학교에서 쫓겨날 것이라는 불안을 경험한다. 대학 입학 직후 새로운 수업 방식이나 어려워진 학습 내용 때문에 이런 불안을 겪기도 하고, 전공이 시작되면서 뒤늦게 겪는 경우

---

[1] 대학마다 조금씩은 다른 기준을 적용하고 있는데 한 대학의 예를 보면 다음과 같이 학사경고 규정을 두고 있다: 매 학기 성적 평균평점이 1.75 미만인 자, 4과목 이상 F인자, 3과목이 F이면서 그 학점 합계가 6학점 이상인 자.

도 있다. 어떤 경우든 모두 학사경고라는 결과를 통보받기 이전부터 학업에 제대로 적응하지 못하는 경우라고 할 수 있는데, 공부를 안 하거나 하기 싫은 것이 아니라 수업 내용을 잘 이해하지 못하거나 과제를 어떻게 해야 할지 모르는 매우 답답한 상황이다. 이런 상황에서 대부분의 학생들은 어떻게든 극복해 보려고 하기보다는 수업에 들어가지 않는 것과 같이 회피 또는 도피하는 대처를 하는 경우가 많은데, 이럴 경우 결국 예상대로 학사경고를 받게 된다.

　최근 대학 입학과정에 다양한 전형방법이 도입되면서 수업을 듣는 학생들의 선행학습 수준을 비롯한 학습준비도의 개인차가 커지면서 이런 사례가 더 늘어나고 있다. 상위권 대학에서 학사경고를 받은 학생들의 특성을 알아본 한 연구 결과에 따르면 학사경고를 받은 학생들은 학업우수자들에 비해 지능에서는 차이를 보이지 않았지만 입학 당시 성적(입시사정 총점, 대입 수능 점수, 내신 등급)은 더 낮았다(한덕웅, 이경성, 2000). 특히, 교차 지원이나 출신 고등학교 계열에 따라 고등학교 때까지 학습한 내용이 다를 수 있고, 고등학교 때까지 학습한 내용이 연계되어 진행되는 수업에서는 학습준비도 차이가 더 클 수 있다. 수업을 따라가기가 힘들어지면서 학사경고, 나아가 앞으로의 대학생활에 대한 불안이 높아지는 경우는 인문사회 계열보다는 자연 계열이나 공학 계열에서 더 많이 나타난다. 이공계의 경우 고등학교 때 학습한 수학과 과학이 대학 교육과정의 기초가 되는 경우가 많은데, 고등학교 때까지 수학과 과학을 어느 정도 공부하는가는 고등학교의 특성과 문·이과 계열의 특성에 따라 차이가 크기 때문이다. 예를 들면, 과학영재고를 다니면서 대학 수업을 이수하는 과정(AP)을 거친 한 여학생(연구에서는 'A'로 명명)은 대학에서의 교육과정이 마치 복습하는 것처럼 쉬웠다고 보고했다고 한다: "일단 예과 공부를 할 때는 거의 고등학교 때 배웠던 수·과학 과목을 복습하는 기분으로 학교를 다녔고요."(김순근, 한기순, 2017, p. 35). 반면, 문과에서 이과로 교차 지원을 한 예린이 교수님의 설명이 외계어처럼 들렸다고 한 것과 상당히 대비되고 있다. 같은 수업을 듣는 학생들 사이에 분명한 실력 차이가 있고, 이 부분이 고려되지 않은 상태에서 진행되는 강의에서 실력이 부족한 학생들은 수업을 따라가기 힘들어진다. 대부분의 학생들은 자신의 노력으로 이 상태에서 벗어나기 어렵다고 지각하게 되는데, 수업을 따라가기 힘든 매 순간 모든 것을 자신의 능력 부족으로 돌리면서 열등감, 수치심, 부적절감을 느끼고 동시에 대학에서 쫓겨날 것이라는 불안까지 커지면서 학업실패 트라우마를 반복적으로 경험하게 된다.

주변인의 비난   학사경고 때문에 주변인으로부터 상처를 받아 학업실패 트라우마로 경험되는 경우가 있는데, 학사경고에 대한 동료의 놀림, 교수의 꾸중, 가족의 비난 등으로 마음에 큰 상처를 받는다. 함께 놀았던 친구들은 학사경고를 받지 않았는데 자신만 학사경고를 받은 경우, '내가 머리가 나빠서 그래.'라고 단정 짓고 자괴감에 빠지기도 하고, 장난삼아 하는 친구들의 얘기가 놀림과 비난으로 느껴지면서 상처가 되기도 한다. 친구들이 아무런 말을 하지 않아도 무시당한다는 기분을 느끼기도 한다. "친구들한테 어쩐지 무시당하는 것 같아요. '나도 큰일 났어.'(라고) 하는데, 그게 내 눈치를 보는 것 같기도 하고 어쨌거나 나를 공부 못하는 애라고 무시하는 것 같은 느낌을 나 혼자 받아요."(현채승, 2015, p. 157)라고 보고한 경우가 그 예이다. 그러나 이런 마음을 가족이나 친구들에게 이야기하기가 창피해서 아무렇지도 않게 보이려고 노력하면서 상처가 더 깊어지는 경우가 많다.

또한 최근 대학 측에서도 학사경고를 받은 학생들에 대한 관리에 많은 노력을 기울이는데, 그 과정에서 크게 잘못하거나 실력이 많이 부족한 사람으로 비춰지면서 지도교수나 조력자의 말에 상처를 받기도 한다. 대학에 와서 새로운 생활에 적응이 어렵기도 하고 갑자기 주어진 자유를 스스로 통제하지 못하기도 하면서 학사경고를 받게 되는 경우가 많은데, 학사경고 자체가 그 학생의 모든 가능성과 특성을 말해 주는 것처럼 대응하는 조력자로부터 상처를 받게 된다. 경각심을 주기 위한 "아무리 놀고 싶어도 학생이 지켜야 할 최소한도 안 한 것은 기본적인 삶의 태도가 잘못된 것이죠.", "같이 논 친구들은 학사경고를 안 받았는데 ○○ 학생만 학사경고를 받은 건 그만큼 ○○ 학생이 자기관리가 안 되고 있다는 거죠.", "지금부터 정신 똑바로 안 차리면 앞으로 어떻게 될지 몰라요." 등의 말은 수치심이나 죄책감을 불러일으키면서 큰 마음의 상처를 주게 된다. 이렇게 조력자의 의도와는 다른 결과를 낳게 되는 것은 학사경고라는 부적응적 행동에 대해 조력자가 충분히 이해하지 못하고 있기 때문일 것이다.

누구보다 심한 상처를 주는 주변인은 부모를 비롯한 가족인 경우가 많다. 고등학교 때까지와는 달리 대학생이 되면 가족들의 잔소리도 적어지고 비교적 자유롭게 생활하게 되는데, 학사경고라는 결과가 통보되면서 상당히 엄한 반응을 보이는 경우가 적지 않다. "뭘 하고 다니길래 학점이 이 모양이냐", "등록금이 아깝다", "우리 집안에 이런 일은 처음이다" 등과 같은 언어폭력에서부터 실제 구타를 당하거나 집에서 쫓겨나는 경우도 있다. 경우에 따라서는 형제간 비교가 상처가 되기도 한다. 어떤 내담자는 재수를 해서 대학을 가고 연년생의 동생이 고등학교를 졸업하고 바로 대학에 들어가 같이 대학을 다니게 된 상황에서 자신은 학사경고를 받았는데 동생은 성적이 좋아 장학금까지 받자 동생을 비롯한 모든 가족이 자신을 무시한다고 느꼈다고 한다. 또 다른 내담자는 언니는 한 번도 학사경고를 받은 적이 없고 심지어 졸업을 할 때 학과 수석까지 했는데, 자신이 두 번이나 학사경고를 받는 것을 보고 가족들이 불쌍한 사람 대하듯 해 정말 싫었다고 호소했다.

학사경고로 인한 주변인의 비난을 들은 학생들은 주변의 비난에 대해 억울하다고 느끼거나 힘들다고 느끼기보다 스스로를 더 비난하는 경우가 많다. 따라서 다른 사람에게 마음의 상처를 받아 힘들다고 호소하면서 상담을 찾는 경우는 드물다. 대부분 누적된 학사경고로 의무상담을 받으러 오거나 진로나 대인관계 어려움 등 다른 부적응 때문에 상담을 찾게 된다. 그러므로 상담자는 학사경고 문제를 호소하지 않더라도 학사경고를 받은 경험이 있는 내담자를 만나면 내담자의 학사경고에 대해 주변인들의 반응이 어땠는지와 그런 반응이 내담자에게 어떤 생각과 감정을 불러일으켰는지 탐색해야 하고, 억압되어 있는 미해결 감정이 있다면 그 부분부터 다루어야 한다.

반복된 학사경고   첫 번째 학사경고를 극복하지 못한 채 또다시 학사경고를 받는 경우 트라우마로 경험될 가능성이 훨씬 높아진다. 두 번째 학사경고를 통해 자신의 실패가 보다 명확해지면서 제적을 당할 수도 있다는 불안이 가중되기 때문이다. 대부분의 대학은 3~4번의 학사경고가 누적된 학생들에 대해 제적 처분을 하고 있다. 즉, 반복적으로 학사경고를 받을 경우 어렵게 입학한 대학에 더 이상 다닐 수 없는 상황에 처하게 된다. 이러한 위험을 방지하기 위해 많은 대학에서는 2번 학사경고를 받은 학생들에게 의무상담을 받게 하는 제도를 시행하고 있다. 앞서 소개한 재현의 사례가 여기에 해당된다. 2번의 학사경고를 받은 경우는 재현처럼 수업을 따라가기 힘들어지면서 학교생활을 등한시하는 생활에 젖어버린 상태일 때가 많다. '따라가기 힘든 수업'에서 살펴본 것처럼 어려움이 있을 때 상담실을 바로 찾는 경우도 있지만, 학교생활로부터 도피하면서 일상생활이 엉망이 되어 버리고 결국 2번의 반복된 학사경고를 받게 되는 경우도 적지 않다.

2번의 학사경고를 이미 받았고 이번 학기에도 학사경고를 받게 되면 제적이 될 수도 있는 상황에서, 잘 견디어 내는 학생들도 있지만 심리적으로 어려움을 겪는 학생들이 더 많다. 한 번 학사경고를 받았을 때와는 달리 반복된 학사경고는 많은 어려움을 초래한다. 학사경고 반복경험을 탐색한 현채승(2015)의 연구에서 나타난 이들의 고충은 압박감, 수치심, 자괴감 등의 정서적 고통, 비교당하는 시선을 느낌, 가슴 두근거림과 얼굴 화끈거림 등의 신체적 증상 등이었다. 한 연구참여자는 "가슴이 떨리디라고요. 답답하고 막막하고 죽겠는 거예요. 벼랑 끝에 몰린 느낌, 더 이상 갈 데가 없구나."(현채승, 2015, p. 158)라고 표현했다. 이지희와 신효정(2017)의 연구에서도 연구대상 9명 가운데 2명이 심리적으로 극심한 어려움을 겪는 것으로 나타났는데 이들은 다음과 같은 보고를 하고 있다. "이번에도 학고를 받으면 제적인데, 마지막이라는 걸 아는데도 마음을 기댈 곳이 없고 우울증이 있어 많이 안 좋다"(사례 6), "뭘 하고 나서도 나를 어떻게 볼까에 대해 잠을 못 잘 정도로 신경을 쓰고 두려움이 있다. 부담도 커서 학교도 그렇고 뭐 하나를 마친다는 게 어렵다"(사례 8)(이지희, 신효정, 2017, p. 191). 이와 같은 어려움을 겪는 학생들이 상담에 오게 되고, 이들이 겪은 실패감과 좌절을 극복할 수 있도록 도우면서 동시에 해당 학기의 성적도 학사경고를 받지 않도록 높여야 한다는 두 가지 과제를 상담에서 다루어야 한다.

학사경고로 인한 제적   학사경고가 반복되어 제적이 되는 경우 대부분 학업실패 트라우마로 경험된다. 또는 제적이 될 위기에 처하면서 아예 자퇴를 하는 경우도 있는데, 자신이 다니던 대학을 떠날 수밖에 없었다는 점에서 마찬가지 실패 경험을 하게 된다. 제적 처분이 되거나 자퇴한 학생들에 대해 조력 서비스를 제공하는 대학은 드물기 때문에 대학의 상담센터에서 학사경고로 제적된 학생이나 제적 위기로 인해 자퇴한 학생들을 만날 기회는 거의 없다. 경제적 여유가 많지 않거나 상담에 대한 개방적 태도를 갖지 않을 경우 사설 상담센터를 찾기도 쉽지 않아 제적(또는 자퇴) 직후 상담이 이루어지는 경우는 드물다. 많은 경우 나은처럼 이전 제적의 경험을 가지고 있으면서 새로 입학한 대학에서의 생활이 어려워질 때 상담을 찾게 된다.

　　나은은 4학년이 되어 교원임용고시 준비를 하면서 무기력감과 우울
감이 심해져 상담에 오게 되었다. 명문대 공대를 다니면서 학사경고가
누적되어 제적되었고, 그 당시 자신의 능력이 부족했기 때문이라고 생
각해 자신감을 상실하고 깊은 패배감을 느꼈다. 다시 대학 입시를 준비
해 자신이 원하는 대학에 입학하여 높은 학점을 받으며 잘 적응하고 있
었지만, 교원임용고시라는 과제에 봉착하면서 다시 자신의 능력에 대한
의구심이 들어 괴로워하고 있는 상태였다. 나은은 "저는 수능만 잘 보는
것에 최적화된 사람인 것 같아요. 뭔가 대학 이상의 공부에는 머리가 안
되는 것 같거든요. 저의 한계예요."라고 호소했다. 지금 다니고 있는 대
학에서 높은 학점을 받고 있는 것에 대해 상담자가 반문했을 때, "저희
과는 약간 공부하는 방식이나 시험이 고등학교에 가까워요. 공대에서는
그게 통하지 않았거든요. 그래서 가능한 거고 제가 노력을 많이 하는 것
도 있고요. 사실 그만큼 노력하지 않고 저랑 비슷한 학점을 받는 친구들
도 있거든요. 그런데 임용고시 준비는 완전 달라요."라고 얘기했다. 나
은은 많은 성공 경험에도 불구하고 자신의 능력에 대한 의구심을 극복
하지 못하고 어려움을 겪고 있었다.

　자신이 다니고 있던 대학에서 제적 처분을 받는다는 것은 그 자체로 거절당한
경험이고 실패 경험이다. 지금까지 살아오면서 가장 크게 경험하는 거절 경험 또
는 실패 경험일 수 있어 충격과 좌절감이 매우 크다. 인생곡선에서 가장 최하점
을 찍는 상태라고 할 수 있다. 그리고 제적 처분의 이유가 '학점'이라는 평가 결과
이기 때문에 나은처럼 자신의 능력 부족에 귀인하기 쉽고, 이로 인한 수치심과 죄
책감도 커지면서 대인관계도 회피하게 되고 거의 모든 사회활동도 중단하게 되는
경우도 많다. 또한 이런 경험은 일시적인 좌절 경험으로 끝나는 것이 아니라 열등
감으로 자리 잡으면서, 나은처럼 실패를 극복하고 상황이 바뀐 이후에도 학습과
정에 부정적인 영향을 미치게 된다. 따라서 학사경고로 인해 제적을 당한 경험이
있는 내담자와의 상담에서는 제적 자체로 인한 정서적 경험을 먼저 다루는 것이
필요하다. 제적 직후라면 이후 진로에 대한 상담에 초점을 둘 수 있고, 이전의 제

적이라는 실패 경험 때문에 공부에 방해를 받는다면 공부를 잘할 수 있도록 돕는 것에 초점을 둘 수 있을 것이다. 그러나 어느 경우든 제적에 대한 해결되지 않은 감정 문제의 점검과 해결이 선행되어야 한다.

2. 학사경고 내담자의 주된 호소

많은 학생은 학사경고를 잠깐의 부적응으로 여기고 학업에 집중하면서 극복한다. 그러나 앞서 살펴본 사례들처럼 그렇게 대처하지 못한 채 마음에 깊은 상처를 남긴 학업실패 트라우마로 경험되는 경우 여러 가지 부적응으로 나타나게 된다. 앞서 살펴본 학사경고 학업실패를 겪고 있는 대학생들이 상담에서 주로 호소하는 문제를 살펴보면 다음과 같다.

패배자라는 실패감   학사경고 학업실패를 경험한 학생들은 스스로를 '패배자(Loser)'로 여기는 경우가 많다. 어떤 이유에서든 학사경고라는 성적표는 경쟁에서 진 것을 명확하게 제시하고 있고, 자신이 패배자라는 사실을 바꿀 수 없기 때문이다. 우리나라 학제에 유급이라는 제도가 존재하지만 고등학교까지 유급을 경험하는 경우는 거의 없다. 따라서 고입과 대입에서의 불합격이 가장 큰 실패 경험이 되는 경우가 많은데, 입시를 잘 통과해 원하는 대학에 진학한 경우 학사경고가 처음 직면하는 실패일 수 있다. 특히, 상위권 학생들에게는 반복된 학사경고가 더 이상 변명할 수 없는 명백한 실패로 인식되면서 '자신에 대한 긍지'를 상실하고 '무력하고 수치스러운 자신'을 절감하게 한다(전호정, 2017).
어떤 경쟁에서 질 경우 그에 대한 가장 적응적 대처는 패배의 원인을 찾고 다음 경쟁에서 이길 수 있도록 준비하는 것이다. 이를 위해서는 패배가 주는 좌절감에서 벗어나 다시 다음 경쟁을 준비할 심리적 힘이 필요한데, 학사경고 학업실패를 경험하고 있는 내담자의 경우 아직 패배자의 좌절에서 헤어나지 못하고 있는 상태라고 할 수 있다. 특히, 자신이 동료들보다 실력이 부족하고 그 실력의 차이를 극복하기 어렵다고 생각할 경우 패배감에서 빠져나오기 힘들다. 재현은 이런 상태에 대해 "저는 저기 아래에 있고"라고 표현했다. 반복된 학사경고를 받은 경우는 더 심한 패배자의 좌절에 빠져 있을 것이다. 더 이상 좌절 속에서 헤매고 있다가는 큰일 난다는 현실적 압박감까지 가중된다. 뿐만 아니라 학사경고로 인해 제적을 당한 경험이 있는 나은은 새롭게 대학에 진학하고 새로 시작한 학과에서는 학점도 잘 받아 성공 경험을 했음에도 불구하고, 이전 학교에서 제적된 경험은 그대로 패배감으로 남아 있었다. 임용고시라는 과제 앞에서 다시 그 패배감이 되살아나면서 자신은 잘하지 못할 것이라는 예언을 하며 공부에 몰두하지 못하고 있는 것이다.

미래에 대한 불안   학사경고 학업실패로 인해 경험하는 대표적인 정서는 불안인데, 당면한 과제에서 안절부절못하는 불안 반응보다 미래에 대한 막연한 불안을 겪고 있는 경우가 많다. 실패라는 좌절 경험은 우울이나 분노의 정서를 불러일으키는 경우가 많지만, 학사경고의 경우 학사경고 자체가 이후의 제적이라는 행정 처분과 연결되어 있으면서 불안을 더 많이 일으키게 된다. 뿐만 아니라 대학이 앞으로 사회에 나갈 가교로서의 역할을 하게 된다는 것을 알고 있기 때문에 이후의 취업을 비롯해 앞으로 삶을 제대로 살아가지 못할 것 같은 불안까지 함께 몰려온다. 또 경고를 받아서 학교에서 쫓겨날 것 같은 불안, 길이 보이지 않는 막막함, 또다시 실패할 것에 대한 불안 등이다. 학사경고를 극복한 학생들도 '한 번 더 성적경고 받으면 짤린다는 위기감이 컸다.', '졸업을 못하게 될까 봐 불안했다.', '막상 학교를 안 다니면 뭘 해야 할지 막막했다.', '남들에 비해 내가 늦었고 뒤처지는 것같이 느껴져서 불안했다.' 등 불안에 대한 보고를 하고 있는 것(송수진, 2016)을 통해, 상담을 찾은 내담자들의 불안이 얼마나 클 것인지 예상할 수 있을 것이다. 물론 이 연구에 참여한 학생들처럼 학사경고로 인한 불안을 적극적으로 다루면 학업에 도움이 될 수도 있다. 그러나 학교 조력 시스템을 비롯한 내담자의 주변에서 이런 불안을 더 부추기는 경우도 있다. 이런 이유 때문에 내담자가 이미 불안한데, 학교에 오면 그 불안이 더 가중되기 때문에 학교를 더 오기 싫어지는 악순환도 겪게 된다.

이미 제적이 된 경우 제적에 대한 불안은 없지만 이후 삶에 대한 불안이 높아 제적에 대한 불안보다 더 큰 불안을 겪는다. 대학이라는 곳에 학적을 두고 있을 때와는 다른 스트레스다. 최근 우리나라는 졸업을 하고도 취업을 하지 못하는 청년들 사이에서 '청년불안'이라는 현상이 포착되어 상당히 심각한 사회문제로 간주되고 있는데, 이러한 상황은 제적생들의 불안을 더욱 가중하는 환경이다. 대졸도 취직을 못하는데 고졸에 대학에서 제적당한 자신이 설 자리는 더 없을 것이라는 현실에서 미래가 너무나 암담하다. 그리고 그 영향은 당장 어려움을 극복하더라도 또 다른 어려운 과제에 봉착하게 되면 또다시 큰 불안을 일으킨다. 예를 들면, 이런 어려움을 잘 이겨 내고 전공을 바꿔 새로운 전공에 진입한 나은은 학점관리도 잘하면서 잘 적응했지만, 임용고시라는 과제 앞에서 이전에 제적당했던 실패 경험이 엄습하면서 자신은 해내지 못할 것이라는 큰 불안을 겪었다.

회피행동   자신의 인생에서 패배자가 되었다는 실패감이나 앞으로 어떻게 될지 모르겠다는 불안감은 어린 대학생들이 감당하기에 너무 힘든 고통이다. 그래서 학사경고 학업실패를 겪고 있는 많은 내담자들은 자신의 문제를 들여다보고 해결하기보다는 회피하려 한다. 학사경고 경험에 대한 여러 연구에서 공통적으로 회피행동이 확인되었다(박종향, 이효정, 이선영, 2017; 이정례, 조민경, 2016; 이지희, 신효정, 2017; 전호정, 2017; 현채승, 2015). 대표적 회피행동으로는 성적을 아예 확인하지 않거나 자신의 성적이 낮은 사실을 부정하거나 생각하지 않으려는 외면이 대표적이고, 학교생활을 등한시하면서 게임이나 아르바이트로 시간을 보내거나 아예 휴학·군대 복무를 하는 일상생활로부터의 회피를 보였다. 또한 주변 사람들에게 실패자로 낙인찍히는 것을 걱정하면서 학사경고 사실을 숨기는 경우도 회피행동으로 추출되었다.

상담도 스스로 찾기보다는 의무상담을 받으러 오는 경우가 많다. 의무상담에 왔던 재현도 상담을 시작할 당시 열등감과 우울감이 깊었으나 그냥 '쟤들은 나랑 다른가 보다.' 하면서 깊은 감정 탐색 없이 게임, 휴학, 아르바이트 등 회피행동으로 대처하고 있었다. 학사경고, 나아가 누적된 학사경고로 인한 제적처분은 한 학기가 끝난 후에 통보되는 결과로 그 문제를 당장 다루지 않는다고 해서 크게 불편한 일이 생기지는 않는다. 학사경고를 통보받는 시기가 일반적으로 방학 중이므로 학사경고에 대해 다급하게 대처할 일은 아무것도 없다. 내담자는 속상하고 창피한 것이 가장 크고 다음으로 부모를 비롯한 주변 사람들에 대한 미안함과 그들의 잔소리로 인한 짜증을 견뎌야 하는데, 이 문제를 해결하려고 하기보다는 문제를 잊어버리기 위해 게임을 하거나 여행을 가거나 아르바이트에 몰두하는 등 회피행동으로 대처하기 쉽다. 개학을 하는 순간 학사경고를 받았다는 사실이 다시 떠오르면서 수업에 들어가는 것 자체가 부담이 되기 시작하는데, 2~3주 정도 수업에 들어가면서 역시 수업이 재미없고 공부를 잘하지도 못할 것 같다는 불안이 몰려오기 시작한다. 중간고사가 다가오면 그 중압감이 더 심해지고, 마찬가지로 이런 중압감을 벗어나기 위해 학교에 아예 나가지 않고 게임이나 아르바이트로 도피한다. 때로는 동아리를 비롯한 다른 일에 열중하거나 휴학, 군입대, 어학연수 등의 대안을 찾기도 하는데, 잘 해낼 자신이 없어 결국 적극적인 선택도 하지 못하는 경우가 많다.

무엇보다 학사경고를 경험한 학생들이 가장 많이 보이는 회피행동은 '미루기' (procrastination)[2]이다. 완벽하지 않은 보고서를 아예 제출하지 않거나 따라가기 힘든 수업에 가지 않는 것이 대표적이다. 잘 안 되니까 일단은 해야 할 과제나 일을 미루는 것으로, 더 시간이 지나면 나아지지 않을까, 더 잘할 수 있지 않을까 하는 기대를 갖는 경우도 있지만 대부분 미래의 결과에 대해 깊이 생각하지 않는다. 학업지연행동은 학사경고 학업실패로 인해 발생하는 경우도 있지만, 학업지연행동이 학사경고를 초래한 원인이 되는 경우도 있다. 실패에 대한 두려움이 학업지연행동의 선행 요인으로 확인되기도 하고(이선영, 2015), 학업지연행동이 낮은 학업성취도를 예언한다는 실증적 연구결과(서은희, 박승호, 2007; 신명희, 박승호, 서은희, 2005)도 있다. 따라서 학사경고를 다루는 상담자는 내담자의 학업지연행동에 대해 점검하고 다루어야 할 것이다.

공부에 몰두하지 못함　　학사경고를 받게 되는 가장 큰 원인은 공부를 열심히 하지 않았기 때문이고, 그 사실에 대해서는 내담자가 잘 알고 있다. 그런데 좀처럼 공부에 몰두하기가 어렵다는 것이 문제이다. 내담자가 공부에 몰두하지 못하는 것에는 여러 가지 이유가 있는데, 대표적 이유는 아르바이트 등으로 실제 공부할 시간과 공부에 쏟을 에너지가 부족한 경우, 공부 외의 심리적 문제들, 과도한

---

2) procrastination은 '꾸물거림', '미루기', '미루는 행동' 등으로 번역되다가 최근에는 '지연행동'으로 사용되고 있다. 단, '미루기'라는 번역어가 상담 장면에서 내담자가 보다 쉽게 이해할 수 있는 용어이기 때문에 이 책에서는 미루기와 지연행동을 함께 사용한다. 연구 영역에서는 학업에서의 미루는 행동을 일반적인 미루는 행동과 구분지어 '학업지연행동(academic procrastination)' 개념이 제안된 바 있다. 이 장의 심화학습에서 학업지연행동을 따로 다룰 것이다.

다중 역할, 공부에만 몰두할 때의 고통을 외면하고 싶은 마음 등인데 모두 공부가 우선순위에 있기 어렵다는 공통점을 갖는다. 그러므로 학업, 더 구체적으로 학사경고에서 벗어나 학교를 계속 다닐 수 있는 상태를 유지하는 것에 우선순위를 두는 것이 상담의 목표가 될 수 있다.

① 과도한 아르바이트

아르바이트가 학업보다 우선되는 것은 경제적 이유 때문인 경우다. 물질만능주의가 만연한 현대사회에서 경제적 어려움 때문에 학사경고까지 받게 되었다는 것은 내담자를 더 비참하게 만든다. 많은 내담자들이 아르바이트를 해서 돈을 벌지 않으면 학교를 다닐 수 없는 상황이기 때문에 공부에 방해가 되는 줄 알면서도 아르바이트를 할 수밖에 없다. 뿐만 아니라 아르바이트를 줄이고 학업에 집중할 방안을 충분히 찾아보지 않는 경우가 많다는 점에도 주목해야 한다. 우선 절대적 빈곤 상태인 경우와 상대적 빈곤 상태인 경우 둘 중 어느 쪽인지 이 부분에 대한 점검부터 해야 한다.

절대적 빈곤 상태일 때가 보다 심각한 상황이라고 할 수 있는데, 내담자가 자기 혼자만이 아니라 가족을 위해 아르바이트를 하고 있는 경우가 있다. 경제적으로 어려운 대학생들을 위한 장학 프로그램이 많아서 과도하게 아르바이트를 하지 않아도 학비와 생활비를 해결할 수 있는 방안이 많지만, 가족에게까지 경제적 도움을 주어야 할 경우는 아르바이트에 많은 시간을 쓸 수밖에 없다. 여기에서 상담자는 내담자가 현실적 대처 방안을 찾을 수 있도록 도와야 한다. 내담자가 받을 수 있는 장학 혜택이 있는가, 가족에 대한 경제적 지원의 필요성이 얼마나 심각한가, 아르바이트를 학기 중과 방학 중으로 이원화할 방안은 없는가 등을 점검하면서 보다 현명하게 현실적 문제에 대처할 수 있도록 도와야 한다. 이 과정에서 내담자가 도움을 구하는 행동을 하기 어려워하거나 가족의 기대를 낮추는 것을 힘들어하는 경우가 많은데, 이것이 상담을 통해 집중적으로 다루어야 할 부분이다.

상대적 빈곤 상태에 있는 내담자라면 돈을 버는 것과 학점 관리를 하는 것의 중요성에 대한 생각에 집중해 개입하는 것이 필요하다. 특히, 최근 대학생들은 부유한 또래와 비슷한 생활방식을 추구하기 위해 지나치게 많은 시간을 아르바이트에 쓰는 경우가 있어 이 부분에 대해 충분히 생각해 보고 자신의 입장을 정리할 수 있도록 도와야 한다.

② 공부 이외의 심리적 문제

사람들은 살아가면서 여러 가지 심리적 문제를 겪게 되는데, 그 정도가 심하면 일상생활에 지장을 초래하고 그럴 경우 정신병리로 진단을 받기도 한다. 공부를 주요 과업으로 하는 학생들에게도 마찬가지로 발생되는 문제인데, 특히 20대 초반은 많은 정신병리의 발병 시기이기도 하다. 공부 이외의 심리적 문제는 모든 학업실패에서 우선적으로 살펴보아야 할 문제이지만 학사경고를 받은 학생들은 더욱 그렇다. 많은 대학들이 학사경고를 받은 학생들을 대상으로 심리적 위기에 대한 스크리닝을 하는데, 이 정보를 잘 활용해 상담에 임해야 한다. 상담자가 가장 먼저 판단해야 할 사항은 현재 상태로 학업을 계속 이어 갈 수 있는가의 여부이다. 상담의 도움을 받으면서 학업을 해 나가는 것이 가능한 정도라면 상담을 통해 심리적 문제를 돕는 것에 초점을 두어야 하지만, 치료가 더 우선되어야 한다고 판단된다면 휴학 등 학업을 일시 중단하는 방안에 대해서도 고려해 보아야 한다. 학사경고의 반복 또는 제적의 부담감을 안고 상담을 진행하는 것은 바람직하지 않다. 뿐만 아니라 학사경고는 한 번으로 경험되는 학업실패이지만, 학사경고까지 가는 과정에서 여러 번 작은 실패를 경험하게 된다는 점도 간과해서는 안 된다. 그러므로 앞으로 어떤 방향으로 문제를 다루어 나갈 것인가에 대해 내담자와 상의하는 것이 선행되어야 한다.

③ 역할갈등

학생이 담당하고 있는 가장 중요한 역할이 공부하는 것인데, 여러 다른 역할을 감당하느라 공부를 등한시하는 경우이다. 가족 내에서 보호자 역할을 도맡아 하는 경우, 학내에서 학생회 또는 동아리 활동에 전력을 다하는 경우, 친구들 사이에서의 조정자 역할에 바쁜 경우 등이 여기에 속한다. 모두 좋은 일이고 함께 잘 해낼 수만 있다면 바람직한 일이다. 아무 활동도 안 하고 공부만 하는 경우보다 더 바람직한 삶의 모습일 수 있다. 그러나 이런 역할 때문에 공부를 소홀히 해 학사경고를 받게 된다면 역할 간 조정이 필요하다.

상담은 현재 하고 있는 역할들을 나열하고 각 역할들에 부여하는 의미와 그 이유들을 점검하는 것에서 출발한다. 그리고 여기에서 공부가 정말 그렇게 가치 없는 일인지에 대해서도 이야기를 나누어 본다. 최종적으로는 한정적인 시간과 에너지를 어떻게 각 역할에 분배할 것인지를 계획해 본다. 현재 어떤 역할에 얼마나 많이 관여하고 있는가와 앞으로 어떻게 조정하고 싶은가에 대해 그림으로 표현해 보면 도움이 된다. A4 용지를 반으로 접어 왼쪽에는 현재의 역할 배분, 오른쪽에는 역할 배분 계획을 표현한다. 현재와 계획 부분에서 각 역할을 동그라미로 표시하고, 역할의 비중을 동그라미의 크기로 표현한다. 새로 생기는 역할이나 없어지는 역할도 있을 수 있고, 동그라미 크기가 줄어드는 역할과 커지는 역할도 있을 수 있다. 이렇게 종이에 역할을 표현해 보는 활동을 통해 역할 수행에 대한 자신의 기대를 확인하고 조정할 수 있는 계기가 된다. 내담자가 혼자 처음부터 끝까지 완성하게 하기보다는 상담자와 함께 이야기를 나누며 완성해 가면 자기성찰을 하는 데 더 큰 도움이 될 것이다.

④ 고통에 대한 두려움

공부는 즐겁고 신나는 것이라기보다 지루하고 짜증 나는 것이라는 생각이 팽배하다. 실제 우리나라 학생들의 학업정서를 알아본 연구에서도 공부와 관련해 짜증, 지루함, 귀찮음, 답답함, 좌절감, 성취감, 재미있음, 기쁨, 즐거움, 뿌듯함 등의 순으로 나타나(김은진, 양명희, 2011), 공부가 고통스러운 일로 지각되고 있음을 알 수 있다. 그래서 공부를 다시 시작하는 것 자체를 끔찍하게 싫은 일로 표현하는 학생들이 있다. 특히, 고등학교 때까지 또는 재수를 하는 동안 많은 것을 참으며 오로지 대입에만 올인했던 학생들의 경우가 더 그렇다. 대학에서 해방감을 맛보고, 더 이상 공부라는 굴레로 들어가고 싶지 않다는 입장에서 움직이지 않으려고 한다. 이런 내담자를 만나면 상담자도 함께 얼어붙는 듯한 경험을 하게 되는데, 내담자가 조금은 더 유연하게 생각할 수 있도록 도와야 한다. 학업을 한다는 것이 지옥의 구덩이 속으로 들어가는 것이라는 비합리적 신념을 깨뜨리는 것에서 출발하는 것이다. 고등학교 때의 경험, 수험생으로서의 경험, 대학에서의 경험에 대해 회상하고 얘기해 볼 수 있는 기회를 주고, 모든 것을 희생하며 공부에 몰두하는 것과 공부를 전혀 하지 않는 것 사이의 수많은 대안들을 조망할 수 있도록 돕는다면 내담자가 조금씩 생각을 바꾸게 될 것이다.

또래관계 문제   학사경고 학업실패를 경험하는 학생들은 여러 가지 원인으로 학사경고라는 상황에 이르게 되는데, 그 원인 중 또래관계 문제는 흔히 나타나는 문제는 아니지만 개인에게 주는 상처는 매우 크다. 상담을 찾은 은아는 자퇴를 하고 싶다고 하면서 상담실을 찾았는데, 그 이유는 학사경고를 받게 된 경위 때문이었다.

　　은아는 조별과제 보고서에 자신의 이름이 빠지는 바람에 그 과목에서 F를 받아 학사경고를 받게 되었다. 평소 학과에서 따돌림을 당하고 있었는데, 함께 보고서를 준비했던 조원들이 최종보고서를 작성하면서 은아의 이름을 일부러 뺀 것이다. 그 팀에 들어갔던 것도 따돌림을 주도 했던 학우의 권유였고 팀에 들어가게 해 준 것을 고마워하며 충실히 조 별과제에 참여했는데 미처 생각지도 못한 일이 일어난 것이다. 그동안 학우들과 잘 지내지 못하면서 대학생활 자체가 힘들었는데, 이런 일까 지 당하고 보니 학교 자체를 떠나고 싶은 마음이 커졌다. 또 다른 학생 은 같은 학과 학생들끼리 하는 카톡방에 초대를 받지 못해 시험 시간 변 경 등 수업과 관련된 안내를 받지 못해 2개 과목에서 F를 받고 말았다.

　　다행히 은아는 같은 대학에 진학한 고등학교 동창 친구와의 관계에서 많은 위로를 받아 오고 있었는데, 이 친구를 통해 보다 적극적으로 학교 생활에 임해 볼 수 있도록 조력했다. 함께 동아리에 가입하고 점차 대학 에서의 대인관계를 확대하면서 같은 학과 학생들 중 일부와 친밀한 관 계를 형성할 계기가 마련되었다. 학과의 모든 학생들과 잘 지낼 수 있는 건 아니었지만 따돌림을 당하는 외톨이에서 벗어날 수 있었다.

　　학사경고를 받은 사실을 감추기 위해 다른 사람들로부터 도망치면서 외톨이 가 되어 버리는 경우(전호정, 2017)도 있지만, 외톨이로 지내는 것 자체가 학사경 고의 원인으로 작용하는 것이다. 그러므로 상담자는 학사경고 학업실패를 경험 하고 있는 내담자의 또래관계를 확인할 필요가 있다. 외톨이로 살아가고 있다 면 이 부분부터 개입해야 한다. 뿐만 아니라 지지적 또래는 학사경고 극복의 든 든한 힘이 되어 준다.

　　은아의 사례에서처럼 학업실패 내담자가 좋은 또래관계의 자원을 가지고 있 다면 이 부분을 학업실패 극복의 자원으로 활용할 수 있도록 도울 수 있다.

3. 상담에서의 선택과 집중

학사경고로 인한 학업실패 트라우마는 학교를 계속 다니기 위해서 '이번 학기 학점을 잘 받아야 한다'는 현실적 압박감 때문에 다른 학업실패 트라우마에 비해 시간적 압박이 더 크다. 또다시 경고를 받게 될 것 같은 불안 때문에 휴학을 하고 싶다고 하면서 휴학 기한을 며칠 앞두고 상담을 찾는 경우도 있다. 상담에서는 항상 내담자가 당면하고 있는 문제나 과제를 해결하는 것을 최우선으로 하지만 학사경고 학업실패를 다룰 때는 특히 이러한 현실적 문제에 우선순위를 두어야 한다. 학사경고라는 학업실패로 인해 정서적으로도 많은 어려움에 처해 있지만 정서에만 초점을 둘 수 없는 상황이라는 점이 상담자를 힘들게 하고 부담스럽게 할 수 있다는 점에 대비해야 한다.

원인에 대한 문제해결적 접근   학사경고 학업실패는 당장의 대학생활 적응과 밀접히 관련되므로 학사경고 및 학사경고 위기의 원인을 찾고 여기에 대처하는 과정에 초점을 두어야 할 것이다. 학사경고라는 사건은 하나이지만 여기에 영향을 미치고 있는 원인은 다양하기 때문에 다각적으로 원인에 대해 검토해야 한다. 내담자의 내적 문제만이 아니라 경제적 어려움, 가족 간의 갈등, 대학생활 부적응 등 외부 환경의 문제도 종합적으로 점검하고 다루어야 한다. 어떤 문제는 내담자의 통제 밖이라 당장 해결할 수 없거나 직접 다룰 수 없을 수도 있는데, 이런 문제를 안고 어떻게 살아가야 하는가라는 문제해결적 대처를 할 수 있도록 도와야 할 것이다.

문제해결을 위한 출발점은 문제의 원인에 대한 내담자의 가설을 모두 꺼내 놓는 것이다. 내담자가 자신의 문제에 대해 가지고 있는 가설을 가능한 한 많이 떠올릴 수 있도록 도와야 하는데, 이를 위해 가설의 타당성을 점검하거나 판단하지 말고 경청하는 것이 필요하다. 또 한꺼번에 여러 가지 내용을 기억하기 어려울 수 있으므로 메모를 하거나 목록을 만드는 것이 좋은데, 포스트잇을 이용하면 이후에 유사한 원인끼리 분류하기 쉽다. 상담시간에 잘 생각이 나지 않는다고 할 경우 한번 정도 과제로 주고 일주일간 자신의 문제에 대해 깊이 생각해 볼 시간을 주는 것도 가능할 것이다. 문제의 원인에 대한 파악을 촉진하기 위해 사용할 수 있는 또 다른 방법은 다른 사람들은 어떤 것 때문에 그런 문제를 겪고 있는지 참고하는 것이 될 수 있다. 〈표 13-1〉은 상위권 대학에서 2번의 학사경고를 받은 학생들을 대상으로 심층면담을 실시한 결과(이지희, 신효정, 2017)를 정리한 것인데, 이 표를 상담에서 활용해 볼 수 있다. 많은 학생들이 공부가 어려워서 학사경고를 받았다고 보고했고, 공부가 어려운 이유는 기초과목 공부 부족이나 전공 자체의 어려움과 함께 동기가 부족하거나 대학에서의 달라진 학습 방식에 적응하지 못한 때문으로 나타났다. 내담자는 이러한 대다수에 해당할 수도 있고, 드물게 보고한 어떤 내용의 원인을 가지고 있을 수도 있다. 미처 생각하지 못했지만 다른 학생들이 얘기한 걸 보니 자신에게도 그런 측면이 있다는 것을 발견할 수도 있다는 점에서 유용하게 활용할 수 있을 것이다.

〈표 13-1〉 상위권 대학생의 2회 학사경고 경험

영역	범주		사례 빈도
1. 공부가 어려운 이유	1) 고등학교와 다른 대학의 공부에 대한 전략 부족	(1) 스스로 공부하는 것과 학습기술에 대한 가이드라인 부재	전형적(5)
		(2) 시험 준비 미비와 시험 준비를 도와줄 사람의 부재	전형적(5)
	2) 학업동기의 부족	(1) 학습에 대한 흥미 부재	전형적(6)
		(2) 전공과 적성 불일치	전형적(5)
	3) 전공 공부 자체의 어려움 및 기초 과목의 공부 부족		전형적(6)
2. 학습 습관 및 태도	1) 쉽게 포기하거나 벼락치기하는 습관		전형적(8)
	2) 낮은 수업 출석률		전형적(7)
3. 개인적 특성	1) 높은 고등학교 성취와 비교되는 낮은 대학 학습 성취도		전형적(8)
	2) 정서 중심의 스트레스 대처 사용		전형적(5)
	3) 정신건강적인 어려움		드문(2)
4. 환경적 특성	1) 가족관계	(1) 가족구성원과 소통의 부재	전형적(5)
		(2) 나에 대한 가족의 과도한 기대	드문(2)
	2) 대인관계: 친구의 부재로 인한 학업 정보의 부족		드문(4)
	3) 경제적 상황	(1) 학비 충당 및 학교생활의 어려움	전형적(6)
		(2) 경제적 어려움 없음	드문(2)

5. 진로 방황 및 준비	1) 미래에 대한 막연한 고민	전형적(7)
	2) 잘못된 학과 선택으로 인한 방황	전형적(5)
	3) 구체적인 진로 결정 및 준비	드문(3)

출처: 이지희, 신효정, 2017, p. 195 〈표 3〉의 일부.

가능한 원인이 모두 도출되었다면 이런 원인들 가운데 정말 학사경고 또는 그 이후의 어려움에 중요하게 기여하고 있는 원인을 선정해 본다. 다양한 문제가 포진해 있지만 모든 원인을 동시에 해결할 수는 없기 때문에 집중적으로 해결할 중요한 원인이 어떤 것들인지 판단하는 단계가 필요하다. 이 과정에서는 왜 그것을 원인이라고 생각하는지와 왜 중요한지에 대한 내담자의 이야기를 듣는다. 이 과정에서 상담자가 내담자의 문제에 대해 잘 이해하게 될 뿐 아니라 내담자 스스로 자신의 문제에 대한 이해가 깊어지고 해결이 가능하겠다는 희망을 갖게 된다. 이러한 성과가 나타날 수 있도록 상담자는 경청과 탐색적 질문에 집중하면서 상담을 진행한다. 내담자의 학사경고를 둘러싼 주요 원인이 어느 정도 합의되었다면, 다음으로 해결책을 찾기 위해 원인을 분류하고 정리하는 작업이 필요하다. 유사한 원인끼리 분류하는 작업을 먼저 하고, 각 원인들의 범주를 가장 잘 나타낼 수 있도록 명명한다. 마치 질적 자료를 가지고 개념화를 하듯이 원인에 대한 개념화 작업을 진행하는 것이다.

원인이 정리되면, 해결을 위한 계획 단계로 넘어간다. 먼저 상담을 통해 변화가 가능한 것과 상담을 통해 변화시키기 어려운 것을 구분하고, 상담에서 해야 할 일과 상담에서 돕기 어려운 일에 대해 합의한다. 내담자는 상담을 통해서 어떤 도움을 받고 싶은지에 대해, 상담자는 상담을 통해 어떤 도움을 줄 수 있는지에 대해 서로 이야기를 나누면서 목표를 설정하는 과정으로 넘어간다. 이 과정에서 상담자는 학사경고라는 문제를 초래한 원인 때문에 힘들어하는 내담자를 공감하고 격려하지만, 그 문제를 해결될 수 있고 해결하기 위해 상담을 한다는 상담구조화를 다시 공고히 해야 한다. 또한 상담을 통해 변화가 어려운 부분에 대해서도 개입하는데, 이 문제를 어떻게 해결할 것인지에 대한 대책을 세울 수 있도록 돕는다. 이 과정에서 때로는 해결하기 힘든 부분은 그대로 수용해야 함을 분명히 할 필요도 있다. 예를 들면, 민혁은 직전 학기 학사경고 때문에 기숙사 생활을 하지 못하고 통학을 해야 하는데 통학에 너무 많은 시간을 써서 학습 시간이 부족하다. 그러나 지금은 시기적으로 기숙사에 들어가는 것이 불가능하고 부모님의 경제적 지원 없이는 학교 근처에 집을 구할 수도 없기 때문에 장거리 통학이 불가피한 상황이었다. 따라서 더 이상 통학에 대해 불평하지 않고, 남은 학기 동안 통학을 계속 해야 할 상황에서 할 수 있는 일이 무엇인지 찾아보는 것에 합의했다.

부정적 정서 마주하기   학사경고로 인한 패배감은 그 자체로 커다란 부정적 정서 경험이고, 제대로 다루지 못할 경우 수치심과 죄책감 나아가 우울과 불안까지 확장된다. 또한 반복해 학사경고를 받은 학생들은 제적될 수 있다는 불안감까지 가지고 있다. 그러나 이런 패배감이나 불안을 마주하는 것 자체가 고통이기 때문에 외면하고 그 상황에 대해 아예 생각을 하지 않으려고 하는 경향이 크다. 게임이나 쇼핑 등 회피행동의 이면에는 패배감을 잊고 싶은 마음이 자리 잡고 있고, 외면하고 억압한 부정 정서는 회피행동만이 아니라 다양한 부적응의 원인으로 작용한다. 따라서 학사경고 학업실패를 경험한 내담자와의 상담에서는 패배감을 어떻게 감당하고 있는지 다루어야 한다. 외면하고 있는 패배감을 다시 일깨우기 위해 학사경고를 받았을 당시의 상황과 감정 그리고 그 이후의 변화 등을 화제로 상담을 이끌고, 감정반영, 공감, 탐색적 질문, 직면 등을 통해 자신의 부정 정서를 재경험할 수 있도록 돕는 것이 효과적이다. 앞서 살펴본 재현과의 상담과정에서 이를 확인할 수 있다.

　재현은 2번의 학사경고 결과에 대해 '쟤들은 나랑 다르구나.'라는 생각을 하면서 휴학을 하고 고향으로 내려가 학교 상황 자체를 잊고 생활했다. 고향에 내려가 생활하는 동안은 별로 힘들지도 않았지만 다시 복학을 했을 때 학업으로 인한 스트레스는 휴학을 결정했을 당시와 하나도 달라진 것이 없이 그대로였다. 휴학을 통해 시간만 멈췄을 뿐 그 기간 동안 자신의 패배감을 제대로 다루지는 못했기 때문이었다. 재현은 공부를 하는 이유는 경쟁에서 이기고 출세를 하기 위한 것이라고 생각하고 있었고, 자신은 그 경쟁에서 졌기 때문에 무능하고 한심하고 앞날도 암담하게 느껴져 우울과 불안이 높았다. 이기기 위한 공부라는 고등학교 때까지의 생각에서 멈춰 있었고, 낮은 성적은 무능함을 의미한다는 도식화 속에서 자신의 문제를 주지화하는 경향이 컸다. 상담자는 수업, 성적, 경쟁, 능력 등 내담자를 주지화하는 데 기여하는 개념에서 벗어나 정서적 경험에 초점을 둘 수 있도록 개입했다. 학사경고를 어떻게 겪었고 어떻게 겪고 있는지와 함께 수업을 들을 때나 문제를 풀 때 느끼는 감정, 공부하면서 기분이 좋을 때와 좋지 않을 때의 차이, 이런 기분을 좌우하는 요소들, 자신에게 관찰되는 것과 다른 사람(교수나 친구)에게 관찰되는 것의 공통점과 차이점, 수업이나 시험에서 부당하게 느꼈던 적, 더 분발하고 싶게 만드는 일과 그때의 경험 등을 다루었다. 즉, 학사경고 자체 또는 실패 자체만이 아니라 공부와 관련된 정서 경험을 가능한 많이 떠올리고 이야기해 볼 수 있도록 했다. 이 과정을 통해 재현은 학사경고라는 결과가 자신의 무능함에만 있는 것이 아니라는 점, 그것에 너무 압도되어 앞으로 나아가지 못했다는 점, 자신이 너무 좁은 시야를 가지고 공부에 끌려다니기만 했다는 점 등에 대해 통찰을 얻게 되었고, 보다 적극적으로 배움을 추구하고, 모르고 잘 이해되지 않는 것을 극복해 보는 과정에 대한 두려움을 이기고 도전해 보겠다는 마음이 생겼다.

부정 정서에 대해 알아차리고 수용했다면, 그런 정서를 경험하는 이유가 자신의 성장 동기에 있음을 찾을 수 있도록 타당화(validation; Linehan, 1997)하는 작업이 후속되어야 할 것이다. Marra(2005/2006)는 내담자가 자신의 행동에 대한 정당한 이유를 설명할 수 없을 때 자신에 대한 역기능적인 수치심과 죄책감이 커질 수 있다고 주장하는데, 상담에서 내담자의 감정을 수용해 주고 반영해 주는 것도 중요하지만, 내담자 스스로 정서적 경험의 의미를 재발견하고 자신의 개념을 조직화하는 과정 또한 반드시 필요하다는 것을 의미한다(고유림, 김창대, 2015). 타당화는 내담자가 자신의 감정, 태도, 행동이 갖는 내적 의미를 이해할 수 있도록 돕는 개입방법으로 공감과 유사한 개념이지만, Linehan은 공감이 타당화의 전제조건에 해당하지만 지각된 내담자의 참조틀이 진실인지를 평가해 본다는 점에서는 공감과 구별되기 때문에 타당화는 공감 이상의 의미를 담고 있다고 보았다(유성경 외, 2009, p. 1874). Linehan은 타당화의 단계를 1~6수준으로 나누고 5~6수준을 강조하는데, 내담자의 현재 반응이 타당하다(즉, 적절하다)는 것을 전달하는 것이 5수준, 강점과 잠재력을 가진 내담자를 그대로 지각하는 것이 6수준이다. 공감에서도 가장 높은 수준의 공감은 내담자의 성장 동기를 발견하고 여기에 공감하는 것이라는 점을 감안하면 공감과 타당화가 추구하고 있는 목표에서는 유사성을 갖는다. 그래서 타당화 반응에서 5수준의 내담자의 현재 반응이 타당함을 전달하는 부분이 강조되기도 한다. 타당화는 내담자가 한걸음 더 나아가게 하는 데 도움을 준다는 점에서 유용한 개입전략이다. 이를 통해 내담자는 자신의 문제를 인정하고 더 나아갈 수 있는 힘을 얻게 된다. 다음 민혁의 사례에서 그 효과를 확인할 수 있다.

　　민혁은 학교가 집에서 상당히 멀어 대학에 가면서 기숙사 생활을 시작했는데, 1학년 1학기 학사경고를 받았다는 이유로 기숙사 생활을 못하고 통학을 하게 되었다. 1학년 2학기부터 왕복 5시간 가까이를 통학해야 했고 통금시간까지 정해지면서 동아리 활동도 못하고 MT 등 학과 행사에도 참여할 수 없게 되었다. 아르바이트나 여행도 학점이 3.5점까지 오를 때까지는 금지되었다. 뿐만 아니라 집에서도 텔레비전이나 스마트폰을 보고 있으면 "그러다 또 학고 받으면 어쩌려고 그러나. 아직도 정신을 못 차렸니?"라는 잔소리를 들어야 해 아예 자신의 방에서만 생활하게 되었다. 그러나 이러한 부모의 비난과 통제는 통학의 피로감과 대인관계의 단절 그리고 이것을 초래한 자신의 능력에 대한 열등감만 가중시켰다. 여기에서 벗어나기 위해 민혁은 공부에 집중하기보다 오히려 게임에 몰두하게 되고 건강도 나빠지고 말았다. 민혁은 수업에도 잘 오지 못하게 되었는데, 이를 안타까워하던 친구의 권유로 상담을 찾게 되었다.

　　민혁을 만난 상담자의 첫인상은 당시 부모의 비난을 그대로 내사하고 있는 모습이 어려움을 가중시키는 것으로 보였다. 상담자는 학사경고를 받은 후 부모의 통학 처분과 평소 잔소리에 대한 민혁의 감정을 먼저 탐색했는데, "당연하시죠.", "제가 잘못한 것이니까요.", "그냥 참죠.", "공부해야 하는데 잠만 오네요." 등으로 반응할 뿐 감정에 대해 이야기하는 것을 회피했다. 이런 회피반응에 대해 직면하거나 부모님에 대해 부정적 정서를 느끼는 것 자체를 두려워하고 있었다. 상담자는 민혁이 보다 자율적으로 살아가고 싶기 때문에 이것을 통제하는 부모에 대해 억울하고 서운하고 화가 나는 것이라는 타당화 개입을 꾸준히 해 나갔다. 이를 통해 민혁은 자신의 학사경고라는 결과와 상관없이 부모로부터 부당한 대우를 받고 있음을 깨닫고, 자신이 부모에 대해 화가 난 것을 인정하면서, 부모에게 자신의 이야기를 해 보기로 했다. "지난번 학사경고는 갑자기 주어진 자유로 많이 놀았던 이유에서 비롯된 것이 사실이고, 그것은 잘못이라고 생각한다. 그러나 이번 학기에는 학업에 좀 더 몰두해 보고자 하니 자신에게 잔소리를 삼가 달라"는 요청까지 하게 되었다. 그리고 시험기간 중에는 도서관에서 공부하고 학교 근처 친구 집에서 자는 것도 허락받으면서 학사경고를 극복하겠다는 다짐을 하게 되었다.

실력 키우기 동기화　학사경고 학업실패는 학점을 기준으로 내려진 행정처분으로 그 자체로 열등감을 조장한다. 어떤 이유에서 학사경고를 받았든 자신의 '능력 부족'이라고 귀인하면서 '자신은 안 된다'는 열등감에 빠진다. 특히, 학사경고라는 하나의 사건이 아니라 그 이전에 수업이나 시험을 통해서 자신의 실력 부족을 경험하는 경우가 많아 이러한 귀인이 자연스럽다. 앞서 살펴본 바와 같이 한 수업을 듣는 학생들 사이의 실력 차이가 많이 나는 것도 사실이다. 이 상황에서 내담자와 가장 먼저 해야 할 작업은 재귀인을 통한 열등감 극복이다. '난 머리가 나빠서 안 돼.'라는 내담자의 귀인을 '능력이 없는 것이 아니라 실력이 부족한 것이다.' 그리고 '실력이란 학습을 통해 보충할 수 있는 것이다.'로 바꿔 주어야 한다. 실제 학사경고 이후 상처 난 긍지를 일부나마 회복하는 경험을 한 학생들은 학사경고의 원인을 더 이상 통제 불가능한 요인이 아닌 통제 가능한 이유로 귀인하고, 스스로 변화하기 위해 노력을 기울였다(전호정, 2017, p. 155). 그리고 상담자는 이전 성공 경험을 통해 자신감을 회복하고, 완전하지 않은 자신을 수용할 수 있도록 조력하는 것을 통해 실력을 키워 학사경고를 극복할 수 있겠다는 희망을 갖게 할 수 있다.

　다음으로 지금 당장의 수업에서의 어려움을 극복해 나갈 수 있다는 희망을 갖게 하는 것이 필요하다. 특히, 따라가기 어려운 과목을 중심으로 개입하는데, 어려운 이유에 집중하면서 이를 개선할 방안을 찾는다. 예를 들면, 교차 지원이나 고등학교 때까지의 학습량 부족으로 개별 과목에 대한 준비도가 낮은 것이 문제가 되는 경우 이 부분부터 보충할 계획을 세운다. 대학에서의 새로운 학습방식에 적응하기 힘들어한다면 교수학습지원센터의 도움을 받을 수 있도록 하고, 교수자의 특성에 잘 적응이 안 된다면 해당 학과를 통해 정보를 수집해 대처전략을 함께 짤 수도 있다. 이 과정에서 내담자에게만 맡기기보다 상담자의 교내 네트워크를 활용해 내담자가 도움을 구할 수 있는 사람에게 연결해 주는 것이 좋다. 수업 따라가기가 힘들어지면서 학사경고, 나아가 앞으로의 대학생활에 대한 불안이 높아지는 사례는 인문사회계열인 경우보다는 자연계나 공학계열인 경우가 많다. 이는 고등학교 때 학습한 수학과 과학이 대학 교육과정의 기초가 되는데, 고등학교 때까지 수학과 과학을 어느 정도 공부하는가는 고등학교의 특성과 문이과 계열의 특성에 따라 차이가 크기 때문이다. 교차 지원을 하여 대학에서의 '물리' 공부를 어려워했던 예린과의 상담과정을 살펴보면 다음과 같다.

예린은 교차지원으로 건축학과에 진학했는데 교양필수로 수강해야 하는 '물리' 과목 때문에 학교를 그만두어야 할 것인지를 고민하며 상담실을 찾았다. 예린은 "교수님의 말이 외계어처럼 들려요. 전 바보인가 봐요."라고 하면서 "아무래도 교차 지원한 게 잘못인 것 같아서 학교를 그만두고 싶다"고 호소했다. 좀 더 탐색해 본 결과 물리를 제외한 다른 과목에서는 크게 어려움이 없었고, 건축학과에 지원한 동기도 높았기 때문에 '물리'에서 F를 받지 않을 방안부터 찾아보기로 합의했다. 상담자는 예린에게 건축학과 조교를 만나 도움을 요청할 것을 과제로 내주었는데, 창피해서 어려울 것 같다고 했지만 한번 해 보자고 설득했다. 다음 회기 상담에 온 예린은 조교도 만나고 지도교수도 만나고 와서 이제 자신도 해 볼 수 있겠다는 희망에 차 있었다. 조교는 예린에게 건축학과는 공대의 다른 학과에 비해 교차 지원이 많은 학과로 예린과 같이 물리를 비롯한 기초과학 수업을 어려워하는 학생들이 많으며, 대개 EBS를 통해 고등학교 교과과정을 공부하면서 극복한다고 알려 주었다. 그리고 예린의 지도교수도 지지적인 분이니 만나서 의논을 드리라고 해서 지도교수도 만나게 되었는데, 고등학교 때까지 수학을 잘했기 때문에 앞으로 전공에 들어오면 공부를 잘할 수 있을 것 같으니 걱정하지 않아도 된다는 말을 듣게 되었다. 예린은 바로 고등학교 물리 공부를 시작했고, 2학기 C를 목표로 공부하고 만약 F를 받으면 방학 동안 고등학교 물리를 공부해서 재수강을 하겠다고 했다. 교차 지원을 한 만큼 더 공부해야 한다는 사실을 좀 더 편하게 받아들일 수 있게 되어 공부에 집중도 잘된다고 했다.

학점 높이기   학사경고라는 실패의 극복에는 이번 학기 성적 향상이라는 과업이 항상 동반된다. 상담을 통해 학점을 높일 수 있도록 돕지 못해 또다시 학사경고를 받게 된다면 상담에서 기울인 다른 노력까지 수포로 돌아갈 수 있다. 학점 관리가 중요하다는 것에는 합의했으니 '알아서 잘 관리해라' 또는 '학점에 신경을 써라'라는 식이 아니라 직접 학점 관리 과정에 개입해야 한다. 학점 관리를 돕기 위해 상담자는 내담자가 수강하는 과목에서의 출석, 수업집중 행동, 수행 정도 등을 세밀하게 파악해야 한다. 시기적으로 수강철회를 할 수 있는 기간이라면 수강신청을 한 모든 과목을 들을 것인지 여부부터 결정해야 한다. 전체적으로 몇 과목(몇 학점)을 듣고 있는지, 이 가운데 어려운 과목은 무엇인지, 어떤 점에서 어려운지, 평소 수행평가를 하는 과목과 그 과목에서의 지금까지 성적은 어떤지 등에 대한 정보가 필요할 것이다. 이러한 점검과정을 통해 내담자는 학점 관리를 위해 수강신청 때부터 고려해야 함을 알게 되고, '관리'라는 개념을 습득하게 될 것이다.

또한 학사경고를 받게 된 원인이 기초학력 부족에 있는 것은 아닌지에 대한 점검도 필요하다. 대학의 입학전형이 다양해지면서 같은 대학 같은 학과 내에서도 학생들의 준비도가 다를 수밖에 없는데, 대학 강의에 이러한 개인차가 반영되는 경우는 거의 없다. 잠재력은 있지만 당장 수업에 동원해야 하는 학력이 부족할 수 있고, 이것이 학사경고의 주된 원인이라면 기초학력을 보충할 수 있도록 도와야 한다. 기초학력 부족 상태이고, 이 부분부터 보완해야 수업을 잘 따라갈 수 있다는 사실을 직면하고 수용하는 것은 내담자에게 부담이 클 수 있다. 하지만 이 부분을 외면할 경우 아무리 노력해도 학사경고를 극복하기 쉽지 않다. 그러므로 상담자는 이 부분에 대한 정확한 진단과 함께 내담자와 충분히 이야기를 나누면서 앞으로 나아가야 할 방향에 대한 합의를 해야 한다. 기초학력 보충에 집중하기로 합의한 다음에는 방법을 찾아야 할 것이다. 예린처럼 개인적으로 고등학교 과정의 EBS 강좌를 활용해 실력을 보완할 수도 있지만, 혼자 인터넷 강의를 통해 실력을 쌓기란 쉽지 않다. 이런 경우 대학 내 자원을 활용하면 더 효율적일 수 있다. 많은 대학에서 기초학력 부족 학생들을 위한 프로그램을 운영하고 있는데(예: 멘토링, 학습공동체, 온라인 강좌, 사전 강좌 등), 상담자는 이런 조력 서비스에 대한 정보를 확보하고 내담자가 적극적으로 활용할 수 있도록 안내하고 촉진해야 할 것이다. 대학 차원에서 마련된 프로그램이 자신에게 잘 맞지 않다면 학과의 조교나 교수의 도움을 받을 수 있도록 해야 한다. 이와 같은 주변 자원 활용과 도움 추구행동은 학사경고 극복에도 도움이 되고 향후 학교적응에도 도움이 되는 중요한 기술이므로 적극적인 개입이 필요한 부분이다.

　나아가 학점을 높이기 위해 상담자가 확인해야 할 사항은 전반적인 학교생활이다. 지금까지와 동일한 방식으로 공부해서는 학점을 높이기 어려울 수 있다. 따라서 전체적으로 학교공부를 어떻게 하고 있었는지 파악하고 거기에서 문제점을 찾아야 한다. 일상생활의 루틴이 어떤지부터 찾아보고, 늦잠, 결석, 과도한 아르바이트, 과도한 놀이, 과제 미루기, 벼락치기 등 학교공부가 중심이 되지 않는 생활을 하고 있다면 그 부분부터 바꿀 수 있도록 도와야 한다. 한꺼번에 루틴을 바꿀 수는 없기 때문에 가장 중요한 부분 또는 가장 쉽게 바꿀 수 있는 부분부터 시작해 하나씩 바뀌 나간다. 한 가지 행동만 바뀌도 전체적인 루틴이 깨져 이후 변화가 보다 쉽게 진행될 수 있으므로 한 가지 작은 행동이라도 확실하게 변화시키는 것에 초점을 두어야 한다.

4. 상담자를 위한 심화학습

학업지연행동

　학업지연행동은 학사경고의 주요 원인이 될 수도 있기 때문에 상담자가 잘 알고 있어야 하는 내담자의 행동이다. 학업지연행동을 보이는 내담자는 해야 할 일(과제)을 하지 않고 있어 게으른 것처럼 보이지만, 단순히 게으름을 피우는 것과는 구별된 행동이다. 학업지연행동을 단순한 게으름으로 간주해서는 안 되는 이유는 해야 할 일을 해 내지 못하는데 심리적인 걸림돌이 존재하고 있기 때문이다. 일반적으로 지연행동은 완벽주의의 한 증상으로 알려져 있기도 하다. '나는 완벽해야 하고, 완벽하게 해내지 못 할 거면 아예 안 하는 것이 낫다'고 생각한다. 열심히 했는데도 'B'밖에 못 받으면 한심하지만, 아예 안 해서 'F' 받으면 하지 않았으니까 당연한 결과라는 것이다. 과제나 공부만이 아니라 모든 미루는 행동에 이런 심리적 과정이 존재할 수 있다. 즉, 지연행동에는 잘하지 못할 경우 자신이나 다른 사람으로부터 비난을 받게 될 것이라는 실패에 대한 두려움이 자리 잡고 있을 수 있다. 학업지연행동에 대한 보다 상세한 논의와 개입 방안에 대해 살펴보면 다음과 같다.

학업지연행동의 의미   해야 할 공부나 숙제를 하지 않고 '나중에 할 거야' 하면서 미루고 있는 행동을 학업지연행동(Academic Procrastination)으로 명명하는데, 그 의미에 대해 많은 논의가 있었다. 특히, 연구 영역에서 학업지연행동을 측정하는 도구가 서로 다르게 개발되어 사용되면서 정의에 대한 합의가 이루어지기 힘든 상황이 되었다. 이런 과정에서 지금까지 학업지연행동에 대해 여러 정의가 제안되었는데, 이를 종합해 최정아는 다음과 같은 정의를 제시했다. '본인에게 중요한 특정 과제를 예정한 시간에 수행하지 않으면 부정적인 결과가 예상되고, 이로 인해 불편한 감정이 경험됨에도 불구하고, 그리고 미루는 것이 본인에게 필요한 상황이 아님에도 불구하고 미루게 되는 행동'(최정아, 2017a, p. 14). 단순히 미룰 뿐만 아니라 그 미루고 있는 과제가 중요하고, 마감일이 있으며, 미룰 경우 불이익이 있고, 그것 때문에 마음이 불편한데도 미루고 있는 것을 의미한다. 즉, 겉으로 보기에 미루는 행동인데다, 여기에 꼭 해야 하는데 하지 않고 있어서 심리적으로 힘든 과정이 내포되어 있다고 할 수 있다.

상담에서는 학업지연행동을 경험하는 개인에 따라 서로 다른 방식으로 학업지연행동을 시작하고 유지하게 된다는 점에도 유의해야 한다. 예컨대, 교원임용고시 준비를 앞두고 학업지연행동을 보이는 학생들의 내적 경험에 대한 질적 연구에서 자신에 대한 근거 없는 자신감으로 '나태함을 합리화'하는 자기합리화 나태형, 임용고시 합격에 대한 부담으로 '스트레스가 악순환'되는 합격 부담 스트레스형, 누적된 스트레스로 인해 공부를 해 나갈 '에너지가 소진'된 스트레스 누적 소진형, 임용고시 공부가 막막하여 '학습전략 마련에 도움'이 필요한 학습전략부족 의존형, 교사라는 진로에 대한 고민으로 '임용고시 공부에 대한 동기가 부족'한 동기부족 진로고민형 등 다섯 가지 서로 다른 학업지연 유형이 확인되었다(조보람, 2020, p. 62). 상담자는 내담자가 학업지연행동을 보인다는 것 자체를 파악하는 것을 넘어 내담자가 학업지연행동을 어떤 형태로 어떻게 경험하고 있는지 더 깊이 탐색해야 한다.

학업지연행동의 영향   무엇보다 학업지연행동은 그 상태에서도 정서적으로 고통스러울 뿐만 아니라 여러 가지 부정적 결과가 후속된다는 점에서 상담에서 더 관심을 가져야 할 행동이다. 과제를 미루게 되면서 결국 학사경고를 비롯한 낮은 학업성취 결과를 초래하게 되고, 그 과정에서 후회, 절망, 자기비난, 정서적 불편감을 겪을 뿐 아니라 대인관계까지 힘들어진다. 우리나라에서 수행된 여러 경험적 연구에서도 학업지연행동이 학업성취도와 나아가 다양한 심리적 곤란에 부정적 영향을 미친다는 점이 확인되었다(최정아, 2017b, p. 116). 그러나 학업지연행동이 반드시 부정적인 결과를 초래하는 것만은 아니라는 논의가 최근에 진행되고 있다. 벼락치기로 공부를 해야 공부가 잘되고 성적도 잘 받는 학생들이 있는데, 이들의 경우 시험공부를 미루는 학업지연행동을 보였지만, 학업성취도도 낮아지지 않았고 심리적 불편감도 적었다는 점에서 적응적이라고 볼 수 있다는 것이다. 이러한 지연행동을 적응적이라는 측면에서 기능적 또는 능동적이라고 명명한다. 신을진과 고진경(2011)의 연구결과에 따르면 능동적 지연행동 집단의 경우 결과만족, 압력선호, 의도적 지연결정에서 평균 이상을 보였고, 수동적 지연행동 집단보다 높은 수준의 자기조절 학습전략(초인지 전략, 자기효능감, 시간과 학습환경, 노력조절, 또래학습) 사용을 보였다. 그러나 기능적 또는 능동적 지연행동은 해야 할 일을 미루고 있지만 심리적 불편감이 없다는 측면에서 학업지연행동의 정의에 부합하지 않아 학업지연행동으로 분류되지 않는다고 보는 입장도 있다. 즉, 내담자가 과제를 미루고 있다고 해서 모두 부적응적인 것이 아니라는 점을 상담자는 염두에 두어야 한다.

학업지연행동의 촉발 요인   게으름과는 다른 학업지연행동 개념이 제안되면서 '미룬다'는 관찰되는 행동을 촉발하는 요인들이 무엇인가에 대한 관심이 높아졌다. 실패공포를 비롯한 개인 내적 특성에서부터 학업수행 환경에 이르기까지 다양한 요인이 학업지연행동의 촉발 요인으로 제시되어 오고 있는데, 여기에서는 비교적 설명력이 크면서 상담에서 다룰 수 있는 요인을 중심으로 그 내용을 살펴보고자 한다.

① 성격적 특성(완벽주의)

학업지연행동에 관한 초기 연구들은 학업지연행동을 과제의 특성이나 상황적 문제로 보기보다 개인의 기질적 문제로 보았는데, 개인의 성격특성 중 성실성, 신경증 또는 완벽주의 등과 같은 일련의 성격특성이 제안되었다(Ferrari, 2004; van Eerde, 2004). 이 가운데 완벽주의는 학업지연행동과 밀접히 관련된 성격특성으로 꾸준히 논의되고 있다. 학업지연행동과 완벽주의의 관련성에 관한 연구는 메타분석이 실시될 성도로 많은 연구가 수행되고 있는데, 해외에서 수행된 연구로는 Van Eerde(2003)의 연구와 Steel(2007)의 연구가, 우리나라에서 수행된 연구로는 전경남과 이정민(2018)의 연구가 대표적이다. 우리나라에서 최근 수행된 전경남과 이정민의 연구는 완벽주의의 차원을 세분화해 학업지연행동과의 관련성을 분석했다는 점에서 의의를 갖는데, 완벽주의를 부정적으로만 조망하던 관점에서 탈피해 Frost 등(1993)[3]이 제안한 '긍정적 성취추구 완벽주의'와 '부적응적 평가염

---

3) Frost 등(1993)은 다차원적 완벽주의 검사인 H-MPS와 F-MPS의 요인분석 결과를 바탕으로 완벽주의의 다양한 차원을 긍정적인 차원과 부정적인 차원으로 구분하고, 그 하위 요인을 다음 〈표 1〉과 같이 분류했다(전경남, 이정민, 2018, p. 528).

〈표 1〉 '긍정적 성취추구'와 '부적응적 평가염려' 요인

구분	긍정적 성취추구	부적응적 평가염려
H-MPS 해당 요인	자기지향 완벽주의 타인지향 완벽주의	사회부과 완벽주의
F-MPS 해당 요인	개인적 기준 조직화	실수에 대한 염려 수행에 대한 의심 부모의 비난 부모의 기대

이 가운데 H-MPS(Hewitt & Flett, 1991)는 완벽주의적 행동의 대상을 중심으로 3차원으로 나눈 것으로 자기지향 완벽주의는 스스로의 엄격한 기준에, 사회부과 완벽주의는 중요한 타인이 자신에게 기대하는 높은 기준에, 타인지향 완벽주의는 중요한 타인에 대한 자신의 비현실적인 기대에 맞추려는 것이다. 한편 F-MPS(Frost et al., 1990)는 발달적 측면에서 완벽주의 성향을 개인적 기준, 조직화, 실수에 대한 염려, 수행에 대한 의심, 부모의 비난, 부

려 완벽주의'로 구분하였다. 이를 통해 선행연구에서 보고한 완벽주의와 학업지연의 관계에 대한 효과크기는 Van Eerde의 연구에서 .12였고 Steel의 연구에서는 −.03인 데 반해, 긍정적 성취추구 요인의 경우 −.101에서 −.383, 부적응적 평가염려에 해당하는 하위 차원의 경우 .065에서 .466으로 그 효과크기가 보다 더 폭넓고 크게 나타남을 확인했다(전경남, 이정민, 2018, p. 542). 보다 구체적으로 살펴보면, 긍정적 성취추구 중 자기지향 완벽주의와 조직화가 학업지연행동과 부적으로 큰 효과크기를 보였고, 부적응적 평가염려 중 수행에 대한 의심, 부모의 비난, 실수에 대한 염려가 학업지연행동과 정적으로 큰 효과크기를 보였다. 즉, 완벽주의 성격 중에서도 수행에 대한 의심, 실수에 대한 염려, 부모의 비난 등이 작용할 경우 학업지연행동을 촉진하지만, 완벽주의 성격을 가지고 있어도 자기지향적으로 조직화를 하고자 하는 경우에는 오히려 학업지연행동을 하지 않을 수 있다는 것이다. 따라서 상담자는 학업지연행동을 보이는 내담자의 완벽주의적 성격 자체를 살펴볼 것이 아니라 학업지연행동을 촉발하는 수행에 대한 의심 등 하위 요인에 초점을 두어 문제를 파악하고 개입을 계획해야 할 것이다.

② 실패공포

학업지연행동의 대표적 원인으로 가장 빈번하게 언급되는 요인은 실패공포(fear of failure)이다. 성취동기이론에서 실패를 하지 않으려고 하는 것이 어떤 행동의 동기가 될 수 있다고 보고 이것을 '실패회피동기'라고 명명하는데, 실패공포 논의의 출발점이라고 할 수 있다. 사람들이 실패를 두려워하는 것은 실패를 했을 때 그 실패로 인해 주요 타인의 관심을 상실하는 것, 주요 타인을 실망시키

모의 기대 등 6차원으로 나누고, 개인적 기준은 스스로에게 매우 높은 기준을 설정하는 것으로 자신을 평가하는 데 있어서 높은 기준을 매우 중요하게 여기는 것, 조직화는 과도하게 정확함, 질서, 조직화를 선호하는 경향성, 실수에 대한 염려는 실수에 대한 부정적인 반응으로서, 실수에 대해 지나치게 염려하여 작은 실수도 실패와 같은 것으로 받아들이고 실패하게 되면 타인의 인정을 잃게 될 것이라고 믿는 경향성, 수행에 대한 의심은 자신의 수행의 질에 대해 의심하는 것으로 일이 만족스럽게 완성되지 못했다고 지각하는 것, 부모의 비난은 부모의 기대를 충족시키지 못해서 부모로부터 비난을 받아 왔다고 지각하는 것, 부모의 기대는 자신의 부모가 자신에게 도달하기 어려운 높은 기준을 설정하고 큰 기대를 걸고 있다고 지각하는 것 등으로 정의하고 있다.

는 것, 자신이 평가절하되는 것, 수치심을 경험하는 것, 미래가 불확실해지는 것 등이 초래될 것이라고 생각하기 때문이다. 이런 두려움이 학업지연행동의 배경에 자리 잡고 있을 수 있다.

학업지연행동에서 실패공포가 중요한 역할을 한다는 것을 처음 밝힌 것은 Solomon과 Rothblum(1984)이다. 이들은 대학생과 교수에게 학업지연행동의 이유를 질문해 평가불안, 완벽주의, 의사결정 어려움, 의존성 및 도움추구 경향, 과제혐오감 및 낮은 좌절 인내성, 낮은 자존감, 게으름, 자기확신 부족, 성공공포, 시간관리 능력 부족, 통제에 대한 반항, 위험감수, 동료의 영향 등 13가지를 추출했다. 이 가운데 평가불안, 완벽주의, 낮은 자존감이 전체 변량의 49.4%를 설명하는 것을 확인하고, 이 세 가지 요인을 함께 '실패공포'로 명명했는데 앞서 살펴본 개인적 특성으로서의 완벽주의가 실패공포에 포함되어 있다. 즉, 학업지연행동을 일으키는 실패공포란 평가에 대한 불안, 완벽해야 한다는 생각, 낮은 자존감이 복합되어 실패를 두려워하는 상태라고 할 수 있다. 이를 토대로 실패공포를 학업지연행동의 출발점이라고 보는 회피 모델(Rothblum, 1990)이 제안되는데, 실패공포는 과제의 수행결과에 따라 자신의 능력과 가치가 평가된다고 생각하는 정도가 부적응적으로 심한 상태라고 할 수 있고, 수행결과에 대한 평가를 피하기 위해 학업지연행동을 하게 되는 것으로 설명한다. 단, 실패공포는 이후 연구에서 학업지연행동과의 상관의 크기가 Solomon과 Rothblum이 제안했던 것보다 작게 나타나면서 다른 변인에 대한 관심이 점점 커지고 있다.

③ 과제혐오감

과제를 하지 않고 미루는 것은 과제 자체에 대한 정서 때문일 수 있다. 과제에 대해 지니는 불유쾌하고 즐겁지 못한 감정인 '과제혐오감(task aversiveness)'이 학업지연행동의 원인이 될 수 있다. 과제혐오감은 우울, 비합리적 사고, 낮은 자존감과 밀접히 관련되면서 학업지연행동을 일으킨다는 점이 확인되었다(Solomon & Rothblum, 1984). 과제를 싫어하게 되는 이유가 그 과제에서 실패한 경험이 있거나 실패할 가능성이 높게 지각되기 때문에 실패공포 또는 자기효능감과 관련되어 있다고 보는 관점도 있다. 하지만 임상적으로는 과제 자체를 싫어하는 정서가 실패 가능성과 관련 없이 나타날 수 있다는 점에 주목해야 한다. 대체적으로 잘되거나 성공 가능성이 높은 과제를 좋아하고 잘 안 되고 실패 가능성이 높은 과제를 싫어하지만, 하면 잘할 수도 있지만 그 과제 자체를 싫어하는 상태도 있을 수 있기 때문이다.

이렇게 좋아하지 않는 과제가 유발하는 혐오감을 비롯한 부정적 정서 자체가 지연행동의 직접적인 원인이 되고, 나아가 긍정적 정서가 상실되는 것도 지연행동에 영향을 줄 수 있다(Sirois & Pychl, 2013). 또한 이러한 정서를 제대로 조절하지 못하고 계속 부정적 정서상태에서 벗어나지 못하게 되는 것이 지연행동이라는 결과를 초래할 수 있기 때문에 정서조절의 실패를 지연행동의 원인으로 보기도 한다. 실제 지연행동을 보이는 사람들은 부정적인 인지적 정서조절 전략을 더 많이 사용하는 것으로 확인되었다(Rebetez, Rochat, & Van der Linden, 2015).

④ 낮은 자기효능감

그 과제를 수행할 능력을 얼마나 가지고 있는가에 대한 개인적 지각에 해당하는 자기효능감이 낮을 경우 학업지연행동의 원인이 된다. 잘할 수 없다고 생각(낮은 자기효능감)되기 때문에 실패를 예상하게 되고(실패공포) 그래서 과제를 미루는 회피행동(학업지연행동)으로 이어지는 것이다. 자기효능감과 학업지연행동의 관계를 검증한 실증적 연구결과에 따르면 자기효능감은 학업지연행동을 25%(Haycock, McCarthy, & Skay, 1998, 미국 대학생 대상), 14.3%(박경희, 2010, 한국 고등학생 대상) 설명하는 것으로 각각 나타났다. 일반적으로 개별 사회정서적 변인의 설명량이 아주 큰 경우가 없다는 점을 감안할 때 이와 같은 수치는 임상적으로 의미 있게 받아들일 수 있을 것이다. 또한 자기효능감은 같은 수준에 계속 머무는 것이 아니라 학업지연행동으로 인한 수행실패(또는 낮은 학업성취)로 인해 다시 더 낮아지기 때문에 '낮은 자기효능감 → 실패공포 → 학업지연행동 → 낮은 성취 → 낮은 자기효능감'의 악순환이 지속된다. 따라서 상담자는 그 출발점이 되는 과제에 대한 내담자의 낮은 자기효능감의 개선에 관심을 두어야 할 것이다.

⑤ 부과된 외적 동기

학업이라는 과제가 외적으로 부과되었기 때문에 스스로 하고 싶은 동기가 생기지 않아 미루게 된다는 점에서 지나친 외적 동기가 학업지연행동의 원인으로 제시되었다. 내적 동기를 가진 학생들이 외적 동기를 가진 학생들보다 학업지연행동을 덜 보일 뿐 아니라 학업지연행동의 주요 설명변인으로 알려진 자존감, 우울, 불안 등의 변인이 학업지연행동의 변량을 14% 설명한 반면, 동기 변인이 추가될 때 그 설명량이 25%로 증가한 것을 확인한 실증적 연구결과(Senecal, Koestner, & Vallerand, 1995)는 학업지연행동에서 내적 동기의 역할에 관심을 불러일으켰다. 이후 내적 동기가 높으면 학업지연행동을 덜 하게 된다는 점이 계속 입증되었다(예: Balkis & Duru, 2016; Powers, Koestner, & Zuroff, 2007). 이에 따라 내적 동기를 높여 학업지연행동을 감소시키는 프로그램들이 개발되고 그 효과도 검증되었다(예: 최정아, 2017c; Davis et al., 2016).

특히, 우리나라처럼 부모의 교육적 기대가 높고 사회적으로 교육을 지나치게 강조하는 문화에서는 외적 동기로 인한 학업지연행동이 더 빈번하게 나타날 수 있다. 지인인 한 상담자는 다음과 같은 자신의 임상 경험을 이야기해 주었는데, 부과된 외적 동기에 매여 있는 우리나라 학생들의 모습을 잘 보여 준다.

> "우리나라 아이들은 너무 어린 시절부터 공부가 재미있기 전에 공부를 무조건 해야 한다고 사회적으로 학습하기 때문에 공부는 재미없는 거 또는 억지로 하는 거가 되는 것 같아요. 더 재미있는 거나 더 쉬운 게 많은 세상에서 공부에 의지를 발휘하기 싫을 것 같아요. 그냥 가만히 보고만 있어도 재미난 거, 친구랑 놀면 재미난 거, 게임하면 즐거운 거가 많은 데 비해 공부는 '결심'이 필요하잖아요. 게임은 결심이 안 필요한데. 가깝고 쉬운 유익이냐, 안 그래도 어릴 때부터 억지로 해 온 공부냐에서 공부를 선택하기 어렵죠."

개입 모델   상담자에게는 학업지연행동에 대한 효과적 개입에 대한 논의가 가장 중요한 정보가 될 것이다. 우리나라에서는 아직 학업지연행동에 대한 개입 전략이나 모델이 활발하게 적용되고 있지 않지만, 미국의 경우 대학을 중심으로 다양한 상담 지원 프로그램이 운영되고 있다. 미국의 경우 15~20%의 달하는 대학생들이 자신의 잠재력에 못 미치는 학습부진 상태이고, 이러한 학습부진의 주요 원인이 학업지연행동인 것으로 밝혀진 것(Mandel & Marcus, 1988)이 그 배경이다. 그래서 미국을 비롯한 서구에서는 대학생들의 학업문제에 대한 개입 모델로 주로 대학에서 운영하는 구조화된 집단상담 프로그램이 개발되어 실시되고 있는데,『Counseling the Procrastinator in Academic Settings』

(Schouwenburg et al., 2004, 『학업 미루기 행동 상담』, 김동일 역, 2015)는 4~13장에 걸쳐 열 가지의 서로 다른 상담 프로그램을 소개하고 있다. 이 책의 편저자는 이러한 프로그램이 서로 다른 접근을 하고 있지만, 규칙적인 학습습관 향상, 자기효능감 증진, 집단원 간의 상호작용 활용 등의 공통 요소를 포함하고 있다고 정리하고 있다. 학업지연행동을 다루어야 하는 상담자들은 이 책의 내용에서 자신이 상담하는 내담자들의 특성에 맞는 접근을 선택해 적용할 수 있다.

여기에서는 학사경고로 인한 학업실패를 경험한 내담자와의 개인상담에서 학업지연행동을 어떻게 다룰 것인가의 개입의 방향에 대해 살펴보고자 한다. 학업지연행동으로 인해 학업성취가 낮아진 내담자들은 학업지연행동이라는 공통점을 가지고 있으면서도 그 원인이나 배경에서는 서로 다른 특성을 갖는다. 예를 들면, 학업지연행동의 하위 유형으로 완벽주의형, 미루기형(과제 회피), 정치형(사회적 관계 지향), 처벌형(이전 실패에 대한 자책)으로 나누고, 자신이 어떤 패턴을 더 보이는지부터 파악하는 접근이 소개되기도 하였다(Walker, 2004). 따라서 학업지연행동을 다루는 보편적 개입전략의 적용에 앞서 내담자의 고유한 특성과 내담자가 처한 맥락이 고려되어야 한다는 점을 간과해서는 안 된다.

① 인지적 접근

자신이 해야 할 공부와 과제를 계속 미루고 있다는 사실과 어떤 이유에서 미루는 행동이 지속되는지에 대해 이해하는 것이 상담의 출발점이 될 수 있다. 먼저, '잦은 결석 또는 지각', '시험공부를 못한 채 시험을 보거나 시험을 보러 가지 않음', '과제를 늦게 제출하거나 아예 제출을 못함' 등의 행동이 보고된다면 미루는 행동이 학사경고를 비롯한 미성취의 원인일 가능성이 크다. 이런 행동과 낮은 성취도의 인과관계에 대한 인식을 하고 있는지부터 확인하는 단계에서 학업지연행동 상담이 시작된다고 할 수 있다. '능력이 부족하다', '전공이 맞지 않는다', '교수님이 엄격하다'가 아니라 지연행동이 원인이라는 점을 이해하고 수용할 수 있도록 저성취 원인에 대한 내담자의 지각을 탐색하고 새로운 대안을 제안하는 상담이 진행될 수 있다.

다음으로 미루는 행동을 계속하게 되는 원인에 대한 내담자의 가설을 들어 보면서, 그 타당성을 점검해 가장 중요한 원인이 무엇인지 밝히는 단계로 넘어간다. 앞서 살펴본 학업지연행동의 원인인 완벽주의, 실패공포, 과제혐오감, 낮은 자기효능감, 외적 동기 등 핵심적인 원인을 중심으로 파악하고, 내담자가 가진 고유한 맥락이나 특성이 기여하는 부분도 살펴야 한다. 원인에 대한 가설을 상담자가 먼저 제시하기보다는 내담자의 가설을 먼저 들어 보는 것이 중요한데, 내담자에게 자신의 문제에 대한 책임감을 높이기 위함이기도 하고 보다 정확한 원인을 파악할 수 있는 방법이 되기 때문이다.

셋째, 학업지연행동의 원인이 되는 비합리적 신념들을 탐색하고 그 신념의 변화를 위해 개입하는 것이다. Ellis(1999)는 지연행동을 하는 사람들이 보이는 전형적인 비합리적 신념을 다음과 같이 제시하고 있다.

- 나는 나중에 그걸 할 거야. 나중에 그걸 하게 되면 그건 더 나아지고 더 쉬워질 거야.
- 나는 그걸 완벽하게 해야만 해. 그렇지 못하다면 나는 결코 좋은 사람이 아니고 부적절한 사람이야! 그래서 나는 나중에 그걸 할 거야.
- 이렇게 어려운 과제를 나에게 부과하지 않았어야만 했어. 불공평해! 그건 어려울 뿐만 아니라 내가 하기엔 너무 어려워. 신경 쓰기도 싫어! 내가 하고 싶을 때 할 거야. 그렇지 않으면 아마 전혀 하지 않을지도 몰라! 내가 그들에게 보여 주겠어!(방선욱 역, 2018, p. 27)

즉, 나중에 하면 더 잘할 수 있다는 막연한 기대, 완벽주의 추구, 타인에 대한 비난과 저항이 학업지연행동의 원인으로 작용할 수 있다는 것이다. 상담자는 내담자가 가진 이러한 비합리적 신념을 수정할 수 있도록 도와야 한다. 이를 위해 다양한 논박방법과 함께 긍정적 심상 활용, 모델링 등 상담자들이 익숙한 REBT의 기법을 적용할 수 있을 것이다.

마지막으로, 낮은 자기효능감의 증진을 위한 개입이다. 잘할 수 없다고 생각(낮은 자기효능감)되기 때문에 실패를 예상하게 되고(실패공포) 그래서 과제를 미루는 회피행동(학업지연행동)으로 이어지는 고리를 끊기 위해 그 출발점인 낮은 자기효능감을 높일 수 있도록 도와야 한다. 학업상담에서는 자기효능감을 높이기 위해 일반적으로 자기효능감의 네 가지 원천에 개입한다. 자기효능감의 원천인 성공 경험, 대리 경험, 언어적 설득, 생리·정서상태에 각각 개입해 내담자의 낮아진 자기효능감을 높일 수 있다. 무엇보다 성공 경험을 위해서는 과제와 목표를 최대한 작게 나눠 조금씩이라고 미루지 않고 해 보는 것이 중요한데, 이를 위해 자기조절을 비롯한 행동적 접근도 병행해야 하는 경우가 많다.

② 동기적 접근

학업지연행동을 중단하기 위해서는 공부가 '정말 하고 싶은 것'이 되어야 한다는 점에서 동기에 개입할 수 있다. 학업에 대한 강요의 근원이 어린 시절의 양육환경과 밀접히 관련된다는 해석은 상담자에게 중요한 시사점을 준다. 과거의 경험에서 형성된 자신 내부에서의 명령과 반항의 고리가 학업지연행동의 원인이 되는지 탐색하고 이것에 대한 통찰을 얻고 새로운 마음가짐을 가질 수 있도록 도울 수 있다는 것이다. Missildine(1963)은 『Your Inner Child of the Past』(『몸에 밴 어린 시절』, 이석규, 이종범 역, 2006)에서 미루는 행동에 대해 새로운 설명을 제시하고 있다. 비록 오래전에 쓰인 것이지만 현재 상담 실제에도 적용이 가능한 내용이다. 여기에 해당하는 내담자가 있다면 이 부분을 다루어야 하는데, 그 내용을 살펴보면 다음과 같다. 어린 시절 가정의 분위기가 "숙제 해야지. 텔레비전은 끄고. …… 도대체 성적이 이 모양인데도 너는 걱정도 안 되니?……"라는 위협적인 지시와 명령이 이어지는 강압적인 형태일 경우, 자녀는 불안하기 짝이 없는 압박을 핑계 대며 미루고 꾸물거림으로 대처하곤 한다. 부모의 강압에 적극적으로 반항을 하면 처벌이 뒤따르기 때문에 소극적으로 반항함으로써 겉으로는 부모의 지시에 순종하는 체하면서 사실은 자신이 하고 싶은 것만 하고 시킨 일은 미룬다. 이런 지연 작전은 부모의 더 큰 화를 부르고 부모의 끊임없는 지시와 자녀의 유일한 무기이자 저항 수단인 미루고 꾸물대는 행동은 '명령-반항'을 되풀이하게 된다. 이러한 경험은 자녀가 어른이 되어서도 계속되는데, 어른이 된 자녀는 자신에게 지난날의 부모가 한 것처럼 '이것을 하라, 저것을 하라'라는 지시를 내리고, 핑계를 대고 꾸물대면서 자신이 내린 지시에 반항한다. 학업지연행동을 보이는 내담자 중에는 자신이 알아차리지 못한 채 스스로에게 부모로서 지시와 명령을 내리고 여기에 저항하고 있을 수 있다는 것이다. 비현실적으로 높은 기대의 일정과 계획과 해야 할 일의 목록을 만들어 놓고 결국은 아무것도 하지 않는다. 예를 들면, 은석의 하루 일과는 이렇게 흘러간다.

은석은 아침이면 오늘은 꼭 보고서 쓰기 과제를 하겠다고 다짐하고 일찍 도서관으로 간다. 노트북 전원을 연결할 수 있는 자리를 찾아 앉아 노트북을 켜고 과제에 필요한 책과 자료들을 책상에 꺼내 놓는다. 따뜻한 커피 한 잔까지 앞에 놓으면 모든 준비 끝. 그런데 어디서부터 손을 대야 좋을지 결정할 수 없어서 마음속으로 무엇을 해야 할지 생각하기 시작한다. 뭔가 보고서 주제에 맞는 자료가 더 있을 것 같아 검색 엔진을 통해 자료를 찾기 시작한다. 괜찮은 자료들이 보여 노트북에 저장을 하려고 하는데, 이전에 찾았던 자료들이 한 폴더에 있는 것을 발견한다. '자료를 주제별로 정리해야 보고서 쓸 때 편하지'라고 생각하면서 새로운 폴더를 만들어 자료 정리에 나섰다. 이러면 어느새 오전 시간이 다 지나고 점심시간이다. 여자친구와 점심을 먹는데, 항상 지지적인 여자친구는 "일찍부터 나와서 보고서도 쓰고 정말 대단해. 넌 역시 능력자야."라고 말한다. 그러나 자리로 돌아와 노트북을 보니 오전 동안 보고서는 하나도 쓰지 못했다. 여자친구의 말이 떠오르면서 '이번엔 A⁺ 받을 보고서를 써야 할 텐데. 안 그러면 실망하겠지?'라는 걱정이 시작된다. 이런 걱정은 열심히 하지 않으면 안 된다는 강박감을 느끼게 하고, 스스로에게 '제대로 해야지.', '뭘 했어, 오전 내내.', '지금부터 해서 오늘 끝내고 가자.', '정신 차려.' 라고 하면서 자신을 몰아붙인다. 이런 부담감이 싫어서 일단 커피를 한잔 마시면서 마음을 편하게 가지려고 한다. 그때 마침 학과 카톡방에 메시지가 계속 오고, 보고서에 대한 이야기를 하고 있을지도 모른다는 생각에 카톡을 열어 메시지를 확인한다. 어느새 한참을 단톡방에서 이야기를 나누었지만 보고서에 대한 정보는 얻지 못했고, 교수님이 올려 준 과제 내용을 다시 확인하기 위해 인터넷 강의실에 접속한다. 이렇게 인터넷을 열면서 보고서 관련 기사를 찾는다고 다시 검색 포털에 접속하고 이러면서 SNS 확인까지……. 스마트폰을 손에서 놓지 못하고 저녁이 되어 버린다. 은석은 오늘 끝내려고 했던 보고서를 하나도 쓰지 못한 자신에게 너무 화가 나고, 과제를 내 준 교수님도 원망스럽다. 그러나 오늘은 이렇게 되어 버렸으니 내일 새로운 마음으로 보고서를 시작해 보자고 다짐하면서 도서관을 나선다.

이와 같이 스스로에게 명령-반항의 순환을 반복하고 있는 내담자라면 이 부분에 대한 개입이 필요하다. Missildine은 명령-반항의 순환을 알아차리고 이를 해소하기 위한 노력으로 어린 시절로 되돌아가 내담자에게 내려진 지시에 반항하던 과거사를 들춰 낼 필요는 없지만 왜 이처럼 무의미한 줄다리기가 시작되었는지 이해한다면 도움이 될 것이라고 제안하고 있다. 자신은 잘하고 싶은데 오히려 그것이 미루는 행동을 지속하는 출발점이 되고 있고, 그러한 행동은 자신도 모르는 사이 어린 시절의 양육환경을 통해 내면화되어 있다는 것에 대한 이해와 통찰은 변화를 위한 첫걸음이 될 수 있다.

그리고 이러한 명령은 자신이 하고 싶은 것이 아니라 자신이 하기 싫은 것에 부여되었기 때문이고, 자신이 하고 싶은 것은 못하고 하기 싫은 것만 해야 하는 상황을 지금도 반복하기 때문에 발생한다는 점에 주목해 개입해야 한다. 과제나 공부가 외부의 강압에 의해 해야 하는 것으로만 남아 있다면, 여전히 명령-반항의 순환고리를 끊어내기 어렵다. 과제나 공부가 스스로 선택한 것이고 그래서 그냥 하는 것이어야 더 이상 내면의 명령이 되지 않는다. 스스로 명령하지 않으면 그에 대한 반항행동으로서의 지연행동도 사라질 수 있다. 즉, 상담자는 내담자가 학업이라는 과업을 얼마나 외부로부터 또는 자신으로부터 강요받고 있는지 파악하고 이 부분을 다루어야 한다. 해야 할 공부와 해야 할 과제에서 의미를 찾아가는 것, 자신이 가진 능력을 발견하고 그것을 발휘하고 싶은 마음이 생기는 것, 현재의 서툴고 부족한 점을 수용하는 것 등이 상담에서 이루어진다면 학업지연행동에서 벗어날 수 있을 것이다.

③ 정서적 접근

학업지연행동에서 다루어야 할 정서적 문제로는 실패공포와 과제혐오감이 가장 빈번하게 호소된다. 공부라는 과제를 하는 것이 재미있고 즐겁다면 그 과제를 하지 않거나 미루지 않을 것이다. 실패가 예상되는 과제, 진전이 없는 과제, 억지로 하는 과제는 모두 부정적 정서를 일으키고, 그것이 싫으니까 하지 않고 미루게 된다. 그러므로 이러한 싫은 마음을 극복해야 학업지연행동을 중단할 수 있다. 학업지연행동과 관련된 부정적 정서를 조절하기 위해 제안된 방법들은 근육이완법(Ferrari et al., 1995)과 인지행동치료(Ellis & Knaus, 1977)가 대표적이고, 최근 수용전념치료, 변증법적 행동치료, 체험중심 심리치료 등이 소개되고 있다. 이 가운데 자신이 경험하는 부정적인 정서를 억누르거나 해결하려고 하기보다 그 정서를 그대로 받아들이는 것이 도움이 된다는 수용전념치료(Hayes, Strosahl, & Wilson, 1999; 2012)의 접근이 학업지연행동 개선에 효과적이라고 확인(예: Glick & Orsillo, 2015; Wang et al., 2017)되면서 상담 실제에서 주목받고 있다.

우리나라에서도 대학생들을 대상으로 실시된 실험연구를 통해 부정적 정서 수용 촉진이 학업지연행동 감소에 효과적임이 검증되었다(최정아, 2017a). 이 연구에서는 수용전념치료에서 정의한 '경험되는 정서, 생각, 감각을 있는 그대로 체험하는 것'(Hayes, Strohsahl, & Wilson, 1999)이라는 수용 개념을 기초로 '부정적인 자극이나 상황에 노출하여 직면하게 하는 것'(Tabibnia, Lieberman, & Craske, 2008), '피하고 싶은 경험을 정확하게 반영하고, 내담자의 생각, 느낌, 행동을 수용한다는 것을 전달하기 위해, 적극적인 관찰, 감정반영, 내담자가 보인 행동에 내재되어 있는 목적에 집중하여 직접적으로 타당화를 사용하는 것'(Linehan, 1993), '불쾌한 정서를 의도적으로 줄이거나 없애려고 애쓰지 말고, 있는 그대로 지켜보고, 관찰하고 수용하는 것'(조용래, 2010), '감정과 신체감각에 주의, 집중, 관찰하고 있는 그대로 머물러서 체험하며 감정과 신체감각을 표현하는 것'(김영근, 2014), '직면하여 집중하고 있는 그대로 체험하는 것'(이아라, 2013) 등 여러 정의를 바탕으로 '주의를 집중하고 알아차리고, 머물러서 있는 그대로 체험하는 것'을 핵심 요소로 수용 개입을 구성했다. 한 집단에는 학업지연행동이 유발되는 상황에서 동기를 명료화하는 개입을 제공하고, 다른 집단에는 공부를 해내지 못했을 때 하게 될 부정적 정서 경험의 수용을 추가한 개입을 제공했다. 개입이 종료된 후 한 달이 경과한 시점에서 부정적 정서를 수용하게 한 집단에서의 학업지연반응의 개선 변화 폭이 동기 명료화만 제공한 집단의 그것보다 더 컸다.

학업지연행동에 대한 정서수용 개입의 효과로 볼 때, 상담자는 내담자들이 학업을 미루면서 경험하고 있는 부정적 정서를 상담을 통해 재경험하고 수용하도록 촉진해야 할 것이다. 이를 위해 상담자는 내담자가 호소하는 부정적 정서에 공감하며, 더 깊이 자신의 정서적 경험을 탐색하도록 도움으로써 이러한 정서적 경험을 부인하거나 없애기보다는 자연스러운 것으로 받아들일 수 있도록 할 수 있다. 공부를 해내야 하는 것이 얼마나 싫고 힘든 것인지에 대한 이야기부터 할 시간을 가지면서 실패공포나 과제혐오감 같은 부정적 정서를 후련하게 말해 보고 인정하는 기회가 필요하다. 이를 위해 '과제혐오감' 즉, 공부를 해내야 하는 것이 얼마나 싫고 힘든 것인지에 대한 이야기부터 할 시간을 가지면서, '실패공포', 즉 공부를 해내지 못했을 때 올 결과가 얼마나 두렵고 괴로운지에 대해서도 다루어 보는 기회가 있어야 한다. 이 과정을 통해 자신의 부정적 정서를 수용하고 인정한 다음에는 싫어하는 그 밖의 걸림돌들을 찾고 그 부분을 해결할 수 있도록 상담을 이끌어 갈 수 있다.

④ 행동적 접근

학업지연행동은 다양한 원인에서 출발하지만 어떤 경우에든 미루는 행동 자체를 중단하기 위한 노력 없이 학업지연행동이 개선되기는 쉽지 않다. 따라서 거의 대부분의 학업지연행동 개입 프로그램에는 학업지연행동의 감소를 직접적으로 다루는 행동적 접근이 포함된다. 이를 위해 시간관리 측면을 다루고, 그 실천과정에서는 자기관리(self-management) 원리를 적용한다. 시간관리와 학업지연행동이 밀접히 관련된다는 점과 시간관리 프로그램이 학업지연행동을 개선한다는 점은 우리나라 학생들을 대상으로 한 실증적 연구결과를 통해서도 확인되었다(예: 김은영, 2015; 김은지, 김정섭, 2015; 박해준, 안도희, 2018; 서은희, 2006; 신명희, 박승호, 서은희, 2005).

학업지연행동에 대한 시간관리 및 자기관리 기법의 적용은 일반적인 학업상담에서의 두 기법의 적용과 크게 다르지 않다. 시간관리는 일반적으로 '시간분석 → 과제분석 → 시간계획 → 실천 → 점검과 평가'의 과정을 반복해서 해 나간다. 지금 어떻게 시간을 사용하고 있는지와 해야 할 일이 무엇인지 분석하고, 보다 효율적으로 과제를 수행할 수 있는 시간계획을 함께 세운다. 계획에 따라 실천하면서 시간계획과 실제 생활의 편차를 찾아 더 나은 시간계획을 만들고, 다시 실천하고 점검 및 평가하는 과정을 반복한다. 보다 상세한 내용은 6장(시간관리)의 내용을 참고하기 바란다. 학업지연행동을 줄이기 위한 시간관리 조력에서 상담자가 가장 유의해야 할 점은 처음부터 너무 높은 목표를 세우지 않도록 하는 것이다. 학업지연행동의 문제를 갖는 대부분의 내담자는 불규칙한 생활을 오랜 시간 지속한 경우가 많기 때문에 한 번에 하루 종일, 일주일 내내 지켜야 하는 시간계획을 따르기 어렵다. 따라서 꼭 필요한 한 가지 목표들만을 세우고 그것만이라도 실천할 수 있도록 해야 한다. 예를 들면, 잦은 지각과 결석으로 F학점을 받게 될 위험에 처한 수업이 있다면, '수요일 1교시 수업에 지각하지 않기'라는 목표만 세운다. 이를 위해 '화요일 10시 이전 귀가하기', '화요일 12시

이전 취침하기', '수요일 7시 30분 이전 일어나기' 등 수요일 1교시에 지각을 하지 않기 위한 목표들만을 세우고, 다른 시간계획을 세우지 않는다. 전체 생활이 규칙적으로 되고 수업이나 과제에서 미루는 행동이 없어진다는 최종의 목표를 생각하면 너무 작은 목표이지만, 이렇게 시작하지 않으면 실패할 가능성이 높다.

시간관리의 핵심은 내담자가 스스로 세운 시간계획을 실천하는 것이다. 이 실천을 촉진하기 위해 자신의 행동을 스스로 관찰하여 기록하고 평가하는 과정인 자기관리가 병행되어야 한다. 일반적으로 자기관리는 '자신의 행동을 조절하고 수정하려는 의지'에 초점을 두고 제시된 '자기통제 피드백 고리(self-control feedback-loop)' 모델(Kanfer & Goldstein, 1991)을 기초로 한다. 여기에서 자기관리 과정은 자기관찰, 사기평가, 자기강화의 3단계를 거친다고 보는데, 스스로 자신의 행동을 강화하면서 목표를 이루어 갈 수 있다는 데 강점을 갖는다. 그러나 초기에는 자기관리 과정을 조력하기 위해 상담자가 내담자의 관찰-기록-평가 과정을 매일 문자나 이메일로 받으면서 자기강화에 더하여 상담자의 강화를 제공한다면 변화를 더 촉진할 수 있다.

의사결정

학사경고를 잘못된 선택에 귀인하는 내담자나 반복된 학사경고로 학교를 쉬거나 아예 떠나야 하는 내담자는 상담을 통해 다음 단계로 나아갈 의사결정을 원하는 경우가 많다. 이런 내담자들의 요구에 부응하기 위해 상담자는 의사결정 과정을 효과적으로 조력할 수 있어야 한다. 최종적인 결정은 내담자가 내리는 것이지만 그 과정에서 여러 가지 도움을 필요로 한다. 진로상담에 익숙한 상담자라면 진로상담에서의 의사결정 개입전략을 적용해 이 문제에 잘 대처할 수 있을 것이다. 관련된 주요 내용을 살펴보면 다음과 같다.

의사결정 유형   내담자의 의사결정을 돕는 단계를 시작하기 전 먼저 확인할 사항은 내담자의 의사결정 유형이다. 개인의 의사결정 유형은 Vincent Harren의 진로의사결정 모델(Harren, 1979)에서 제안된 개념으로, 개인차로서의 의사결정 방식은 어떤 결정에든 자신의 의사결정 방식을 적용하여 결정하는 경향을 갖는다는 것이다. 진로만이 아니라 사소한 것에서부터 매우 중대한 것까지 어떤 것을 결정해야 할 때 개인은 자신의 의사결정 방식을 적용한다. 한 번에 느껴지는 기분에 따라 결정하거나, 다른 사람의 의견을 따르거나, 이런저런 사항을 꼼꼼히 따져서 결정하기도 한다. 이러한 의사결정 방식을 각각 '직관적 의사결정', '의존적 의사결정', '합리적 의사결정'이라고 한다. '의사결정 유형검사'를 통해 개인의 의사결정 유형을 확인할 수 있는데, 세 가지 의사결정 유형 중 어느 쪽을 더 선호하는지 파악할 수 있다.

① 합리적 의사결정 유형

합리적 의사결정 유형은 의사결정을 하기 위해 논리적이고 체계적인 과정을 거치는 유형으로 결정에 대한 책임을 수용하고 이후의 결정들을 위해 이전 결정들의 결과를 평가할 수 있는 능력을 소유한 유형이다. 미래의 의사결정의 필요성을 예견하고 자신 및 기대되는 상황에 대한 정보를 수집하는 등의 준비를 한다. 따라서 매우 신중하고 논리적으로 결정하는 가장 바람직한 유형이라고 할 수 있다. 합리적 의사결정 유형의 내담자와의 상담에서는 지금까지 알려진 여러 가지 합리적 의사결정 모델을 적용해 당면한 의사결정 과제를 수행할 수 있도록 조력하면 된다.

진로 영역에서는 Krumboltz와 Hamel(1977)이 제시한 7단계 합리적 의사결정의 절차가 대표적이고, 최근에는 진로정보처리이론에서 진로의사결정의 전반적 과정을 다루고 있다. 합리적 의사결정의 7단계는 다음과 같다. 문제를 정의한다(Defiine the problem)', '계획을 수립한다(Establish an action plan)', '가치를 명료화한다(Clarify value)', '대안을 모색한다(Identify alternatives)', '결과를 예측해 본다(Discover probable outcomes)', '대안을 체계적으로 배제해 나간다(Eliminate alternatives systematically)', '행동을 시작한다(Start action)'이다. 이를 각 단계의 앞 글자를 따 'DECIDES'라고 명명하기도 한다. 여기에서 여섯 번째 단계인 '대안의 배제 단계'에 대해 의사결정 분야에서는 효과적으로 대안을 배제하여 최선의 대안을 선택하는 다양한 의사결정 모델이 제안되었는데, 그 가운데 기대효용 모델(Expected Utility Model), 결합 모델(Conjunctive Model), 순차적 배제 모델(Sequential Elimination Model)의 세 가지 의사결정 모델이 대표적이다(황매향, 2002).

② 직관적 의사결정 유형

직관적 의사결정 유형은 의사결정을 할 때 자신의 내적 감정적 상태에 의존해 결정을 내린다. 상상을 활용하고 현재의 느낌에 주의를 기울이는 특징을 갖는다. 스스로 결정했기 때문에 결정에 대한 책임은 수용하지만, 미래에 대해 충분히 고려하지 않고 정보수집을 위한 활동도 별로 하지 않아 사실에 대한 논리적 검토도 제대로 이루어지지 않는다. 결정과정에 대한 각 단계의 선택과 수용이 비교적 빠른 편이니, 어떻게 결정 내렸는지를 정확하게 표현하지 못하는 경우도 있다. 대안의 장단점이나 미래에 대한 예측을 해 보지 않았기 때문에 후회를 남기는 경우가 많다.

직관적 의사결정 유형의 내담자에 내해서는 직관석 결정의 여러 단점을 보완하기 위해 합리적 의사결정을 할 수 있도록 이끌어야 한다는 주장도 있지만, 직관적 의사결정을 제대로 할 수 있도록 직관적 개입전략을 적용하는 것이 효과적이라는 주장도 있다. 직관적 의사결정 유형의 내담자라면 상담자는 직관적 의사결정에 활용될 정보를 확보하는 과정을 조력하고, 그 결정의 장점과 결정에 따르는 책임을 분석하는 단계로 나아갈 수 있다는 것이다. 즉, 내담자의 특성인 직관적 유형을 활용하되, 직관적 의사결정이 가진 단점을 보완해 주는 개입을 추가하는 것이다.

③ 의존적 의사결정 유형

의존적 의사결정 유형은 스스로 의사결정을 하지 못하고, 다른 사람에게 자신의 결정을 맡겨 버리는 의사결정으로, 상담자가 좋은 결정을 내려 줄 것이라고 기대하는 경우가 많다. 결정에 대한 자신의 책임을 외면하고 그 책임을 자신 이외의 가족이나 친구, 동료, 상황 등에 돌리기 쉽다. 상담자가 의사결정을 해 준다면 상담자에게 책임이 있다고 생각할 것이다. 의존적 의사결정 유형은 다른 사람들의 기대에 크게 영향을 받고 수동적이고 복종적이며 사회적인 승인에 대한 욕구가 높아 환경이 어떤 선택을 요구한다고 지각하기 쉽다.

의존적 의사결정 유형의 내담자로 확인될 경우 의사결정 단계를 바로 시작하는 것은 바람직하지 않다. 의존적 의사결정 유형의 내담자에 대해서는 내담자가 누구의 의견에 의존하고 있는지 알아차릴 수 있도록 조력하고, 의사결정과 의존에 관련된 역동 탐색으로 나아가야 한다. 현재 대학과 학과를 결정했던 시기와 현재 자신이 결정했다고 생각하는 미래에 대한 의사결정 과정을 다시 되짚어 보는 것에서 출발해 의존적 의사결정의 과정과 결과를 점검해 보는 데서부터 시작할 수 있다. 그리고 의사결정에서의 의존은 일상생활에서의 의존과도 밀접히 관련되기 때문에 여러 영역에까지 확장해 의존이라는 문제를 다루어야 하는 경우도 있다는 점도 염두에 두어야 한다. 내담자가 합리적 의사결정의 필요성을 받아들이고, 합리적 의사결정 절차에 대해 알게 되면, 당면한 사안에 대한 의사결정으로 나아간다.

CASAVE 모델　　많은 진로이론이 진로선택의 문제를 다루고 있는데 그 가운데 의사결정 과정에 초점을 둔 대표적 진로이론은 진로정보처리이론(Career Information Processing Theory; Peterson, Sampson, & Reardon, 1991)이다. 진로정보처리이론에서는 진로의사결정을 하나의 문제해결 과정으로 보고, 문제해결을 개인의 고정된 특성이 아니라 학습과 연습을 통해 습득되는 하나의 기술로 본다. 즉, 상담을 통해 합리적인 의사결정 방법이나 문제해결 방법을 학습한다면 내담자들은 이 기술을 적용해 자신의 진로문제를 스스로 해결해 나갈 수 있게 되리라고 본다. 진로정보처리이론에서는 이러한 진로의사결정을 [그림 13-1]과 같이 자신에 대한 지식과 직업에 대한 지식을 가지고 CASVE(커사비)라고 하는 의사결정 과정을 거치며, 이 전체 과정을 초인지가 관장한다고 본다.

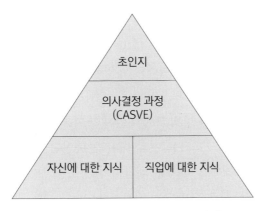

[그림 13-1] 정보처리 영역의 피라미드

출처: Peterson et. al., 1991, p. 28.

이 가운데 의사결정 과정은 다섯 가지 기술로 이루어져 있는데, 각 기술의 첫 알파벳을 따서 CASVE(커사비)라고도 부른다. 다섯 가지 기술은 진로 선택을 해야 한다는 필요성을 알게 되는 의사소통(C: Communication), 선택할 수 있는 대안을 탐색하고 정보를 수집하고 검토하는 분석(A: Analysis), 분석된 자료를 정교화하고 통합하여 가능한 한 많은 대안을 만들어 내는 종합(S: Synthesis), 최선의 선택을 하기 위해 대안들을 여러 가지 기준에 따라 고려해 보고 평가하는 가치 평가(V: Valuing), 선택한 대안을 실행하기 위한 계획이나 전략을 시도하면서 선택한 대안이 자신에게 맞는지 알아보는 실행(E: Execution)이다. '의사소통 → 분석 → 종합 → 평가 → 실행'은 한 번에 끝나는 것이 아니라 실행이 다시 의사소통으로 이어지면서 계속 순환하게 된다.

CASVE의 각 단계를 살펴보면, 먼저 의사소통 단계에서는 진로의사결정을 해야 함을 인식한다. 취업을 해야 하는 시기가 다가오고 있는 대학교 4학년에게는 졸업 시즌이 다가오면서 취업에 대한 필요를 느끼게 되고 진로의사결정이 안 되었다면 진로결정을 하려고 하는 것이 전형적 예이다. 학사경고를 받고서야 앞으로 이 학과에 계속 남아 있어야 하는지, 다른 진로를 탐색해 보아야 하는지에 대해 고민하기 시작하는 것이라고 할 수 있다. 이렇게 진로의사결정 또는 진로 준비에 대한 필요를 느끼게 되는 단계가 의사소통의 단계이다.

두 번째 분석 단계는 진로를 결정하기 위하여 자신에 대한 이해와 직업세계에 대한 이해를 해 나가는 단계이다. 자신에게 적합한 진로를 선택하기 위해서는 흥미, 능력, 적성, 가치관 등 자신의 특성에 대해 알아야 하고, 여기에 적합한 진로들이 어떤 것이 있는지 그리고 그 대안들은 어떤 특징을 가지고 있는지도 알아야 한다. 이렇게 자신에 대한 이해와 직업세계에 대한 이해의 폭을 넓혀 가는 단계가 분석 단계인데, 상담자는 진로 관련 심리검사를 받아 보거나 진로체험 활동에 참여하는 등 다양한 방법으로 내담자의 자기이해 및 직업세계 이해를 촉진해야 한다. 내담자가 고려하는 진로 대안과 관련된 정보를 상담자가 모두 제공하기는 어렵다. 그러나 상담자는 내담자가 정보를 찾는 과정, 수집된 정보의 질을 판단하는 과정, 서로 상반되는 정보를 처리하는 과정 등을 조력할 수 있으므로 내담자 혼자 정보를 찾는 것과는 다른 과정을 상담을 통해 거치게 된다.

다음 종합 단계는 자신에 대한 이해와 직업세계에 대한 이해를 바탕으로 자신에게 적합할 수 있는 대안들을 선택해 보는 단계이다. 이 단계에서는 먼저 고려할 진로 대안의 수를 확장해 가고, 여러 대안 중에서 자신에게 더 적합해 보이는 대안을 선정해 가는 것이 필요하다. 최종적으로 선정한 대안은 3~4개가 가장 적절하며, 이렇게 대안의 수를 줄여 갈 때 분석 단계에서 수집된 자신에 대한 정보와 직업세계에 대한 정보가 활용된다.

평가 단계는 종합 단계에서 선택한 3~4개의 대안을 조금 더 구체적으로 평가해 보는 단계이다. 그리고 평가를 통해 대안의 우선순위를 정해 보는데, 각 대안의 장단점을 비교하거나 자신의 생애가치관과 직업가치관을 기준으로 각 대안을 비교한다. 여러 가지 합리적 의사결정 과정을 통해 자신에게 가장 적합하다고 생각되는 대안들의 우선순위를 정해 보는 것이 평가 단계이다. 그 대표적 접근방법인 장단점 비교와 대차대조표 활용에 대해서는 다음 '개입의 실제'에서 살펴볼 것이다.

마지막으로, 실행 단계는 평가 단계에서 확인된 우선순위에 따라서 진로를 준비해 보는 것이다. 예를 들어, 학사경고자가 다른 대학의 다른 학과로의 진학을 가장 첫 번째 우선순위의 대안으로 정했다면, 수험 준비에 들어갈 실제 준비를 시작하는 것이다. 그런데 실행의 단계에서 모든 사람들이 첫 번째 대안을 선택하는 것은 아니다. 여러 가지 이유로 실패하거나 포기하는 경우도 생기는데, 이때는 다음 순위의 대안을 준비할 수 있도록 돕는다. 또한 실행을 하는 단계에서 진로 대안에 대한 전면적인 재검토가 필요하다고 판단되는 때도 있을 수 있다. 그럴 때는 다시 의사소통 단계로 돌아가서 CASVE 과정을 다시 거치게 된다.

개입의 실제　　내담자의 합리적 의사결정 과정에서 상담의 도움을 가장 많이 필요로 하는 단계는 여러 진로 대안들 가운데 하나를 선택하는 단계라고 할 수 있다. 가장 간단한 장단점 비교에서 조금은 복잡한 절차를 거치는 대차대조표까지 다양한 방법을 활용할 수 있다.

① 장단점 비교

서로 경쟁하는 대안들을 놓고 어느 것을 선택할 것인가를 고민할 때 일반인들이 가장 많이 사용하는 방법은 각 대안의 장단점을 비교하는 것이다. 내담자들에게도 익숙한 방법으로 상담에서 쉽게 적용해 볼 수 있다. 다만 진로 대안이 두 가지 정도로 축소되었을 때 적용 가능하고 너무 많은 대안을 놓고 고민할 때 적용하기에 적합한 방법은 아니다. 장단점 비교의 일반적 절차는 각 대안의 장점과 단점을 모두 찾는 것에서 출발한다. 생각만 해 보거나 말로 하기보다 가능한 한 기록을 하면서 구체적인 목록을 만드는 것이 좋다. 각 대안별로 종이를 한 장씩 마련하고 종이를 반으로 접어 왼쪽에는 장점을 오른쪽에는 단점을 적는 방식이 가장 보편적이다. 상담 시간 동안 장점과 단점을 모두 찾을 수 없다면 과제를 통해 정보를 찾을 때마다 그리고 장점이나 단점이 떠오를 때마다 적어 보게 한다. 정보수집에는 인터넷만 활용하는 것이 아니라 주변인들에게 묻고 먼저 그 대안을 선택한 사람들의 의견을 들어 보는 것도 필요함을 알린다.

최대한 많은 장점과 단점을 포함한 목록이 작성되면, 장점과 단점이 제대로 파악된 것인지를 알아보는 타당성에 대한 검증이 필요하다. 이 단계에서 상담자가 해야 할 일은 객관적 타당성에 대해 판단해 주는 것이 아니라, 내담자 스스로 타당성을 판단할 수 있는 탐색적 질문을 하는 것이다. 정보가 부족했거나 잘못된 정보를 선택했거나 정보원에 문제가 있을 수 있다. 이럴 경우 추가적으로 정보를 수집해야 하는데, 이 과정을 거치면서 장점과 단점 목록을 수정하고 보완하게 될 것이다.

객관적으로 타당한 장단점 비교표가 작성되면 이를 토대로 대안을 선택하는 단계로 넘어간다. 어떤 장점을 위해 또는 어떤 단점을 피하기 위해 대안을 선택하게 될 것이다. 선택을 한 다음 중요한 것은 단점이 많지만 그래도 왜 이 대안을 선택했는가를 명료화하는 단계이다. 단점은 하나도 없고 장점만 있는 대안은 존재하지 않는다. 따라서 어떤 단점을 감수하고 이 선택을 하게 되는지와 앞으로 단점에 대해 어떻게 적응해 나갈 것인지에 대해 이야기를 나누어 보는 과정이 반드시 필요하다.

② 대차대조표

대차대조표를 활용한 대안 선택은 합리적 의사결정 모델 중 하나인 기대효용 모델을 의사결정 과정에 적용한 것이다. 이 활동을 통해 자신에게 가장 잘 맞는 대안이 무엇일지 예상해 볼 수 있고, 합리적 의사결정의 절차와 방법을 익힐 수 있어 내담자는 이후 다른 의사결정에도 적용해 볼 수 있을 것이다. 내담자가 현재 의사결정 상황에 놓여 있는 경우라면 바로 적용하여 최종 결정에 도달하도록 돕는다.

대차대조표를 활용한 대안의 선택은 첨부한 〈대안 선택을 위한 대차대조표 예시〉와 같은 양식의 활동지를 가지고 한 칸 한 칸 채워 나가면서 진행한다.

CASVE의 평가 단계에서 주로 사용하는데, 앞 단계가 충실히 되어 있지 않을 경우 대차대조표를 만들어 가면서 이전 단계 과제들을 수행하기도 한다. 이 경우 대차대조표 작성에 여러 회기가 필요할 수도 있다. 대차대조표 작성의 일반적 과정은 대안 선정하기, 가치평가 기준 정하기, 각 대안에 대한 점수 매기기, 총점 구하기의 단계를 거친다.

대안 선정하기에서는 선택하고자 하는 여러 대안을 대안 항에 순서대로 적는 것이다. CASVE에서 선택하고자 하는 대안에 대해 분석하고 통합한 앞 단계의 결과를 적는 것이다. 자신에게 어떤 대안이 가능한지 파악이 되지 않았다면 더 탐색을 해야 한다. 대안의 수는 내담자에 따라 다를 수 있는데 다섯 가지 이상의 너무 많은 대안을 비교하는 것은 효과적이지 않다.

대안을 적은 다음에는 대안 선택에서 중요하게 고려할 사항을 선택하는 가치 평가 기준 설정으로 넘어간다. 예시에는 네 가지가 제시되어 있지만 더 적거나 더 많을 수 있다. 대안을 선택할 때 가장 중요하게 고려할 사항부터 차례로 기준 란에 적어 나간다. 그리고 100점을 기준으로 각 기준들의 중요성에 따라 점수를 배분해 점수란에 적는다. 모두 동일하게 중요하다면 모두 동일한 값으로 적어도 무방하다. 이 단계에서도 가치평가 기준을 잘 떠올리지 못하거나 가중치 배분을 어려워한다면 이 부분에 대한 개입이 선행되어야 한다. 직업가치관 검사 결과가 도움이 되기도 하고 일반적인 생애가치를 확인하는 가치관 명료화 활동이 도움이 되기도 한다.

대안과 기준이 모두 마련되면 각 대안에 대한 점수를 부여하는 단계이다. 각 대안이 각 가치평가 기준을 얼마나 충족하는지를 점수로 매기는 단계인데, 각 기준에 배분된 점수를 최대 점수로 해 충족 정도에 맞게 점수를 매긴다. 이 단계에서는 각 대안에 대한 정보가 부족해 설정한 기준을 얼마나 충족시킬 수 있을지 모를 수 있는데, 이럴 경우 정보 탐색을 다시 해야 한다. 각 대안별 정보탐색은 상담시간을 활용할 수도 있고 과제를 부여할 수도 있다. 그리고 필요한 정보에 따라서는 많은 시간이 소요될 수도 있으므로 이 부분에 대한 계획도 세우는 것이 좋다.

대차대조표의 마지막 단계는 각 대안에 부여된 점수를 합산하여 총점을 구하는 것이다. 예로 제시된 대차대조표는 조금 간명한 형태로 총점을 구하는 것에서 마치는데, 조금 더 고려할 수 있으면 현실적 가능성을 100%로 해 각 대안에 부여하고 총점에 가능성 점수를 곱하여 최종 점수를 산출할 수도 있다. 내담자의 특성이나 대안의 특성에 따라 내담자와 의논해 그 부분의 추가 여부를 결정하면 될 것이다.

이렇게 각 대안의 최종 점수가 확보되면 가장 높은 점수의 대안을 선택한다. 그러나 이 단계에서 가장 높은 점수의 대안을 선택하지 않을 수도 있다는 가능성을 열어 두는 것이 필요하다. 실제 내담자들은 대차대조표를 작성하는 과정에서 각 대안에 대한 많은 정보를 찾고 여러 각도에서 생각을 해 보게 되는데, 이런 고민들을 통해 직관적으로 더 자신에게 맞는다고 느껴지는 대안을 선택하기도 한다. 경우에 따라 대차대조표를 완성하지 못한 채 의사결정을 하게 될 수도 있는데, 내담자가 충분히 대안들의 장단점에 대해 고려했다면 상관없다.

〈선택을 위한 대차대조표 예시〉

기준 / 대안	1. (점)	2. (점)	3. (점)	4. (점)	총점 (100점)
1.					
2.					
3.					
4.					
5.					

제14장
N수생, 반복된 실패

　대학 3학년인 성재는 전공이 적성에 맞지 않아 휴학을 하고 경찰공무원 시험을 준비하며 2년째 노량진에서 고시생 생활을 하고 있었다. 두 차례 필기시험에서 떨어졌는데 모두 한두 문제 차이로 아깝게 낙방했다. 그러나 노량진 수험생활이 장기간 지속되면서 '이거 아니면 끝이다.', '돌아갈 길이 없고, 이번 시험도 떨어지면 끝이다.' 등의 생각이 더 강해졌고, 시험이 임박하면서 점차 공황발작 증세 및 사회공포증, 대인관계 기피 증상이 생겼다. 대형 강의실에서 수백 명이 함께 특강을 듣고 있을 때면 모두 경쟁자처럼 느껴지면서 호흡 곤란을 겪었다. 다른 사람들이 아직도 시험에 합격하지 못하고 공부하는 자신을 평가절하할 것 같아서 사람들을 만나지 못하는 대인기피 증상에까지 이르렀다. 뿐만 아니라 공부 외에도 카드빚, 부모와의 관계 갈등, 장기 고시생 생활을 하고 있는 형으로 인한 가정의 경제적 부담, 부모의 기대에 대한 스트레스, 습관적 자해 등 다양한 문제를 함께 가지고 있었다.

1. 반복된 실패의 의미

　동일한 시험에 계속 지원하고 떨어지는 것을 반복하는 실패는 어떤 한 번의 실패보다 훨씬 힘든 경험이다. 시험은 제한된 교육기회나 일자리를 바라는 사람들끼리의 경쟁에서 가장 빈번하게 등장하는 선발 방법이고, 특별한 경우가 아니면

시험의 기회가 계속 주어지기 때문에 한 번 두 번 시험에서 낙방해도 계속 응시하는 경우가 적지 않다. 보통은 한 번 낙방을 하고 다음에 도전할 때 '재수'를 한다고 명명하고 세 번째는 3수, 네 번째는 4수 등으로 명명한다. 최근에는 어떤 시험이든 2번 이상 응시하는 경우가 많아지면서 자연수를 상징하는 N을 붙여 'N수' 그리고 그런 수험생을 'N수생'이라고 부른다. 합격을 위해 여러 번 도전하는 시험은 거슬러 올라가면 관료를 선발하는 '과거시험'부터 있어 온 매우 오래된 일이다. 최근에는 대입을 위한 대학수학능력시험(수능), 국가 및 지방 단위 공무원 시험(공시), 초·중·고교 교사를 선발하는 교원임용시험(임고) 등이 불합격을 하고도 여러 번 다시 도전하는 대표적 시험이다. 고위직 또는 전문직을 지향하는 변호사 자격시험, 고위공무원(5급), 공인회계사(CPA) 등에서도 점차 여러 번 응시하는 사람들이 많아지고 있다. 뿐만 아니라 최근에는 청년실업이 심해지면서 특정 시험에 대한 도전만이 아니라 취업에 여러 번 실패하면서 많은 시간을 취업 준비에 쓰는 경우도 많아지고 있다. 취업에 실패하면 졸업을 미루게 되는 경우도 많아 대학가에서는 졸업을 미루고 있는 학생들을 '화석선배'라고 명명하기도 하는데, 그 집단에 소속된다는 것 자체가 상처가 될 수 있다.

계속 실패하면서 재도전을 하는 경우는 그 대안만이 유일하기 때문만은 아니다. 다른 대안이 있음에도 불구하고 계속 동일한 시험에 응시한다는 것은 목표를 향한 집념(또는 그릿)을 보여 주는 것일 수 있고 실패를 통해 더 나아지려는 실패 내성이 발휘되는 경우일 수도 있다. 그러나 반복적으로 경험하는 실패는 상당한 부담을 주게 되고 한 번 두 번 횟수가 늘어 갈수록 실패가 주는 고통이 심해진다. 여러 번 실패를 하다 보면 대안도 점점 줄어들게 되어 반드시 합격해야 한다는 부담감도 더 커진다. 실패를 거울삼아 다시 한번 도전한다는 의욕에 찼던 모습을 더 이상 찾아보기 어렵고, 반복된 실패로 인한 패배감과 수치심, '다음에도 실패하면 어떻게 하나.'라는 불안감으로 오히려 공부에 집중하지 못하게 된다. 성재처럼 사람을 만나는 것이 두려워지고 공황발작과 같은 심한 스트레스 증상을 겪게 되기도 한다.

성재는 증상만이 아니라 N수생의 전형적 모습을 보여 준다. 첫째, 아깝게 불합격한다는 점이 포기하기 어렵게 만든다. 경쟁이 치열하고 시험을 준비하는 방법이나 기간 등에서 큰 차이가 없으면서 응시자들의 실력의 분포가 매우 조밀하다. 큰 점수 차이로 불합격하면 '나는 실력이 모라자서 안 되겠다.'라고 생각하고 포기할 수 있는데, 근소한 차이로 불합격을 하면 '한 문제만 더 맞혔으면 합격했을 텐데.'라는 생각을 하게 되고 다시 도전을 한다. 그러나 포기를 하지 않는 사람들이 많아질수록 누적된 경쟁자들이 늘어나면서 경쟁이 점차 더 심해진다는 점에서 현재의 실력을 유지하거나 조금 더 높이는 것으로 합격을 보장할 수 없는 것이 현실이다. 뿐만 아니라 대부분 1년에 한 번밖에 시험을 실시하지 않고 있어 한 번 실패하면 1년이라는 긴 시간 동안 다시 시험공부를 해야 한다는 점에서 어려움은 더 가중된다. 경제적으로 어려움이 있는 경우에는 1년 동안 경제활동을 못하면서 많은 기회비용을 치러야 하는데, 결혼 자금까지 모두 써 버렸다는 N수생의 보고(박진영, 2012, p. 41)도 있다. 어려운 경제 상황에서 성재처럼 아르바이트라도 하게 되면 시간과 정신 에너지가 그만큼 소모되면서 공부에 집중하기 어려워지는 진퇴양난의 입장이 되어 버린다.

2. 반복된 실패의 문제 양상

　반복된 실패를 겪은 내담자들은 반복된 실패라는 동일한 경험을 공유하고 있지만 실제 호소하는 문제의 양상은 상당히 다르다. 노력은 하지만 성과를 원하는 만큼 내지 못하는 경우, 극심한 스트레스가 신체화로 발현되어 건강상의 문제를 겪는 경우, 혼자 동떨어져 고립되어 있는 경우, 실제 공부를 못하고 있는 경우, 포기여부를 결정하는 것이 필요한 경우 등 다양한 모습을 보인다. 따라서 이들의 서로 다른 문제 양상에 대한 이해가 필요하다.

노력하지만 성과를 내지 못함　　공부를 하는데 성적이 오르지 않을 때만큼 답답할 때가 없다. 하루 종일 공부만 하는데 진전이 없다거나 나름대로 열심히 하지만 그 자체에 대한 자신도 없다. 국가고시를 준비하는 한 연구참여자가 "노력했다고 생각했는데, 결과가 보이지 않을 때 화가 나요. 최선을 다했다고 자신 있게 말할 수 없을까 봐 걱정돼요."(최현정, 2009, p. 42)라고 보고한 것과 같은 상황이다. 공부가 잘되고 실력이 느는 것이 느껴진다면 수험생활이 그다지 힘들지 않을 테지만, 많은 시간을 투자하지만 좀처럼 진전이 없는 것 같다고 느끼면서 걱정이 많아지고 이 걱정은 공부에 집중하지 못하게 하면서 시간 대비 공부량은 다시 줄어드는 악순환이 계속 되는 경우가 적지 않다. 공부 때문에 지쳐 버린 학업소진이 나타나게 되는데, 우리나라 학생들이 학업소진 상태에 빠지게 되는 주요 원인이 노력한 만큼 성과를 얻지 못했다고 느끼기 때문이라고 한다.

N수생들에게 성과는 무엇보다 '합격'이다. 그러나 경쟁이 너무 치열하면 열심히 한다는 것만으로는 합격이 보장되지 않는다. 예컨대, 9급 공무원 시험의 경우 100명 중 2~3명도 합격하지 못하는 경쟁이고, 중등교사 임용 시험의 경쟁률도 이에 못지않고 어떤 과목에서는 한 명의 교사도 뽑지 않는 해도 있다. 고시나 수능 상위권의 경우 실력 차이가 근소한 사람들끼리의 경쟁이라 조금의 향상도 쉽지 않다. 뿐만 아니라 효율적인 노력을 기울이는 전략을 비롯한 시험 대비 전략들이 사교육 시장을 중심으로 상당히 발달되어 있어 적게 노력하고도 경쟁에서 이길 수 있는 방법은 거의 없는 상태이다. 무엇을 공부하는가, 또는 얼마나 많은 시간을 투자하는가도 중요하지만, 얼마나 좋은 컨디션을 유지해 공부에 투자하는 시간과 노력이 헛되지 않는가가 오히려 더 중요한 상황이다. 이런 상황에서 이전의 실패 때문에 불안해하거나 계속 도전하는 게 맞는지 갈등하거나 공부 이외 다른 일로 고민을 하게 되면 그만큼 경쟁에서 불리해진다. 일도, 여가도 포기하고 관계도 포기하고 온통 수험에만 매달리고 있지만 원하는 결과를 얻기 어려운 것이다. 따라서 상담자는 내담자가 처해 있는 경쟁 상황과 기울이는 노력에 대한 탐색을 해야 하는데, 이에 앞서 지친 내담자에 대한 충분한 공감과 지지도 잊지 않아야 한다.

신체화로 드러나는 심한 스트레스   수험생들은 하루 종일 좁은 공간에서 공부만 하는 일상생활을 하고 있어 몸과 마음에 부담이 생기지 않을 수 없다. 조금의 휴식도 자신에게 허락하지 못하다 보니 더 스트레스가 쌓이는데, "그냥 뛰쳐나가고 싶은데, 나가고 싶은데 멍하니 책만 보고. 또 용기는 없어서 못 나가요. 그게 진짜 문제인 것 같아요. 차라리 탁 접고 나가서 좀 놀다 들어오면 되는데 소심해서 그렇게 안 되더라고요."(최현정, 2009, p. 42)라고 보고하는 것처럼 스트레스 속에 머물러 있다. 이렇게 시험 준비 자체가 스트레스인데 여러 번 실패한 시험을 준비하는 N수생들은 이전부터 쌓인 스트레스와 실패에 대한 불안과 두려움이 더해지면서 더욱 스트레스가 심하다. 이런 스트레스는 스스로 힘들다고 지각할 겨를 없이 신체적 질병으로 나타나고 여러 스트레스성 질환에 시달리게 된

다. 심할 경우 과로사, 자살, 스트레스성 질환으로 인한 사망에까지 이르기도 한
다는 기사를 접할 때면 이들의 스트레스의 심각성을 실감하게 된다. 그리고 대
부분의 수험생들은 청소년기 또는 청년기로 스트레스 대처 역량도 부족하다는
점을 감안하면 이런 결과가 놀랍지만은 않다.

> 제 자신에 대해서 진지하게 생각을 하게 됐지요. 별의별 생각을 다하
> 고. 한강에 있으면, 막 충동도 안 느끼면 거짓말이지요. 사람들이 왜 극
> 단적인 생각을 할까? 취업 때문에? 그런 마음이 이해가 됐어요. 뭐 되
> 는 일이 없고 아버지는 날마다 뭐라고 하지 그러니까 내가 왜 사나 싶기
> 도 하면서 그런 충동이 느껴질 때가 종종 있었으니까요(참여자 6)(이복녀,
> 2017, p. 64).

시험 준비(또는 취업 준비) 기간이 길어지다 보면 원형탈모증, 신경성 위염, 장
염, 아토피, 저체중 또는 비만, 목·허리 디스크, 면역력 약화로 인한 각종 감염
성 질환 등 한두 가지 이상의 신체적 질병을 안고 살아가게 되고 악몽과 불면,
우울과 자살충동, 불안과 공황발작 등 신경증적 증상도 심해진다. 그 원인이 심
한 스트레스에 있지만 대부분 약에 의존하고 있는 것으로 나타났는데 연구참여
자의 다음과 같은 보고 내용들을 보면 그것을 제대로 관리하지 못하고 있음을
나타낸다.

> 한의원에 가서 진단받았는데 울화증? 우울증인가 뭐 그런 거라고 그
> 러던데. 양방에서는 전혀 잡아내질 못하는 부분이라고 그러더라고요.
> 이거 사실 사람 잡는 거 같아요. 겉으로는 전혀 아무렇지도 않아 보이잖
> 아요. 그런데 괜찮다가도 고시원에 들어가서 누워만 있으면 자꾸 눈물
> 이 흐르고 학원 수업 듣다가 갑자기 헛구역질이 올라오고요. 가끔 현기
> 증이 나기도 해요. 거기다가 작년에는 결혼까지 생각하던 남자친구랑
> 헤어졌어요. 정신적으로 많이 힘들어서 그때쯤부터 집중력 좋아지는 약
> 을 먹고 있어요. 근데 그게 몸에 안 맞았던 건지 그거 먹고 머리도 많이
> 빠지고 성격도 좀 이상해지는 거 같아요. 단순히 스트레스 때문만은 아
> 닌 거 같고 아마도 약도 영향이 있는 거 같은데. 부모님이 구해 주셨죠.

호르몬에 영향을 주기도 해서 몸에는 좋지 않을 거라는 걸 알고는 있는데 헤어진 남자친구도 그렇고 잡생각이 많이 나니까 공부가 안 되잖아요. 게다가 원래가 워낙에 앉아 있는 거 싫어하거든요. 그런데 적성에도 안 맞는 공부를 2년째 하는 거잖아요. 또 한 번 떨어지기까지 해 봐서 그런지 더 겁나고 자신감도 사라지고 그러니 안 먹을 수가 없었어요 (2010.6. 8. K양 심층면담 중에서, 박진영, 2012, p. 59).

상담은 따로 시간을 내어 상담실을 찾아야 하고 상담 자체에도 많은 시간을 할애해야 하기 때문에 수험생들이 선뜻 선택할 수 없는 조력 서비스이다. 뿐만 아니라 상담에서는 자신의 이야기도 해야 하고 그런 이야기를 하는 것이 도움이 될지 오히려 자신을 더 힘들게 할지 모른다는 불안도 있다. 특히, 억압의 방어기제를 많이 사용하는 경우 자신도 억눌렀던 문제를 꺼내는 것이 두렵기 때문에 더욱 상담을 찾기 어렵다. 그에 비해 약은 먹기만 하면 당장의 증상이 개선된다는 점에서 편리하다. 그러나 앞의 K양처럼 약을 지속적으로 복용하는 것 역시 부작용을 동반하거나 의존에 대한 막연한 불안도 생기게 된다.

상담실에서 주로 만나는 내담자는 N수생 생활을 하고 있는 경우도 있지만 N수생을 마치고 학교나 직장에 들어온 이후인 경우도 있다. N수생 기간 동안 몸이 아프도록 스트레스를 꾹꾹 참으며 약에 의존해 보냈던 시간들은 이후 적응에도 어려움을 초래하기 때문이다. 신체적 건강과 정신적 건강이 모두 피폐해진 상태에서 새로운 적응이 또 시작되기 때문에 심신이 모두 또 다른 힘든 상황에 처하게 된다. 이런 경우 상담자는 이전 N수생 시절의 스트레스 관리와 건강관리의 과정으로 거슬러 올라가 내담자의 상태를 확인하고 어떤 도움이 필요한지 파악해야 할 것이다.

외딴 섬과 같은 고립감　　수험생들의 하루는 모두 공부로 채워진다. N수생들은 모든 일상을 접고 공부에만 몰두하는 생활패턴으로 살아온 것이 2년 이상이다. "작년에 마음을 독하게 먹고 공부할 때 사람들이랑 연락하지 않아야겠다고 많이 생각했어요. 다 끊었었거든요."라거나 "(친구를) 안 사귀려고요. 얘기를 하다 보면 그냥 친해지거든요. 사람이 리듬이 다르다 보니까 내가 안 될 때가 있고, 이 사람이 안 될 때가 있거든요. 나는 내가 안 될 때는 다른 사람을 못 부르겠어요.

미안해서. 그런데 저는 잘되는 시기인데도 불려 나가야 되면 싫어요."라는 등의 보고(최현정, 2009, p. 55)에서 알 수 있듯이 공부를 위해 모든 대인관계를 단절하고자 한다. 실제 많은 학원들은 학원 내에서 서로 이야기 나누는 것을 금지하기까지 한다. 또한 생활하는 환경이 다르다 보니 함께 수험생활을 하지 않는 친구나 가족과는 대화를 나눌 공통 주제도 없다. "생활하는 환경이 달라지다 보면 생각이나 관심사도 달라지게 마련이잖아요. 그래서 친구들이나 가족들과 전화를 해도 할 이야기가 없어요. 매번 똑같은 이야기만 반복하게 되죠. 밥은 먹고 다니느냐? 잠은 잘 자냐? 이번 모의고사 시험은 어땠냐? 돈은 남아 있냐?"(박진영, 2012. p. 18)와 같이 보고하는 상황이다. 공부에 방해가 될까 봐 상대방은 수험생에게 먼저 연락을 취하기도 조심스러운 상황이라 더욱 연락이 줄어들고 그럴수록 할 이야기는 더 없어진다.

뿐만 아니라 반복된 실패로 수험생활을 하는 자신의 모습을 다른 사람에게 드러내고 싶지 않아 스스로 연락을 끊어 버리는 경우도 있다. 사람들과 마주치는 것이 싫어 학원 수강 시간도 새벽으로 정한 경우도 있는데, "사람들을 그냥 피하고 싶었어요. 하다못해 가족도 피하고 싶었으니까. 왜냐하면 아직 뭐 내가 갖추어진 것도 아니고 떳떳한 사람이 아니다 보니까 계속 피하게 되고. 학원도 일부러 5시 반에 수강했어요. 사람을 보기 싫어서. 사람들 처다보지도 않고."(이복녀, 2017, p. 60)라는 심정이다. 그래서 수험생활을 하는 동안 이성친구와 헤어지는 일은 매우 흔한 일이고 다른 친구관계도 대부분 소원해진다. 수험생활을 함께하는 사람들과는 서로 방해가 될까 봐 사귈 수 없고 이미 친하게 지내던 사람과는 일상이 달라지면서 멀어져만 간다. 이러한 단절은 그 자체로 수험생활을 힘들게 할 뿐 아니라 수험생활 이후의 생활에도 부정적인 영향을 미친다. 그러나 수험생활의 어려움을 극복하는 데 가장 큰 도움은 주변 사람들의 사회적 지지이다. 1차에 2번, 2차에 4번 응시해 공인회계사 시험 도움에 합격한 최은아(2012)는 시험을 앞둔 후배들에게 전하는 글의 마지막 결론 부분을 사회적 지지를 보내준 여러 사람에 대한 감사의 인사로 채우고 있다. 그러므로 상담에서는 N수생들이 사회적 관계를 단절하고 스스로 담을 쌓게 하기보다 적극적으로 사회적 지원을 받을 수 있도록 도와야 한다.

공부에 몰두하지 못함　공부에 더 몰두하면 더 좋은 성과를 낸다는 보장이 없는 현실에서 공부에 몰두하지 못하는 N수생들이 적지 않다. 그 첫 번째 이유는 다 아는 걸 계속 공부해야 하는 피로감 때문이다. "강사가 얘기하는 건 다 알겠는데 시험을 보면 기억이 나지 않아요." 3년째 공무원 시험에 도전하고 있는 소원이 상담에서 처음 했던 말이다. 모든 시험은 어느 정도 다루는 내용이 정해져 있고 그 내용에 대한 반복 학습에 많은 시간을 투자해야 하는 경우가 많다. 동일한 시험을 여러 해 준비하다 보면 같은 학습을 더 많이 반복하게 되는데, 그 과정에서 모든 내용에 익숙해지면 소원처럼 자신이 모든 것을 알고 있는 것 같다고 착각하게 된다. 아는 내용을 공부할 때는 집중도도 떨어지고 해야 할 공부가 많지 않아 보여 다른 활동에도 시간을 많이 할애하게 된다.

뿐만 아니라 일과 공부를 병행하는 경우도 공부에 소홀해지는 이유가 된다. 성재는 가정의 경제사정 때문에 아르바이트를 하면서 시험 준비를 병행했기 때문에 온전히 공부에 몰두할 수 없었다. 많은 교원임용고시 준비생들은 기간제 교사나 학원 강사를 하면서 시험 준비를 병행하기도 한다. 나이가 들어가면 점점 경제적으로 어려워진다는 부분과 경제활동을 하려고만 하면 일자리가 있다는 점 때문이다. 이렇게 일과 공부를 병행할 경우 공부에 몰두하지 못하면서 치열한 경쟁을 뚫기 어려워 합격 가능성은 낮아진다. 그리고 낙방하면 '일하면서 공부를 하다 보니 좋은 점수를 못 받은 거지.'라고 합리화를 하지만, 실패의 아픔을 덜 느끼는 것은 아니다. 먼저 합격해 자리를 잡은 사람들이 부럽고 자신만 바보 같고 한심하다는 생각에서 벗어나지 못한다. 일을 하지 않았다면 합격했을까에 대한 확신조차 없다. 확실하게 합격할 자신도 없어 당장의 경제활동을 멈출 수도 없고, 이렇게 일을 하면서 공부해서는 계속 비슷할 것 같아 갈피를 잡지 못한다. 이런 힘들고 어려운 마음을 함께 나눌 사람도 없으니 문제가 더 커지고 건강상의 문제를 비롯한 여러 증상을 겪게 된다. 상담을 찾을 때는 상당히 오랜 시간 혼자 문제를 견뎌 온 경우가 많아 장기 상담으로 이어지는 경우가 대부분이다.

포기해야 하는데 포기하지 못함   N수생 중에는 더 이상 공부하고 싶지 않다고 하면서 자리만 지키고 있는 경우도 있고, 하루 종일 공부를 하나도 하지 않으면서 게임, 도박, SNS에 빠져 있는 경우도 있다. 더 이상 도전하고 싶지도 도전할 자신도 없지만 도전을 포기할 용기도 없는 상태에서 하루하루를 보내고 있다. 이들은 결국 포기한 것이나 다를 바가 없는 상황을 유지해 나가는 자신이 얼마

나 어리석은 줄 알면서도 그 상태에서 벗어나지 못하고 있는 것이다. 그나마 상
담실을 찾는 경우는 문제를 해결하고자 하는 의지가 있기 때문에 완전히 무력한
상태는 아니라는 점에서 긍정적이다. 이들을 돕기 위해서는 포기하지 못하는
이유에 대한 이야기부터 들어 보아야 할 것이다. 다음은 N수생들이 도전을 포
기하지 못하는 대표적 이유들이다.

　포기하지 못하는 첫 번째 이유는 부모나 배우자와 같이 다른 사람을 실망시키
는 것이 두렵거나 자신의 눈높이를 낮추지 못하는 것이다. 의대를 목표로 여러
번 수능시험을 치른 경우 다른 학과를 진학하려고 하면 이미 장수생이 되어 대
학을 다닐 걱정이 되고 취업에 대한 걱정도 많아진다. 여러 번 실패를 했어도 의
대에 합격하면 그래도 체면이 설 텐데 결국 포기하게 되면 반복된 실패에 대한 수
치심과 그동안 투자한 시간과 비용에 대한 억울함이 한꺼번에 몰려오면서 감당
을 못하는 것이다. "그만두지 못하는 이유가 패배자라는 느낌이 싫어서예요. 너
무 힘들지만 여기서 그만두면 평생을 후회할 거 같은 거 있잖아요."(박진영, 2012,
p. 67)와 같은 생각이 시험의 종류에 상관없이 N수생들 사이에서 팽배하다.
그리고 무엇보다 불합격된 결과가 합격선과 아주 근소한 차이라는 점이 포기하
지 못하게 하는 중요한 요인이 되기도 한다. 1차에는 항상 합격하는데 2차에서
떨어진다거나 성재처럼 한두 문제 차이로 떨어진다거나 한 과목에서 터무니없
는 실수를 했다거나 하는 식이다. 경쟁이 치열한 만큼 근소한 차이라고 해도 간과
할 수 없는 차이로 인한 불합격은 포기하기를 어렵게 만든다. '조금만 더 하면'
또는 '실수만 하지 않으면'이라는 비현실적 기대를 갖게 하는 맥락에 처해 있는
것이다. 그 기대가 얼마나 현실적 기대인지, 또는 얼마나 비현실적 기대인지를
정확하게 판단할 수 없지만 N수생들의 성과를 보면 후자인 경우가 훨씬 많다.

　다른 대안을 찾지 못해 포기하지 못하는 경우도 적지 않다. 이들에게 어려운
점은 포기하고 나서 그 이후가 문제이기 때문이다. 여러 번 같은 시험에 응시하
는 동안 시간이 많이 흘러 다른 대안을 선택할 수 있는 기회가 적어진 것이 사실
이기 때문에 지금의 대안을 쉽게 포기하지 못한다. 예컨대, 공무원 시험을 준비
하면서 취업 시기를 놓치고 나면 더욱 취업이 어려워진다. 취업이 어려워 공무
원 시험을 준비하게 되었는데, 계속 낙방해 결국 공무원 되기를 포기하고 다시
취업 전선으로 돌아오면 처음보다 훨씬 더 취업이 어려워진 상황에 놓이게 된
다. 중등임용시험에 계속 도전하고 있는 P군은 그만 포기하라는 부모님의 요청

에도 포기할 수 없는 옆 방 형의 이야기를 통해 포기할 수 없는 자신의 마음을 다음과 같이 토로하고 있다.

> 워낙 취업문제도 있고 들어가서도 빨리 나와야 하니까 공무원 인기가 높아졌죠. 임용고시 준비생도 정말 많이 늘어난 거 같아요. 저희 고시원 에도 빈자리가 잘 없으니까요. 다른 고시생들처럼 보통 임용고시도 한 번 준비하면 미련 때문에라도 다시 도전하게 되는 경우가 많아요. 그리 고 그만두더라도 요즘 같은 불경기에 취업도 쉽지 않은 길일 테고요. 그 러다 보면 다시 또 도전하게 되고, 합격할 때까지 버티는 장수생이 되기 도 하고 그러죠. 이게 사실 마약 같은 중독성이 있어서 자꾸 생각이 나 는 거 같아요. 옆 방 형은 4년째인데, 집에서도 이제 그만하라고 닦달하 고 그러시지만 그만 못 두겠다고 그러더라고요. 더 이상 집에서 지원을 안 해 주신다고 엄포를 놓아서 잠깐 동안 그만두려고도 했지만 그만두 고 회사 가기도 그렇고 교육 쪽 전공 나와서 할 만한 일이 뻔하죠. 학원 이나 과외 같은 거고 정규직 꿈꾸긴 힘들죠. 특히 나이 이 정도 먹으면 안 받아 주죠. 그러니 다시 하는 겁니다. 방법이 없으니까요(2010. 5. 5. P군 심층면담 중에서, 박진영, 2012, pp. 66-67).

3. 상담에서의 선택과 집중

여러 번 반복적으로 실패를 경험한 내담자들은 대부분 실패자, 낙오자라는 자아 상을 가지고 있는 경우가 많아 자신의 가치를 알아차리고 회복할 수 있도록 돕는 개입이 일차적으로 필요하다. 그리고 실현 가능한 목표를 재설정할 수 있도록 도 와 새로운 시작을 할 수 있도록 함께 나아간다. 또 스트레스가 유발한 신체화 증 상에 대해서도 개입해야 한다는 점도 잊어서는 안 된다.

무조건적 자기수용의 촉진　　여러 번 실패를 한 상태로 다시 도전하거나, 여러 번 실패를 했지만 결국 도전에 성공해 원하는 학교나 직장에 진입한 경우조차, 자 신을 무조건적으로 수용하지 못해 힘들어하는 N수생들이 적지 않다. 상담에서는 학교 또는 직장 부적응을 겪고 있는 성공한 N수생을 만나게 되는 경우도 많은데, 성과를 이룬 과정에서 경험했던 반복된 실패로 인해 자신을 성공한 사람이기보다 실패한 사람으로 지각하는 경우가 많다. 여러 번 도전해서 입학 또는 입직했음을 밝히는 것을 꺼려 하고, 그 사실이 알려지면 자신을 능력 없는 사람으로 보게 될 것이라고 생각하기 때문이다. 이런 태도와 생각은 새로 진입한 학교나 직장에 적응하기 어렵게 만드는데, 이런 내담자와의 상담에서 무조건적 자기수용의 촉진이 필요하다. 무조건적 자기수용의 촉진은 N수생에게만 필요한 것이 아니라 모든 학업실패 트라우마를 겪은 내담자에게 필요한 개입으로, 2장에서도 다룬 바 있다. 여기에서는 N수생 사례에 어떻게 적용되는가를 살펴볼 것이다.

무조건적 자기수용을 촉진하기 위해 상담자가 개입해야 할 부분은 내담자가 스스로의 모습을 그대로 바라볼 수 있도록 도와야 한다. 상담자의 타당화 개입을 통해 내담자의 무조건적 자기수용을 높여 줄 수 있음이 실험연구를 통해 입증되고 있다(고유림, 김창대, 2015; 김은준, 2018). 즉, 내담자의 무조건적 자기수용 촉진을 위해 타당화 개입을 적용해 볼 수 있다. 다음은 자살사고로 인해 위기 사례로 접수되었던 민아에 대한 개입에서 타당화 개입을 통해 무조건적 자기수용을 촉진한 과정을 요약한 것이다.

> 민아는 어렵게 대학에 들어왔지만, 대학생활이 자신이 생각했던 것과 다르고 학우들과 지내기가 어려워 죽고 싶을 만큼 비참하다고 하면서 상담을 신청했다. 상담신청서에 적힌 나이가 상당히 많은 편이어서 장수생인지 여부를 질문했는데 6번의 도전으로 자신이 원하는 대학에 입학하게 되었다고 했다. 의대처럼 좋은 학과도 아닌 곳에 6수씩이나 해서 들어온 걸 알면 학우들이 비웃지 않을지 걱정되고, 다들 똑똑해 보이는데 자신만 너무 멍청하게 여겨져 숨고 싶고, 나이가 있는 만큼 언니 역할을 해야 할 것 같은데 자기 앞가림도 못하겠다고 하면서 제대로 대학생활을 못할 것 같아 두렵다고 했다. 상담자는 내담자의 이런 불안은 대부분의 신입생들이 경험하는 자연스러운 정서상태이고, 대학에 잘 적응하고 싶은 동기가 크기 때문에 더 불안할 수 있다는 타당화 개입을 시도하였다. 또한 6번이나 도전하면서 지치고 피곤해진 상태와 또다시 새로

운 곳에 적응해야 하는 스트레스가 과도한 현실에 대해서도 설명해 주고, 높은 스트레스 상황에 놓여 있는 모습을 그대로 받아들일 수 있도록 촉진했다. 상담자는 매 회기 민아의 부정적 정서 경험에 대한 타당화 개입을 지속적으로 진행하면서 무조건적 자기수용을 촉진했고, 5회기 상담을 통해 민아가 학교 적응을 잘 할 수 있게 되어 종결했다.

무조건적 자기수용은 다른 사람과의 관계에서도 중요하게 작용하는데, 다른 사람들의 판단이나 피드백에 상관없이 자신의 있는 모습 그대로를 스스로 인정할 수 있도록 노력함으로써 무조건적 자기수용에 도달할 수 있다. 또한 무조건적 자기수용이 되면 다른 사람과의 관계에서도 더 이상 다른 사람에 대한 책임이나 다른 사람의 평가 때문에 힘들어지지 않게 되기도 한다. 다음 사례는 무조건적 자기수용이 되면서 어머니와의 관계가 편안해진 N수생의 보고 내용이다.

저도 더 이상은 괜찮은 척하고 어른스러운 딸이 아니라 가끔은 진짜 딸이 되어 보기도 하고…… 어른스러운 딸에서 지금은 진짜 딸처럼 "너무 힘들어 못하겠다"고 응석을 부리기도 하고……. 예전에는 "신경 쓰지 마세요. 그냥 제가 알아서 할게요." 이런 말을 되게 많이 했고 고스란히 혼자서 하려고 하는…… 그런데 이제는 엄마도 해 주시려고 하고……
(참여자 1)(이복녀, 2017, p. 78).

목표 재설정   여러 번 도전해도 합격의 성과를 얻지 못하면 누구나 계속 도전할 것인지 망설여진다. 그리고 이 문제를 의논하고 싶어 상담을 찾는 N수생들을 상담실에서 만나게 된다. 포기해야 할 것인지 잘 모르겠다고 하면서 상담을 찾지만 대부분은 "이 길밖에 없다.", "마지막 선택이다.", "다른 걸 하기에는 이미 늦었다." 등 포기할 수 없는 상황에 대한 호소를 주로 한다. 앞서 소개한 사례인 성재도 "이거 아니면 끝이다. 돌아갈 길이 없고, 이번 시험도 떨어지면 끝이다."라고 호소했었다. 이런 호소에 대해 상담이 나아가야 할 방향은 자신이 하고 싶은 것이 무엇인지에 대한 목표 재설정이다. 10년 후, 20년 후의 장기적 목표부터 당장 이번 주, 이번 달에 무엇을 할 것인지에 대한 단기적 목표까지 여러 수준에서 목표를 다시 잡아야 한다.

그러나 내담자의 불안이 높아 목표 설정을 위한 개입으로 바로 들어가기 힘든 경우가 많다. 즉, 현실에 대한 직면 이전에 현실을 폭넓게 볼 수 있는 마음의 여유를 가질 수 있도록 돕는 것이 필요한 경우도 있다. 앞서 살펴본 성재의 경우 현재의 대안이 유일한 대안이라는 생각 때문에 어려움을 많이 겪었지만 상담자는 자해충동에 대한 대처법과 공황발작 증세에 대한 대처법에 집중하면서 공감과 지지에 집중했고, '불합격해도 끝이 아니다'는 논박은 효과가 없었다고 한다. 상담에 오는 내담자들은 대부분 성재와 같이 여러 문제를 동시에 가지고 있는 경우가 많은데, 내담자에게 얼마나 절실한가를 기준으로 개입의 우선순위를 정해야 할 것이다. 소원은 목표 재설정에 초점을 두고 상담이 이루어진 사례이다.

소원은 다 알 것 같은 강의를 반복해서 듣고 이미 풀어 본 기출문제를 또 푸는 과정에서 자신이 정말 원하는 성과를 낼 수 있을지 불안하다고 호소했다. 운이 없어 시험을 못 보는 사람이라는 생각도 해 봤고, 이런 공부에 맞지 않는 사람이라는 생각도 해 봤고, 때로는 자신이 지금 뭘 하고 있는지 모르겠다는 생각도 든다고 했다. 상담자는 공부에 몰두하지 못하는 이유가 공무원이 되는 것에 대한 확신이 부족한 것일 수 있다는 가설을 제안하고, 진정으로 원하는 것이 무엇인지 찾아보는 것을 상담의 목표로 삼는 것에 합의했다. 공무원 시험에 도전하겠다고 결정한 시기부터 살펴보기로 했고, '내 꿈의 변천사' 작성을 통해 어릴 때부터의 꿈을 정리해 보았다. 소원은 어릴 때부터 글짓기를 잘하고 책 읽기를 좋아하는 문학소녀였다. 그러나 글을 써서는 먹고 살기가 어렵고 이제는 여자도 일을 해야 하는 세상이니 안정적인 직업이 있어야 한다는 얘기를 공무원이신 부모님으로부터 어릴 때부터 들었다. 소원의 생각도 부모의 생각과 다르지 않아 공무원 시험을 준비하고 있지만 계속 실패만 하고 있었다. 이런 이야기를 상담에서 나누면서 공무원이 되고 난 이후의 삶에 대해 확신이 없다는 것도 공부의 또 다른 걸림돌임을 확인할 수 있었다. 그러나 작가로 살면서 생계가 불안해지는 것은 더 싫다고 얘기하면서 공무원 시험을 포기할 수는 없다는 입장이었다. 내담자가 계획한 공무원과 작가를 병행하는 삶의 실현 가능성을 확인하기 위한 첫 단계로, 상담자는 풀타임으로 일을 하면서 작가로 살아가는 것이 가능한 것인지 확인하자고 하고,

실제 그렇게 살아가고 있는 사람이 있는지 찾아보는 과제를 주었다. 2주 동안 소원이 찾은 사례는 생각보다 많았고, 이 가운데 자신의 역할모델을 찾았다. 이 과제를 통해 소원에게 희망과 구체적인 계획이 생겼고, 공부에 매진하기 위해 상담을 종결하겠다고 했다. 그리고 국가직 공무원만을 고집하던 소원은 하루라도 빨리 공무원이 되는 것을 목표로 집을 떠나 생활해야 하는 지방에까지도 지원을 해 합격을 할 수 있었다.

소원은 상담을 통해 미래에 대한 계획이 세워지면서 현재의 대안도 확대된 사례라고 할 수 있다. 한편 상담을 통해 N수생을 포기하고 새로운 목표를 찾는 경우도 있다. 남성들의 경우 병역의무를 먼저 수행하는 결정을 내리기도 하고, 해외취업으로 눈을 돌리기도 한다. 패배자라는 자의식, 점점 줄어드는 기회에 대한 불안, 공부가 가장 공평한 경쟁이라는 근시안을 극복하고 보다 많은 대안을 바라보고 탐색할 수 있도록 촉진하는 것이 상담에서 해야 할 일이다. 이를 위해 구성주의 진로이론의 생애 주제 탐색(Savickas, 2011; 2015)과 최근 제안된 주관적 의미 추구 상담(Hill, 2018; 황매향 외 역, 2020)의 접근을 적용해 볼 수 있을 것이다.

새로운 시작   N수생들에게 가장 절실한 것은 열심히 노력해서 자신이 원하는 학교 또는 직장에 합격하는 것이다. 나름대로 열심히 하는데 좀처럼 실력이 오르지 않는다고 느껴지면서 다시 실패할 것에 대한 두려움이 커질 때 상담을 찾는 내담자들이 있다. 처음 도전해 보거나 두 번째 새로운 방식으로 도전해 볼 때와는 다른 상황으로 무엇을 공부해야 하는지 어떻게 공부해야 하는지 알지만 진전이 없으니 불안이 더 높아지고 자신의 능력에 대한 신뢰도 떨어지면서 자괴감까지 맛보게 된다. 그러나 내담자가 보다 공부의 효율을 높이고 싶어 한다는 점을 상담자는 놓치지 말아야 한다. 그러므로 노력한 만큼 성과를 내기 위해 어떤 노력을 기울여야 할 것인지에 초점을 둔 상담이 진행되어야 한다.

이 경우 모든 것을 새롭게 시작해 보는 것을 시도해 볼 만하다. 지금까지의 방식에서 좋은 성과를 내지 못했다면 새로운 시도가 필요한 것이다. 가장 먼저 교재부터 새로 준비한다. 항상 보던 책에는 중요한 부분에는 별도의 표시가 되어 있고 어려운 내용에는 보충 설명도 추가되어 있는데 그 내용에 익숙하기 때문에 당연하게 받아들이면서 모두 알고 있다고 착각하기 쉽다. 자신이 잘 모르는 내용에 대한 긴장감과 호기심이 학습에 집중하게 하는데, 모두 아는 내용을 반복하는 지루함에 집중을 못하게 된다. 많은 시간을 투자하지만 그야말로 시간만 보내면서 새로운 지식의 습득에 실패하고 시험에서 좋은 결과를 내지 못한다.

앞서 소원도 "강사가 얘기하는 건 다 알겠는데 시험을 보면 기억이 나지 않아요."라고 호소했다. 소원처럼 이런 자각이 없을 수도 있는데, 여러 번 동일한 시험 준비를 하고 있는 내담자라면 내담자가 먼저 호소하지 않더라도 상담자가 이 부분에 대해 확인하는 것이 좋다. 수업을 듣거나 책을 볼 때 다 아는 내용이라는 생각이 들지 않는지를 직접 질문할 수 있다. 생각해 보지 않았다고 한다면 상담 회기 후 처음 시작되는 수업이나 개인 학습에서 바로 직전에 백지를 꺼내 그 시간에 학습할 내용에 대해 자신이 알고 있는 걸 적어 보면서 알고 있는 내용과 모르고 있는 내용에 대한 구분, 알고 있다고 생각하는 것과 실제로 아는 것의 차이를 경험해 보게 하는 것이 필요하다.

이 문제를 해결하기 위해서는 상황에 대한 인식과 함께 변화가 필요하다. 가능하다면 다니던 학원을 바꾸거나 수강하는 과목의 강사와 인터넷 강의의 강좌를 바꿔 보는 것도 계획할 수 있다. 유명 강의를 통해 좋은 내용을 학습하는 것도 중요하지만 이미 들었던 내용들에 익숙해져 알고 있다고 착각하게 된다면 공부에 도움이 되지 않는다. 공부를 하는 물리적 공간이나 일상생활의 패턴에도 변화를 줄 수 있다면 변화를 시도한다. 새로운 곳에 적응하는 데 시간과 에너지를 써야 한다는 부담이 있지만, 이렇게 새롭게 공부에 접근해 보지 않으면 자신의 문제점을 발견하지 못한 채 비효율적인 공부 방식을 계속 유지할 가능성이 높기 때문이다. 이러한 개입에 대한 아이디어는 동현과의 상담을 통해 그 효과를 확인할 수 있었다.

　　동현은 당시 임용고시에 네 번째 도전하고 있었는데, "사실 강의 듣고 있으면 다 아는 얘기니까 제가 다 안다고 착각하는 거예요. 학원을 바꿔 보면 어떨까 생각도 해 봤어요."라고 먼저 이 부분에 대한 이야기를 꺼냈다. 그렇지만 학원을 바꾼다고 해서 얼마나 달라질지 알 수 없고 금전적인 손해도 커서 선뜻 결정하지 못해 고민이라고 호소했다. "공부 잘하는 애들은 그런 얘기 안 하죠. 이렇게 상담에 와서 시간 쓰지도 않고. 다 제가 부족하고 머리가 나빠서 그런 거라고 봐요."라고 하면서 눈물을 보였다. 자신에게로 실패의 원인을 돌릴 것이 아니라 처음에 얘기했던 가설에 충실해 보자고 설득하면서, 학원을 바꾸지 않더라고 공부하는 교재나 노트는 바꿔 볼 수 있다고 제안했다. 지금까지 읽고 정리했던 것이 아깝지만 그걸 모두 넣어 두고 새롭게 시작해 보는 것에 대해 이야기를 나눴다. 인터넷 중고서점을 이용해 새로 책을 사야 하는 금전적 부담을 조금이나마 덜고, 단권화를 했던 자료에 담긴 중요 내용을 참고하기 위해 버리지 않고 잘 보관하기로 했다. 이후 이런 방법이 효과가 있는지 점검하는 회기를 두 번 정도 더 가졌고, 새 책으로 공부하면서 예습과 복습 시간이 길어져 상담에 오는 시간을 줄이고 싶다고 하면서 종결하게 되있다. 이후 합격을 하고 한 번 너 만났는데 중요한 성보가 많이 담겨 있어 버릴 수 없었던 단권화 자료는 임용고시 준비를 하면서 한 번도 안 보았다고 했다.

한꺼번에 모든 것을 바꾸는 것은 부담이 될 수 있고 변화 자체가 내담자에게 스트레스로 작용할 수 있으므로 내담자가 변화를 시도해 보는 것에 충분히 동의해야 하고, 시도하게 되면 내담자가 채택하기 쉬운 것부터 하나씩 바꿔 보는 것이 좋다. 예를 들면, 첫째 주에는 가장 자신 있는 과목부터 새 책을 구해 공부해 보는 것에서 시작할 수 있다. 자신 있는 과목에서는 이러한 새로운 시도가 효과가 없더라도 크게 손해가 나지 않을 것이라고 생각할 수 있어 내담자에게 부담이 적기 때문이다. 이때 실패자라는 생각이나 또 떨어질 것에 대한 불안을 조금 뒤로하고 공부하는 행동과 환경을 바꾸는 것에 초점을 둔 개입을 먼저 시도해 보는 것이라는 점을 상담자는 염두에 두어야 한다. 새로운 시도를 통해 공부에서 진전을 보이게 되면 공부를 방해하는 부정 정서에도 도움이 될 수 있지만, 이 부분에 대한 점검과 개입이 후속되어야 한다는 점도 잊어서는 안 된다.

스트레스로 인한 질병에 대한 개입　　스트레스는 몸이 느끼는 위협으로 여러 질병의 원인이 된다. 스트레스는 의식적으로 지각되기도 하고 모르는 사이 몸이 먼저 느끼기도 하는데, 신체적 질병과 정신적 질병을 모두 초래한다. 여러 번 실패하고도 계속 도전해야 하는 상황에 놓여 있는 N수생들은 심한 스트레스 상황을 버티면서 다양한 스트레스성 질환에 시달리고, 이로 인해 학업에 전념하지 못하게 된다. 그러므로 상담에서는 스트레스를 잘 관리할 수 있도록 도와야 하는데, N수생의 경우 스트레스 관리를 넘어 스트레스로 인한 질병관리까지 도와야 한다.

다음은 성재와의 상담과정으로 스트레스로 인한 질병에 어떻게 개입할 수 있는지 보여 준다.

> 성재와의 상담에서 상담자가 가장 먼저 한 개입은 자해충동에 대한 대처법과 공황발작 증세에 대한 대처법을 가르쳐 주고 실천하도록 돕는 것이었다. 예컨대, 공황발작 증세 완화를 위해 이완 훈련, 호흡 훈련, 밖에 쉽게 나올 수 있는 자리에 앉기, 사람들이 많지 않아 심리적으로 안정적인 공간(개인 독서실)에서 자기주도학습에 집중하기 등에 개입했다. 그리고 이전 시험에도 낙방하였으나 결국 계속 이 길을 원하였기 때문에 아르바이트를 병행하며 열심히 준비해 왔다는 점과 시험결과가 모든 것의 끝이 아니라는 점을 깨달을 수 있도록 인지적으로 개입했다. 나아가 내담자의 긍정적 강점을 독려하며 그러한 자원이 있는 존재임을 인식할 수 있도록 촉진하고 열심히 하는 스스로를 긍정적으로 타당화하도록 조력했다. 또한 나아가 가족으로부터 받는 기대, 부담, 가족의 지나친 압력, 주변 친구와의 비교, 주변의 성공 사례로부터 받는 수치심 등 관계적·맥락적 요인들의 영향에 대해서도 다루면서 공부에 보다 집중하도록 도울 수 있었다. 반면, '부모님께 힘든 점을 솔직히 말씀드려 보라'는 조언이나 '불합격해도 끝이 아니'라는 논박은 도움이 되지 않아 상담자의 정서적 지지와 스트레스에 대한 공감적 경청이 중요한 조력의 기초가 된다는 점을 보여 주었다.

먼저, 어떤 진단을 받고 어떤 약물을 사용하고 있는지부터 점검해야 한다. 규칙적으로 병원을 다니면서 질병을 관리하고 있는 경우라면 상담자가 크게 개입할 부분은 없을 것이다. 단, 치료를 받는 것 자체에 대한 심리적 불편감이 있다면 이 부분을 수용하고 치료에 전념할 수 있도록 지지하는 것이 필요하다.

많은 경우 제대로 진단을 받지 않은 채 집중에 도움이 되는 약을 비롯해 여러 가지 건강식품에 의존하고 있다. 대부분 성재처럼 병원에 갈 시간이 없다거나 스트레스 때문인 것을 알기 때문에 견디면 된다는 생각에서 그렇게 하고 있는데 자칫 건강을 해칠 수 있다. 원형탈모, 위염, 요통 등의 신체적 증상이 있는 경우 병원에서 치료를 받을 수 있도록 조치를 취해야 하고, 불면, 폭식이나 거식, 공황발작 등의 신경증적 증상들에 대해서는 상담을 통해 개입하고 심할 경우 정신과와의 협진을 고려해 볼 수 있다. 자살사고와 같은 위기에 대해서도 반드시 확인해야 한다. 의사나 약사의 처방이나 복약지도 없이 복용하고 있는 약이나 건강식품에 대해서는 정확하게 복용의 필요성, 효과, 부작용 등을 확인해야 한다. 내담자가 혼자 확인하기 어려워한다면 상담자가 확인과정 자체를 도와야 할 것이다.

다음으로 스트레스 관리에 대한 개입을 해야 하는데, 일반적인 스트레스 관리에 개입하는 절차와 방법을 따르면 된다. 먼저, 내담자가 사용하고 있는 스트레스 대처전략에 대한 파악에서 시작하고, 효과가 있는 전략을 많이 사용하고 효과가 없는 전략의 사용을 중단하도록 돕는다. 특별한 스트레스 대처전략 없이 참기만 하는 내담자라면 스트레스 대처전략을 가르쳐 주고 효과를 확인하는 작업을 여러 회기에 걸쳐 해야 할 것이다. 이때 하루 종일 공부에만 매달려 있어야 해서 운동량이 부족하고 문자화된 정보처리를 집중적으로 한다는 점을 고려해 이 부분에서의 피로도를 낮출 수 있는 활동을 찾아보는 것이 필요하다는 점이 고려되어야 한다. 공부시간을 어떻게 사용할 것인가가 아닌 휴식시간을 어떻게 활용할 것인가에 초점을 둔 개입도 필요하다. 그리고 무엇보다 내담자가 일상생활에서 꾸준히 실천할 수 있는 대처전략을 찾아 계속 실천할 수 있도록 도와야 한다.

4. 상담자를 위한 심화학습

학업소진

학업소진은 심리적 소진 가운데 학업 스트레스가 원인이 되는 심리적 소진의 하나로 최근 관심이 높아지고 있다. 소진(burnout, 消盡)이란 단어의 뜻은 '모두 타서 없어진다'는 것으로, 스트레스로 인해 모든 심리적 에너지를 써 버린 상태가 마치 불에 타서 아무것도 남지 않은 것과 같다는 의미이다. 이런 심리적 소진 상태를 줄여 소진 또는 번아웃으로 명명하고 있다. 심리적 소진은 업무관련 스트레스가 지속되고 과도해지면서 자신의 일을 제대로 수행하지 못하는 상태로 처음 정의되었다(Freudenberger, 1974). 이후 심리적 소진은 사람들을 만나는 것을 주로 하는 직업에서 빈번하게 나타나고, 정서적 고갈(탈진, emotional exhaustion)[1], 냉담(비인간화, depersonalization), 무능감(성취감의 결여, lack of personal accomplishment)을 수반하는 심리적 증후군으로 개념화되었다(Maslach & Jackson, 1981).

학업소진의 의미　　심리적 소진이 직업을 가진 성인만이 아니라 학업(공부라는 일)을 하는 학생에게도 나타난다는 것을 발견하고 학업소진의 개념이 등장하게 되었다(Gold, Bachelor, & Michael, 1989; Schaufeli et al., 2002; Zhang, Gan, & Cham, 2007). 학업소진은 학업해야 할 것이 너무 많고, 관련된 학업에서 스트레스가 높아져 심리적 소진에서와 같은 정서적 고갈, 학업에 대한 냉소적 태도, 학업에 대한 무능감의 증상이 나타날 때이다. 어느 나라 학생보다 학습량이 많고 학업 스트레스가 높은 우리나라 학생들은 학업에서 소진 상태에 빠지기 쉽다. 우리나라 학생들이 빈번하게 경험하는 부정적 학업정서 중 '압박감', '부담감', '조바심' 등은 과도한 학업 스트레스 상황을 나타내고, '짜증', '귀찮음', '답답함', '막막함' 등은 정서적 고갈 상태를 나타내고 있다고 볼 수 있다. 학업소진은 학업적 요구가 많으나 학생이 통제할 수 없거나(Demand Control model: DCM; Karasek, 1990), 학업적 요구는 많지만 그에 상응하는 보상이 불균형할 때(Effort-Reward Imbalance model: ERI; Siegrist, 2002), 학생이 가진 자원이 만성화된 스트레스로 인해 손실되기만 하고 새로운 자원으로 보충되지 않은 자원부족과 결핍으로(Conservation Resources Model: CRM; Hobfoll, 1989) 인해 나타날 수 있으며, 우울, 불안, 신체화 증상과 같은 심각한 심리 · 정서적 부적응을 초래할 수 있다(조수현, 정지현, 신효정, 2017). 서구에서는 주로 대학생들을 대상으로 학업소진이 연구되고 있는 반면, 우리나라에서는 청소년 시기, 더 빠르게는 초등학교 시기부터 학업소진을 경험하는 것으로 밝혀지고 있다. 특히, 수능, 공시, 고시, 임고 등 중요한 시험에서 여러 번 실패를 경험한 경우는 대부분 학업소진 상태에 빠진다.

---

1) 소진의 세 가지 증상에 대한 번역어가 다양하게 사용되고 있어, 자주 사용되는 용어와 영문을 함께 표기했다.

학업소진 관련 연구　　우리나라에서 수행된 학업소진 관련 연구는 학업정서 연구와 마찬가지로 학업소진을 진단할 수 있는 측정도구가 개발되면서 활성화되었다. 우리나라 학생에게 '공부 때문에 지쳤을 때 나타나는 증상, 느낌, 행동, 생각 등'을 문장으로 작성하게 해 수집된 자료를 바탕으로 서구에서 개발된 척도에 문항을 추가한 학업소진척도(이영복, 2009)가 개발되었고, 서구에서 많이 사용되는 학업소진척도인 학생용 MBI(Maslach-Burnout Inventory-Student Survey: MBI-SS; Schaufeli et al., 2002)가 우리나라 청소년을 대상으로 타당화되었다(Shin et al., 2011). MBI의 번역본은 이 척도를 사용한 학위논문에서 확인할 수 있다(예: 최옥, 2015). 규준은 마련되어 있지 않아 학업소진 상태의 심각성에 대한 진단용으로 사용하기는 어렵지만 응답한 결과를 통해 학업소진의 하위 영역인 정서적 고갈, 냉담, 무능감 중 어떤 상태가 더 심각한지 확인할 수 있다. 또한 조주연과 김명소(2014)는 초등학생을 대상으로 학업소진척도를 개발하기도 하였다.

학업소진 연구는 완벽주의, 학업요구, 학업성취압력, 스트레스 대처방식, 자기통제, 학업열의, 실패내성 등 다양한 변인들과의 관계에 관해 여러 연령집단을 대상으로 진행되고 있다. 최근에는 관련 변인과의 관계를 다룬 연구들에 대한 메타분석도 실시되었는데, 학업성취압력과 스트레스 그리고 과다한 학업이 학업소진의 주요한 원인이 되는 반면 실패내성과 학업에 대한 열의는 학업소진을 막아 줄 수 있는 것으로 밝혀지고 있다(서미옥, 2018). 이 메타분석에서는 청소년 대상 연구만을 포함하고 있으나 N수생들의 학업소진 파악에도 적용해 볼 수 있을 것이다. 또한 다차원적 완벽주의(13장의 '학업지연행동' 참고)와 학업소진의 관계를 더 세밀하게 메타분석한 결과에 따르면, 적응적 완벽주의는 학업소진의 증상 중 학업적 냉담과 학업적 무능감과는 오히려 부적 상관을 보였고, 부정적 완벽주의는 세 가지 증상 모두를 악화시키는 것으로 나타났다(조수현, 정지현, 신효정, 2017). 이 연구에서는 적응적 완벽주의를 높은 개인적 기준, 조직화, 완벽주의 추구로, 부적응 완벽주의를 실수에 대한 염려, 높은 부모 기대, 부모비판, 수행에 대한 의심, 완벽주의 염려, 사회부과 완벽주의로 구분하였다. 적응적 완벽주의는 스스로에 대해 설정한 높은 기준 자체가 내적 동기로 작용하기 때문에 심리적으로 적응적인 변인들과 정적인 영향을 미쳐 이 연구에서도 학업소진을 오히려 막아 주는 역할을 하는 것으로 나타났다.

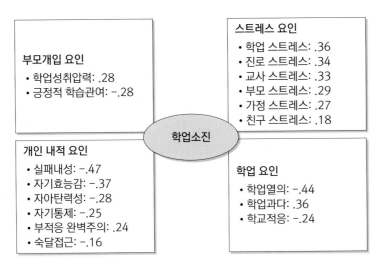

부모개입 요인
- 학업성취압력: .28
- 긍정적 학습관여: -.28

스트레스 요인
- 학업 스트레스: .36
- 진로 스트레스: .34
- 교사 스트레스: .33
- 부모 스트레스: .29
- 가정 스트레스: .27
- 친구 스트레스: .18

학업소진

개인 내적 요인
- 실패내성: -.47
- 자기효능감: -.37
- 자아탄력성: -.28
- 자기통제: -.25
- 부적응 완벽주의: .24
- 숙달접근: -.16

학업 요인
- 학업열의: -.44
- 학업과다: .36
- 학교적응: -.24

[그림 14-1] 학업소진 관련 변인의 평균효과크기

출처: 서미옥, 2018, p. 67.

　학업소진이 나타나는 경로에 관한 연구도 수행되었는데, 냉담, 정서적 고갈, 무능감의 증후가 동시에 나타나는 것이 아니라 더 선행하는 증후가 있다는 것이다. 우리나라 중·고등학생들의 경우는 '정서적 고갈에서 냉담'으로 가는 인과적 관계와 '학업무능감에서 냉담'으로 가는 인과적 관계가 확인되었다(이상민, 2012). 서구에서 수행된 연구에서는 냉담이나 정서적 고갈이 심화되면 무능감의 발달로 진행되는 것으로 보고된 내용(Taris et al., 2005)과는 차이를 보인다. 이러한 인과관계 순서의 차이가 학업이라는 영역에 국한되었기 때문인지, 청소년이라는 대상의 특성 때문인지, 우리나라의 문화적 특성 때문인지 확인되지 않았다. 따라서 상담자는 내담자의 학업소진을 보일 때 어느 단계의 증후를 나타내고 있는지와 이전에 어떤 증상이 있었는지 확인하고 앞으로 어떤 증상이 더 추가될 가능성에 대해서도 대비해야 한다. 순서 자체보다는 서로 다른 시점에서 다른 증상이 나타날 수 있다는 점을 염두에 두는 것이 중요하다고 할 수 있다.

　그리고 우리나라 청소년들을 대상으로 한 연구에서 심리적 소진 모델인 요구-통제 모델, 자원보존 모델, 노력-보상 모델 중 노력-보상 불균형이 일어날 때 학업소진이 더 악화됨도 증명되었다(이상민, 안성희, 2014). 노력-보상 모델이 많은 노력을 투입한 것에 비해 보상이 적을 때 소진과 같은 심리적 증상이 나타난다는 것을 가정한다는 점으로 볼 때, 우리나라 학생들은 자신이 노력한 만큼 성과나 보상을 받지 못하는 상황으로 인해 지쳐 있음을 알 수 있다. 즉, 이러한 연구결과는 학습과제를 얼마나 통제할 것인가도 중요하지만 학업에 대한 노력을 기울인 만큼 얼마나 보상받을 수 있는지가 소진 발생을 결정할 가능성이 높음을 시사하고 있다. 보다 구체적인 개입전략이나 개입 프로그램의 효과를 검증한 경험적 연구는 찾아보기 어렵지만, 얼마나 노력을 기울였는가 그리고 그 노력에 대한 타당한 보상은 무엇인가에 대한 내담자의 지각을 다루는 것이 필요할 것이다.

학업소진 다루기　　지금까지 수행된 학업소진 관련 연구의 중요한 성과는 학업소진의 수준을 파악할 수 있는 측정도구가 개발되었다는 점과 소진에 이르는 경로 및 기제를 확인한 점이라고 할 수 있다. 즉, 학업소신을 측성할 도구가 확보되어 있고, '정서적 고갈에서 냉담'으로 그리고 '학업무능감에서 냉담'으로 가는 인과적 관계를 확인하고 노력불균형 모델이 학업소진의 주요 기제라는 점을 밝히고 있다. 이러한 결과를 학업소진으로 힘들어하는 내담자와의 상담에 적용해 볼 수 있을 것이다. 즉, 학업소진척도를 활용해 소진의 정도와 영역을 파악할 수 있고, 학업소진을 경험하는 주요 원인과 영역에 따라 어느 단계에서 어려움을 경험하고 있는지와 앞으로 겪게 될 상태에 대해서도 예상할 수 있어 학업소진 측면에서의 사례개념화가 가능할 것이다. 또한 노력-보상 불균형이 우리나라 학생들의 학업소진을 설명하는 적합한 모델임을 밝히고 있는데, 바로 통제 측면에서 '노력을 해도 안 된다'는 생각을 가지고 있다는 점으로도 볼 수 있다. 이러한 연구결과는 학업상담 과정에서 결과에 대한 통제감의 증진이 학업상담의 목표가 될 수 있음을 시사하기도 한다.

시험불안

　학생이나 수험생은 모두 시험에서 불안을 호소하지만 N수생들은 더 큰 불안을 경험한다. 반복되는 시험에서의 실패가 불러온 시험불안을 극복할 수 있도록 돕는 것이 N수생과 같이 반복적 실패 트라우마를 가진 내담자에게 특히 중요하다.

시험불안의 의미　　시험불안이란 시험이라는 평가를 받게 되는 상황에서 자기 자신의 수행에 대해 갖게 되는 불안을 말하며, 시험에 대한 불안으로 인해 시험 공부에 지장을 받거나 시험을 칠 때 자기 실력을 제대로 발휘하지 못하는 것으로, '시험 상황에서 경험하게 되는 상태불안으로 개인이 중요하다고 느끼는 평가 상황에서 일반적으로 느끼는 불안 경향성'으로 정의된다(한국교육심리학회, 2000). 시험불안은 시험준비와 시험수행에서 모두 경험하게 되는 불안으로, 똑같은 조건과 실력을 가지고 있으면서도 수행결과를 낮게 만드는 주된 원인으로 작용하고 시험준비 과정에서도 시간만 많이 쓰게 할 뿐 효율적인 시험준비를 방해한다. 내담자들이 상담을 찾는 경우는 시험불안으로 공부에 집중하지 못하거나 시험불안으로 인해 시험에서 실패를 경험한 경우이다. 이미 실패를 경험한 학생들은 또다시 시험불안 때문에 실패할 것에 대한 불안도 높다. 시험을 볼 때 가슴이 뛰고, 땀이 나고, 손이 떨려 글씨를 제대로 쓰지 못하고, 문제를 잘못 읽거나 중요한 것을 빠뜨리고 보고, 시간에 쫓기고, 화장실이 급해서 온통 거기에 신경이 곤두서고 등으로 공부한 만큼 실력 발휘를 못하게 하는 신체적 반응에 대한 보고를 많이 한다.

　시험불안 현상에 관한 연구는 1952년 미국 예일 대학교의 Sarasan 교수와 Mandler 교수에서 출발해, 이후 꾸준히 관심을 받고 있는 주제이다(Hembree, 1988). 처음 개발된 시험불안척도(Test Anxiety Test Anxiety: TAQ; Mandler & Sarason, 1952)는 지속적인 정교화 과정을 거쳐 요인분석을 통해 걱정(worry) 요인과 감정(emotionality) 요인으로 확립되어 지금까지 사용되고 있다. 걱정 요인이란 시험의 실패 가능성, 타인과의 비교, 자신의 능력에 대한 낮은 자신감, 과제와 관련 없는 부적절한 생각 등으로 자신의 수행에 대한 염려와 걱정을 나타내는 인지적 상태를 의미하고, 감정 요인이란 땀이 난다거나 가슴이 두근거리는 것, 소화가 잘 안 되고 괜히 안절부절못하는 등 시험 상황에 대한 긴장, 초조와 같은 자신도 모르게 나타나는 신체반응을 의미한다(Liebert & Morris, 1967; Sarasan & Mandler, 1952). 이후 시험불안은 학업과정에서 경험하는 부정적 학업정서 가운데 가장 많은 연구가 수행된 영역이 되었다. 서구에서는 학업 상황과 관련된 정서 중 가장 많은 경험적 연구가 이루어진 영역이 시험불안인 것으로 확인되었고(Pekrun et al., 2002), 우리나라 학생들이 학업정서의 영향을 가장 많이 받는 영역이 시험 상황인 것으로 확인되었다(김영숙, 조한익, 2015). 시험불안에 관한 그간의 경험적 연구는 시험불안이 작업기억의 자원을 감소시키고, 이로 인해 복잡하고 어려운 과제수행이 손상되면서, 학업성취 저하로 이어짐을 밝히고 있다(Pekrun et al., 2002, pp. 96-97).

시험불안은 어떤 시험 상황에서도 나타날 수 있지만, 다른 시험에서는 괜찮았다가 중요한 시험을 앞두고 시험불안을 호소하는 경우가 있다. 평소에는 오히려 시험과 동반되는 자연스러운 감정적 반응으로서의 불안은 시험을 방해하기보다 오히려 공부에 도움이 되기도 한다. 그러나 입시나 취업과 관련된 중요한 시험에서는 불안이 더 높아지면서 평소와는 다른 상황에 놓일 수 있다. 그리고 지필시험에서 시험불안이 가장 많이 나타나기는 하지만, 수행평가나 구두시험처럼 다른 형태의 시험에서도 시험불안을 동일하게 경험할 수 있다. 즉, 시험불안을 동일하게 호소하더라도 내담자가 얼마나 여러 상황에서 보편적으로 시험불안을 경험하는지에 대한 확인도 필요하다.

시험불안 관련 요인 오랜 기간 시험불안 연구가 수행되어 온 만큼 시험불안 관련 요인으로 밝혀진 변인도 다양하다. 이를 기초로 임신일과 박병기(2013)는 19개국에서 수행된 시험불안 관련 연구를 정리해 그 관련 변인들의 목록을 다음 〈표 14-1〉과 같이 제시했는데, 상당히 다양한 변인이 시험불안과 관련됨을 알 수 있다. 따라서 상담자는 이 목록을 토대로 내담자의 시험불안과 밀접히 관련된 요인을 탐색하는 작업에서 출발해야 할 것이다. 상담에서 집중적으로 다루어야 할 요인이 무엇인지 확인해 내담자에 대한 사례개념화를 더 명료하게 할 수 있고 상담목표도 보다 구체적으로 수립할 수 있다.

〈표 14-1〉 시험불안 관련 변인

영역		관련 변인
인지적 요인	성취	학업성취
	지능	지능
정의적 요인	동기	귀인, 성취목표지향성, 교사목표지향성, 학습동기, 자기조절, 학업적 자기효능감, 자기효능감
	신념	자기개념, 자아탄력성, 자존감, 비합리적 신념, 지능변화신념(실체론)

	정서	불안, 우울, 긍정 정서, 생리적 변화, 위협감, 부정적 평가에 대한 두려움, 실패 두려움, 소외감, 방어기제, 부적 정신건강, 긍정 정신건강
	성격	성격특성, 자기애, 완벽주의, 강박, 인정욕구, 부끄러움, 무기력, 대처 방안
환경적 요인	가정환경	부모 양육태도, 성취압력, 애착, 학습지원, 부모학력, 관심, 경제력, 가족항상성
	학습환경	교사지도, 학교태도, 시험실수, 지지, 기대 학업 스트레스

출처: 임신일, 박병기, 2013, p. 532.

　또한 임신일과 박병기의 분석결과에 따르면 특질불안과의 효과크기가 상태불안의 효과크기보다 높게 나타나 시험불안은 일시적 감정 또는 독립적으로 작용하는 구인이기보다는 특질적이며 안정적인 성격으로 해석된다. 즉, 시험불안을 겪는 학생들은 시험불안만이 아니라 다른 장면에서 불안이 높을 수 있어 중복되는 심리적 어려움을 겪을 수 있으므로 이 부분에 대한 점검도 필요하다. 처음 시험불안의 개념이 제안되었을 때 상태불안으로 정의한 것과는 상반된 결과다. 상담자는 시험불안의 상태불안 측면과 특질불안 측면을 모두 고려할 수 있어야 한다.

그리고 시험불안과 가장 높은 효과크기를 보이는 변인이 '부정적 평가의 두려움'인 것으로 나타났는데, 수행목표 추구에서도 높은 효과크기를 보인 것과 연결해 보면 시험불안은 타인과의 비교에서 출발한다는 것을 알 수 있다. 경쟁이 치열한 우리나라 교육 상황에서 많은 학생들이 시험불안을 겪게 되는 것과 시험불안을 호소하는 내담자들 중 많은 수가 반복된 실패를 경험하고 있다는 것을 설명해 주는 결과라고 할 수 있다. 이런 배경에는 부모라는 맥락이 밀접히 관련되는 것으로 확인되었는데, 특히 부모의 영향력이 지대함을 연구자들도 지적하고 있다. 부모의 적절한 관심과 조언은 시험불안의 보호 요인이 되고 부모의 과도한 몰입과 압력은 위험 요인으로 작용한다. 시험불안을 다루는 상담자는 내담자가 부모의 압력을 어떻게 지각하고 있고 어떻게 대처하고 있는지에 대해 개입해야 함을 시사한다.

시험불안 다루기　이와 같이 시험불안 관련 변인에 관한 연구와 함께 시험불안 개입에 관한 연구도 활발해 어느 영역보다 개입과 관련한 실증적 연구가 많이 수행되었다. 지금까지 수행된 시험불안 개입 연구는 대부분 시험불안 관련 변인 중 상대적으로 변화가 용이한 정서적 측면과 인지적 측면에 초점을 두고 있다. 즉, 시험불안의 극복을 조력하기 위해 시험불안의 감정 요인과 걱정 요인을 집중적으로 다룬다. 예를 들면,『청소년 학업상담』(김형태 외, 1996)에 제시된 사례는 그 과정을 제시하는데, 대학 입시에 대한 불안으로 인해 머리가 아프고 저리는 고통을 받고 있던 고2 내담자와의 상담에서 머리 저림 증상 완화를 위한 이완 훈련과 학업과 관련된 비합리적 사고의 변화에 대해 동시에 개입하였다. 국외에서는 시험불안 완화 프로그램 효과에 대한 메타분석이 여러 차례 이루어졌는데, 일관되게 불안을 경감시키기 위한 체계적 둔감화나 이완 훈련과 같은 행동적 접근과 걱정 요인에 개입하는 인지적 재구화를 비롯한 인지적 접근이 효과가 높은 것으로 밝히고 있다. 또한 여기에 학습방법을 직접 가르치는 개입이 추가될 때 효과가 증진될 수 있음도 확인되었다(Ergene, 2003). 최근 우리나라에서 수행된 시험불안 감소 프로그램 효과에 대한 메타분석(임신일, 박병기, 2013)에서도 인지, 행동, 학습기술을 함께 구성한 프로그램의 효과크기가 가장 크고, 다음으로 인지 및 행동 프로그램의 효과크기가 큰 것으로 나타나 서구와 일관된 결과가 확인되었다. 즉, 부정 정서반응의 완화, 인지적 재해석, 학습기술 함양의 접근이 동시에 제공되어야 한다.

　시험불안은 이미 오랫동안 상담 및 정신과 치료 영역에서 다루어 왔고, 그 개념과 개입전략에 있어 어느 정도 합의가 이루어진 상태이다. 즉, 시험불안을 파악하기 위해 걱정 요인과 감정 요인을 모두 고려해야 하고, 개입에서도 걱정 요인과 감정 요인을 각각 다룰 수 있는 인지적 개입과 정서적 개입이 동시에 이루어져야 한다. 최근에는 개입 단계에서 학습기술 부분이 추가될 때 더욱더 효과적임을 밝히고 있다. 단 학업상담 실제에서는 이렇게 확립된 평가, 진단 및 개입의 절차를 따르면서도 내담자의 특성을 고려한 접근이 필요하다는 점에 유념해야 할 것이다. 특히, N수생들의 경우 스스로 또는 다른 사람의 도움을 받아 시험불안을 극복하기 위해 노력해 본 경험이 있을 수 있다. 효과적인 방안을 찾아 적용하고 있을 수도 있고, 효과적인 방안을 찾지 못해 계속 어려움을 겪고 있을 수도 있다. 이런 경우는 처음으로 시험불안을 경험하는 내담자를 다룰 때와는 다른 접근이 필요하다. 시험불안 자체에 대한 이전 경험 그리고 시험불안에 대처하기 위해 활용한 여러 가지 방략들을 탐색하고 점검하는 것에서부터 출발해야 하고, 그 경험을 잘 활용해 조력해야 할 것이다.

　불안을 느끼지 않으면 좋겠다거나 불안이 아예 없도록 하겠다는 비현실적인 목표를 버리고 시험을 보는 상황에서 불안을 경험하는 것은 당연하다고 받아들이는 것(수용)에서 출발해야 한다. 그다음으로 어떻게 대처할 것인가에 대해 함께 고민하고 가장 효과적인 대처전략을 찾는다. 이때 본 시험 전 모의고사에 응시하여 시험불안에 대한 여러 대처전략의 효과를 테스트해 볼 수 있는 기회를 잘 활용해야 한다. 자신에게 가장 적합한 시험불안 대처전략을 찾기 위해 다양한 전략을 구상해 보고, 각 전략을 모의고사를 보면서 사용해 볼 때 자신에게 잘 맞는 대처전략을 찾는 과정을 상담에서 함께 하는 것이다.

시험불안에 대한 약물치료　　학원이 밀집해 있는 지역에 가면 정신과 간판도 많이 보이는데, 이곳을 이용하는 많은 학생들은 시험불안에 대한 약물치료를 받고 있다. 정신과만이 아니라 한의원이나 약국을 통해서도 시험불안 증상을 낮추는 약을 구할 수 있고, 항불안 효과를 가진 건강식품도 다양하게 판매되고 있다. 그러나 평소에 먹지 않던 것을 먹을 때는 주의가 필요하다. 몸에서 어떤 반응이 나타날지 예측할 수 없고, 음식이나 약은 잘못 먹거나 복용하면 오히려 독이 될 수 있다. 뿐만 아니라 약의 효과에 있어서도 개인차가 있어 무턱 대고 복용하는 것은 삼가야 한다. 내담자는 심한 시험불안 때문에 약(또는 보조식품)을 먹고 싶은데 정신과에 가는 것이 부담스럽고, 혹시나 있을 부작용에 대해서 걱정하면서 상담자에게 의논해 오는 경우가 많다. 약물치료는 상담자의 전문 영역이 아니어서 섣불리 안내하기도 어려운 상황이다. 하지만 상담자는 내담자가 시험불안에 대처하기 위해 고려하고 있는 다양한 방법에 대해 안내할 수 있어야 하고, 여기에는 약물치료도 포함된다. 뿐만 아니라 이미 복용하고 있는 약이 있다면 그 부분에 대해서도 알고 있어야 한다.

　먼저, 이미 약물치료를 받고 있다면, 약물치료와 상담과의 병행에 대한 계획 수립이 필요하다. 가능하다면 약물치료의 주치의와 상의하는 것이 좋은데, 내담자를 통해 주치의를 소개받고 서로 협력할 부분에 대해 합의하는 과정이 필요하다. 내담자의 시험불안에 대해 약물치료를 통해 돕고 있는 부분이 어떤 부분이고 상담을 통해 어떤 부분의 도움을 줄 수 있는지에 대한 합의가 되어야 내담자에게 가장 효과적인 개입을 할 수 있다. 일반적으로 시험불안으로 인한 신체적 반응(감정 요인)은 약물로, 인지적 측면(걱정 요인)은 상담으로 잘 다룰 수 있다고 알려져 있으나 전문가들 간의 논의가 이루어지는 것이 더 바람직하다. 약물치료에 대한 모니터링은 정신과에서 철저히 하겠지만 상담에서도 약의 복용을 꾸준히 하고 있는지, 효과는 어떤지, 어떤 부작용을 경험하는지 등을 매 회기 점검하는 것이 좋다.

상담자에게 더 어려운 경우는 약물치료 필요성 여부에 대해 질문할 때일 것이다. 처방 없이 구할 수 있는 다양한 불안을 낮추는 약이나 식품에 대한 문의도 마찬가지다. 상담자는 이런 질문에 대해 답을 줄 수 있는 전문가는 아니기 때문에 확답을 주는 것은 바람직하지 않다. 다만, 여러 정보를 활용해 합리적인 판단을 할 수 있도록 도울 수 있다. 그리고 이때 가장 유의할 점은 어떤 약이나 식품이든 시험을 보기 전에 반드시 미리 사용해 보고 몸이 어떤 반응을 보이는지 확인해야 한다는 것이다. 시험 날에 먹는 도시락도 반드시 시험 전에 미리 똑같은 밥과 반찬으로 먹어 보라고 조언하는데, 음식을 비롯한 우리가 먹는 모든 것은 몸의 입장에서 보면 이물질일 수 있어 어떤 반응을 보일지 정확하게 예측하기 어렵기 때문이다. 상담자는 내담자가 불안에 잘 대처할 수 있는 방안을 찾는 과정을 함께하는 조력자로서, 합리적이고 체계적인 선택을 할 수 있도록 도와야 한다.

참고문헌

고유림, 김창대(2015). 상담자의 타당화 개입이 자기수용, 관계맺음동기 및 부적정서에 미치는 영향: 모의상담영상 제시 실험. 한국심리학회지: 상담 및 심리치료, 27(1), 1-21.

고호경, 양길석, 이환철(2015). 수학학습 상담을 위한 진단 검사지 개발 연구. E-수학교육논문집, 29(4), 723-743.

고홍월(2017). 조기 진로 목표 결정 대학생의 진로 재탐색-재결정 과정 분석. 상담학연구, 18(1), 267-286.

공윤정(2014). 외적 동기로 전공을 선택한 대학생의 진로적응 관련요인. 진로교육연구, 27(1), 1-18.

김경숙, 김인희(2016). 중·고등학교의 학업중단 위기학생이 경험하는 소외에 관한 질적 사례연구. 교육행정학연구, 34, 253-285.

김만권(2004). 성격을 알면 성적 오른다. 서울: 이지북.

김만권, 한종철(2001). U&I 학습유형 검사의 실시 및 해석 요강. 서울: 연우심리연구소.

김명식(2009). PTSD의 인지행동치료. 한국심리치료학회지, 1, 45-61.

김미래, 양재원(2018). 자기 가치 확인이 특질불안과 사회적 수행 지각에 미치는 효과. 한국심리학회지: 건강, 23(4), 883-901.

김민성(2009). 학습상황에서 정서의 존재. 아시아교육연구, 10(1), 73-98.

김민영(2017). 취업준비행의 취업스터디를 통한 함께 배우기와 경력개발에 관한 연구. 연세대학교 대학원 박사학위논문.

김민영, 장원섭(2017). 4년제 일반대학 취업준비생의 취업스터디를 통한 경력개발에 대한 질적 연구. 진로교육연구, 30(2), 81-101.

김범구(2012). 청소년 학업중단에 대한 연구동향 분석. 청소년학연구, 19(4), 315-337.

김보미(2016). 마인드셋 변화 프로그램이 초등학생의 마인드셋, 학업적 자기효능감 및 목표지향성에 미치는 효과. 안동대학교 대학원 석사학위논문.

김상원, 김충육(2011). 아동 인지능력 평가의 최근 동향: CHC이론과 K-WISC-IV. 한국심리학회지: 학교, 8(3), 337-358.

김세경, 천성문(2015). 자기통제력과 관련된 변인에 대한 메타분석: 가정환경 변인군과 개인심리 변인군을 중심으로. 한국심리학회지: 상담 및 심리치료, 27(1), 85-107.

김순근, 한기순(2017). 과학영재, 나는 왜 의대에 진학하였나?. 영재와 영재교육, 16(2), 23-47.

김아영(1994). 한국형 학구적 실패에 대한 내성 척도 개발에 관한 연구. 교육학연구, 32(3), 59-75.

김아영(1997). 학구적 실패에 대한 내성의 관련변인 연구. 교육심리연구, 11(2), 1-19.

김영근(2014). 상담과정에서 정서의 활성화 및 반복적 수용의 역할. 서울대학교 대학원 박사학위논문.

김영빈(2010). 학업우수 고등학생의 학업서열 변화와 자아개념, 정서, 실패내성의 관계. 서울대학교 대학원 박사학위논문.

김영숙, 조한익(2015). 학교생활적응, 학업성취도 및 주관적 안녕감의 종단적 인과관계와 성별에 따른 차이 분석. 교육심리연구, 29(4), 845-871.

김은미, 김민(2017). 두 여자청소년의 학습된 무기력의 발생원인과 형성과정에 관한 연구: 가정과 학교의 규칙 체득경험에 대한 현상학적 관찰을 중심으로. 청소년학연구, 10, 139-172.

김은영(2015). 시간관리 훈련이 여대생의 시간관리 행동, 학업적 지연행동, 의지통제 및 학업성취에 미치는 영향. 학습자중심교과교육연구, 15(1), 351-371.

김은영, 강혜정, 임신일(2017). 대학생의 팀 학습 스트레스에 대한 인식연구. 교육종합연구, 15(2), 61-84.

김은준(2018). 타당화 개입의 수준차이가 자기수용, 부정적 정서 및 관계맺음동기에 미치는 효과-육군 장병을 중심으로-. 서울대학교 대학원 석사학위논문.

김은지, 김정섭(2015). 시간관리 프로그램이 중학생의 학업적 지연행동과 의지통제에 미치는 효과. 교사교육연구, 54(2), 301-314.

김은진(2013). 학업 상황의 정서조절이 학업성취도에 미치는 영향: 정서와 학습전략을 매개로. 경희대학교 대학원 박사학위논문.

김은진, 양명희(2011). 우리나라 학생들이 경험하는 학업 상황의 정서 연구. 교육심리연구, 25(3), 501-521.

김은진, 양명희(2012). 학업 상황의 정서조절 척도 개발 연구. 교육학연구, 50, 253-275.

김재환, 오상우, 홍창희, 김지혜, 황순택, 문혜신, 정승아, 이장한, 정은경(2014). 임상심리 검사의 이해(2판). 서울: 학지사.

김재희(2010). 낙관성 향상 프로그램이 저학년 아동의 낙관성과 교우관계에 미치는 효과. 전남대학교 대학원 석사학위논문.

김종렬, 이은주(2014). 한국판 성취정서-수학 척도(K-AEQ-M)의 타당화: 중학생을 대상으로. 인간발달연구, 21(1), 115-139.

김준(2014). 낙관성 향상 프로그램이 초등학교 고학년 아동의 학업소진 및 학업적 자기효능감에 미치는 영향. 한국교원대학교 대학원 석사학위논문.

김진숙, 박경희, 최은영, 이소래(1997). 청소년 시간·정신에너지관리 연구 Ⅳ: 프로그램(개정판) 종합보고서. 서울: 청소년대화의광장.

김태은, 노원경, 안태연, 고정화(2014). 초·중학교 교수학습 연계 지원 방안 탐색. 서울: 한국교육과정평가원.

김현숙(1998). 청소년의 건강행위와 비행의 영향 요인에 관한 모형 구축. 서울대학교 대학원 박사학위논문.

김형태, 오익수, 김원중, 김동일(1996). 청소년 학업상담. 서울: 청소년대화의광장.

김혜숙(1983). 중고생의 학습전략과 학업성취와의 관계. 서울대학교 대학원 석사학위논문.

김홍근(2001). Kims 전두엽-관리기능 신경심리검사: 해설서. 대구: 도서출판 신경심리.

김희삼(2018). 자녀교육과 부모교육. 나라경제, 333, 41-43.

대한불안학회, 대한정신약물학회(2008). 외상후 스트레스장애 근거중심의학 지침서. 서울: 중앙문화사.

도승이(2008). 정서와 교수-학습 연구의 쟁점과 전망. 교육심리연구, 22(4), 919-937.

도승이, 손수경, 변준희, 임지윤(2011). 한국어판 성취정서 질문지(K-AEQ) 개발 및 타당화. 교육심리연구, 25(4), 945-970.

류혜경(2019). 청소년 외상 후 성장 관련 변인 메타분석. 대구대학교 대학원 석사학위논문.

류황석(2016). 부모로서의 정체성과 한국사회의 교육열. 교육사회학연구, 26, 1-24.

박경희(2010). 실패공포와 학업적 자기효능감이 고등학생의 학업지연행동에 미치는 영향. 서강대학교 대학원 석사학위 청구논문.

박병기, 노시언, 김진아, 황진숙(2015). 학업무기력 척도의 개발 및 타당화. 아동교육, 24(4), 5-29.

박병기, 임신일(2010). 시험불안 관련 변인의 메타분석. 교육심리연구, 24(4), 875-894.

박서연, 윤미선(2017). 성취정서의 국내외 연구동향. 교육심리연구, 31(1), 35-58.

박영신, 김의철(2003). 한국 청소년의 성취동기와 학업성취에 대한 부모-자녀관계의 영향: 토착심리학적 접근. 청소년학연구, 19(1), 139-165.

박영신, 김의철, 정갑순(2004). 한국 청소년의 부모-자녀 관계와 성취에 대한 종단연구: 자기효능감과 성취동기를 중심으로. 한국심리학회지: 문화와 사회문제, 19(3), 37-59.

박영신, 김의철, 탁수연(2002). IMF시대 이후 한국 학생과 성인의 성공에 대한 의식: 토착심리학적 분석. 한국심리학회지: 사회문제, 8(1), 103-139.

박종향, 이효정, 이선영(2017). 대학에서의 학업실패 예방과 지원방안 마련을 위한 학사경고자의 경험과 어려움 탐색. 열린교육연구, 25(1), 191-211.

박주언, 안현의, 정영은(2016). 외상 및 스트레스 관련 장애의 예방과 치료: 성인 환자를 대상으로 한 심리사회적 개입을 중심으로. 신경정신의학, 55(2), 89-96.

박중길(2012). 교사-학생의 상호작용, 노력/지속성 및 유능감 지각과의 인과적 관계에서 체육태도와 성취정서의 매개역할. 한국스포츠심리학회지, 23(2), 25-39.

박진영(2012). 임용고시를 준비하는 예비 미술교사들의 삶에 관한 연구. 홍익대학교 대학원 석사학위논문.

박해준, 안도희(2018). 대학생의 자기조절, 시간관리, 학업 스트레스 및 학업 지연행동 간의 관계. 학습자중심연구, 18(22), 867-891.

박현수, 정혜원(2013). 자기통제력의 안정성과 변화. 소년보호연구, 22, 223-258.

박혜원, 이임주(2013). 유아의 실행 기능 발달. 한국심리학회지: 발달, 26(1), 137-155.

배인주(2014). 아동이 지각한 어머니의 심리적 통제와 자기통제력이 공격성에 미치는 영향. 한국외국어대학교 대학원 석사학위논문.

백승호(2017). 학교밖청소년지원센터로부터 통합적 지원을 받은 학업중단청소년의 경험에 대한 현상학적 연구. 강남대학교 대학원 석사학위논문.

백원영(2018). 4년제 대졸자의 취업사교육 현황 및 첫 일자리 성과. KRIVET Issue Brief, 154, 1-4.

보건복지부(2017). 2016년 12월말 기준 전국 지역아동센터 통계조사 보고서. 세종: 보건복지부.

봉미미, 김혜연, 신지연, 이수현, 이화숙(2008). 한국 청소년의 학습동기에 영향을 미치는 사회문화적 요인 탐색. 한국심리학회지: 사회문제, 14(1), 319-348.

서미옥(2018). 중·고등학생의 학업소진과 관련변인들 간의 관계에 대한 메타분석. 교육심리연구, 32(1), 53-78.

서영석, 조화진, 안하얀, 이정선(2012a). 한국인이 경험한 외상 사건: 종류 및 발생률. 한국심리학회지: 상담 및 심리치료, 24(3), 671-701.

서영석, 조화진, 안하얀, 이정선(2012b). 청소년들의 외상 사건 경험. 교육심리연구, 26(3), 787-816.

서은희(2006). 학업적 지연행동 극복 프로그램 개발 및 효과 연구. 연세대학교 대학원 박사학위논문.

서은희, 박승호(2007). 지연행동 유형에 따른 학업성취도. 교육학연구, 45(2), 105-119.

손희정, 신희천(2013). 주관적 외상 사건에 대한 구조화된 글쓰기의 효과. 상담학연구, 14(6), 3237-3259.

송민선(2019). 그릿 증진 프로그램을 통한 초등학생의 그릿, 마인드셋, 자기통제 증진 효과. 경인교육대학교 대학원 석사학위논문.

송수민(2007). 수치심 경향성과 죄책감 경향성의 비교: 심리적 특성과 상황적 변인에 따른 차이. 한양대학교 대학원 박사학위논문.

송수진(2016). 대학생의 학사경고 극복경험에 대한 개념도 연구: 성별에 따른 차이. 조선대학교 대학원 석사학위논문.

송정은, 김희진(2020). 지연행동 관련 변인의 효과에 관한 메타분석. 한국산학기술학회논문지, 21(4), 479-489.

신명희, 박승호, 서은희(2005). 여자 대학생의 학업성취도에 따른 시간관리 및 지연행동 연구. 교육학연구, 43(3), 211-230.

신은혜(2015). 자기가치 확인(self-affirmation) 유형이 심리적 고통을 호소하는 대학생의 상담에 대한 자기 낙인에 미치는 영향: 내재적·외재적 자기가치 확인의 효과 비교. 서울대학교 대학원 석사학위논문.

신을진, 고진경(2011). 능동-수동지연행동과 자기조절학습전략과의 관계. 교육과학연구, 42(2), 25-47.

신지은(2011). 고등학생의 수치심 및 죄책감 경향성 비교 연구: 대인관계와 학업에서의 동기, 성공 경험 후 반응을 중심으로. 연세대학교 대학원 석사학위논문.

안현의(2007). 복합외상의 개념과 경험적 근거. 한국심리학회지: 일반, 26(1), 105-119.

양명희, 정윤선(2013). 자기조절학습 척도 개발 및 구조 검증. 청소년학연구, 20(12), 239-266.

여태철, 임효진, 황매향(2017). 중학생의 자기통제와 학업성취도의 관계: 학습된 무기력과 학습전략의 매개효과. 교육문화연구, 23(1), 315-341.

연은경(2013). 낙관성 훈련 집단상담 프로그램이 중학생의 자기표현 능력, 대인관계 능력 및 스트레스 수준에 미치는 효과. 호서대학교 대학원 석사학위논문.

오선화, 하은혜(2014). 아동의 실행기능 및 ADHD 증상이 스마트폰 중독에 미치는 영향. 놀이치료연구, 17(1), 17-35.

오성삼, 구병두(1999). 메타분석을 통한 한국형 학업성취 관련변인의 탐색. 교육학연구, 37, 99-122.

오성재, 주병기(2017). 한국의 소득기회불평등에 대한 연구. 재정학연구, 10(3), 1-30.

오진미(1995). 상담사례연구. 학생생활연구, 11, 79-120. 서울: 덕성여자대학교 학생생활연구소.

유성경(2000). 청소년 탈비행과 위험요소 및 보호요소에 관한 탐색적 연구. 교육학연구,

38(3), 81-106.

유성경, 손난희, 김창대, 홍세희, 권경인, 한영주, 윤정숙, 윤정순(2009). 상담자의 타당화 수준 평가 척도 개발 및 타당화. 상담학연구, 10(4), 1873-1889.

유성경, 심혜원(2002). 적응 유연한 청소년들의 심리적 보호요소 탐색. 교육심리연구, 16(4), 189-206.

유지원, 김혜정, 박성희(2012). 한국 대학생의 이러닝 수업에서 학업정서 척도(e-AES) 개발 및 타당화. 열린교육연구, 20(3), 19-44.

유지현, 이숙정(2012). 학업적 정서조절 척도 개발 및 타당화 연구. 교육심리연구, 26(4), 1137-1159.

이경님(1995). 아동의 자기통제력에 관한 고찰. 동아교육논총, 21, 103-124.

이동혁, 황매향(2015). MCI 다면적진로탐색검사 매뉴얼. 경기: 한국가이던스.

이동훈, 김지윤, 이덕희, 강민수(2018). DSM 진단기준과 대인 및 비대인 외상 사건에 따른 성인의 PTSD 증상, 심리적 디스트레스, 정서조절곤란의 차이. 한국심리학회지: 상담 및 심리치료, 30(3), 741-773.

이명주, 홍창희(2006). 실행기능의 차원과 영역별 발달. Korean Journal of Clinical Psychology, 25(2), 587-602.

이복녀(2017). 취업좌절 청년구직자의 심리안정지원 스트레스 상담 경험. 백석대학교 대학원 박사학위논문.

이상민(2012). 초·중·고등학생의 학업소진 진행과정 및 경로분석(아산재단 연구총서 제331집). 서울: 집문당.

이상민, 안성희(2014). 교육에서의 소진에 관한 이론적 고찰. 의학교육논단, 16(2), 57-66.

이선영(2015). 청소년기 학습자의 학업 지연 연구를 위한 제언: 학업 지연 연구의 이론적 수렴을 바탕으로. 교육문제연구, 57, 109-140.

이성진(1996). 교육심리학 서설. 서울: 교육과학사.

이성진(2005). 한국인의 성장·발달: 30년 종단연구. 서울: 교육과학사.

이수란(2015). 투지와 신중하게 계획된 연습, 자존감의 수반성이 학업성취에 미치는 영향. 연세대학교 대학원 박사학위논문.

이수란, 손영우(2013). 무엇이 뛰어난 학업성취를 예측하는가?: 신중하게 계획된 연습과 끈기(Grit). 한국심리학회지: 학교, 10(3), 349-366.

이슬아, 권석만(2017). 자기조절의 이론적 접근과 심리장애와의 관계. 한국심리학회지: 일반, 36(1), 1-37.

이아라(2013). 진로 불확실성에 내포된 부정적 결과에 대한 수용-회피 기반 처치가 한국 대학생의 진로탐색과정에 미치는 영향. 서울대학교 대학원 박사학위논문.

이영복(2009). 청소년의 학업소진 척도 개발 및 타당화. 고려대학교 대학원 석사학위논문.

이은아(2015). 트라우마상담 모형: 단계별 치유 기제 및 기법에 대한 이해를 중심으로. 상담학연구, 16(3), 581−602.

이은정, 유금란(2019). 한국 성인의 학업 외상: 학업 정서 및 외상후 스트레스 증상과의 관계. 재활심리연구, 26(4), 1−22.

이은주(2011). 자기가치 확인이 신체 단어 회상 및 자기대상화의 변화에 미치는 영향. 가톨릭대학교 대학원 석사학위논문.

이정례, 조민경(2016). 학사경고 반복 대학생의 학업 경험에 대한 질적연구. 대학생활연구, 22(1), 25−45.

이정민, 고은지(2017). 학업정서, 성취목표지향성, 자기조절학습, 학업성취 관계에 대한 메타분석. 학습자중심교과교육연구, 17(11), 111−128.

이주미(2017). 국내 아동 실행기능 연구의 최근 동향. 아동학회지, 38(2), 17−35.

이주연, 정제영(2015). 학업중단에 영향을 미치는 보호 요인과 위험 요인 간의 '힘겨루기'에 대한 질적 연구. 교육학연구, 53, 89−118.

이지성(2007). 여자라면 힐러리처럼. 경기: 다산북스.

이지희, 신효정(2017). 대학 입학 성적우수 학생들의 학사경고 경험에 대한 연구. 한국웰니스학회지, 12(1), 183−201.

임신일, 박병기(2013). 국내ㆍ외 시험불안 연구의 메타분석. 교육심리연구, 27(3), 529−553.

임효진(2017). 학업 상황에서의 자기통제와 학습전략의 관계: 성별의 차이를 중심으로. 아동교육, 26(2), 67−85.

임효진, 선혜연, 황매향(2016). 교육심리학. 서울: 학이시습.

임효진, 이지은(2016). 중학생의 자존감, 자기통제 및 학업성취도의 종단적 변화. 학습자중심교육, 16(12), 315−335.

임효진, 황매향 (2014). 청소년의 학교 밖 활동과 자기관련 신념 및 학교만족도의 구조적 관계. 교육과학연구, 45(4), 111−132.

장미경, 임은미, 황매향, 김동일(2010). 청소년상담사 국가자격연수 교재: 2급 청소년 학업상담. 서울: 한국청소년상담원.

장영아, 김정문(2014). 학업지연행동에 대한 내면화된 수치심의 영향에서 사회부과적 완벽주의의 조절된 매개효과. 청소년학연구, 21(8), 131−156.

장한, 김진숙(2017). 외상후성장과 관련 변인들 간의 관계에 대한 메타분석. 상담학연구, 18(5), 85−105.

전경남, 이정민(2018). 완벽주의와 학업지연의 관계에 대한 메타분석. 학습자중심교과교육연구, 18(4), 523-552.

전지영(2014). 한국 중학생의 과학영역 성취정서 질문지(AEQ-KMS) 개발과 타당화. 한국과학교육학회지, 34(8), 745-754.

전혜연, 현명호, 전영민(2011). 인터넷 중독 성향자의 전두엽 실행기능의 특징. 한국심리학회지: 건강, 16(1), 215-229.

전호정(2017). 상위권 대학 학생들의 반복적 학사경고 경험에 관한 연구. 서울대학교 대학원 박사학위논문.

정선영(2018). 델파이 조사를 활용한 학업중단숙려 상담 모델 개발. 청소년복지연구, 20(1), 1-33.

정종진(1996). 동기연구의 인지적 경향과 그 교육적 시사-귀인이론을 중심으로-. 교육심리연구, 10(1), 93-121.

조보람(2020). 교원임용시험을 준비하는 사범계 대학생의 학업지연 유형에 대한 Q방법론적 접근. 한국교원대학교 대학원 석사학위논문.

조수현, 정지현, 신효정(2017). 다차원적 완벽주의와 학업소진 관계에 관한 메타연구. 한국심리학회지: 학교, 14(3), 349-379.

조아라, 김계현, 황매향(2019). 대학생들이 학습 중 겪는 딴생각에 대한 수용 전략 대 사고억제 전략의 효과 차이. 아시아교육연구, 20(1), 219-250.

조용래(2010). 상위인지와 수용처치가 수행불안에 미치는 효과. 한국심리학회지: 임상, 29(4), 1087-1116.

조주연, 김명소(2014). 한국형 초등학생용 학업소진척도(KABS-ESS) 개발 및 타당화 연구. 대한가정학회지, 52(1), 43-53.

조한익, 김수연(2008). 초등학생의 성취목표지향성, 정서 및 정서지능의 관계 연구. 교육심리연구, 22(2), 443-460.

조화진, 최바올, 서영석(2010). 초기 청소년기 자기통제 변화에 관한 종단연구. 한국심리학회지: 발달, 23(4), 33-53.

주인석, 김명찬, 이현진(2020). 외상 후 성장 경험에 대한 질적 메타분석. 질적탐구, 6, 523-555.

주지은(1999). 학습자의 동기적 특성과 학업성취 간의 관계: 학습된 무기력과 실패내성을 중심으로. 이화여자대학교 대학원 석사학위논문.

주혜선(2016). 트라우마 사례개념화 양식(TCFF) 의 개발. 한국심리학회지: 상담 및 심리치료, 28(1), 89-125.

최수미(2015). 외상 사건 후 PTSD 예방을 위한 치료적 개입 및 모델의 동향분석. 상담학연구, 16(3), 537-556.

최옥(2015). 가족기능과 학교적응의 관계: 자기효능감과 학업소진의 중다매개효과. 전남대학교 대학원 박사학위논문.

최윤경(2017). 외상 후 스트레스 장애의 근거기반치료. Korean Journal of Clinical Psychology, 36(4), 526-549.

최은아(2012). 합격은 열심히 노력하며 기다리는 자에게 찾아온다. 월간회계, 20(11), 228-234.

최정아(2017a). 정서수용기반 개입이 학업지연과정에 미치는 영향. 서울대학교 대학원 박사학위논문.

최정아(2017b). 학업지연자 특성 분류: 공무원 시험을 준비하는 수험생의 인식을 중심으로. 상담학연구, 18(6), 115-132.

최정아(2017c). 고차원해석개입 목표자기일치감 및 학업지연행동에 미치는 영향: 예비연구. 아시아교육연구, 18(4), 589-606.

최지영(2018). 외상 경험 아동에 대한 근거기반치료. Korean Journal of Clinical Psychology, 37(4), 605-620.

최지혜(2014). 성취정서 척도의 내적 요인구조 확인. 한국교육학연구(구 안암교육학연구), 20(1), 123-139.

최창석(2009). 수치심, 죄책감의 이질성: 부모양육태도, 자기결정동기, 학교생활적응과 관련하여. 한양대학교 대학원 석사학위논문.

최현정(2009). 여성 국가고시 준비생의 시험 스트레스에 대한 음악심리치료 사례연구. 이화여자대학교 대학원 석사학위논문.

추미례, 이영순(2014). 무조건적 자기수용척도 타당화. 한국심리학회지: 상담 및 심리치료, 26(1), 27-43.

통계청(2019). 2018년 초중고 사교육비조사 결과. 보도자료 2019. 3. 12.

하혜숙, 임효진, 황매향(2015). 끈기와 자기통제 집단수준에 따른 성격요인의 예측력 및 학교 부적응과 학업성취의 관계. 평생학습사회, 11(3), 145-166.

한국고용정보원(2012). KEIS 대학생 직업심리검사 전문과정 교재. 서울: 저자.

한국과학창의재단(2015). 수학학습 실태 조사 및 개선 방안 연구. 서울: 저자.

한국교육심리학회(2000). 교육심리학용어사전. 서울: 학지사.

한국청소년상담복지개발원(2013). 학업중단 숙려제 상담 안내서. 서울: 저자.

한덕웅, 이경성(2000). 대학에서 성적우수 학생과 학사경고 학생의 특성. 학생생활지도,

12(1), 33-51.

한은숙, 김성일(2004). 부모의 양육태도와 아동의 학구적 실패내성의 관계. 한국교육학연구, 10(2), 177-202.

허소연(2017). 학업정서조절 프로그램의 개발: 중학생을 대상으로. 안동대학교 대학원 박사학위논문.

현채승(2015). 대학생의 학사경고 반복 경험에 관한 연구. 연세대학교 대학원 박사학위논문.

홍지선, 김수임(2017). 국내 수치심 연구 동향: 주요 상담학술지를 중심으로. 상담학연구, 18(6), 133-158.

황매향(2002). 진로의사결정에서 나타나는 타협과정. 서울대학교 대학원 박사학위논문.

황매향(2009). Gottfredson 제한-타협이론의 한국 내담자에 대한 적용가능성 탐색. 진로교육연구, 22(2), 1-17.

황매향(2016). 사례에서 배우는 학업상담의 실제. 서울: 사회평론.

황매향(2017a). 학업정서 연구가 학업상담 실제에 주는 함의 탐색. 초등상담연구, 16(4), 357-384.

황매향(2017b). 그릿 개념에 대한 고찰. 학교교육연구, 2(2), 1-13.

황매향(2018). 학업 상황에서의 자기통제 역할과 증진 가능성에 대한 탐색: 신경과학적 근거를 중심으로. 초등상담연구, 17(1), 1-27.

황매향(2019). 학업상담에서의 그릿의 의미와 증진 방안 탐색. 초등상담연구, 18(1), 1-21.

황매향, 김영빈, 함은혜, 오상철(2012). 학습부진학생 유형화 탐색: 학습동기와 자기통제성을 중심으로. 중등교육연구, 60(1), 191-217.

황매향, 선혜연, 정애경(2012). 자기조절학습능력의 발달 추이. 교육과정평가연구, 15(1), 51-80.

황매향, 선혜연, 정애경, 김동진, 김영빈(2010). 학업우수 학생들의 잠재수월성 회복 경험. 교육문제연구, 38, 83-111.

황매향, 임효진, 최희철(2018). 청소년의 자기통제와 학습시간의 교호적 관계. 학습자중심교과교육연구, 18, 265-284.

황매향, 장수영, 유성경(2007). 학업우수 청소년의 자아존중감 및 애착과 학업적 실패내성과의 관계. 교육심리연구, 21(4), 1029-1046.

황매향, 조아라, 선혜연, 김영빈(2019). 주관적 트라우마 경험으로서의 학업실패 경험. 교육논총, 39(3), 145-174.

황매향, 하혜숙, 김명섭 (2017). 초등학생의 그릿(Grit)과 학업성취도의 관계에서 자기조절학습의 매개효과. 초등상담연구, 16(3), 301−319.

Abramson, L. Y., Seligman, M. E., & Teasdale, J. D. (1978). Learned helplessness in humans: critique and reformulation. *Journal of Abnormal Psychology, 87*(1), 49−74.

Achterberg, M., Peper, J. S., van Duijvenvoorde, A. C., Mandl, R. C., & Crone, E. A. (2016). Frontostriatal white matter integrity predicts development of delay of gratification: a longitudinal study. *Journal of Neuroscience, 36*(6), 1954−1961.

Adam, K. S., Keller, A. E. S., & West, M. (1995). Attachment organization and vulnerability to loss, separation, and abuse in disturbed adolescents. In S. Goldberg, R. Muir, & J. Kerr (Eds.), *Attachment theory: Social, developmental, and clinical perspectives* (pp. 309−341). Hillsdale, NJ: Analytic Press.

Ahadi, S. A., & Rothbart, M. K. (1994). Temperament, development, and the big five. In C. F. Halverson, Jr., G. A. Kohnstamm, & R. P. Martin (Eds.), *The developing structure of temperament and personality from infancy to adulthood* (pp. 189−207). Hillsdale, NJ: Erlbaum.

Alan, S., Boneva, T., & Ertac, S. (2019). Ever failed, try again, succeed better: Results from a randomized educational intervention on grit. *The Quarterly Journal of Economics, 134*(3), 1121−1162.

Aldao, A., Nolen-Hoeksema, S., & Schweizer, S. (2010). Emotion-regulation strategies across psychopathology: A meta-analytic review. *Clinical Psychology Review, 30*(2), 217−237.

Allen, J. G. (2005). *Coping with trauma: A guide to self-understanding.* Washington, DC: American Psychiatric Association. 트라우마의 치유(권정혜, 김정범, 조용래, 최혜경, 최윤경, 권호인 역, 2010, 서울: 학지사).

American Psychological Association. (2017). *Clinical practice guideline for the treatment of posttraumatic stress disorder (PTSD) in adults.* American Psychological Association Guideline Development Panel for the Treatment of PTSD in Adults. Recuperado de: https://www. apa. org/about/offices/direct orates/guidelines/ptsd. pdf.

Ames, C. (1992). Classrooms: Goals, structures, and student motivation. *Journal of Educational Psychology, 84*(3), 261−271.

Anderson, V., Anderson, P., Northam, E., Jacobs, R., & Catroppa, C. (2001a). Development of executive functions through late childhood and adolescence in an Australian sample. *Developmental Neuropsychology, 20*(1), 385–406.

Anderson, V., Northam, E., Hendy, J., & Wrenall, J. (2001b). *Developmental neuropsychology: A clinical approach.* New York, NY: Psychology Press.

Atkinson, J. W. (1964). *An introduction to motivation.* Oxford, England: Van Nostrand.

Azevedo, R., Behnagh, R., Duffy, M., Harley, J., & Trevors, G. (2012). Metacognition and self-regulated learning in student-centered leaning environments. In D. Jonassen & S. Land (Eds.), *Theoretical foundations of learning environments* (2nd ed., pp. 171–197). New York: Routledge.

Baddeley, A., & Hitch, G. (1974). Working memory. In G. H. Bower (Ed.), *Recent advances in learning and motivation* (vol. 8). New York, NY: Academic Press.

Baggetta, P., & Alexander, P. A. (2016). Conceptualization and operationalization of executive function. *Mind, Brain, and Education, 10*(1), 10–33.

Bailey, K., West, R., & Anderson, C. A. (2010). A negative association between video game experience and proactive cognitive control. *Psychophysiology, 47*(1), 34–42.

Balkis, M., & Duru, E. (2016). Procrastination, self-regulation failure, academic life satisfaction, and affective well-being: underregulation or misregulation form. *European Journal of Psychology of Education, 31*(3), 439–459.

Bandura, A., & Schunk, D. H. (1981). Cultivating competence, self-efficacy, and intrinsic interest through proximal self-motivation. *Journal of Personality and Social Psychology, 41*(3), 586–598.

Barkley, R. A. (1997). *ADHD and the nature of self-control.* New York, NY: Guilford.

Barkley, R. A. (2005). *Attention-deficit hyperactivity disorder: A handbook for diagnosis and treatment* (3rd ed.). New York: Guilford.

Barnes, J. C., El Sayed, S. A., TenEyck, M., Nedelec, J. L., Connolly, E. J., Schwartz, J. A., ... & Anderson, N. E. (2017). Estimating relative stability in developmental research: A critique of modern approaches and a novel method. *Journal of Quantitative Criminology, 33*(2), 319–346.

Baruch-Feldman, C. (2017). *The grit guide for teens: A workbook to help you build perseverance, self-control, and a growth mindset.* Oakland, CA: New Harbinger Publications.

Baum, G. L., Ciric, R., Roalf, D. R., Betzel, R. F., Moore, T. M., Shinohara, R. T., ... & Cook, P. A. (2017). Modular segregation of structural brain networks supports the development of executive function in youth. *Current Biology, 27*, 1561–1572.

Baumann, N., Kaschel, R., & Kuhl, J. (2005). Striving for unwanted goals: Stress-dependent discrepancies between explicit and implicit achievement motives reduce subjective well-being and increase psychosomatic symptoms. *Journal of Personality and Social Psychology, 89*, 781–799.

Baumeister, R. F., Bratslavsky, E., Muraven, M., & Tice, D. M. (1998). Ego depletion: Is the active self a limited resource?. *Journal of Personality and Social Psychology, 74*(5), 1252–1265.

Baumeister, R. F., Heatherton, T. F., & Tice, D. M. (1994). *Losing control: How and why people fail at self-regulation*. San Diego, CA: Academic Press.

Baumeister, R. F., & Vohs, K. D. (2007). Self-regulation, ego depletion, and motivation. *Social and Personality Psychology Compass, 1*(1), 115–128.

Baumeister, R. F., Vohs, K. D., & Tice, D. M. (2007). The strength model of self-control. *Current Directions in Psychological Science, 16*(6), 351–355.

Beaver, K. M., Ferguson, C. J., & Lynn-Whaley, J. (2010). The association between parenting and levels of self-control: A genetically informative analysis. *Criminal Justice and Behavior, 37*(10), 1045–1065.

Bembenutty, H. (2011). Academic delay of gratification and academic achievement. *New Directions for Teaching and Learning, 2011*(126), 55–65.

Bembenutty, H., & Karabenick, S. (1996). Academic delay of gratification: A new measurement for delay of gratification. Paper presented at the annual meeting of Eastern Psychological Association, Philadelphia, PA. https://files.eric.ed.gov/fulltext/ED412266.pdf.

Bernier, A., Carlson, S. M., & Whipple, N. (2010). From external regulation to self-regulation: Early parenting precursors of young children's executive functioning. *Child Development, 81*(1), 326–339.

Bloom, B. S. (1976). *Human characteristics and school learning*. New York: McGraw-Hill.

Boström, L. (2011). Effects of learning-style responsive versus traditional approaches on grammar achievement. *Institute for Learning Styles Journal, 1*, 1–28.

Brocki, K. C., & Bohlin, G. (2004). Executive functions in children aged 6 to 13: A dimensional and developmental study. *Developmental Neuropsychology, 26*(2), 571-593.

Brougham, L., & Kashubeck-West, S. (2018). Impact of a growth mindset intervention on academic performance of students at two urban high schools. *Professional School Counseling, 21*(1), 1-19.

Brown, J. D., & Dutton, K. A. (1995). The thrill of victory, the complexity of defeat: Self-esteem and people's emotional reactions to success and failure. *Journal of Personality and Social Psychology, 68*, 712-722.

Brown, K. W., & Ryan, R. M. (2003). The benefits of being present: Mindfulness and its role in psychological well-being. *Journal of Personality and Social Psychology, 84*, 822-848.

Brown, S. D., & Krane, N. E. R. (2000). Four (or five) sessions and a cloud of dust: Old assumptions and new observations about career counseling. *Handbook of counseling psychology* (3rd ed., pp. 740-766). Hillsdale, NJ: Erlbaum.

Burt, C. H., Simons, R. L., & Simons, L. G. (2006). A longitudinal test of the effects of parenting and the stability of self-control: Negative evidence for the general theory of crime. *Criminology, 44*(2), 353-396.

Buss, A. H., & Plomin, R. (1984). *Temperament: Early developing personality traits*. Hillsdale, NJ: Erlbaum.

Byrd, P. G. (1982). *A descriptive study of mathematics anxiety: It's nature and antecedents*, doctoral dissertation, Indiana University.

Calhoun, L. G., & Tedeschi, R. G. (1998). Posttraumatic growth: Future directions. In R. G. Tedischi, C. L. Park, & L. G. Calhoun (Eds.), *Posttraumatic growth: Positive change in the aftermath of crisis* (pp. 209-232). Mahwah, NJ: Lawrence Erlbaum.

Calhoun, L. G., & Tedeschi, R. G. (1999). *Facilitating posttraumatic growth: A clinician's guide*. London, UK: Routledge.

Calhoun, L. G., & Tedeschi, R. G. (2004). The foundations of posttaumatic growth: New considerations. *Psychological Inquiry, 15*(1), 93-102.

Calhoun, L. G., & Tedeschi, R. G. (2012). *Posttraumatic growth in clinical practice*. New York: Routledge. 외상 후 성장: 상담 및 심리치료에의 적용(강영신, 임정란, 장안나, 노안영 역, 2015, 서울: 학지사).

Calhoun, L. G., Cann, A., & Tedeschi, R. G. (2010). The posttraumatic growth model: Sociocultural considerations. In T. Weiss & R. Berger (Eds.), *Posttraumatic growth and culturally competent practice: Lessons learned from around the globe* (pp. 1–14). Hoboken, Nj: Wiley.

Cannon, W. B. (1927). The James-Lange theory of emotions: A critical examination and an alternative theory. *The American Journal of Psychology, 39*, 106–124.

Carlson, S. M., Zelazo, P. D., & Faja, S. (2013). Executive function. In P. D. Zelazo (Ed.), *Oxford handbook of developmental psychology* (pp. 706–743). New York, NY: Oxford University Press.

Carroll, J. B. (1989). The Carroll model: A 25–year retrospective and prospective view. *Educational Researcher, 18*(1), 26–31.

Carter, E. C., Kofler, L. M., Forster, D. E., & McCullough, M. E. (2015). A series of meta-analytic tests of the depletion effect: Self-control does not seem to rely on a limited resource. *Journal of Experimental Psychology: General, 144*, 796–815.

Casey, B. J., Jones, R. M., & Hare, T. A. (2008). The adolescent brain. *Annals of the New York Academy of Sciences, 1124*(1), 111–126.

Casey, B. J., Somerville, L. H., Gotlib, I. H., Ayduk, O., Franklin, N. T., Askren, M. K., ... & Shoda, Y. (2011). Behavioral and neural correlates of delay of gratification 40 years later. *Proceedings of the National Academy of Sciences, 108*(36), 14998–15003.

Casey, B. J., Tottenham, N., Liston, C., & Durston, S. (2005). Imaging the developing brain: What have we learned about cognitive development?. *Trends in Cognitive Science, 9*, 104–110.

Caspi, A., & Silva, P. A. (1995). Temperamental qualities at age three predict personality traits in young adulthood: Longitudinal evidence from a birth cohort. *Child Development, 66*, 486–498.

Caspi, A., Moffitt, T. E., Newman, D. L., & Silva, P. A. (1996). Behavioral observations at age 3 years predict adult psychiatric disorders: Longitudinal evidence from a birth cohort. *Archives of General Psychiatry, 53*(11), 1033–1039.

Chen, C., & Stevenson, H. W. (1989). Homework: A cross-cultural examination. *Child Development, 60*, 551–561.

Chess, S., Thomas A., Birch, H. G., & Hertzig, M. (1960). Implications of a longitudinal study of child development for child psychiatry. *American Journal of Psychiatry,* *117,* 434−441.

Chiesa, A., & Serretti, A. (2009). Mindfulness-based stress reduction for stress management in healthy people: a review and meta-analysis. *The Journal of Alternative and Complementary Medicine, 15*(5), 593−600.

Claessens, B. J., van Eerde, W., Rutte, C. G., & Roe, R. A. (2007). A review of the time management literature. *Personnel Review, 36*(2), 255−276.

Clifford, M. M. (1984). Thoughts on a theory of constructive failure. *Educational Psychologist, 19*(2), 108−120.

Clifford, M. M., Fick, M., & Bennett, J. (1991). Motivational Predictors of College Achievement. Paper Presented at the AERA annual meeting, Chicago, IL.

Clifford, M. M., Kim, A., & MacDonald, B. A. (1988). Responses to failure as influenced by task attribution, outcome attribution, and failure tolerance. *Journal of Experimental Education, 57,* 19−37.

Cloninger, C. R. (1987). A systematic method of clinical description and classification of personality variants. *Archives of General Psychiatry, 44,* 573−588.

Coffield, F., Moseley, D., Hall, E., & Ecclestone, K. (2004). *Learning styles and pedagogy in post−16 learning: A systematic and critical review.* London, England: Learning & Skills Research Centre.

Cohen, G. L., Aronson, J., & Steele, C. M. (2000). When beliefs yield to evidence: Reducing biased evaluation by affirming the self. *Personality and Social Psychology Bulletin, 26,* 1151−1164.

Cohen, R. M. (2015). Teaching character: Grit, privilege, and American education's obsession with novelty. The American Prospect. http://prospect.org/article/can-grit-save-american-education.

Costa, P. T., McCrae, R. R., & Dye, D. A. (1991). Facet scales for agreeableness and conscientiousness: A revision of the NEO Personality Inventory. *Personality and individual Differences, 12*(9), 887−898.

Covington, M. V. (1984). The motive for self-worth. In R. Ames & C. Ames (Eds.), *Research on motivation in education* (Vol. 1): *Student motivation* (pp. 77−113). New York: Academic Press.

Covington, M. V. (1985). Test anxiety: Causes and effects over time. *Advances in Test*

Anxiety Research, 4, 55–68.

Covington, M. V. (1992). *Making the grade: A self-worth perspective on motivation and school reform.* New York: Cambridge University Press.

Covington, M. V., & Beery, R. G. (1976). *Self-worth and school learning.* New York: Holt, Rinehart, & Winston.

Cozolino, L. J. (2015). *Why therapy works: Using our minds to change our brains.* New York: W. W. Norton & Company. 심리치료의 비밀(하혜숙, 황매향, 강지현 역, 2018, 서울: 지식의 날개).

Cozolino, L. J., & Santos, E. N. (2014). Why we need therapy-and why it works: a neuroscientific perspective. *Smith College Studies in Social Work, 84*(2–3), 157–177.

Credé, M., Tynan, M. C., & Harms, P. D. (2017). Much ado about grit: A meta-analytic synthesis of the grit literature. *Journal of Personality and Social Psychology, 113*(3), 492–511.

Cullen, F. T., Unnever, J. D., Wright, J. P., & Beaver, K. M. (2008). Parenting and self-control. In E. Goode (Ed.), *Out of control: Assessing the general theory of crime* (pp. 61–74). Stanford, CA: Stanford University Press.

Cutuli, J. J., Gillham, J. E., Chaplin, T. M., Reivich, K. J., Seligman, M. E., Gallop, R. J., … & Freres, D. R. (2013). Preventing adolescents' externalizing and internalizing symptoms: Effects of the Penn Resiliency Program. *The International Journal of Emotional Education, 5*(2), 67–79.

Damasio, A. R. (1979). The frontal lobes. In K. M. Heilman & E. Valenstein (Eds.), *Clinical neuropsychology* (pp. 360–412). New York: Oxford University Press.

Damasio, A. R. (1994). *Descartes' error: Emotion, reason, and the human brain.* New York: Putnam.

Davis, W., Kelley, E., Kim, N., Tang, J., & Hicks, J. (2016). Motivating the academic mind: High-level construal of academic goals enhances goal meaningfulness, motivation, and self-concordance. *Motivation and Emotion, 40*(2), 193–202.

de Ridder, D. T., Lensvelt-Mulders, G., Finkenauer, C., Stok, F. M., & Baumeister, R. F. (2012). Taking stock of self-control: A meta-analysis of how trait self-control relates to a wide range of behaviors. *Personality and Social Psychology Review, 16*(1), 76–99.

Diamond, A. (2013). Executive functions. *Annual Review of Psychology, 64*, 135−168.

Diamond, A., & Lee, K. (2011). Interventions shown to aid executive function development in children 4−12 years old. *Science, 333*(6045), 959−964.

DiMenichi, B. C., & Richmond, L. L. (2015). Reflecting on past failures leads to increased perseverance and sustained attention. *Journal of Cognitive Psychology, 27*(2), 180−193.

Dodgson, P. G., & Wood, J. V. (1998). Self-esteem and the cognitive accessibility of strengths and weaknesses after failure. *Journal of Personality and Social Psychology, 75*, 178−197.

Donohoe, C., Topping, K., & Hannah, E. (2012). The impact of an online intervention (Brainology) on the mindset and resiliency of secondary school pupils: a preliminary mixed methods study. *Educational Psychology, 32*(5), 641−655.

Duckworth, A. (2016). *Grit: The power of passion and perseverance*. New York: Scribner.

Duckworth, A. L., & Eskreis-Winkler, L. (2013). True grit. *The observer, 26*(4), 1−3.

Duckworth, A. L., & Kern, M. L. (2011). A meta-analysis of the convergent validity of self-control measures. *Journal of Research in Personality, 45*(3), 259−268.

Duckworth, A. L., & Quinn, P. D. (2009). Development and validation of the Short Grit Scale (GRIT−S). *Journal of Personality Assessment, 91*(2), 166−174.

Duckworth, A. L., & Seligman, M. E. P. (2005). Self-discipline outdoes IQ predicting academic performance in adolescents. *Psychological Science, 16*, 939−944.

Duckworth, A. L., & Seligman, M. E. P. (2006). Self-discipline gives girls the edge: Gender in self-discipline, grades, and achievement test scores. *Journal of Educational Psychology, 98*(1), 198−208.

Duckworth, A. L., Eichstaedt, J. C., & Ungar, L. H. (2015). The mechanics of human achievement. *Social and Personality Psychology Compass, 9*(7), 359−369.

Duckworth, A. L., Gendler, T. S., & Gross, J. J. (2016). Situational strategies for self-control. *Perspectives on Psychological Science, 11*(1), 35−55.

Duckworth, A. L., Kirby, T. A., Tsukayama, E., Berstein, H., & Ericsson, K. A. (2011). Deliberate practice spells success: Why grittier competitors triumph at the National Spelling Bee. *Social Psychological and Personality Science, 2*(2), 174−181.

Duckworth, A. L., Peterson, C., Matthews, M. D., & Kelly, D. R. (2007). Grit:

Perseverance and passion for long-term goals. *Journal of Personality and Social Psychology, 92*(6), 1087−1101.

Duckworth, A. L., Quinn, P. D., & Goldman, S. (2008). What No Child Left Behind leaves behind: A comparison of the predictive validity of self-control and IQ for standardized test scores and report card grades. *Journal of Educational Psychology, 104*(2), 439−451.

Duckworth, A. L., Quinn, P. D., & Tsukayama, E. (2012). What No Child Left Behind leaves behind: The roles of IQ and self-control in predicting standardized achievement test scores and report card grades. *Journal of Educational Psychology, 104*(2), 439−451.

Duckworth, A. L., & Steinberg, L. (2015). Unpacking self-control. *Child Development Perspectives, 9*(1), 32−37.

Duckworth, A. L., Taxer, J. L., Eskreis-Winkler, L., Galla, B. M., & Gross, J. J. (2019). Self-control and academic achievement. *Annual Review of Psychology, 70*, 373−399.

Dunn, R. (1984). Learning style: State of the science. Theory into practice. *Theory into Practice, 23*(1), 10−19.

Dunn, R., & Dunn, K. (1978). *Teaching students through their individual learning styles*. Reston, VA: Reston Publishing.

Dunn, R., Dunn, K., & Price, G. E. (1989). *Learning Style Inventory (LSI): An inventory for the identification of how individuals in grades 3 through 12 prefer to learn.* Lawrence, KS: Price Systems.

Dweck, C. S. (1986). Motivational processes affecting learning. *American Psychologist, 41*, 1040−1048.

Dweck, C. S. (1991). Self-theories and goals: Their role in motivation, personality, and development. In R. A. Dienstbier (Ed.), *Current theory and research in motivation, Vol. 38. Nebraska Symposium on Motivation, 1990: Perspectives on motivation* (pp. 199−235). Lincoln, NE: University of Nebraska Press.

Dweck, C. S. (2006). *Mindset: The new psychology of success*. New York: Random House.

Dweck, C. S. (2015). Carol Dweck revisits the growth mindset. *Education Week, 35*(5), 20−24.

Eccles, J. S. (1983). Expectancies, values, and academic behaviors. In J. T. Spence (Ed.), *Achievement and achievement motives* (pp. 75–146). San Farncisco, CA: Freeman.

Ehlers, A., & Clark, D. M. (2000). A cognitive model of posttraumatic stress disorder. *Behaviour Research and Therapy, 38*(4), 319–345.

Eisenberg, N. (2017). Commentary: What's in a word (or words)-on the relations among self-regulation, self-control, executive functioning, effortful control, cognitive control, impulsivity, risk-taking, and inhibition for developmental psychopathology-reflections on Nigg (2017). *Journal of Child Psychology and Psychiatry, 58*(4), 384–386.

Eisenberg, N., Zhou, Q., Spinrad, T. L., Valiente, C., Fabes, R. A., & Liew, J. (2005). Relations among positive parenting, children's effortful control, and externalizing problems: A three-wave longitudinal study. *Child Development, 76*(5), 1055–1071.

Eisenberger, R. (1992). Learned industriousness. *Psychological Review, 99*(2), 248–267.

Ellis, A. (1977). Psychotherapy and the value of a human being. In A. Ellis & R. Grieger (Eds.), *Handbook of rational-emotive therapy* (pp. 99–112). New York: Springer.

Ellis, A. (1999). *How to make yourself happy and remarkably less disturbable*. Atascadero, CA: Impact. 행복에 이르는 길: 불안감 줄이기(방선욱 역, 2018, 서울: 학지사).

Ellis, A., & Knaus, W. (1977). *Overcoming procrastination*. New York: Signet.

Engestrom, Y. (2008). *From teams to knots: Activity-theoretical studies of collaboration and learning at work*. New York: Cambridge University Press. 팀의 해체와 놋워킹: 활동이론으로 보는 일터의 협력 학습(장원섭, 구유정 역, 2014, 서울: 학이시습).

Ent, M. R., Baumeister, R. F., & Tice, D. M. (2015). Trait self-control and the avoidance of temptation. *Personality and Individual Differences, 74*, 12–15.

Ergene, T. (2003). Effective interventions on test anxiety reduction: A meta-analysis. *School Psychology International, 24*(3), 313–328.

Ericsson, K. A., Krampe, R. T., & Tesch-Romer, C. (1993). The role of deliberate practice in the acquisition of expert performance. *Psychological Review, 100*, 363–406.

Erikson, E. (1968). *Identitiy: Youth and crisis*. New York: Norton.

Eskreis-Winkler, L., Shulman, E. P., Young, V., Tsukayama, E., Brunwasser, S. M., & Duckworth, A. L. (2016). Using wise interventions to motivate deliberate practice. *Journal of Personality and Social Psychology, 111*(5), 728–744.

Evans, G, W., & Rosenbaum, J. (2008). Self-regulation and the income-achievement gap. *Early Childhood Research Quarterly, 23*, 504−514.

Feinstein, S. (2007). *Parenting the teenage brain: Understanding a work in progress.* Lanham, MD: Rowman & Littlefield Education.

Felder, R. (2002). Learning and teaching styles in engineering education. *Engineering Education, 78*(7), 674−681.

Fernald, W. E. (1912). The burden of feeble-mindedness. *The Boston Medical and Surgical Journal, 166*(25), 911−915.

Ferrari, J. R. (2004). Trait procrastination in academic settings: An overview of students who engage in task delays. In H. C. Schouwenburg, C. H. Lay, T. A. Pychyl, & J. R. Ferrari (Eds.), *Counseling the procrastinator in academic settings* (pp. 19−27). Washington, DC: American Psychological Association.

Ferrari, J. R., Johnson, J. L., & McCown, W. G. (1995). *Procrastination and task avoidance: Theory, research, and treatment.* New York: Plenum.

Figley, C. R. (1995). Compassion fatigue as secondary traumatic stress disorder: An overview. In C. R. Figley (Ed.), *Compassion fatigue: Coping with secondary traumatic stress disorder in those who treat the traumatized* (pp. 1−20). New York: Brunner/Mazel.

Figley, C. R., Ellis, A. E., Reuther, B. T., & Gold, S. N. (2017). The study of trauma: A historical overview. In S. N. Gold, J. M. Cook, & C. J. Dalenberg (Eds.), *APA handbook of trauma psychology: Foundation in Kowledge* (Vol. 1, pp. 1−11). Washington, DC: American Psychological Association.

Fischer, K. W., & Tangney, J. P. (1995). Self-conscious emotions and the affect revolution: Framework and overview. In J. Tangney & K. Fischer (Eds.), *Self-conscious emotions: The psychology of shame, guilt, embarrassment, and pride* (pp. 3−24). New York: Guilford.

Flavell, J. H. (1979). Metacognition and cognitive monitoring: A new area of cognitive-developmental inquiry. *American psychologist, 34*(10), 906−911.

Foa, E., Hembree, E., & Rothbaum, B. O. (2007). *Prolonged exposure therapy for PTSD: Emotional processing of traumatic experiences therapist guide.* New York: Oxford University Press.

Forgeard, M. J. C., & Seligman, M. E. P. (2012). Seeing the glass half full: A review of the causes and consequences of optimism. *Pratiques Psychologiques, 18*(2), 107–120.

Freud, S. (1920). *Introductory lectures on psychoanalysis.* New York: W. W. Norton.

Freudenberger, H. J. (1974). Staff burnout. *Journal of Social Issues, 30*, 159–165.

Frost, R. O., Heimberg, R. G., Holt, C. S., Mattia, J. I., & Neubauer, A. L. (1993). A comparison of two measures of perfectionism. *Personality and Individual Differences, 14*(1), 119–126.

Frost, R. O., Marten, P., Lahart, C., & Rosenblate, R. (1990). The dimensions of perfectionism. *Cognitive Therapy and Research, 14*(5), 449–468.

Gailliot, M. T., Baumeister, R. F., DeWall, C. N., Maner, J. K., Plant, E. A., Tice, D. M., ... & Schmeichel, B. J. (2007). Self-control relies on glucose as a limited energy source: Willpower is more than a metaphor. *Journal of Personality and Social Psychology, 92*, 325–336.

Gersons, B. P. R., Meewiess, M.–L., Carlier, I. V. E., Nijdam, M. J., & Olff, M. (2011). *Protocol Brief Eclectic Psychotherapy for posttraumatic stress disorder (BEPP)* (3rd English vesion). Amsterdam, Netherlands: University of Amsterdam.

Giedd, J. N. (2008). The teen brain: insights from neuroimaging. *Journal of Adolescent Health, 42*(4), 335–343.

Giedd, J. N. (2015). The amazing teen brain. *Scientific American, 312*(6), 32–37.

Giedd, J. N., Blumenthal, J., Jeffries, N. O., Castellanos, F. X., Lui, H., Zijdenbos, A., ... & Rapoport, J. L. (1999). Brain development during childhood and adolescence: A longitudinal MRI study. *Nature Neuroscience, 2*(10), 861–863.

Gillham, J. E., Reivich, K. J., Freres, D. R., Chaplin, T. M., Shatté, A. J., Samuels, B., ... & Seligman, M. E. (2007). School-based prevention of depressive symptoms: A randomized controlled study of the effectiveness and specificity of the Penn Resiliency Program. *Journal of Consulting and Clinical Psychology, 75*(1), 9–19.

Glick, D. M., & Orsillo, S. M. (2015). An investigation of the efficacy of acceptance-based behavioral therapy for academic procrastination. *Journal of Experimental Psychology: General, 144*(2), 400–409.

Gold, Y., Bachelor, P., & Michael, W. B. (1989). The dimensionality of a modified form of the Maslach Burnout Inventory for university students in a teacher-training program. *Educational and Psychological Measurement, 49*, 549–561.

Golden, C. (1981). The Luria-Nebraska Children's Battery: Theory and formulation. In G. Hynd & J. Obrzut, *Neuropsychological assessment and the school-age child: issues and procedures*. New York: Grune and Stratton.

Gottfredson, L. S., & Becker, H. J. (1981). A challenge to vocational psychology: How important are aspirations in determining male career development?. *Journal of Vocational Behavior, 18*, 121−137.

Gottfredson, L. S. (1981). Circumscription and compromise: A developmental theory of occupational aspirations. *Journal of Counseling Psychology, 28*(6), 545−579.

Gottfredson, L. S. (1996). Gottfredson's theory of circumscription and compromise. In D. Brown, L. Brooks, & Associates (Eds.), *Career choice and development* (3rd ed., pp. 179−232). San Francisco, CA: Jossey−Bass.

Gottfredson, L. S. (2005). Applying Gottfredson's theory of circumscription and compromise in career guidance and counseling. In S. D. Brown & R. W. Lent (Eds.), *Career development and counselling: Putting theory and research to work* (pp. 71−100). Hoboken, NJ: John Wiley & Sons.

Gottfredson, M. R., & Hirschi, T. (1990). *A general theory of crime*. Stanford, CA: Stanford University Press.

Gross, J. J. (1998). Antecedent-and response-focused emotion regulation: Divergent consequences for experience, expression, and physiology. *Journal of Personality and Social Psychology, 74*, 223−237.

Gross, J. J. (2002). Emotion regulation: Affective, cognitive, and social consequences. *Psychophysiology, 39*, 281−291.

Gross, J. J., & Thompson, R. A. (2007). Emotion regulation: Conceptual foundations. In J. J. Gross (Ed.), *Handbook of emotion regulation* (pp. 3−23). New York, NY: Guilford.

Grossman, P., Niemann, L., Schmidt, S., & Walach, H. (2004). Mindfulness-based stress reduction and health benefits: A meta-analysis. *Journal of Psychosomatic Research, 57*(1), 35−43.

Guastella, A. J., & Dadds, M. R. (2009). Sequential growth in cognitive-behavioral emotion-processing: A laboratory study. *Cognitive Therapy and Research, 33*(4), 368−374.

Hagger, M. S., Chatzisarantis, N. L., Alberts, H., Anggono, C. O., Batailler, C., Birt,

A. R., ... & Calvillo, D. P. (2016). A multilab preregistered replication of the ego-depletion effect. *Perspectives on Psychological Science, 11*(4), 546–573.

Hagger, M. S., Wood, C., Stiff, C., & Chatzisarantis, N. L. (2010). Ego depletion and the strength model of self-control: A meta-analysis. *Psychological Bulletin, 136*(4), 495–525.

Halusic, M., & King, L. A. (2013). *What makes life meaningful: Positive mood works in a pinch*. Washington, DC: American Psychological Association.

Harden, K. P., & Tucker-Drob, E. M. (2011). Individual differences in the development of sensation seeking and impulsivity during adolescence: further evidence for a dual systems model. *Developmental Psychology, 47*(3), 739–746.

Harren, V. A. (1979). A model of career decision making for college students. *Journal of Vocational Behavior, 14*, 119–133.

Hay, C., & Forrest, W. (2006). The development of self-control: Examining self-control theory's stability thesis. *Criminology, 44*(4), 739–774.

Hay, C., Widdowson, A., & Young, B. C. (2017). Self-control stability and change for incarcerated juvenile offenders. *Journal of Criminal Justice*. https://doi.org/10.1016/j.jcrimjus.2017.08.008.

Haycock, L. A., McCarthy, P., & Skay, C. L. (1998). Procrastination in college students: The role of self-efficacy and anxiety. *Journal of Counseling & Development, 76*(3), 317–324.

Hayes, S. C., Strosahl, K. D., & Wilson, K. G. (1999). *Acceptance and commitment therapy*. New York: Guilford.

Hayes, S. C., Strosahl, K. D., & Wilson, K. G. (2012). *Acceptance and commitment therapy: The process and practice of mindful change* (2nd ed.). New York: Guilford.

Heckhausen, H. (1991). *Motivation and action*. Berlin, Germany: Springer-Verlag.

Helgeson, V. S., Reynolds, K. A., & Tomich, P. L. (2006). A meta-analytic review of benefit finding and growth. *Journal of Consulting and Clinical Psychology, 74*(5), 797–816.

Hembree, R. (1988). Correlates, causes, effects and treatment of test anxiety. *Review of Educational Research 58*(1), 47–77.

Herman, J. L. (1992). Complex PTSD: A syndrome in survivors of prolonged and repeated trauma. *Journal of Traumatic Stress, 5*(3), 377−391.

Herman, J. L. (2015). *Trauma and recovery: The aftermath of violence-from domestic abuse to political terror*. New York: Basic Books.

Hewitt, P. L., & Flett, G. L. (1991). Perfectionism in the self and social contexts: Conceptualization, assessment, and association with psychopathology. *Journal of Personality and Social Psychology, 60*(3), 56−470.

Higgins, R. L., Snyder, C. R., & Berglas, S. (1990). *Self-handicapping: The paradox that isn't*. New York: Plenum.

Hill, C. E. (2018). *Meaning in life: A therapist's guide*. Washington, DC: American Psychological Association.

Hill, P. L., Burrow, A. L., & Bronk, K. C. (2016). Persevering with positivity and purpose: An examination of purpose commitment and positive affect as predictors of grit. *Journal of Happiness Studies, 17*(1), 257−269.

Hinson, J. M., Jameson, T. L., & Whitney, P. (2003). Impulsive decision making and working memory. *Journal of Experimental Psychology: Learning, Memory, & Cognition, 29*, 298−306.

Hiroto, D. S., & Seligman, M. E. (1975). Generality of learned helplessness in man. *Journal of Personality and Social Psychology, 31*(2), 311−327.

Hirschi, T., & Gottfredson, M. G. (2001). Self-control theory. In R. Paternoster & R. Bachman (Eds.), *Explaining criminals and crime* (pp. 81−96). Los Angeles, CA: Roxbury Press.

Hobfoll, S. E. (1989). Conservation of resources: A new attempt at conceptualizing stress. *American Psychologist, 44*(3), 513−524.

Hoerr, T. R. (2013). *Fostering Grit: How do I prepare my students for the real world?*. Alexandris, VA: ASCD.

Hughes, C. (1998). Executive function in preschoolers: Links with theory of mand and verbal ability. *British Journal of Developmental Psychology, 16*, 233−243.

Hwang, M. H., Lee, D., Lim, H. J., Seon, H. Y., Hutchison, B., & Pope, M. (2014). Academic underachievement and recovery: Student perspectives on effective career interventions. *The Career Development Quarterly, 62*(1), 81−94.

Immordino-Yang, M. H. (2015). *Emotions, learning, and the brain: Exploring the educational implications of affective neuroscience*. New York: W. W. Norton. 정서와

학습 그리고 뇌: 아이는 무엇을 느끼고 어떻게 배우는가(황매향 역, 2019, 서울: 바수데바).

Immordino-Yang, M. H., & Damasio, A. (2007). We feel, therefore we learn: The relevance of affective and social neuroscience to education. *Mind, brain, and education, 1*(1), 3–10.

Inzlicht, M., & Legault, L. (2014). No pain, no gain: How distress underlies effective self-control (and unites diverse social psychological phenomena). In J. Forgas & E. Harmon-Jones (Eds.), *The control within: motivation and its regualtion* (pp. 115–136). New York, NY: Psychology Press.

James, W. (1884). What is an emotion?. *Mind, 9*(34), 188–205.

James, W. (1899). *Talks to teachers on psychology and to students on some of life's ideals*. New York: Holt.

Jo, Y., & Zhang, Y. (2012). The stability of self-control: A group-based approach. *Asian Journal of Criminology, 7*(2), 173–191.

Jonides, J., & Smith, E. E. (1997). The architecture of working memory. In M. D. Rugg (Ed.), *Cognitive neuroscience* (pp. 243–276). Cambridge, MA: MIT Press.

Jurado, M. B., & Rosselli, M. (2007). The elusive nature of executive functions: A review of our current understanding. *Neuropsychology Review, 17*(3), 213–233.

Kadambi, M. A., & Ennis, L. (2004). Reconsidering vicarious trauma: A review of the literature and its' limitations. *Journal of Trauma Practice, 3*(2), 1–21.

Kanfer, F. H., & Goldstein, A. P. (1991). *Helping people change: A textbook of methods* (4th ed.). New York: Pergamon.

Kapur, M. (2008). Productive failure. *Cognition and Instruction, 26*(3), 379–424.

Karasek, R., & Theorell, T. (1992). *Healthy work: Stress, productivity, and the reconstruction of working life*. New York: Basic Books.

Karbach, J., & Unger, K. (2014). Executive control training from middle childhood to adolescence. *Frontiers in Psychology, 5*, Article ID 390, 1–14.

Kazén, M., Baumann, N., & Kuhl, J. (2003). Self-infiltration vs. self-compatibility checking in dealing with unattractive tasks: The moderating influence of state vs. action orientation. *Motivation and Emotion, 27*(3), 157–197.

Keating, D. P. (2004). Cognitive and brain development. In R. Lerner & L. Steinberg (Eds.), *Handbook of adolescent psychology* (Vol. 2, pp. 45–84). New York, NY: Wiley.

Keating, D. P., & Bobbitt, B. L. (1978). Individual and developmental differences in cognitive-processing components of mental ability. *Child Development, 49*(1), 155–167.

Keirsey, D. W., & Bates, M. (1978). *Please understand me*. Del Mar, CA: Prometheus Nemesis.

Kim, A., & Clifford, M. M. (1988). Goal Source, goal difficulty, and individual difference variables as predictors of response to failure. *British Journal of Educational Psychology, 58*, 28–43.

Kolb, D. A. (1971). *Individual learning styles and the learning process*. Cambridge, MA: MIT.

Kolb, D. A. (1999). *Learning style inventory: Version 3*. Boston, MA: Hay/McBer Training Resources Group.

Koole, S. L., Tops, M., Strubin, S., Bouw, J., Schneider, I. K., & Jostmann, N. B. (2014). The ego fixation hypothesis: Involuntary persistence of self-control. In J. P. Forgas & E. Harmon-Jones (Eds.), *The control within: Motivation and its regulation* (pp. 95–112). New York, NY: Psychology Press.

Kopp, C. B. (1982). Antecedents of self-regulation: A developmental perspective. *Developmental Psychology, 18*, 199–214.

Kronenberger, W. G., Mathews, V. P., Dunn, D. W., Wang, Y., Wood, E. A., Giauque, A. L., ... & Li, T. Q. (2005). Media violence exposure and executive functioning in aggressive and control adolescents. *Journal of Clinical Psychology, 61*(6), 725–737.

Krumboltz, J. D., & Hamel, D. A. (1977). *Guide to career decision making skills*. New York: The College Entrance Examination Board.

Kuhl, J. (1984). Volitional aspects of achievement motivation and learned helplessness: Toward a comprehensive theory of action-control. In B.A. Maher (Ed.), *Progress in Experimental Personality Research* (Vol. 13, pp. 99–171). New York, NY: Academic Press.

Kuhl, J. (1994). Action versus state orientation: Psychometric properties of the Action Control Scale (ACS–90). In J. Kuhl & J. Beckmann (Eds.), *Volition and personality* (pp. 47–59). Gottingen, Germany: Hogrefe & Huber.

Kuhl, J. (2000). A functional-design approach to motivation and self-regulation: The dynamics of personality systems interactions. In M. Boekaerts, P. R. Pintrich, & M.

Zeidner, M. (Eds.), *Handbook of self-regulation* (pp. 111-169). San Diego, CA: Academic Press.

Kuhl, J., & Kazén, M. (1994). Self-discrimination and memory: State orientation and false self-ascription of assigned activities. *Journal of Personality & Social Psychology, 66*, 1103-1115.

Kurzban, R., Duckworth, A. L., Kable, J. W., & Myers, J. (2013). An opportunity cost model of subjective effort and task performance. *Behavioral and Brain Sciences, 36*, 661-726.

Lai, E. R. (2011). Metacognition: A literature review. *Pearson Research Report, 24*, 1-41.

Lawrence, G. D. (1997). *Looking at type and learning styles*. Gainesville, FL: Center for Applications of Psychological Type.

Lazarus, R. S. (1991). Cognition and motivation in emotion. *American Psychologist, 46*(4), 352-367.

Leahy, R. L., & Holland, S. J. (2000). *Treatment plans and interventions for depression and anxiety disorders: The clinician's toolbox*. New York: Guilford Press.

LeDoux, J. E. (1995). Emotion: Clues from the brain. *Annual Review of Psychology, 46*, 209-235.

Lenroot, R. K., Gogtay, N., Greenstein, D. K., Wells, E. M., Wallace, G. L., Clasen, L. S., ... & Thompson, P. M. (2007). Sexual dimorphism of brain developmental trajectories during childhood and adolescence. *Neuroimage, 36*(4), 1065-1073.

Lepper, M. R., & Hodell, M. (1989). Intrinsic motivation in the classroom. *Research on Motivation in Education, 3*, 73-105.

Lerner, R. M., Rothbaum, F., Boulos, S., & Castellino, D. R. (2002). Developmental systems perspective on parenting. In M. H. Bornstein (Ed.), *Handbook of parenting* (2nd ed., pp. 315-344). Mahwah, NJ: Erlbaum.

Lewin, K. (1951). *Field theory in the social science: Selected theoretical papers*. New York, NY: Harper.

Lewis, M. (2000). Self-conscious emotions: Embarrassment, pride, shame, and guilt. In M. Lewis (Ed.), *Handbook of emotions* (pp. 623-636). New York: Guilford.

Lewis, M. (2011). Self-conscious emotions. In M. Lewis & J. Haviland (Eds.), *Encyclopedia on early childhood development* (pp. 11-14). Retrieved from http://www.child-encyclopedia.com/sites/default/files/dossiers-complets/en/emotions.

pdf#page=11.

Lezak, M. D. (1983). *Neuropsychological assessment* (2nd ed.). New York: Oxford University Press.

Liebert, R. M., & Morris, L. W. (1967). Cognitive and emotional components of test anxiety: A distinction and some initial data. *Psychological Reports, 20*(3), 975−978.

Linehan, M. M. (1993). *Skill training manual for treating borderline personality disorder.* New York: Guildford.

Linehan, M. M. (1997). Validation and psychotherapy. In A. Bohart & L. S. Greenberg (Eds.), *Empathy reconsidered: New directions in Psychotherapy* (pp. 353−392). Washington, DC: American Psychological Association.

Linnenbrink, E. A. (2007). The role of affect in student learning: A multi-dimensional approach to considering the interaction of affect, motivation, and engagement. In P. A. Schutz & R. Pekrun (Eds.), *Emotion in education* (pp. 107−124). San Diego, CA: Academic Press.

Linnenbrink, E. A., & Pintrich, P. R. (2002). Achievement goal theory and affect: An asymmetrical bidirectional model. *Educational Psychologist, 37*(2), 69−78.

Loewenstein, G., & Lerner, J. S. (2003). The role of affect in decision making. In R. J. Davidson, K. R. Scherer & H. H. Goldsmith (Eds.), *Handbook of affective science* (pp. 619−642). New York, NY: Oxford University Press.

Luber, M., & Shapiro, F. (2009). Interview with Francine Shapiro: Historical overview, present issues, and future directions of EMDR. *Journal of EMDR Practice and Research, 3*(4), 217−231.

Luria, A. R. (1973). *The Working brain: An introduction to neuropsychology.* New York, NY: Basic Books.

MacNamara, B. N., Hambrick, D. Z., & Oswald, F. L. (2014). Deliberate practice and performance in music, games, sports, education, and professions: A meta-analysis. *Psychological Science, 25*, 1608−1618.

Magen, E., & Gross, J. J. (2010). Getting our act together: Toward a general model of self-control. In R. Hassin, K. Ochsner, & Y. Trope (Eds.), *Self-control in society, mind and brain* (pp. 335−353). New York: Oxford University Press.

Mandel, H. P., & Marcus, S. I. (1988). *The psychology of underachievement: Differential diagnosis and differential treatment.* New York: John Wiley & Sons.

Mandler, G., & Sarason, S. (1952). A study of anxiety and learning. *Journal of Abnormal and Social Psychology, 47*, 166-173.

Marra, T. (2005). *Dialectical behavior therapy in private practice: A practical and comprehensive guide.* Oakland, CA: New Harbinger. 변증법적 행동치료(신민섭, 박세란, 설순호, 황석현 역, 2006, 서울: 시그마프레스).

Maslach, C., & Jackson, S. E. (1981). The measurement of experienced burnout. *Journal of Occupational Behaviour, 2*, 99-113.

Masten, A. S. (2001). Ordinary magic: Resilience processes in development. *American Psychologist, 56*, 227-238.

Mathews, V. P., Kronenberger, W. G., Wang, Y., Lurito, J. T., Lowe, M. J., & Dunn, D. W. (2005). Media violence exposure and frontal lobe activation measured by functional magnetic resonance imaging in aggressive and nonaggressive adolescents. *Journal of Computer Assisted Tomography, 29*(3), 287-292.

Matthew, E. (2011). Effort optimism in the classroom: attitudes of Black and White students on education, social structure, and causes of life opportunities. *Sociology of Education, 84*(3), 225-245.

Maurer, L., Zitting, K-M., Elliott, K., Czeisler, C. A., Ronda, J. M., & Duffy, J. F. (2015). A new face of sleep: The impact of post-learning sleep on recognition memory for face-name associations. *Neurobiology of Learning and Memory, 126*, 31-38.

Mayer, J. D., & Salovey, P. (1997). What is emotional intelligence? In P. Salovey & D. J. Sluyter (Eds.), *Emotional development and emotional intelligence: Educational implications* (pp. 3-34). New York: Basic Books.

McCann, L., & Pearlman, L. A. (1990). Vicarious traumatization: A framework for understanding the psychological effects of working with victims. *Journal of Traumatic Stress, 3*, 131-149.

McCay, J. (1959). *The management of time.* Englewood Cliffs, NJ: Prentice-Hall.

McClelland, M., Geldhof, J., Morrison, F., Gestsdottir, S., Cameron, C., Bowers, E., ... & Grammer, J. (2013). Self-regulation. In N. Halfon, C. B. Forrest, R. M. Lerner, & E. Faustman (Eds.), *Handbook of life course health-development science* (pp. 275-298). Cham, Switzerland: Springer.

McCormack, T. (2014). Three types of temporal perspective: characterizing developmental changes in temporal thought. *Annals of the New York Academy of*

Sciences, 1326(1), 82−89.

McCrae, R. R. (1976). *Self-control: Theories, techniques, and the example of increasing study time.* Unpublished Doctoral Dissertation, Boston University.

McFarlin, D. B., & Blascovich, J. (1981). Effects of self-esteem and performance feedback on future affective preferences and cognitive expectations. *Journal of Personality and Social Psychology, 40*, 521−531.

McFarlin, D. B., Baumeister, R. F., & Blascovich, J. (1984). On knowing when to quit: Task failure, self-esteem, advice, and nonproductive persistence. *Journal of Personality, 52*, 138−155.

McLeod, L. (1997). Young children and metacognition: Do we know what they know they know? And if so, what do we do about it? *Australian Journal of Early Childhood, 22*(2), 6−11.

Meichenbaum, D. H., & Goodman, J. (1971). Training impulsive children to talk to themselves: A means of developing self-control. *Journal of Abnormal Psychology, 77*, 115−126.

Mello, Z. R., & Worrell, F. C. (2006). The relationship of time perspective to age, gender, and academic achievement among academically talented adolescents. *Journal for the Education of the Gifted, 29*(3), 271−289.

Metcalfe, J., & Jacobs, W. J. (1996). A "hot-system/cool-system" view of memory under stress. *PTSD Research Quarterly, 7*(2), 1−3.

Metcalfe, J., & Mischel, W. (1999). A hot/cool-system analysis of delay of gratification: dynamics of willpower. *Psychological Review, 106*(1), 3−19.

Miller, J., Flory, K., Lynam, D., & Leukefeld, C. (2003). A test of the four-factor model of impulsivity-related traits. *Personality and Individual Differences, 34*(8), 1403−1418.

Mischel, H. N., & Mischel, W. (1983). The development of children's knowledge of self-control. *Child Development, 54*, 603−619.

Mischel, W, & Ebbesen, E. B. (1970). Attention in delay of gratification. *Journal of Personality and Social Psychology, 16*, 329−337.

Mischel, W, Ebbesen, E. B., & Zeiss, A. R. (1972). Cognitive and attentional mechanisms in delay of gratification. *Journal of Personality and Social Psychology, 21*, 204−218.

Mischel, W. (1974). Processes in delay of gratification. *Advances in Experimental Social Psychology, 7*, 249–292.

Mischel, W. (2014). *The marshmallow test: Understanding self-control and how to master it.* New York, NY: Random House.

Mischel, W., Shoda, Y., & Peake, P. K. (1988). The nature of adolescent competencies predicted by preschool delay of gratification. *Journal of Personality and Social Psychology, 54*(4), 687–696.

Mischel, W., Shoda, Y., & Rodriguez, M. L. (1989). Delay of gratification in children. *Science, 244*, 933–938.

Missildine, W. H. (1963). *Your inner child of the past.* New York: Simon & Schnster. 몸에 밴 어린 시절(이석규, 이종범 역, 2006, 서울: 가톨릭출판사).

Miyake, A., Friedman, N. P., Emerson, M. J., Witzki, A. H., Howerter, A., & Wager, T. D. (2000). The unity and diversity of executive functions and their contributions to complex "frontal lobe" tasks: A latent variable analysis. *Cognitive Psychology, 41*(1), 49–100.

Moffitt, T. E., Arseneault, L., Belsky, D., Dickson, N., Hancox, R. J., Harrington, H., Houts, R., Poulton, R., Roberts, B. W., Ross, S., Sears, M. R., Thomson, W. M., & Caspi, A. (2011). A gradient of childhood self-control predicts health, wealth, and public safety. *Proceedings of the National Academy of Sciences, 108*(7), 2693–2698.

Monsell, S. (1996). Control of mental processes. In V. Bruce (Ed.), *Unsolved mysteries of the mind: Tutorial essays in cognition* (pp. 93–148). Hove, UK: Erlbaum.

Montgomery, L. M. (1908). *Anne of green gables.* Retrieved from http://www.sandroid.org/GutenMark/wasftp.GutenMark/MarkedTexts/anne11.pdf.

Moore, B., Mischel, W., & Zeiss, A. (1976). Comparative effects of the reward stimulus and its cognitive representation in voluntary delay. *Journal of Personality and Social Psychology, 34*(3), 419–424.

Morris, N., & Jones, D. M. (1990). Memory updating in working memory: The role of the central executive. *British Journal of Psychology, 81*(2), 111–121.

Muammar, O. M. (2011). Intelligence and self-control predicts academic performance of gifted and non-gifted students. *Asia-Pacific Journal of Gifted and Talented Education, 3*(1), 18–32.

Mueller, C. M., & Dweck, C. S. (1998). Praise for intelligence can undermine children's motivation and performance. *Journal of Personality and Social Psychology, 75*(1), 33–52.

Muraven, M., & Baumeister, R. F. (2000). Self-regulation and depletion of limited resources: Does self-control resemble a muscle?. *Psychological Bulletin, 126*(2), 247–259.

Muraven, M., Baumeister, R. F., & Tice, D. M. (1999). Longitudinal improvement of self-regulation through practice: Building self-control strength through repeated exercise. *The Journal of Social Psychology, 139*(4), 446–457.

Muraven, M., Tice, D. M., & Baumeister, R. F. (1998). Self-control as a limited resource: Regulatory depletion patterns. *Journal of Personality and Social Psychology, 74*(3), 774–789.

Murray, H. A. (1938). *Explorations in personality.* Oxford, England: Oxford University Press.

Najavits L. M. (2002). *Seeking safety: A treatment manual for PTSD and substance abuse.* New York: Guilford.

Newman, D. L., Caspi, A., Moffitt, T. E., & Silva, P. A. (1997). Antecedents of adult interpersonal functioning: Effects of individual differences in age 3 temperament. *Developmental Psychology, 33*(2), 206–217.

NICE (2018). *Post-traumatic stress disorder NICE guideline.* London, UK: NICE.

Nicholls, J. G. (1984). Concept of ability and achievement motivation. In R. Ames & C. Ames (Eds.), *Research on motivation in education* (Vol. 1): *Student motivation* (pp. 39–73). New York: Academic Press.

Nigg, J. T. (2017). Annual research review: On the relations among self-regulation, self-control, executive functioning, effortful control, cognitive control, impulsivity, risk-taking, and inhibition for developmental psychopathology. *Journal of Child Psychology and Psychiatry, 58*(4), 361–383.

Nolen-Hoeksema, S., Girus, J. S., & Seligman, M. E. P. (1986). Learned helplessness in children: A longitudinal study of depression, achievement, and exploratory style. *Journal of Personality and Social Psychology, 51*, 435–442.

Nuttin, J. R. (1964). The future time perspective in human motivation and learning. *Acta Psychologica, 23*, 60–82.

Nuttin, J. R. (2014). *Future time perspective and motivation: Theory and research method*. Hillsdale, NJ: Psychology Press.

O'Rourke, E., Haimovitz, K., Ballweber, C., Dweck, C., & Popović, Z. (2014, April). Brain points: A growth mindset incentive structure boosts persistence in an educational game. In *Proceedings of the SIGCHI conference on human factors in computing systems* (pp. 3339−3348). ACM. http://grail.cs. washington.edu/wp-content/uploads/2015/08/orourke2014bpa.pdf.

Ortendahl, M., & Fries, J. F. (2005). Framing health messages based on anomalies in time preference. *Medical Science Monitor: International Medical Journal of Experimental and Clinical Research, 11*, RA253−256.

Overmier, J. B., & Seligman, M. E. (1967). Effects of inescapable shock upon subsequent escape and avoidance responding. *Journal of Comparative and Physiological Psychology, 63*(1), 28−33.

Overton, W. (1990). Competence and procedures: Constraints on the development of logical reasoning. In W. Overton (Ed.), *Reasoning, necessity, and logic: Developmental perspectives* (pp. 1−32). Hillsdale, NJ: Erlbaum.

Park, D., Tsukayama, E., Goodwin, G. P., Patrick, S., & Duckworth, A. L. (2017). A tripartite taxonomy of character: Evidence for intrapersonal, interpersonal, and intellectual competencies in children. *Contemporary educational psychology, 48*, 16−27.

Park, D., Yu, A., Baelen, R. N., Tsukayama, E., & Duckworth, A. L. (2018). Fostering grit: Perceived school goal-structure predicts growth in grit and grades. *Contemporary Educational Psychology, 55*, 120−128.

Passler, M. A., Isaac, W., & Hynd, G. W. (1985). Neuropsychological development of behavior attributed to frontal lobe functioning in children. *Developmental Neuropsychology, 1*(4), 349−370.

Pekrun, R. (1992). The impact of emotions on learning and achievement: Towards a theory of cognitive/motivational mediators. *Applied Psychology, 41*(4), 359−376.

Pekrun, R. (2000). A social-cognitive, control-value theory of achievement emotions. In J. Heckhausen (Ed.), *Motivational psychology of human development* (pp. 143−163). Oxford, England: Elsevier.

Pekrun, R. (2006). The control-value theory of achievement emotions: Assumptions, corollaries, and implications for educational research and practice. *Educational Psychology Review, 18*(4), 315−341.

Pekrun, R. (2017). Emotion and achievement during adolescence. *Child Development Perspectives, 11*(3), 215−221.

Pekrun, R., Goetz, T., & Frenzel, A. C. (2005). *Academic emotions questionnaire-Mathematics (AEQ−M)−User's manual.* Department of Psychology, University of Munich.

Pekrun, R., Goetz, T., Frenzel, A. C., Barchfeld, P., & Perry, R. P. (2011). Measuring emotions in students' learning and performance: The Achievement Emotions Questionnaire (AEQ). *Contemporary Educational Psychology, 36*(1), 36−48.

Pekrun, R., Goetz, T., Titz, W., & Perry, R. P. (2002). Academic emotions in students' self-regulated learning and achievement: A program of qualitative and quantitative research. *Educational Psychologist, 37*(2), 91−105.

Pennington, B. F. (1997). Dimensions of executive functions in normal and abnormal development. In N. A. Krasnegor, G. R. Lyon, & P. S. Goldman-Rakic (Eds.), *Development of the prefrontal cortex: Evolution, neurobiology, and behavior* (pp. 265−281). Baltimore, MD: Paul H. Brookes.

Perkins-Gough, D. (2013). The significance of grit: A conversation with Angela Lee Duckworth. *Educational Leadership, 71*(1), 14−20.

Peterson, C., & Seligman, M. E. (2004). *Character strengths and virtues: A handbook and classification* (Vol. 1). New York: Oxford University Press.

Peterson, G. W., Sampson, J. P., Jr., & Reardon, R. C. (1991). *Career development and services: A cognitive approach.* Pacific Grove, CA: Brooks/Cole.

Pintrich, P. R. (2000). Multiple goals, multiple pathways: The role of goal orientation in learning and achievement. *Journal of Educational Psychology, 92*, 544−555.

Pintrich, P., & Garcia, T. (1994). Regulating motivation and cognition in the classroom: The role of self-schemas and self-regulatory strategies. In D. H. Schunk & B. J. Zimmerman (Eds.), *Self-regulation of learning and performance: Issues and educational applications* (pp. 127−153). Hillsdale, NJ: Lawrence Erlbaum Associates.

Powers, T. A., Koestner, R., & Zuroff, D. C. (2007). Self-criticism, goal motivation, and goal progress. *Journal of Social and Clinical Psychology, 26*(7), 826−840.

Prati, G., & Pietrantoni, L. (2009). Optimism, social support, and coping strategies as factors contributing to posttraumatic growth: A metaanalysis. *Journal of Loss and Trauma, 14*(5), 364–388.

Pratt, T. C., & Cullen, F. T. (2000). The empirical status of Gottfredson and Hirschi's general theory of crime: A meta-analysis. *Criminology, 38*(3), 931–964.

Prencipe, A., & Zelazo, P. D. (2005). Development of affective decision making for self and other: Evidence for the integration of first-and third-person perspectives. *Psychological Science, 16*(7), 501–505.

Prencipe, A., Kesek, A., Cohen, J., Lamm, C., Lewis, M. D., & Zelazo, P. D. (2011). Development of hot and cool executive function during the transition to adolescence. *Journal of Experimental Child Psychology, 108*(3), 621–637.

Raphiphatthana, B., Jose, P., & Salmon, K. (2018). Does dispositional mindfulness predict the development of grit?. *Journal of Individual Differences, 39*, 76–87.

Rasch, B., & Born, J. (2013). About sleep's role in memory. *Physiological Reviews, 93*(2), 681–766.

Ray, J. V., Jones, S., Loughran, T. A., & Jennings, W. G. (2013). Testing the stability of self-control: Identifying unique developmental patterns and associated risk factors. *Criminal Justice and Behavior, 40*(6), 588–607.

Rebetez, M. M. L., Rochat, L., & Van der Linden, M. (2015). Cognitive, emotional, and motivational factors related to procrastination: A cluster analytic approach. *Personality and Individual Differences, 76*, 1–6.

Richter, C. P. (1957). On the phenomenon of sudden death in animals and man. *Psychosomatic Medicine, 19*(3), 191–198.

Rimfeld, K., Kovas, Y., Dale, P. S., & Plomin, R. (2016). True grit and genetics: Predicting academic achievement from personality. *Journal of Personality and Social Psychology, 111*(5), 780–789.

Roberts, B. W., Chernyshenko, O. S., Stark, S., & Goldberg, L. R. (2005). The structure of conscientiousness: An empirical investigation based on seven major personality questionnaires. *Personnel Psychology, 58*(1), 103–139.

Robinson, F. P. (1946). *Effective study*. New York: Harper.

Robinson, J. S., & Larson, C. (2010). Are traumatic events necessary to elicit symptoms of posttraumatic stress?. *Psychological Trauma: Theory, Research, Practice, and*

Policy, 2(2), 71−76.

Rolls, E. T. (2004). The functions of the orbitofrontal cortex. *Brain and Cognition, 55*, 11−29.

Romer, D., Duckworth, A. L., Sznitman, S., & Park, S. (2010). Can adolescents learn self-control? Delay of gratification in the development of control over risk taking. *Prevention Science, 11*(3), 319−330.

Rosenberg, E. L. (1998). Levels of analysis and the organization of affect. *Review of General Psychology, 2*, 247−270.

Rosselli, M., & Christopher, D. M. (2019) Executive Dysfunctions Associated with the Use of Information Technology. In A. Ardila, S. Fatima, & M. Rosselli (Eds.), *Dysexecutive Syndromes* (pp. 177−197). Cham, Switzerland: Springer.

Rothblum, E. D. (1990). Fear of failure. In H. Leitenberg (Ed.), *Handbook of social and evaluation anxiety* (pp. 497−537). Boston, MA: Springer.

Rounds, J., & Su, R. (2014). The nature and power of interests. *Current Directions in Psychological Science, 23*(2), 98−103.

Rueda, M. R., Posner, M. I., & Rothbart, M. K. (2005). The development of executive attention: Contributions to the emergence of self-regulation. *Developmental Neuropsychology, 28*(2), 573−594.

Ryan, N. E. (1999). *Career counseling and career choice goal attainment: A meta-analytically derived model for career counseling practice*. Unpublished dissertation. Chicago, IL: Loyola University.

Ryan, R. M., & Deci, E. L. (2008). A self-determination theory approach to psychotherapy: The motivational basis for effective change. *Canadian Psychology, 49*(3), 186−193.

Ryans, D. G. (1939). A study of the observed relationship between persistence test results, intelligence indices, and academic success. *Journal of Educational Psychology, 29*, 573−580.

Sarason, S. B., & Mandler, G. (1952). Some correlates of test anxiety. *The Journal of Abnormal and Social Psychology, 47*(4), 810.

Sarrasin, J. B., Nenciovici, L., Foisy, L. M. B., Allaire-Duquette, G., Riopel, M., & Masson, S. (2018). Effects of teaching the concept of neuroplasticity to induce a growth mindset on motivation, achievement, and brain activity: A meta-analysis.

Trends in Neuroscience and Education, 12, 22−31.

Sattler, J. M. (2008). *Assessment of children: Cognitive foundations*. San Diego, CA: JM Sattler.

Sattler, J. M., Dumont, R., & Coalson, D. L. (2016). Assessment of children: WISC−V and WPPSI−IV. La Mesa, CA: Jerome M. Sattler, Publisher.

Savickas, M. L. (1991). Improving career time perspective. In D. Brown & L. Brooks (Eds.), *Techniques of career counseling* (pp. 236−249). Boston: Allyn & Bacon.

Savickas, M. L. (2011). *Career counseling*. Washington, DC: American Psychological Association.

Savickas, M. L. (2015). *Life-design counseling manual*. https://dwd.wisconsin.gov/youthapprenticeship/pdf/2017_forum/eidsmoe/manual_LifeDesignCounseling.pdf.

Schaufeli, W. B., Martez, I. M., Marques-Pinto, A., Salanova, M., & Bakker, A. B. (2002). Burnout and engagement in university students: A cross-national study. *Journal of Cross-Cultural Psychology, 33*, 464−481.

Schmeichel, B. J., & Vohs, K. (2009). Self-affirmation and self-control: Affirming core values counteracts ego depletion. *Journal of Personality and Social Psychology, 96*(4), 770−782.

Schmeichel, B. J., & Zell, A. (2007). Trait self?control predicts performance on behavioral tests of self-control. *Journal of Personality, 75*(4), 743−756.

Schouwenburg, H. C., Lay, C. H., Pychyl, T. A., & Ferrari, J. R. (2004). *Counseling the procrastinator in academic settings*. Washington, DC: American Psychological Association. 학업 미루기 행동 상담(김동일 역, 2015, 서울: 학지사).

Schraw, G., & Moshman, D. (1995). Metacognitive theories. *Educational Psychology Review, 7*(4), 351−371.

Schunk, D. H. (1986). Vicarious influences on self-efficacy for cognitive skill learning. *Journal of Social and Clinical Psychology, 4*(3), 316−327.

Schunk, D. H. (1989). Social cognitive theory and self-regulated learning. In B. J. Zimmerman & D. H. Schunk (Eds.), *Self-regulated learning and academic achievement: Theory, research, and practice* (pp. 83−110). New York: Springer.

Schutz, P. A., Distefano, C., Benson, J., & Davis, H. A. (2004). The emotional regulation during test-taking scale. *Anxiety, Stress & Coping, 17*(3), 253−269.

Schwarz, N. (1990). Feelings as information: Informational and motivational functions of affective states. In E. T. Higgins & R. M. Sorrentino (Eds.), *Handbook of motivation and cognition: Foundations of social behavior* (Vol. 2, pp. 528–561). New York: Guilford.

Schwarz, N., & Clore, G. L. (1996). Feelings and phenomenal experiences. In E. T. Higgins & A. Kruglanski (Eds.), *Social psychology: Handbook of basic principles* (pp. 433–465). New York: Guilford.

Schwinger, M., Wirthwein, L., Lemmer, G., & Steinmayr, R. (2014). Academic self-handicapping and achievement: A meta-analysis. *Journal of Educational Psychology, 106*(3), 744–761.

Sears, R. R. (1961). *The learning theory of child development.* New York: Harper & Row.

Seligman, M. E. (1972). Learned helplessness. *Annual Review of Medicine, 23*(1), 407–412.

Seligman, M. E. (1991). *Learned optimism.* New York: AA Knopf.

Seligman, M. E., & Maier, S. F. (1967). Failure to escape traumatic shock. *Journal of Experimental Psychology, 74,* 1–9.

Seligman, M. E., Reivich, K., Jaycox, L., Gillham, J., & Kidman, A. D. (1995). *The optimistic child.* Boston, MA: Houghton Mifflin.

Senecal, C., Koestner, R., & Vallerand, R. J. (1995). Self-regulation and academic procrastination. *The Journal of Social Psychology, 135*(5), 607–619.

Shand, L. K., Cowlishaw, S., Brooker, J. E., Burney, S., & Ricciardelli, L. A. (2015). Correlates of post-traumatic stress symptoms and growth in cancer patients: A systematic review and meta-analysis. *Psycho-Oncology, 24*(6), 624–634.

Shapiro, F. (1989). Efficacy of the eye movement desensitization procedure in the treatment of traumatic memories. *Journal of Traumatic Stress, 2,* 199–223.

Shapiro, F. (2001). *Eye movement desensitization and reprocessing: Basic principles, protocols and procedures* (2nd ed.). New York: Guilford. 안구운동 둔감화 재처리법(권정옥 역, 2011, 서울: 시그마프레스).

Shechtman, N., DeBarger, A. H., Dornsife, C., Rosier, S., & Yarnall, L. (2013). *Promoting grit, tenacity, and perseverance: Critical factors for success in the 21st century.* Washington, DC: U.S. Department of Education, Office of Education Technology. http://pgbovine.net/OET-Draft-Grit- Report-2-17-13.pdf.

Sherman, D. K., & Cohen, G. L. (2006). The psychology of self-defense: Self-affirmation theory. In M. P. Zanna (Ed.), *Advances in Experimental Social Psychology* (Vol. 38, pp. 183–242). San Diego, CA: Academic Press.

Shin, H., Puig, A., Lee, J., Lee, J. H., & Lee, S. H. (2011). Cultural validation of the Maslach-Burnout Inventory for Korean students. *Asia Pacific Education Review, 12*(4), 633–639.

Shrauger, J. S., & Rosenberg, S. E. (1970). Self-esteem and the effects of success and failure feedback on performance. *Journal of Personality, 38,* 404–417.

Siegle, D. (2013). *The underachieving gifted child.* Waco, TX: Prufrock Press.

Siegrist, J. (2002). Effort-reward imbalance at work and health. In P. L. Perrewe & D. C. Ganster (Eds.), *Historical and current perspectives on stress and health* (pp. 261–291). Bingley, U.K.: Emerald Group Publishing.

Silvia, P. J. (2005). What is interesting? Exploring the appraisal structure of interest. *Emotion, 5,* 89–102.

Silvia, P. J. (2008a). Appraisal components and emotion traits: Examining the appraisal basis of trait curiosity. *Cognition and Emotion, 22,* 94–113.

Silvia, P. J. (2008b). Interest-The curious emotion. *Current Directions in Psychological Science, 17*(1), 57–60.

Sirois, F., & Pychyl, T. (2013). Procrastination and the priority of short-term mood regulation: Consequences for future self. *Social and Personality Psychology Compass, 7*(2), 115–127.

Sisk, V. F., Burgoyne, A. P., Sun, J., Butler, J. L., & Macnamara, B. N. (2018). To what extent and under which circumstances are growth mind-sets important to academic achievement? Two meta-analyses. *Psychological Science, 29*(4), 549–571.

Smallwood, J., & Schooler, J. W. (2006). The restless mind. *Psychological Bulletin, 132*(6), 946–958.

Solomon, L. J., & Rothblum, E. D. (1984). Academic procrastination: Frequency and cognitive-behaviroal correlates. *Journal of Counseling Psychology, 31*(4), 503–509.

Somerville, L. H., Jones, R. M., & Casey, B. J. (2010). A time of change: Behavioral and neural correlates of adolescent sensitivity to appetitive and aversive environmental cues. *Brain and Cognition, 72,* 124–133.

Steel, P. (2007). The nature of procrastination: A meta-analytic and theoretical review of quintessential self-regulatory failure. *Psychological Bulletin, 133*(1), 65–94.

Steele, C. M. (1988). The psychology of self-affirmation: Sustaining the integrity of the self. *Advances in Experimental Social Psychology, 21*, 261–302.

Steinberg, L. (2008). A social neuroscience perspective on adolescent risk-taking. *Developmental Review, 28*, 78–106.

Steinberg, L. (2010). A dual systems model of adolescent risk-taking. *Developmental Psychobiology, 52*, 216–224.

Steinberg, L. (2013). Does recent research on adolescent brain development inform the mature minor doctrine?. *Journal of Medicine and Philosophy, 38*(3), 256–267.

Stickgold, R. (2005). Sleep-dependent memory consolidation. *Nature, 437*(7063), 1272–1278.

Stuss, D. T., & Benson, D. F. (1986). *The frontal lobes*. New York, NY: Raven.

Sung, Y., Nam, T. H., & Hwang, M. H. (2020). Attachment style, stressful events, and Internet gaming addiction in Korean university students. *Personality and Individual Differences, 154*, 109724, 1–5.

Tabibnia, G., Lieberman, M. D., & Craske, M. G. (2008). The lasting effect of words on feelings: Words may facilitate exposure effects to threatening images. *Emotions, 8*(3), 307–317.

Taku, K., Calhoun, L. G., Tedeschi, R. G., Gil-Rivas, V., Kilmer, R. P., & Cann, A. (2007). Examining posttraumatic growth among Japanese university students. *Anxiety, Stress, and Coping, 20*(4), 353–367.

Tangney, J. P., Baumeister, R. F., & Boone, A. L. (2004). High self-control predicts good adjustment, less pathology, better grades, and interpersonal success. *Journal of Personality, 72*(2), 271–322.

Taris, T. W., Le Blanc, P. M., Schaufeli, W. B., & Schreurs, P. J. (2005). Are there causal relationships between the dimensions of the Maslach Burnout Inventory? A review and two longitudinal tests. *Work & Stress, 19*(3), 238–255.

Tedeschi, R. G., & Calhoun, L. G. (1996). The Posttraumatic Growth Inventory: Measuring the positive legacy of trauma. *Journal of Traumatic Stress, 9*(3), 455–471.

Tedeschi, R. G., & Calhoun, L. G. (1995). *Trauma and transformation*. Thousand Oaks, CA: Sage.

Tedeschi, R. G., & Calhoun, L. G. (2006). Expert companions: Posttraumatic growth in clinical practice. In L. G. Calhoun & R. G. Tedeschi (Eds.), *Handbook of posttraumatic growth: Research and practice* (pp. 291–310). New York: Psychology Press.

Tedeschi, R. G., Shakespeare-Finch, J., Taku, K., & Calhoun, L. G. (2018). *Posttraumatic growth: Theory, research, and applications.* New York: Routledge.

Teuscher, U., & Mitchell, S. H. (2011). Relation between time perspective and delay discounting: A literature review. *The Psychological Record, 61*(4), 613–632.

Thomas, A., & Chess, S. (1956). An approach to the study of sources of individual differences in child behavior. *Journal of Clinical and Experimental Psychopathology, 18*(4), 347–357.

Thomas, A., & Chess, S. (1985). Genesis and evolution of behavioral disorders: From infancy to early adult life. *Annual Progress in Child Psychiatry & Child Development,* 140–158.

Tough, P. (2012). *How children succeed: Grit, curiosity, and the hidden power of character.* Boston, MA: Houghton Mifflin Harcourt.

Turner, J. C., Thorpe, P. K., & Meyer, D. K. (1998). Students' reports of motivation and negative affect: A theoretical and empirical analysis. *Journal of Educational Psychology, 90*(4), 758–771.

Turner, J. E., Husman, J., & Schallert, D. L. (2002). The importance of students' goals in their emotional experience of academic failure: Investigating the precursors and consequences of shame. *Educational Psychologist, 37*(2), 79–89.

Turner, M. G., & Piquero, A. R. (2002). The stability of self-control. *Journal of Criminal Justice, 30*(6), 457–471.

Turner, M. G., Piquero., A. R., & Pratt, T. C. (2005). The school context as a source of self-control. *Journal of Criminal Justice, 33,* 327–339.

Turner, S. A., Jr., & Silvia, P. J. (2006). Must interesting things be pleasant? A test of competing appraisal structures. *Emotion, 6,* 670–674.

Urdan, T., & Midgley, C. (2001). Academic self-handicapping: What we know, what more there is to learn. *Educational Psychology Review, 13*(2), 115–138.

Van der Kolk, B. A., & Van der Hart, O. (1991). The intrusive past: The flexibility of memory and the engraving of trauma. *American Imago, 48*(4), 425–454.

Van Eerde, W. (2003). A meta-analytically derived nomological network of procrastination. *Personality and Individual Differences, 35*(6), 1401−1418.

Van Eerde, W. (2004). Procrastination in academic settings and the Big Five model of personality: A meta-analysis. In H. C. Schouwenburg, C. H., Lay, T. A. Pychyl, & J. R. Ferrari (Eds.), *Counseling the procrastinator in academic settings* (pp. 29−40). Washington, DC: American Psychological Association.

Vazsonyi, A. T., & Huang, L. (2010). Where self-control comes from: On the development of self-control and its relationship to deviance over time. *Developmental Psychology, 46*(1), 245−257.

Wager, T. D., & Smith, E. E. (2003). Neuroimaging studies of working memory: A meta analysis. *Behavioral Neuroscience, 3,* 241−253.

Walker, L. J. S. (2004). Overcoming the patterns of powerlessness that lead to procrastination. Counselling the procrastinator in academic settings. In H. C. Schouwenburg, C. H., Lay, T. A. Pychyl, & J. R. Ferrari (Eds.), *Counseling the procrastinator in academic settings* (pp. 91−103). Washington, DC: American Psychological Association.

Walker, M. (2017). *Why we sleep: Unlocking the power of sleep and dreams.* New Yotk: Scribner.

Wallace, H. M., & Baumeister, R. F. (2002). The effects of success versus failure feedback on further self-control. *Self and Identity, 1*(1), 35−41.

Wang, S., Zhou, Y., Yu, S., Ran, L. W., Liu, X. P., & Chen, Y. F. (2017). Acceptance and commitment therapy and cognitive-behavioral therapy as treatments for academic procrastination: A randomized controlled group session. *Research on Social Work Practice, 27*(1), 48−58.

Watkins, L. E., Sprang, K. R., & Rothbaum, B. (2018). Treating PTSD: A Review of Evidence-Based Psychotherapy Interventions. *Frontiers in Behavioral Neuroscience, 12,* 258, 1−9.

Webb, E. (1915). *Character and intelligence: An attempt at an exact study of character* (No. 3). London, UK: Cambridge University Press.

Weiner, B. (1979). A theory of motivation for some classroom experiences. *Journal of Educational Psychology, 71*(1), 3−25.

Weiner, B. (1984). Principles for a theory of student motivation and their implication within an attributional framework. In R. Ames & C. Ames (Eds.), *Research on motivation in education: Student motivation* (Vol. 1, pp. 15–38). New York: Academic Press.

Weiner, B. (1985). An attributional theory of achievement motivation and emotion. *Psychological Review, 92*(4), 548–573.

Wentzel, K. R. (2000). What is it that I'm trying to achieve? Classroom goals from a content perspective. *Contemporary Educational Psychology, 25*(1), 105–115.

Whiston, S. C., Li, Y., Mitts, N. G., & Wright, L. (2017). Effectiveness of career choice interventions: A meta-analytic replication and extension. *Journal of Vocational Behavior, 100*, 175–184.

Whitebread, D., Coltman, P., Pasternak, D. P., Sangster, C., Grau, V., Bingham, S., Almeqdad, Q., & Demetriou, D. (2009). The development of two observational tools for assessing metacognition and self-regulated learning in young children. *Metacognition and Learning, 4*(1), 63–85.

Wise, S. P., Murray, E. A., & Gerfen, C. R. (1996). The frontal cortex-basal ganglia system in primates. *Critical ReviewsTM in Neurobiology, 10*(3–4), 317–356.

Wixted, J. T. (2004). The psychology and neuroscience of forgetting. *Annual Review of Psychology, 55*, 235–269.

Wolf, J. R., & Jia, R. (2015). The role of grit in predicting student performance in introductory programming courses: An exploratory study. *Proceedings of the Southern Association for Information Systems Conference*, Hilton Head Island, SC, USA March 20–21, 2015. http://aisel.aisnet.org/sais2015/21.

World Health Organization (2013). *Guidelines for the management of conditions specifically related to stress*. Geneva, Switzerland: WHO Press.

Worthington, E. L., & Dolliver, R. H. (1977). Validity studies of the Strong vocational interest inventories. *Journal of Counseling Psychology, 24*(3), 208–216.

Wortman, C. B., & Brehm, J. W. (1975). Responses to uncontrollable outcomes: An integration of reactance theory and the learned helplessness model. In L. Berkowitz (Ed.), *Advances in experimental social psychology* (Vol. 8, pp. 277–336). New York: Academic Press.

Yalom, I. D. (2015). *Creatures of a day: And other tales of psychotherapy*. New York, NY: Basic Books.

Yun, I., & Walsh, A. (2011). The stability of self-control among South Korean adolescents. *International Journal of Offender Therapy and Comparative Criminology, 55*(3), 445–459.

Zayas, V., Mischel, W., & Pandey, G. (2014). Mind and brain in delay of gratification. In V. F. Reyna & V. Zayas (Eds.), *The neuroscience of risky decision making* (pp. 145–176). Washington, DC: American Psychological Association.

Zelazo, P. D., & Carlson, S. M. (2012). Hot and cool executive function in childhood and adolescence: Development and plasticity. *Child Development Perspectives, 6*(4), 354–360.

Zelazo, P. D., & Muller, U. (2002). Executive function in typical and atypical development. In U. Goswami (Ed.), *Blackwell handbook of childhood cognitive development* (pp. 445–469). Malden, MA, USA: Blackwell.

Zelazo, P. D., Anderson, J. E., Richler, J., Wallner-Allen, K., Beaumont, J. L., & Weintraub, S. (2013). II. NIH Toolbox Cognition Battery (CB): Measuring executive function and attention. *Monographs of the Society for Research in Child Development, 78*(4), 16–33.

Zhang, L., Karabenick, S. A., Maruno, S. I., & Lauermann, F. (2011). Academic delay of gratification and children's study time allocation as a function of proximity to consequential academic goals. *Learning and Instruction, 21*(1), 77–94.

Zhang, Y., Gan, Y., & Cham, H. (2007). Perfectionism, academic burnout and engagement among Chinese college students: A structural equation modeling analysis. *Personality and Individual Differences, 43*(6), 1529–1540.

Zimbardo, P. G., & Boyd, J. N. (2015). Putting time in perspective: A valid, reliable individual-differences metric. *Journal of Personality and Social Psychology, 77*(6), 1271–1288.

Zimmerman, B. J., & Shunk, D. H. (1989). *Self-regulated learning and academic achievement: Theory, research, and practice.* New York: Springer-Verlag.

Zimmerman, B. J., Bonner, S., & Kovach, R. (1996). *Developing self-regulated learners: Beyond achievement to self-efficacy.* Washington, DC: American Psychological Association.

Zytowski, D. G. (1974). Predictive validity of the Kuder Preference Record, Form B, over a 25-year span. *Measurement and Evaluation in Guidance, 7*(2), 122–129.

찾아보기

내용

저자 소개

황매향(Hwang, Mae-Hyang)

서울대학교 제약학과 학사
서울대학교 교육학과 학사, 석사, 박사(교육상담 전공)
전 서울대학교 학생생활연구소 상담연구원
University of Missouri Career Center 초빙연구원
한국기술교육대학교 대우교수
현 경인교육대학교 교육학과 교수

학업실패 트라우마 상담
Counseling Traumatic Academic Failure

2021년 3월 15일 1판 1쇄 인쇄
2021년 3월 25일 1판 1쇄 발행

지은이 • 황매향
펴낸이 • 김진환
펴낸곳 • (주) 학지사
　　　　04031 서울특별시 마포구 양화로 15길 20 마인드월드빌딩
대표전화 • 02)330-5114　　　팩스 • 02)324-2345
등록번호 • 제313-2006-000265호

홈페이지 • http://www.hakjisa.co.kr
페이스북 • https://www.facebook.com/hakjisa

ISBN 978-89-997-2384-1　93370

정가 25,000원

출판 · 교육 · 미디어기업 학지사

간호보건의학출판 학지사메디컬 www.hakjisamd.co.kr
심리검사연구소 인싸이트 www.inpsyt.co.kr
학술논문서비스 뉴논문 www.newnonmun.com
원격교육연수원 카운피아 www.counpia.com